Katharina Reinhardt
Korruption im Gesundheitswesen

Berliner Juristische Universitätsschriften

Herausgegeben im Auftrag der Professoren der Juristischen Fakultät
an der Humboldt-Universität zu Berlin

von Professor Dr. Michael Kloepfer,
Professor Dr. Rainer Schröder †, Professor Dr. Gerhard Werle

Strafrecht

Band 47

ISBN 978-3-8305-3802-8

Katharina Reinhardt

Korruption im Gesundheitswesen

Zur Strafbarkeit von Ärzten bei Kontakten
mit der Arzneimittel- und Medizinprodukteindustrie
de lege lata und de lege ferenda

BWV | BERLINER WISSENSCHAFTS-VERLAG

Bibliografische Information der Deutschen Nationalbibliothek:
Die Deutsche Nationalbibliothek verzeichnet diese Publikation in der Deutschen Nationalbibliografie; detaillierte bibliografische Daten sind im Internet über http://dnb.d-nb.de abrufbar.

Dieses Werk einschließlich aller seiner Teile ist urheberrechtlich geschützt. Jede Verwertung außerhalb der engen Grenzen des Urheberrechtes ist unzulässig und strafbar.

Hinweis: Sämtliche Angaben in diesem Fachbuch/wissenschaftlichen Werk erfolgen trotz sorgfältiger Bearbeitung und Kontrolle ohne Gewähr. Eine Haftung der Autoren oder des Verlags aus dem Inhalt dieses Werkes ist ausgeschlossen.

© 2018 BWV | BERLINER WISSENSCHAFTS-VERLAG GmbH,
Markgrafenstraße 12–14, 10969 Berlin,
E-Mail: bwv@bwv-verlag.de, Internet: http://www.bwv-verlag.de

Druck: docupoint, Magdeburg
Gedruckt auf holzfreiem, chlor- und säurefreiem, alterungsbeständigem Papier.
Printed in Germany.

ISBN Print: 978-3-8305-3802-8
ISBN E-Book: 978-3-8305-2987-3

Meinen Eltern

Vorwort

Vorliegende Arbeit wurde im Frühjahr 2016 eingereicht und im Januar 2017 von der Juristischen Fakultät der Humboldt-Universität zu Berlin als Dissertation angenommen. Die Fertigstellung der Arbeit erfolgte dabei im Wettlauf mit dem Gesetzgeber – diesem ist der für die Veröffentlichung ergänzte Aufbau der Arbeit zu verdanken: während die ursprüngliche Arbeit in den ersten vier Kapiteln den Prozess bis zum Inkrafttreten des neuen Gesetzes wissenschaftlich untersucht und die verarbeiteten Materialien diesem Vorgang zeitlich angepasst sind, wird die tatsächlich erfolgte Reformgesetzgebung im für die Veröffentlichung ergänzten Anhang anhand exemplarisch ausgewählter aktueller Literatur knapp dargestellt. Die verwendeten Quellen aus dem Internet wurden zuletzt im Oktober 2017 abgerufen.

Mein besonderer Dank gilt zunächst meinem Doktorvater, Herrn Prof. Dr. Martin Heger, für die hervorragende Betreuung meiner Arbeit. Er hatte für meine Fragen stets ein offenes Ohr und stand mir mit wertvollen Anregungen und hilfreichen Diskussionen jederzeit und auch kurzfristig zur Seite. Nicht nur für die zügige Erstellung des Zweitgutachtens gebührt Prof. Dr. Klaus Marxen mein herzlicher Dank. Die Begeisterung für die Wissenschaft des Rechts ist einer ganz wunderbaren und lehrreichen Zeit an seinem Lehrstuhl noch während meiner Studienzeit zu verdanken. Auch während meiner Promotionszeit stand er mit Rat zur Verfügung und hat damit maßgeblich zum Gelingen der Arbeit beigetragen.

Der Studienstiftung des deutschen Volkes danke ich für die Gewährung eines Promotionsstipendiums. Dank gilt auch der Boalt School of Law an der University of California, Berkeley, für die freundliche Aufnahme als Visiting Researcher im Frühjahr 2014. Der Kanzlei Gibson Dunn & Crutcher LLP danke ich für die Unterstützung bei diesem Forschungsaufenthalt durch die Aufnahme in ihr US Fellowship Program 2013.

Für zahlreiche Diskussionen und wichtige Denkanstöße insbesondere zu Beginn und gegen Ende der Arbeit danke ich besonders Herrn Michael Jahn. Herzlicher Dank gebührt auch Frau Dr. Christina Lang, Herrn Norman Reich, Frau Anne-Katrin Wolf und allen anderen, die mich bei der Erstellung dieser Arbeit auf vielfältige Weise unterstützt und motiviert haben.

Vor allem aber danke ich von Herzen meiner Familie, insbesondere meinen Eltern, Sybill und Jens Reinhardt, die nicht nur das gesamte Manuskript sorgfältig Korrektur gelesen haben, sondern mich auf meinem bisherigen Lebensweg stets uneingeschränkt unterstützt haben. Ihnen ist diese Arbeit gewidmet.

Berlin, im November 2017 *Katharina Reinhardt*

Inhaltsverzeichnis

Vorwort VII
Einleitung: Gegenstand und Gang der Untersuchung 1

Erstes Kapitel
Grundlagen 5
A. Begriff und Arten der Korruption 5
    I. Begriff der Korruption 5
    II. Arten der Korruption 8
B. Der Arzt im Gesundheitssystem 10
    I. Grundstruktur des Gesundheitssystems 10
        1. Grundstruktur 10
        2. Das System der Krankenversicherung 12
            a) Die gesetzliche Krankenversicherung 12
            b) Die private Krankenversicherung 14
    II. Grundlagen ärztlicher Tätigkeit 17
        1. Rechtlicher Rahmen 17
        2. Freier Beruf 20
        3. Vertrauensverhältnis 22
    III. Tätigkeit als Vertragsarzt 24
        1. Grundlagen 25
            a) Kassenärztliche Vereinigungen 25
            b) Zulassung 26
            c) Rechte und Pflichten des Vertragsarztes 27
        2. Rechtsbeziehungen zwischen Vertragsarzt und Patient 28
        3. Rechtsbeziehungen zwischen Vertragsarzt und
            Kassenärztlicher Vereinigung 29
        4. Rechtsbeziehungen zwischen Vertragsarzt und
            gesetzlicher Krankenversicherung 30
        5. Wirtschaftlichkeitsgebot 32
            a) Begriff 32
            b) Wirtschaftlichkeitsprüfung 34
        6. Vergütungssystem 35
        7. Berufsbild des Vertragsarztes 36

IV. Tätigkeit als „Privatarzt"...37
   1. Rechtsbeziehungen zwischen Privatarzt und Patient............38
   2. Rechtsbeziehungen zwischen Privatarzt und
      privater Krankenversicherung..38
   3. Vergütungssystem..39
   4. Wirtschaftlichkeitsgebot...40

V. Arzt im Krankenhaus..40
   1. Grundlagen der Krankenhausversorgung...............................41
   2. Rechtsbeziehungen zwischen Arzt und Krankenhaus..........42
   3. Rechtsbeziehungen zwischen Patient und Krankenhaus......43
   4. Vergütung der Krankenhausleistungen..................................44

VI. Die Arzneimittel-, Hilfsmittel- und
    Medizinprodukte-Versorgung..45
   1. Begriffe...46
      a) Arzneimittel...46
      b) Hilfsmittel...47
      c) Medizinprodukt..47
   2. Vertragsarzt..48
      a) Arzneimittel...48
          aa) Grundlagen..48
          bb) Verordnung...50
              (1) Grundlagen...50
              (2) Rechtsbeziehungen zwischen Apotheke,
                   Krankenkasse, Arzt und Patient...................52
              (3) Abrechnungsweg...53
          cc) Arzneimittelversorgung
              in Behandlungssituationen.....................................54
              (1) Einzelverordnung...55
              (2) Sprechstundenbedarf...55
      b) Hilfsmittel...57
          aa) Begriff..57
          bb) Verordnung...59
          cc) Sprechstundenbedarf..61
      c) Medizinprodukte...61
          aa) Arzneimittelähnliche Medizinprodukte.................62
          bb) Medizinprodukte als Hilfsmittel............................62
          cc) Medizinprodukte im Rahmen
              ärztlicher Behandlung...63
   3. Privatarzt..63
      a) Arzneimittel...63

   b) Hilfsmittel 64
   c) Medizinprodukte 65
  4. Arzt im Krankenhaus 65
  5. Zusammenfassung 67
C. Gängige Formen der Kooperation zwischen Arzt und Industrie 68
 I. Einseitige Leistungen durch die Industrie 68
  1. Unterstützung der Teilnahme von Ärzten
   an Fortbildungen und Kongressen 69
  2. Spenden 69
  3. Geschenke 70
  4. Sonstige Zuwendungen 71
 II. Leistungsaustauschverhältnisse zwischen Arzt und Industrie 71
  1. Klinische Prüfungen 71
  2. Anwendungsbeobachtungen 72
  3. Weitere Studien 74
  4. Referenten- und Beratertätigkeit 74
  5. Depotbildungen und Beteiligungen 75
  6. Überlassung medizinischer Geräte 76
  7. Umsatzabhängige Rückvergütungen 76

Zweites Kapitel
Bekämpfung der Korruption de lege lata 78

A. Einführung 78
B. § 331 StGB 79
 I. Historischer Überblick 80
 II. Geschütztes Rechtsgut 81
 III. Amtsträger 83
  1. Vertragsarzt 83
   a) Amtsträger gem. § 11 Abs. 1 Nr. 2 a) oder b) StGB 83
   b) Amtsträger gem. § 11 Abs. 1 Nr. 2 c) StGB 85
    aa) Behörde oder sonstige Stelle 85
     (1) Krankenkassen 86
     (2) Kassenärztliche Vereinigungen 88
    bb) Wahrnehmung von Aufgaben der öffentlichen
     Verwaltung 89
     (1) Begriff 89
     (2) Handeln von Privatpersonen 91
     (3) Handeln des Vertragsarztes 92

              (a) Meinungsstand 92
              (b) Stellungnahme 97
           cc) „Bei" oder „im" Auftrag 101
           dd) Bestellungsakt 103
           ee) Ergebnis 105
           ff) Abschließende Gedanken 106
       2. Arzt in öffentlichem Krankenhaus 107
       3. Angestellter Arzt in kirchlichem Krankenhaus 110
       4. Weitere Fallgruppen 110
       5. Zusammenfassung 110

   IV. Vorteil für sich oder einen Dritten 111

   V. Dienstausübung 113
       1. Handeln des Arztes in öffentlichem Krankenhaus 113
       2. Privathandlungen 115

   VI. Unrechtsvereinbarung 116
       1. Tatbestandsbe- bzw. -einschränkungen 117
           a) Sozialadäquanz 117
           b) Drittmittelforschung 118
       2. Beurteilung der Kooperationen im Gesundheitswesen 120
           a) Einseitige Leistungen 121
           b) Leistungsaustauschverhältnisse 122
               aa) Klinische Prüfungen 122
               bb) Anwendungsbeobachtungen 123
               cc) Sonstige Leistungsaustauschverhältnisse 124
           c) Zusammenfassung und Stellungnahme 125

   VII. Genehmigung gem. § 331 Abs. 3 StGB 126

C. § 332 StGB 128

D. § 299 StGB 130

   I. Grundlagen 131

   II. Geschütztes Rechtsgut 132

   III. Unternehmen 134
       1. Gesetzliche Krankenkassen 136
           a) Meinungsstand 136
           b) Stellungnahme 137
       2. Kassenärztliche Vereinigung 139

   IV. Angestellter oder Beauftragter eines Unternehmens 140

1. Vertragsarzt 141
   a) Beauftragter eines anderen Unternehmens 141
   b) Vertragsarzt als Beauftragter der gesetzlichen
      Krankenversicherung 142
      aa) Argumente für eine Beauftragtenstellung 142
      bb) Argumente gegen eine Beauftragtenstellung 145
      cc) Stellungnahme 149
      dd) Übertragbarkeit der Argumente auf die
          Hilfsmittelversorgung 152
2. Niedergelassener Privatarzt 154
3. Arzt im Krankenhaus 156
4. Sonstige angestellte Ärzte 157
5. Zusammenfassung 158

V. Unrechtsvereinbarung 158
   1. § 299 Abs. 1 Nr. 1 StGB 159
      a) Bevorzugung 159
      b) Bezug von Waren oder Dienstleistungen 160
         aa) Bezug durch Praxisinhaber 163
             (1) Verordnung von Arzneimitteln 163
             (2) Verordnung von Hilfsmitteln 164
             (3) Sprechstundenbedarf 164
             (4) Zusammenfassung 166
         bb) Bezug durch Krankenhaus 166
      c) Im Wettbewerb 166
      d) Unlauter 167
      e) Sozialadäquate Zuwendungen 169
      f) Beurteilung der Kooperationen
         im Gesundheitswesen 170
         aa) Einseitige Leistungen 170
         bb) Leistungsaustauschverhältnisse 170
   2. § 299 Abs. 1 Nr. 2 StGB 171
      a) Ohne Einwilligung 171
      b) Bezug von Waren oder Dienstleistungen 172
      c) Verletzung von Pflichten gegenüber Unternehmen 172
      d) Beurteilung der Kooperationen
         im Gesundheitswesen 174

VI. Zusammenfassung 175

E. § 263 StGB 176
   I. Grundlagen 177

II. Vertragsarzt 178
   1. Unwirtschaftliche Verordnungsweise 179
      a) Betrug gegenüber und zu Lasten des Apothekers 179
         aa) Täuschung über Tatsachen 179
         bb) Irrtum 181
      b) Betrug gegenüber und zu Lasten
         des Hilfsmittelerbringers 185
      c) Betrug gegenüber und zu Lasten
         der Krankenversicherung 186
         aa) Bezug von Produkten über die Apotheke 186
         bb) Direktbezug 189
            (1) Abrechnung durch den Hersteller oder
               Lieferanten 189
            (2) Abrechnung durch den Vertragsarzt 190
      d) Betrug gegenüber und zu Lasten des Patienten 190
   2. Rabatte, Boni, „Kick-Backs" und
      sonstige Rückvergütungen 192
      a) Abrechnung durch einen Dritten 193
      b) Abrechnung durch den Vertragsarzt 199
   3. Zusammenfassung 201

III. Niedergelassener Privatarzt 202
   1. Unwirtschaftliche Verordnungsweise 203
   2. Unwirtschaftliche Anwendung von
      Arznei- und Hilfsmitteln 204
   3. Rabatte, Boni, „Kick-Backs" und
      sonstige Rückvergütungen 205
      a) Betrug gegenüber und zu Lasten des Patienten 205
      b) Betrug gegenüber und zu Lasten der
         privaten Krankenversicherung 207
   4. Zusammenfassung 208

IV. Ärzte im Krankenhaus 208
   1. Unwirtschaftlicher Arznei- bzw. Hilfsmitteleinsatz 209
      a) Betrug gegenüber und zu Lasten
         des Krankenhausträgers 209
      b) Betrug gegenüber und zu Lasten der Krankenkasse 212
   2. Unwirtschaftliche Arznei- bzw. Hilfsmittelbestellung 213
   3. Rabatte, Boni, „Kick-Backs" und
      sonstige Rückvergütungen 214
      a) Betrug gegenüber und zu Lasten
         des Krankenhausträgers 214

| | | b) Betrug gegenüber und zu Lasten der Krankenkasse ..... 215 |
| | 4. | Zusammenfassung .... 216 |

F. § 266 StGB 217

    I. Grundlagen 217

    II. Vermögensbetreuungspflicht 218
       1. Vertragsarzt 219
          a) Befürworter einer Vermögensbetreuungspflicht 220
          b) Gegner einer Vermögensbetreuungspflicht 223
          c) Stellungnahme 226
          d) Ausblick 230
       2. Privatarzt 232
          a) Vermögensbetreuungspflicht gegenüber
             dem Patienten 232
          b) Vermögensbetreuungspflicht gegenüber
             dessen Krankenkasse 234
       3. Arzt im Krankenhaus 234
          a) Vermögensbetreuungspflicht gegenüber
             dem Krankenhausträger 235
          b) Vermögensbetreuungspflicht gegenüber
             den Krankenkassen 236
       4. Zusammenfassung 237

    III. Tathandlung 237

    IV. Vermögensnachteil 240

    V. Zusammenfassung 243

G. Ergebnis und Stellungnahme 244

Drittes Kapitel
Bekämpfung der Korruption de lege ferenda 247

A. Historischer Überblick 248

    I. 17. Legislaturperiode (2009–2013) 249

    II. 18. Legislaturperiode (seit Oktober 2013) 251

B. Jüngste Gesetzentwürfe 254

    I. Referentenentwurf des BMJV vom 4. Februar 2015 254

    II. Gesetzentwurf der Bundesregierung vom 29. Juli 2015 ... 256

C. Nähere Betrachtung § 299a StGB-RegE 259

I. Das „Ob" einer strafrechtlichen Regelung 259
   1. Meinungsbild 260
   2. Stellungnahme 262
II. Sonderstrafrecht für Ärzte? 265
III. Geschütztes Rechtsgut 268
IV. Verortung im Gesetz 270
V. Materiellrechtliche Einzelheiten 271
   1. Täterkreis 271
      a) Meinungsbild 272
      b) Stellungnahme 273
   2. Vorteil für sich oder einen Dritten 278
   3. § 299a Abs. 1 StGB-RegE 278
      a) Im Zusammenhang mit der Ausübung seines Berufs ... 278
      b) Unrechtsvereinbarung 280
         aa) Unlautere Bevorzugung im Wettbewerb (Nr. 1) .. 281
            (1) Bevorzugung 281
            (2) Verordnung, Abgabe oder Zuführung 282
               (a) Begriffe 282
               (b) Stellungnahme 283
            (3) Im Wettbewerb 284
            (4) Unlauter 285
            (5) Sozialadäquate Zuwendungen 285
         bb) Verletzung berufsrechtlicher Pflicht zur Wahrung heilberuflicher Unabhängigkeit (Nr. 2) 286
            (1) Hintergrund –
                § 299a Abs. 1 Nr. 2 StGB-RefE 287
            (2) Nähere Betrachtung –
                § 299a Abs. 1 Nr. 2 StGB-RegE 289
               (a) Berufsrechtliche Pflicht zur Wahrung heilberuflicher Unabhängigkeit 290
               (b) Kritische Würdigung 291
               (c) Verzicht auf
                   § 299a Abs. 1 Nr. 2 StGB-RegE? 293
   4. § 299a Abs. 2 StGB-RegE 295
      a) Bezug 295
      b) Zur Abgabe an den Patienten bestimmt 296
      c) Unrechtsvereinbarung 296
         aa) Verzicht auf Wettbewerbsbezug 297
         bb) Nähere Betrachtung 299

5. Beispiele 302
　　　a) Einzelheiten 303
　　　　aa) Verdienstmöglichkeiten im Rahmen der
　　　　　　beruflichen Zusammenarbeit 303
　　　　bb) Anwendungsbeobachtungen 303
　　　　cc) Beteiligung an einem Unternehmen 304
　　　　dd) Bonuszahlungen auf sozialrechtlicher
　　　　　　Grundlage 304
　　　b) Stellungnahme 305
　　　c) Exkurs: „Exemptions" und „safe harbors"
　　　　als Vorbild? 308
　　　　aa) Hintergrund 308
　　　　bb) US-amerikanischer Lösungsansatz 311
　　　　cc) Übertragbarkeit? 312

VI. Sonstiges 313
　　1. Verhältnis zu anderen Delikten 314
　　2. § 300 StGB 315
　　3. § 301 StGB 317

VII. Zusammenfassung 319

Viertes Kapitel
Zusammenfassung und abschließende Überlegungen 320

A. Zusammenfassung 320

B. Abschließende Überlegungen 328

Anhang
Tatsächlich erfolgte Reformgesetzgebung 330

A. Historischer Überblick 331

B. Das Gesetz zur Bekämpfung von Korruption
　　im Gesundheitswesen 332

C. Überblick über die wesentlichen Änderungen 337

　　I. Verzicht auf § 299a Abs. 1 Nr. 2 und
　　　§ 299a Abs. 2 StGB-RegE 337

　　II. Verzicht auf sog. „Abgabeentscheidungen" 338

　　III. „Beschränkung" der tatbestandlichen
　　　　Bezugsentscheidungen 339

　　IV. Ausgestaltung als Offizialdelikt 340

D. Abschließende Überlegungen 340
Literaturverzeichnis 341
Stichwortverzeichnis 375

Einleitung: Gegenstand und Gang der Untersuchung

„Ein niedergelassener, für die vertragsärztliche Versorgung zugelassener Arzt handelt bei der Wahrnehmung der ihm in diesem Rahmen übertragenen Aufgaben [...] weder als Amtsträger noch als Beauftragter der gesetzlichen Krankenkassen im Sinne des § 299 StGB."

BGHSt 57, 202

Diese Worte des Großen Senats für Strafsachen beim BGH im März 2012 waren nicht nur das Ende einer bis dato unter Rechtswissenschaftlern heftig geführten Diskussion um die Beauftragteneigenschaft des Vertragsarztes, sondern zugleich der Anfang einer insbesondere auch in den Medien und der Politik geführten Debatte über das Phänomen der Korruption im Gesundheitswesen insgesamt. Zunächst allerdings tat sich die Politik mit konkreten Vorschlägen schwer. Der schon im Jahr 2010 durch die SPD-Fraktion im Bundestag gestellte Antrag „Korruption im Gesundheitswesen wirksam bekämpfen" wurde schließlich im Mai 2012 abgelehnt, ebenso versiegte eine nach Verkündung des Urteils anberaumte „Aktuelle Stunde" im Bundestag ergebnislos. Der großen medialen Aufmerksamkeit der Entscheidung des Großen Senats – Überschriften wie „Geschenke für Ärzte sind keine Bestechung"[1] oder „‚Korruptives Verhalten' ist straffrei"[2] schmückten im Juni 2012 die Print- und Onlineausgaben diverser Zeitungen – folgten erst im Jahr 2013 konkrete Gesetzentwürfe durch die Fraktion der CDU/CSU und FDP sowie den Bundesrat, die kurze Zeit später mit Ende der 17. Legislaturperiode allerdings dem Grundsatz der Diskontinuität zum Opfer fielen. Schon im Koalitionsvertrag hielt die neue Regierung aber fest, einen Straftatbestand zur Bekämpfung der Korruption im Gesundheitswesen schaffen zu wollen. Den Anfang 2015 vom Bundesministerium der Justiz und für Verbrau-

---

1 *Janisch*, Geschenke für Ärzte sind keine Bestechung, Süddeutsche Zeitung v. 23. Juni 2012, S. 1.

2 *Woratschka*, „Korruptives Verhalten" ist straffrei, Tagesspiegel v. 25. Juni 2012, abrufbar unter http://www.tagesspiegel.de/politik/bgh-urteil-korruptives-verhalten-ist-straffrei/6788988.html.

cherschutz entsprechend vorgelegten und rege diskutierten Referentenentwurf verabschiedete die Bundesregierung in leicht geänderter Fassung Ende Juli 2015 schließlich als Gesetzentwurf und brachte ihn Ende Oktober 2015 in den Bundestag ein.

Die Worte des Großen Senats für Strafsachen im März 2012 waren so deutlich, dass sie daneben Anlass gaben, sich erneut mit dem in der Rechtswissenschaft bis dato nicht unbekannten Phänomen der Korruption im Gesundheitswesen ausführlich auseinanderzusetzen. Seinen Anfang genommen hatte diese Entwicklung mit dem sog. „Herzklappenskandal"[3] Mitte der 1990er Jahre. Über tausend Ermittlungsverfahren gegen Ärzte und Techniker aus Kliniken wurden eröffnet und bis dato auch zulässige und konstruktive Formen der Zusammenarbeit zwischen Ärzten und der Industrie, wie klinische Prüfungen oder von der Industrie veranstaltete Kongresse, genau unter die Lupe genommen. Letztlich allerdings war die Zahl der Verurteilungen gering. Die überwiegende Mehrheit der Verfahren wurde mangels hinreichenden Tatverdachts wieder eingestellt. Die mit dem (Ersten) Korruptionsbekämpfungsgesetz vom 13. August 1997 einhergehenden Änderungen brachten das Thema der Korruption im Gesundheitswesen gleich unter zweierlei Gesichtspunkten erneut in die Diskussion. Zum einen war nunmehr die Einwerbung von Drittmitteln sehr viel einfacher unter die §§ 331 ff. StGB zu subsumieren und hochschulpolitisch gewollte Kooperationen einmal mehr unter Verdacht. Im Jahr 2002 stellte der BGH schließlich klar, dass solche Drittmittel, für die das im Hochschulrecht vorgesehene Verfahren eingehalten wird, vom Tatbestand des § 331 Abs. 1 StGB auszunehmen sind. Zum anderen wurde der Tatbestand der Bestechung und Bestechlichkeit im geschäftlichen Verkehr von seinem „Schattendasein" im UWG befreit und als § 299 StGB gleichsam in das Strafgesetzbuch überführt. Im Jahr 2005 kam es schließlich zu einem „Donnerhall" in der Strafrechtswissenschaft: Der bis dato in diesem Zusammenhang jedenfalls nicht als tauglicher Täter beschriebene niedergelassene Vertragsarzt wurde erstmalig von *Pragal*[4] als Beauftragter eines geschäftlichen Betriebs und mithin als tauglicher Täter des § 299 StGB a.F. eingeordnet. Diese Ansicht blieb von Literatur und Rechtsprechung nicht unbeachtet und fand in der Folge viele Anhänger. Schließlich mündeten zwei ähnliche Fälle in Vorlagefragen an den Großen Senat für Strafsachen. In dem letztlich der Entscheidung des Großen Senats zu-

---

3 Vgl. dazu ausführlich Laufs/Kern/*Ulsenheimer*, Handbuch des Arztrechts, § 152 Rn. 1 ff.
4 Vgl. *Pragal*, NStZ 2005, 133 ff.

grunde liegenden Fall des 5. Strafsenats ging es um ein zwischen einer Pharmareferentin und einem Arzt vereinbartes Prämiensystem, wonach dieser 5 % des Herstellerabgabepreises als Prämie dafür erhalten sollte, dass er Arzneimittel des Unternehmens verordne. Die Zuwendungen wurden als Honorar für fiktive Vorträge gezahlt. Der 5. Strafsenat stellte sich dabei die Frage sowohl nach der Amtsträger- als auch der Beauftragteneigenschaft des Vertragsarztes und legte diese Fragen mit dem Ziel einer künftigen einheitlichen Handhabung solcher Fälle vor. Der Große Senat schließlich entschied mit bekanntem Ergebnis und sorgte damit für die lang ersehnte höchstrichterliche Klärung.

Nach der Entscheidung sind allerdings längst nicht alle Fragen geklärt. Vorliegende Arbeit soll insbesondere vor dem Hintergrund der Entscheidung des Großen Senats klären, inwieweit nunmehr tatsächlich Strafbarkeitslücken nicht nur in der Erfassung niedergelassener Vertragsärzte, sondern auch in der Erfassung niedergelassener Privatärzte und von Ärzten im Krankenhaus bestehen, wenn sie mit der Arzneimittel- oder Medizinprodukteindustrie kooperieren. Neben den typischen Korruptionsdelikten sollen dabei auch die häufig in diesen Fällen ebenfalls einschlägigen Delikte – der Betrug und die Untreue – ausführlich betrachtet werden. Möglicherweise gilt es die bisherigen Betrachtungen durch die Ausführungen des Großen Senats neu zu bewerten und einzuordnen. Die vom Gesetzgeber zum Zeitpunkt der Fertigstellung der Arbeit geplante Strafnorm des § 299a StGB-RegE gilt es schließlich vor dem Hintergrund der bis dahin gefundenen Erkenntnisse näher zu betrachten.

Der Begriff der Korruption ist weit, ebenso der des Gesundheitswesens. Unzählige Fallgruppen werden daher unter dem Phänomen der Korruption im Gesundheitswesen diskutiert, darunter insbesondere die Zusammenarbeit von Heilberuflern untereinander sowie die Zusammenarbeit von Heilberuflern mit der Industrie. Die vorliegende Arbeit beschränkt sich daher auf die Untersuchung der zuletzt in Rechtsprechung, Wissenschaft, Politik und Öffentlichkeit überwiegend diskutierte Fallgestaltung: Die Strafbarkeit von Ärzten bei der Zusammenarbeit mit der Arzneimittel- und Medizinprodukteindustrie.

Die folgende Untersuchung gliedert sich in vier Kapitel. Das erste Kapitel führt dabei in die Grundlagen der weiteren Arbeit ein. Neben dem Korruptionsbegriff werden die Grundzüge des deutschen Gesundheitssystems, insbesondere die Stellung des Arztes und die Versorgung mit Arznei- und Hilfsmitteln sowie mit Medizinprodukten, soweit sie für die Arbeit relevant sind, erläutert. Schließlich werden gängige Formen der Kooperation zwischen Ärzten und der Industrie beschrieben. Das zweite

Kapitel nimmt eine strafrechtliche Betrachtung dieser Zusammenarbeit de lege lata vor. Über die in diesem Rahmen typischerweise betrachteten Strafnormen der §§ 331 ff., 299 StGB hinaus geht die Arbeit auch der Frage der Strafbarkeit von Ärzten wegen Betrugs (§ 263 StGB) und Untreue (§ 266 StGB) nach. Dem schließt sich die strafrechtliche Betrachtung de lege ferenda mit dem bei Fertigstellung der Arbeit geplanten Gesetz der Bundesregierung zur Bekämpfung der Korruption im Gesundheitswesen im dritten Kapitel an. Den Abschluss im vierten Kapitel bilden die Zusammenfassung der gefundenen Ergebnisse sowie abschließende Überlegungen. Der für die Veröffentlichung ergänzte Anhang stellt sodann die tatsächlich erfolgte Reformgesetzgebung kurz dar.

Erstes Kapitel

Grundlagen

A. Begriff und Arten der Korruption

Bevor die der Korruptionsbekämpfung dienenden Normen eingehend betrachtet werden, ist vorab zu klären, was unter Korruption überhaupt verstanden wird und welche Arten von Korruption man unterscheidet. Es soll eine Richtschnur für in dieser Arbeit relevante zu untersuchende Verhaltensweisen gegeben werden.

I. Begriff der Korruption

Obwohl der Begriff der Korruption seit dem 17. Jahrhundert im täglichen Sprachgebrauch nicht mehr wegzudenken ist,[5] existiert bis heute keine allgemeingültige Definition. Historisch[6] ist mit dem Wort Korruption immer „Verschiedenes, wenngleich stets Ähnliches etikettiert [worden]"[7]. Einzig verlässlich klären lässt sich der Wortursprung in der lateinischen Sprache.[8] Korruption ist danach dem Wort *corruptio* entlehnt, worunter man „Verderben, Bestechung" versteht; entsprechend entstammt korrumpieren dem Verb *corrumpere*, womit „verderben, vernichten" beschrieben wird und korrupt ist *corruptus* (Partizip Perfekt) entlehnt, worunter „bestechlich, moralisch verdorben" zu verstehen ist.[9] Heute versteht man unter Korruption zumeist einen Vorgang, bei dem ein im öffentlichen

---

5 *Brauneder*, in: Brünner, S. 75, 75 f.
6 Eine historische Abhandlung zur Entwicklung der Korruption würde hier den Rahmen sprengen. Vgl. aber für einen guten Überblick: *Brauneder*, in: Brünner, S. 75 ff. und die Aufsatzreihe von *van Klaveren*, in: Vierteljahresschrift für Sozial- und Wirtschaftsgeschichte, 44. Bd., H. 4 (1957), S. 289–324; 45. Bd., H. 4 (1958), S. 433–504 und 46. Bd., H. 2 (1959), S. 204–231.
7 *Brauneder,* in: Brünner, S. 75, 76.
8 *Pfeifer*, Etymologisches Wörterbuch, S. 720; *Wahrig-Burfeind*, Brockhaus, S. 883.
9 *Pfeifer*, Etymologisches Wörterbuch, S. 720.

oder privaten Sektor Macht Ausübender durch die Gabe eines privaten Vorteils zu einem eine Person oder mehrere Personen begünstigenden Verhaltens veranlasst wird.[10] Die mit diesem Verhalten häufig zugleich verbundenen schädlichen Auswirkungen auf Dritte oder die Allgemeinheit finden in Definitionsversuchen selten Erwähnung.[11]

Aufgrund der Komplexität des Vorgangs[12], der sich von vielen Seiten aus beleuchten lässt, ist Korruption ein Phänomen, welches seit jeher viele Wissenschaftsdisziplinen beschäftigt hat. In Ermangelung einer allgemeingültigen Definition hat daher jede Disziplin für sich versucht, eine handhabbare Definition zu finden:[13] Die in der Wissenschaftswelt wohl bekannteste Definition stammt aus dem Jahr 1931 von Joseph J. Senturia. Korruption ist seiner Ansicht nach der Missbrauch öffentlicher Macht zu privatem Nutzen.[14] Politikwissenschaftler sehen Korruption überwiegend dann als gegeben an, wenn ein Angehöriger des öffentlichen Sektors[15] durch die Zuwendung von Geld oder anderer Belohnungen veranlasst wird, eine für den Leistenden vorteilhafte und für seinen Arbeitgeber oder die Öffentlichkeit nachteilige Handlung vorzunehmen.[16] Für Ökonomen

---

10 So auch *Friedrich*, Pathologie der Politik, S. 103 und bspw. *Brauneder*, in: Brünner, S. 75, 76.

11 Zutreffend weist *Brauneder*, in: Brünner, S. 75, 77, auf diese Komponente hin; so aber *Friedrich*, Pathologie der Politik, S. 103.

12 *Brauneder*, in: Brünner, S. 75, 76.

13 Aber auch dies war nicht einfach. Noch 1978 beklagen die amerikanischen Politikwissenschaftler *Peters/Welch*, 72 APSR 974, 974 (1978), dass es an einer greifbaren Definition fehle: „[...] the systematic study of corruption is hampered by the lack of an adequate definition"; eine der folgenden ähnliche Unterteilung findet sich mit ausführlichen Nachweisen in: *Androulakis*, S. 33, 34.

14 *Senturia,* in: Seligman/Johnson, Encyclopaedia of the Social Sciences, Bd. IV, S. 448.

15 Darauf, dass Korruption nicht nur auf den staatlichen Bereich beschränkt ist, wird vereinzelt hingewiesen, so bspw. *Gerlich*, in: Brünner, S. 165, 169.

16 *Friedrich*, Pathologie der Politik, S. 103; *Peters/Welch*, 72 APSR (1978) 974, 976; eine engere Definition favorisiert bspw. *Nye*, 61 APSR (1967) 417, 419, der eine Handlung nur dann als korrupt einstuft, wenn sie formale Pflichten verletzt: „Corruption is behavior which deviates from the formal duties of a public role because of private-regarding (personal, close family, private clique) pecuniary or status gains; or violates rules against the exercise of certain types of private-regarding influence."; in diese Rich-

stellt Korruption wertneutral eine „Art des Tausches"[17] dar, bei dem die Beteiligten, eine unerlaubte Handlung und eine entsprechende Gegenleistung austauschen.[18] Der Anbieter der erwünschten Leistung wird dabei oftmals im öffentlichen Bereich gesehen.[19] In der Theologie steht die Moral des Menschen im Vordergrund. Schon das Alte Testament kennt das Phänomen der Korruption, es heißt dort im 2. Buch Mose (Exodus), Kapitel 23, Vers 8: „Du sollst Dich nicht durch Geschenke bestechen lassen; denn Geschenke machen die Sehenden blind und verdrehen die Sache derer, die im Recht sind." Heute beschreiben Theologen Korruption als einen „‚Sittenverfall'", bei dem der Mensch, als sittlich unvollkommenes und für Sünde anfälliges Wesen, bewusst sein Eigeninteresse höher stellt als die Pflichterfüllung und dabei sittliche Verpflichtung verletzt.[20]

All diese Ansätze konnten jedoch auch der Rechtswissenschaft nicht zu einer eindeutigen Definition verhelfen.[21] Als für die Rechtswissenschaft zu unscharf und zu weit erweisen sich die Definitionen der Soziologen und Theologen.[22] Für das wirtschaftliche Verständnis interessant ist der Ansatz der Ökonomen, jedoch schließt er zumeist einseitige Handlungen aus und erscheint mehr als Erklärungsversuch denn als Definition.[23] Politologen klammern Verhaltensweisen ohne die Beteiligung eines im öffentlichen Sektor Beschäftigten gleich vollkommen aus.[24] Um dennoch in

      tung geht auch *Gerlich*, in: Brünner, S. 165, 168, der auf „normwidrige[s] Verhalten" abstellt.
17 *Lambsdorff*, in: Pieth/Eigen, S. 56, 57.
18 *Lambsdorff*, in: Pieth/Eigen, S. 56, 57.
19 *Lambsdorff*, in: Pieth/Eigen, S. 56, 62; *Rose-Ackermann*, in: Pieth/Eigen, S. 40; insbesondere natürlich von politischen Ökonomen, wie bspw. *Borner/Schwyzer*, in: Pieth/Eigen, S. 17, 22.
20 *Rotter*, in: Brünner, S. 106, 106, 108, 116.
21 Vgl. nur unterschiedliche Definitionen u.a. von *Dölling*, DJT 1996, Bd. I, Gutachten, C 10 oder *Vahlenkamp*, in: Vahlenkamp/Knauß, S. 20; jüngst *Saliger*, in: FS Kargl, S. 493, 496 ff. Damit steht die deutsche Rechtswissenschaft nicht allein dar: auch im amerikanischen Recht beispielsweise, wo „corruptly" sogar oft als Tatbestandsmerkmal dient, wird eine fehlende Definition beklagt, vgl. dazu *Lowenstein*, in: Heidenheimer u.a., Political Corruption, S. 29, 31f.
22 *Androulakis*, S. 34.
23 *Androulakis*, S. 34.
24 So auch *Androulakis*, S. 35.

der vorliegenden Arbeit eine Richtschnur für relevante zu untersuchende Verhaltensweise zu haben, wird hier korruptes Verhalten folgendermaßen verstanden: Korruptes Handeln ist solches, bei dem jemand für sein berufliches Handeln in unzulässiger Weise Vorteile erhält oder dies jedenfalls anstrebt.

II. Arten der Korruption

Um das Phänomen der Korruption zu strukturieren, hat sich eine Systematik herausgebildet, die hier zur Verdeutlichung der Komplexität kurz Erwähnung finden soll.

Die am häufigsten anzutreffende Unterscheidung ist die zwischen situativer und struktureller Korruption.[25] Dabei wird auf die Art und die Umstände des Entschlusses und der Beziehung der Akteure untereinander abgestellt. Situative Korruption beschreibt in diesem Zusammenhang Fälle von spontanem Machtmissbrauch, bei denen wenige Akteure nur für kurze Zeit handeln und dem keine gezielte Planung und Vorbereitung vorausgeht. Sie wird auch Gelegenheits- oder Alltagskorruption genannt. Hingegen sind mit struktureller Korruption, auch als organisatorische oder systematische Korruption bezeichnet, solche Fallgestaltungen gemeint, in denen Akteure in einer Art Netzwerk länger andauernd korrupte Praktiken verfolgen.

Je nach Art der beteiligten Personen wird auch zwischen öffentlicher und privater Korruption unterschieden.[26] Dabei richtet sich diese Einteilung nach dem Beschäftigungsgebiet desjenigen, an dessen Handlung jemand Drittes interessiert ist. Kommen beide Akteure aus dem öffentlichen Bereich, wird dies teilweise gesondert als „endemische" oder auch „interne"

---

25 Vgl. für verschiedene Ausprägungen dieses Ansatzes: *Ahlf*, Kriminalistik 1996, 154, 156 f. (kleine-situative und große-langfristig angelegte Korruption); *Bannenberg*, Korruption in Deutschland und ihre strafrechtliche Kontrolle, S. 89 ff., 97 ff. (Einzelfall-, Gelegenheits- oder Bagatellkorruption, Gewachsene Beziehungen und Netzwerke); *BKA*, Lagebild Korruption 2003, S. 76 f.; *Herzog*, in: Lieb/Klemperer/Ludwig, Interessenkonflikte, S. 128, 130 (situative und strukturelle Korruption); für weitere Nachweise vgl. *Androulakis*, S. 46.

26 Vgl. bspw. *Androulakis*, S. 47; *Brünner*, in: Brünner, S. 677, 681 m.w.N.

Korruption erfasst.[27] Diese betreffe insbesondere Politiker und hohe Staatsbedienstete.

Korruption wird auch nach dem Umfang der gewährten Vorteile und der angestrebten Gegenleistung in den Blick genommen.[28] Je nach Ausmaß ist dabei zwischen kleiner und großer Korruption zu unterscheiden. Vereinzelt[29] wird davon ausgegangen, dass die situative Korruption stets kleinen Ausmaßes und die strukturelle Korruption stets großen Ausmaßes ist; dem muss jedoch durchaus nicht immer so sein. Weitere Klassifizierungen werden beispielsweise nach dem Zweck, der mit dem korrupten Vorgehen erreicht werden soll, nach der Art des Vorteils oder auch nach den Umständen der Vorteilszuwendung vorgenommen.[30]

Eine solche Systematisierung spielt insbesondere in der Kriminologie eine große Rolle. Eine gewisse Systematisierung gibt auch das materielle Strafrecht vor: Im StGB findet sich beispielsweise auch die Unterteilung der Delikte nach dem öffentlichen und dem privaten Sektor. So wird der öffentliche Sektor insbesondere in den §§ 331 ff. StGB geschützt, der private Sektor mit § 299 StGB.[31] Der Umfang des Vorteils ist von Bedeutung für die Strafzumessung. § 300 Nr. 1 StGB und § 335 Abs. 2 Nr. 1 StGB sehen dann eine höhere Strafandrohung vor, wenn sich „die Tat [...] auf einen Vorteil großen Ausmaßes bezieht". Schließlich richtet sich die Höhe der Strafe auch nach der Organisationsstruktur der Korruption. Handelt „der Täter gewerbsmäßig oder als Mitglied einer Bande [...], die sich zur fortgesetzten Begehung solcher Taten verbunden hat", sehen § 300 Nr. 2 StGB und § 335 Abs. 2 Nr. 3 StGB eine erhöhte Strafandrohung vor.

---

27 So bspw. von *Etzioni*, S. 245; darauf ebenfalls hinweisend *Ahlf*, Kriminalistik 1996, S. 154, 157.
28 *Androulakis,* S. 47
29 *Ahlf*, Kriminalistik 1996, 154, 156 f.; ähnlich auch die Einteilung bei *United Nations*, Handbook, S. 23.
30 *Androulakis*, S. 47 m.w.N.
31 Vgl. dazu das zweite Kapitel unter B.

B. Der Arzt im Gesundheitssystem

Das deutsche Gesundheitssystem ist komplex. Es ist gekennzeichnet durch ein Geflecht an Vorschriften[32], eine Vielzahl von beteiligten Institutionen und Personen und deren teilweise vielfältigen rechtlichen Beziehungen untereinander. Im Folgenden soll die Stellung des Arztes im Gesundheitssystem soweit beleuchtet werden, wie dies für spätere materiellrechtliche Einordnung der untersuchten Verhaltensweisen notwendig ist. Grundzügen des Gesundheitssystems folgen Erläuterungen zu den Grundlagen der ärztlichen Tätigkeit, bevor zentrale Merkmale der Tätigkeit von Ärzten als Vertragsarzt, als sog. „Privatarzt" oder als Arzt im Krankenhaus herausgestellt werden. Abschließend werden die Einzelheiten der Verordnung von Arznei- und Hilfsmitteln sowie Medizinprodukten betrachtet.

I. Grundstruktur des Gesundheitssystems

1. Grundstruktur

Die heutige Struktur des deutschen Gesundheitssystems ist historisch gewachsen.[33] Maßgeblich geprägt wurde es durch die Bismarck'sche Sozialgesetzgebung im Deutschen Reich, die ab 1883 durch die Einführung der gesetzlichen Krankenversicherung[34], aber auch der gesetzlichen Unfallversicherung[35] (1884) und der gesetzlichen Rentenversicherung[36] (1889) erstmals breite Bevölkerungskreise gegen soziale Risiken absicherte.[37] Auch heute noch ist das Gesundheitssystem der Bundesrepublik

---

32 Insbesondere das einen großen Teil des Normgeflechts ausmachende Sozialversicherungsrecht wird gelegentlich u.a. als „Wespennest ungeklärter juristischer Probleme" (*Isensee*, zitiert nach *Schnapp*, in: FS Herzberg, S. 795) bezeichnet.

33 Einen Überblick über die historische Entwicklung gibt *Simon*, S. 19 ff.; vgl. auch Sodan/*Sodan*, Handbuch Krankenversicherungsrecht, § 1 Rn. 1 ff.

34 Gesetz, betreffend die Krankenversicherung der Arbeiter, vom 15. Juni 1883 (RGBl. Nr. 9, S. 73–104).

35 Unfallversicherungsgesetz vom 6. Juli 1884 (RGBl. Nr. 19, S. 69–111).

36 Gesetz, betreffend die Invaliditäts- und Altersversicherung, vom 22. Juni 1889 (RGBl. Nr. 13, S. 97–144).

37 *Stolleis*, S. 76 ff.; in diesem Sinne auch Sodan/*Sodan*, Handbuch Krankenversicherungsrecht, § 1 Rn. 5 ff.

Deutschland zum großen Teil staatlich reguliert[38] und überwiegend durch Sozialversicherungsbeiträge finanziert[39].

Zentrale Institutionen des deutschen Gesundheitssystems sind die gesetzliche und die private Krankenversicherung.[40] Über 99 % der Bevölkerung waren im Jahr 2015 dadurch insbesondere für Leistungen im Krankheitsfall[41] versichert, davon knapp über 87 % gesetzlich und 11,7 % privat.[42] Öffentliche, freigemeinnützige und private Einrichtungen sind in diesem Gesundheitssystem diejenigen, die die Leistungen erbringen.[43] Die privaten Einrichtungen, zu denen neben Unternehmen auch Einzelpersonen, wie ein selbständig niedergelassener Arzt zählt, erbringen dabei den größten Teil.[44]

Vorschriften, die die Rechtsbeziehungen der verschiedenen Institutionen und Akteure im Gesundheitswesen beschreiben, sind über verschiedenste Rechtsgebiete und Gesetzbücher verteilt. Ein einheitliches Gesetzbuch, welches die das Gesundheitssystem betreffenden Vorschriften bündelt, sucht man vergebens.[45] Die Gesetzgebungskompetenzen sind stattdessen zwischen Bund (vgl. Art. 74 Abs. 1 Nr. 7, 11, 12, 19, 19a und 26 GG)[46] und Ländern aufgeteilt.[47] Hinzu kommen zahlreiche Verträge, Richtlinien

---

38 Dies steht in einem engen Zusammenhang mit dem in Art. 20 Abs. 1 GG niedergelegten Sozialstaatsgebot des Grundgesetzes. Dem Staat ist damit die grundsätzliche Verantwortung übertragen, für eine ausreichende soziale Sicherung und somit auch der Versorgung im Krankheitsfall zu sorgen (BVerfGE 68, 193, 209; 124, 25, 37); in der genauen Ausgestaltung ist er jedoch frei (BVerfG 65, 182, 193; 71, 66, 80), vgl. Jarass/Pieroth/*Jarass*, GG, Art. 20 Rn. 156, 154.

39 Becker/Kingreen/*Becker/Kingreen*, § 1 Rn. 4.

40 *Simon*, S. 142.

41 Die Versicherungsleistungen gehen über den typischen Versicherungsfall bei Krankheit natürlich hinaus. Nach Abschnitt drei des SGB V umfasst die GKV demnach u.a. auch Leistungen zur Verhütung von Krankheiten oder Förderungen der Selbsthilfe sowie Leistungen bei Schwangerschaft und Mutterschaft.

42 Eigene Berechnungen auf Basis der Daten von *BMG*, Daten des Gesundheitswesens 2015, S. 111.

43 Vgl. *Simon*, S. 137.

44 Vgl. *Simon*, S. 138.

45 Vgl. auch MAH-MedR/*Wollersheim*, § 6 Rn. 1.

46 Spickhoff/*Steiner/Müller-Terpitz*, GG, Art. 74 Rn. 1 ff.

47 Vgl. dazu Ratzel/Luxenburger/*Ratzel*, Hdb MedR, § 4 Rn. 1.

und weitere untergesetzliche Normen durch Verbände oder Institutionen, die es bei unterschiedlichsten Gelegenheiten zu beachten gilt.

2. Das System der Krankenversicherung

Im dualen deutschen Krankenversicherungssystem bestehen die gesetzliche und die private Krankenversicherung nebeneinander. Nach immer wieder aufkeimenden Diskussionen um ein einheitliches Versicherungssystem,[48] blickt der Dualismus mittlerweile auf eine über hundertjährige Geschichte zurück[49].

a) Die gesetzliche Krankenversicherung

Krankenkassen sind die Träger der gesetzlichen Krankenversicherung.[50] Gem. § 4 Abs. 1 SGB V[51] sind sie rechtsfähige Körperschaften des öffentlichen Rechts mit Selbstverwaltung und gehören damit zur mittelbaren Staatsverwaltung[52]. Sie unterliegen grundsätzlich allein der Rechtsaufsicht des Bundes.[53] In jedem Bundesland bilden die Krankenkassen gem. §§ 207 ff. SGB V Landesverbände. Alle Krankenkassen zusammen bilden den Spitzenverband Bund der Krankenkassen als Körperschaft des öffentlichen Rechts (§ 217a SGB V). Dieser hat gem. § 217f SGB V unter anderem die Aufgabe, die Krankenkassen und ihre Landesverbände bei der Erfüllung ihrer Aufgaben und bei der Wahrnehmung ihrer Interessen zu unterstützen und Rahmenrichtlinien festzulegen.

---

[48] So auch erst im Rahmen des letzten Bundestagswahlkampfs, vgl. dazu eine tabellarische Übersicht des DÄ der Standpunkte von ausgewählten Parteien unter http://www.aerzteblatt.de/down.asp?id=11533.

[49] Vgl. zur Entstehung und der Geschichte des dualen Versicherungssystems: *Bockmann,* Quo vadis, PKV?, S. 45 ff.

[50] *Waltermann,* Sozialrecht, § 8 Rn. 159. Derzeit gibt es in Deutschland 124 gesetzliche Krankenkassen (mit Stand vom 1. Januar 2015), vgl. *BMG,* Daten des Gesundheitswesens 2015, S. 114.

[51] Das Fünfte Sozialgesetzbuch – Gesetzliche Krankenversicherung – vom 20. Dezember 1988 (BGBl. I S. 2477, 2482), das zuletzt durch Artikel 6 des Gesetzes vom 10. Dezember 2015 (BGBl. I S. 2229) geändert worden ist.

[52] Sodan/*Sodan,* Handbuch Krankenversicherungsrecht, § 1 Rn. 15.

[53] Sodan/*Schüffner/Franck,* Handbuch Krankenversicherungsrecht, § 36 Rn. 10, 40.

Die gesetzlichen Krankenkassen sind mitgliedschaftlich verfasst[54] (§§ 186 ff. SGB V). Ebenso wie bei den anderen Sozialversicherungen, besteht in der gesetzlichen Krankenversicherung grundsätzlich eine Versicherungspflicht.[55] Regeln zur Finanzierung der gesetzlichen Krankenversicherung finden sich in den §§ 220–273 SGB V. Gem. § 220 Abs. 1 SGB V werden die Mittel der Krankenversicherung durch Beiträge und sonstige Einnahmen aufgebracht. Dabei machen die Beiträge der versicherten Mitglieder den größten Teil des Budgets aus.[56] Jede Krankenkasse zieht ihre Beiträge ein und leitet diese[57] dann an den sogenannten Gesundheitsfond weiter.[58] Dort werden alle Einnahmen gesammelt und gem. § 266 Abs. 1 SGB V im Rahmen des morbiditätsorientierten Risikostrukturausgleichs (neben einer Grundpauschale werden alters-, geschlechts- und risikoadjustierte Zu- und Abschläge vorgenommen) wieder auf die Krankenkassen verteilt.[59] Verwaltet wird der Gesundheitsfond gem. § 271 Abs. 1 SGB V durch das Bundesversicherungsamt als Sondervermögen.

Die gesetzliche Krankenversicherung beruht im Grundsatz auf dem Sachleistungsprinzip (vgl. § 2 Abs. 2 S. 1 SGB V).[60] Danach haben die Krankenkassen ihren Versicherten die Leistungen als Sach- und Dienstleistungen zur Verfügung zu stellen.[61] Soweit sie diese nicht ausnahmsweise in sogenannten Eigeneinrichtungen selber erbringen (vgl. § 140 SGB V und § 132 Abs. 1 S. 1 SGB V; 132a Abs. 2 S. 10 SGB V), bedienen sie sich

---

54 Becker/Kingreen/*Mühlhausen*, § 4 Rn. 3.

55 Becker/Kingreen/*Michels*, § 186 Rn. 3; *Waltermann*, Sozialrecht, § 8 Rn. 174.

56 Vgl. für weitere Einzelheiten *Waltermann*, Sozialrecht, § 8 Rn. 167; zu den Ausnahmen vgl. §§ 6 ff. SGB V.

57 Ausgenommen davon sind sog. Zusatzbeiträge, die die Krankenkassen von ihren Mitgliedern erheben und ohne Umwege auch direkt erhalten können, wenn sie mit ihrem Geld nicht auskommen. Vgl. *Waltermann*, Sozialrecht, § 8 Rn. 169 f. (Grafik).

58 Laufs/Kern/*Clemens*, Handbuch des Arztrechts, § 24 Rn. 39.

59 *Waltermann*, Sozialrecht, § 8 Rn. 168.

60 Sodan/*Hauck*, Handbuch Krankenversicherungsrecht, § 8 Rn. 19; ausführlich dazu Quaas/Zuck/*Zuck*, Medizinrecht, § 9 Rn. 2 ff. m.w.N.; zu den Ausnahmen vgl. § 13 SGB V und bei Sodan/*Hauck*, Handbuch Krankenversicherungsrecht, § 8 Rn. 22 ff.

61 Sodan/*Hauck*, Handbuch Krankenversicherungsrecht, § 8 Rn. 19.

zur Leistungserbringung sogenannter Leistungserbringer.[62] Gem. § 69 Abs. 1 SGB V zählen dazu unter anderem Ärzte, Zahnärzte, Psychotherapeuten, Apotheken und Krankenhäuser, mit denen die Krankenkassen Verträge über die Erbringung der Leistungen abschließen (vgl. § 2 Abs. 2 S. 3 SGB V).[63]

b) Die private Krankenversicherung

Die private Krankenversicherung hingegen hat ihre Grundlagen im Privatrecht.[64] Überwiegend werden die privaten Krankenversicherungsunternehmen als Aktiengesellschaft oder auch als Versicherungsverein auf Gegenseitigkeit betrieben.[65]

Zu unterscheiden sind private Krankheitskostenvollversicherungen und private Zusatz- bzw. Ergänzungsversicherungen. Eine private Krankheitskostenvollversicherung ist die bedeutendste Form einer sogenannten substitutiven Krankenversicherung, d.h. einer Krankenversicherung, welche ganz oder teilweise den im gesetzlichen Sozialversicherungssystem vorgesehenen Kranken- oder Pflegeversicherungsschutz ersetzen kann (vgl. § 146 Abs. 1 VAG[66] und § 195 Abs. 1 VVG[67]).[68] Auf ihr soll daher der Fokus der folgenden Ausführungen liegen. Eine solche Krankheitskos-

---

62 Vgl. Becker/Kingreen/*Scholz*, § 2 Rn. 11, Quaas/Zuck/*Zuck*, Medizinrecht, § 9 Rn. 3.
63 Mehr zu den Rechtsbeziehungen bei der Leistungserbringung vgl. unten unter B. III. 4.
64 *Waltermann*, Sozialrecht, § 8 Rn. 173.
65 Sodan/*Sodan*, Handbuch Krankenversicherungsrecht, § 1 Rn. 16. Dem Rechenschaftsbericht der privaten Krankenversicherung ist zu entnehmen, dass der Verband Ende 2014 42 ordentliche Mitgliedsunternehmen hatte, davon waren 24 Aktiengesellschaften und 18 Versicherungsvereine auf Gegenseitigkeit, vgl. *PKV,* Rechenschaftsbericht 2014, S. 9.
66 Versicherungsaufsichtsgesetz vom 1. April 2015 (BGBl. I S. 434), das zuletzt durch Artikel 15 des Gesetzes vom 11. März 2016 (BGBl. I S. 396) geändert worden ist.
67 Versicherungsvertragsgesetz vom 23. November 2007 (BGBl. I S. 2631), das durch Artikel 15 des Gesetzes vom 19. Februar 2016 (BGBl. I S. 254) geändert worden ist.
68 Vgl. dazu auch Sodan/*Sodan*, Handbuch Krankenversicherungsrecht, § 1 Rn. 18; *Meier/von Czettritz/Gabriel/Kaufmann*, Pharmarecht, § 10 Rn. 17.

tenvollversicherung kann grundsätzlich jeder abschließen.[69] Allerdings werden dies zumeist nur die Personen tun, bei denen keine Versicherungspflicht nach den Vorschriften des SGB V für die gesetzliche Krankenversicherung besteht.[70]

Das Privatversicherungswesen ist vom Grundsatz der Vertragsfreiheit geprägt.[71] Die Versicherungsleistungen der PKV (im Rahmen der substitutiven Krankenversicherung)[72] werden im sogenannten Kapitaldeckungsverfahren (teilweise auch Anwartschaftsdeckungsverfahren[73] genannt) finanziert.[74] Im Gegensatz zum in der gesetzlichen Krankenversicherung angewandten Umlageverfahren, welches aus den Beiträgen die laufenden Versicherungskosten trägt (wirtschaften „‚von der Hand in den Mund'")[75], wird im Kapitaldeckungsverfahren aus den Beiträgen der Versicherten eine Kapitalreserve als Grundlage späterer Versicherungsleistungen gebildet.[76] Während also ein Teil der Beiträge zur privaten Krankenversicherung der Finanzierung der laufenden Ausgaben der Versichertengemeinschaft dient, fließt der andere Teil in die sogenannten Altersrückstellungen, um das mit zunehmendem Alter steigende Krank-

---

69   Wie hier Sodan/*Sodan,* Handbuch Krankenversicherungsrecht, § 1 Rn. 18; anders aber wohl *Freitag,* Ärztlicher Abrechnungsbetrug, S. 83.

70   Nicht nur theoretisch in Betracht kommt für gesetzlich Pflichtversicherte der Abschluss einer privaten Zusatzversicherung, vgl. dazu Sodan/*Sodan,* Handbuch Krankenversicherungsrecht, § 1 Rn. 18; Sodan/*Schüffner/ Franck,* Handbuch Krankenversicherungsrecht, § 43 Rn. 133 ff.

71   Sodan/*Schüffner/Franck,* Handbuch Krankenversicherungsrecht, § 43 Rn. 36. Seit dem 1.1.2009 wird dieser Grundsatz allerdings durch einen in § 152 Abs. 2 VAG (bis 31.12.2015: § 12 Abs. 1b VAG), § 193 Abs. 5 VVG niedergelegten eingeschränkten Kontrahierungszwang für eine Krankheitskostenversicherung im sog. Basistarif durchbrochen, vgl. dazu *Boetius,* Private Krankenversicherung, § 193 VVG Rn. 19, § 12 VAG Rn. 49 und Sodan/*Schüffner/Franck,* Handbuch Krankenversicherungsrecht, § 43 Rn. 142 ff.

72   Sodan/*Kalis,* Handbuch Krankenversicherungsrecht, § 42 Rn. 7a.

73   Wenzel/*Hess,* FA-MedR, Kap. 2 Rn. 47.

74   Sodan/*Sodan,* Handbuch Krankenversicherungsrecht, § 1 Rn. 20.

75   So auch Sodan/*Sodan,* Handbuch Krankenversicherungsrecht, § 1 Rn. 20.

76   Sodan/*Sodan,* Handbuch Krankenversicherungsrecht, § 1 Rn. 20.

heitsrisiko bei gleichbleibenden Beiträgen über den Versicherungsverlauf hinweg auszugleichen.[77]

Art und Höhe der Versicherungsleistung ergeben sich aus dem Versicherungsvertrag, den der Versicherungsnehmer mit dem Versicherungsgeber nach zivilrechtlichen Grundsätzen ergänzt durch Vorschriften des VVG abschließt.[78] Der Inhalt ist in der Regel durch Allgemeine Versicherungsbedingungen (AVB) vom Versicherer vorgegeben,[79] welche zumeist in einem ersten Teil die verbandseinheitlichen Musterbedingungen (MB/KK)[80] enthalten bzw. modifizieren und in einem zweiten Teil die sogenannten Tarifbedingungen enthalten, die die je nach Versicherung unterschiedlichen Leistungen näher beschreiben.[81] Für einige Tarife der privaten Krankenversicherung gibt es brancheneinheitliche Musterbedingungen, die nicht modifiziert werden dürfen, so unter anderem die Bedingungen des Basistarifs und des Standardtarifs.[82] Der einmal vereinbarte Leistungsumfang bleibt dem Versicherten grundsätzlich ein Leben lang erhalten.[83]

Während in der gesetzlichen Krankenversicherung das Sachleistungsprinzip vorherrscht, gilt in der privaten Krankenversicherung fast ausschließlich das Kostenerstattungsprinzip.[84] Danach verschafft sich der Versicherte zunächst selbst die notwendige Leistung (beispielsweise bei einem niedergelassenen Arzt oder in einem Krankenhaus), verauslagt die Kosten

---

77 Sodan/*Sodan*, Handbuch Krankenversicherungsrecht, § 1 Rn. 20; § 46 Rn. 5.

78 Sodan/*Schüffner/Franck*, Handbuch Krankenversicherungsrecht, § 43 Rn. 29, 55 ff.; *Waltermann*, Sozialrecht, § 8 Rn. 173; vgl. auch *Meier/von Czettritz/Gabriel/Kaufmann*, Pharmarecht, § 10 Rn. 12.

79 Sodan/*Schüffner/Franck*, Handbuch Krankenversicherungsrecht, § 43 Rn. 61. „Die AGB der Versicherungswirtschaft", so Bach/Moser/*Rudolph*, Private Krankenversicherung, Teil A. Rn. 22.

80 Musterbedingungen 2009 für die Krankheitskosten- und Krankenhaustagegeldversicherung, MB/KK 2009, abrufbar auf den Internetseiten des PKV-Verbandes unter https://www.pkv.de/service/broschueren/musterbedingun gen/mb-kk-2009.pdb.pdf?dl=1.

81 *Schäfer*, VersR 2010, 1525, 1525.

82 Vgl. Sodan/*Kalis*, Handbuch Krankenversicherungsrecht, § 42 Rn. 8a; *Meier/von Czettritz/Gabriel/Kaufmann,* Pharmarecht, § 10 Rn. 12.

83 Sodan/*Kalis*, Handbuch Krankenversicherungsrecht, § 42 Rn. 7b. Beachte aber § 203 Abs. 3 VVG.

84 Vgl. dazu auch MAH Sozialrecht/*Hauck*, § 18 Rn. 3.

und bekommt diese wiederum von seiner Versicherung erstattet, soweit die medizinische Leistung den zwischen dem privaten Versicherungsunternehmen und dem Versicherten vereinbarten Vertragsbedingungen entspricht (vgl. dazu bspw. § 192 Abs. 1, Abs. 2, Abs. 4 VVG).[85] § 192 Abs. 1 VVG verpflichtet den Versicherer, Aufwendungen zu erstatten, die „im vereinbarten Umfang [...] für medizinisch notwendige Heilbehandlung wegen Krankheit oder Unfallfolgen und für sonstige vereinbarte Leistungen einschließlich solcher bei Schwangerschaft und Entbindung sowie für ambulante Vorsorgeuntersuchungen zur Früherkennung von Krankheiten nach gesetzlich eingeführten Programmen [entstanden sind]". Nicht Ersatz leisten muss die Versicherung für Aufwendungen, die aus unberechtigten Ansprüchen Dritter entstanden sind.[86] Gem. § 192 Abs. 3 Nr. 5 VVG ist auch eine Direktabrechnung zwischen dem privaten Versicherungsunternehmen und dem Leistungserbringer möglich (häufig bei Krankenhausbehandlungen), mit der der Kostenerstattungsanspruch des Versicherten gleich „abgewickelt" wird.[87]

II. Grundlagen ärztlicher Tätigkeit

Bevor die Einzelheiten der Berufsausübung, bei der nach der Art der Ausübung des ärztlichen Berufs zu unterscheiden ist, näher betrachtet werden, sind zunächst die für alle Ärzte geltenden Grundlagen ärztlicher Tätigkeit vorzustellen. Mit Erhalt seiner Approbation ist jeder Arzt in ein kompliziertes rechtliches System eingebunden. Für seine Arbeit sind die Begriffe der Freiheit und des Vertrauens maßgebend.

1. Rechtlicher Rahmen

Die Zulassung und Ausübung des ärztlichen Berufs ist stark reglementiert.[88] Vorschriften dazu finden sich sowohl in Bundes- als auch in Lan-

---

85 Dieners/Reese/*Reese/Stallberg*, Pharmarecht, § 17 Rn. 62; vgl. auch *Meier/von Czettritz/Gabriel/Kaufmann*, Pharmarecht, § 10 Rn. 17.
86 BGH NJW 1998, 1790, 1790; BGH NJW 2003, 1596, 1596 m.w.N.
87 Wenzel/*Hess*, FA-MedR, Kap. 2 Rn. 41; ebenso Dieners/Reese/*Reese/Stallberg*, Handbuch Pharmarecht, § 17 Rn. 64; Sodan/*Sodan*, Handbuch Krankenversicherungsrecht, § 1 Rn. 31. Vgl. zu den Einzelheiten unten unter B. V. 3.
88 Ausführlich dazu u.a. MAH-MedR/*Wollersheim*, § 6 Rn. 1 ff.; Ratzel/Luxenburger/*Ratzel*, Hdb MedR, § 4 Rn. 1–3 und Ratzel/Luxenburger/*Ratzel/Knüpper*, Hdb MedR, § 5.

desgesetzen. Weiterhin sind zahlreiche Richtlinien und Leitlinien für das ärztliche Handeln maßgebend.

Nach Art. 74 Abs. 1 Nr. 19 GG kommt dem Bund unter anderem die Regelungskompetenz für die Zulassung zu den Heilberufen zu. Diese umfasst Vorschriften über die Erteilung, die Zurücknahme oder den Verlust der Approbation.[89] Mit Erlass der Bundesärzteordnung (BÄO)[90] hat der Bund für den Arztberuf von seiner Gesetzgebungskompetenz Gebrauch gemacht.[91] Danach darf als Arzt in der Bundesrepublik Deutschland gem. § 2 BÄO nur tätig sein, wer entweder eine Approbation gem. § 3 ff. BÄO erworben (§ 2 Abs. 1 BÄO) bzw. eine Erlaubnis zur (vorübergehenden) Ausübung nach § 10 f. BÄO (§ 2 Abs. 2 BÄO) erhalten hat oder nach §§ 2 Abs. 3, 10b BÄO sonst zur Ausübung berechtigt ist.

Die Gesetzgebungskompetenz für Berufsausübungsregelungen steht nach Art. 70 GG hingegen den Ländern zu. Mit dem Erlass von sogenannten Heilberufs- bzw. Kammergesetzen haben diese davon Gebrauch gemacht.[92] Auf deren Grundlage sind in jedem Bundesland Ärztekammern entstanden,[93] die Körperschaften des öffentlichen Rechts sind und denen als Einrichtung der funktionalen Selbstverwaltung eine Vielzahl von Aufgaben übertragen ist (vgl. bspw. § 4 Bln KAG).[94] Sie sind dazu ermächtigt (vgl. bspw. § 4a Bln KAG), die Berufsausübung sowie die Berufspflichten ihrer Mitglieder in Berufsordnungen zu regeln. Die Landesärztekammern sind dieser Ermächtigung wiederum durch Erlass von

---

[89] BVerfG NJW 1972, 1504, 1505; BVerfGE 4, 74, 83 ff.

[90] Bundesärzteordnung in der Fassung der Bekanntmachung vom 16. April 1987 (BGBl. I S. 1218), die zuletzt durch Artikel 2 der Verordnung vom 21. Juli 2014 (BGBl. I S. 1301) geändert worden ist.

[91] Spickhoff/*Schelling,* Vorbem. zu BÄO, Rn. 1.

[92] In Berlin gilt bspw. das „Gesetz über die Kammern und die Berufsgerichtsbarkeit der Ärzte, Zahnärzte, Tierärzte, Apotheker, Psychologischen Psychotherapeuten und Kinder- und Jugendlichenpsychotherapeuten (Berliner Kammergesetz)" in der Fassung der Bekanntmachung vom 4. September 1978, zuletzt geändert durch Art. I Zwölftes ÄndG vom 27.3.2013 (GVBl. S. 70); vgl. zur Übersicht aller Heilberufs- bzw. Kammergesetze die Internetseite der Ärztekammer Westfalen-Lippe.

[93] Aufgrund der großen Mitgliederzahlen in NRW sind dort sowohl für den Bereich Nordrhein als auch Westfalen Kammern geschaffen worden, MAH-MedR/*Wollersheim,* § 6 Rn. 33.

[94] Laufs/Kern/*Laufs,* Handbuch des Arztrechts, § 13 Rn. 1 f.

Satzungen[95] nachgekommen. Inhaltlich orientieren sich diese an der von der Bundesärztekammer[96] erlassenen aber nicht rechtsverbindlichen[97] Musterberufsordnung (MBO-Ä)[98]. Die Organisation in Ärztekammern bringt die Pflichtmitgliedschaft für Ärzte mit sich.[99] Zwischen beiden besteht ein öffentlich-rechtliches Rechtsverhältnis, in dem die Ärztekammer befugt ist, Verwaltungsakte gegenüber ihren Mitgliedern zu erlassen.[100] Regelungen, die die Berufsausübung betreffen, finden sich teilweise auch in Bundesgesetzen. Insbesondere das SGB V, welches der Bund auf der Grundlage von Art. 74 Abs. 1 Nr. 12 GG erlassen hat, enthält beispielsweise Vorschriften zu Fortbildungspflichten (§ 95d SGB V) oder zur Sicherung der Leistungsqualität (§§ 135 ff. SGB V) für Leistungserbringer, die an der Versorgung gesetzlich Versicherter teilnehmen. Schließlich tangieren auch Richtlinien bspw. vom Gemeinsamen Bundesausschuss[101] oder durch die Bundesärztekammer erlassen, Leitlinien oder Empfehlungen die (vertrags-)ärztliche Berufsausübung.[102]

---

95   Für Berlin vgl. bspw. die „Berufsordnung der Ärztekammer Berlin" vom 26. November 2014 (ABl. Nr. 52, S. 2341).

96   Die Bundesärztekammer ist ein freiwilliger privatrechtlicher Zusammenschluss der Landesärztekammern, die ihrer Satzung zufolge unter anderem auf eine möglichst einheitliche Regelung der Berufspflichten durch die Landesärztekammern abzielt, vgl. Laufs/Kern/*Laufs,* Handbuch des Arztrechts, § 13 Rn. 13 f.; Spickhoff/*Scholz,* Vorbem. zur MBO, Rn. 1.

97   Spickhoff/*Scholz,* Vorbem. zur MBO, Rn. 1.

98   Die „(Muster-)Berufsordnung für die in Deutschland tätigen Ärztinnen und Ärzte – MBO-Ä 1997" in der Fassung der Beschlüsse des 118. Deutschen Ärztetages 2015 in Frankfurt am Main.

99   Vgl. bspw. § 2 Bln KAG; MAH-MedR/*Wollersheim,* § 6 Rn. 47; Ratzel/Luxenburger/*Ratzel/Knüpper,* Hdb MedR, § 5 Rn. 46.

100   MAH-MedR/*Wollersheim,* § 6 Rn. 45; Laufs/Kern/*Laufs,* Handbuch des Arztrechts, § 13 Rn. 7 f.

101   Eine Auflistung der bisher vom Gemeinsamen Bundesausschuss beschlossenen Richtlinien findet sich bei Wenzel/*Hess,* FA-MedR, Kap. 2 Rn. 536.

102   Ein Hinweis auf diese Regeln soll hier genügen. Einen Überblick über die damit zusammenhängenden rechtlichen Fragen geben bspw. *Ratajczak,* Eine Einführung, S. 1 ff.; *Sickor,* Normenhierarchie, S. 167–193, 237–241, vgl. insbesondere zu den Leitlinien *Hart,* Ärztliche Leitlinien im Medizin- und Gesundheitsrecht.

2. Freier Beruf

Trotz aller Regeln ist der ärztliche Beruf ein freier Beruf: er zählt zu den sog. „Freien Berufen" und ist darüber hinaus auch „seiner Natur nach" ein freier Beruf.

Der Begriff des „Freien Berufs" ist kein eindeutiger Rechtsbegriff.[103] Eine abschließende und umfassende Legaldefinition der sog. „Freien Berufe" sucht man in der deutschen Rechtsordnung bislang vergebens.[104] Eine inhaltliche Annäherung gibt heute § 1 Abs. 2 S. 1 PartGG[105], wonach freie Berufe in der Regel auf der Grundlage besonderer beruflicher Qualifikation oder schöpferischer Begabung die persönliche, eigenverantwortliche und fachlich unabhängige Erbringung von Dienstleistungen höherer Art im Interesse der Auftraggeber und der Allgemeinheit zum Inhalt haben. Ähnlich ist die Definition des Europäischen Gerichtshof, wonach freie Berufe durch Tätigkeiten gekennzeichnet wären, die einen „ausgesprochen intellektuellen Charakter haben, eine hohe Qualifikation verlangen [,] gewöhnlich einer genauen und strengen berufsständischen Regelung unterliegen", bei denen das „persönliche Element eine besondere Bedeutung hat" und die eine „große Selbständigkeit bei der Vornahme der beruflichen Handlungen voraussetz[en]".[106] Nach diesen Maßstäben gehört der Arztberuf zu den „Freien Berufen":[107] seine Tätigkeit ist intellektuell höchst anspruchsvoll und gleichzeitig sehr persönlich. Entscheidungen muss der Arzt selbständig treffen und für die Konsequenzen unter Umständen persönlich haften. Jeder Arzt unterliegt strengen berufsständischen Regelungen, denen er mit seiner Approbation unterworfen ist.[108]

Dieses Ergebnis wird durch § 1 Abs. 2 2. Hs. BÄO und § 1 Abs. 1 S. 3 MBO-Ä getragen. Danach ist der ärztliche Beruf seiner Natur nach ein freier Beruf. Der Zusatz *seiner Natur nach* soll klarstellen, dass jeder Arzt, unabhängig davon, „in welchem Rechtsverhältnis und in welcher

---

103 BVerfG NJW 1960, 619, 620.
104 *BMWi*, Freie Berufe, S. 4; Quaas/Zuck/*Quaas*, Medizinrecht, § 13 Rn. 9; *Sodan*, Freie Berufe, S. 13 f. m.w.N.
105 Partnerschaftsgesellschaftsgesetz vom 25. Juli 1994 (BGBl. I, S. 1744), das zuletzt durch Artikel 7 des Gesetzes vom 22. Dezember 2015 (BGBl. I S. 2565) geändert worden ist.
106 Vgl. dazu EuGH, Urteil vom 11. Oktober 2011, Az. C-267/99, Rn. 39.
107 Vgl. nur BVerfG NJW 1960, 619 ff.; Quaas/Zuck/*Quaas*, Medizinrecht, § 13 Rn. 9 ff.; *Sodan*, Freie Berufe, S. 94.
108 Vgl. dazu oben unter B. II. 1.

wirtschaftlichen Form er den Beruf ausübt", bei seiner eigentlichen Heilbehandlungstätigkeit „unabhängig und weisungsfrei" ist.[109] Sowohl die BÄO als auch die MBO-Ä gelten jedenfalls dort, wo der Wortlaut keine andere Interpretation zulässt, für alle Ärzte unabhängig von der Art der Ausübung der Tätigkeit.[110] Es handelt sich mithin um eine jedem Arzt immanente Freiheit in seinen ärztlichen Entscheidungen.[111] Nach herrschender Auffassung steht damit auch weder dem Dienstherrn gegenüber seinen verbeamteten oder angestellten Ärzten ein Weisungsrecht, noch dem Arbeitgeber ein Direktionsrecht betreffend die ärztliche Tätigkeit zu.[112] Diese in § 1 Abs. 2 2. Hs. BÄO niedergelegte Berufsfreiheit ist ein „Recht im Dienste des Patienten und seiner Gesundheit"[113]. Dem Arzt muss die Ausübung seines Berufs, unabhängig davon, ob er als Angestellter, Beamter oder Selbständiger tätig ist, ganz nach seiner fachlichen Überzeugung möglich sein.[114] Einen freien Beruf in diesem Sinne üben mithin grundsätzlich alle Ärzte aus. Daran mag man zweifeln, wenn man die für den Vertragsarzt in den letzten Jahrzehnten immer umfassenderen Beschränkungen durch zahlreiche Gesetze in seiner Berufsausübung betrachtet.[115] Letztlich aber sind diese die einzige Möglichkeit, in der breiten Masse überhaupt noch medizinische Leistungen in großer Auswahl anbieten zu können – insofern mögen sie im Einzelfall beschränken, auf die Gesamtheit gesehen jedoch eher gegenteilige Wirkung haben.

---

109 BGH NJW 1978, 589, 591; vgl. auch Quaas/Zuck/*Quaas*, Medizinrecht, § 13 Rn. 10.

110 So auch *Laufs/Katzenmeier/Lipp*, Kap. II. Rn. 3 f. m.w.N.; Spickhoff/*Schelling*, BÄO, § 1 Rn. 1 ff., 7.

111 BT-Drs. 3/2810, S. 1; dazu auch *Taupitz*, Standesordnungen, S. 46, Fn. 60.

112 BGH NJW 1978, 589, 591; *Laufs/Katzenmeier/Lipp*, Kap. II Rn. 4; Ratzel/Luxenburger/*Ratzel/Knüpper*, Hdb MedR, § 5 Rn. 15. Wohl aber durch entsprechende Chef- oder Oberärzte, so jedenfalls Quaas/Zuck/*Quaas*, Medizinrecht, § 13 Rn. 10.

113 Laufs/Katzenmeier/Lipp/*Lipp*, Kap. II Rn. 4 m.w.N.

114 Vgl. BT-Drs. 3/2810, S. 1; Laufs/Katzenmeier/Lipp/*Lipp*, Kap. II Rn. 3 f.; Laufs/Kern/*Laufs*, Handbuch des Arztrechts, § 3 Rn. 9 ff.; Ratzel/Luxenburger/*Ratzel/Knüpper*, Hdb MedR, § 5 Rn. 15; vgl. auch § 1 Abs. 1 S. 3 MBO-Ä.

115 So auch Quaas/Zuck/*Quaas*, Medizinrecht, § 13 Rn. 11. Im Jahr 1960 mit einer Begründung, die wohl auch heute noch Bestand hätte, schon BVerfG NJW 1960, 619, 619 ff.; kritisch dazu *Laufs/Katzenmeier/Lipp*, Kap. II. Rn. 3.

Davon zu unterscheiden ist die freiberufliche Tätigkeit, die nur die selbstständig tätigen Ärzte ausüben.[116] Diese eher auf die wirtschaftliche Art und Weise der Berufsausübung gerichtete Betrachtung wird durch § 18 Abs. 1 Nr. 1 EStG und § 1 Abs. 2 S. 1 PartGG getragen. Beide erfassen jeweils nur die selbständige Berufstätigkeit der Ärzte. Das zeigt, dass die schon im Jahr 1960 durch das Bundesverfassungsgericht getroffene Feststellung, das Berufsbild des Freiberuflers trage einen „unternehmerischen Zug",[117] auch heute noch aktuell ist. Noch heute tragen nur die selbständig tätigen Ärzte das volle wirtschaftliche Risiko ihres Handelns, während ihre angestellten und verbeamteten Kollegen in einem sozialversicherungspflichtigen Beschäftigungsverhältnis „abgesichert" sind.[118]

3. Vertrauensverhältnis

Das Merkmal der Freiheit ist mit die Grundlage für ein weiteres den ärztlichen Beruf kennzeichnendes Merkmal: das Vertrauen als Grundlage für das Arzt-Patienten-Verhältnis. Wie sonst keine zweite Beziehung zwischen sich meist fremden Menschen ist diese notwendigerweise von großem Vertrauen geprägt.[119] Die ärztliche Behandlung berührt regelmäßig intimsten und menschliche Regionen,[120] über deren Befinden sich der Patient mit kaum einem anderen austauschen wird. Die Konsultation des Arztes kann für den Patienten eine ernstliche Situation darstellen, die große Auswirkungen auf sich und seine Lebensumstände haben kann.[121] Die persönliche Berufsausübung und das die Arzt-Patienten-Beziehung regelmäßig kennzeichnende große Wissensgefälle sind weitere Faktoren,

---

116 *Sodan,* Freie Berufe, S. 95; Laufs/Katzenmeier/Lipp/*Lipp*, Kap. II Rn. 3 m.w.N.
117 BVerfG NJW 1960, 619, 621.
118 Ebenfalls am Merkmal der Selbständigkeit festhaltend *Sodan,* Freie Berufe, S. 83 ff.
119 So schon BGH NJW 1959, 811, 813; vgl. bspw. auch *Deutsch/Spickhoff,* Medizinrecht, Rn. 18; Laufs/Kern/*Kern,* Handbuch des Arztrechts, § 38 Rn. 1 ff.; Laufs/Katzenmeier/Lipp/*Lipp*, Kap. II Rn. 4; Ratzel/Lippert/*Lippert,* § 7 Rn. 62; *Scheller*, in: FS Deutsch, S. 739, 740; *Schmidt-Aßmann* NJW 2004, 1689, 1691.
120 Vgl. nur BGH NJW 1992, 1568, 1569.
121 *Deutsch/Spickhoff,* Medizinrecht, Rn. 18; Laufs/Kern/*Kern,* Handbuch des Arztrechts, § 38 Rn. 7; *Scheller*, FS Deutsch, S. 739.

die zu diesem Vertrauensverhältnis beitragen.[122] Daran ändert sich auch nichts, wenn der Patient in einer Klinik einem Ärzteteam gegenübersteht.[123]

Zahlreiche Vorschriften schützen bzw. gewährleisten dieses „intime[...], höchstpersönliche[...] Vertrauensverhältnis"[124], welches es gemäß der Präambel der MBO-Ä „zu erhalten und zu fördern" gilt. Als eine Art „Grundpfeiler"[125] lässt sich die ärztliche Schweigepflicht anführen, welche seit Jahrtausenden zu den ärztlichen Tugenden zählt. Schon im Hippokratischen Eid hieß es: „Was immer ich sehe und höre, bei der Behandlung oder außerhalb der Behandlung, im Leben der Menschen, so werde ich von dem, was niemals nach draußen ausgeplaudert werden soll, schweigen, indem ich alles Derartige als solches betrachte, das nicht ausgesprochen werden darf".[126] Heute legt § 9 MBO-Ä mit der Normierung der ärztlichen Schweigepflicht die notwendige Grundlage dafür, dass sich der Patient überhaupt erst in Behandlung begibt und alle für die Behandlung notwendigen Informationen preisgibt.[127] Ergänzt wird diese berufsrechtliche Vorschrift unter anderem durch § 203 Abs. 1 Nr. 1 StGB.[128] Danach macht sich strafbar, wer eine Tatsache, die ihm im Rahmen seiner Berufsausübung bekannt geworden ist, von der nur ein kleiner Personenkreis Kenntnis hat, an deren Geheimhaltung der Betroffene auch ein berechtigtes Interesse hat und erkennbar interessiert ist, nicht gerechtfertigt unbeteiligten Dritten gegenüber preisgibt.[129] Aber auch die Tatsache, dass

---

122 Laufs/Katzenmeier/Lipp/*Lipp,* Kap. II Rn. 4 m.w.N.; ähnlich Laufs/Kern/*Kern,* § 38 Rn. 1.

123 Ähnlich wohl *Deutsch/Spickhoff,* Medizinrecht, Rn. 24.

124 *Geiger, W.,* in: FS Stein, S. 83, 90; zustimmend Wenzel/*Sodan,* FA-MedR, Kap. 1 Rn. 92.

125 Quaas/Zuck/*Quaas,* Medizinrecht, § 13 Rn. 61; in diesem Sinne auch: *Geiger, W.,* in: FS Stein, S. 83, 90; ähnlich Laufs/Katzenmeier/Lipp/*Katzenmeier,* Kap. IX Rn. 3.

126 So ausdrücklich Laufs/Katzenmeier/Lipp/*Katzenmeier,* Kap. IX Rn. 3 unter Verweis auf *Deichgräber,* Der hippokratische Eid, 1983.

127 So auch Spickhoff/*Scholz,* MBO, § 9 Rn. 1.

128 Spickhoff/*Scholz,* § 9 MBO Rn. 1. Es ist streitig, inwiefern § 203 StGB neben dem Individualinteresse eines jeden Einzelnen auch das allgemeine Vertrauen in die Verschwiegenheit der Angehörigen bestimmter Berufe schützt, vgl. dazu Schönke/Schröder/*Lenckner/Eisele,* § 203 StGB, Rn. 3.

129 Vgl. dazu Spickhoff/*Spickhoff,* StGB, §§ 203–205 Rn. 1 ff.

nach § 7 Abs. 2 S. 1 MBO-Ä der Patient das Recht auf freie Arztwahl[130] hat und auch der Arzt, von Ausnahmefällen abgesehen, nach § 7 Abs. 2 S. 2 MBO-Ä die Behandlung eines Patienten ablehnen kann, macht deutlich, dass Grundlage der ärztlichen Behandlung ein vertrauensvoller Umgang beider Seiten miteinander ist.[131]

III. Tätigkeit als Vertragsarzt

Vertragsarzt ist jeder niedergelassene Arzt, der für die vertragsärztliche Versorgung entsprechend § 95 SGB V zugelassen ist. Die vertragsärztliche Versorgung stellt einen Kernbereich innerhalb der Versorgung der Versicherten durch die GKV dar.[132] Gem. § 73 Abs. 2 SGB V umfasst sie neben der ärztlichen Behandlung unter anderem auch die Verordnungstätigkeit (z.B. von Arznei-, Verband-, Heil- und Hilfsmitteln, § 73 Abs. 2 Nr. 7 SGB V) des Arztes und damit einen der größten zahlungsauslösenden[133] Posten innerhalb der gesetzlichen Krankenversicherung.

Da es den Krankenkassen jedoch, bis auf wenige Ausnahmen, grundsätzlich nicht gestattet ist, selbst die Versorgung ihrer Versicherten zu übernehmen,[134] kommt diese Aufgabe gem. § 75 Abs. 1 SGB V den Kassenärztlichen Vereinigungen und den Kassenärztlichen Bundesvereinigungen zu. An der vertragsärztlichen Versorgung dürfen gem. § 95 SGB V nur zugelassene Ärzte und zugelassene medizinische Versorgungszentren sowie ermächtigte Ärzte und Einrichtungen teilnehmen. Über 90 % aller niedergelassenen Ärzte sind Vertragsärzte und damit berechtigt und verpflichtet, an der vertragsärztlichen Versorgung teilzunehmen.[135]

---

130 Dieses Recht ist auch international anerkannt. So findet es sich in Nr. 2 a in der Deklaration des Weltärztebundes von Lissabon zu den Rechten des Patienten in der Version von April 2015.
131 Für die Freiheit der Arztwahl so auch Laufs/Katzenmeier/Lipp/*Laufs*, Kap. I Rn. 16.
132 KassKom/*Rademacker*, § 73 SGB V Rn. 18.
133 KassKom/*Rademacker*, § 73 SGB V Rn. 18.
134 Becker/Kingreen/*Huster,* § 75 Rn. 2.
135 Eigene Berechnungen auf Grundlage der Daten aus *BMG*, Daten des Gesundheitswesens 2015, S. 78, 79 und *KBV,* Statistische Informationen aus dem Bundesarztregister, S. 3.

1. Grundlagen

a) Kassenärztliche Vereinigungen

Gem. § 75 Abs. 1 SGB V ist es Aufgabe der Kassenärztlichen Vereinigungen, die vertragsärztliche Versorgung sicherzustellen. Dabei handelt es sich nach § 77 Abs. 5 SGB V um Körperschaften des öffentlichen Rechts, die Träger der funktionalen Selbstverwaltung[136] sind und als Teil der mittelbaren Staatsverwaltung[137] gelten. Sie unterliegen staatlicher Rechtsaufsicht (§ 78 Abs. 3 S. 1 SGB V) und sind grundsätzlich nicht grundrechtsfähig[138]. Damit die Kassenärztlichen Vereinigungen die vertragsärztliche Versorgung sicherstellen können, ist die Mitgliedschaft eine Zwangsmitgliedschaft.[139] Gem. § 77 Abs. 3 SGB V sind unter anderem die Vertragsärzte Pflichtmitglieder in der für ihren Arztsitz zuständigen Kassenärztlichen Vereinigung. Gem. § 77 Abs. 1 S. 1 SGB V sind die Kassenärztlichen Vereinigungen auf Landesebene zu bilden. Heute gibt es 17 Kassenärztliche Vereinigungen, die gem. § 77 Abs. 4 SGB V die Kassenärztliche Bundesvereinigung bilden.

Zu den Aufgaben der Kassenärztlichen Vereinigungen gehört neben der Sicherstellung der vertragsärztlichen Versorgung (sog. Sicherstellungsauftrag[140]) gem. § 75 Abs. 1 S. 1 2. Hs. SGB V auch die Gewährleistung den Krankenkassen und ihren Verbänden gegenüber, dass die vertragsärztliche Versorgung den gesetzlichen und vertraglichen Erfordernissen entspricht (sog. Gewährleistungsauftrag[141]). Untrennbar[142] damit verbunden ist die Zahlung einer Gesamtvergütung durch die Krankenkassen an die Kassenärztlichen Vereinigungen, über die sich gem. § 82 Abs. 2 S. 1 SGB V die Landesverbände der Krankenkassen und den Ersatzkassen mit den Kassenärztlichen Vereinigungen in Gesamtverträgen einigen. Dar-

---

136 Becker/Kingreen/*Scholz*, § 77 Rn. 1; Quaas/Zuck/*Clemens*, Medizinrecht, § 19 Rn. 12; näher dazu Schnapp/Wigge/*Schiller*, Handbuch Vertragsarztrecht, § 5 Rn. 28 ff.

137 Becker/Kingreen/*Scholz*, § 77 Rn. 1; Krauskopf/*Sproll*, SGB V, § 77 Rn. 15.

138 Vgl. dazu Schnapp/Wigge/*Scholz*, Handbuch Vertragsarztrecht, § 5 Rn. 42 ff.

139 Krauskopf/*Sproll*, SGB V, § 77 Rn. 7.

140 Schnapp/Wigge/*Schiller*, Handbuch Vertragsarztrecht, § 5 Rn. 99.

141 Schnapp/Wigge/*Schiller*, Handbuch Vertragsarztrecht, § 5 Rn. 100.

142 Schnapp/Wigge/*Schiller*, Handbuch Vertragsarztrecht, § 5 Rn. 113.

über hinaus haben sie die Erfüllung der den Vertragsärzten obliegenden Pflichten zu überwachen und notfalls die Disziplinargewalt gegenüber ihnen auszuüben (§ 75 Abs. 2 S. 2 SGB V). Gleichzeitig haben die Kassenärztlichen Vereinigungen gem. § 75 Abs. 2 S. 1 SGB V aber auch die Rechte der Vertragsärzte gegenüber den Krankenkassen wahrzunehmen (sog. Rechtswahrnehmungsfunktion[143]).

b) Zulassung

Voraussetzungen für eine Zulassung zur Teilnahme an der vertragsärztlichen Versorgung sind gem. § 95 Abs. 2 SGB V ein Antrag und der Nachweis eines Eintrags in einem von den Kassenärztlichen Vereinigungen für jeden Zulassungsbezirk geführten Arztregister. Sind diese Voraussetzungen[144] gegeben, hat der Arzt einen Rechtsanspruch[145] auf die Zulassung als Vertragsarzt. Diese wird durch den Zulassungsausschuss erteilt.[146] Zulassungsausschüsse sind gem. § 96 Abs. 1 SGB V von den Kassenärztlichen Vereinigungen und den Landesverbänden der Krankenkassen sowie den Ersatzkassen für den Bezirk jeder Kassenärztlichen Vereinigung oder für Teile dieses Bezirks zur Beschlussfassung und Entscheidung in Zulassungssachen zu errichten. Sie bestehen gem. § 96 Abs. 2 SGB V paritätisch besetzt aus Vertretern der Ärzte und der Krankenkassen, die jeweils von den Kassenärztlichen Vereinigungen bzw. den Landesverbänden der Krankenkassen und den Ersatzkassen bestellt werden. Gem. § 96 Abs. 2 S. 4 SGB V sind die Mitglieder des Ausschusses nicht an Weisungen gebunden. Regeln zum Verfahren vor dem Zulassungsausschuss finden sich in den §§ 36–43 Ärzte-ZV, subsidiär greifen die Regeln des SGB X.[147] Die Zulassung erfolgt als Verwaltungsakt.[148] Nach § 96 Abs. 2 S. 6 SGB V ergehen Beschlüsse mit einfacher Stimmenmehrheit, wobei bei Stimmengleichheit ein Antrag als abgelehnt gilt. Gegen die Entscheidung kann der betroffene Arzt mit einem Widerspruch

---

143   Krauskopf/*Sproll,* SGB V, § 75 Rn. 18.

144   Die nähere Ausgestaltung erfolgt gem. § 95 Abs. 2 S. 4 SGB V durch die Zulassungsverordnung für Vertragsärzte (Ärzte-ZV) vom 28. Mai 1957 (BGBl. I S. 572), zuletzt geändert durch Artikel 4 vom 24. Oktober 2015 (BGBl. I S. 1789).

145   BVerfG NJW 1960, 715, 717; ebenso Schnapp/Wigge/*Wigge,* Handbuch Vertragsarztrecht, § 2 Rn. 2.

146   Becker/Kingreen/*Joussen,* § 95 Rn. 6.

147   Becker/Kingreen/*Joussen,* § 96 Rn. 6.

148   Becker/Kingreen/*Joussen,* § 96 Rn. 7.

vor dem Berufungsausschuss (§ 97 SGB V) und einer Klage vor dem Sozialgericht vorgehen.[149] Gem. § 95 Abs. 3 SGB V bewirkt die Zulassung, dass der Arzt Mitglied bei der für seinen Kassenarztsitz zuständigen Kassenärztlichen Vereinigung wird und dann als „Vertragsarzt"[150] zur Teilnahme an der vertragsärztlichen Versorgung berechtigt und verpflichtet ist.

c) Rechte und Pflichten des Vertragsarztes

Die Mitgliedschaft in der Kassenärztlichen Vereinigung bringt Rechte und Pflichten für den Vertragsarzt mit sich. Der Vertragsarzt ist unter anderem berechtigt, am Sachleistungssystem der gesetzlichen Krankenversicherung sowie an der Honorarverteilung der kassenärztlichen Vereinigung teilzunehmen.[151] Länger als der Katalog der Rechte ist jedoch der Katalog der Pflichten, die mit der Zulassung zur vertragsärztlichen Versorgung einhergehen. Damit die Kassenärztlichen Vereinigungen ihrem Sicherstellungsauftrag genügen können, obliegt dem Arzt gem. § 13 Abs. 7 BMV-Ä[152] grundsätzlich die Pflicht, einen seine gültige Krankenversicherungskarte vorlegenden Patienten zu behandeln. Dabei hat er beispielsweise das Gebot der Wirtschaftlichkeit[153] zu beachten und ist an den Leistungskatalog des EBM und weiterer Richtlinien gebunden.[154] Gem. § 95d SGB V sieht das Vertragsarztrecht außerdem eine Fortbildungspflicht vor. Ansonsten treffen den Vertragsarzt, wie auch den Priva-

---

149 Vgl. Becker/Kingreen/*Joussen*, § 96 Rn. 7.
150 Bis Ende 1992 unterschied man zwischen dem „Vertragsarzt" und dem „Kassenarzt". Während ein „Kassenarzt" ein niedergelassener Arzt war, der zur Versorgung von Versicherten der Primärkassen befugt war, versorgte ein „Vertragsarzt" allein Versicherte der Ersatzkassen. Mit Art. 33 § 3a des Gesundheitsstrukturgesetzes (GSG) vom 21. Dezember 1992 sind die beiden Versorgungsbereiche zum 1. Januar 1993 zusammengefasst und der Begriff des Kassenarztes aufgehoben worden. Vgl. dazu weiter Schnapp/Wigge/*Wigge*, Handbuch Vertragsarztrecht, § 2 Rn. 5–7.
151 KassKom/*Hess*, § 95 SGB V Rn. 74.
152 Bundesmantelvertrag-Ärzte vom 1. Januar 2015 (vgl. dazu unten unter B. III. 4)
153 Vgl. dazu ausführlich unten unter B. III. 5.
154 Vgl. dazu Laufs/Kern/*Steinhilper*, Handbuch des Arztrechts, § 25 Rn. 3 ff.

tarzt, alle sich aus dem Behandlungsvertrag mit dem Patienten sowie dem ärztlichen Berufsrecht resultierenden Pflichten.[155]

2. *Rechtsbeziehungen zwischen Vertragsarzt und Patient*

Mit Einfügung der §§ 630a–630h BGB durch das sogenannten Patientenrechtegesetz[156] im Jahr 2013 ist der Behandlungsvertrag zwischen dem Patienten und seinem Behandler eindeutig geregelt worden. Die konkrete Verortung des Vertrags im BGB bestätigt[157] damit die schon zuvor von der Rechtsprechung und der Mehrheit der Literatur vorgenommene Einordnung[158] des Behandlungsverhältnisses in das Privatrecht und näher das Dienstvertragsrecht.[159] Der Arzt schuldet danach nun ausdrücklich allein die Leistung der versprochenen Behandlung (§ 630a Abs. 1 BGB) und nicht einen dem Werkvertragsrechts innewohnenden Erfolg. Aufgrund der Komplexität des menschlichen Körpers ist dies nur folgerichtig.[160] Nach wie vor bleibt allerdings das Werkvertragsrecht dann anwendbar, wenn es beispielsweise um rein technische Leistungen wie die Anfertigung von Zahnkronen geht.[161]

---

155 Vgl. dazu bspw. Laufs/Kern/*Laufs*, Handbuch des Arztrechts, § 14 Rn. 9 ff. und Laufs/Kern/*Steinhilper*, Handbuch des Arztrechts, § 25 Rn. 16 ff.

156 Gesetz zur Verbesserung der Rechte von Patientinnen und Patienten, vom 20. Februar 2013 (BGBl. I S. 277–282).

157 Ähnlich so auch *Spickhoff*, VersR 2013, 267, 268.

158 Jüngst BGH NJW 2011, 1674; vgl. u.a. BGH NJW 1980, 1452, 1453; Krauskopf/*Sproll*, § 76 Rn. 26, m.w.N. in Rn. 25; Laufs/Kern/*Steinhilper*, Handbuch des Arztrechts, § 26 Rn. 14 m.w.N.; Laufs/Katzenmeier/Lipp/*Lipp*, Kap. III Rn. 1 m.w.N.; Palandt/*Weidenkaff*, Einf. v. § 611 Rn. 18; Quaas/Zuck/*Quaas*, Medizinrecht, § 14 Rn. 4; *Schulin*, VSSR 1994, 357, 363; Wenzel/*Wenzel*, FA-MedR, Kap. 4 Rn. 7.

159 Die Auffassung, dass der ärztlichen Behandlung ein gesetzliches Rechtsverhältnis öffentlich-rechtlicher Natur zugrunde liege (so bspw. BSGE 59, 172, 177; Laufs/Kern/*Krauskopf/Clemens*, Handbuch des Arztrechts, § 27 Rn. 7 ff.; *Schnapp*, FS Herzberg, S. 795, 801 m.w.N.; wohl auch *Sodan*, Freie Berufe, S. 125 ff.; bis zur Einführung von §§ 630a ff. BGB von einem privatrechtlich geprägten gesetzlichen Schuldverhältnis ausgehend *Waltermann*, Sozialrecht, Rn. 226), sollte damit endgültig ausgedient haben.

160 So auch BT-Drs. 17/10488, S. 17.

161 Bundesrat-Drs. 312/12, S. 23; *Katzenmeier*, NJW 2013, 817, 818.

Mit der Formulierung „soweit nicht ein Dritter zur Zahlung verpflichtet ist" (§ 630a Abs. 1 a.E. BGB) ist nun auch ausdrücklich „Platz" für die Überlagerung des Zivilrechts durch das Sozialversicherungsrecht geschaffen worden.[162] Das ansonsten synallagmatische Vertragsverhältnis wandelt sich zwischen Arzt und gesetzlich Versicherten bei Inanspruchnahme von sogenannten Kassenleistungen in ein „partiell einseitiges Vertragsverhältnis"[163] um. Während der Arzt dabei weiterhin eine fachgerechte Behandlung schuldet, entsteht dem gesetzlich Versicherten keine Vergütungspflicht. Die Vergütung für die Behandlungsleistung erhält der Arzt vielmehr durch die Abrechnung mit der Kassenärztlichen Vereinigung, deren Mitglied er durch seine kassenärztliche Zulassung geworden ist. Bei der Grundregel des § 630a Abs. 1 BGB bleibt es aber dann, wenn der gesetzlich versicherte Patient statt der Sach- oder Dienstleistungen die Kostenerstattung nach § 13 Abs. 2 S. 1 SGB V durch seine Krankenkasse gewählt hat oder aber er ausdrücklich Leistungen in Anspruch nimmt, die vom Leistungskatalog der gesetzlichen Krankenversicherung nicht umfasst sind (so z.B. individuelle Gesundheitsleistungen, sog. IGeL).[164]

3. Rechtsbeziehungen zwischen Vertragsarzt und Kassenärztlicher Vereinigung

Die Rechtsbeziehung zwischen Vertragsarzt und Kassenärztlicher Vereinigung ist öffentlich-rechtlicher Natur.[165] Die Rechtsgrundlagen dafür finden sich vornehmlich in den §§ 69 ff. SGB V.[166] Das gem. § 95 Abs. 3 SGB V mit der Zulassung zur vertragsärztlichen Versorgung beginnende ordentliche mitgliedschaftliche Verhältnis ist zudem durch das Satzungsrecht der Kassenärztlichen Vereinigung geprägt.[167] Mit der Mitgliedschaft unterliegt der Arzt außerdem der Disziplinargewalt der Kassenärztlichen Vereinigung.[168] Ein wesentliches Recht des Arztes gegenüber der Kassenärztlichen Vereinigung ist sein Vergütungsanspruch.[169] Wie soeben

---

162 BT-Drs. 17/10488, S. 19.
163 BT-Drs. 17/10488, S. 19.
164 Vgl. Laufs/Katzenmeier/Lipp/*Lipp,* Kap. III Rn. 53 m.w.N.
165 Schnapp/Wigge/*Schmidbauer,* Handbuch Vertragsarztrecht, § 3 Rn. 39.
166 Schnapp/Wigge/*Schmidbauer,* Handbuch Vertragsarztrecht, § 3 Rn. 39.
167 Schnapp/Wigge/*Wigge,* Handbuch Vertragsarztrecht, § 2 Rn. 40.
168 Schnapp/Wigge/*Wigge,* Handbuch Vertragsarztrecht, § 2 Rn. 40.
169 Schnapp/Wigge/*Wigge,* Handbuch Vertragsarztrecht, § 2 Rn. 40; Schnapp/Wigge/*Schmidbauer,* Handbuch Vertragsarztrecht, § 3 Rn. 39.

erläutert, kommt dieser regelmäßig nicht zwischen dem Vertragsarzt und dem behandelten gesetzlich Versicherten zustande. Es handelt sich um einen vor den Sozialgerichten zu verfolgenden öffentlich-rechtlichen Anspruch[170] auf angemessene Teilhabe an der nach § 85 Abs. 4 S. 1 und 2 SGB V von der Kassenärztlichen Vereinigung zu verteilenden und von den Krankenkassen an diese gem. § 85 Abs. 1 SGB V mit befreiender Wirkung geleistete Gesamtvergütung[171]. Die Kassenärztliche Vereinigung ihrerseits rechnet mit den Krankenkassen auf der Grundlage der nach §§ 82, 85 SGB V geschlossenen Gesamtverträge ab.[172] Bei eventuellen Regressansprüchen gegenüber einem Arzt haben sich die Krankenkassen dann an die Kassenärztlichen Vereinigungen zu halten.[173]

4. *Rechtsbeziehungen zwischen Vertragsarzt und gesetzlicher Krankenversicherung*

Zwischen dem Vertragsarzt und der gesetzlichen Krankenversicherung bestehen grundsätzlich keine unmittelbaren Rechtsbeziehungen.[174] Daran ändert auch die Tatsache nichts, dass es in „Randbereichen" zu rechtlichen Beziehungen kommen kann.[175] Zwischengeschaltet sind vielmehr die Kassenärztlichen Vereinigungen.[176] Der Konkretisierung bzw. der

---

170 BT-Drs. 17/10488, S. 19 m.w.N.

171 Becker/Kingreen/*Scholz*, § 85 Rn. 3; Wenzel/*Wenzel,* Kap. 4 Rn. 51. Entgegen dem Wortlaut findet § 85 Abs. 4 SGB V nicht nur auf die Kassenzahnärztliche Vereinigung sondern auch entsprechend auf die Kassenärztliche Vereinigung Anwendung, vgl. Becker/Kingreen/*Scholz,* § 85 Rn. 1.

172 BT-Drs. 17/10488, S. 19.

173 Vgl. Schnapp/Wigge/*Schmidbauer,* Handbuch Vertragsarztrecht, § 3 Rn. 40.

174 BVerfG NJW 1960, 715, 715; *Schnapp*, in: FS Herzberg, S. 795, 801; Schnapp/Wigge/*Schmidbauer*, Handbuch des Vertragsarztrechts, § 3 Rn. 57 ff. (vgl. dort auch zu einigen wenigen „Berührungspunkten"); Quaas/Zuck/*Clemens,* Medizinrecht, § 16 Rn. 52; *Waltermann*, Sozialrecht, § 8 Rn. 223.

175 Laufs/Kern/*Krauskopf/Clemens,* Handbuch des Arztrechts, § 27 Rn. 13 f. Zu Rechtsbeziehungen zwischen dem Vertragsarzt und den Krankenkassen kommt es *Krauskopf/Clemens* zufolge beispielsweise bei der sog. stufenweisen Wiedereingliederung gem. § 74 SGB V, nach den „Erprobungsregeln" gem. §§ 63 ff. SGB V oder beim Zusammenwirken gem. § 72 Abs. 1 SGB V, insbesondere beim Einreichen von Anträgen für Behandlungen.

176 Vgl. Schnapp/Wigge/*Wigge,* Handbuch Vertragsarztrecht, § 2 Rn. 39.

Erfüllung des Sicherstellungsauftrags dient gem. § 82 Abs. 1 und 2 SGB V der auf Bundesebene zwischen der Kassenärztlichen Bundesvereinigung und dem Spitzenverband Bund der Krankenkassen abgeschlossene Bundesmantelvertrag[177] sowie die auf Landesebene zwischen den Kassenärztlichen Vereinigungen, den Landesverbänden der Krankenkassen und den Ersatzkassen abgeschlossenen Gesamtverträge.[178]

Gem. der §§ 87, 83 SGB V sind der Bundesmantelvertrag und die Gesamtverträge auch für den Vertragsarzt verbindlich. Diese sind nach dem § 82 Abs. 1 und Abs. 2 SGB V mit den Krankenkassen unter anderem durch den zwischen der Kassenärztlichen Bundesvereinigung und dem Spitzenverband Bund der Krankenkassen abgeschlossenen Bundesmantelvertrag sowie den auf Landesebene zwischen ihnen und den Landesverbänden der Krankenkassen und der Ersatzkassen abgeschlossenen Gesamtverträge geregelt, mit denen der Sicherstellungsauftrag konkretisiert wird. Eine rechtliche Beziehung zwischen dem Vertragsarzt und der einzelnen Krankenkasse ergibt sich aber auch daraus nicht, da es zwischen dem Normgeber, d.h. den Verbänden der Krankenkassen, und der einzelnen Krankenkasse als Körperschaft des öffentlichen Rechts zu unterscheiden gilt.[179] Außerhalb der vertragsärztlichen Versorgung können jedoch durch den Abschluss sogenannter Selektivverträge rechtliche Beziehungen zwischen dem Vertragsarzt und der gesetzlichen Krankenversicherung entstehen.[180] Beispielsweise im Rahmen der Besonderen Versorgung gem. § 140a SGB V oder den Modellvorhaben gem. §§ 63 ff. SGB V schließen die Krankenkassen Verträge direkt mit den Leistungserbringern ab.[181]

---

177 Diese sollen einheitliche Grundsätze für die vertragsärztliche Versorgung niederlegen; sie legen den allgemeinen Inhalt der Gesamtverträge fest, vgl. § 1 Abs. 1 BMV-Ä.
178 Näher dazu Becker/Kingreen/*Scholz*, § 82 Rn. 2 ff.
179 So auch *Schnapp*, FS Herzberg, S. 795, 802; mit Verweis auf *Schnapp* so auch *Leimenstoll*, Vermögensbetreuungspflicht, S. 105.
180 Vgl. Laufs/Kern/*Krauskopf/Clemens*, Handbuch des Arztrechts, § 27 Rn. 15 m.w.N.
181 Laufs/Kern/*Krauskopf/Clemens*, Handbuch des Arztrechts, § 27 Rn. 15; näher dazu auch Schnapp/Wigge/*Schmidbauer*, Handbuch Vertragsarztrecht, § 3 Rn. 63–72 (allerdings noch vor Inkrafttreten des GKV-VSG – Gesetz vom 16. Juli 2015 (BGBl. I S. 1211)).

5. Wirtschaftlichkeitsgebot

Grundprinzip in der gesetzlichen Krankenversicherung ist das Wirtschaftlichkeitsgebot. Gem. § 2 Abs. 1 S. 1 SGB V gilt dies für alle Leistungen in der gesetzlichen Krankenversicherung. § 12 Abs. 1 S. 1 SGB V zufolge haben die Leistungen *ausreichend, zweckmäßig* und *wirtschaftlich* zu sein und dürfen das *Maß des Notwendigen* nicht überschreiten. Nicht notwendige oder unwirtschaftliche Leistungen darf weder der Patient beanspruchen noch darf der Arzt diese erbringen und die Krankenkassen diese bewilligen (§ 12 Abs. 1 S. 2 SGB V). Das Wirtschaftlichkeitsgebot soll für einen Ausgleich zwischen dem Anspruch des Einzelnen auf ärztliche Versorgung und der Funktionsfähigkeit des gesamten Systems der gesetzlichen Krankenversicherung sorgen.[182] Es wird konkretisiert durch Richtlinien des Gemeinsamen Bundesausschusses nach § 92 Abs. 1 SGB V.[183] Seiner Sicherstellung dienen auch vertragliche Regelungen, beispielsweise Kollektivverträge nach § 72 Abs. 2 SGB V.[184] Durch Beratungen und Prüfungen der Krankenkassen und der Kassenärztlichen Vereinigungen wird die Wirtschaftlichkeit der vertragsärztlichen Versorgung überwacht (§ 106 SGB V).

a) Begriff

Dem Gebot der Wirtschaftlichkeit ist genüge getan, wenn die betreffende Leistung allen vier in § 12 Abs. 1 SGB V genannten Anforderungen gerecht wird. Entscheidend ist letztlich eine Gesamtbetrachtung („Gesamtbilanz"[185]) aller dieser Kriterien.[186] Die Merkmale stehen in einem engen Zusammenhang und sind nach herrschender Auffassung als unbestimmte Rechtsbegriffe von der Rechtsprechung voll überprüfbar.[187]

Ausreichend ist eine Leistung dann, wenn sie die hinreichende Chance auf einen Heilerfolg bietet.[188] Bezeichnet wird damit einerseits ein Leis-

---

182 Vgl. Sodan/*von Langsdorff*, Handbuch Krankenversicherungsrecht, § 9 Rn. 1; Spickhoff/*Palsherm/Clemens*, SGB V, § 106 Rn. 1.

183 Krauskopf/*Sproll*, SGB V, § 92 Rn. 5; Spickhoff/*Barth*, SGB V, § 92 Rn. 1.

184 Ratzel/Luxenburger/*Hartmannsgruber*, Hdb MedR, § 7 Rn. 292.

185 BSGE 52, 134, 139.

186 BSGE 52, 134, 139; Becker/Kingreen/*Scholz*, § 12 Rn. 7; KassKom/*Roters*, § 12 Rn. 23.

187 Vgl. KassKom/*Roters*, § 12 SGB V Rn. 17 m.w.N.

188 BSGE 55, 188, 194; KassKom/*Roters*, § 12 Rn. 26 m.w.N.

tungsstandard, der nicht unterschritten werden darf, andererseits aber auch eine Leistungsgrenze, die nicht überschritten werden darf.[189] Ist eine Leistung zudem weder überflüssig noch sinnlos[190] und ihre Wirkung geeignet, das Ziel der Leistungsnorm zu erreichen (bspw. gem. § 27 Abs. 1 S. 1 SGB V eine Krankheit zu heilen),[191] ist das Kriterium der Zweckmäßigkeit erfüllt. Dies ist in der Regel der Fall, wenn eine Behandlungsmethode „allgemein anerkannt" ist.[192] Neue Untersuchungs- und Behandlungsmethoden werden – abgesehen von sog. Seltenheitsfällen oder bei sog. Systemversagen sowie in besonderen Fällen[193] – durch den Gemeinsamen Bundesausschuss im allgemeinen Verfahren gem. § 135 SGB V auf ihre Zweckmäßigkeit hin untersucht.[194] Die Wirtschaftlichkeit (im engeren Sinne)[195] bemisst sich nach dem günstigsten Kosten-Nutzen-Verhältnis.[196] Im Vergleich zweier „ausreichender" und „zweckmäßiger" Methoden ist wirtschaftlich diejenige, die entweder mit minimalem Aufwand den größtmöglichen Nutzen erzielt oder aber einen bestimmten Nutzen mit dem geringsten Aufwand erreicht.[197] Gibt es nur eine solche Methode, so ist diese immer wirtschaftlich.[198] Eine andere Beurteilung zöge ansonsten den Ausschluss einer notwenigen Leistung nach sich.[199] Neben wirtschaftlichen Gesichtspunkten fließen in die Betrachtung auch medizinische Aspekte mit ein. So bestimmt sich der Nutzen unter anderem nach

---

189 Becker/Kingreen/*Scholz*, § 12 Rn. 8; Krauskopf/*Wagner*, SGB V, § 12 Rn. 5 m.w.N.

190 Knickrehm/Kreikebohm/Waltermann/*Waltermann*, SGB V, § 12 Rn. 4.

191 Spickhoff/*Trenk-Hinterberger*, SGB V, § 12 Rn. 4.

192 Krauskopf/*Wagner*, SGB V, § 12 Rn. 6.

193 Vgl. dazu Spickhoff/*Vießmann*, SGB V, § 135 Rn. 27 ff., 36 m.w.N.

194 Krauskopf/*Wagner*, SGB V, § 12 Rn. 7.

195 Knickrehm/Kreikebohm/Waltermann/*Waltermann*, SGB V, § 12 Rn. 5.

196 Becker/Kingreen/*Scholz*, § 12 Rn. 9; in einem ähnlichen Zusammenhang so BSGE 55, 277, 279.

197 Knickrehm/Kreikebohm/Waltermann/*Waltermann*, § 12 Rn. 5; Spickhoff/*Trenk-Hinterberger*, SGB V, § 12 Rn. 5.

198 Sodan/*von Langsdorff*, Handbuch Krankenversicherungsrecht, § 9 Rn. 11 m.w.N.; *Felix*, NZS 2012, 1, 5; Spickhoff/*Trenk-Hinterberger*, SGB V, § 12 Rn. 5; nach *Wagner* ist diese „nicht schon wegen ihres Aufwands unwirtschaftlich" (Krauskopf/*Wagner*, SGB V, § 12 Rn. 8).

199 So Sodan/*von Langsdorff*, Handbuch Krankenversicherungsrecht, § 9 Rn. 11 m.w.N.

der Nachhaltigkeit des Behandlungserfolges[200] und der Lebensqualität des Versicherten[201]. Schließlich ist eine Leistung notwendig, wenn sie „zwangsläufig, unentbehrlich oder unvermeidlich" ist.[202]

b) Wirtschaftlichkeitsprüfung

Die Einhaltung des Wirtschaftlichkeitsgebots wird gem. § 106 SGB V durch sogenannte Wirtschaftlichkeitsprüfungen kontrolliert.[203] Im Vierecksverhältnis zwischen Arzt, Patient, Kassenärztlicher Vereinigung und Krankenkassen ist die sonst übliche Marktsteuerung kaum vorhanden – Bezahlung und Inanspruchnahme von Leistungen fallen auseinander.[204] Krankenkassen und die Kassenärztliche Vereinigung sind gem. § 106 Abs. 1 SGB V verpflichtet, die Wirtschaftlichkeit zu überwachen; zur Durchführung haben sie gem. § 106 Abs. 3 S. 1 SGB V Prüfvereinbarungen zu treffen.

Die Kontrolle der Wirtschaftlichkeit der ärztlichen Versorgung erfolgt regelmäßig durch die Auffälligkeitsprüfung (sogenannte Richtgrößenprüfung, § 106 Abs. 2 S. 1 Nr. 1 SGB V) oder die Zufälligkeitsprüfung (auch Stichprobenprüfung genannt, § 106 Abs. 2 S. 1 Nr. 2 SGB V).[205] Mit der Auffälligkeitsprüfung wird das Verordnungsverhalten des Arztes betrachtet, wenn sein Verordnungsvolumen von Arznei-, Verband- oder Heilmitteln das Richtgrößenvolumen seiner Arztgruppe nach § 84 SGB V um mindestens 15 % überschritten hat.[206] Zufälligkeitsprüfungen ärztlicher und ärztlich verordneter Leistungen erfolgen aufgrund von arzt- oder versichertenbezogenen Stichproben (§ 106 Abs. 2 Nr. 2 SGB V). Daneben können die Landesverbände der Krankenkassen und die Kassenärztlichen Vereinigungen gem. § 106 Abs. 2 Nr. 2 SGB V Prüfungen nach

---

200 BSGE 52, 70, 75.

201 Becker/Kingreen/*Scholz*, § 12 Rn. 9.

202 KassKom/Roters, § 12 SGB V Rn. 39; Knickrehm/Kreikebohm/Waltermann/*Waltermann*, § 12 Rn. 5.

203 Spickhoff/*Palsherm/Clemens*, SGB V, § 106 Rn. 4. Zur Wirtschaftlichkeitsprüfung ärztlich verordneter Leistungen ab dem 1. Januar 2017 vgl. § 106b SGB V (neu eingefügt durch das GKV-VSG (vgl. Fn. 181), BT-Drs. 18/4095, S. 137 ff.).

204 Vgl. auch Spickhoff/*Palsherm/Clemens*, SGB V, § 106 Rn. 2.

205 Vgl. Becker/Kingreen/*Scholz*, § 106 Rn. 3, 6.

206 Becker/Kingreen/*Scholz*, § 106 Rn. 6; für nähere Einzelheiten vgl. statt vieler: KassKom/*Hess*, § 106 SGB V Rn. 16 ff.

Durchschnittswerten oder andere artbezogene Prüfungen vereinbaren. Gem. § 106 Abs. 3 S. 3 SGB V kommen außerdem Einzelfallprüfungen in Betracht.

Werden dabei unwirtschaftliche Leistungen aufgedeckt, kommen Honorarkürzungen bzw. Rückforderungsansprüche (vgl. § 106 Abs. 5c S. 4 SGB V) in Betracht.[207]

6. Vergütungssystem

Die Vergütung der vertragsärztlichen Versorgung von gesetzlich Versicherten erfolgt im Regelfall[208] nicht direkt zwischen Arzt und Patient, sondern zwischen Arzt und kassenärztlicher Vereinigung. Es handelt sich um ein komplexes Vergütungssystem, bei dem man insbesondere drei Regelungsinstrumente unterscheidet: den einheitlichen Bewertungsmaßstab auf Bundesebene (EBM), die Honorarverteilungsmaßstäbe auf Landesebene (HVM) und die regional vereinbarten Gesamtvergütungen.[209]

Nach Maßgabe der zwischen der Kassenärztlichen Bundesvereinigung und dem Spitzenverband Bund der Krankenkassen vereinbarten Bundesmantelvertrag einigen sich die Landesverbände der Krankenkassen und die der Ersatzkassen mit den kassenärztlichen Vereinigungen gem. § 82 Abs. 2 SGB V durch die Gesamtverträge im Wesentlichen auf die Vergütung der an der vertragsärztlichen Versorgung teilnehmenden Leistungserbringer.[210] Gem. §§ 85 Abs. 1, 87a Abs. 3 S. 1 SGB V leisten die Krankenkassen dann die so vereinbarte (morbiditätsbedingte) Gesamtvergütung für die gesamte vertragsärztliche Versorgung mit befreiender Wirkung an die Kassenärztliche Vereinigung.[211] Die jeweilige Kassenärztli-

---

207 Spickhoff/*Palsherm/Clemens*, SGB V, § 106 Rn. 3.

208 Eine Ausführung jeglicher Details der Vergütungsregelungen würde den Rahmen der Arbeit sprengen. Die folgende Beschreibung beschränkt sich daher auf die Erläuterung des Regelfalls. Für Ausnahmen vgl. Laufs/Kern/*Clemens*, Handbuch des Arztrechts, § 24 Rn. 37, Schnapp/Wigge/*Hess*, Handbuch Vertragsarztrecht, § 16 Rn. 1.

209 So auch Schnapp/Wigge/*Hess*, § 16 Rn. 7.

210 *Waltermann*, Sozialrecht, § 8 Rn. 224.

211 Ebenso u.a. Schnapp/Wigge/*Wigge,* Handbuch Vertragsarztrecht, § 2 Rn. 39; Sodan/*Boecken/Bristle,* Handbuch Krankenversicherungsrecht, § 17 Rn. 165. Nur diese, vom Behandlungsvolumen regelmäßig unabhängige Gesamtvergütung steht den Kassenärztlichen Vereinigungen dann zur Verteilung auf die einzelnen Ärzte zur Verfügung. Bis Anfang der neunzi-

che Vereinigung wiederum verteilt die erhaltene Gesamtvergütung zumeist quartalsweise gem. § 87b Abs. 1 SGB V nach Maßgabe des sogenannten Honorarverteilungsmaßstabs (HVM)[212] unter anderem an die Ärzte. Gem. § 87b Abs. 1 S. 2 SGB V ist der HVM durch die Kassenärztliche Vereinigung im Benehmen mit den Landesverbänden der Krankenkassen und Ersatzkassen festgesetzt.

Grundlage für die Abrechnung des Vertragsarztes mit der Kassenärztlichen Vereinigung ist der mit den ärztlichen Leistungen erzielte Punktwert nach dem Einheitlichen Bewertungsmaßstab (EBM) gem. § 87 Abs. 2 SGB V. Dieser gem. § 87 Abs. 1 S. 1 SGB V von der Kassenärztlichen Bundesvereinigung und dem Spitzenverband Bund der Krankenkassen durch Bewertungsausschüsse als Bestandteil der Bundesmantelverträge vereinbarte Einheitliche Bewertungsmaßstab bestimmt den Inhalt der abrechnungsfähigen Leistungen und ihr wertmäßiges, in Punkten ausgedrücktes Verhältnis zueinander (§ 87 Abs. 2 S. 1 SGB V).

7. Berufsbild des Vertragsarztes

Die Tätigkeit als Vertragsarzt stellt keinen eigenen Beruf dar.[213] Zwar ist er, wie zuvor beschrieben, mit der Zulassung in ein „öffentlich-rechtliches System"[214] eingebunden, welches viele Beschränkungen mit sich

---

ger Jahre konnten die Kassenärztlichen Vereinigungen noch jede Einzelleistung gegenüber den Krankenkassen abrechnen, vgl. dazu Laufs/Kern/*Clemens*, Handbuch des Arztrechts, § 24 Rn. 33 m.w.N. Die genaue Höhe der von der Kasse an die Kassenärztliche Vereinigung zu zahlenden Vergütung wird auf Basis des Behandlungsbedarfs, bestehend aus der Zahl der Versicherten und deren „Morbiditätsstruktur" errechnet, vgl. Plagemann/*Plagemann*, MAH Sozialrecht, § 19 Rn. 128. Zu den schon angedeuteten Ausnahmefällen, in denen nicht die Ärzteschaft die über das berechnete Behandlungsvolumen hinausgehenden Ausgaben tragen muss, vgl. BeckOK-Sozialrecht/*Schröder*, SGB V, § 87a Rn. 4.

212 Einzelheiten dazu bspw. bei KassKom/*Hess,* § 87b SGB V Rn. 3 ff.
213 BVerfG NJW 1960, 715; so auch Schnapp/Wigge/S*chmidbauer*, Handbuch Vertragsarztrecht, § 3 Rn. 34 und *Sodan*, Freie Berufe, S. 195, der den Schwerpunkt der Untersuchung (S. 92 ff.) aber auf die Freiberuflichkeit legt; vgl. auch *Clemens*, in Quaas/Zuck/*Clemens*, Medizinrecht, § 18 Rn. 43, der an a.A. von *Zuck* in Vorauflage (vgl. Quaas/Zuck/*Zuck*, Medizinrecht, 2. Aufl. 2008, § 17 Rn. 18) ausdrücklich nicht mehr festhält.
214 BVerfG NJW 1960, 715, 715.

bringt.[215] Diese gehen aber jedoch nicht so weit, als dass seine Tätigkeit als eigener Beruf aufgefasst werden kann. [216] Ein Vertragsarzt geht derselben Tätigkeit nach, die auch der ohne Kassenzulassung versehene frei praktizierende Arzt ausübt.[217] Die Beschränkungen seiner Behandlungsfreiheit durch wirtschaftliche Aspekte sind darüber hinaus vergleichbar mit denen, die es auch bei der Behandlung von Privatpatienten aufgrund deren nicht unbegrenzter Leistungsfähigkeit (bzw. ihrer Krankenversicherungen) gibt.[218] Die Einordnung des Vertragsarztes als eigenen Beruf hätte überdies die etwas seltsam anmutende Folge, dass der Arzt, der sowohl gesetzlich wie auch privat versicherte Patienten behandelt, zwei Berufe ausüben würde.[219] Schließlich stellt auch der Verzicht auf die Zulassung an der vertragsärztlichen Versorgung keinen Berufswechsel dar.[220]

IV. Tätigkeit als „Privatarzt"

Unabhängig von einer Zulassung für die vertragsärztliche Versorgung ist grundsätzlich jeder Arzt im Sinne der §§ 2 ff. BÄO berechtigt, privatärztlich tätig zu werden. Die Wahl der privat Versicherten ist allerdings zumeist auf die niedergelassenen und approbierten Ärzte beschränkt (vgl. § 4 Abs. 2 S. 1 MB/KK). Behandelt ein Arzt einen privat Versicherten (im Folgenden vereinfacht „Privatarzt" genannt), bestehen zum oben Gesagten einige Unterschiede:

---

215   Vgl. dazu die in diesem Abschnitt gemachten Ausführungen und insbesondere auch die Darstellung bei *Schulin,* VSSR 1994, 357, 357 ff. und *Weiß,* NZS, 2005, 67, 67 ff.
216   *Sodan,* Freie Berufe, S. 195, so auch: *Leimenstoll,* Rn. 204 ff. m.w.N.; Schnapp/Wigge/*Wigge,* § 2 Rn. 9; *Schulin,* VSSR 1994, 357, 360; *Weiß,* NZS 2005, 67, 71; a.A. *Quaas/Zuck,* Medizinrecht, § 16 Rn. 15 ff.; Schnapp/Wigge/*Schmidbauer,* Handbuch des Vertragsarztrechts, § 3 Rn. 33.
217   BVerfG NJW 1960, 715, 715; Schnapp/Wigge/*Schmidbauer,* Handbuch des Vertragsarztrechts, § 3 Rn. 32, 34.
218   BVerfG, NJW 1960, 715, 715.
219   BVerfG, NJW 1960, 715, 715.
220   BVerfG, NJW 1960, 715, 715.

1. Rechtsbeziehungen zwischen Privatarzt und Patient

Die rechtlichen Beziehungen zwischen dem Privatarzt und dem privat versicherten Patienten sind ebenso zivilrechtlicher Natur und bilden den „klassische[n] Anwendungsfall"[221] der Regelungen des Behandlungsvertrags nach den §§ 630a ff. BGB. Die nunmehr erfolgte ausdrückliche Einordnung der rechtlichen Beziehungen zwischen Arzt und Privatpatient in das Dienstvertragsrecht, entspricht ebenfalls der bisherigen Ansicht von Rechtsprechung und Literatur.[222] Anders als der gesetzlich Versicherte gegenüber dem Vertragsarzt, ist der Privatpatient regemäßig selbst Schuldner hinsichtlich des dem Arzt zustehenden Honorars.[223] Er begleicht die Arztrechnung zunächst, um sich später die Kosten entsprechend seines Versicherungsvertrages von seiner privaten Krankenversicherung erstatten zu lassen.[224]

2. Rechtsbeziehungen zwischen Privatarzt und privater Krankenversicherung

Aufgrund des in der privaten Krankenversicherung vorherrschenden Kostenerstattungsprinzips, gibt es kaum Anknüpfungspunkte für rechtliche Beziehungen zwischen dem Arzt und der privaten Krankenversicherung seines Patienten.[225] Ausnahmsweise kann jedoch der Arzt gem. § 192 Abs. 7 S. 1 VVG seine Ansprüche aus dem Behandlungsvertrag direkt gegen die private Krankenversicherung geltend machen, wenn sein Patient die Krankheitskostenversicherung im Basistarif nach § 152 VAG abgeschlossen hat und die Krankenversicherung nach dem Versicherungsvertrag leisten muss.

---

221 BT-Drs. 17/10488, S. 18.
222 BGH NJW 1980, 1452, 1453; Laufs/Kern/*Kern,* Handbuch des Arztrechts, § 39 Rn. 2 m.w.N.; Palandt/*Weidenkaff,* Einf vor § 611 BGB Rn. 18. Das Werkvertragsrecht bleibt allerdings auch nach der Einfügung der §§ 630a ff. BGB weiterhin anwendbar, wenn technische Handlungen, bspw. die Erstellung einer Zahnprothese, geschuldet sind (vgl. Bundesrat-Drs. 312/12, S. 23).
223 Vgl. Jauernig/*Mansel,* § 630a Rn. 10–12.
224 Prinzip der Kostenerstattung, vgl. dazu oben unter B. I. 2. b).
225 So auch Dieners/Reese/*Reese/Stallberg,* Pharmarecht, § 17 Rn. 62.

3. Vergütungssystem

Grundlage für die Abrechnung privatärztlicher Leistungen[226] ist die Gebührenordnung für Ärzte (GOÄ[227]).[228] Sie ist eine von der Bundesregierung mit Zustimmung des Bundesrates gem. § 11 BÄO erlassene Rechtsverordnung. Die GOÄ legt die Preise innerhalb des zwischen dem Arzt und dem Patienten bestehenden Behandlungsvertrages fest.[229] Gem. § 1 Abs. 1 GOÄ ist sie zwingendes Recht, soweit[230] nicht durch Bundesgesetz etwas anderes bestimmt ist. Der Arzt kann von ihr nur durch die Vereinbarung eines höheren Steigerungsfaktors abweichen (vgl. § 2 Abs. 1 S. 1 GOÄ).[231] Nach § 1 Abs. 2 GOÄ darf der Arzt nur Leistungen berechnen, die nach den Regeln der ärztlichen Kunst für eine medizinisch notwendige Behandlung erforderlich sind. In der GOÄ wird in der Regel jedes ärztliche Handeln durch eine Gebührenordnungsposition erfasst (Einzelleistungsvergütung).[232]

Davon zu unterscheiden ist die Frage der Kostenerstattung einer nach Maßgabe der GOÄ vom Arzt erbrachten Behandlung, deren Rechnung der Patient erhalten und gegebenenfalls schon beglichen hat. Bestehen keine Unstimmigkeiten, reicht der Versicherte die Rechnung bei seiner Krankenversicherung zur Erstattung ein.[233] Die genaue Art der Geltend-

---

226 Dazu zählen nicht nur ärztliche Leistungen gegenüber Privatversicherten, sondern bspw. auch individuelle Gesundheitsleistungen (sog. IGeL) gegenüber gesetzlich Versicherten, die nicht im Leistungskatalog der gesetzlichen Krankenversicherung enthalten sind oder aber auch Leistungen gegenüber einem GKV-Versicherten, der das Prinzip der Kostenerstattung gewählt hat. Vgl. zum Anwendungsbereich der GOÄ auch Wenzel/*Hess/Hübner*, FA-MedR, Kap. 13 Rn. 10.

227 Gebührenordnung für Ärzte in der Fassung der Bekanntmachung vom 9. Februar 1996 (BGBl. I S. 210), die zuletzt durch Artikel 17 des Gesetzes vom 4. Dezember 2001 (BGBl. I S. 3320) geändert worden ist.

228 Wenzel/*Hess/Hübner*, FA-MedR, Kap. 13 Rn. 1. Für diese und weitere Einzelheiten zur GOÄ vgl. auch bei Laufs/Katzenmeier/Lipp/*Lipp*, Kap. III Rn. 44 ff.

229 Wenzel/*Hess/Hübner*, FA-MedR, Kap. 13 Rn. 1.

230 Vgl. zu abweichenden bundesgesetzlichen Bestimmungen *Hellmann/Herffs*, Ärztlicher Abrechnungsbetrug, S. 32 (Rn. 97).

231 Spickhoff/*Spickhoff*, GOÄ, § 2 Rn. 2 ff.; Uleer/Miebach/Patt/*Miebach*, Abrechnung, GOÄ, § 2 Rn. 17.

232 Ratzel/Luxenburger/*Griebau*, Hdb MedR, § 11 Rn. 23

233 *Hellmann/Herffs*, Ärztlicher Abrechnungsbetrug, S. 37 (Rn. 108).

machung und die exakte Höhe der Erstattung[234] richten sich dabei nach den Bedingungen des Versicherungsvertrags zwischen Versichertem und seiner Versicherung. Ebenfalls abhängig von der einzelnen Versicherung ist der Aufwand der Prüfung einer eingereichten Rechnung durch die Versicherung vor einer Erstattung.[235]

4. Wirtschaftlichkeitsgebot

Ein Arzt, der seinem Patienten gegenüber nach der GOÄ abrechnet, ist nicht im selben Maße an ein Wirtschaftlichkeitsgebot gebunden wie ein Vertragsarzt, der GKV-Patienten zu Lasten der gesetzlichen Krankenversicherung behandelt.[236] Es ist letztlich zunächst der Privatpatient und im Gegensatz zur gesetzlichen Krankenversicherung nicht die Solidargemeinschaft der Versicherten, die für die Kosten der Behandlung und/oder Verordnung aufzukommen hat.[237] Kostengesichtspunkte sind aber dennoch nicht gänzlich außer Acht zu lassen: Nach Treu und Glauben (§ 242 BGB) schuldet der Arzt seinem Patienten eine möglichst kostengünstige Behandlung und ist verpflichtet, seine Patienten auf hohe Kosten einer Behandlung hinzuweisen.[238]

V. Arzt im Krankenhaus

Etwas mehr als die Hälfte aller in Deutschland tätigen Ärzte war im Jahr 2013 in Krankenhäusern tätig.[239] Im Folgenden sollen daher auch knapp die für sie relevanten rechtlichen Regeln und das sie umgebende Beziehungsgeflecht dargestellt werden. Vorab jedoch noch ein kurzer Überblick über die Grundlagen der Krankenhausversorgung:

---

234 Huster/Kaltenborn/*Patt/Wilde*, Krankenhausrecht, § 7 Rn. 7; vgl. außerdem § 4 MB/ST 2009.

235 Vgl. *Hellmann/Herffs*, Ärztlicher Abrechnungsbetrug, S. 37 (Rn. 108).

236 Wenzel/*Hess*, FA-MedR, Kap. 2, Rn. 55.

237 Wenzel/*Hess*, FA-MedR, Kap. 2, Rn. 55.

238 Bach/Moser/*Göbel*, Private Krankenversicherung, Teil C. nach § 1 MB/KK, Rn. 25; Wenzel/*Hess*, FA-MedR, Kap. 2, Rn. 56.

239 Eigene Berechnungen auf Grundlage der Daten von *BMG*, Daten des Gesundheitswesens 2015, S. 78/106.

1. Grundlagen der Krankenhausversorgung

Gem. § 2 Nr. 1 Krankenhausfinanzierungsgesetz (KHG[240]) sind Krankenhäuser Einrichtungen, in denen durch ärztliche und pflegerische Hilfeleistung Krankheiten, Leiden oder Körperschäden festgestellt, geheilt oder gelindert werden sollen oder Geburtshilfe geleistet wird und in denen die zu versorgenden Personen untergebracht und verpflegt werden können. Ihre Aufgaben ergeben sich aus dem KHG, der Bundespflegesatzverordnung (BPflV[241]), dem SGB V sowie den Krankenhausgesetzen der Länder. Krankenhäuser werden insbesondere nach ihrer Trägerschaft – öffentlich, freigemeinnützig oder privat – unterschieden.[242] Öffentliche Träger können der Bund, die Länder, Kommunen oder Zweckverbände sein.[243] Freigemeinnützige Krankenhäuser werden von Kirchen und freien Wohlfahrtsverbänden getragen, wohingegen private Krankenhäuser einen Träger haben, der erwerbswirtschaftliche Ziele verfolgt.[244]

Gem. § 39 Abs. 1 S. 2 SGB V haben gesetzlich Versicherte nur Anspruch auf die Behandlung in einem zugelassenen Krankenhaus und dies auch nur dann, wenn die Aufnahme nach Prüfung durch das Krankenhaus erforderlich ist, weil das Behandlungsziel nicht durch teilstationäre, vor- und nachstationäre oder ambulante Behandlung einschließlich häuslicher Krankenpflege erreicht werden kann. Zur Versorgung von gesetzlich Versicherten zugelassen sind neben Hochschulkliniken auch sog. Plan- und Vertragskrankenhäuser (vgl. § 108 SGB V). Krankenhäuser, die nicht in den Krankenhausplan des Landes aufgenommen sind (sogenannte Plankrankenhäuser), sind dann sogenannte Vertragskrankenhäuser, wenn sie einen Versorgungsvertrag mit den Landesverbänden der Krankenkassen abgeschlossen haben (vgl. dazu auch § 109 ff. SGB V). Insgesamt sind etwa 90 % aller Krankenhäuser zur Versorgung von gesetzlich Ver-

---

240 Krankenhausfinanzierungsgesetz in der Fassung der Bekanntmachung vom 10. April 1991 (BGBl. I S. 886), das zuletzt durch Artikel 1 des Gesetzes vom 10. Dezember 2015 (BGBl. I S. 2229) geändert worden ist.
241 Bundespflegesatzverordnung vom 26. September 1994 (BGBl. I S. 2750), die durch Artikel 5 des Gesetzes vom 10. Dezember 2015 (BGBl. I S. 2229) geändert worden ist.
242 *Nagel/Alber,* S. 144; zum Grundsatz der Trägerpluralität vgl. Laufs/Kern/*Genzel/Degener-Hencke,* Handbuch des Arztrechts, § 81 Rn. 1 ff.
243 *Simon,* S. 368.
244 *Simon,* S. 369.

sicherten zugelassen.[245] Privatversicherte hingegen können gem. § 4 Abs. 4 MB/KK unter den öffentlichen und den privaten Krankenhäusern, die die dort genannten Mindeststandards erfüllen, frei wählen.[246] Eine Behandlung im Krankenhaus erfolgt zumeist stationär (voll-, vor- und nach- oder teilstationär).[247] Für gesetzlich Versicherte legt § 39 Abs. 1 S. 3 SGB V explizit fest, dass die Krankenhausbehandlung im Rahmen des Versorgungsauftrags des Krankenhauses alle Leistungen, die im Einzelfall nach Art und Schwere der Krankheit für die medizinische Versorgung der Versicherten im Krankenhaus notwendig sind, umfasst, insbesondere die ärztliche Behandlung (§ 28 Abs. 1 SGB V) und die Versorgung mit Arznei-, Heil- und Hilfsmitteln.

2. Rechtsbeziehungen zwischen Arzt und Krankenhaus

In den Krankenhausbetrieb sind Ärzte in der Regel als Arbeitnehmer eingeordnet. Das gilt für Assistenzärzte ebenso wie für Chefärzte.[248] Ein Arbeitsvertrag besteht in diesem Fall zwischen dem Arzt und dem jeweiligen Krankenhausträger.[249] Wie andere Arbeitnehmer unterliegen sie dabei grundsätzlich dem Weisungsrecht ihres Arbeitgebers. Soweit sie allerdings spezifisch ärztlich tätig sind, unterliegen sie jedenfalls keinen Weisungen durch Nicht-Ärzte.[250] Selbst deren Weisungsrecht ist aber spätestens dort beschränkt, wo das Wohl des Patienten betroffen ist.[251] Regelmäßig als Arbeitnehmer einzuordnen ist auch ein Chefarzt dann – obwohl er im Hinblick auf seine ärztliche Tätigkeit gänzlich weisungsungebunden ist –, wenn er ansonsten „im Wesentlichen weisungsgebunden und damit vom Krankenhausträger persönlich abhängig ist"[252]. Das Recht zur Privatliquidation ändert daran ebenfalls nichts.[253] Von den im Kran-

---

245 *Simon*, S. 377.
246 Huster/Kaltenborn/*Patt/Wilde*, Krankenhausrecht, § 7 Rn. 15.
247 In begrenztem Umfang können Krankenhäuser auch ambulante Behandlungen durchführen, vgl. MAH-MedR/*Halbe*, § 11 Rn. 218 ff.
248 Huster/Kaltenborn/*Ricken*, Krankenhausrecht, § 11 Rn. 6.
249 Vgl. Palandt/*Weidenkaff*, Einf. v. § 611 Rn. 18.
250 Huster/Kaltenborn/*Ricken*, Krankenhausrecht, § 11 Rn. 5.
251 Vgl. Huster/Kaltenborn/*Ricken*, Krankenhausrecht, § 11 Rn. 5 (Fn. 10).
252 Vgl. Huster/Kaltenborn/*Ricken*, Krankenhausrecht, § 11 Rn. 6.
253 Vgl. Huster/Kaltenborn/*Ricken*, Krankenhausrecht, § 11 Rn. 7.

kenhaus angestellten Ärzten sind insbesondere sogenannte Belegärzte zu unterscheiden (vgl. auch § 18 Abs. 1 KHEntgG[254]).[255]

3. Rechtsbeziehungen zwischen Patient und Krankenhaus

Vertragspartner des Patienten im Rahmen der stationären Krankenhausversorgung ist in der Regel allein der Krankenhausträger. Im Rahmen eines sogenannten totalen Krankenhausaufnahmevertrages hat der Krankenhausträger sämtliche Leistungen zu erbringen.[256] Anders hingegen ist dies bei den beiden anderen typischen Vertragsformen im Rahmen der stationären Krankenhausbehandlung: Man unterscheidet ferner den gespaltenen Krankenhausaufnahmevertrag und den totalen Krankenhausaufnahmevertrag mit Arztzusatzvertrag.[257]

Ist der Patient gesetzlich versichert, richtet sich der Vergütungsanspruch des Krankenhausträgers direkt gegen die Krankenkasse und nicht gegen den Patienten.[258] Gleiches gilt in der Regel beim privatversicherten Patienten.[259] Aufgrund von Vereinbarungen zwischen Privatversicherern und Krankenhäusern kommt zumeist das sogenannte Klinik-Card-Verfahren zum Einsatz.[260] Aufgrund der enormen Kosten eines stationären Aufenthalts verfahren die meisten privaten Versicherungen damit auch nach dem Sachleistungs- statt dem Kostenerstattungsprinzip.

---

[254] Krankenhausentgeltgesetz (KHEntgG) vom 23. April 2002 (BGBl. I S. 1412, 1422), das zuletzt durch Artikel 4 des Gesetzes vom 10. Dezember 2015 (BGBl. S. 2229) geändert worden ist.

[255] Vgl. Huster/Kaltenborn/*Ricken*, Krankenhausrecht, § 11 Rn. 8 ff.

[256] Vgl. Palandt/*Weidenkaff*, § 630a Rn. 3; kritisch zur Einordnung unter § 630a BGB *Preis/Schneider*, NZS 2013, 281.

[257] Vgl. dazu u.a. Palandt/*Weidenkaff*, § 630a Rn. 4.

[258] BSG NJW 1984, 1820, 1821; Quaas/Zuck/*Quaas*, Medizinrecht, § 14 Rn. 9 m.w.N.

[259] Die rechtliche Beurteilung ist umstritten, vgl. Uleer/Miebach/Patt/*Patt*, Abrechnung, 2. Teil, A. Rn. 38.

[260] Im sog. Klinik-Card-Verfahren wird, auf Grundlage vom Verband der privaten Krankenversicherer mit einzelnen Krankenhäusern verhandelten Rahmenverträgen, eine Direktabrechnung zwischen dem Leistungserbringer und der Versicherung gewährleistet. Mehr dazu bei Huster/Kaltenborn/*Patt/Wilde*, Krankenhausrecht, § 7 Rn. 43 ff. oder auch Sodan/*Kalis*, Handbuch Krankenversicherungsrecht, § 44 Rn. 15.

4. Vergütung der Krankenhausleistungen

Für die Vergütung von stationären Krankenhausleistungen gilt der Grundsatz der Einheitlichkeit der Vergütung (vgl. § 17 Abs. 1 KHG, § 1 Abs. 3 und § 8 Abs. 1 KHEntgG).[261] Stationäre und teilstationäre Leistungen werden danach grundsätzlich für alle Patienten der sich im Anwendungsbereich dieser Normen befindlichen Krankenhäuser einheitlich berechnet. Im Anwendungsbereich des KHEntgG, d.h. für den Großteil der Krankenhäuser, erfolgt die Vergütung für die Behandlung von GKV und PKV-Versicherten über das DRG-Fallpauschalensystem (DRG = Diagnosis Related Groups). Dieses sieht eine Vergütung je Behandlungsfall vor, ist damit unabhängig von den tatsächlichen Kosten und nach § 8 Abs. 1 KHEntgG, § 17 Abs. 1 S. 1 KHG auch unabhängig von der Versicherung des Patienten. Vergütet werden damit gem. § 17b Abs. 1 S. 3 KHG allgemeine Krankenhausleistungen eines Behandlungsfalles, d.h. grundsätzlich auch die Gabe von Arznei- und Hilfsmitteln[262] sowie Medizinprodukten[263]. Zusätzlich sind gem. § 17b Abs. 1 S. 7 KHG, § 9 Abs. 1 Nr. 2 KHEntgG auf Bundesebene Zusatzentgelte für besonders kostenintensive Arznei- oder Sachmittel bzw. besondere therapeutische Verfahren vorgesehen.[264] Nach § 6 Abs. 1 KHEntgG sind außerdem krankenhausindividuelle Zusatzentgelte zu vereinbaren. Der Zusatzentgelt-Katalog der Fallpauschalen-Vereinbarung 2016[265] sieht 99 bewertete Zusatzentgelte (Anlage 2) sowie 80 krankenhausindividuell zu vereinbarende Zusatzentgelte (Anlage 4) vor.

Grundsätzlich außerhalb jeglicher öffentlich-rechtlicher Vorgaben können Privatkliniken ihre Preise gestalten.[266] Solche Krankenhäuser, die weder

---

261 Hintergrund ist die öffentliche Förderung dieser Krankenhäuser, die aus Steuermitteln und somit von allen Steuerzahlern, unabhängig von ihrer Krankenversicherung, getragen wird. Vgl. dazu Huster/Kaltenborn/*Patt/Wilde*, Krankenhausrecht, § 7 Rn. 18.

262 *Tuschen/Trefz*, Krankenhausentgeltgesetz, Erl. § 2 (S. 218 f.).

263 Die Aufzählung in § 2 KHEntgG ist nicht abschließend und geht von einem umfassenden Leistungsangebot durch Krankenhäuser aus, *Tuschen/Trefz*, Krankenhausentgeltgesetz, Erl. § 2 (S. 218 f.).

264 Daneben gibt es weitere Entgelte, bspw. klinikindividuelle Zusatzentgelte (§ 6 Abs. 1 KHEntgG) etc. Für nähere Einzelheiten der Leistungsabrechnung im Krankenhaus vgl. Huster/Kaltenborn/*Degener-Hencke*, Krankenhausrecht, § 5 Rn. 153 ff.

265 *InEK*, Abschlussbericht G-DRG-System 2016, S. 4.

266 Sodan/*Kalis*, Handbuch Krankenversicherungsrecht, § 44 Rn. 31.

Plan- noch Vertragskrankenhäuser sind, sind für die Versorgung von gesetzlich Versicherten nicht zugelassen. Rechnungen von privat Versicherten aus solchen Kliniken sind immer wieder Gegenstand von Gerichtsverfahren.[267]

VI. Die Arzneimittel-, Hilfsmittel- und Medizinprodukte-Versorgung

Untrennbar mit nahezu jeder ärztlichen Behandlung verbunden ist die Versorgung der Patienten mit Arznei- und Hilfsmitteln sowie mit Medizinprodukten. Unabhängig von der Art der Versicherung der Patienten, ist es regelmäßig der Arzt, der über das „Ob" und die nähere Ausgestaltung der Versorgung entscheidet. Arznei- und Hilfsmittel machten knapp ein Fünftel aller Ausgaben in der gesetzlichen Krankenversicherung im Jahr 2011 aus.[268] In der privaten Krankenversicherung vereinnahmten sie immerhin knapp 11 % aller Ausgaben.[269] Arzneimittelverordnungen durch Ärzte sorgten für über 80 % des Gesamtumsatzes von Apotheken.[270] Sowohl die gesetzlichen als auch die privaten Krankenversicherungen beobachten seit Jahren zunehmende Ausgaben für die Versorgung ihrer Versicherten mit Arzneimitteln.[271] In beiden Versicherungen stiegen die Arzneimittelausgaben vom Jahr 2005 bis zum Jahr 2010 um knapp ein Viertel an.[272]

Um zu erkennen, ob bestimmte ärztliche Verhaltensweisen strafrechtlich relevant sind, sollen im Folgenden Grundzüge der Versorgung von Patienten mit Arznei-, Hilfsmitteln und Medizinprodukten erläutert werden. Hinsichtlich der Abrechnungswege ist hier zwischen ambulanten Behandlungen von gesetzlich und privat Versicherten zum einen und der stationären Krankenhausversorgung zum anderen zu trennen.

---

267 So bspw. bei BGH NJW 2003, 1596 ff.; 1979, 326 ff. oder bei BGH NJW 2001, 892. Eine Zusammenfassung der Problematik mit den genannten Entscheidungen findet sich bei Huster/Kaltenborn/*Patt/Wilde,* Krankenhausrecht, § 7 Rn. 30 ff.
268 Vgl. *BMG,* Daten des Gesundheitswesens 2015, S. 136.
269 Eigene Berechnungen auf Grundlage der Daten von *BMG,* Daten des Gesundheitswesens 2015, S. 138.
270 *Simon,* S. 349.
271 *Wild,* in: Ostendorf, Private Krankenversicherung, S. 28.
272 *Wild,* in: Ostendorf, Private Krankenversicherung, S. 28.

1. Begriffe

a) Arzneimittel

Weder das SGB V noch die gesetzlichen Grundlagen der privaten Krankenversicherung sehen eine eigenständige Definition des Arzneimittelbegriffs vor. Insofern ist auf die Definition des AMG zurückzugreifen.[273] Gem. § 2 Abs. 1 AMG sind Arzneimittel Stoffe oder Zubereitungen aus Stoffen, die zur Anwendung im oder am menschlichen Körper bestimmt sind und als Mittel mit Eigenschaften zur Heilung oder Linderung oder zur Verhütung menschlicher Krankheiten oder krankhafter Beschwerden bestimmt sind oder die im oder am menschlichen Körper angewendet oder einem Menschen verabreicht werden können, um entweder die physiologischen Funktionen durch eine pharmakologische, immunologische oder metabolische Wirkung wiederherzustellen, zu korrigieren oder zu beeinflussen oder eine medizinische Diagnose zu erstellen.

Arzneimittel lassen sich hinsichtlich der Verfügbarkeit in apothekenpflichtige und nicht apothekenpflichtige, d.h. freiverkäufliche Arzneimittel unterteilen (vgl. § 43 Abs. 1 AMG). Grundsätzlich gilt gem. § 43 AMG für alle Arzneimittel eine Apothekenpflicht. § 44 AMG und die aufgrund von § 45 AMG erlassene Verordnung über apothekenpflichtige und freiverkäufliche Arzneimittel (AMVerkRV)[274] sehen davon Ausnahmen vor. Für Ärzte gilt aufgrund des Apothekenmonopols dementsprechend das Dispensierverbot[275], d.h. eine Abgabe von Arzneimitteln an Patienten zur Anwendung außerhalb der Praxis ist ihnen nicht erlaubt. Eine direkte Anwendung von Arzneimitteln zur Durchführung einer ärztlichen Behandlung (z.B. Augentropfen, Salben) ist ihnen aber ebenso gestattet wie die Abgabe von Ärztemustern.[276]

---

273 Vgl. Sodan/*Wodarz,* Handbuch Krankenversicherungsrecht, § 27 Rn. 13.

274 Verordnung über apothekenpflichtige und freiverkäufliche Arzneimittel vom 24. November 1988 (BGBl. I S. 2150), die zuletzt durch Artikel 3 der Verordnung vom 19. Dezember 2014 (BGBl. I S. 2371) geändert worden ist.

275 Vgl. *Baierl/Kellermann,* Arzneimittelrecht, S. 191.

276 *Schulte/Löwer/Schwerdtfeger*, in: Thielscher, S. 250. Allerdings hat der Gesetzgeber hier in der Vergangenheit mit der Einfügung von § 47 Abs. 4 AMG einschneidende Einschränkungen der bisherigen Praxis beschlossen. Muster dürfen danach nur noch auf schriftliche Aufforderung, in der kleinsten Packungsgröße und nicht mehr als zweimal im Jahr abgegeben werden. Über die Abgabe muss ferner Buch geführt werden.

b) Hilfsmittel

Eine die rechtlichen Grundlagen der gesetzlichen und der privaten Versicherung übergreifende, einheitliche Definition des Hilfsmittelbegriffs sucht man vergebens. Zur Annäherung sei hier auf die Begriffsbestimmung der Rechtsprechung verwiesen:[277] Danach sind Hilfsmittel sächliche, bewegliche[278] Mittel, „die im Einzelfall erforderlich sind, um den Erfolg einer Krankenbehandlung zu sichern (1. Alt.) oder eine Behinderung auszugleichen (2. Alt.) […]".[279] Abzugrenzen sind Hilfsmittel von den Heilmitteln (§ 32 SGB V). Für nähere Einzelheiten wird auf die Begriffsbestimmungen unten unter B. VI. 2. b) aa) verwiesen.

c) Medizinprodukt

Gem. § 3 Nr. 1 MPG[280] sind Medizinprodukte alle einzeln oder miteinander verbunden verwendeten Instrumente, Apparate, Vorrichtungen, Software, Stoffe und Zubereitungen aus Stoffen oder andere Gegenstände einschließlich der vom Hersteller speziell zur Anwendung für diagnostische oder therapeutische Zwecke bestimmten und für einwandfreies Funktionieren des Medizinproduktes eingesetzten Software, die vom Hersteller zur Anwendung für Menschen mittels ihrer Funktionen zum Zwecke a) der Erkennung, Verhütung, Überwachung, Behandlung oder Linderung von Krankheiten, b) der Erkennung, Überwachung, Behandlung, Linderung oder Kompensierung von Verletzungen oder Behinderungen, c) der Untersuchung, der Ersetzung oder der Veränderung des anatomischen Aufbaus oder eines physiologischen Vorgangs oder d) der Empfängnisregelung zu dienen bestimmt sind und deren bestimmungsgemäße Hauptwirkung im oder am menschlichen Körper weder durch pharmakologisch oder immunologisch wirkende Mittel noch durch Metabolismus erreicht wird, deren Wirkungsweise aber durch solche Mittel unterstützt werden kann.

Von Arzneimitteln unterscheiden sie sich insbesondere dadurch, dass sie nicht pharmakologisch wirken, sondern ihr Zweck in der Regel durch

---

277 Ähnlich *Wabnitz*, Medizinprodukte als Hilfsmittel, S. 48.
278 BSG NJW 2000, 1812.
279 So ausdrücklich BSG NZS 2001, 532; vgl. auch Becker/Kingreen/*Butzer*, § 33 Rn. 4 m.w.N.
280 Medizinproduktegesetz in der Fassung der Bekanntmachung vom 7. August 2002 (BGBl. I S. 3146), das zuletzt durch Artikel 278 des Gesetzes vom 31. August 2015 (BGBl. I S. 1474) geändert worden ist.

physikalische Wirkung erreicht wird.[281] Zu den Medizinprodukten nach § 3 MPG zählen unter anderem Geräte, die der Diagnostik dienen, etwa Röntgengeräte oder Kernspintomografen,[282] auch Blutdruckmess- oder Ultraschallgeräte.[283] Ebenfalls Medizinprodukte sind Geräte, die anatomisch oder physiologisch ersetzend wirken, etwa Prothesen und künstliche Gelenke oder künstliche Darmausgänge und Katheter.[284] Aktive Implantate, wie Herzschrittmacher oder künstliche Organe, ärztliche Instrumente, wie Spritzen, aber auch Seh- und Hörhilfen sowie Rehabilitationsprodukte, etwa Rollstühle und Verbandmittel, Nahtmaterial und Empfängnisverhütungsmittel zählen grundsätzlich auch zu den Medizinprodukten.[285] Medizinprodukte lassen sich ebenfalls, wie auch Arzneimittel, in verschreibungspflichtige und nicht-verschreibungspflichtige Produkte einteilen.[286]

2. Vertragsarzt

a) Arzneimittel

Die gesetzliche Krankenversicherung umfasst die Versorgung ihrer Versicherten mit Arzneimitteln. Diese kann durch Verordnung, mit Hilfe derer sich der Patient das Arzneimittel in der Apotheke besorgen kann, durch Verabreichen oder die Anwendung von Arzneimitteln während einer Behandlung sowie durch die Abgabe von Ärztemustern verwirklicht werden.

aa) Grundlagen

Die Arzneimittelversorgung der Versicherten ist fester Bestandteil im Leistungsrecht der gesetzlichen Krankenversicherung. Insbesondere die Krankenbehandlung umfasst gem. § 27 Abs. 1 S. 2 Nr. 3 SGB V die Ver-

---

281 BT-Drs. 12/6991, S. 28; vgl. zur ansonsten sehr schwierigen Abgrenzung von Medizinprodukten und Arzneimitteln Rehmann/Wagner/*Rehmann*, Medizinproduktegesetz, § 3 Rn. 1.
282 Rehmann/Wagner/*Rehmann*, Medizinproduktegesetz, § 3 Rn. 1, 2.
283 *Deutsch/Spickhoff*, Medizinrecht, Rn. 2049 m.w.N.
284 Rehmann/Wagner/*Rehmann*, Medizinproduktegesetz, § 3 Rn. 1–4.
285 *Deutsch/Spickhoff*, Medizinrecht, Rn. 2049 m.w.N.
286 Vgl. dazu § 1 Abs. 1 MPAV (Medizinprodukte-Abgabeverordnung vom 25. Juli 2014 (BGBl. I S. 1227), die durch Artikel 4 der Verordnung vom 19. Dezember 2014 (BGBl. I S. 2371) geändert worden ist).

sorgung unter anderem mit Arzneimitteln, wenn sie notwendig ist, um eine Krankheit zu erkennen, zu heilen, ihre Verschlimmerung zu verhüten oder Krankheitsbeschwerden zu lindern. Konkretisiert wird der die Versorgung mit Arzneimitteln umfassende Anspruch auf Krankenbehandlung durch § 31 SGB V.[287] Gem. § 31 Abs. 1 S. 1 SGB V hat der Versicherte Anspruch auf Versorgung mit apothekenpflichtigen Arzneimitteln, soweit die Arzneimittel nicht nach § 34 SGB V oder durch Richtlinien nach § 92 Abs. 1 S. 2 Nr. 6 SGB V von der Versorgung ausgeschlossen sind.[288]

Der Wortlaut der §§ 11 Abs. 1 Nr. 4, 27 Abs. 1 S. 1, 31 Abs. 1 S. 1 SGB V legt zunächst nahe, dass es sich hier um Anspruchsnormen handelt.[289] Der langjährigen Rechtsprechung des BSG zufolge handelt sich bei den §§ 27 ff. SGB V jedoch grundsätzlich um Rechtsgrundlagen, aus der sich erst mit der Beachtung weiterer im SGB V niedergelegten Voraussetzungen ein Anspruch ergibt: im Gegensatz zu einer gesetzlichen Anspruchsgrundlage regelten sie nur Teilelemente und ihnen könne, anders als Anspruchsgrundlagen, nicht mittels Auslegung entnommen werden, wann jemand einen Anspruch, d.h. gem. § 194 BGB das Recht hat, von einem anderen Tun oder Unterlassen zu verlangen.[290] Statt einer genauen Beschreibung, welches Medikament in welcher Situation zu verschreiben ist, ist die Arzneimittelversorgung nur abstrakt beschrieben.[291] Dem liegt das vom BSG vertretene Rechtskonkretisierungskonzept[292] zu Grunde. Danach regelt § 27 SGB V nur den Anspruch dem Grunde nach.[293] Welchen Inhalt der Anspruch des Versicherten dann konkret hat, bestimmt sich nach den Vorgaben der §§ 28 ff. SGB V, den entsprechenden Rechtsverordnungen und den Richtlinien des Gemeinsamen Bundesausschusses.[294] Der dem Versicherten in §§ 27 ff. SGB V eingeräumte Leistungsanspruch sei daher nur ein „subjektiv-öffentlich-

---

287 Krauskopf/*Wagner,* SGB V, § 31 Rn. 2.
288 Zu den Einschränkungen vgl. *Meier/von Czettritz/Gabriel/Kaufmann,* Pharmarecht, § 11 Rn. 10 ff., 17 ff.
289 So auch *Nimis,* Neue Untersuchungs- und Behandlungsmethoden, Rn. 153.
290 BSGE 73, 271, 279 ff.
291 BSGE 73, 271, 278 ff.
292 Vgl. nur BSGE 73, 271, 281.
293 BSGE 73, 271, 280.
294 Vgl. Becker/Kingreen/*Lang,* § 27 Rn. 53.

rechtliches Rahmenrecht", eine „offene Wertungsnorm[...]",[295] die sich erst nach weiteren Schritten der Konkretisierung zu einem Anspruch „verdichtet"[296].

Das Recht des Versicherten auf die Versorgung mit Arzneimitteln wird mit der Verordnung des Arztes als Sachleistung „konkretisiert".[297] Diese ist das zentrale Element in der Arzneimittelversorgung der Versicherten der GKV.[298] Erst die Verordnung bestimme, welches Medikament auf Kosten der Krankenkasse als Sachleistung an den Versicherten abzugeben sei.[299] Dies erscheint nur folgerichtig. Es ist regelmäßig der Arzt[300] und es ist weder die Krankenkasse noch der Apotheker oder der Patient, der über die notwendige Sachkunde verfügt, um eine Krankenbehandlung mit all ihren Bestandteilen, d.h. auch der dazugehörigen Arzneimittelversorgung, durchzuführen. Würden die §§ 27 ff. SGB V jeweils Anspruchsgrundlagen darstellen, könnte jeder Versicherte nach einer eigenen Diagnose Arzneimittel auf Kosten der Krankenkasse erwerben bzw. einen solchen Anspruch mit weitreichenden Folgen für die Krankenversicherung als Solidargemeinschaft (vgl. § 1 SGB V) geltend machen.[301]

bb) Verordnung

(1) Grundlagen

Die vertragsärztliche Versorgung umfasst gem. § 73 Abs. 2 Nr. 7 SGB V die Verordnung von Arzneimitteln. Unter Vorlage einer Arzneimittelverordnung erhält der Versicherte gem. § 31 Abs. 1 S. 5 SGB V in einer Apotheke seiner Wahl, für die der Rahmenvertrag gem. § 129 Abs. 2 SGB V Geltung hat, das aufgeführte Arzneimittel. Er erhält es gem. § 129

---

295 BSGE 73, 271, 279 f.; vgl. auch BSGE 81, 54, 60 f.; BSG NJW 1999, 1805, 1807; vgl. dazu auch *Schimmelpfeng-Schütte,* NZS 1999, 530, 531 m.w.N.; *Wabnitz,* Medizinprodukte als Hilfsmittel, S. 59 m.w.N.
296 BSG, Urteil v. 24. September 1996, Az.: 1 RK 26/95 (Rn. 21 bei juris); vgl. auch BSGE 73, 271, 278.
297 BSGE 105, 157, 163; BSGE 73, 271, 280 f.
298 BSGE 105, 157, 162 f.
299 BSGE 105, 157, 163.
300 Im Ergebnis so auch *Klötzer,* NStZ 2008, 12, 15.
301 Die vergleichbare Problematik im Rahmen der Heilmittel erwähnend BSGE 73, 271, 279.

SGB V nach Maßgabe des Rahmenvertrags[302] und möglicher Vereinbarungen auf Landesebene ausgehändigt. Neben Regeln zur Abgabe der Arzneimittel an den Versicherten finden sich in diesen Verträgen auch Vorschriften zu den zwischen den Krankenkassen und Apotheken bestehenden Rechten und Pflichten sowie Regeln zum Umgang mit gefälschten oder unbefugt ausgestellten Verordnungen.[303] So verliert der Apotheker zumeist seinen Anspruch gegen die in der Verordnung bezeichnete Krankenkasse, wenn er begründeten Zweifeln an der Echtheit der Verordnung nicht nachgegangen ist.[304] Konnte er die Fälschung oder missbräuchliche Ausstellung hingegen nicht erkennen, bleibt die Krankenkasse zur Zahlung verpflichtet.

Im Falle eines Leistungsanspruchs des Versicherten ist dessen Krankenkasse Kostenträger gem. § 31 Abs. 2 SGB V, ansonsten ist es der Versicherte selbst.[305] Gem. § 31 Abs. 1 SGB V umfasst der Leistungsanspruch des Versicherten die Versorgung mit apothekenpflichtigen Arzneimitteln, soweit diese nicht nach § 34 SGB V oder den Richtlinien[306] des Gemeinsamen Bundesausschusses nach § 92 Abs. 1 S. 2 Nr. 6 SGB V ausgeschlossen sind. Grundsätzlich ausgeschlossen sind gem. § 34 Abs. 1 S. 1 SGB V nicht verschreibungspflichtige Arzneimittel, bestimmte in § 34 Abs. 1 S. 6 SGB V genannte verschreibungspflichtige Arzneimittel (sog. Bagatellarzneimittel)[307] sowie gem. § 34 Abs. 3 SGB V unwirtschaftliche Arzneimittel. Dasselbe gilt für sogenannte Lifestyle-Präparate (§ 34

---

302 Gemeint ist damit der Rahmenvertrag über die Arzneimittelversorgung nach § 129 Abs. 2 SGB V in der Fassung vom 15. Juni 2012 zwischen dem Spitzenverband Bund der Krankenkassen und dem Deutschen Apothekerverband e.V., abrufbar auf den Internetseiten des GKV-Spitzenverbandes unter http://www.gkv-spitzenverband.de, vgl. dazu auch Prütting/*Dalichau*, § 129 SGB V, Rn. 3.

303 *Brandts/Seier*, in: FS für Herzberg, S. 811, 823 m.w.N.; *Leimenstoll*, Vermögensbetreuungspflicht, Rn. 135; vgl. auch *Meier/von Czettritz/Gabriel/Kaufmann*, Pharmarecht, § 12 Rn. 2.

304 Vgl. bspw. § 4 Abs. 10 ALV Niedersachsen

305 Außer Betracht bleiben sollen im Folgenden die teilweise dennoch vom Versicherten zu tragenden Kosten, wie sog. Zuzahlungen.

306 Vgl. hierzu insbesondere die Richtlinie des Gemeinsamen Bundesausschusses über die Verordnung von Arzneimitteln in der vertragsärztlichen Versorgung (Arzneimittel-Richtlinie/AM-RL) in der Fassung vom 18. Dezember 2008/22. Januar 2009, zuletzt geändert am 7. April 2016 und dort § 2 Abs. 1 S. 1 sowie §§ 4–7.

307 Becker/Kingreen/*Axer*, § 34 Rn. 12.

Abs. 1 S. 7–9 SGB V).[308] Für die ärztliche Verordnung gilt gem. §§ 2 Abs. 1 S. 1, 12 Abs. 1, 70 Abs. 1 S. 2 SGB V das Wirtschaftlichkeitsgebot.[309]

(2) Rechtsbeziehungen zwischen Apotheke, Krankenkasse, Arzt und Patient

Welche Rechtsbeziehungen zwischen den an der Arzneimittelversorgung des Patienten Beteiligten bestehen, ist viele Jahre umstritten diskutiert worden. Ein „Dickicht"[310] relevanter Regelungen hat Anlass für unterschiedliche Auffassungen[311] gegeben.

Der früheren Rechtsprechung des BSG[312] zufolge, die viele Anhänger[313] aber auch Kritiker[314] in der Literatur gefunden hatte, handelte der Arzt bei der Ausstellung der Arzneimittelverordnung kraft seiner ihm durch die Zulassung als Vertragsarzt übertragenen Kompetenzen als Vertreter der Krankenkasse. Das mit der Verordnung verkörperte Vertragsangebot übermittelte der Versicherte dann als Bote an den Apotheker, der wiederum mit der Aushändigung des entsprechenden Arzneimittels das Angebot annahm.[315] Zwischen dem Apotheker und der Krankenkasse kam auf diese Weise ein Kaufvertrag zugunsten des Versicherten zustande,[316] der

---

308 Vgl. dazu auch §§ 4 ff. AM-RL.
309 *Schnapp*, in: FS für Herzberg, S. 796, 806; *Leimenstoll*, Vermögensbetreuungspflicht, Rn. 133.
310 So allgemein zu den Steuerungsinstrumenten im Arzneimittelbereich schon *Axer*, in: FS Schnapp, S. 349, 350 und auch in Becker/Kingreen/*Axer*, § 129 Rn. 1.
311 Vgl. neben den hier aufgeführten Ansichten auch noch die vereinzelt gebliebene Ansicht der sog. „Antizipierten Schuldübernahme", dazu *Schmitt*, Leistungserbringung durch Dritte im Sozialrecht, 1990, S. 232; vgl. dazu auch die Ausführungen bei *Wigge*, NZS 1999, 584, 586.
312 Vgl. nur BSGE 94, 213, 216; 77, 194, 200.
313 Vgl. bspw. *Axer*, in: FS Schnapp, S. 349, 356; *Hilgendorf*, in: Wabnitz/Janovsky, Hdb Wirtschafts- und Steuerstrafrecht, Kap. 13 Rn. 101 m.w.N.
314 Vgl. bspw. *Schnapp*, in: FS Herzberg, S. 795, 802 ff.
315 BSG, Urteil vom 3. August 2006, Az.: B 3 KR 6/06 R; i.d.S. BSGE 94, 213, 216; kritisch zur Botenstellung des Versicherten noch BSGE 77, 194, 200.
316 BSGE 77, 194, 200.

bis zum 31. Dezember 1999 dem Zivilrecht und später dem öffentlichen Recht zugeordnet wurde.[317] Danach war die Krankenkasse verpflichtet, den Preis abzüglich der vom Versicherten getätigten Zuzahlungen zu leisten.[318] Diese Rechtsprechung hat das BSG mit Urteil vom 17. Dezember 2009[319] richtigerweise ausdrücklich aufgegeben. Nach neuerer Rechtsprechung[320] ergibt sich der Vergütungsanspruch des Apothekers gegen die Krankenkasse des Versicherten nunmehr direkt aus § 129 SGB V i.V.m. den Verträgen nach § 129 Abs. 2 und Abs. 5 S. 1 SGB V. Gem. § 129 SGB V geben die Apotheken das vertragsärztlich verordnete Arzneimittel nach Maßgabe der ergänzenden Rahmenvereinbarungen und Landesverträge ab. § 129 SGB V begründe daher für die Apotheken eine „öffentlich-rechtliche Leistungsberechtigung und -verpflichtung"[321]. Eine Konstruktion des Anspruchs über einen den Versicherten begünstigenden öffentlich-rechtlichen Kaufvertrag sei damit hinfällig.[322] Zwar enthalte § 129 SGB dem Wortlaut nach keine ausdrückliche Zahlungsverpflichtung der Krankenkassen, setze diese jedoch voraus.[323]

(3) Abrechnungsweg

Unabhängig von der konkreten Ausgestaltung der Rechtsbeziehungen, stellt sich der Abrechnungsweg bei der Einlösung einer zu Lasten einer gesetzlichen Krankenkasse ausgestellten Verordnung wie folgt dar: Löst ein Versicherter eine solche Verordnung in einer Apotheke ein, so erhält er das darin bezeichnete Arzneimittel grundsätzlich im Austausch gegen die Verordnung. Die Abrechnung findet dann zwischen Apotheke und betreffender Krankenkasse nach Maßgabe des Rahmenvertrags über die Arzneimittelversorgung nach § 129 Abs. 2 SGB V[324] sowie den diesen

---

317 BSGE 105, 157, 161 f.; Krauskopf/*Knittel,* SGB V, § 129 Rn. 4a.
318 Krauskopf/*Knittel,* SGB V, § 129 Rn. 4a.
319 BSGE 105, 157, 162.
320 Vgl. auch BSG, Urteil vom 28. September 2010, Az.: B 1 KR 3/10 R; LSG Hamburg, Urteil vom 27. September 2012, Az.: L 1 KR 66/10.
321 BSGE 105, 157, 162.
322 BSGE 105, 157, 163.
323 BSGE 105, 157, 162.
324 Rahmenvertrag über die Arzneimittelversorgung nach § 129 Absatz 2 SGB V, vgl. Fn. 302.

ergänzenden Arzneimittellieferungsverträgen statt.[325] Nur noch selten rechnen dabei die Apotheken selbst gegenüber den Krankenkassen ab (Selbstabrechnung).[326] Nahezu alle Verordnungen werden über beauftragte Apothekenrechenzentren abgerechnet (zentrale Rezeptabrechnung).[327] Diese holen die durch die Apotheke gesammelten Verordnungen zu Lasten der gesetzlichen Krankenversicherungen mehrmals im Monat ab und erstellen auf dieser Grundlage die Abrechnung.[328] Am Ende eines jeden Abrechnungszeitraums erhalten die Krankenkassen sodann die Verordnungen und die Rechnung übersandt und begleichen letztere über die Abrechnungsstelle.[329] Im Anschluss werden die Abrechnungsunterlagen an die Apotheken versandt und auch die Abrechnungsgelder an sie ausbezahlt.[330] Auch wenn die Abrechnung über Apothekenrechenzentren erfolgt ändert dies nichts daran, dass jeweils die auf der Verordnung genannte Krankenkasse zur Zahlung der von der Apotheke herausgegebenen Arzneimittel verpflichtet ist[331] und auch die Apotheke gegenüber den Krankenkassen originär Verpflichteter hinsichtlich der in § 300 Abs. 1 SGB V niedergelegten Aufzeichnungs- und Übermittlungspflichten bleibt[332]. Die nach § 300 Abs. 2 S. 1 SGB V vorgesehene Einreichung der Rezepte über solche Stellen soll allein das Abrechnungsverfahren erleichtern.[333]

cc) Arzneimittelversorgung in Behandlungssituationen

Eine Versorgung des Patienten mit Arzneimitteln kann auch während einer Behandlung erforderlich sein. Der Arzt kann hierbei entweder ein Arzneimittel per Einzelverordnung auf den Namen des Patienten ausstellen oder aber auf seinen Sprechstundenbedarf in der Praxis zurückgreifen. Eine solche Anwendung durch den Arzt stellt keine Arzneimittelabgabe im Sinne des AMG dar und ist diesem daher ungeachtet des Dispensierverbots erlaubt.

---

325 Vgl. Meier/von Czettritz/Gabriel/Kaufmann, Pharmarecht, § 12 Rn. 6.
326 *Lacher/Schwarz,* in: Gebler/Kindl, Pharmazie, S. 457.
327 *Lacher/Schwarz,* in: Gebler/Kindl, Pharmazie, S. 457.
328 *Lacher/Schwarz,* in: Gebler/Kindl, Pharmazie, S. 459.
329 *Lacher/Schwarz,* in: Gebler/Kindl, Pharmazie, S. 463 f.
330 *Lacher/Schwarz,* in: Gebler/Kindl, Pharmazie, S. 462.
331 Vgl. *Kühl,* Wirtschaftlichkeitsgebot, S. 85.
332 Spickhoff/*Fischinger,* SGB V, § 300 Rn. 5.
333 *Kühl,* Wirtschaftlichkeitsgebot, S. 85.

(1) Einzelverordnung

Soll ein Arzneimittel nur bei einem Patienten Anwendung finden, so hat die Verordnung zu Lasten dessen Krankenkasse zu erfolgen. Die Verordnung kann der Patient wiederum in der Apotheke einlösen oder aber der Arzt führt das in der Praxis vorrätige Arzneimittel mit einer nachträglichen Verordnung „ad manus medici" wieder seiner Praxis zu. In beiden Fällen stellt sich der Abrechnungsweg wie soeben beschrieben dar.[334]

(2) Sprechstundenbedarf

Soll das entsprechende Mittel bei mehr als einem Versicherten Anwendung finden, so kann der Arzt auf seinen Sprechstundenbedarf zurückzugreifen. Dieser ist vom allgemeinen Praxisbedarf zu trennen, welcher regelmäßig bereits durch den für die einzelne Behandlung entstandene Honoraranspruch abgegolten ist und somit zu den allgemeinen Unkosten der Praxis gehört.[335] Zum Sprechstundenbedarf zählen grundsätzlich solche Mittel und Artikel, „die ihrer Art nach bei mehr als einem Berechtigten im Rahmen der vertragsärztlichen Behandlung angewendet werden oder die zur Notfall- bzw. Sofortbehandlung im Rahmen der vertragsärztlichen Behandlung erforderlich sind"[336]. Welche Mittel genau darunter fallen, ergibt sich aus den jeweils zwischen den kassenärztlichen Vereinigungen und den Krankenkassen geschlossenen Sprechstundenbedarfsvereinbarungen (SBB-Vereinbarungen).[337] In diesen sind auch die Einzelheiten der Bestellung und Abrechnung geregelt. Regelmäßig sind Vertragsärzte ermächtigt, sich die benötigten Arzneimittel per Sprechstundenbedarfsverordnung zu Lasten einer festgelegten Krankenkasse selber zu

---

334   Ebenso *Kühl*, Wirtschaftlichkeitsgebot, S. 85.

335   So bspw. solche Hilfsmittel, die der Diagnostik oder therapeutischen Behandlung dienen. Vgl. dazu auch *Hilgendorf,* in: Wabnitz/Janovsky, Hdb Wirtschafts- und Steuerstrafrecht, Kap. 13 Rn. 106 und *Kühl*, Wirtschaftlichkeitsgebot, S. 86.

336   Rieger/Dahm/Steinhilper/*Dahm*, Heidelberger Kommentar, Nr. 4940, Rn. 1 m.w.N.; Schnapp/Wigge/*Wigge/Wille,* Handbuch Vertragsarztrecht, § 19 Rn. 75.

337   Vgl. bspw. die Vereinbarung zwischen der Kassenärztlichen Vereinigung Berlin (KV Berlin) und den Krankenkassen über die Anforderung und Verwendung von Sprechstundenbedarf vom 05.12.2007 in der Fassung vom 12.11.2015 (SBB-Vereinbarung KV Berlin), abrufbar unter https://www.kvberlin.de/20praxis/60vertrag/10vertraege/sprechstundenbedarf/. Zur Abgrenzung vgl. auch *Flasbarth*, MedR 2011, 611, 611 f.

verordnen.[338] Der Apotheker reicht das Rezept wiederum nach dem oben beschriebenen Verfahren bei der genannten Krankenkasse zur Abrechnung ein. Diese begleicht den Anspruch und setzt sich ihrerseits zur Abrechnung mit den anderen an der Vereinbarung beteiligten Krankenkassen auseinander. Ausdrücklich wird außerdem meist darauf hingewiesen, dass sich auch die Verordnungen des Sprechstundenbedarfs am Wirtschaftlichkeitsgebot zu orientieren haben.[339]

In einzelnen Fällen ist jedoch auch ein Direktbezug des Arztes vom Hersteller möglich. § 47 Abs. 1 S. 1 Nr. 2 lit. d und lit. f. AMG sehen eine Ausnahme von der Zwischenschaltung einer Apotheke für die Abgabe von Arzneimitteln für Kontrastmittel sowie für radioaktive Arzneimittel vor. Die Verordnung als Sprechstundenbedarf hängt hier wiederum vom Inhalt der einzelnen Sprechstundenbedarfsvereinbarungen ab.[340] Sehen diese einen Direktbezug vor, läuft dieser in der Regel wie folgt ab:[341] wie auch bei einer Bestellung über die Apotheke übergibt der Arzt das entsprechende Rezept mit dem für den Sprechstundenbedarf festgelegten Kostenträger dem Lieferanten. Dieser ist regelmäßig zur Abrechnung gleich mit dem im Rezept genannten Kostenträger ermächtigt. Er sammelt also die Rezepte und legt sie dem Kostenträger zur Abrechnung vor. Da-

---

338 Vgl. dazu und im Folgenden bspw. § 5 SBB-Vereinbarung BW i.d.F. vom 1. Januar 2014. Anders ist der Ablauf aber bspw. in Berlin, wo jedenfalls der nicht-apothekenpflichtige Sprechstundenbedarf quartalsweise durch den einzelnen Vertragsarzt über die AOK Berlin bezogen wird, bei dem der Arzt zwar die Produktwahl, nicht aber die Lieferantenwahl hat, vgl. Nr. 2 der Sprechstundenbedarfsvereinbarung der KV Berlin, Version vom 5. Dezember 2007.

339 Vgl. dazu B.5. S. 2 sowie A.4. und A.9. der SBB-Vereinbarung der KV Berlin, Version vom 02.02.1999.

340 So sieht die SBB-Vereinbarung der KV Nordrhein vor, dass Kontrastmittel als Sprechstundenbedarf verordnet werden dürfen und gibt vor, dass diese direkt vom Hersteller bezogen werden sollen (vgl. SBB-Vereinbarung KV Nordrhein vom 1. Januar 2016, § 5 Nr. 4); auch die SBB-Vereinbarung der KV Berlin sieht Kontrastmittel als Sprechstundenbedarf an (vgl. Anlage 1 5.) – die Bestellung richtet sich hier allerdings nach der des sonstigen apothekenpflichtigen Sprechstundenbedarfs.

341 Vgl. dazu und im Folgenden bei *Noak*, MedR 2002, 76 und bei *Kühl*, Wirtschaftlichkeitsgebot, S. 87 ff.; vgl. auch Rieger/Dahm/Steinhilper/*Dahm*, Heidelberger Kommentar, Nr. 4940 Rn. 19.

bei macht er zumeist die in der Lauer-Taxe[342] angegebenen Preise geltend.

b) Hilfsmittel

Die Versorgung von gesetzlich Versicherten mit Hilfsmitteln ist in §§ 27 Abs. 1 S. 2 Nr. 3, 33 Abs. 1 S. 1 1. Hs. SGB V vorgesehen. Sie kann wiederum durch Verordnung oder durch Entnahme des entsprechenden Produkts aus dem Sprechstundenbedarf gewährleistet werden.

aa) Begriff

Der Begriff des Hilfsmittels ist im SGB V nicht legaldefiniert.[343] Beispielhaft nennt § 33 Abs. 1 S. 1 SGB V Hörhilfen, Körperersatzstücke, orthopädische und andere Hilfsmittel und ergänzt es in § 33 Abs. 2 S. 1 SGB V um Sehhilfen und in § 33 Abs. 3 S. 1 SGB V um Kontaktlinsen.[344] Weiter konkretisiert wird der Hilfsmittelbegriff durch das Hilfsmittelverzeichnis und die Hilfsmittelrichtlinie (HilfsM-RL)[345].[346] Das Hilfsmittelverzeichnis[347] zählt nicht abschließend und lediglich als Orientierungshilfe für die Gerichte erstattungsfähige Hilfsmittel zu Lasten der gesetzlichen Krankenkasse auf.[348] Die auf Grundlage von § 92 Abs. 1 Nr. 6

---

342 Es handelt sich dabei um eine von der ABDATA, einem Tochterunternehmen der Bundesvereinigung Deutscher Apothekerverbände (ABDA), angelegte Liste aller in Deutschland geführten Arzneimittel, welches die betreffenden Hersteller, Packungsgrößen aber auch Preise aufführt. Vgl. dazu Dieners/Reese/*Sandrock/Nawroth*, Pharmarecht, § 9 Rn. 153 (Fn. 1) sowie auf den Internetseiten der ABDA, abrufbar unter http://www.abda.de/abda/organisation/institutionen/.

343 MAH-MedR/*Pannenbecker*, § 14 Rn. 355.

344 So auch Becker/Kingreen/*Butzer,* § 33 Rn. 4. Vgl. ausführlich zum Hilfsmittelbegriff *Wabnitz*, Medizinprodukte als Hilfsmittel, S. 47 ff.

345 Richtlinie des Gemeinsamen Bundesausschusses über die Verordnung von Hilfsmitteln in der vertragsärztlichen Versorgung in der Neufassung vom 21. Dezember 2011/15. März 2012, zuletzt geändert am 17. Dezember 2015.

346 Becker/Kingreen/*Butzer*, § 33 Rn. 5 f.

347 Das Hilfsmittelverzeichnis ist in einer Onlineversion auf den Internetseiten des GKV-Spitzenverbandes unter https://hilfsmittel.gkv-spitzenverband.de/home.action abrufbar.

348 BSG, Urteil v. 13. Mai 1998, Az.: B 8 KN 13/97 R (Rn. 36 f. bei juris); BT-Drs. 16/3100, S. 150; Becker/Kingreen/*Butzer,* § 33 Rn. 32.

SGB V vom G-BA erlassene HilfsM-RL bietet mit Begriffsbestimmungen in § 2 sowie näheren Ausführungen zu Sehhilfen (Teil B) und Hörhilfen (Teil C) weitere Anhaltspunkte.[349] Mangels einer genauen Definition ist der Begriff des Hilfsmittels daher stark von der Rechtsprechung geprägt.[350] Danach sind Hilfsmittel sächliche, bewegliche[351] Mittel, „die im Einzelfall erforderlich sind, um den Erfolg einer Krankenbehandlung zu sichern (1. Alt.) oder eine Behinderung auszugleichen (2. Alt.) [...]".[352] Abzugrenzen sind Hilfsmittel von den Heilmitteln (§ 32 SGB V), bei denen es sich um persönlich erbrachte medizinische Dienstleistungen handelt.[353]

Entgegen des Wortlauts[354] der §§ 27 Abs. 1 S. 1, S. 2 Nr. 3, 33 Abs. 1 S. 1 SGB V, steht dem Versicherten kein Anspruch auf ein konkretes Hilfsmittel zu, sondern es handelt sich dabei wiederum[355] lediglich um ein ausfüllungsbedürftiges Rahmenrecht auf die Versorgung mit Hilfsmitteln. Von der Leistungspflicht der Krankenkassen umfasst sind gem. § 33 Abs. 1 S. 1 SGB V solche Hilfsmittel, die im Einzelfall erforderlich sind, um den Erfolg der Krankenbehandlung zu sichern, einer drohenden Behinderung vorzubeugen oder eine Behinderung auszugleichen, soweit die Hilfsmittel nicht als allgemeine Gebrauchsgegenstände des täglichen Lebens anzusehen oder nach § 34 Abs. 4 SGB V[356] ausgeschlossen sind. Das Hilfsmittelverzeichnis gibt hier Anhaltspunkte. Der Sachleistungsanspruch des Versicherten kann durch den Leistungserbringer oder die Krankenkasse selber gem. § 33 Abs. 5 SGB V nicht nur durch eine Eigen-

---

349 Becker/Kingreen/*Butzer*, § 33 Rn. 6.

350 Ähnlich *Wabnitz*, Medizinprodukte als Hilfsmittel, S. 48.

351 BSG NJW 2000, 1812; vgl. auch *Meier/von Czettritz/Gabriel/Kaufmann*, Pharmarecht, § 11 Rn. 20.

352 So ausdrücklich BSG NZS 2001, 532; vgl. auch Becker/Kingreen/*Butzer*, § 33 Rn. 4 m.w.N.

353 Becker/Kingreen/*Butzer*, § 33 Rn. 4.

354 Von einem missverständlichen Wortlaut sprechend *Wabnitz*, Medizinprodukte als Hilfsmittel, S. 59.

355 Vgl. dazu die Ausführungen bei Arzneimitteln oben unter B. VI. 2. a) bb).

356 Mit der Verordnung über Hilfsmittel von geringem therapeutischen Nutzen oder geringem Abgabepreis in der gesetzlichen Krankenversicherung (KVHilfsmV) vom 13. Dezember 1989 (BGBl. I S. 2237), die durch Artikel 1 der Verordnung vom 17. Januar 1995 (BGBl. I S. 44) geändert worden ist, ist von der Ermächtigung nach § 34 Abs. 4 S. 1, 2 SGB V Gebrauch gemacht worden.

tumsverschaffung, sondern auch durch eine leihweise Überlassung des entsprechenden Hilfsmittels, sofern es sich dafür eignet, erfüllt werden.[357] Im sogenannten verkürzten Versorgungsweg ist auch ein Arzt berechtigt, Hilfsmittel zur Verfügung zu stellen.[358]

bb) Verordnung

Anders als in der Arzneimittelversorgung, ist eine Verordnung des Arztes für die Hilfsmittelversorgung nicht generell notwendig. Gem. § 33 Abs. 5a SGB V ist eine solche nur erforderlich, wenn eine erstmalige oder erneute ärztliche Diagnose oder Therapieentscheidung medizinisch geboten ist. Der Arztvorbehalt gem. § 15 Abs. 1 S. 2 SGB V findet hier also nicht immer Anwendung.[359] Die Krankenkassen können jedoch nach § 33 Abs. 5a SGB V eine Verordnung verlangen, soweit sie auf eine Genehmigung (vgl. § 30 Abs. 3 S. 1 BMV-Ä) verzichtet haben.[360] Ein weiterer Unterschied zur Arzneimittelversorgung besteht darin, dass der Arzt bei einer Hilfsmittelverordnung gem. § 7 Abs. 3 S. 1 HilfsM-RL in der Regel nur die Produktart[361] entsprechend dem Hilfsmittelverzeichnis oder die 7-stellige Positionsnummer anzugeben hat. Die Auswahl des konkreten Einzelprodukts obliegt gem. § 7 Abs. 3 S. 2 HilfsM-RL dem Leistungser-

---

357 BSG, Urteil vom 16. April 1998, Az.: B 3 KR 9/97 R; BSG, Urteil v. 17. Januar 1996, Az.: 3 RK 38/94 (Rn. 22 bei juris); vgl. auch § 5 Abs. 1 HilfsM-RL (Fn. 345), vgl. außerdem Becker/Kingreen/*Butzer,* § 33 Rn. 59 m.w.N.

358 BGH NJW 2000, 2745, 2748; vgl. auch Prütting/*Dalichau,* SGB V, § 126 Rn. 9.

359 Mit der Einfügung von § 33 Abs. 5a SGB V wollte der Gesetzgeber die bisherige Rechtsprechung des BSG eigentlich ausdrücklich klarstellen und näher regeln (BT-Drs. 17/10170, S. 25). Es darf jedoch zu Recht bezweifelt werden, ob ihm dies gelungen ist (bspw. KassKom/*Nolte,* § 33 SGB V Rn. 64a). Nach ständiger Rechtsprechung des BSG schließt eine fehlende Verordnung den Leistungsanspruch des Versicherten nicht aus, weil der Arztvorbehalt gem. § 15 Abs. 1 S. 2 SGB V im Hilfsmittelbereich keine Anwendung finde (vgl. dazu bspw. BSG, Urteil v. 30. Oktober 2014, Az.: B 5 R 8/14 R (Rn. 40 bei juris)). Die nun in § 33 Abs. 5a SGB V vorgesehene „Beschränkung" lässt jedenfalls nicht auf den ersten Blick erkennen, in welchen Fällen nun eine Verordnung vonnöten ist oder eben nicht. Vgl. dazu auch Becker/Kingreen/*Butzer,* § 33 Rn. 61.

360 Vgl. auch Becker/Kingreen/*Butzer,* § 33 Rn. 62.

361 BGH NStZ-RR 2011, 303, 304; *Wabnitz,* Medizinprodukte als Hilfsmittel, S. 61 m.w.N.

bringer nach Maßgabe der mit den Krankenkassen geschlossenen Verträge. Eine Einzelproduktverordnung ist nur unter Angabe von Gründen möglich (§ 7 Abs. 3 S. 4 HilfsM-RL).

Hat der Versicherte von seinem Arzt eine Verordnung für ein Hilfsmittel erhalten, so kann er gemäß § 33 Abs. 6 SGB V grundsätzlich nur die Leistungserbringer in Anspruch nehmen, die Vertragspartner seiner Krankenkasse sind. Dies sind gemäß § 126 Abs. 1 S. 2 SGB V solche Leistungserbringer, die die Voraussetzungen für eine ausreichende, zweckmäßige und funktionsgerechte Herstellung, Abgabe und Anpassung der Hilfsmittel erfüllen. Mögliche Verträge zwischen den Krankenkassen, ihrer Landesverbände oder Arbeitsgemeinschaften und Leistungserbringern im Hilfsmittelbereich sind gem. § 127 SGB V Verträge durch Ausschreibungen (Abs. 1), Rahmenverträge (Abs. 2) oder Einzelverträge (Abs. 3).[362] Die Krankenkasse trägt gem. § 33 Abs. 7 SGB V die vertraglich vereinbarten Preise.[363] Die Abrechnung der Leistungserbringer im Hilfsmittelbereich findet dann auf Grundlage der vertraglichen Regelungen mit den Krankenkassen statt.[364] Einen kleinen Einblick in die genauen Abrechnungsmodalitäten gibt dabei die vom Spitzenverband Bund der Krankenkassen auf Grundlage von § 302 Abs. 2 S. 1 SGB V erlassene Richtlinie.[365] Nach § 7 der Richtlinie rechnen die Leistungserbringer direkt mit den betreffenden Krankenkassen ab. Dabei ist nach § 7 Abs. 1 S. 1 2. Hs. auch die Abrechnung über Abrechnungszentren möglich. Die Bezahlung durch die Krankenkasse erfolgt dann – soweit in den Verträgen nichts anderes geregelt ist – binnen 4 Wochen nach Eingang der vollständigen Abrechnungsunterlagen (§ 7 Abs. 2 S. 1 der Richtlinie).

Gem. § 33 Abs. 5 SGB V ist auch durch eine leihweise Überlassung des Hilfsmittels der Sachleistungsanspruch erfüllt. Die Entscheidung steht im

---

362 Ausführlich dazu *Bühring/Linnemannstöns*, MedR 2008, 149 ff. und *Wabnitz*, Medizinprodukte als Hilfsmittel, S. 155 ff.
363 KassKom/*Nolte*, § 33 SGB V Rn. 70.
364 Becker/Kingreen/*Butzer*, § 33 Rn. 65; BeckOK-Sozialrecht/*Knispel*, SGB V, § 33 Rn. 49 f.
365 Vgl. Richtlinien der Spitzenverbände der Krankenkassen nach § 302 Abs. 2 SGB V über Form und Inhalt des Abrechnungsverfahrens mit „Sonstigen Leistungserbringern" sowie mit Hebammen und Entbindungspflegern (§ 301a SGB V) vom 9. Mai 1996 in der Fassung vom 20. November 2006.

Ermessen der Krankenkassen und ist nach Wirtschaftlichkeitsgesichtspunkten zu treffen.[366]

cc) Sprechstundenbedarf

Der Einsatz von Hilfsmitteln kann auch schon in der Behandlungssituation notwendig sein. Sind diese nicht schon über die Gebührenziffer der einzelnen Behandlungsschritte abgegolten, kann der Arzt auf Hilfsmittel in seinem Sprechstundenbedarf zurückgreifen. Welche Hilfsmittel genau über den Sprechstundenbedarf verordnet werden können, ergibt sich wiederum aus den einzelnen SBB-Vereinbarungen. Zumeist wird der Vertragsarzt diese dann im Direktbezug beim Hersteller oder Großlieferanten erwerben. Die Abrechnung stellt sich dann nicht anders als beim Direktbezug von Arzneimitteln im Sprechstundenbedarf dar.[367]

c) Medizinprodukte

Eine eigenständige Leistungskategorie „Medizinprodukte", wie es sie für Arznei- oder Hilfsmittel gibt, existiert im SGB V nicht.[368] Das verwundert nicht, wenn man weiß, dass das Medizinproduktegesetz noch gar nicht existierte, als das SGB V am 1. Januar 1989 in Kraft trat.[369] Im Rahmen der gesetzlichen Krankenversicherung sind daher nur solche Medizinprodukte erstattungsfähig, die sich in die bestehenden Leistungskategorien einordnen lassen.[370] So ist die Versorgung der Versicherten mit Medizinprodukten heute über die §§ 31, 33 SGB V sichergestellt. Der weit überwiegende Anteil der Medizinprodukte ist im Rahmen der Hilfsmittelversorgung erstattungsfähig.[371] Manche Medizinprodukte sind gem. § 31 Abs. 1 S. 2 SGB V ausnahmsweise in die Arzneimittelversorgung mit

---

366 Becker/Kingreen/*Butzer,* § 33 Rn. 59 m.w.N.
367 Für die Einzelheiten kann daher auf die Ausführungen unter B. VI. 2. a) verwiesen werden.
368 So auch *Anhalt/Balzer,* MPR 2003, 109, 109; *Spiegel/Jäkel,* GesR 2008, 627, 627; Quaas/Zuck/*Zuck,* Medizinrecht, § 48 Rn. 1.
369 Vgl. *Wabnitz,* Medizinprodukte als Hilfsmittel, S. 46.
370 Vgl. *Meier/von Czettritz/Gabriel/Kaufmann,* Pharmarecht, § 11 Rn. 26; ähnlich auch *Heil/Stallberg,* MPR 2008, 116, 117.
371 *Meier/von Czettritz/Gabriel/Kaufmann,* Pharmarecht, § 11 Rn. 26; *Wabnitz,* Medizinprodukte als Hilfsmittel, S. 46 m.w.N.

einbezogen. Es wird daher zwischen arzneimittelähnlichen Medizinprodukten und Medizinprodukten, die Hilfsmittel sind, unterschieden.[372]

aa) Arzneimittelähnliche Medizinprodukte

Im „Grenzbereich"[373] zwischen Arzneimitteln und Medizinprodukten liegen die sogenannten arzneimittelähnlichen Medizinprodukte. § 31 Abs. 1 S. 2 SGB V sieht vor, dass der G-BA in den Richtlinien nach § 92 Abs. 1 S. 2 Nr. 6 SGB V festzulegen hat, in welchen medizinisch notwendigen Fällen Stoffe und Zubereitungen aus Stoffen, die als Medizinprodukte nach § 3 Nr. 1 oder Nr. 2 des MPG zur Anwendung am oder im menschlichen Körper bestimmt sind, ausnahmsweise in die Arzneimittelversorgung einbezogen werden. Abschließend[374] festgelegt hat sich der G-BA in den §§ 27–29 AM-RL und der Anlage V[375]. Von der Verordnungsfähigkeit zu Lasten der Krankenkasse beispielsweise ausgenommen hat der G-BA solche Medizinprodukte, die in ihrer therapeutischen Zweckbestimmung derjenigen eines nicht zu Lasten der GKV verordnungsfähigen Arzneimittels entsprechen (§ 27 Abs. 2 AM-RL) oder nur der Erhöhung der Lebensqualität dienen (§ 27 Abs. 3 AM-RL).

Im Übrigen gilt für die Versorgung von Versicherten mit arzneimittelähnlichen Medizinprodukten nichts anderes als für die Arzneimittelversorgung (vgl. § 31 Abs. 1 S. 2 SGB V).[376] Auf die Erläuterungen oben unter B. VI. 2. a) kann daher verwiesen werden.

bb) Medizinprodukte als Hilfsmittel

Medizinprodukte können auch als Hilfsmittel nach § 33 SGB V in der gesetzlichen Krankenversicherung erstattungsfähig sein.[377] Hilfsmittel im Sinne des Sozialgesetzbuchs sind häufig Medizinprodukte.[378] Mit der CE-Kennzeichnung gilt gem. § 139 Abs. 5 SGB V für Medizinprodukte nach

---

372   Ebenso MAH-MedR/*Pannenbecker*, § 14 Rn. 352 ff.
373   *Anhalt/Balzer,* MPR 2003, 109, 109.
374   MAH-MedR/*Pannenbecker*, § 14 Rn. 354.
375   Die Anlage V zum Abschnitt J der Arzneimittel-Richtlinie mit Stand vom 9. Februar 2016 enthält 75 verordnungsfähige Medizinprodukte.
376   Ebenso *Heil/Stallberg,* MPR 2008, 116, 118; für Einzelheiten vgl. auch *Anhalt/Balzer,* MPR 2003, 109 ff.
377   Ausführlich dazu *Wabnitz*, Medizinprodukte als Hilfsmittel, S. 1 ff.
378   Vgl. *Meier/von Czettritz/Gabriel/Kaufmann,* Pharmarecht, § 11 Rn. 27.

§ 3 Abs. 1 MPG der für die Aufnahme in das Hilfsmittelverzeichnis notwendige Nachweis der Funktionstauglichkeit und der Sicherheit als erbracht. Für die Einzelheiten der Versorgung wird im Übrigen auf die Erläuterungen zur Hilfsmittelversorgung in der gesetzlichen Krankenversicherung oben unter B. VI. 2. b) verwiesen.

cc) Medizinprodukte im Rahmen ärztlicher Behandlung

Über diese beiden gängigen Kategorien hinaus ist eine Kostentragung durch die Krankenkasse, insbesondere auch in Fällen der Verordnung von Medizinprodukten, im Rahmen des Sprechstundenbedarfs denkbar.[379] Medizinprodukte können zudem schon in den allgemeinen Gebührenpositionen enthalten sein.[380]

3. Privatarzt

a) Arzneimittel

Die Arzneimittelversorgung ist, sofern ein Versicherungsfall nach § 1 Abs. 2 MB/KK besteht, ebenso wie bei gesetzlich Versicherten grundsätzlich vom Leistungsumfang der Privatversicherung umfasst.[381] Nach § 4 Abs. 3 MB/KK besteht eine Leistungspflicht der Versicherung dann, wenn Arzneimittel verordnet und aus der Apotheke bezogen worden sind.

Auch ein Privatversicherter benötigt für die Abgabe eines verschreibungspflichtigen Arzneimittels eine Verordnung, vgl. § 4 Abs. 3 MB/KK. Für die Ausstellung einer Verordnung fallen für den Privatversicherten Gebühren nach der GOÄ an.[382] Erhält der Patient aufgrund dieser in der

---

[379] Als Sprechstundenbedarf kommen insbesondere Verbandmittel oder auch Nahtmittel in Betracht, vgl. *Meier/von Czettritz/Gabriel/Kaufmann*, Pharmarecht, § 11 Rn. 39, 40. Vgl. auch *Anhalt/Balzer,* MPR 2003, 109, 109; *Heil/Stallberg,* MPR 2008, 116, 117.

[380] So sind in den Gebührenordnungspositionen insbesondere schon die Kosten beispielsweise für Einmalspritzen, -kanülen, -saugkatheter oder auch für Einmalhandschuhe enthalten, vgl. dazu auch *Meier/von Czettritz/Gabriel/Kaufmann*, Pharmarecht, § 11 Rn. 39, 40.

[381] Wenzel/*Hess*, FA-MedR, Kap. 2 Rn. 64; zu den einzelnen Voraussetzungen vgl. auch *Meier/von Czettritz/Gabriel/Kaufmann*, Pharmarecht, § 11 Rn. 41 ff.

[382] Je nachdem, ob es sich um eine erstmalige Verordnung oder eine Wiederholungsverordnung handelt, unterscheiden sich die Gebühren. Bei der

Apotheke dann das dort beschriebene Arzneimittel, kommt zwischen dem Privatversicherten und dem Apotheker ein Kaufvertrag nach § 433 Abs. 1 BGB zustande.[383] Auch hierbei ist der Versicherte aufgrund des in der privaten Krankenversicherung überwiegend geltenden Kostenerstattungsprinzips Schuldner des anfallenden Betrags und muss in Vorleistung gehen. Je nach Ausgestaltung des Versicherungsvertrages kann er sich hinterher die so entstandenen Kosten erstatten lassen.[384]

Benötigt der privatversicherte Patient schon während der Behandlung Medikamente, so kann der Arzt die seinem Vorrat entnommenen Arzneimittel und sonstigen Materialien, soweit eine gesonderte Geltendmachung nicht nach § 4 Abs. 3 GOÄ ausgeschlossen ist, nach Maßgabe des § 10 Abs. 1 GOÄ in der entsprechenden Behandlungsrechnung als Auslagen geltend machen. Diese entsprechen dem in der Versorgung von gesetzlich Versicherten existierenden Sprechstundenbedarf.[385] Dabei darf der Arzt aber auch nur die Aufwendungen geltend machen, die er tatsächlich gehabt hat.[386]

b) Hilfsmittel

Art und Umfang der Versorgung von Privatversicherten mit Hilfsmitteln hängt von den Bedingungen eines jeden einzelnen Versicherungsvertrags ab[387] (§ 192 Abs. 1 VVG). Zum Teil gibt es hier erhebliche Unterschiede. Durch eine abschließende Aufzählung aller vom Versicherungsvertrag umfassten Hilfsmittel ist es privaten Krankenversicherungen möglich, die dort nicht genannten Hilfsmittel von der Erstattung auszuschließen.[388]

	erstmaligen Ausstellung ist diese Bestandteil der ärztlichen Beratung und mithin in Nummer 1 oder 3 GOÄ enthalten; eine wiederholte Ausstellung fällt unter Nummer 2 GOÄ. Vgl. dazu *Ulmer,* DÄ 2012, A2488.
383	*Wigge,* NZS 1999, 584, 589.
384	Vgl. für die zu erbringenden Nachweise bspw. § 6 Abs. 1 MB/ST 2009 (und die dazu gehörigen Tarifbedingungen Nr. 4).
385	Uleer/Miebach/Patt/*Miebach,* Abrechnung, GOÄ, § 10 Rn. 5; Wenzel/*Hess/Hübner,* FA-MedR, Kap. 13 Rn. 108. Dieser darf nicht zur Versorgung eines Privatpatienten herangezogen werden, vgl. dazu und zu weiteren Ausnahmen bspw. unter A.1. der Sprechstundenbedarfsvereinbarung der KV Berlin.
386	Ratzel/Luxenburger/*Griebau,* Hdb MedR, § 11 Rn. 146 ff.
387	*Grau,* AAA 2004, S. 10.
388	Vgl. dazu bspw. BGH NJW-RR 2004, 1397 ff. (Schlafapnoegerät); für weitere Erstattungsprobleme vgl. *Egger,* r+s 2001, 104 ff.

Andere Versicherungen hingegen bedienen sich sogenannter offener Hilfsmittelkataloge, die Ergänzungen um das im Versicherungsfall benötigte Hilfsmittel erlauben.

Im Standardtarif ist in § 4 Abs. 3 MB/KK vorgesehen, dass Hilfsmittel ebenso wie Arzneimittel verordnet werden müssen. Eine Definition des Hilfsmittelbegriffs findet sich dort allerdings nicht. Erst die Tarifbedingungen für den Standardtarif (TB/ST) geben in Nr. 3c eine nähere Erläuterung. Danach umfasst die Hilfsmittelversorgung Hörgeräte, Krankenfahrstühle und andere Hilfsmittel sowie Aufwendungen für das Ausleihen, die Reparatur und die Unterweisung im Gebrauch. Nach Nr. 7 Teil III der MB/ST zählen in der Standardausführung dazu außerdem Bandagen, Bruchbänder, Einlagen zur Fußkorrektur, orthopädische Schuhe, Kompressionsstrümpfe, Korrekturschienen, Kunstglieder, Liegeschalen, orthopädische Rumpf-, Arm- und Beinstützapparate sowie Sprechgeräte (elektronischer Kehlkopf). Die Höhe der erstattungsfähigen Aufwendungen variiert dabei nach Hilfsmittel und Alter des Versicherten (vgl. Nr. 7 und Nr. 8 Teil III MB/ST). Wie schon bei Arzneimitteln, geht auch hier der Versicherte zunächst in Vorleistung und reicht die Rechnung des Hilfsmittelerbringers zusammen mit der Verordnung des Behandlers bei seiner Versicherung ein (vgl. dazu auch § 6 MB/ST i.V.m. Nr. 4 TB/ST).

c) Medizinprodukte

Eine eigenständige Leistungskategorie für Medizinprodukte sucht man in der privaten Krankenversicherung vergeblich.[389] Ein großer Teil der Medizinprodukte ist aber durch die Hilfsmitteldefinition in den jeweiligen Tarifbedingungen entsprechend § 4 Abs. 3 MB/KK erfasst und daher von der Versicherung zu erstatten.[390]

4. *Arzt im Krankenhaus*

Für gesetzlich Versicherte legt § 39 Abs. 1 S. 3 SGB V ausdrücklich fest, dass die Krankenhausbehandlung auch die Versorgung mit Arzneimitteln und Hilfsmitteln[391] umfasst. Diese hat das Krankenhaus grundsätzlich während der gesamten Zeit des stationären Aufenthalts des Patienten

---

389 Quaas/Zuck/*Zuck,* Medizinrecht, § 48 Rn. 1.

390 Vgl. *Meier/von Czettritz/Gabriel/Kaufmann,* Pharmarecht, § 11 Rn. 49.

391 Dazu gehören hierbei aber nur solche Hilfsmittel, die während des Aufenthalts im Krankenhaus genutzt werden, vgl. Dettling/Gerlach/*Gerlach,* Krankenhausrecht, § 39 SGB V, Rn. 65 m.w.N.

sicherzustellen. Dritte sind, bis auf wenige Ausnahmen abgesehen, über diesen Zeitraum hinweg nicht befugt, den Patienten zu Lasten der gesetzlichen Krankenkasse mit Arzneimitteln zu versorgen.[392] Krankenhäuser selbst decken sich mit den benötigten Arzneimitteln entweder über die eigene Krankenhausapotheke (§ 14 Abs. 1 ApoG[393]) oder eine andere Krankenhausapotheke bzw. eine sonstige öffentliche Apotheke ein, zu der ein Versorgungsvertrag gem. § 14 Abs. 4 ApoG besteht.[394] Auch die Beschaffung von Hilfsmitteln erfolgt durch das Krankenhaus selbst. Gerade in größeren Häusern geht dabei die Entwicklung hin zu einem zentralen Einkauf, so dass die einzelnen Abteilungen immer weniger selbst und eigenverantwortlich ihren Bedarf decken, sondern dies vielmehr von einer Einkaufsabteilung übernommen wird.[395] Je nach Struktur des Krankenhauses ist daher der finale Einfluss des Arztes auf die Bestellung größer oder kleiner, jedoch wohl nie ganz von der Hand zu weisen.[396]

Die Kosten, die Krankenhäusern für die Beschaffung und den Einsatz von Arzneimitteln und Hilfsmitteln bei einer Behandlung entstehen, sind grundsätzlich in den DRG-Fallpauschalen enthalten (vgl. § 17b Abs. 1 S. 1 KHG, § 2 Abs. 1 KHEntgG).[397] Ausnahmsweise können Zusatzentgelte abgerechnet werden, wenn ein besonders teures Arzneimittel eingesetzt werden muss und es sich somit um eine Leistung handelt, die einen „signifikanten Anteil an den gesamten Behandlungskosten ausmach[t] und durch deren gesonderte Vergütung die Kostenhomogenität innerhalb der Fallgruppe gewahrt werden kann"[398].

In Zeiten immer kürzerer Verweildauer[399] in den Krankenhäusern, ist mit der Entlassung meist die Arzneimitteltherapie noch nicht beendet. Die

---

392 BSGE 115, 11, 15 f.
393 Gesetz über das Apothekenwesen vom 15. Oktober 1980 (BGBl. I S. 1993), zuletzt geändert durch Artikel 1 des Gesetzes vom 15. Juli 2013 (BGBl. I S. 2420).
394 Vgl. auch Prütting/*D. Prütting,* § 14 ApoG Rn. 11 ff.
395 *Tiemann/Schreyögg/Wörz/Busse,* in: Busse/Schreyögg/Tiemann (Hrsg.), Management im Gesundheitswesen, Kap. 2.3, S. 74.
396 *BME,* Strategischer Einkauf im Krankenhaus, S. 10.
397 Dettling/Gerlach/*Vollmöller,* Krankenhausrecht, § 17b KHG Rn. 4.
398 Huster/Kaltenborn/*Degener-Hencke,* Krankenhausrecht, § 5 Rn. 156 m.w.N.
399 Waren es im Jahr 2001 noch durchschnittlich 9,4 Tage, die ein Patient bei einer stationären Aufnahme im Krankenhaus verbracht hat, waren es im

Nachbehandlung erfolgt dann ambulant und die Verschreibung von Arzneimitteln folgt dem schon beschriebenen Muster. Damit aber das Wirtschaftlichkeitsgebot nicht vollkommen außer Acht gelassen wird, konkretisiert § 115c SGB V Regeln zur Fortsetzung der Arzneimitteltherapie nach der Krankenhausbehandlung. Das Krankenhaus hat danach dem behandelnden Vertragsarzt eine produktneutrale Therapieempfehlung allein mit der Wirkstoffbezeichnung zu übersenden. Soweit möglich, soll es nach § 115c Abs. 1 S. 2 SGB V auch preisgünstigere Alternativen nennen. Bei zu erwartender längerer vertragsärztlicher Nachbehandlung (ca. 4–6 Wochen)[400], sollen gem. § 115c Abs. 2 SGB V bei der Entlassung Medikamente verwendet werden, wie sie auch als Verordnung in der vertragsärztlichen Versorgung zweckmäßig und wirtschaftlich sind.

Wie auch schon die Versorgung von gesetzlich Versicherten, ist, gemäß dem Grundsatz der Einheitlichkeit der Vergütung[401], auch die Versorgung von Privatversicherten mit Arzneimitteln während eines stationären Krankenhausaufenthalts regelmäßig über die Fallpauschalen abgedeckt.[402] Gleiches gilt für die Versorgung mit Hilfsmitteln.

5. Zusammenfassung

Die grundlegende Versorgung von Versicherten mit Arznei- und Hilfsmitteln sowie Medizinprodukten ist sowohl in der ambulanten als auch der stationären Behandlung gewährleistet. Die Beschaffungs- und Abrechnungswege der einzelnen Produkte unterscheiden sich jedoch teils erheblich. Je nachdem, ob ein Produkt apothekenpflichtig ist oder nicht, ist – von wenigen Ausnahmen abgesehen – eine Apotheke in der Beschaffung zwischengeschaltet. Gerade im ambulanten Bereich hängt der genaue Weg der Beschaffung und Abrechnung auch von der Versicherung des Patienten ab. Soll ein Arzneimittel schon während der Behandlung Anwendung finden und ist der Patient gesetzlich versichert, so hängt schon die Beschaffung beispielsweise im Fall von Sprechstundenbedarf vom Inhalt der betreffenden Sprechstundenbedarfsvereinbarung ab. Aber auch im stationären Bereich ist die genaue Ausgestaltung der Produktbeschaf-

---

Jahr 2015 nur noch durchschnittlich 7,4 Tage, vgl. Statistisches Bundesamt, Stand vom April 2016.

400 NK-Medizinrecht/*Joussen*, SGB V, § 115c, Rn. 3.
401 Vgl. unter B. V. 4.
402 *O.V.*, Verordnung von Arzneimitteln bei Krankenhausbehandlung, AAA 03/2007, S. 12.

fung abhängig von der Organisation des einzelnen Krankenhauses. Zentrale Abläufe haben sich aber dennoch identifizieren lassen. An ihnen wird sich auch die später folgende rechtliche Prüfung orientieren.

C. Gängige Formen der Kooperation zwischen Arzt und Industrie

Enge Kontakte und Kooperationen zwischen Ärzten und der Arzneimittel- und Medizinprodukteindustrie (im Folgenden allein Industrie genannt) finden sowohl im stationären als auch im niedergelassenen Bereich statt.[403] Während manche Kooperationen gar gesetzlich vorgeschrieben sind, bleiben andere wiederum gänzlich unerwähnt. Unter den gängigen Kooperations- und Kontaktformen lässt sich grob zwischen einseitigen Leistungen durch die Industrie an Ärzte und Leistungsaustauschverhältnissen zwischen der Industrie und Ärzten unterscheiden.[404] Diese sollen im Folgenden näher beschrieben werden.

I. Einseitige Leistungen durch die Industrie

Einseitige Unterstützungsleistungen an Ärzte durch die Industrie sind in der Praxis keine Seltenheit.[405] Darunter versteht man solche Leistungen, bei denen Ärzte ohne eigene Gegenleistung durch die Industrie Zuwendungen erhalten.[406] Die Bandbreite der Annehmlichkeiten ist weit.

---

[403] Ausführlich dazu Dieners/Reese/*Dieners/Klümper/Oeben,* Arzneimittelrecht, § 12.

[404] Eine solche Kategorisierung auch schon Anhalt/Dieners/*Dieners/Lembeck,* Medizinprodukterecht, § 20 Rn. 87 ff.; so auch bei *Fenger/Göben,* Sponsoring im Gesundheitswesen, Rn. 145; ähnlich auch *Braun,* Industrie und Ärzteschaft, S. 8 ff.

[405] *Haeser,* MedR 2002, 55 f.

[406] Anhalt/Dieners/*Dieners/Lembeck,* Medizinprodukterecht, § 20 Rn. 120.

1. Unterstützung der Teilnahme von Ärzten an Fortbildungen und Kongressen

Die Unterstützung der („passiven"[407]) Teilnahme von Ärzten an Informationsveranstaltungen, Fortbildungen, Weiterbildungen, Symposien, Konferenzen, Kongressen[408] und ggf. Betriebsbesichtigungen ist seit langem gängige Praxis.[409] Die Übernahme von Reisekosten zu Fachkongressen stellt die mit Abstand häufigste Leistung an Ärzte dar.[410] Aber auch die Übernahme der Teilnahmegebühren sowie die Übernahme von mehrtägigen Reisen gegebenenfalls in Begleitung von Familienmitgliedern[411] hat es schon gegeben.

2. Spenden

Auch Spenden seitens der Industrie sind in der Praxis nicht selten.[412] Sie werden als Unterstützung von Forschung und Lehre, der Fort- und Weiterbildung oder auch der Patientenversorgung gewährt.[413] In der Regel werden Spenden auf von vielen Kliniken geführte Drittmittelkonten ein-

---

407 Eine Unterteilung in aktive und passive Teilnahme treffen Anhalt/Dieners/*Dieners/Lembeck,* Medizinprodukterecht, § 20 Rn. 125 ff.; so auch bei *Fenger/Göben,* Sponsoring im Gesundheitswesen, Rn. 182.
408 Vgl. dazu die Ausführungen bei Laufs/Kern/*Ulsenheimer*, Handbuch des Arztrechts, § 152 Rn. 12 unter Verweis auf ein Urteil des AG Tuttlingen v. 8. Februar 1999.
409 Dieners/Reese/*Dieners/Klümper/Oeben,* Pharmarecht, § 12 Rn. 88.
410 *Haeser*, MedR 2002, 55, 56. Praktisch wird dazu häufig die Rechnung des Reisebüros direkt an das die Kosten tragende Unternehmen gestellt, „weil diese bei den Firmen unauffällig unter Reisekosten verbucht werden können", *Haeser*, MedR 2002, 55, 56.
411 BGH NStZ 2000, 90 (vgl. dazu auch die Ausführungen bei Laufs/Kern/*Ulsenheimer*, Handbuch des Arztrechts, § 152 Rn. 23 f.); *Haeser*, MedR 2002, 55, 56.
412 Bspw. hat den Bayerischen Verwaltungsgerichtshof im Jahr 2010 ein Fall beschäftigt, bei dem ein Chefarzt Gelder von Pharmaunternehmen getarnt als Spenden für Fortbildungsveranstaltungen angenommen und diese für Betriebsausflüge und private Feiern ausgegeben hat, Bayerischer VGH MedR 2011, 594 ff.; vgl. dazu auch *Herzog*, in: Lieb/Klemperer/Ludwig., Interessenkonflikte in der Medizin, 127, 135.
413 Dieners/Reese/*Dieners/Klümper/Oeben,* Pharmarecht, § 12 Rn. 114.

bezahlt[414] und die Entscheidung, wofür das Geld eingesetzt wird, liegt dann bei der Klinikverwaltung.[415] Es kommt allerdings auch vor, dass Unterkonten für einzelne Ärzte eingerichtet sind, bei denen der Arzt nach Rücksprache mit der Klinik über den Verwendungszweck bestimmen und sich das Geld auszahlen lassen kann.[416] Häufig gründen Ärzte auch Vereine[417], deren Einwerbungserfolge und Verwendungszwecke sich der Kenntnis der Klinikverwaltung entziehen.[418]

3. *Geschenke*

Das Spektrum möglicher Geschenke von der Industrie an Ärzte ist weit. Gerade „kleinere" Geschenke, wie beispielsweise Kugelschreiber, Notizblöcke, USB-Sticks mit Arzneimittelpräsentationen[419] und Kalender sind insbesondere bei Vertreterbesuchen nicht unüblich[420]. Neben Arzneimittelinformationen bekommt der Arzt bei solchen Gelegenheiten häufig auch noch entsprechende Arzneimittelmuster.[421] Sowohl die Muster als auch die Schreibwaren zählen in der Praxis zu den am häufigsten angenommenen Gegenständen.[422] Aber auch „größere" Geschenke, wie medizinische Fachbücher oder Karten für Kultur- oder Sportveranstaltungen sowie Gegenstände und Geräte für den Praxisbedarf durch die Industrie hat es schon gegeben.[423]

---

414 *Fenger/Göben,* Sponsoring im Gesundheitswesen, Rn. 187; *Haeser,* MedR 2002, 55, 55.

415 *Haeser,* MedR 2002, 55, 55.

416 *Haeser,* MedR 2002, 55, 55.

417 Vgl. näher dazu *Fenger/Göben,* Sponsoring im Gesundheitswesen, Rn. 194 ff., insb. Rn. 210, 239 ff.

418 *Haeser,* MedR 2002, 55, 55.

419 *Wiesner/Lieb,* in: Lieb/Klemperer/Ludwig, Interessenkonflikte in der Medizin, S. 164.

420 Vgl. *Brand/Hotz,* PharmR 2012, 317.

421 *Wiesner/Lieb,* in: Lieb/Klemperer/Ludwig, Interessenkonflikte in der Medizin, S. 164.

422 Vgl. *Wiesner/Lieb,* in: Lieb/Klemperer/Ludwig, Interessenkonflikte in der Medizin, S. 164 m.w.N.

423 *Haeser,* MedR 2002, 55, 56; diese Aufzählung findet sich so auch bei *Braun,* Industrie und Ärzteschaft, S. 14.

4. Sonstige Zuwendungen

Nicht selten[424] werden seitens der Industrie auch weitere Veranstaltungen, wie Geburtstags-, Jubiläums- oder Betriebsfeiern[425] von Ärzten und ihren Abteilungen, finanziell unterstützt (sog. „Sozialspenden"[426]). Die Gerichte beschäftigt hat auch schon die Übernahme von Restaurantrechnungen für den Arzt[427] und dessen Ehefrau[428].

II. Leistungsaustauschverhältnisse zwischen Arzt und Industrie

Unter Leistungsaustauschverhältnissen zwischen Arzt und Industrie versteht man solche Rechtsbeziehungen, bei denen der Arzt für eine bestimmte Leistung eine Vergütung als Gegenleistung der Industrie erhält.[429] Im Folgenden werden gängige Leistungsaustauschverhältnisse beschrieben.

1. Klinische Prüfungen

Bei klinischen Prüfungen ist zwischen Arzneimitteln und Medizinprodukten zu unterscheiden. Für Arzneimittel ist die klinische Prüfung gem. §§ 40 ff. AMG zwingend vorgeschrieben und damit ein Fall notwendiger Zusammenarbeit[430] zwischen Industrie und Ärzten, wohingegen die Durchführung einer klinischen Prüfung für Medizinprodukte[431] gem. §§ 19 ff. MPG nicht obligatorisch ist. Zur Durchführung einer klinischen Prüfung schließen die Pharma- oder Medizinproduktehersteller mit dem entsprechenden Klinikträger und/oder, allerdings seltener, mit dem durchführenden Arzt einen sogenannten Studienvertrag[432]. Die Vergütung kann als Pauschale aber auch als Honorar für jeden ausgefüllten Prüfbogen

---

424 *Haeser*, MedR 2002, 55, 56.
425 BGH NJW 2003, 763 f.
426 Dieners/Reese/*Dieners/Klümper/Oeben*, Pharmarecht, § 12 Rn. 121.
427 BGH NStZ 2000, 90 f.; vgl. dazu die Ausführungen bei Laufs/Kern/*Ulsenheimer*, Handbuch des Arztrechts, § 152 Rn. 23.
428 BGH NStZ-RR 2003, 171 f.
429 Vgl. Dieners/Reese/*Dieners/Klümper/Oeben*, Pharmarecht, § 12 Rn. 44.
430 Dieners/Reese/*Dieners/Klümper/Oeben*, Pharmarecht, § 12 Rn. 63.
431 Spickhoff/*Listl*, MPG, § 20 Rn. 1.
432 Laufs/Kern/*Ulsenheimer*, Handbuch des Arztrechts, § 152 Rn. 3.

gezahlt werden.[433] Für die Durchführung der klinischen Prüfung ist eine Geräteleihgabe durch das Unternehmen an die durchführende Institution bzw. den durchführenden Arzt nicht selten; teilweise wird statt einer Vergütung in Geld auch die dauerhafte Überlassung eines solchen Geräts vereinbart.[434]

2. Anwendungsbeobachtungen

Anwendungsbeobachtungen sind gem. § 67 Abs. 6 S. 1 AMG Untersuchungen, die dazu bestimmt sind, Erkenntnisse bei der Anwendung zugelassener oder registrierter Arzneimittel zu sammeln. Mögliche Ziele einer Anwendungsbeobachtung reichen dabei vom Gewinn von Erkenntnissen über das Verordnungs- und Verschreibungsverhalten über die Akzeptanz und Compliance des Arzneimittels oder Medizinproduktes[435] bis hin zum Vertiefen von Erkenntnissen über das Auftreten von bekannten unerwünschten Wirkungen sowie noch unbekannten Wechselwirkungen.[436] Eine Anwendungsbeobachtung ist von einer klinischen Prüfung zu unterscheiden. Weder gibt es einen vorher festgelegten Prüfplan noch sind weitere, über die normale Behandlung des Patienten hinausgehende Untersuchungen notwendig[437] (sogenannte nichtinterventionelle Prüfung gem. § 4 Abs. 23 S. 3 AMG)[438]. Der Arzt füllt lediglich einen Fragebogen, der zumeist mit Multiple-Choice-Fragen versehen ist, zu Wirkungen, Nebenwirkungen und/oder speziellen Messdaten aus.[439] Es bedarf keiner gesonderten Aufklärung oder Einwilligung des Patienten in die Behand-

---

433 Dieners/Reese/*Dieners/Klümper/Oeben*, § 12 Rn. 66.
434 Dieners/Reese/*Dieners/Klümper/Oeben*, § 12 Rn. 67.
435 *Fenger/Göben*, Sponsoring im Gesundheitswesen, Rn. 156.
436 Vgl. Nr. 3 der Empfehlungen des Bundesinstituts für Arzneimittel und Medizinprodukte und des Paul-Ehrlich-Instituts zur Planung, Durchführung und Auswertung von Anwendungsbeobachtungen vom 7. Juli 2010, abrufbar unter http://www.pei.de/DE/infos/pu/genehmigung-klinischepruefung/anwendungsbeobachtungen/awb-planung-durchfuehrung-auswertung/empfehlungen/awb-empfehlungen-node.html; *Rehmann/Rehmann*, Arzneimittelgesetz, § 67 Rn. 6.
437 *Boemke/Schneider*, Korruptionsprävention, S. 71; *Böse/Mölders*, MedR 2008, 585.
438 Vgl. dazu auch *Spickhoff*, MedR 2006, 707, 708. Welche Formen noch zu dieser Art von Prüfungen zählen, vgl. Spickhoff/*Listl*, AMG, § 40 Rn. 4.
439 *Haeser*, MedR 2002, 55, 55.

lung.[440] Eine wissenschaftliche Planung und ordnungsgemäße Durchführung vorausgesetzt,[441] können die durch eine Anwendungsbeobachtung gewonnenen Erkenntnisse im Zulassungs- oder Nachzulassungsverfahren als sogenanntes anderes wissenschaftliches Erkenntnismaterial verwendet werden (vgl. § 22 Abs. 3 AMG)[442]. Kritiker sehen in Anwendungsbeobachtungen hingegen eher Marketinginstrumente, um Ärzte in ihren Verordnungs- und Therapieentscheidungen zu beeinflussen.[443]

Über die Teilnahme an einer Anwendungsbeobachtung schließen die medizinische Einrichtung bzw. der Arzt und das Pharma- bzw. Medizinprodukteunternehmen regelmäßig eine Vereinbarung, die für das Ausfüllen des Dokumentationsbogens eine Aufwandsentschädigung vorsieht.[444] Die Aufwandsentschädigung kann dabei unterschiedlich ausgestaltet sein, sowohl was die Höhe als auch die Art der Entschädigung angeht; teilweise variiert die Höhe auch mit der Anzahl der ausgefüllten Dokumentationsbögen. Gem. § 67 Abs. 6 S. 3 AMG soll die Entschädigung in ihrer Art und Höhe so bemessen sein, dass kein Anreiz für eine bevorzugte Verschreibung oder Empfehlung bestimmter Arzneimittel entsteht.[445] Nicht immer beinhaltet die Abrede auch den Erhalt der zu beobachtenden

---

440 Vgl. Nr. 5 der Empfehlungen des Bundesinstituts für Arzneimittel und Medizinprodukte und des Paul-Ehrlich-Instituts zur Planung, Durchführung und Auswertung von Anwendungsbeobachtungen vom 7. Juli 2010, abrufbar unter http://www.pei.de/DE/infos/pu/genehmigung-klinischepruefung/anwendungsbeobachtungen/awb-planung-durchfuehrung-auswertung/empfehlungen/awb-empfehlungen-node.html; Spickhoff/*Listl*, AMG, § 40 Rn. 4.

441 *Fenger/Göben*, Sponsoring im Gesundheitswesen, Rn. 157.

442 Kügel/Müller/Hofmann/*Delewski*, Arzneimittelgesetz, § 67 Rn. 49 m.w.N.

443 So bspw. *Fenger/Göben*, Sponsoring im Gesundheitswesen, S. 51 (Fn. 143); die Möglichkeit anerkennend *Krüger*, StraFo 2012, 308, 310; diesen Zweck jedenfalls auch sehend *Böse/Mölders*, MedR 2008, 585, 585. Dazu bereits Dieners/Reese/*Dieners/Klümper/Oeben*, Pharmarecht, § 12 Rn. 69; Laufs/Kern/*Ulsenheimer*, Handbuch des Arztrechts, § 152 Fn. 3 und *Traut/Bristric*, ZMGR 20013, 87, 88 m.w.N. Aus der Praxis berichtend *Gädigk*, medstra 2015, 268, 269.

444 *Fenger/Göben*, Sponsoring im Gesundheitswesen, Rn. 159.

445 Ausführlich mit der Angemessenheit der Vergütung bei Anwendungsbeobachtungen setzt sich auseinander *Koyuncu*, PharmR 2009, 211, 214 ff.

Produkte, so dass eine Teilnahme an der Anwendungsbeobachtung teilweise den Kauf der Produkte voraussetzt.[446]

Gem. § 67 Abs. 6 S. 1 AMG sind Anwendungsbeobachtungen der zuständigen Bundesoberbehörde, der kassenärztlichen Bundesvereinigung, dem Spitzenverband Bund der Krankenkassen sowie dem Verband der Privaten Krankenversicherung e.V. unverzüglich anzuzeigen und weitere Einzelheiten (Ort, Zeit, Ziel, Beobachtungsplan sowie jedenfalls der kassenärztlichen Bundesvereinigung und dem Spitzenverband Bund der Krankenkassen die beteiligten Ärzte) zu benennen. Sind Gegenstand der Anwendungsbeobachtung Leistungen zu Lasten der gesetzlichen Krankenkassen, so sind unter anderem gem. § 67 Abs. 6 S. 4 AMG zudem Art und Höhe der Entschädigung, die der Untersuchung zugrunde liegenden Verträge, eine Darstellung des Aufwands für die teilnehmenden Ärzte sowie eine Begründung zur Angemessenheit der Entschädigung beizubringen.

3. Weitere Studien

In Zusammenarbeit mit der Industrie werden weitere Studien in der Praxis durchgeführt. Gängige Beispiele sind Produktbeobachtungs- oder Vergleichsstudien[447] aber auch Qualitätsbewertungen. In Studien- und Dokumentationsbögen werden teilweise vorher überlassene oder ohnehin vorhandene Hilfsmittel[448] und Medizinprodukte[449] für eine Aufwandsentschädigung durch Ärzte bewertet.

4. Referenten- und Beratertätigkeit

Nicht selten werden Ärzte bei Fortbildungsveranstaltungen und anderen wissenschaftlichen Konferenzen und Kongressen von der Industrie als Referenten engagiert oder sie werden als Berater für das Unternehmen gewonnen.[450] Referentenverträge sind Verträge, bei denen sich ein Arzt verpflichtet, einen Vortrag für das entsprechende Unternehmen zu hal-

---

446 *Haeser*, MedR 2002, 55, 55.
447 Dieners/Reese/*Dieners/Klümper/Oeben,* Pharmarecht, § 12 Rn. 16.
448 *KBV*, Richtig kooperieren, S. 6.
449 OLG Hamburg MedR 2000, 371, 372 ff.
450 BGH NStZ-RR 2003, 171f.; *Fenger/Göben*, Sponsoring im Gesundheitswesen, Rn. 160 f.; *Haeser*, MedR 2002, 55, 56.

ten.[451] Der Vortrag steht zumeist in einem direkten Zusammenhang mit den Produkten des beauftragenden Unternehmens, die der Arzt bspw. zuvor im Rahmen eines Forschungsprojekts für das Unternehmen untersucht hat.[452] Im Rahmen von Beraterverträgen berät der Arzt das Unternehmen in verschiedenen Fragestellungen.[453]

Bei dieser „aktiven Teilnahme" des Arztes an einer Veranstaltung bzw. Beratung, erhält er neben einem Honorar häufig auch seine Teilnahmegebühren sowie Aufwendungen für die Anreise und Übernachtung ersetzt.[454] Sog. Beraterverträge werden nicht immer nur zur Vergütung von Beratungsleistungen geschlossen.[455] In einem Fall des LG Magdeburg[456] sollte der Beratervertrag eine Umsatzbeteiligung des Oberarztes, der für die Arzneimittelauswahl in einem Hämophiliezentrum zuständig war, verdecken. Ebenso gut denkbar ist der Abschluss von Beraterverträgen für die Verordnung bestimmter Arzneien oder Hilfsmittel.[457] Vorgekommen ist auch schon die Vereinbarung einer Vielzahl sogenannter Kongressberichte mit derselben Fragestellung, die die Ermittlungsbehörden an der Ernsthaftigkeit des Interesses von Unternehmen an diesen Berichten hat zweifeln lassen.[458]

5. Depotbildungen und Beteiligungen

Teilweise arbeiten niedergelassene Ärzte und insbesondere Hilfsmittelhersteller dergestalt zusammen, dass der Arzt Hilfsmittel des Herstellers in seinen Praxisräumen lagert und diese nach Verordnung an den Patienten abgibt.[459] Eine Zusammenarbeit ist auch auf einem sogenannten verkürzten Versorgungsweg denkbar. Dabei teilt der Arzt Befunde direkt

---

451 Dieners/Reese/*Dieners/Klümper/Oeben*, Pharmarecht, § 12 Rn. 76.
452 Dieners/Reese/*Dieners/Klümper/Oeben*, Pharmarecht, § 12 Rn. 90.
453 Dieners/Reese/*Dieners/Klümper/Oeben*, Pharmarecht, § 12 Rn. 71.
454 Dieners/Reese/*Dieners/Klümper/Oeben*, Pharmarecht, § 12 Rn. 90.
455 So wohl auch *Haeser*, MedR 2002, 55, 56, die davon ausgeht, dass solche Verträge geschlossen werden, um den Arzt ein „monatliches Honorar zukommen zu lassen". Vgl. auch *Gädigk*, medstra 2015, 268, 269.
456 So beschrieben bei Laufs/Kern/*Ulsenheimer*, Handbuch des Arztrechts, § 152 Rn. 17, unter Verweis auf LG Magdeburg, Urteil v. 30. Juni 1999.
457 *KBV*, Richtig kooperieren, S. 9.
458 Dieners/Reese/*Dieners/Klümper/Oeben*, Pharmarecht, § 12 Rn. 93.
459 Vgl. bspw. Konstellation in OLG Düsseldorf, MedR 2005, 528 ff.

einem speziellen Hilfsmittelerbringer mit, welcher das Hilfsmittel herstellt und der Arzt dieses, gegen ein Pauschalhonorar des Herstellers, wiederum an den Patienten in der Praxis ausgibt.[460]

6. Überlassung medizinischer Geräte

Industrievertreter treffen mit Ärzten auch Vereinbarungen dergestalt, dass sie diesen bestimmte, in ihrer Anschaffung meist sehr teuren medizinischen Geräte leihweise überlassen oder schenken[461] und die Ärzte sich im Gegenzug dafür verpflichten, für die Zeit der Nutzungsdauer eine bestimmte Anzahl an Produkten dieser Firma zu kaufen oder zu verordnen.[462] Teilweise least oder kauft das vereinbarende Unternehmen das betreffende medizinische Gerät zunächst.[463]

7. Umsatzabhängige Rückvergütungen

Teilweise[464] treffen Arzneimittel- oder Medizinproduktehersteller und der Arzt eine Vereinbarung über umsatzabhängige Rückvergütung.[465] Danach erhält der Arzt je nach Volumen der Bestellung bei dem entsprechenden Hersteller oder Lieferanten den vereinbarten Rabatt, welcher häufig auf ein Konto beim Hersteller selber fließt.[466] Das Geld kann dann entweder vom Arzt selber abgerufen werden oder aber andere Annehmlichkeiten,

---

460 *KBV*, Richtig kooperieren, S. 5.
461 OLG Karlsruhe NJW 2001, 907 f.
462 *Haeser*, MedR 2002, 55, 56.
463 *Braun*, Industrie und Ärzteschaft, S. 14; *Haeser*, MedR 2002, 55, 56.
464 Vgl. bspw. Konstellation in BGHSt 47, 295 ff.: Vereinbart zwischen dem Arzt und Mitarbeitern der Medizinprodukte-Firma war ein Umsatz-Bonus in Höhe von fünf Prozent. Statt sich selber zu bereichern, veranlasste der Arzt Zahlungen an einen eigens gegründeten Verein und finanzierte daraus Kongressreisen für Mitarbeiter oder auch die Beschaffung von Büromaterial und technischen Geräten. Ähnlich auch die der Entscheidung des Großen Senats (BGHSt 57, 202 ff.) zugrunde liegenden Feststellungen des Landgerichts, wonach die Angeklagte, Mitarbeiterin eines Pharmaunternehmens, ein sog. Verordnungsmanagement betrieb. Bei diesem Prämiensystem sollte der verschreibende Arzt fünf Prozent des Herstellerabgabepreises als Prämie, getarnt als Honorar für angebliche Vorträge, für von diesem Unternehmen verordnete Arzneimittel erhalten.
465 Vgl. zu diesen Phänomen auch *Badle*, NJW 2008, 1028, 1033.
466 Vgl. dazu *Haeser*, MedR 2002, 55, 56.

wie die Übernahme von Reisekosten, werden direkt über das Konto abgerechnet.[467]

---

467 Vgl. weitere Einzelheiten bei *Haeser*, MedR 2002, 55, 56.

Zweites Kapitel

Bekämpfung der Korruption de lege lata

Ein einheitliches Regelwerk zur Bekämpfung der Korruption gibt es in Deutschland nicht. Bisher[468] mangelt es auch an ausgewiesenen Regeln zur Bekämpfung der Korruption im Gesundheitswesen. Stattdessen wirkt eine ganze Palette von Normen in den unterschiedlichsten Rechtsgebieten der Korruption im Allgemeinen und speziell im Gesundheitswesen entgegen. Im Fokus der Öffentlichkeit stehen regelmäßig Normen des Strafgesetzbuchs. Weitere Sanktionsmöglichkeiten sehen das Sozialrecht im SGB V, das Berufsrecht in Form der MBO-Ä, das Wettbewerbsrecht (UWG) sowie das Heilmittelwerberecht (HWG) und das Steuerrecht vor.

Den Schwerpunkt der folgenden Darstellung soll die strafrechtliche Einordnung der „Essenz" all der soeben vorgestellten Kooperations- und Kontaktformen, das beeinflusste Beschaffungs- und Verschreibungsverhalten des Arztes, bilden. Es soll untersucht werden, inwieweit welche Kooperationsformen durch das Strafrecht de lege lata missbilligt werden.

A. Einführung

Den Begriff der Korruption kennt das deutsche Strafgesetzbuch nicht und das, obwohl die einschlägigen Tatbestände in den letzten Jahrzehnten immer wieder weitgehende Änderungen erfahren haben.[469] Korruptes Verhalten wird vom Anwendungsbereich gleich mehrerer strafrechtlicher Normen erfasst. Gerne wird daher zwischen Tatbeständen innerhalb und

---

468 Obwohl in der Politik erstmals schon im Jahr 2010 präsent, vgl. dazu ausführlich das dritte Kapitel.

469 So noch vor der letzten Änderung im November 2015 auch *Bannenberg*, in: Wabnitz/Janovsky, Hdb Wirtschafts- und Steuerstrafrecht, Kap. 12 Rn. 5. Vgl. nur das Gesetz zur Bekämpfung der Korruption vom 13. August 1997 (BGBl. I S. 2038 ff.) (Erstes Korruptionsbekämpfungsgesetz) und das Gesetz zur Bekämpfung der Korruption vom 20. November 2015 (BGBl. I S. 2025 ff.) (Zweites Korruptionsbekämpfungsgesetz).

außerhalb des sogenannten Korruptionsstrafrechts[470] oder zwischen Korruptionsstrafrecht im engeren und im weiteren Sinne[471] unterschieden. Zu den Kerndelikten[472] zur Bekämpfung der Korruption zählen die Amtsdelikte nach §§ 331–336 StGB (Vorteilsannahme, Bestechlichkeit, Vorteilsgewährung und Bestechung), die Bestechung und Bestechlichkeit im geschäftlichen Verkehr, § 299 StGB, die Wählerbestechung gem. § 108b StGB sowie die Bestechlichkeit und Bestechung von Mandatsträgern gem. § 108e StGB.[473] Korruptionsstrafrecht im weiteren Sinne oder sogenannte „Begleitdelikte"[474] sind solche Tatbestände, wie beispielsweise der Betrug gem. § 263 StGB oder auch die Untreue gem. § 266 StGB, die regelmäßig bei korruptem Verhalten miterfüllt sind.

Ausgehend von den hier relevanten „Kerndelikten", werden die „Begleitdelikte" näher betrachtet. Die Trennung zwischen Amtsträger- und Wirtschaftskorruption sowie die unterschiedlichen Abrechnungssysteme haben zur Folge, dass innerhalb desselben Berufs getrennt nach der Art der Berufsausübung zu prüfen ist.

B. § 331 StGB

Eine nach § 331 StGB strafbare Vorteilsannahme ist dann gegeben, wenn ein Amtsträger, ein Europäischer Amtsträger oder ein für den öffentlichen Dienst besonders Verpflichteter für die Dienstausübung einen Vorteil für sich oder einen Dritten fordert, sich versprechen lässt oder annimmt. Ob Ärzte als Amtsträger einzuordnen und ihre Kooperationen mit der Industrie unter die weiteren Voraussetzungen des § 331 StGB subsumiert werden können, ist nach einer knappen Einführung in die Grundlagen des Tatbestandes genauer zu prüfen.

---

470 *Dölling*, DJT 1996, Bd. I, Gutachten, C 11.
471 *Walther*, JURA 2010, 511, 512.
472 Enger fasst *Durynek*, Korruptionsdelikte, S. 4, die „Kerntatbestände der Korruptionsdelikte" – § 331 (Vorteilsannahme) und § 332 (Bestechlichkeit) zählen für ihn dazu.
473 So auch *Bannenberg,* in: Wabnitz/Janovsky, Hdb Wirtschafts- und Steuerstrafrecht, Kap. 12 Rn. 5.
474 *BKA,* Korruption Bundeslagebild 2014, S. 4; vgl. auch *Bannenberg,* in: Wabnitz/Janovsky, Hdb Wirtschafts- und Steuerstrafrecht, Kap. 12, Rn. 95.

I. Historischer Überblick

Mit dem EGStGB 1974[475] erhielten die §§ 331 ff. StGB ihre heutige Struktur.[476] Eine spiegelbildliche Konstruktion wurde durch die Aufteilung in die Strafbarkeit des Vorteilsnehmers (§§ 331, 332 StGB) und in die Strafbarkeit des Vorteilsgebers (§§ 333, 334 StGB) schon angelegt, jedoch hinsichtlich der Reichweite der Strafbarkeit noch nicht ganz vollzogen.[477] Straflos blieb weiterhin die Vorteilsgewährung für in der Vergangenheit liegende Handlungen.[478] Als weitere Änderung löste der Amtsträgerbegriff unter anderem den bis dahin im RStGB[479] geltenden strafrechtlichen Beamtenbegriff ab. Zudem machte die Ergänzung des Täterkreises um die „formell für den öffentlichen Dienst besonders Verpflichteten" die bis dahin neben dem RStGB geltende Bestechungsverordnung[480], die die „formell besonders verpflichteten Personen" erfasste, überflüssig.[481] Eine erhebliche Verschärfung der Strafbarkeit brachte dann das Erste Korruptionsbekämpfungsgesetz von 1997[482] mit sich. So wurden in die §§ 331–334 StGB nicht nur die Drittvorteile einbezogen, sondern auch der § 333 StGB endgültig spiegelbildlich zu § 331 StGB ausgestaltet, so dass sich nun auch der Vorteilsgeber bei der Gabe von Vorteilen für in der Vergangenheit liegende Handlungen strafbar machen konnte. Voraussetzung für eine Strafbarkeit nach §§ 331, 333 StGB war schließlich auch nicht mehr, dass der Vorteil als Gegenleistung für eine Diensthandlung zu gewähren bzw. anzunehmen war, sondern es reichte nun auch die Gabe bzw. Annahme eines Vorteils „für die Dienstausübung" aus. Ein zweites Korruptionsbekämpfungsgesetz kam zunächst

---

475 Einführungsgesetz zum Strafgesetzbuch vom 2. März 1974 (BGBl. I S. 469).

476 *Dölling,* DJT 1996, Bd. I, Gutachten, C 36; vgl. außerdem SK-StGB/*Stein/Deiters,* § 331 Rn. 2; LK/*Sowada,* Vor § 331 Rn. 20; ausführlich zur Entwicklung der §§ 331 ff. StGB seit dem 19. Jahrhundert *Durynek,* Korruptionsdelikte, S. 9 ff.

477 SK-StGB/*Stein/Deiters,* § 331 Rn. 2.

478 Vgl. SK-StGB/*Stein/Deiters,* § 331 Rn. 2; für weitere inhaltliche Änderungen vgl. LK/*Sowada,* Vor § 331 Rn. 22.

479 Strafgesetzbuch des Deutschen Reichs vom 15. Mai 1871 (RGBl. S. 127).

480 Verordnung gegen Bestechung und Geheimnisverrat nichtbeamteter Personen vom 3. Mai 1917, neu gefasst durch Bekanntmachung vom 22.5.1943 (RGBl. I, S. 351).

481 Vgl. LK/*Sowada,* Vor § 331 Rn. 20; SK-StGB/*Stein/Deiters,* § 331 Rn. 5.

482 Erstes Korruptionsbekämpfungsgesetz, vgl. Fn. 469.

nicht über einen Entwurf im Jahr 2007 hinaus,[483] bevor ein neuer, vor allem durch internationale Umsetzungsvorgaben motivierter Anlauf[484] im Jahr 2014 schließlich Ende des Jahres 2015 zur Verabschiedung des Zweiten Korruptionsbekämpfungsgesetzes[485] führte. Nach § 331 StGB strafbar machen können sich nunmehr auch Europäische Amtsträger und Mitglieder eines Gerichts der Europäischen Union.[486]

II. Geschütztes Rechtsgut

Obwohl die §§ 331 ff. StGB immer wieder Gegenstand parlamentarischer und rechtswissenschaftlicher Diskussionen waren, ist die Frage nach dem geschützten Rechtsgut bis heute nicht abschließend geklärt.[487] Allgemein durchgesetzt hat sich mittlerweile nur, dass die §§ 331 ff. StGB ein einheitliches Rechtsgut schützen.[488] Wie dieses aber genau ausgestaltet ist, darüber herrscht nach wie vor Uneinigkeit.[489] Auch der Gesetzgeber hat es insoweit versäumt, genaue Vorgaben zu machen.[490]

Als veraltet gelten mittlerweile Ansichten, die allein die „Reinhaltung der Amtsausübung"[491] oder die „Unentgeltlichkeit der Amtsführung"[492] als geschützte Rechtsgüter ansahen.[493] Weder wurden sie dem den Beste-

---

483 Vgl. dazu Ausführungen bei LK/*Sowada*, Vor § 331 Rn. 24 unter Verweis auf den Gesetzentwurf der Bundesregierung (BR Drs. 548/07 und BT-Drs. 16/6558).
484 Vgl. BT-Drs. 18/4350, S. 1.
485 Zweites Korruptionsbekämpfungsgesetz, vgl. Fn. 469.
486 Dazu BT-Drs. 18/4350, S. 23.
487 Ausführlich zur Diskussion bereits *Heinrich*, Amtsträgerbegriff, S. 239 ff. m.w.N.
488 Vgl. LK/*Sowada*, Vor § 331 Rn. 29 m.w.N.
489 Der Meinungsstand im Überblick bspw. bei MüKo/*Korte*, § 331 Rn. 2 ff. oder LK/*Sowada*, Vor § 331 Rn. 30 ff.; ausführlich auch *Heinrich*, Amtsträgerbegriff, S. 239 ff., 287 f.
490 Ebenso LK/*Sowada*, Vor § 331 Rn. 32; *Adamski*, Bestechungsdelikte, S. 63; vgl. zu den Einzelheiten die Ausführungen bei *Heinrich*, Amtsträgerbegriff, S. 249 (Fn. 535); MüKo/*Korte*, § 331 Rn. 4.
491 So bspw. RGSt 72, 174, 176; ähnlich BGHSt 10, 237, 241: „Reinheit der Amtsausübung".
492 Vgl. u.a. *Henkel*, JZ 1960, 507, 508 f.
493 MüKo/*Korte*, § 331 Rn. 3; LK/*Sowada*, Vor § 331 Rn. 30 m.w.N.

chungsdelikten, im Gegensatz zu den anderen Amtsdelikten, zugrunde liegenden spezifischen Unrechtsgehalt gerecht,[494] noch entspricht die Unentgeltlichkeit der Tätigkeit der heutigen Realität[495]. Heute stehen zwei andere Merkmale im Mittelpunkt der Diskussion. Während einige den „Schutz vor der Verfälschung des Staatswillens"[496] als Rechtsgut ansehen, betonen andere den „Schutz des Vertrauens der Allgemeinheit in die Sachlichkeit staatlicher Entscheidungen"[497]. Eine beide Merkmale verknüpfende Auffassung lässt sich mittlerweile als herrschende Auffassung[498] bezeichnen. Ihr zufolge liegt den §§ 331 ff. StGB ein komplexes Rechtsgut[499] zugrunde, welches neben der „Lauterkeit des öffentlichen Dienstes" oder der „Sachlichkeit der Amtsausübung" auch das Vertrauen der Allgemeinheit in diese Lauterkeit bzw. Sachlichkeit erfasst.[500] Während für das erste Element insbesondere die Gesetzesbegründung spricht,[501] lässt sich für das zweite Element anführen, dass sich eine Strafbarkeit beispielsweise auch nachträglicher Belohnungen ansonsten nur schwer begründen ließe[502]. Das Vermögen der Anstellungskörperschaft hingegen ist nicht vom Schutz umfasst.[503] Mit der wohl überwiegenden Mehrheit in der Literatur ist davon auszugehen, dass beide Ele-

---

494 Vgl. Schönke/Schröder/*Heine,* § 331 Rn. 2a, m.w.N.; ebenso LK/*Sowada,* Vor § 331 Rn. 30; ähnlich auch *Heinrich,* Amtsträgerbegriff, S. 252.

495 *Heinrich,* Amtsträgerbegriff, S. 242 m.w.N.; ähnlich auch LK/*Sowada,* Vor § 331 Rn. 30.

496 Vgl. *Lüderssen* StV 1997, 318, 322; für weitere Nachweise vgl. außerdem Angaben bei *Heinrich,* Amtsträgerbegriff, S. 244 (Fn. 505).

497 LK/*Sowada,* Vor § 331 Rn. 31; ähnlich auch BGH NJW 2001, 2558, 2559; BGHSt 47, 22, 25; Lackner/Kühl/*Heger,* § 331 Rn. 1.

498 Vgl. NK-StGB/*Kuhlen,* § 331 Rn. 12.

499 NK-StGB/*Kuhlen,* § 331 Rn. 12; Lackner/Kühl/*Heger,* § 331 Rn. 1; vgl. auch Ausführungen bei *Ebert,* GA 1979, 370 f.

500 Als Vertreter dieser Auffassung (mit kleineren Abweichungen, vgl. Übersicht bei LK/*Sowada,* Vor § 331 Rn. 31 (Fn. 153)) können insbesondere bezeichnet werden: *Fischer,* § 331 Rn 2; Lackner/Kühl/*Heger,* § 331 Rn. 1; LK/*Sowada,* Vor § 331 Rn. 36; *Loos,* in: FS Welzel, S. 879, 887 ff.; MüKo/*Korte,* § 331 Rn. 8; NK-StGB/*Kuhlen,* § 331 Rn. 12 f.; SK-StGB/*Stein/Deiters,* § 331 Rn. 17.

501 Vgl. BT-Drs. 7/550, S. 269 a.E.

502 Vgl. MüKo/*Korte,* § 331 Rn. 8.

503 BGH NJW 2001, 2558, 2559; 1980, 1457 m.w.N.

mente gleichrangig nebeneinander stehen.[504] Sie bedingen sich gegenseitig.[505]

III. Amtsträger

Tauglicher Täter nach § 331 Abs. 1 StGB ist ein Amtsträger. Amtsträger ist gem. § 11 Abs. 1 Nr. 2 StGB, wer nach deutschem Recht a) Beamter oder Richter ist, b) in einem sonstigen öffentlich-rechtlichen Amtsverhältnis steht oder c) sonst dazu bestellt ist, bei einer Behörde oder bei einer sonstigen Stelle oder in deren Auftrag Aufgaben der öffentlichen Verwaltung unbeschadet der zur Aufgabenerfüllung gewählten Organisationsform wahrzunehmen. Ob ein Arzt Amtsträger und damit tauglicher Täter der Bestechungsdelikte sein kann, lässt sich nicht allgemein beantworten. Dafür kann ein Arzt, wie schon im ersten Kapitel unter Teil B. gesehen, auf zu viele verschiedene Art und Weisen tätig werden. Im Mittelpunkt der folgenden Untersuchung stehen zunächst die Amtsträgereigenschaft des Vertragsarztes sowie die des in einem kirchlichen Krankenhaus angestellten Arztes. Anschließend werden noch kurz die weiteren hier relevanten Fallgruppen in den Blick genommen.

1. Vertragsarzt

Umstritten war in den letzten Jahren insbesondere, ob der Vertragsarzt tauglicher Täter der Bestechungsdelikte sein kann. Mit der Entscheidung des Großen Senats am 29. März 2012[506] hat sich diese Diskussion etwas gelegt, aber längst sind noch nicht alle Fragen geklärt.

a) Amtsträger gem. § 11 Abs. 1 Nr. 2 a) oder b) StGB

Eine Amtsträgereigenschaft des Vertragsarztes nach § 11 Abs. 1 Nr. 2 a) oder b) StGB ist abzulehnen. Weder ist er Beamter noch steht er in einem sonstigen öffentlich-rechtlichen Amtsverhältnis. Beamter im Sinne des § 11 Abs. 1 Nr. 2 a) StGB ist, wer nach den entsprechenden öffentlich-rechtlichen Vorschriften von der zuständigen Stelle formell als Beamter

---

504 Vgl. *Fischer*, § 331 Rn. 2; *Loos*, in: FS Welzel, S. 879, 887 ff., 889; NK-StGB/*Kuhlen*, § 331 Rn. 12 f.; ähnlich MüKo/*Korte*, § 331 Rn. 8. Eine Übersicht gibt MüKo/*Korte*, § 331 Rn. 2 ff.
505 BeckOK-StGB/*von Heintschel-Heinegg*, § 331 Rn. 3.
506 BGHSt 57, 202 ff.

ernannt worden ist (Beamter im staatsrechtlichen Sinne)[507]. Zumeist ist dafür nach den Vorschriften des Bundes und der Länder die Aushändigung einer Ernennungsurkunde notwendig.[508] Die Zulassung des Arztes zur Teilnahme an der vertragsärztlichen Versorgung gem. § 95 SGB V i.V.m. den relevanten Vorschriften der Ärzte-ZV[509] erfüllt diese Voraussetzungen nicht. Zwar wird der Arzt damit in ein öffentlich-rechtliches System eingebunden, allerdings wird er weder formell zum Beamten ernannt[510] noch erhält er eine Ernennungsurkunde. Die Zulassung stellt (lediglich) die Berechtigung und Verpflichtung zur Teilnahme an der vertragsärztlichen Versorgung dar.

Bei sonstigen öffentlich-rechtlichen Amtsverhältnissen nach § 11 Abs. 1 Nr. 2 b) StGB handelt es sich um Amtsverhältnisse, die, obwohl sie kein Beamtenverhältnis darstellen, dennoch diesem „öffentlich-rechtlichen Dienst- und Treueverhältnis"[511] vergleichbar sind.[512] Einer umfassenden Kasuistik zufolge zählen unter anderem Notare, Minister der Bundesregierung oder der Landesregierungen sowie der Wehrbeauftragte des Deutschen Bundestages dazu.[513] Nicht dazu zählen jedoch die Angehörigen der freien Berufe, auch wenn sie einer Ehrengerichtsbarkeit unterstehen.[514] Für Rechtsanwälte war dies noch im § 359 RStGB ausdrücklich

---

507   Vgl. BT-Drs. 7/550, S. 209; *Heinrich,* Amtsträgerbegriff, S. 318; *Leimbrock,* Strafrechtliche Amtsträger, S. 20 ff.; *Welp,* in: FS Lackner, S. 761, 762 jeweils m.w.N.

508   BT-Drs. 7/550, S. 209; *Heinrich,* Amtsträgerbegriff, S. 319 m.w.N.; *Welp,* in: FS Lackner, S. 761, 762; vgl. auch LK/*Hilgendorf,* § 11 Rn. 27.

509   Vgl. dazu das erste Kapitel unter B. III. 1. b).

510   So auch *Zeiler,* MDR 1996, 439; *Sodan,* Freie Berufe, S. 98 ff.; zustimmend *Müller,* Vertragsarzt, S. 133.

511   *Welp,* in: FS Lackner, S. 761, 762.

512   *Welp,* in: FS Lackner, S. 761, 762; zustimmend *Lenckner,* ZStW 106 (1994), 502, 523 (Fn. 70); SK-StGB/*Rudolphi/Stein,* § 11 Rn. 20; so auch *Heinrich,* Amtsträgerbegriff, S. 353, der zusätzlich aber noch die Übertragung eines „bestimmten Geschäftskreises" fordert; ähnlich auch Lackner/Kühl/*Heger,* § 11 Rn. 5.

513   Vgl. *Heinrich,* Amtsträgerbegriff, S. 353 ff.; LK/*Hilgendorf,* § 11 Rn. 31, jeweils m.w.N.

514   *Heinrich,* Amtsträgerbegriff, S. 353; vgl. auch MüKo/*Radtke,* § 11 Rn. 41 m.w.N.

geregelt. Für den Vertragsarzt, der ebenfalls einen freien Beruf ausübt, gilt daher nichts anderes.[515]

b) Amtsträger gem. § 11 Abs. 1 Nr. 2 c) StGB

Ob dem Vertragsarzt eine Amtsträgereigenschaft nach § 11 Abs. 1 Nr. 2 c) StGB zukommt, ist bis vor einigen Jahren nur vereinzelt[516] und bis zur Entscheidung des Großen Senats für Strafsachen im Jahr 2012[517] äußerst umstritten diskutiert worden. Aber auch in der Folge hat eine rege Auseinandersetzung mit den vom Gericht angeführten Argumenten stattgefunden. Amtsträger gem. § 11 Abs. 1 Nr. 2 c) StGB ist, wer nach deutschem Recht sonst dazu bestellt ist, bei einer Behörde oder bei einer sonstigen Stelle oder in deren Auftrag Aufgaben der öffentlichen Verwaltung unbeschadet der zur Aufgabenerfüllung gewählten Organisationsform wahrzunehmen. Abgesehen davon, dass Literatur und Rechtsprechung zum Amtsträgerbegriff gem. § 11 Abs. 1 Nr. 2 c) StGB ohnehin kaum noch zu überblicken sind,[518] fällt die Subsumtion insbesondere beim Vertragsarzt nicht leicht – ist er einerseits Teil eines komplizierten sozialrechtlichen Geflechts, übt er andererseits einen „seiner Natur nach" freien Beruf aus. Wie sich dieses Spannungsverhältnis zum Amtsträgerbegriff nach § 11 Abs. 1 Nr. 2 c) StGB mit seiner umfassenden Kasuistik verhält, ist im Folgenden genauer zu untersuchen.

aa) Behörde oder sonstige Stelle

Als Behörde oder sonstige Stelle, bei oder in deren Auftrag derjenige, der gem. § 11 Abs. 1 Nr. 2c StGB sonst dazu bestellt ist, Aufgaben der öffentlichen Verwaltung wahrzunehmen, kommen hier zum einen die gesetzlichen Krankenkassen und zum anderen die Kassenärztlichen Vereinigungen[519] in Betracht. Einen allgemeinen strafrechtlichen Behördenbe-

---

515 MüKo/*Radtke*, § 11 Rn. 41; im Ergebnis so auch *Heinrich*, Amtsträgerbegriff, S. 358 m.w.N.; Schönke/Schröder/*Eser/Hecker*, § 11 Rn. 26; nicht eindeutig LK/*Hilgendorf*, § 11 Rn. 32.
516 Vgl. dazu bspw. die Literaturübersicht bei *Tsambikakis*, JR 2012, 538, 539 (Fn. 4).
517 BGHSt 57, 202 ff.
518 Es handele sich um ein sog. „Montagsgesetz", so *Haft*, NJW 1995, 1113, 1113.
519 Nur vereinzelt (bspw. bei *Brand/Hotz*, PharmR 2012, 317, 319 f.) wird in der Diskussion um die Amtsträgereigenschaft des Vertragsarztes überhaupt

griff gibt es nicht; es kommt auf die im Einzelfall zu betrachtende Vorschrift an.[520] In Abgrenzung zur sonstigen Stelle ist eine Behörde nach § 11 Abs. 1 Nr. 2 c) StGB eine solche im organisatorischen Sinne,[521] d.h. „eine in den Organismus der Staatsverwaltung eingeordnete, organisatorische Einheit von Personen und sächlichen Mitteln, die mit einer gewissen Selbständigkeit ausgestattet dazu berufen ist, unter öffentlicher Autorität für die Erreichung der Zwecke des Staates oder von ihm geförderter Zwecke tätig zu sein"[522].

(1) Krankenkassen

Gesetzliche Krankenkassen sind gem. § 4 Abs. 1 SGB V Körperschaften des öffentlichen Rechts mit Selbstverwaltung und gehören damit zur mittelbaren Staatsverwaltung.[523] Sie sind rechtlich selbständige Organisationen, die mitgliedschaftlich verfasst sind und allein staatlicher Rechtsaufsicht unterliegen.[524] Sie sind also gerade nicht in den Organismus der Staatsverwaltung eingegliedert. Auch im Hinblick auf die von § 11 Abs. 1 Nr. 2 c) StGB ebenfalls genannte sonstige Stelle, die für einen engen Behördenbegriff spricht, weil ihre Erwähnung ansonsten überflüssig wäre, ist eine Subsumtion der gesetzlichen Krankenkassen unter den Behördenbegriff hier abzulehnen.[525]

---

in Frage gestellt, ob neben den gesetzlichen Krankenkassen mit der Kassenärztlichen Vereinigung noch eine andere Einrichtung als Behörde oder sonstige Stelle i.S.d. § 11 Abs. 1 Nr. 2c StGB in Betracht kommt, bei der oder in deren Auftrag der Vertragsarzt zur Wahrnehmung von Aufgaben der öffentlichen Verwaltung bestellt sein könnte. Auf diesen Missstand weist ebenfalls hin *Brand,* in: DAV/IMR, Brennpunkte des Arztstrafrechts, S. 127, 139 f.

520 LK/*Hilgendorf,* § 11 Rn. 93; SK-StGB/*Rudolphi/Stein,* § 11 Rn. 48a.
521 BT-Drs. 7/550, S. 209; ebenso *Heinrich,* Amtsträgerbegriff, S. 370 ff.
522 BVerfGE 10, 20, 48.
523 Vgl. das erste Kapitel unter B. I. 2.
524 Vgl. das erste Kapitel unter B. I. 2.
525 Ebenso *Heinrich,* Amtsträgerbegriff, S. 374, m.w.N.; *Müller,* Vertragsarzt, S. 142; im Ergebnis so auch *Ihwas/Lorenz,* ZJS 2012, 712, 714; a.A. LG Stade, Urteil v. 4. August 2010, Az.: 12 KLs 19/09; BGH NJW 1957, 1673, 1673 (allerdings zu Behördenbegriff des § 29 GBO); ausdrücklich offen gelassen von BGHSt 57, 202, 205.

Gesetzliche Krankenkassen sind jedoch sonstige Stellen i.S.d. § 11 Abs. 1 Nr. 2 c) StGB.[526] Sonstige Stellen sind behördenähnliche Einrichtungen, die, ohne selbst Behörde zu sein, rechtlich befugt sind, „bei der Ausführung von Gesetzen und bei der Erfüllung öffentlicher Aufgaben mitzuwirken"[527]. Dies können insbesondere Körperschaften und Anstalten des öffentlichen Rechts sein.[528] Der Organisationsform der betreffenden Einrichtung kommt trotz des eindeutigen Wortlauts in § 11 Abs. 1 Nr. 2 c) a.E. StGB weiterhin noch indizielle Bedeutung zu.[529] Gesetzliche Krankenkassen sind nicht nur Körperschaften des öffentlichen Rechts, sondern weisen auch darüber hinaus die geforderte Behördenähnlichkeit auf. Als Träger der gesetzlichen Krankenversicherung sind die Krankenkassen sowohl auf Landes- als auch auf Bundesebene gem. §§ 207 ff. SGB V in Verbänden organisiert[530] und unterliegen der Rechtsaufsicht des Bundes gem. § 87 Abs. 1 SGB IV.[531] Überdies sind sie nicht nur ein Mittel, mithilfe dessen der Staat seiner „Grundaufgabe" aus dem grundgesetzlich

---

526 BGHSt 57, 202, 205 f. („jedenfalls sonstige Stellen"); BGH MedR 2011, 651, 652 f.; *Müller*, Vertragsarzt, S. 145; *Duttge*, in: FS Steinhilper, S. 203, 208; *Ihwas/Lorenz*, ZJS 2012, 712, 714; *Kölbel*, StV 2012, 592 593; ohne nähere Begründung LG Hamburg, Urteil v. 9. Dezember 2012, Az.: 618 KLs 10/09; *Brand/Hotz*, PharmR 2012, 317, 318; NK-StGB/*Saliger*, § 11 Rn. 42a; a.A. *Kraatz*, NZWiSt 2012, 273, 274; *Rübenstahl*, HRRS 2011, 324, 325; zweifelnd *Schmidt*, PharmR 2012, 339, 342; *Schuhr*, NStZ 2012, 11, 12 f.; *Sturm*, ZWH 2011, 41, 45 f.

527 BGHSt 43, 370, 376; ebenso BGHSt 57, 202, 205; vgl. auch *Heinrich*, Amtsträgerbegriff, S. 377 ff. m.w.N.

528 BT-Drs. 7/550, S. 209; allein dieser Status ist aber nicht ausreichend, sondern es kommt auf die rechtliche und tatsächliche Einbindung in die Staatsverwaltung an, vgl. dazu BGHSt 46, 310, 312 ff.

529 BGHSt 57, 202, 205 m.w.N.; dazu kritisch u.a. *Duttge*, in: FS Steinhilper, S. 203, 209.

530 BGHSt 57, 202, 205 f.; näher zur Verbandstruktur vgl. das erste Kapitel unter B. I. 2. a).

531 Ebenso BGHSt 57, 202, 205. Eine Fachaufsicht ist entgegen *Kraatz*, NZWiSt 2012, 273, 274, der sich dabei auf die BRK-Entscheidung des BGH aus dem Jahr 2001 (BGHSt 46, 310 ff.) beruft, hingegen nicht unbedingt notwendig. *Kraatz* verkennt, dass der BGH in dieser Entscheidung lediglich festgestellt hat, dass die Rechtsaufsicht als alleiniges Begründungsmerkmal für die Behördenähnlichkeit nicht ausreiche. Daraus lässt sich jedoch im Umkehrschluss nicht ableiten, dass nur eine entsprechende Fachaufsicht die Behördenähnlichkeit gewährleisten könne.

verankerten Sozialstaatsprinzip nachgekommen ist,[532] sondern sie üben selber in mittelbarer Staatsverwaltung ihnen gesetzlich übertragene Aufgaben aus[533] und nehmen damit Aufgaben öffentlicher Verwaltung wahr[534]. Weiterhin besteht zu den Versicherten ein öffentlich-rechtliches Sozialversicherungsverhältnis[535] und gegen Entscheidungen der Krankenkassen ist gem. § 51 SGG der Sozialrechtsweg eröffnet.[536] Die Behördenähnlichkeit wird auch nicht dadurch geschmälert, dass das Gesetz wettbewerbliche Elemente vorsieht. Nach wie vor sind die sozialrechtlichen Vorgaben für das Handeln der Krankenkassen herrschend.[537]

(2) Kassenärztliche Vereinigungen

Ebenso wie die gesetzlichen Krankenkassen sind auch die Kassenärztlichen Vereinigungen nicht derart in den Organismus der Staatsverwaltung[538] eingegliedert, dass sie Behörden im Sinne des § 11 Abs. 1 Nr. 2 c) StGB darstellen. Allerdings sind auch sie als sonstige Stellen gem. § 11 Abs. 1 Nr. 2 c) StGB zu qualifizieren. Nicht nur sind die Kassenärztlichen Vereinigungen Körperschaften des öffentlichen Rechts, sondern sie weisen darüber hinaus auch die nötige Behördenähnlichkeit auf. In mittelbarer Staatsverwaltung üben sie die ihnen gesetzlich übertragenen Aufgaben eigenverantwortlich[539] aus, unterliegen staatlicher Rechtsaufsicht (vgl. § 78 Abs. 3 S. 1 SGB V) und auch gegen ihre Entscheidungen ist gem.

---

532 BVerfG NJW 2006, 891, 892; Spickhoff/*Steiner*, GG, Art. 20 Rn. 5.

533 Becker/Kingreen/*Mühlhausen*, § 4 Rn. 3.

534 BGHSt 57, 202, 206; *Schnapp*, GesR 2012, 705, 709; i.E. ebenso allerdings auf potentiell diskussionswürdige Punkte hinsichtlich dessen hinweisend *Brockhaus/Dann/Teubner/Tsambikakis*, ZMGR 2011, 123, 127.

535 BVerfG NJW 2006, 891, 892.

536 Ebenso *Müller*, Vertragsarzt, S. 144 f.

537 BGHSt 57, 202, 206; Becker/Kingreen/*Mühlhausen*, § 4 Rn. 1 ff.; *Duttge*, in: FS Steinhilper, S. 203, 209.

538 Von einem „organisatorisch verselbständigte[n] Teil der Staatsgewalt" spricht *Schiller*, in Schnapp/Wigge/*Schiller*, § 5 Rn. 30; *Clemens* spricht von der Selbstverwaltung als die „Übertragung [von] Aufgaben […] auf gesellschaftliche Ordnungskräfte, die nicht im staatlich-hierarchischen Behördenaufbau stehen", vgl. Quaas/Zuck/*Clemens*, Medizinrecht, § 19 Rn. 12.

539 Quaas/Zuck/*Clemens*, Medizinrecht, § 19 Rn. 12.

§ 51 SGG der Sozialrechtsweg für ihre Mitglieder eröffnet[540]. Bei der Sicherstellung der vertragsärztlichen Versorgung handelt es sich mithin um eine Aufgabe der öffentlichen Verwaltung.[541]

bb) Wahrnehmung von Aufgaben der öffentlichen Verwaltung

Die Feststellung, ob der Vertragsarzt Aufgaben der öffentlichen Verwaltung wahrnimmt, gestaltet sich aus mehreren Gründen problematisch: So ist schon der Begriff der Aufgaben der öffentlichen Verwaltung nicht klar umgrenzt. Weiterhin wird diskutiert, wann das Handeln Privater die Wahrnehmung von Aufgaben der öffentlichen Verwaltung darstellt. Inwieweit vor diesem Hintergrund das Handeln des Vertragsarztes letztlich als tatbestandsrelevant eingestuft werden kann, ist im Folgenden zu klären.

(1) Begriff

Die Begriffsbestimmung der Wahrnehmung von Aufgaben der öffentlichen Verwaltung erweist sich als schwierig.[542] Eine Legaldefinition gibt es im StGB nicht. Laut Gesetzesbegründung ist er von der „Rechtsprechung" und der „Gesetzgebung" abzugrenzen und „danach weit auszulegen".[543] Es gibt also viel Interpretationsspielraum.

Unstreitig vom Begriff der Aufgaben der öffentlichen Verwaltung erfasst sind „Aufgaben der staatlichen Anordnungs- und Zwangsgewalt"[544] und damit der Bereich der Eingriffsverwaltung. Darunter versteht man das hoheitliche Tätigwerden des Staates gegenüber dem Bürger unabhängig davon, ob die ausführende Person in einem öffentlich-rechtlichen Dienstverhältnis zum Staat steht oder als Privatrechtssubjekt tätig wird.[545] Hinsichtlich der erwerbswirtschaftlich-fiskalischen Betätigung des Staates ist

---

540 Vgl. dazu Ausführungen bei Meyer-Ladewig/Keller/Leitherer/*Keller*, SGG, § 51 Rn. 15.
541 Krauskopf/*Sproll*, SGB V, § 77 Rn. 15; Quaas/Zuck/*Clemens*, § 19 Rn. 28; *Geis*, wistra 2007, 361, 364.
542 Ausführlich dazu *Heinrich*, Amtsträgerbegriff, S. 391 ff. und *Leimbrock*, Strafrechtliche Amtsträger, S. 155 ff. sowie *Welp*, in: FS Lackner, S. 761, 764 ff.
543 BT-Drs. 7/550, S. 209.
544 BT-Drs. 7/550, S. 209.
545 BGH NJW 1992, 847, 848.

zu differenzieren: Während die Beschaffungs- und Bedarfsverwaltung als öffentliche Aufgabe angesehen wird, stellt die rein wirtschaftliche Betätigung des Staates keine Aufgabe der öffentlichen Verwaltung dar.[546] Eine genauere Unterscheidung kann hier dahinstehen, da weder die Eingriffsverwaltung noch die erwerbswirtschaftlich-fiskalische Betätigung des Staates für die Beurteilung der Aufgaben des Vertragsarztes eine Rolle spielen. Weder besitzt er eine hoheitliche Anordnungs- und Zwangsgewalt, noch erfolgt seine Behandlung von Patienten im Rahmen der Beschaffungs- und Bedarfsverwaltung bzw. der wirtschaftlichen Betätigung des Staates.[547]

Vom Begriff der Aufgaben der öffentlichen Verwaltung allerdings auch erfasst ist die sogenannte Leistungsverwaltung.[548] Diese umfasst grob alle solche Verwaltungstätigkeiten, die den Einzelnen durch Zuwendungen begünstigen.[549] Üblicherweise trennt man dabei zwischen der sogenannten Sozial- und Förderungsverwaltung, der Daseinsvorsorge und der sogenannten planenden Verwaltung.[550] Hier relevant sind insbesondere die ersten beiden Bereiche. Unter der Sozial- und Förderungsverwaltung sind solche Tätigkeiten zu verstehen, mit denen dem Einzelnen materielle Begünstigungen gewährt werden, wie beispielsweise bei Sozialleistungen und damit auch der Krankenversicherung.[551] Daseinsvorsorge meint jede Tätigkeit, „die dazu bestimmt ist, unmittelbar für die Daseinsvoraussetzungen der Allgemeinheit oder ihrer Glieder zu sorgen",[552] d.h. unter anderem die Einrichtung und Unterhaltung von öffentlichen Einrichtungen, wie Schulen, Straßen, Verkehrsbetrieben oder auch Krankenhäusern[553]. Da aber gerade auch in diesem Bereich eine immer weiter voran-

---

546 Vgl. *Heinrich,* Amtsträgerbegriff, S. 478 ff.; ähnlich *Lenckner* ZStW 106 (1994), 502, 528; ebenso MüKo/*Radtke,* § 11 Rn. 68; NK-StGB/*Saliger,* § 11 Rn. 35. Vgl. dazu auch die Ausführungen bei Lackner/Kühl/*Heger,* § 11 Rn. 9a.

547 Ebenso *Müller,* Vertragsarzt, S. 149.

548 MüKo/*Radtke,* § 11 Rn. 50; NK-StGB/*Saliger,* § 11 Rn. 31.

549 Vgl. MüKo/*Radtke,* § 11 Rn. 51; ähnlich auch *Heinrich,* Amtsträgerbegriff, S. 407.

550 Vgl. *Heinrich,* Amtsträgerbegriff, S. 407 m.w.N.; in diesem Sinne auch MüKo/*Radtke,* § 11 Rn. 51.

551 Vgl. *Welp,* in: FS Lackner, S. 761, 779 (der allerdings zwischen der Sozial- und Förderungsverwaltung trennt); *Heinrich,* Amtsträgerbegriff, S. 407.

552 BT-Drs. 7/550, S. 209.

553 *Heinrich,* Amtsträgerbegriff, S. 407.

schreitende Privatisierung der Aufgaben durch den Staat zu beobachten ist und eine Verwässerung des Amtsträgerbegriffs droht, hat die Rechtsprechung hier Grenzen für die Annahme einer Aufgabe der öffentlichen Verwaltung gezogen. Danach ist unter anderem nicht jeder Rechtsakt, der dem Zweck der Daseinsvorsorge dient, auch als eine solche vom Staat zu leistende Aufgabe zu verstehen.[554]

(2) Handeln von Privatpersonen

Soll das Handeln von Privatpersonen unter den Begriff der Wahrnehmung öffentlicher Aufgaben subsumiert werden, wird häufig darauf hingewiesen, dass eine Tätigkeit von Privatrechtssubjekten nur dann zur öffentlichen Verwaltung zu rechnen sei, wenn diese gleichsam wie ein „verlängerter Arm" der Verwaltung tätig würden.[555] Ursprünglich ist das Kriterium von der Rechtsprechung eigentlich für die Prüfung des Vorliegens einer „sonstigen Stelle" bei privatrechtlichen Organisationen herangezogen worden.[556] Eine Übertragung dieses Kriteriums auf die Beurteilung der Wahrnehmung von Aufgaben der öffentlichen Verwaltung ist dennoch zu begrüßen.[557] Der ohnehin weite Begriff der Wahrnehmung öffentlicher Aufgaben kann die Subsumtion ein wenig erleichtern. Gleichzeitig ermöglicht die darunter erfolgende Gesamtbetrachtung[558] auch die hinreichende Berücksichtigung des von § 331 StGB geschützten Rechtsguts.

Vereinzelt werden die Anforderungen beim Handeln von Privatpersonen auch danach unterschieden, ob diese „bei" oder „im Auftrag" einer Behörde bzw. sonstigen Stelle gem. § 11 Abs. 1 Nr. 2 c) StGB tätig wer-

---

554 BGHSt 46, 310, 313; zu den weiteren Grenzen vgl. NK-StGB/*Saliger*, § 11 Rn. 33 m.w.N.

555 BGHSt 57, 202, 207 m.w.N.; *Fischer*, § 11 Rn. 22a; *Rübenstahl*, HRRS 2011, 324, 327; wohl auch BT-Drs. 7/550, S. 211.

556 Darauf weisen ebenfalls zutreffend hin *Brand*, in: DAV/IMR, Brennpunkte des Arztstrafrechts, S. 127, 144 sowie *Sturm*, ZWH 2011, 41, 45; vgl. dazu bspw. BGHSt 43, 370, 377.

557 Eine Ausweitung der Anwendung dieses Kriteriums auf weitere Merkmale des § 11 Abs. 1 Nr. 2 c) StGB für generell „plausibel" hält *Brand*, in: DAV/IMR, Brennpunkte des Arztstrafrechts, S. 127, 144; ohne besondere Begründung einfach anwendend BGHSt 57, 202, 207; auf das Merkmal der Bestellung anwendend LG Hamburg, Urteil v. 9. Dezember 2010, Az.: 618 KLs 10/09 (Rn. 166 bei juris).

558 Vgl. BGH NJW 2007, 2932, 2933.

den.[559] Handele eine Privatperson lediglich im Auftrag, so müsse das „institutionelle Minus" durch ein „funktionelles Plus" ausgeglichen werden.[560] Entscheidend sei dann, dass die Privatperson nach außen erkennbar als ein Repräsentant des Staates auftrete, in dem sie typische Verwaltungstätigkeiten übertragen bekäme.[561] Diese Auffassung ist jedoch abzulehnen.[562] Schon der Wortlaut des § 11 Abs. 1 Nr. 2 c) StGB, der keinerlei Unterscheidung zwischen der einen und der anderen Variante andeutet, spricht eindeutig gegen diese Ansicht.

(3) Handeln des Vertragsarztes

Ob der Vertragsarzt eine Aufgabe der öffentlichen Verwaltung wahrnimmt, ist lange kontrovers diskutiert worden. Die Entscheidung des Großen Senats, die diese Frage verneinte, hat darunter vorläufig einen Schlusspunkt gesetzt. Eine einheitliche Argumentationsstruktur war und ist allerdings nach wie vor nicht recht erkennbar. Argumente der Befürworter und der Gegner sollen daher im Folgenden aufgezeigt und in einer Stellungnahme auf ihre Tragfähigkeit untersucht werden.

(a) Meinungsstand

Befürworter einer öffentlichen Aufgabenwahrnehmung durch den Vertragsarzt führen insbesondere an, dass der Vertragsarzt mit der Verordnung von Arznei- und Hilfsmitteln gerade das Rahmenrecht des Versicherten aus § 27 SGB V auf Heilbehandlung konkretisiere.[563] *Pragal/Apfel* zufolge sei die Verordnung ein „integraler und wesentlicher Bestandteil"[564] der vertragsärztlich vorgenommenen Konkretisierung des

---

559 So *Lenckner*, ZStW 106 (1994), 502, 532 ff.; jedenfalls in Ansätzen so auch *Rübenstahl*, HRRS 2011, 324, 326.

560 *Lenckner*, ZStW 106 (1994), 502, 533; zustimmend *Knauer/Kaspar*, GA 2005, 385, 389 f.; *Schramm*, JuS 1999, 333, 336.

561 *Lenckner*, ZStW 106 (1994), 502, 533 f.; zustimmend *Knauer/Kaspar*, GA 2005, 385, 389.

562 Kritisch dazu auch schon u.a. *Heinrich*, Amtsträgerbegriff, S. 388 ff.; MüKo/*Radtke*, § 11 Rn. 43; vgl. *Brand*, in: DAV/IMR, Brennpunkte des Arztstrafrechts, S. 127, 144 (Fn. 97) für weitere Nachweise.

563 *Neupert*, NJW 2006, 2811, 2813; *Pragal/Apfel*, A&R 2007, 10, 16 f.; BGH MedR 2011, 651, 653/654.

564 *Pragal/Apfel*, A&R 2007, 10, 16 f. In diesem Sinne auch *Neupert*, NJW 2006, 2811, 2813, der davon spricht, dass der Vertragsarzt mit der Verord-

Behandlungsanspruchs. Der Vertragsarzt habe mithin die Kompetenz, Handlungen mit Wirkung für das Vermögen der Krankenkasse vorzunehmen.[565] Er unterliege bei der Vornahme von Verordnungen darüber hinaus einer staatlichen Steuerung, da er sich einerseits an die Vorgaben des SGB V sowie der Kollektivverträge zu halten habe, andererseits seine Entscheidungen im Rahmen der Wirtschaftlichkeitskontrolle gem. § 106 Abs. 1 SGB V überprüfbar seien.[566] Der Vertragsarzt nehme mithin einen Großteil der Aufgaben wahr, die eigentlich „den Krankenkassen und damit der öffentlichen Verwaltung im Rahmen des Deutschen Gesundheitssystems zugewiesen sind".[567] Der Vertragsarzt handle als „verlängerter Arm" der Verwaltung.[568] Mit den Befürworten sympathisierend äußert sich neuerdings auch *Fischer*, der unter Berufung auf die Rechtsprechung des BSG, wonach durch die Verordnung des Vertragsarztes unmittelbar ein öffentlich-rechtlicher Zahlungsanspruch des Apothekers gegen die gesetzliche Krankenkasse entstehe, es als überaus naheliegend empfindet, den Vertragsarzt als Amtsträger zu betrachten. Nicht „zwingend" würden durch die freie Arztwahl und das persönliche Vertrauen Elemente überwiegen, die für ein öffentlich-rechtliches Verhältnis gerade nicht prägend seien. So führt er als Beispiel an, dass sich der Bürger weiterführende öffentliche Schulen auch aussuchen dürfe und dort ein Vertrauensverhält-

---

nung „eine spezifische Aufgabe der gesetzlichen Krankenversicherung, nämlich die Verteilung der Leistung an Kranke" vornehme.

565 *Pragal/Apfel*, A&R 2007, 10, 16 f.; in diesem Sinne auch *Neupert*, NJW 2006, 2811, 2813. Der 3. Senat des BGH spricht sogar davon, dass der Vertragsarzt nicht nur die Kompetenz habe, „die medizinischen Voraussetzungen des Eintritts des Versicherungsfalls der Krankheit für den Versicherten und die Krankenversicherung verbindlich festzustellen" sondern sich seine Rechtsmacht außerdem darauf erstrecke, „im Rahmen und in den Formen der kassenärztlichen Versorgung [...] mit rechtlicher Bindungswirkung für die zuständige Krankenkasse (nur) im Leistungsverhältnis zum Versicherten festzusetzen, welche nach Zweck oder Art bestimmten Dienste oder Sachen zur Krankenbehandlung medizinisch notwendig zu erbringen sind", vgl. dazu BGH MedR 2011, 651, 653. Von einer „Schlüsselstellung" des Vertragsarztes spricht das LG Hamburg, Urteil v. 9. Dezember 2010, Az.: 618 KLs 10/09 (Rn. 165 bei juris).

566 *Pragal/Apfel*, A&R 2007, 10, 17; ähnlich auch BGH MedR 2011, 651, 654 f.

567 BGH MedR 2011, 651, 654 f.; in diesem Sinne auch LG Hamburg, Urteil v. 9. Dezember 2010, Az.: 618 KLs 10/09.

568 *Neupert*, NJW 2006, 2811, 2813; *Pragal/Apfel*, A&R 2007, 10, 17.

nis zum Lehrer im Vordergrund stehe, ohne dass es ausgeschlossen sei, dass Lehrer solcher Schulen öffentliche Aufgaben wahrnehmen.[569]

Die Gegner einer öffentlichen Aufgabenwahrnehmung durch den Vertragsarzt waren nicht nur vor der Entscheidung des Großen Senats deutlich in der Überzahl.[570] Eine stringente Argumentationslinie lässt sich aber auch hier nur selten ausmachen. Im Wege „wertender Abgrenzung" sei dem Großen Senat zufolge zu ermitteln, ob Aufgaben öffentlicher Verwaltung wahrgenommen werden würden.[571] Stehe das persönliche Verhältnis zwischen Ausführendem und Bürger so im Vordergrund, dass „ein hoheitlicher Charakter der Erfüllung öffentlicher Aufgaben" dahinter zurücktrete, so werde keine Aufgabe der öffentlichen Verwaltung wahrgenommen.[572] Der Ausführende müsse dem Bürger als „Organ hoheitlicher Gewalt" und nicht im Wege vertraglicher Gleichordnung begegnen.[573] Im Verhältnis zwischen Vertragsarzt und Patient sei das Vertrauen des Patienten, der sich seinen Arzt gem. § 76 Abs. 1 S. 1 SGB V frei gewählt habe, vorherrschend.[574] In dieser Beziehung mangele es am Einfluss der Krankenkassen und der Arzt nehme damit eine „Zwischenposition" ein, die ihn von angestellten Ärzten unterscheide.[575] Untrennbar mit der ärztlichen Behandlung verbunden sei die Verordnung von Arznei- oder Hilfsmitteln.[576] Sie vollziehe sich innerhalb des zwischen Patient und Arzt bestehenden Vertrauensverhältnisses.[577] Die vertragsärztliche Tätigkeit stelle somit keine Wahrnehmung öffentlicher Aufgaben dar. Im Übrigen entspreche diese Ansicht auch der „zivilrechtlichen Betrachtungsweise".[578] Zwischen Arzt und Patient komme ein zivilrechtlicher Behand-

---

569 *Fischer,* § 11 Rn. 22 f.
570 LG Stade ZMGR 2011, 148, 152 f.; AnwKom-StGB/*Tsambikakis,* § 11 Rn. 42; *Brand/Hotz,* PharmR 2012, 317, 320; *Geis,* wistra 2007, 361, 364; *Hecker,* JuS 2012, 852, 854; *Klötzer,* NStZ 2008, 12, 16; *Kraatz,* NZWiSt 2012, 273, 274; NK-StGB/*Saliger,* § 11 Rn. 42a; *Reese,* PharmR 2006, 92, 94; *Sahan,* ZIS 2012, 386, 388; *Taschke,* StV 2005, 406, 409 f.
571 BGHSt 57, 202, 207. Ausdrücklich begrüßend *Kraatz,* NZWiSt 2012, 273, 274; dazu kritisch *Duttge,* in FS Steinhilper, S. 203, 212.
572 BGHSt 57, 202, 207 f.
573 BGHSt 57, 202, 207 f.
574 BGHSt 57, 202, 208; zustimmend NK-StGB/*Saliger,* § 11 Rn. 42a.
575 BGHSt 57, 202, 208.
576 BGHSt 57, 202, 209.
577 BGHSt 57, 202, 208.
578 BGHSt 57, 202, 209.

lungsvertrag zustande, weshalb der Arzt bei Schlechterfüllung auch nicht nach Amtshaftungsansprüchen sondern zivilrechtlich hafte.[579]

Taschke[580] trennt zwischen der Organisation und der Abwicklung der Leistung unter Berufung auf das BRK-Urteil des BGH[581], wonach nicht jeder Rechtsakt, der der Daseinsvorsorge unterliege, auch zu den Aufgaben der öffentlichen Verwaltung gehöre. Während die Organisation der Behandlung von Versicherten im Wege vertragsärztlicher Versorgung Aufgabe der öffentlichen Verwaltung sei, sei die Abwicklung dieser Aufgabe, die Behandlung der Versicherten selbst, keine Aufgabe der öffentlichen Verwaltung.[582] *Brand*[583] lehnt ebenfalls unter Verweis auf dieses Urteil die öffentliche Aufgabenwahrnehmung des Vertragsarztes ab. Die in Rede stehende Tätigkeit könne nicht nur durch den Vertragsarzt sondern ebenso gut durch den Privatarzt erbracht werden und erfülle damit die vom BGH aufgestellten Voraussetzungen.[584] Unterschiedliche Abrechnungsmodi änderten nichts daran, dass die Behandlung von Patienten „bei entsprechender behördlicher Kontrolle ohne Weiteres durch Private erbracht werden könne"[585].

Weiterhin wird angeführt, dass zwar die Sicherstellung der vertragsärztlichen Versorgung eine Aufgabe der öffentlichen Verwaltung sei, die sich an die Kassenärztliche Vereinigung richte, nicht jedoch die konkrete ärztliche Tätigkeit an sich.[586] Der Vertragsarzt solle vielmehr heilen und lindern und zwar durchaus in Übereinstimmung mit dem Rahmenrecht des Versicherten aus § 27 SGB V, allerdings bliebe dies ein subjektives

---

579 Vgl. BGHSt 57, 202, 209 m.w.N.
580 *Taschke*, StV 2005, 406 ff.
581 BGHSt 46, 310 ff.
582 *Taschke*, StV 2005, 406, 410; sich anschließend *Reese*, PharmR 2006, 92, 94. Zwischen der Organisation und der Durchführung der Leistung trennt auch *Schuhr*, NStZ 2012, 11, 11 ff. In diesem Sinne auch *Kölbel*, StV 2012, 592, 593.
583 *Brand*, in: DAV/IMR, Brennpunkte des Arztstrafrechts, S. 127, 148 f.
584 *Brand*, in: DAV/IMR, Brennpunkte des Arztstrafrechts, S. 127, 149.
585 *Brand*, in: DAV/IMR, Brennpunkte des Arztstrafrechts, S. 127, 148 f. unter Verweis auf BGHSt 46, 310, 313 und m.w.N.
586 *Geis*, wistra 2007, 361, 364; diesem zustimmend *Traut/Bristric*, ZMGR 2013, 87, 91; in diesem Sinne auch AnwKom-StGB/*Tsambikakis*, § 11 Rn. 42.

Recht des Einzelnen und stelle kein öffentliches Interesse dar.[587] Die Entscheidung der medizinischen Notwendigkeit einer Krankenbehandlung gem. § 27 SGB V sei dann allein die des Vertragsarztes und unterliege weder dem Bestimmungsrecht des Versicherten noch der Krankenkasse.[588] Erst recht sei dann die Verordnungstätigkeit als „organisatorische[...] Bewältigung der ärztlichen Behandlung" der hoheitlichen Tätigkeit der Krankenkassen entzogen.[589] Von einer Konkretisierung des Anspruchs des Versicherten auf ein bestimmtes Medikament könne auch deshalb keine Rede sein, weil dem Versicherten zum einen ohnehin nur ein Anspruch auf Naturalverschaffung gegen seine Krankenkasse zustünde und zum anderen grundsätzlich ein Substitutionsrecht des Apothekers gelte.[590] Der Spielraum, der dem Vertragsarzt noch bliebe, falle unter seine Therapiefreiheit und sei kein „quasi-behördliches Ermessen".[591]

Darüber hinaus unterliege der Vertragsarzt keiner staatlichen Steuerung.[592] Er sei weisungsunabhängig und in seinen Verordnungsentscheidungen frei.[593] Gerade aber in Abgrenzung zur Einordnung gem. § 299 StGB dürfe auf eine organisatorische Anbindung an den staatlichen Bereich nicht verzichtet werden.[594] Im Verhältnis zwischen Arzt und Patient

---

587 *Geis,* wistra 2007, 361, 364.
588 LG Stade ZMGR 2011, 148, 153; *Klötzer,* NStZ 2008, 12, 16; *Brand,* in: DAV/IMR, Brennpunkte des Arztstrafrechts, S. 127, 149 f. spricht sogar davon, dass es dem Vertragsarzt an rechtlicher Entscheidungsbefugnis mangele. Allgemein dazu schon BSGE 73, 271, 280 f.; ähnlich auch BSGE 82, 158, 161.
589 *Klötzer,* NStZ 2008, 12, 16.
590 *Ihwas/Lorenz,* ZJS 2012, 712, 715.
591 *Steiner,* Der freiberuflich tätige Arzt im Kassensystem, Rede im Rahmen der Kammerversammlung der Ärztekammer Nordrhein am 2. April 2014, zitiert nach *Brockhaus/Dann/Teubner/Tsambikakis,* ZMGR 2011, 123, 128, Fn. 67.
592 LG Stade ZMGR 2011, 148, 153; AnwKom-StGB/*Tsambikakis,* § 11 Rn. 42; *Brockhaus/Dann/Teubner/Tsambikakis,* ZMGR 2011, 123, 128; *Duttge,* in FS für Steinhilper, S. 203, 215; *Geis,* wistra 2007, 361, 364; *Krüger,* ZIS 2011, 692, 704; Lackner/Kühl/*Heger,* § 11 Rn. 8; NK-StGB/*Saliger,* § 11 Rn. 42a; *Sahan,* ZIS 2012, 387, 388; Schönke/Schröder/*Eser/Hecker,* § 11 Rn. 26.
593 *Geis,* wistra 2007, 361, 364; LG Stade ZMGR 2011, 148, 153; in diesem Sinne auch *Brockhaus/Dann/Teubner/Tsambikakis,* ZMGR 2011, 123, 128.
594 Brockhaus/Dann/Teubner/Tsambikakis, ZMGR 2011, 123, 128.

stünde die persönliche Beziehung, geprägt von Vertrauen und basierend auf freier Auswahl, im Vordergrund.[595] Wirtschaftliche Zwänge änderten an der fehlenden Steuerung des möglichen „Übertragungssubjekts" nichts.[596] Dies zeige auch die fehlende Genehmigungsfähigkeit von Verordnungsentscheidungen durch die Krankenkassen.[597] Das Ergebnis entspreche auch der Wahrnehmung in der Bevölkerung: Es werde durchaus zwischen einem Amtsarzt und einem Vertragsarzt unterschieden.[598] Er sei mithin nicht als verlängerter Arm des Staates anzusehen.[599]

(b) Stellungnahme

Richtigerweise hat sich der Große Senat in seiner Entscheidung den Gegnern einer öffentlichen Wahrnehmung durch den Vertragsarzt angeschlossen. Die Entscheidung hat aber wiederum deutlich gemacht, dass es an handfesten, eine genaue Subsumtion unter den Begriff der Wahrnehmung von Aufgaben der öffentlichen Verwaltung ermöglichenden Merkmalen mangelt.[600] Vor dem Hintergrund des sozialrechtlichen Regelungsgefüges, in welches sowohl die Krankenkassen als auch der Vertragsarzt eingebettet sind, soll im Folgenden jedoch eine kurze Einordnung einiger genannter Argumente erfolgen.

Der Vertragsarzt nimmt keine Aufgaben der öffentlichen Verwaltung wahr. Zum einen erscheint der Vertragsarzt nicht als verlängerter Arm des Staates. Er unterliegt nämlich keiner staatlichen Steuerung, weder, und hier gilt es zu trennen, durch die Krankenkassen noch durch die Kassenärztlichen Vereinigungen. Zwischen den Krankenkassen und dem Ver-

---

595 BGHSt 57, 202, 208.
596 *Geis,* wistra 2007, 361, 364.
597 *Geis,* wistra 2007, 361, 364; *ders.,* wistra 2005, 369, 370.
598 *Geis,* wistra 2007, 361, 364; AnwKom-StGB/*Tsambikakis,* § 11 Rn. 42; das Merkmal der Wahrnehmung in der Öffentlichkeit jedenfalls als Hilfsüberlegung anführend *Brockhaus/Dann/Teubner/Tsambikakis,* ZMGR 2011, 123, 129.
599 Ähnlich LG Stade ZMGR 2011, 148, 153.
600 Ähnlich auch *Duttge,* der nach einer Analyse der Entscheidungsgründe des Beschlusses des Großen Senats zu der Feststellung kommt, dass das Ergebnis zwar „intuitiv" einleuchte, niemand aber „offenbar so recht sagen [könne], warum", *Duttge,* in: FS Steinhilper, S. 203, 212; dem Großen Senat einen „vorschnelle[n] Verzicht auf Rechtsdogmatik" attestierend, *Schnapp,* GesR 2012, 705, 709.

tragsarzt bestehen schon grundsätzlich keine unmittelbaren Rechtsbeziehungen. Allein in wenigen „Randbereichen" ergeben sich Rechtsbeziehungen und im von der vertragsärztlichen Versorgung zu trennenden Bereich der sogenannter Selektivverträge.[601] Weder aber sind die Krankenkassen den Ärzten gegenüber weisungsbefugt[602], noch können sie beispielsweise die Behandlung von Versicherten einklagen[603]. Selbst bei Regressansprüchen muss sich die Krankenkasse zunächst grundsätzlich an die Kassenärztliche Vereinigung halten.[604] Aber auch das mitgliedschaftliche Verhältnis in der Kassenärztlichen Vereinigung erfüllt nicht die Anforderungen an eine staatliche Steuerung. Zwar ist der Vertragsarzt als Mitglied einer Kassenärztlichen Vereinigung an die Vorschriften des SGB V, der Ärzte-ZV und auch an die auf Bundes- und Landesebene geschlossenen Verträge und geschaffenen Richtlinien gebunden und unterliegt der Disziplinargewalt der Kassenärztlichen Vereinigung, die die Einhaltung der vertragsärztlichen Pflichten überwacht,[605] im Kern seiner Tätigkeit aber, der Behandlung von Patienten, ist der Vertragsarzt dennoch weitestgehend frei. Es ist an ihm, eine Krankheit zu diagnostizieren und die Behandlung zu planen und durchzuführen.[606] Existierende wirtschaftliche Vorgaben engen den Entscheidungsspielraum nicht so sehr ein, dass der Arzt gar keine inhaltliche Entscheidungsbefugnis mehr hätte.[607] Ferner unterliegt er keinem Weisungsrecht durch die Kassenärztliche Vereinigung.[608] Diese hat auch keine sonst dem öffentlichen Dienst eigene Fürsorgepflicht.[609]

Der Vertragsarzt nimmt mit seiner Tätigkeit auch keine Aufgaben wahr, die, wie die Befürworter angeben, den Krankenkassen oder der Kassenärztlichen Vereinigung zugewiesen sind. So ist es den Krankenkassen grundsätzlich verwehrt, die Versorgung ihrer Versicherten direkt selber

---

601 Vgl. dazu das erste Kapitel unter B. III. 4.
602 Vgl. dazu das erste Kapitel unter B. III. 4.
603 Laufs/Kern/*Krauskopf/Clemens*, Handbuch des Arztrechts, § 27 Rn. 12.
604 Vgl. dazu das erste Kapitel unter B. III. 3.
605 Zu den Rechten und Pflichten des Vertragsarztes vgl. das erste Kapitel unter B. III. 1.
606 Ebenso BGHSt 57, 202, 208.
607 Ähnlich auch *Geis,* wistra 2007, 361, 364.
608 Krauskopf/*Sproll,* SGB V, § 75 Rn. 9 f.
609 BVerfGE 11, 30, 39 f.

wahrzunehmen.[610] Gem. § 75 Abs. 1 S. 1 1. Hs., S. 2 1. Hs. SGB V obliegt es vielmehr den Kassenärztlichen Vereinigungen, die vertragsärztliche Versorgung sicherzustellen. Aber auch dies bedeutet „lediglich", dass sie eine „quantitative und qualitative Struktur sicherzustellen [haben], die für die Erfüllung der vertragsärztlichen Versorgung der Vers[icherten] notwendig ist"[611]. Zur Erfüllung dieses Auftrags bedienen sie sich der an der vertragsärztlichen Versorgung teilnehmenden Ärzte.[612] Ärztliche Leistungen an sich erbringen sie aber auch nicht selbst.

Sprechen die Befürworter der öffentlichen Aufgabenwahrnehmung davon, dass der Vertragsarzt Handlungen mit Wirkung für das Vermögen der Krankenkasse vornehme, Leistungen bewillige und damit das Rahmenrecht des Versicherten (rechtlich) konkretisiere,[613] so ist dem nicht zu folgen. Zwar mag der Vertragsarzt durch seine medizinischen Entscheidungen zugleich die Basis dafür legen, dass das Vorliegen von Voraussetzungen eines Anspruchs des Patienten positiv bewertet werden kann, allerdings bedeutet dies nicht, dass der Arzt eine Leistung rechtlich bewilligt oder gar verbindlich über einen Anspruch des Patienten entscheidet. Zwar bringt es das in der gesetzlichen Krankenversicherung geltende Sachleistungsprinzip mit sich, dass die Krankenkasse die Entscheidungen des Arztes im Verhältnis zum Versicherten zunächst gegen sich gelten lassen muss und der Arzt damit de facto über die Leistung an den Versicherten entscheidet; dies macht er jedoch rein medizinisch und nicht rechtlich.[614] Ob tatsächlich ein Anspruch besteht, hängt nicht nur von der medizinischen Beurteilung ab, sondern auch von Gegebenheiten, die sich dem Wissen des Arztes entziehen.[615] Aufgrund der Vielzahl der Fälle ist es den Krankenkassen schlichtweg nicht möglich, wie sonst auch bei der Gewährung von Sozialleistungen, diese vorab in einem Verwaltungsver-

---

610 So auch Becker/Kingreen/*Huster,* § 75 Rn. 2. In diesem Sinne auch *Brand,* in: DAV/IMR, Brennpunkte des Arztstrafrechts, S. 127, 150 f. m.w.N. (Fn. 134). Vgl. dazu das erste Kapitel unter B. III. 4.

611 Krauskopf/*Sproll,* SGB V, § 75 Rn. 8.

612 Krauskopf/*Sproll,* SGB V, § 75 Rn. 9.

613 So vor allem *Pragal/Apfel,* A&R 2007, 10, 16 ff.; aber auch *Neupert,* NJW 2006, 2811, 2813; vgl. auch LG Hamburg, ZMGR 2011, 153, 165; *Schmidt-De Caluwe,* VSSR 1998, 207, 226.

614 Ebenso BeckOK-Sozialrecht/*Knispel,* SGB V, § 27 Rn. 15 f.; in diesem Sinne auch *Steege,* in: FS 50 Jahre BSG, S. 517, 522 ff.

615 I.d.S. BSGE 73, 271, 282; vgl. auch *Steege,* in: FS 50 Jahre BSG, S. 517, 524.

fahren zu prüfen.[616] Nur in einigen wenigen Fällen behalten sie sich eine Prüfung und Bewilligung vor, so beispielsweise bei bestimmten zahnmedizinischen Behandlungen.[617] Von einer Konkretisierung kann daher nur in medizinischer und nicht in rechtlicher Hinsicht gesprochen werden.[618] Nichts anderes gilt im konkreten Fall für die Verordnung von Arznei- und Hilfsmitteln.[619] Abgesehen davon, dass eine Aufteilung der Behandlung in die Untersuchung an sich und die sich daran anschließende Verordnung schon nicht zu begrüßen ist, weil es sich um einen untrennbar miteinander verbundenen Vorgang handelt,[620] stellt auch die Verordnung von Arznei- und Hilfsmitteln keine Wahrnehmung von Aufgaben der öffentlichen Verwaltung dar. Wie auch gegenüber dem Patienten haben die Krankenkassen gegenüber dem Apotheker die Entscheidung des Vertragsarztes zunächst gegen sich gelten zu lassen.[621] Entscheidungen über Leistungsansprüche des Patienten trifft der Vertragsarzt aber auch hier nicht. In Verträgen ihrer Verbände haben die Krankenkassen zwar auf ihre vorherige Kostenübernahmeentscheidung weitestgehend verzichtet,[622] sie aber nicht auf den Vertragsarzt übertragen. Bei unberechtigter Verordnungstätigkeit haben sie sich hinterher daher wiederum an den Vertragsarzt zu halten. Offensichtlich keine rechtlich bindenden Entscheidungen trifft der Vertragsarzt bei der Hilfsmittelversorgung. Zumeist ist hier nämlich gar keine Verordnung des Vertragsarztes, sondern gleich eine Genehmigung

---

616 *Steege,* in: FS 50 Jahre BSG, S. 517, 522.

617 § 87 Abs. 1a SGB V i.V.m. Anlage 3 BMV-Z.

618 BSGE 73, 271, 280 f.; ähnlich auch BSGE 82, 158, 161. Ebenso *Steege,* in: FS 50 Jahre BSG, S. 517, 524, 527, 532, der vorschlägt, statt von einer „Konkretisierung des Behandlungsanspruchs" besser von einer „Konkretisierung des Behandlungsinhalts durch den Arzt" zu sprechen (S. 527); BeckOK-Sozialrecht/*Knispel,* SGB V, § 27 Rn. 15 ff.; vgl. auch *Ihwas/Lorenz,* ZJS 2012, 712, 715; Schnapp/Wigge/*Neumann,* Handbuch Vertragsarztrecht, § 13 Rn. 11 ff. Zustimmend *Müller,* Vertragsarzt, S. 173 f.

619 Im Ergebnis so auch *Steege,* in: FS 50 Jahre BSG, S. 517, 529.

620 Die Notwendigkeit einer Unterscheidung zwischen verschiedenen Fallgruppen sieht jedenfalls im Ergebnis auch nicht *Tsambikakis,* in: FS Steinhilper, S. 217, 219; für obsolet gehalten auch von *Kölbel,* StV 2012, 592. Im Ergebnis so auch BGHSt 57, 202, 209.

621 Im Ergebnis so auch *Steege,* in: FS 50 Jahre BSG, S. 517, 529.

622 *Steege,* in: FS 50 Jahre BSG, S. 517, 529.

der Krankenkasse notwendig.[623] Hier wird also ohnehin eine förmliche Entscheidung über den Anspruch des Versicherten getroffen.[624]

Darüber hinaus sprechen auch teleologische Argumente dafür, dass Vertragsärzte keine öffentliche Aufgabe wahrnehmen. Die §§ 331 ff. StGB schützen ein komplexes Rechtsgut und darunter auch das Vertrauen der Allgemeinheit in die Lauterkeit des öffentlichen Dienstes. Die Wahrnehmung der betreffenden Person und ihrer Aufgaben durch die Bevölkerung muss daher bei der Auslegung des Begriffs der Aufgaben der öffentlichen Verwaltung mit in Augenschein genommen werden.[625] Wie der Große Senat dazu treffend ausgeführt hat, steht im Verhältnis zwischen Vertragsarzt und Patient die persönliche Vertrauensbeziehung und nicht eine diese überlagernde Beziehung zwischen dem Vertragsarzt und der Krankenkasse oder der Kassenärztlichen Vereinigung im Vordergrund.[626]

cc) „Bei" oder „im" Auftrag

Davon abgesehen ist es überaus problematisch, ob der Vertragsarzt entsprechend § 11 Abs. 2 Nr. 2 c) StGB „bei" oder „im Auftrag" einer sonstigen Stelle tätig würde. Bei einer sonstigen Stelle ist tätig, wer in die Organisationsstruktur der Stelle aufgrund irgendeines Anstellungsverhältnisses eingegliedert ist.[627] Mangels eines Anstellungsverhältnisses zwi-

---

623 Vgl. das erste Kapitel unter B. VI. 2. b).
624 Ebenso *Steege,* in: FS 50 Jahre BSG, S. 517, 529.
625 Ebenso *Kölbel,* NStZ 2011, 195, 199; vgl. auch *Rübenstahl,* HRRS 2011, 324, 327; dazu kritisch *Duttge,* in FS für Steinhilper, S. 203, 212; die Wahrnehmung des Handelns durch die Öffentlichkeit – wahrscheinlich auch aufgrund des damals eher noch eindimensional diskutierten geschützten Rechtsguts – noch als „gleichgültig" ablehnend RGSt 70, 234, 235.
626 BGHSt 57, 202, 208. Abzulehnen ist die Ansicht *Fischers* (vgl. dazu oben unter Fn. 569), wonach man trotz eines Vertrauensverhältnisses zwischen Lehrer und Schüler auch nicht auf Idee käme, dass der Lehrer keine öffentliche Aufgabe wahrnehme. Im Unterschied zum Vertragsarzt kann ein Lehrer zumindest organisatorisch eindeutig einer Institution, und zwar der Schule, zugeordnet werden. Ein Vertragsarzt hingegen ist weder in die Strukturen der Krankenkassen noch der Kassenärztlichen Vereinigungen derart eingebunden.
627 *Heinrich,* Amtsträgerbegriff, S. 387 m.w.N.; ähnlich *Lenckner,* ZStW 106 (1994), 502, 522, jedenfalls eine organisatorische Eingliederung verlangend; zustimmend *Haft,* NJW 1995, 1113, 1114; vgl. auch BGH NJW 1997, 3034, 3037; ausführlich dazu auch *Leimbrock,* Strafrechtliche Amtsträger, S. 284 f. m.w.N.

schen dem Vertragsarzt und den Krankenkassen bzw. den Kassenärztlichen Vereinigungen, scheidet die Variante des Tätigwerdens bei einer sonstigen Stelle für den Vertragsarzt aus. Wann jemand „im Auftrag" einer sonstigen Stelle tätig wird, ist bislang nicht vollständig geklärt.[628] Es besteht Einigkeit nur insoweit, als dass ein zivilrechtliches Auftragsverhältnis nicht notwendig ist und es sich – in Abgrenzung zu § 11 Abs. 1 Nr. 2 c) 1. Alt. StGB – um behördenexterne Personen handeln muss.[629] Überwiegend wird weiter angenommen, dass im Auftrag einer sonstigen Stelle derjenige tätig wird, der jedenfalls in irgendeiner Art und Weise Aufgaben der öffentlichen Verwaltung für eine sonstige Stelle verrichtet.[630] Jede Art von Rechtsverhältnis könne ein solches „Auftragsverhältnis" darstellen.[631] Wendet man diese Kriterien auf den Vertragsarzt und sein Verhältnis zu den Krankenkassen sowie den Kassenärztlichen Vereinigungen an, so erweist sich eine Subsumtion an mehreren Stellen als problematisch. So bestehen zwischen den Krankenkassen und dem Vertragsarzt grundsätzlich keine Rechtsbeziehungen.[632] Ob selbst dann noch von einem Handeln „im Auftrag" gesprochen werden kann, ist mehr als fraglich.[633] Zwischen den Kassenärztlichen Vereinigungen und dem Vertragsarzt besteht zwar ein mitgliedschaftliches Verhältnis, allerdings ändert dies auch nichts an der Tatsache, dass der Vertragsarzt letztlich aufgrund der freien Wahl des Versicherten und weder aufgrund einer Anweisung der Krankenkassen noch der Kassenärztlichen Vereinigung seine konkrete ärztliche Tätigkeit aufnimmt. Ob aber die „Beauftragung" durch einen von den sonstigen Stellen vollkommen unabhängigen Dritten noch ausreichend für ein „mittelbares Auftragsverhältnis" ist, erscheint sehr problematisch. Schließlich nimmt der Vertragsarzt schon keine öffentlichen Aufgaben wahr. Inwieweit dies bei einer „funktionalen" Auslegung des Begriffs „im Auftrag" eine Rolle spielt, erscheint überdies untersu-

---

628 Ebenso *Heinrich,* Amtsträgerbegriff, S. 388; zustimmend *Leimbrock,* Strafrechtliche Amtsträger, S. 290.

629 Vgl. *Heinrich,* Amtsträgerbegriff, S. 388; ausführlich dazu auch *Leimbrock,* Strafrechtliche Amtsträger, S. 292 f.

630 Vgl. dazu die Ausführungen bei *Leimbrock,* Strafrechtliche Amtsträger, S. 291 f.

631 Vgl. *Heinrich,* Amtsträgerbegriff, S. 388; *Leimbrock,* Strafrechtliche Amtsträger, S. 292 f.

632 Vgl. dazu das erste Kapitel unter B. III. 4.

633 So auch *Brand,* in: DAV/IMR, Brennpunkte des Arztstrafrechts, S. 127, 146.

chungsbedürftig. Bei diesen aufgeworfenen kritischen Punkten soll und kann es vor dem Hintergrund der Verneinung schon der öffentlichen Aufgabenwahrnehmung an dieser Stelle bleiben.

dd) Bestellungsakt

Darüber hinaus wird der Vertragsarzt auch nicht entsprechend § 11 Abs. 1 Nr. 2 c) StGB zur Aufgabenwahrnehmung „bestellt".[634] Hinsichtlich des Merkmals der Bestellung herrscht Einigkeit nur insoweit, als dass es konstitutiv für die Amtsträgereigenschaft ist und es sich dabei um eine „Ableitung der Aufgabenwahrnehmung von dem Berechtigten handeln"[635] soll.[636] Mittels der Bestellung solle die bloße Anmaßung von öffentlichen Aufgaben aus dem Anwendungsbereich des § 11 Abs. 1 Nr. 2 c) StGB ausgeschlossen werden.[637] Als Bestellungsakt kommt hier die Zulassung zur vertragsärztlichen Versorgung[638] gem. § 95 Abs. 3 S. 1 SGB V in Betracht. Als Verwaltungsakt genügt sie selbst den strengsten Formanforderungen.[639] Dagegen spricht auch nicht, dass die Zulassung als möglicher Bestellungsakt durch eine von der potentiellen sonstigen Stelle anderen Instanz, hier nämlich dem Zulassungsausschuss vorgenommen

---

[634] Mit unterschiedlichen Begründungen vgl. u.a. BGHSt 57, 202, 210; LG Hamburg ZMGR 2011, 153, 165 f.; *Brand,* in: DAV/IMR, Brennpunkte des Arztstrafrechts, S. 127, 141 f.; *Brockhaus/Dann/Teubner/Tsambikakis,* ZMGR 2011, 123, 128; *Rübenstahl,* HRRS 2011, 324, 326 f.; *Schuhr,* NStZ 2012, 11, 13; *Taschke,* StV 2005, 406, 409; missverständlich LG Stade ZMGR 2011, 148, 152 f.; NK-StGB/*Saliger,* § 11 Rn. 42a; a.A. BGH MedR 2011, 651, 653; *Neupert,* NJW 2006, 2811, 2813; *Pragal/Apfel,* A&R 2007, 10, 18; *Kölbel,* StV 2012, 592, 593.

[635] *Leimbrock,* Strafrechtliche Amtsträger, S. 346.

[636] Vgl. *Heinrich,* Amtsträgerbegriff, S. 520; MüKo/*Radtke,* § 11 Rn. 83; ausführlich dazu auch *Leimbrock,* Strafrechtliche Amtsträger, S. 346 m.w.N.

[637] MüKo/*Radtke,* § 11 Rn. 83; *Heinrich,* Amtsträgerbegriff, S. 520; zustimmend *Leimbrock,* Strafrechtliche Amtsträger, S. 346.

[638] Ausführlich dazu das erste Kapitel unter B. III. 1. b).

[639] Überwiegend wird jedoch angenommen, dass die Bestellung keiner besonderen Form bedarf, vgl. dazu bspw. BT-Drs. 7/550, S. 209; BGHSt 57, 202, 210; 43, 96, 102 f.; Lackner/Kühl/*Heger,* § 11 Rn. 6; *Lenckner,* ZStW 106 (1994), 502, 524; MüKo/*Radtke,* § 11 Rn. 89; ausführlich dazu *Heinrich,* Amtsträgerbegriff, S. 527 ff. (m.w.N. insb. in Fn. 1179) und *Leimbrock,* Strafrechtliche Amtsträger, S. 357.

wird.[640] So gibt der Wortlaut des § 11 Abs. 1 Nr. 2 c) StGB nicht vor, dass die Bestellung durch die Behörde oder sonstige Stelle zu erfolgen hat, sondern schreibt lediglich vor, dass Amtsträger der ist, „wer [...] sonst dazu bestellt ist, bei einer Behörde oder bei einer sonstigen Stelle [...] Aufgaben wahrzunehmen".[641] Die Zulassung zur vertragsärztlichen Versorgung ist überdies auf längere Zeit angelegt, sodass es einer näheren Auseinandersetzung mit der vom BGH aufgestellten (äußerst fragwürdigen) Voraussetzung der „über den einzelnen Auftrag hinausgehenden längerfristigen Tätigkeit"[642] nicht bedarf.

Zu betrachten ist jedoch, bei wem der Vertragsarzt damit zur Wahrnehmung von Aufgaben der öffentlichen Verwaltung bestellt wäre. In Rechtsprechung und Literatur findet dieses Problem kaum Beachtung. Wird das Problem allerdings thematisiert,[643] so besteht überwiegend Einigkeit dahingehend, dass die Zulassung zur vertragsärztlichen Versorgung die Pflichtmitgliedschaft in der betreffenden Kassenärztlichen Vereinigung begründet und der Vertragsarzt damit allenfalls zur Aufgabenwahrnehmung bei den Kassenärztlichen Vereinigungen bestellt werden kann. Dem ist zuzustimmen. Schon aufgrund der Vielzahl der gesetzlichen Krankenkassen ist fraglich, inwieweit er bei jeder – trotz einer einzigen Zulas-

---

640 Im Ergebnis ebenso *Leimbrock,* Strafrechtliche Amtsträger, S. 358 ff.; *Brand,* in: DAV/IMR, Brennpunkte des Arztstrafrechts, S. 127, 141; wohl auch *Müller,* Vertragsarzt, S. 186 f.; kritisch betrachtend *Kölbel,* StV 2012, 592, 593; *Duttge,* in: FS Steinhilper, S. 203, 208; a.A. wohl BGHSt 57, 202, 210, dem es bei der vertragsärztlichen Zulassung an einer der Krankenkasse „unmittelbar zurechenbaren Entscheidung" mangelt; *Brockhaus/Dann/Teubner/Tsambikakis,* ZMGR 2011, 123, 128 f.; *Tsambikakis,* JR 2011, 538, 539.

641 In diesem Sinne ebenso *Müller,* Vertragsarzt, S. 187; davon, dass durch den Wortlaut des § 11 Abs. 1 Nr. 2 c) StGB „sprachlich offen" bliebe, wer genau den Amtsträger bestellt, spricht *Leimbrock,* Strafrechtliche Amtsträger, S. 359 und stützt sich daher auf die Funktion der Bestellung, vgl. S. 360.

642 BGH NJW 1997, 3034, 3037.

643 So bspw. bei *Klötzer,* NStZ 2008, S. 12, 16; zustimmend *Rübenstahl,* HRRS 2011, 324, 326 f.; LG Hamburg, ZMGR 2011, 153, 165 f.; *Brand,* in: DAV/IMR, Brennpunkte des Arztstrafrechts, S. 127; 142, sich ihnen anschließend *Müller,* Vertragsarzt, S. 189; allen Fundstellen ist jedoch gemein, dass auf eine genaue weitergehenden Prüfung verzichtet wird. Allgemeiner bei *Brand/Hotz,* PharmR 2012, 317, 320, die schließlich auch zu dem Ergebnis kommen, dass der Vertragsarzt kein Amtsträger der Kassenärztlichen Vereinigung sei.

sungsentscheidung – zur Aufgabenwahrnehmung bestellt werden könnte.[644] Insbesondere die Annahme des BGH, dass der Vertragsarzt „[m]it der Zulassung von jeder einzelnen Krankenkasse beauftragt [werde]",[645] trifft spätestens dann auf Probleme, wenn nach einer Zulassung eine – entgegen aller Statistiken – neue Krankenkasse errichtet werden sollte und ist daher abzulehnen. Ferner entfaltet die Zulassung zunächst allein Rechtswirkungen zwischen dem Vertragsarzt und den Kassenärztlichen Vereinigungen, nicht aber auch den Krankenkassen.[646] Eine irgendwie abgeleitete Aufgabenwahrnehmung zwischen den Krankenkassen und dem Vertragsarzt ist daher abzulehnen. Aber auch hinsichtlich der Kassenärztlichen Vereinigung ist eine wirksame Bestellung abzulehnen.[647] Die Pflichtmitgliedschaft reicht für die Annahme einer Ableitung der Aufgabenwahrnehmung durch die Kassenärztliche Vereinigung nicht aus. Unklar ist schon, ob die „Ableitung" voraussetzt, dass die durch den Vertragsarzt zu erfüllende Aufgabe eigentlich eine Aufgabe der Kassenärztlichen Vereinigung sein sollte, die sie mittels des Bestellungsaktes überträgt.[648] Ihr gesetzlicher Auftrag beschränkt sich aber darauf, die vertragsärztliche Versorgung sicherzustellen und nicht die Versorgung der Versicherten selber vorzunehmen.[649] Eine wirksame Bestellung des Vertragsarztes ist mithin abzulehnen.

ee) Ergebnis

Es lässt sich also festhalten, dass es sich zwar mit den gesetzlichen Krankenkassen und den Kassenärztlichen Vereinigungen um sonstige Stellen i.S.d. § 11 Abs. 1 Nr. 2 c) StGB handelt, der Vertragsarzt jedoch weder in

---

644 Ähnlich auch *Rübenstahl*, HRRS 2011, 324, 327; a.A. BGH MedR 2011, 651, 655.

645 BGH MedR 2011, 651, 655; ähnlich *Neupert*, der von einem „generell-abstrakten Auftrag der Krankenkassen zur Behandlung jedes gesetzlich Versicherten, welcher ihn [den Vertragsarzt] aufsucht" spricht, vgl. *Neupert*, NJW 2006, 2811, 2814.

646 Vgl. das erste Kapitel unter B. III. 1. b).

647 Wohl ebenso *Müller*, Vertragsarzt, S. 189.

648 Vom Bestellungsakt als „Übertragung der Tätigkeit" sprechen bspw. BGHSt 2, 120; BGHSt 8, 323; *Heinrich*, Amtsträgerbegriff, S. 521; MüKo/*Radtke*, § 11 Rn. 83; Lackner/Kühl/*Heger*, § 11 Rn. 6; in diesem Sinne auch *Haft*, NJW 1995, 1113, 1116.

649 Jedenfalls für die Krankenkassen ähnlich argumentierend *Tsambikakis*, JR 2011, 538, 539; vgl. dazu auch schon das erste Kapitel unter B. III. 1. a).

deren Auftrag Aufgaben der öffentlichen Verwaltung wahrnimmt noch dazu bestellt ist, solche wahrzunehmen. Es handelt sich bei ihm also nicht um einen Amtsträger gem. § 11 Abs. 1 Nr. 2 c) StGB.

ff) Abschließende Gedanken

Abschließend seien noch ein paar Gedanken zu in dieser Diskussion auch immer wieder genannten Argumenten erlaubt. Gegen die Amtsträgereigenschaft des Vertragsarztes wird häufig allgemein die Freiberuflichkeit des Vertragsarztes angeführt.[650] In dieser Allgemeinheit jedoch ist dies nicht als Argument tragfähig.[651] § 11 Abs. 1 Nr. 2 c) StGB ist einerseits systematisch geradezu darauf angelegt, Personen die Amtsträgereigenschaft zuzuschreiben, die – wie ein Freiberufler – nicht fest in den Organisationsapparat einer öffentlichen Einrichtung eingeordnet sind.[652] Andererseits ist die Beleihung ein Paradebeispiel dafür, dass auch Angehörige freier Berufe öffentlich-rechtlich tätig werden können.[653] Darüber hinaus mangelt es den meisten Argumentationen an genauer Subsumtion und es ist nicht erkennbar, für welches Tatbestandsmerkmal des § 11 Abs. 1 Nr. 2 c) StGB die Freiberuflichkeit des Vertragsarztes überhaupt relevant werden soll.[654]

---

650 So beispielsweise *Kraatz,* Arztstrafrecht, § 12 Rn. 305; *Ihwas/Lorenz,* ZJS 2012, 712, 715; *Kraatz,* NZWiSt 2012, 273, 274; *Rübenstahl,* HRRS 2011, 324, 328 f.; *Traut/Bristric,* ZMGR 2013, 87, 91 f. Zur Freiberuflichkeit des Vertragsarztes vgl. das erste Kapitel unter B. III. 7.

651 Zu weiteren Begründungsansätzen vgl. auch *Taschke,* StV 2005, 406, 409; *Pragal/Apfel,* A& R 2007, 10, 17 und BGH MedR 2011, 651, 655; ohne nähere Begründung ebenso LK/*Hilgendorf,* § 11 Rn. 53 (Fn. 148). So auch schon *Duttge,* in: FS Steinhilper, S. 203, 211; *Neupert,* NJW 2006, 2811, 2812. Ebenso *Müller,* Vertragsarzt, S. 209.

652 In diesem Sinne auch *Duttge,* in: FS Steinhilper, S. 203, 211; *Neupert,* NJW 2006, 2811, 2812 f. Diesen Eindruck unterstützen ebenfalls zwei Urteile des BGH, der sich weder von der freiberuflichen Tätigkeit eines Bauingenieurs (BGH NJW 1998, 2373, 237) noch vom grundsätzlich freiberuflichen Charakter des Journalistenberufs (BGH NJW 2010, 784, 786 ff.) von einer Einordnung der betreffenden Personen als Amtsträger hat abhalten lassen.

653 Wie hier bereits MüKo/*Radtke,* § 11 Rn. 66 und *Duttge,* in: FS Steinhilper, S. 203, 211.

654 Kritisch auch schon *Brand,* in: DAV/IMR, Brennpunkte des Arztstrafrechts, S. 127, 140.

Höchst fragwürdig ist überdies das Argument, dass der Vertragsarzt im Übrigen kein Interesse daran hätte, als Amtsträger tätig zu werden.[655] Zumeist sind Personen nicht daran „interessiert" als taugliche Täter eines Straftatbestandes eingeordnet zu werden. Das persönliche Interesse kann jedoch nicht der Maßstab für ein objektives Strafrechtssystem sein.

Letztlich spricht aber auch die Systematik von § 331 StGB gegen eine Einbeziehung von Vertragsärzten in den Amtsträgerbegriff nach § 11 Abs. 1 Nr. 2 c) StGB. § 331 StGB sieht in Abs. 3 eine Genehmigung der Vorteile vor. Mehr als fraglich ist aber, bei wem der niedergelassene Vertragsarzt seine Genehmigung einholen sollte, etwa bei der/den gesetzlichen Krankenkasse/n.[656] Nicht immer allerdings lässt sich ein Vorteil klar einer Verordnung zuordnen[657] und darüber hinaus lässt sich auch nicht immer jede Verordnung genau einer Krankenkasse zuordnen. Dies brächte in der Praxis Schwierigkeiten mit sich, die der sonst in der Systematik der Norm angelegten eindeutigen Bestimmbarkeit der Genehmigungsbehörde widersprechen.[658]

2. Arzt in öffentlichem Krankenhaus

Amtsträger hingegen sind alle solche Ärzte, die einen Beamtenstatus haben (§ 11 Abs. 1 Nr. 2 a) StGB) sowie angestellte Ärzte in Universitätskliniken, Kreis-, Bezirks- und Städtischen Krankenhäusern (§ 11 Abs. 1 Nr. 2 c) StGB).[659] Wenn *Geiger*[660] bezweifelt, dass nach der Entscheidung des Großen Senats an dieser Einordnung noch festgehalten werden kann, so ist diese Ansicht abzulehnen. Zwar mag der Große Senat

---

655 *Traut/Bristric*, ZMGR 2013, 87, 91.

656 Diese Frage werfen ebenfalls auf *Brockhaus/Dann/Teubner/Tsambikakis*, ZMGR 2011, 123, 129; so auch *Sahan*, ZIS 2012, 386, 388.

657 So auch Brockhaus/Dann/Teubner/Tsambikakis, ZMGR 2011, 123, 129.

658 Auf praktische Schwierigkeiten weisen auch hin *Brockhaus/Dann/Teubner/Tsambikakis*, ZMGR 2011, 123, 129.

659 Zur Amtsträgereigenschaft eines Oberarztes in einem Kreiskrankenhaus vgl. BGH NStZ 2000, 90 f.; eines Oberarztes in einem Universitätskrankenhaus vgl. OLG Hamburg MedR 2000, 371, 372; vgl. auch BGHSt 47, 295, 303 ff.; OLG Karlsruhe NJW 1983, 352, 352 f.; OLG Karlsruhe NStZ-RR 2001, 144, 145; MAH-MedR/*Sommer/Tsambikakis*, § 3 Rn. 158; Laufs/Kern/*Ulsenheimer*, Handbuch des Arztrechts, § 152 Rn. 65 m.w.N.; ihm nachfolgend *Sturm*, ZWH 2011, 41, 42 (Fn. 24); MüKo/*Korte*, § 331 Rn. 35.

660 Vgl. *Geiger,* medstra 2015, 97, 98 ff.

in seiner Argumentation vor allem auf die Art der Aufgabenwahrnehmung und weniger auf die Anbindung an eine öffentlich-rechtliche Institution abgestellt haben, weder aber ist zu sehen, dass dieser Fokus der bisherigen Einordnung des in einem öffentlichen Krankenhaus tätigen Arztes entgegensteht, noch ist erkennbar, dass die Anbindung an eine öffentliche Institution damit gänzlich aus dem Blickwinkel der Betrachtung geraten sollte.[661]

Vergleicht man zunächst die Tätigkeit eines Vertragsarztes mit der eines in einem öffentlichen Krankenhaus angestellten Arztes, so ist *Geiger*[662] zwar darin zuzustimmen, dass auch das Verhältnis zwischen einem im Krankenhaus tätigen Arzt und dem Patienten schon aufgrund der dort potentiell schwereren Krankheitsbilder maßgeblich von Vertrauen geprägt sein wird. Weitere Umstände aber, die der Große Senat daneben ebenfalls für wichtig erachtet hat, sind im Rahmen der Krankenhausbehandlung aber anders als bei der durch einen Vertragsarzt. In der überwiegenden Zahl der Fälle wird der Arzt im Krankenhaus nämlich nicht aufgrund der freien und individuellen Auswahl des Versicherten tätig. Gem. § 39 Abs. 2 SGB V hat dieser grundsätzlich das in der ärztlichen Einweisung angegebene Krankenhaus aufzusuchen. Die Auferlegung von gegebenenfalls entstehenden Mehrkosten, wenn der Versicherte ohne zwingenden Grund ein anderes Krankenhaus wählt, schränkt die Wahlfreiheit erheblich ein.[663] Für Unterschiede in der Wahlfreiheit spricht auch die Systematik des SGB V: im Rahmen der ambulanten Behandlung ist in § 76 SGB V ausdrücklich eine „freie Arztwahl" festgelegt, während eine solche Formulierung im Zusammenhang mit stationären Behandlungen fehlt. Selbst wenn ein Versicherter sich von § 39 Abs. 2 SGB V nicht hat abhalten lassen und sich ein Krankenhaus „wegen der hinter diesem stehenden ärztlichen Kompetenz"[664] ausgesucht hat, ist er dennoch dem Dienstplan der behandelnden Ärzte ausgeliefert, wenn er nicht durch die Vereinbarung von Wahlleistungen insoweit Einfluss nimmt. Insgesamt mag zwar, wie *Geiger* anführt, die Auswahl des konkreten Arztes dem bestimmen-

---

661 So aber die Argumentation *Geigers*, vgl. *Geiger,* medstra 2015, 97, 98 ff.
662 Vgl. *Geiger,* medstra 2015, 97, 99.
663 So auch Spickhoff/*Trenk-Hinterberger,* SGB V, § 39 Rn. 29; a.A. *Geiger, medstra 2015, 97, 99.
664 *Geiger,* medstra 2015, 97, 99.

den Einfluss der Krankenkasse entzogen sein,[665] sie obliegt aber grundsätzlich auch nicht dem Patienten.

Schließlich ist aber schon nicht erkennbar, dass der Große Senat die Art der Anbindung an eine öffentliche Institution gänzlich für unbeachtlich erklärt hat. Im Rahmen der Abwägung hat dieses Element letztlich nur nicht überwogen.[666] Hier kann man über die organisatorische und rechtliche Einbindung des in einem Krankenhaus tätigen Arztes nicht hinwegsehen. Grundsätzlich tritt dieser seinen Patienten zwar als Arzt, aber auch als Angestellter eines öffentlichen Krankenhauses gegenüber. Neben der rein ärztlichen Behandlung obliegen einem solchen Arzt zahlreiche Dienstpflichten. Dies ist auch für Patienten im Krankenhaus ersichtlich. Letztlich muss man daher hier von einem Überwiegen der Einbindung des im Krankenhaus tätigen Arztes in das System öffentlicher, staatlich gelenkter Daseinsfürsorge ausgehen.[667]

Die Amtsträgereigenschaft kommt auch solchen Ärzten zu, die in einem Krankenhaus der öffentlichen Hand angestellt sind, welches in privatrechtlicher Form betrieben wird.[668] Die Aufgabe der öffentlichen Daseinsvorsorge nimmt der Staat auch in diesem Fall wahr.[669] Sind Private daran allerdings derart beteiligt, dass sie mithilfe einer Sperrminorität erheblich mitbestimmen können, so kann ein privatrechtlich organisiertes Unternehmen jedenfalls dann nicht mehr als „verlängerter Arm des Staates" und damit als „sonstige Stelle" i.S.d. § 11 Abs. 1 Nr. 2 c) StGB angesehen werden.[670]

---

665 *Geiger,* medstra 2015, 97, 99.

666 Vgl. BGHSt 57, 202, 208 a.E.: „In diesem Verhältnis steht der Gesichtspunkt der [...] persönlichen Beziehung in einem solchen Maße im Vordergrund, dass weder aus der subjektiven Sicht der Beteiligten noch nach objektiven Gesichtspunkten die Einbindung des Vertragsarztes in das System öffentlicher, staatlich gelenkter Daseinsfürsorge überwiegt [...]."

667 Davon zu unterscheiden ist die, wie auch der Tatbestandsaufbau deutlich macht, erst in einem zweiten Schritt zu klärende Frage, ob eine konkrete Handlung eine Dienstausübung i.S.d. § 331 StGB darstellt. Anders *Geiger,* medstra 2015, 97, 99 f.

668 So auch Prütting/*Tsambikakis,* § 331 StGB Rn. 9.

669 Prütting/*Tsambikakis,* § 331 StGB Rn. 9.

670 Prütting/*Tsambikakis,* § 331 StGB Rn. 9 a.E.; für ein Müllentsorgungsunternehmen so BGH NJW 2006, 925, 926; ausführlich dazu auch MüKo/*Korte,* § 331 Rn. 37 m.w.N.

3. Angestellter Arzt in kirchlichem Krankenhaus

Besonderer Erwähnung bedürfen überdies Ärzte in Krankenhäusern mit einem kirchlichen Träger. Obwohl Kirchen gem. Art. 140 GG i.V.m. Art. 137 Abs. 5 WRV Körperschaften des öffentlichen Rechts sind, stehen sie den anderen in den Staat eingegliederten Körperschaften des öffentlichen Rechts nicht gleich.[671] Mangels staatlicher Kirchenhoheit sind sie dem Staat nicht unterworfen.[672] Nicht vom Begriff des Amtsträgers nach § 11 Abs. 1 Nr. 2 StGB erfasst sind daher kirchliche Amtsträger.[673]

4. Weitere Fallgruppen

Niedergelassene Ärzte, die auf private Rechnung tätig werden, sind keine Amtsträger;[674] ebenso wenig angestellte Ärzte in reinen Privatkliniken[675] oder in Krankenhäusern, die durch gemeinnützige Organisationen betrieben werden[676].

5. Zusammenfassung

Die Ausgangsfrage nach der Täterqualität im Rahmen der §§ 331 ff. StGB lässt sich nach den soeben getätigten Ausführungen nun wie folgt beantworten: Weder der niedergelassene Vertragsarzt noch der niedergelassene Privatarzt sind Amtsträger gem. § 11 Abs. 1 Nr. 2 StGB und scheiden damit als taugliche Täter der §§ 331 ff. StGB aus. Gleiches gilt für angestellte Ärzte in kirchlichen Krankenhäusern, Privatkliniken oder in Krankenhäusern mit einem gemeinnützigen Träger. Taugliche Täter der §§ 331 ff. StGB können allerdings alle verbeamteten und angestellten Ärzte in öffentlichen Krankenhäusern sein, soweit diese überwiegend von

---

671 BGHSt 37, 191, 192 ff.; NK-StGB/*Saliger*, § 11 Rn. 18.

672 BGH NJW 1991, 367, 367 ff.; OLG Karlsruhe NJW 1989, 238, 238 f.; NK-StGB/*Saliger*, § 11 Rn. 18.

673 Vgl. u.a. BT-Drs. 7/550, S. 209; BGH NJW 1991, 367, 367 ff.; OLG Düsseldorf NJW 2001, 85; OLG Karlsruhe NJW 1989, 238, 238 f.; vgl. ferner Laufs/Kern/*Ulsenheimer*, Handbuch des Arztrechts, § 152 Rn. 67; NK-StGB/*Saliger*, § 11 Rn. 18; Ratzel/Luxenburger/*Schmidt*, Hdb MedR, § 15 Rn. 149.

674 Vgl. *Cosack*, ZIS 2013, 226, 226 f.

675 *Kraatz*, Arztstrafrecht, § 12 Rn. 305; Laufs/Kern/*Ulsenheimer*, Handbuch des Arztrechts, § 152, Rn. 68.

676 Prütting/*Tsambikakis*, § 331 StGB Rn. 9.

der öffentlichen Hand gehalten werden und beteiligten Privaten keine Sperrminorität zukommt.

IV. Vorteil für sich oder einen Dritten

Unter einem Vorteil i.S.d. § 331 StGB versteht man jede materielle oder immaterielle Leistung, die die wirtschaftliche, rechtliche oder persönliche Lage des Empfängers verbessert und auf die er keinen Anspruch hat.[677] Auf den Wert der Leistung kommt es dabei nicht an.[678] Vielmehr ist dieser im Rahmen der Unrechtsvereinbarung unter dem Stichwort der „Sozialadäquanz" zu verorten, da eine flexible Betrachtung aller Umstände einer starren Wertgrenze vorzugswürdig erscheint.[679] Ebenso wenig kommt es auf einen objektiv wirtschaftlichen Vorteil an.[680] Zu den materiellen Zuwendungen zählen insbesondere Geld und Sachwerte, die Gewährung von Rabatten sowie die Einladung zu Essen, Urlaubs- und Kongressreisen.[681] Selbst kleinste und günstigste Leistungen von der Industrie an den Arzt, wie beispielsweise Notizblöcke oder Kugelschreiber,[682] sind als Vorteil anzusehen.[683] Immaterielle Besserstellungen sind dann als Vorteil i.S.d. §§ 331 ff. StGB zu begreifen, wenn sie objektiv messbar sind und den „Amtsträger in irgendeiner Weise tatsächlich besser stellen"[684].[685] Während bei Fortbildungsveranstaltungen oder wichtigen Eh-

---

[677] Vgl. BGHSt 47, 295, 304; BGH NStZ 2000, 596, 599; BGH NJW 1983, 2509, 2512 m.w.N.

[678] Vgl. BGH NStZ 1998, 194; *Fischer*, § 331 Rn. 11c; MüKo/*Korte*, § 331 Rn. 62; LK/*Sowada*, § 331 Rn. 34; *Satzger*, ZStW 115 (2003), 469, 476; a.A. *Fenger/Göben*, Sponsoring im Gesundheitswesen, Rn. 350; SSW-StGB/*Rosenau*, § 331 Rn. 16 m.w.N.; SK-StGB/*Stein/Deiters*, § 331 Rn. 42; MAH-MedR/*Sommer/Tsambikakis*, § 3 Rn. 165.

[679] Ebenso LK/*Sowada*, § 331 Rn. 34. Ausführlich dazu unter B. VI. 1. a).

[680] BGH NJW 2001, 2558, 2559; MüKo/*Korte*, § 331 Rn. 62 m.w.N.

[681] Vgl. BGHSt 48, 44, 48 f. (Kosten für die betriebliche Weihnachtsfeier); BGH NStZ 2000, 90 (Bezahlung mehrtägiger Auslandsreisen); dazu im Überblick MüKo/*Korte*, § 331 Rn. 61 m.w.N.

[682] So auch Schönke/Schröder/*Heine/Eisele*, § 331 Rn. 18 m.w.N.

[683] BGH NStZ 2000, 596, 599; vgl. auch Laufs/Kern/*Ulsenheimer*, Handbuch des Arztrechts, § 152 Rn. 72 ff. m.w.N.

[684] Vgl. auch BGHSt 31, 264, 279; 47, 295, 304.

[685] Vgl. u.a. Schönke/Schröder/*Heine/Eisele*, § 331 Rn. 18; *Satzger*, ZStW 115 (2003), 469, 476; LK/*Sowada*, § 331 Rn. 36; kritisch, aber dennoch

rungen eine Besserstellung gegeben sein kann,[686] ist dies für die reine „Ansehensmehrung" oder die „Steigerung der wissenschaftlichen Reputation" abzulehnen[687]. Drittvorteile sind ausdrücklich auch von § 331 StGB erfasst.

Ein Vorteil kann aber auch schon im Abschluss eines Vertrages liegen, auf den der Amtsträger keinen Anspruch hat.[688] Bei allein einseitig verpflichtenden und unausgewogen zweiseitigen Verträgen wird dies nur vereinzelt[689] in Frage gestellt. Die Parteien könnten ansonsten allein durch Abschluss eines Vertrages die Anwendung der Bestechungsdelikte umgehen.[690] Umstritten ist jedoch, ob der Abschluss eines Vertrages auch dann noch einen Vorteil darstellt, wenn Leistung und Gegenleistung in einem angemessenen Verhältnis zueinander stehen. Dies ist insbesondere für Leistungsaustauschverhältnisse, wie beispielsweise Berater- oder Gutachterverträge oder Vereinbarungen über Anwendungsbeobachtungen der Industrie mit Ärzten relevant. Mit der überwiegenden Meinung in Literatur und Rechtsprechung ist davon auszugehen, dass selbst bei einem angemessenen Verhältnis von Leistung und Gegenleistung ein Vorteil vorliegt.[691] Denn auch eine ansonsten nicht erzielbare Gegenleistung kann

---

immaterielle Vorteile anerkennend *Fischer*, § 331 Rn. 11e; auf immaterielle Vorteile ganz verzichten wollend *Bannenberg*, in: Wabnitz/Janovsky, Hdb Wirtschafts- und Steuerstrafrecht, Kap. 12 Rn. 59.

686 OLG Hamburg MedR 2000, 371, 373 (Fortbildung) und MüKo/*Korte*, § 331 Rn. 71 (Ehrung); dem zustimmend Schönke/Schröder/*Heine/Eisele*, § 331 Rn. 19.

687 BGHSt 47, 295, 304 f.

688 BGH wistra 2011, 391, 392 f.; BGHSt 31, 264, 279 f.; vgl. auch Lackner/Kühl/*Heger*, § 331 Rn. 4 m.w.N.

689 Nach *Lüderssen* schließt ein Anspruch auf eine Leistung deren Einordnung als Vorteil komplett aus, vgl. *ders.* JZ 1997, 112, 114 f.; ihm zustimmend *Zieschang*, JZ 2000, 95.

690 Vgl. bspw. BGH wistra 2011, 391, 392 f.; BGHSt 31, 264, 280; zustimmend OLG Hamburg StV 2001, 277, 279; Schönke/Schröder/*Heine/Eisele*, § 331 Rn. 18a.

691 Vgl. u.a. BGH wistra 2011, 391, 392 f.; BGHSt 31, 264, 280 m.w.N.; OLG Hamburg StV 2001, 277, 279; Lackner/Kühl/*Heger*, § 331 Rn. 4; Schönke/Schröder/*Heine/Eisele*, § 331 Rn. 17; grundsätzlich zustimmend auch MüKo/*Korte*, § 331 Rn. 73; ablehnend hingegen u.a. *Schneider/Ebermann*, HRRS 2013, 219, 221; Spickhoff/*Schuhr*, StGB, §§ 331–338 Rn. 26; *Ulsenheimer*, Arztstrafrecht, Rn. 1002; *Kölbel*, NStZ 2011, 195, 197 (zu

den Amtsinhaber dazu veranlassen, im Sinne des Leistenden zu entscheiden.[692] Ob in solchen Fällen allerdings eine Unrechtsvereinbarung vorliegt, ist genau zu prüfen.[693]

V. Dienstausübung

1. Handeln des Arztes in öffentlichem Krankenhaus

Der Amtsträger muss für die Dienstausübung einen Vorteil fordern, sich versprechen lassen oder annehmen. Zur Dienstausübung zu zählen sind jedenfalls solche Handlungen, die zu den dienstlichen Obliegenheiten gehören und in dienstlicher Eigenschaft vorgenommen werden.[694] Es wird darüber gestritten, welche Handlungen eines in einem öffentlichen Krankenhaus tätigen Arztes hierunter zu fassen sind. Während einige[695] unter den Begriff der Dienstausübung neben der ärztlichen Behandlung von Patienten inklusive aller dabei zu treffenden Arznei- und Hilfsmittelentscheidungen auch alle weiteren Beschaffungsentscheidungen „unabhängig" vom konkreten Behandlungsfall darunter subsumieren, nehmen andere[696] die konkrete ärztliche Behandlung vom Begriff der Dienstaus-

---

§ 299 StGB). Vgl. MüKo/*Korte*, § 331 Rn. 72 Fn. 278 und 279 für weitere Nachweise.

692 OLG Celle NJW 2008, 164, 164 f.; Graf/Jäger/Wittig/*Gohr*, StGB, § 331 Rn. 34. Konkret für den Fall der Anwendungsbeobachtungen so *Deiters*, in: Dörner et al., 16. Münsterische Sozialrechtstagung, S. 6 f.

693 Ebenso BeckOK-StGB/*von Heintschel-Heinegg*, § 331 Rn. 19 f.; NK-StGB/*Kuhlen*, § 331 Rn. 63.

694 BGHSt 31, 264, 280.

695 Vgl. OLG Hamburg, MedR 2000, 371, 374; NK-Medizinrecht/*Gaidzik*, §§ 331–338 Rn. 3 (mit Ausnahme der von den ermächtigten Ärzten in der Ambulanz des Krankenhauses erbrachten Behandlungsleistungen); *Ulsenheimer*, Arztstrafrecht, Rn. 1007 ff.; *Braun*, Industrie und Ärzteschaft, S. 33 f.; wohl auch *Krais*, PharmR 2010, 513, 514. Zwar eine weite Auslegung bevorzugend, konkret jedoch „nur" die schlichte Materialauswahl als Diensthandlung anführend MAH-MedR/*Sommer/Tsambikakis*, § 3 Rn. 161 und Prütting/*Tsambikakis*, § 331 StGB Rn. 21.

696 LG Hamburg MedR 2001, 525, 527; Spickhoff/*Schuhr*, StGB, §§ 331–338 Rn. 37; *Roxin, I.*, in: Roxin/Schroth, Medizinstrafrecht, S. 262, 275 f.; *Wasserburg*, NStZ 2003, 353, 359; so nun auch Laufs/Kern/*Ulsenheimer*, Handbuch des Arztrechts, § 152 Rn. 71; in diesem Sinne wohl auch BGH

übung aus. Diese führe der Arzt in „unabhängiger Ausübung seines Heilberufs" durch.[697] Unterschiedlich beurteilt wird dabei wiederum, welche Handlungen die ärztliche Behandlung ausmachen. Während manche[698] darunter auch die Entscheidung darüber verstehen, welche Arzneimittel und/oder Medizinprodukte der Patient benötigt, sehen andere[699] in der Verwendungsentscheidung jedenfalls eine indirekte Diensthandlung in der Weise, dass sie eine Neubestellung verursacht. Richtigerweise stellt die konkrete ärztliche Behandlung inklusive aller therapeutischen Entscheidungen keine Dienstausübung i.S.d. § 331 StGB dar. Der in einem öffentlichen Krankenhaus angestellte Arzt tritt seinem Patienten nicht anders gegenüber als ein solcher in einem privaten Krankenhaus oder ein niedergelassener Arzt.[700] Zwar dient der in einem öffentlichen Krankenhaus angestellte Arzt dem Krankenhausträger als Erfüllungsgehilfe seiner in den Krankenhausgesetzen festgelegten öffentlichen Aufgaben, die konkrete ärztliche Behandlung aber führt jedenfalls der leitende Krankenhausarzt ohne jede Einflussmöglichkeit des Krankenhausträgers eigenverantwortlich durch.[701] Zwar mag die Arznei- und Hilfsmittelwahl im konkreten Fall Auswirkungen auf eine Neubestellung entsprechender Produkte haben, eine Aufsplittung der ärztlichen Behandlung aber, wie sie die Ansicht einer „indirekten Diensthandlung" mit sich bringt, in einen Behandlungsteil und die Materialauswahl, erscheint nicht sachgerecht. Beides ist untrennbar miteinander verbunden. Dies wird durch die im Krankenhaus geltenden Vergütungsregelungen weiter unterstrichen.[702]

NStZ-RR 2003, 171, 172; zu § 340 StGB ebenso OLG Karlsruhe NJW 1983, 352, 353.

697   LG Hamburg MedR 2001, 525, 527.

698   *Roxin, I.,* in: Roxin/Schroth, Medizinstrafrecht, S. 262, 276; Spickhoff/*Schuhr,* StGB, §§ 331–338 Rn. 37; wohl auch Laufs/Kern/*Ulsenheimer,* Handbuch des Arztrechts, § 152 Rn. 71

699   OLG Hamburg MedR 2000, 371, 374; jedenfalls die Möglichkeit einer indirekten Diensthandlung sieht wohl auch das LG Hamburg MedR 2001, 525, 527, auch wenn es diese – etwas systemfremd anmutend – von der Motivation des Arztes abhängig zu machen scheint.

700   Ebenso OLG Karlsruhe NJW 1983, 352, 353.

701   Laufs/Kern/*Genzel/Degener-Hencke,* Handbuch des Arztrechts, § 86 Rn. 26; i.d.S. auch OLG Karlsruhe NJW 1983, 352, 352.

702   Vgl. dazu das erste Kapitel unter B. V. 4.

2. Privathandlungen

Abzugrenzen von der Dienstausübung sind darüber hinaus Privathandlungen. Privathandlungen sind solche, die vollkommen außerhalb des Aufgabenbereichs des Amtsträgers liegen.[703] Sie werden auch nicht dadurch zu Diensthandlungen, dass sie unter Verwendung der im Dienst erworbenen Kenntnisse und Fähigkeiten vorgenommen werden[704] oder dass sie als Nebentätigkeit unter Verletzung von Amts- oder Dienstpflichten vorgenommen werden[705]. Die Beauftragung mit einer Nebentätigkeit kann jedoch einen Vorteil gem. §§ 331 ff. StGB darstellen, die der Arzt gerade aufgrund seiner Stellung erhalten hat.[706] Zur Dienstausübung eines in einem öffentlichen Krankenhaus angestellten Arztes zählt mithin jedenfalls die von einer konkreten Behandlung unabhängige Bestellung von Arznei- und Hilfsmitteln sowie Medizinprodukten, aber auch die Mitwirkung daran, beispielsweise in Form eines positiven Votums für ein bestimmtes Produkt oder eines Gesprächs mit den Herstellerfirmen.[707] Ebenso darunter fallen das Forschen, das Halten von Vorträgen in dienstlicher Eigenschaft sowie das Erbringen von Beratungsleistungen, die nicht nur „gelegentlich" des Dienstes erbracht werden.[708] Nicht darunter zu fassen ist jedoch die Teilnahme an Fortbildungsveranstaltungen und die Erbringung von Forschungsarbeiten zu deren Vorbereitung.[709]

---

703 Vgl. BGHSt 18, 59, 60 ff.; *Ebert*, GA 1979, 361, 363; *Fischer*, § 331 Rn. 7; Lackner/Kühl/*Heger*, § 331 Rn. 9 m.w.N.; Schönke/Schröder/*Heine/Eisele*, § 331 Rn. 33 m.w.N.

704 BGH NStZ 2008, 216, 217; BGHSt 18, 59, 60 ff.; LK /*Sowada*, § 331 Rn. 55.

705 BGHSt 18, 59, 62; RGSt 16, 42, 46 ff.; Schönke/Schröder/*Heine/Eisele*, § 331 Rn. 33.

706 BGH NStZ-RR 2003, 171, 171; 11, 125, 127; MüKo/*Korte*, § 331 Rn. 89.

707 Vgl. Laufs/Kern/*Ulsenheimer*, Handbuch des Arztrechts, § 152 Rn. 70; *Ulsenheimer*, Arztstrafrecht, Rn. 1009; Prütting/*Tsambikakis*, Medizinrecht, § 331 StGB Rn. 21.

708 Vgl. Laufs/Kern/*Ulsenheimer*, Handbuch des Arztrechts, § 152 Rn. 70; *Ulsenheimer*, Arztstrafrecht, Rn. 1009; a.A. wohl *Krais*, PharmR 2010, 513, 514.

709 BGH NStZ-RR 2003, 171, 171.

VI. Unrechtsvereinbarung

§ 331 StGB fordert weiter, dass der Vorteil für die Dienstausübung gefordert, versprochen oder angenommen worden sein muss. Als ungeschriebenes Tatbestandsmerkmal wird anknüpfend an das Wort „für" eine Unrechtsvereinbarung zwischen dem Amtsträger und Vorteilsgeber gefordert.[710] Als ausreichend wird dabei eine dem Amtsträger und Vorteilsgeber bewusste Verknüpfung von Dienstausübung und Vorteilszuwendung angesehen.[711] Eine Vereinbarung derart, dass der Vorteil als Gegenleistung für eine bestimmte vergangene oder zukünftige Diensthandlung gewährt werde, ist nach der Neufassung der §§ 331 ff. StGB durch das Korruptionsbekämpfungsgesetz von 1997[712] nicht mehr notwendig.[713] Mithilfe der Einführung einer sog. „gelockerten Unrechtsvereinbarung" sollten insbesondere vorher nur schwer bzw. gar nicht unter den Tatbestand subsumierbare Phänomene, wie beispielsweise das „Anfüttern" oder die Gewährung von Vorteilen zur sogenannten „Klimapflege" oder zur Gewinnung des „Wohlwollens" des Amtsträgers, in den Bereich der Strafbarkeit einbezogen werden.[714] Die Dienstausübung braucht in der Vorstellung der Beteiligten noch nicht näher konkretisiert sein.[715] Die genauen Grenzen des Tatbestandsmerkmals sind aber jedoch auch fast 20 Jahre nach dem Inkrafttreten der überarbeiteten Vorschrift unklar.[716] Es ist im Einzelfall mittels einer Gesamtschau[717] zu prüfen, ob eine die Unrechtsvereinbarung manifestierende Verknüpfung von Dienstausübung und Vorteilszuwendung vorliegt. In der Praxis ergeben sich hier zumeist diffizile Beweisfragen.[718] Indizien dabei sind unter anderem Art und Höhe der Zuwendung, Intensität der geschäftlichen Beziehung(en) zwischen Amtsträger und Vorteilsgeber, der Ablauf der Vorteilszuwendung sowie

---

710 *Fischer,* § 331 Rn. 21; *Ulsenheimer,* Arztstrafrecht, Rn. 1010.
711 BGH NStZ-RR 2008, 13, 14; *Fischer,* § 331 Rn. 21.
712 Vgl. unter A.
713 Vgl. dazu BT-Drs. 13/8079, S. 15.
714 Vgl. BT-Drs. 13/8079, S. 15; BGHSt 53, 6, 14 m.w.N.; BGH NStZ 2003, 158, 159 m.w.N.; *Dölling,* DJT 1996, Bd. I, Gutachten, S. 62; *Bannenberg,* in: Wabnitz/Janovsky, Hdb Wirtschafts- und Steuerstrafrecht, Kap. 12 Rn. 61 f.
715 BGHSt 53, 6, 16.
716 Im Jahr 2007 so auch schon *Schneider,* in: FS Seebode, S. 331, 332.
717 BGHSt 53, 6, 17; *Knauer/Kaspar,* GA 2005, 385, 393 f., 395.
718 BGHSt 53, 6, 16; LK/*Sowada,* § 331 Rn. 72 m.w.N.

die „offen erkennbare Motivation und Zielrichtung des Gebers"[719] bzw. die „Plausibilität einer anderen Zielsetzung"[720].[721]

1. Tatbestandsbe- bzw. -einschränkungen

a) Sozialadäquanz

Sozialadäquate Vorteile sind aus dem Tatbestand auszunehmen. Verhaltensweisen, die anerkannten sozialen Gepflogenheiten und den „Regeln der Höflichkeit" entsprechen und bei denen der Wert der Zuwendung sich auch in diesem Rahmen hält, sind nicht geeignet, die Lauterkeit des öffentlichen Dienstes und das Vertrauen der Allgemeinheit darin zu gefährden.[722] Daher sind diese schon im Hinblick auf das von § 331 StGB geschützte Rechtsgut[723] aus dem Tatbestand des § 331 StGB herauszunehmen und das Vorliegen einer Unrechtsvereinbarung abzulehnen. Über die Sozialadäquanz wird häufig bei Bewirtungen, dem Verteilen von Werbeartikeln[724] oder auch dem Erhalt von Rabatten und sonstigen Vergünstigungen[725] diskutiert. Während bei Bewirtungen neben Art und Anlass des Zusammentreffens, der Wert der erhaltenen Zuwendung und der Aspekt der Höflichkeit eine Rolle für die Beurteilung spielen, kommt es bei Werbeartikeln und Vergünstigungen neben dem Wert der Zuwendung auch auf die „Streubreite des betreffenden Vorteils"[726] an.[727] Eine feste Wertgrenze, wie sie häufig zu lesen ist, ist abzulehnen.[728] Auch Verwaltungs-

---

719 Laufs/Kern/*Ulsenheimer*, Handbuch des Arztrechts, § 152 Rn. 94.
720 BGHSt 53, 6, 16.
721 BGHSt 53, 6, 16; ebenso *Ulsenheimer*, Arztstrafrecht, Rn. 1012; LK/*Sowada*, § 331 Rn. 71.
722 Vgl. *Eser*, in: FS Roxin, S. 199, 203; *Knauer/Kaspar*, GA 2005, 385, 396 f. m.w.N.; LK/*Sowada*, § 331 Rn. 72.
723 Ebenso MüKo/*Korte*, § 331 Rn. 114; SSW-StGB/*Rosenau*, § 331 Rn. 16; je m.w.N.
724 LK/*Sowada*, § 331 Rn. 74; SK-StGB/*Stein/Deiters*, § 331 Rn. 42.
725 LK/*Sowada*, § 331 Rn. 74 m.w.N; vgl. auch Schönke/Schröder/*Heine/Eisele*, § 331 Rn. 40 m.w.N.
726 LK/*Sowada*, § 331 Rn. 74.
727 *Fischer*, § 331 Rn. 26; Schönke/Schröder/*Heine/Eisele*, § 331 Rn. 40; LK/*Sowada*, § 331 Rn. 73.

vorschriften bieten nicht mehr als einen Anhaltspunkt.[729] Vielmehr ist im Hinblick auf das geschützte Rechtsgut abzuwägen, welcher Wert in Zusammenschau[730] mit den anderen Kriterien noch als sozialadäquat angesehen werden kann.

b) Drittmittelforschung

Spätestens seit dem sogenannten Herzklappenskandal[731] in den 1990er Jahren ist das Thema der Drittmitteleinwerbung neben weiteren vielgestaltigen Sponsoringleistungen über ermittelnde Staatsanwaltschaften hinaus in den Fokus der breiten Öffentlichkeit geraten. Unter Drittmitteln versteht man solche Mittel, „die Hochschullehrerinnen und -lehrer im Wettbewerb von öffentlichen und privaten Stellen zusätzlich zur Grundausstattung für Forschung und Lehre einwerben".[732] Als problematisch erweist sich das Feld Drittmittelforschung deshalb, weil es wie kein ande-

---

728 Im Ergebnis ähnlich SK-StGB/*Stein/Deiters*, § 331 Rn. 42. Für eine feste Grenze, ab derer die Zuwendung als nicht mehr sozialadäquat angesehen wird, sprechen sich u.a. aus: *Fischer*, § 331 Rn. 26a (30 Euro), dem zustimmend *Braun*, Industrie- und Ärzteschaft, S. 38; SSW-StGB/*Rosenau*, § 331 Rn. 16 wie auch *Lesch*, AnwBl. 2003, 261, 262 (50 Euro); heute wohl ebenso OLG Hamburg, StV 2001, 277, 282 (100 DM), wohl auch MAH-MedR/*Sommer/Tsambikakis*, § 3 Rn. 165 (sich an der Wertgrenze der „Praxis" orientierend, 25 Euro); zwischen Personen, für die die Regeln des öffentlichen Dienstes gelten und anderen Personen unterscheidend MüKo/*Korte*, § 331 Rn. 114 (nur für letztere könne „eine höhere Wertgrenze von etwa 50 Euro angekommen werden"); ähnlich wohl auch *Knauer/Kaspar*, GA 2005, 385, 396 f.

729 AnwK-StGB/*Sommer*, § 331 Rn. 60.

730 Den Wert der Zuwendung ebenfalls in die Gesamtabwägung einbeziehend BGHSt 53, 6, 17.

731 Der sog. Herzklappenskandal nahm 1994 mit der Einleitung zahlreicher Ermittlungsverfahren der Staatsanwaltschaft Wuppertal gegen Ärzte und Industrievertreter seinen Lauf. Die Vorwürfe ähnelten sich: Zuwendungen an Ärzte und Kliniken sollen seitens Pharma- und Medizinprodukteunternehmen für Bestellungen von Herzklappen, Herzschrittmachern und weiteren Produkten geflossen sein. Eine rege Presseberichterstattung begleitete diese Ermittlungen. Insgesamt eröffnete die Staatsanwaltschaft Wuppertal über 1.500 Ermittlungsverfahren, von denen ein Großteil wieder eingestellt werden musste. Die Vorwürfe der privaten Bereicherung trafen nur in wenigen Fällen zu. Vgl. dazu bspw. Dieners/*Dieners*, Handbuch Compliance im Gesundheitswesen, Kapitel 1 Rn. 5.

732 *Statistisches Bundesamt (Hrsg.)*, Hochschulen auf einen Blick, S. 42.

res Sponsoring in einem Spannungsverhältnis steht.[733] Einerseits sind Drittmittel in Zeiten abnehmender Haushalte für Hochschulen immer wichtiger und mit § 25 HRG ist die Drittmittelforschung sogar rechtlich festgeschrieben, andererseits liegt mit den §§ 331 ff., 299 StGB eine „Bedrohung durch das Strafrecht"[734] vor. Gerade im Bereich der Medizin besteht dazu die Besonderheit, dass nicht nur die Forschungseinrichtungen auf Gelder der Industrie angewiesen sind, sondern dass auch die Industrie auf die Kliniken als Großkunden und für die Durchführung gesetzlich vorgeschriebener klinischer Prüfungen (§§ 25, 40 ff. AMG; §§ 20 ff. MPG) und jedenfalls gesetzlich vorgesehener Anwendungsbeobachtungen (§ 67 Abs. 6 AMG) angewiesen ist.[735] Kontakte zwischen Ärzten und Industrievertretern sind damit unvermeidbar und ein gutes Verhältnis seitens der Industrie „unerlässlich".[736]

In einer richtungsweisenden Entscheidung löste der BGH dieses Spannungsverhältnis im Jahr 2002 zumindest ein wenig auf, indem er zwar noch zu § 331 StGB a.F. aber bis heute gültige Grundsätze aufstellte, nach denen die Einwerbung von Drittmitteln im Hochschulbereich nicht dem Tatbestand der Vorteilsannahme unterfällt.[737] Das geschützte Rechtsgut sei dann nicht in dem von § 331 Abs. 1 StGB gewährleisteten Maße schutzbedürftig, wenn das im Landeshochschulrecht[738] für die Ein-

---

733 Ebenso *Satzger*, ZStW 115 (2003), 469, 491; zum sog. Sponsoring im Allgemeinen und der Drittmittelforschung im Speziellen vgl. ebenfalls *Satzger*, ZStW 115 (2003), 469 ff.

734 *Satzger*, ZStW 115 (2003), 469, 491.

735 Ähnlich *Satzger*, ZStW 115 (2003), 469, 491 f.; Verurteilungen im Bereich der Drittmittelforschung wegen korruptiver Praktiken sollen, „soweit ersichtlich", ausschließlich den medizinischen Bereich betreffen, vgl. *Roxin, I.* in: Roxin/Schroth, Medizinstrafrecht, S. 262, 266.

736 *Satzger*, ZStW 115 (2003), 469, 491; vgl. dazu beispielhaft auch *Tröger*, in: Tag/Tröger/Taupitz, Drittmitteleinwerbung, S. 5, 8.

737 BGHSt 47, 295 ff. Der BGH erteilte damit allen Anhängern einer sog. Rechtfertigungslösung eine Absage. Vgl. dazu bspw. *Korte*, NStZ 2003, 156, 157; *Mansdörfer*, wistra 2003, 211, 213 f.; *Satzger*, ZStW 115 (2003), 469, 498.

738 Während in den meisten Bundesländern Drittmittelrichtlinien oder Vorgaben in den Landeshochschulgesetzen das Verfahren zur Einwerbung von Drittmitteln regeln, verweist § 40 BerlHG auf § 25 HRG und ermächtigt zugleich die Hochschulen zu einer Regelung der Thematik mittels Satzung. Vgl. bspw. Drittmittelsatzung der Medizinischen Fakultät Charité – Uni-

werbung von Drittmitteln vorgesehene Verfahren eingehalten wird.[739] Die Anzeige der Annahme von Mitteln sowie die Genehmigung durch die zuständige Stelle sicherten die notwendige Transparenz, um dem Schutzgut der Bestechungsdelikte angemessen Rechnung zu tragen.[740]

Die Einschränkung der Strafbarkeit auf diesem Gebiet ist grundsätzlich zu begrüßen,[741] auch wenn damit weiterhin Rechtsunsicherheit insbesondere für die außeruniversitäre Drittmittelforschung verbleibt[742]. Bemängelt werden kann außerdem, dass in Bundesländern, in denen keine näheren Vorgaben durch Landeshochschulgesetze oder durch zentral erlassenen Drittmittelrichtlinien gemacht worden sind, der oftmals von den Drittmitteln profitierende Dritte mittels Satzung selbst über die Strafbarkeitsgrenze bestimmen kann.[743] Schließlich droht durch zahlreiche Einzelregelungen eine divergierende Handhabung vergleichbarer Fälle.[744]

2. Beurteilung der Kooperationen im Gesundheitswesen

Wie ist die strafrechtliche Relevanz von Kooperationen zwischen Ärzten und der Industrie nunmehr einzuordnen?[745] Vorstehende Ausführungen

    versitätsmedizin Berlin, Amtliches Mitteilungsblatt Charité vom 26. Juni 2012, Nr. 093.

739   BGHSt 47, 295, 303.

740   BGHSt 47, 295, 303.

741   Ebenso u.a. *Kuhlen,* JR 2003, 232, 233 ff; Lackner/Kühl/*Heger,* § 331 Rn. 6b; vgl. insgesamt zum Meinungsbild LK/*Sowada,* § 331 Rn. 82 ff.; ebenso *Rönnau,* JuS 2003, 232, 236 f., der jedoch die „Rechtsfortbildung" des BGH durchaus kritisch kommentiert und insbesondere auch auf das drohende „Zwei-Klassen-Strafrecht" hinweist.

742   Ebenso u.a. *Diettrich/Schatz,* ZRP 2001, 521, 525; *Michalke,* NJW 2002, 3381, 3382; ausführlich dazu auch MüKo/*Korte,* § 331 Rn. 126 m.w.N.; ebenfalls kritisch und für die Anwendung der Grundsätze des BGH auch in diesem Bereich plädierend *Roxin, I.* in: Roxin/Schroth, Medizinstrafrecht, S. 262, 286; eine einheitliche Regelung als „wünschenswert" bezeichnend *Knauer/Kaspar,* GA 2005, 385, 404.

743   So auch schon *Diettrich/Jungeblodt,* in: FS Schreiber, S. 1015, 1023 f.; vgl. außerdem LK/*Sowada,* § 331 Rn. 82 (Fn. 544) für weitere Nachweise.

744   *Rönnau,* JuS 2003, 232, 237; außerdem *Tag,* in: Tag/Tröger/Taupitz, Drittmitteleinwerbung, S. 153, 162 f.; MK/*Korte,* § 331 Rn. 126; LK/*Sowada,* § 331 Rn. 82; Übersicht über die landesrechtliche Gesetzeslage *Harriehausen,* NStZ 2013, 256, 263 f.

745   Vgl. zu den Kooperationsformen das erste Kapitel unter C.

haben deutlich gemacht, dass es auf den genauen Einzelfall ankommt. Eine Annäherung soll aber dennoch unternommen werden.

a) Einseitige Leistungen

Voraussetzung jeder Strafbarkeit ist und bleibt eine Unrechtsvereinbarung. Selten aber wird man ausdrückliche Absprachen finden. Im Rahmen einer Gesamtbetrachtung sind einseitige Unterstützungsleistungen der Industrie besonders gefährdet, als Zuwendungen für das sponsernde Unternehmen begünstigende Handlungen durch den Arzt gewertet zu werden[746]

Insbesondere die Unterstützung der Teilnahme an Fortbildungen und Kongressen von Ärzten, die keine aktive Rolle beispielsweise mittels eines Vortrages bei diesen Veranstaltungen einnehmen, kann problematisch sein. Andererseits ist zu bedenken, dass die Teilnahme an Fortbildungen berufsrechtlich festgeschrieben (vgl. § 4 MBO-Ä) und ein wissenschaftlicher Erfahrungsaustausch auch zum Wohle der Patienten notwendig ist.[747] Solange, wie mit der Unterstützung der Teilnahme keine Gegenleistung des Arztes verbunden ist, ist eine Unrechtsvereinbarung abzulehnen. Eine solche ist aber dann wahrscheinlich, wenn die Unterstützung über die reine Kostendeckung für die Teilnahme des Arztes hinausgeht und durchaus dienstliche Berührungspunkte zwischen Unterstützer und Arzt gegeben sind.[748]

Spenden sind dann strafrechtlich problematisch, wenn sie unter Umgehung der Vorschriften des Drittmittelrechts eingeworben werden.[749] In diesem Fall spricht viel dafür, dass der Zweck der Zuwendung über den der Forschung und Lehre hinausgeht. Durch die Einbeziehung der Drittvorteile in den Tatbestand des § 331 StGB, sind auch Spenden an medizinische Einrichtung nicht zwangsläufig unbedenklich.[750] Bei Geschenken und sonstigen (fachfremden) Zuwendungen liegt es nahe, dass sie gerade

---

746 Ebenso *Fenger/Göben,* Sponsoring im Gesundheitswesen, Rn. 176.
747 Zutreffend weist darauf ebenfalls hin *Fenger/Göben,* Sponsoring im Gesundheitswesen, Rn. 179.
748 Ausführlich dazu auch Dieners/Reese/*Dieners/Klümper/Oeben,* Pharmarecht, § 12 Rn. 110 ff.
749 Vgl. auch Dieners/Reese/*Dieners/Klümper/Oeben,* Pharmarecht, § 12 Rn. 115.
750 Ebenso *Fenger/Göben,* Sponsoring im Gesundheitswesen, Rn. 187; Dieners/Reese/*Dieners/Klümper/Oeben,* Pharmarecht, § 12 Rn. 116.

im Gegenzug für entsprechende Beschaffungsentscheidungen des Arztes getätigt werden.[751] Es gilt die Grenze der Sozialadäquanz. Teure Opernkarten, die Finanzierung von Betriebs- und Weihnachtsfeiern, Jubiläen oder Essen in Gourmetrestaurants übersteigen diese regelmäßig deutlich.[752]

b) Leistungsaustauschverhältnisse

Da nach hier vertretener Auffassung auch angemessene Verträge Vorteile darstellen, gilt Leistungsaustauschverhältnisse ebenfalls genau zu betrachten. Letztlich aber ist auch hier für eine Strafbarkeit des Arztes maßgeblich, ob eine Unrechtsvereinbarung vorliegt.

aa) Klinische Prüfungen

Werden klinische Prüfungen wie gesetzlich vorgesehen durchgeführt, reicht dies nicht für die Annahme einer unzulässigen Verknüpfung von Dienstausübung und Zuwendung. In diesem Fall erbringt der Arzt als Prüfer oder weitere beteiligte Person eine „werthaltige Gegenleistung"[753] für das vom Sponsor der klinischen Prüfung gezahlte bzw. anderweitig[754] bereitgestellte Honorar.[755] Außerdem werden die zur Durchführung der klinischen Prüfung benötigten Produkte gestellt, so dass mit ihr unmittelbar keine Beschaffungsentscheidungen verbunden sind.[756] Insbesondere beim Einhalten der relevanten Drittmittelvorschriften wird in der Praxis eine Unrechtsvereinbarung verneint werden.[757] Anders ist dies natürlich zu beurteilen, wenn die Zuwendung daneben für weitere Fälle der Dienst-

---

751 Ebenso *Satzger*, ZStW 115 (2003), 469, 494 f.; *Mertel*, Drittmitteleinwerbung zwischen Kooperation und Korruption, S. 37 f.

752 So auch Dieners/Reese/*Dieners/Klümper/Oeben*, Pharmarecht, § 12 Rn. 189 ff.

753 *Haeser*, MedR 2002, 55, 56.

754 So bspw. durch eine dauerhafte Überlassung des zur klinischen Prüfung notwendigen Geräts, vgl. dazu das erste Kapitel unter C. II. 6.

755 Im Ergebnis ebenso *Haeser*, MedR 2002, 55, 56; *Satzger*, ZStW 115 (2003), 469, 492; *Fischer*, § 331 Rn. 27c; *Mertel*, Drittmitteleinwerbung zwischen Kooperation und Korruption, S. 37. Für weitere Nachweise vgl. LK/*Sowada*, § 331 Rn. 78 (Fn. 512).

756 *Haeser*, MedR 2002, 55, 56; zustimmend *Satzger*, ZStW 115 (2003), 469, 492.

757 Vgl. oben unter B. VI. 1. b).

ausübung – zukünftige oder vergangene – gedacht ist.[758] In diesem Fall liegt eine sachwidrige Kopplung von Dienstausübung und Zuwendung und somit eine Unrechtsvereinbarung vor. Eine Absicherung durch die im Rahmen der vom BGH zur Drittmittelforschung aufgestellten Grundsätze wird in diesem Fall regelmäßig nicht in Betracht kommen.[759]

bb) Anwendungsbeobachtungen

Anwendungsbeobachtungen stehen häufig in der Kritik, allein ein Marketinginstrument zu sein. Aber auch sie sind gesetzlich vorgesehen und eine Vereinbarung nicht per se strafwürdig. Im Gegensatz zu klinischen Studien werden die zu begutachtenden Produkte allerdings nicht immer kostenlos zur Verfügung gestellt, sondern müssen zunächst erworben werden.[760] Dies allein stellt noch keine sachwidrige Kopplung von Dienstausübung und Zuwendung dar. Übersteigt die Zuwendung allerdings den Aufwand des Arztes und wird sie vielmehr für die Verwendung des Produktes gewährt[761], so liegt es nahe, eine Unrechtsvereinbarung anzunehmen.[762]

---

758 Ebenso *Satzger*, ZStW 115 (2003), 469, 492; Dieners/Reese/*Dieners/Klümper/Oeben*, Pharmarecht, § 12 Rn. 63; MüKo/*Korte*, § 331 Rn. 119; *Mertel*, Drittmitteleinwerbung zwischen Kooperation und Korruption, S. 37.

759 So sieht z.B. § 3 Ziff. 2 der Drittmittelsatzung der Medizinischen Fakultät Charité – Universitätsmedizin Berlin (vgl. Fn. 738) vor, dass die Annahme von Drittmitteln weder im Zusammenhang mit Umsatzgeschäften stehen, noch an die Bedingung projektfremder Beschaffungsmaßnahmen gebunden werden darf.

760 Vgl. dazu das erste Kapitel unter C. II. 2.

761 Diese Konstellation scheint in der Praxis nicht selten zu sein, vgl. dazu *Fenger/Göben*, Sponsoring im Gesundheitswesen, Rn. 157 (Fn. 143).

762 Ebenso *Satzger*, ZStW 115 (2003), 469, 493. Vgl. auch *Fenger/Göben*, Sponsoring im Gesundheitswesen, S. 51 (Fn. 143); die Möglichkeit anerkennend *Krüger*, StraFo 2012, 308, 310; diesen Zweck jedenfalls auch sehend *Böse/Mölders*, MedR 2008, 585, 585. Dazu bereits Dieners/Reese/*Dieners/Klümper/Oeben*, Pharmarecht, § 12 Rn. 69; Laufs/Kern/*Ulsenheimer*, Handbuch des Arztrechts, § 152 Fn. 3 und *Traut/Bristric*, ZMGR 20013, 87, 88 m.w.N.

cc) Sonstige Leistungsaustauschverhältnisse

Bei Referenten- und Beratertätigkeiten handelt es sich meist um Nebentätigkeiten.[763] Schon mangels einer Dienstausübung ist daher § 331 StGB grundsätzlich nicht anwendbar[764] und die Vergütung einer Nebentätigkeit ist dementsprechend auch nicht für den § 331 StGB relevant[765]. Eine Strafbarkeit kommt aber dann in Betracht, wenn die Zuwendung (daneben) für eine – künftige oder vergangene – Dienstausübung gewährt wird.[766] Dies ist nur dann ohne Weiteres auszuschließen, wenn zwischen dem Vorteilsgeber und dem Amtsträger keinerlei dienstliche Berührungspunkte bestehen.[767] Ansonsten ist genau zu prüfen, ob mit der Zuwendung nicht jedenfalls eine für § 331 StGB relevante „Klimapflege" betrieben werden soll.[768] Indiz kann dabei beispielsweise die Umgehung des Dienstherrn bei einer eigentlich genehmigungsbedürftigen Nebentätigkeit sein.[769]

Werden medizinische Geräte aus altruistischen Gründen zur Verfügung gestellt, kommt eine Unrechtsvereinbarung nicht in Betracht.[770] Anders ist dies jedoch zu beurteilen, wenn sich der Arzt im Gegenzug verpflichtet hat, eine bestimmte Menge von Produkten des Unternehmens zu beziehen

---

763 *Fenger/Göben,* Sponsoring im Gesundheitswesen, Rn. 162.
764 Für den Bereich der Prüfung und Forschung ebenso MüKo/*Korte,* § 331 Rn. 118 (Fn. 428).
765 *Kuhlen,* JR 2003, 231, 234; zustimmend LK/*Sowada,* § 331 Rn. 78; von einer „nicht geklärten Grauzone" bei einer angemessenen Vergütung dieser Nebentätigkeiten sprechen *Sommer/Tsambikakis,* vgl. MAH-MedR/*Sommer/Tsambikakis,* § 3 Rn. 169.
766 BGH NStZ-RR 2007, 309, 310 f.; BGHSt 31, 264, 281; 11, 125, 128 f.; MüKo/*Korte,* § 331 Rn. 89; Lackner/Kühl/*Heger,* § 331 Rn. 9; in diesen Fall ebenso LK/*Sowada,* § 331 Rn. 55.
767 BGH NStZ-RR 2007, 309, 310; MüKo/*Korte,* § 331 Rn. 108.
768 BGH NStZ-RR 2007, 309, 310 f.; MüKo/*Korte,* § 331 Rn. 108; im Ergebnis so auch *Mertel,* Drittmitteleinwerbung zwischen Kooperation und Korruption, S. 39. So durchaus die Konstellation in der Praxis, vgl. dazu *Haeser,* MedR 2002, 55, 56.
769 BGH NStZ-RR 2007, 309, 311.
770 Ebenso *Satzger,* ZStW 115 (2003), 469, 494; zustimmend *Mertel,* Drittmitteleinwerbung zwischen Kooperation und Korruption, S. 38.

und somit eine unzulässige Verknüpfung von Dienstausübung und Vorteilszuwendung besteht.[771]

Im Fall der Vereinbarung umsatzabhängiger Rückvergütungen[772] kommt es zu einer ausdrücklichen Verknüpfung von Vorteilszuwendung und Dienstausübung, so dass eine Unrechtsvereinbarung zumeist gegeben ist.[773] Aufgrund der Einbeziehung von Drittvorteilen in den Tatbestand macht es auch keinen Unterschied, wem die Zahlung letztlich zu Gute kommen soll.

c) Zusammenfassung und Stellungnahme

Die Formen der möglichen Zusammenarbeit zwischen Arzt und Industrie sind vielfältig und teilweise sogar gesetzlich festgeschrieben. Einseitige Leistungen durch die Industrie sind besonders dem Verdacht ausgesetzt, den Amtsträger im Sinne des Vorteilsgebers zu beeinflussen. So lange aber die Beteiligten keine Hintergedanken hegen oder ihre Vereinbarungen offen auf Umsatzabhängigkeit oder Beschaffungsentscheidungen ausgerichtet sind,[774] sie sozialadäquat oder nach den vom BGH aufgestellten Grundsätzen der Drittmittelforschung zustande gekommen sind, sind die Kooperationen mangels einer Unrechtsvereinbarung strafrechtlich unbedenklich. Trotz dieser zunächst klar erscheinenden Anhaltspunkte, gibt es an mehreren Stellen Grund zur Kritik. Zum einen besteht in der Praxis nach wie vor das Problem der Beweisbarkeit.[775] Mit einem anhand von Indizien erstellten Gesamtbild wird versucht, dem beizukommen. Zum anderen greifen – wie weiter oben schon angedeutet – die vom BGH zur Drittmittelforschung aufgestellten Grundsätze nur bei der Drittmitteleinwerbung im Hochschulbereich. Für Ärzte in anderen öffentlichen Kliniken bestehen daher weiterhin Unsicherheiten. Schließlich muss das Kriterium der Sozialadäquanz für jeden Fall neu entschieden werden und trägt nur in ganz eindeutigen Fällen zur Rechtssicherheit bei.

---

771 So bspw. die Konstellation in BGHSt 48, 44 ff.; darauf weist ebenfalls zutreffend hin *Satzger,* ZStW 115 (2003), 469, 494 (Fn. 95).

772 Vgl. dazu die Konstellation in BGHSt 47, 295; darauf weist ebenfalls zutreffend hin *Satzger,* ZStW 115 (2003), 469, 494 (Fn. 96).

773 Vgl. dazu auch *Satzger,* ZStW 115 (2003), 469, 494.

774 So ebenfalls *Ambos,* JZ 2003, 345, 352; zustimmend *Roxin,* in: Roxin/Schroth, Medizinstrafrecht, S. 262, 278; ähnlich ebenfalls *Satzger,* ZStW 115 (2003), 469, 495 m.w.N.

775 Darauf weist ebenfalls hin *Satzger,* ZStW 115 (2003), 469, 489 f. m.w.N.

VII. Genehmigung gem. § 331 Abs. 3 StGB

Erfüllt die Zuwendung den Tatbestand, so kann sie – neben den allgemeinen Rechtfertigungsgründen, auch wenn für diese kaum Raum bleibt[776] – nach § 331 Abs. 3 StGB gerechtfertigt[777] sein. Danach ist die Tat nicht nach Absatz 1 strafbar, wenn der Täter einen nicht von ihm geforderten Vorteil sich versprechen lässt oder annimmt und die zuständige Behörde im Rahmen ihrer Befugnisse entweder die Annahme vorher genehmigt hat oder der Täter unverzüglich bei ihr Anzeige erstattet und sie die Annahme genehmigt. Neben den ohnehin zu diesem Absatz diskutierten Punkten, ergeben sich im Drittmittel- und sonstigem Sponsoringbereich im Bereich der öffentlichen Krankenhäuser noch einige besondere Probleme.

So muss man sich zunächst fragen, ob § 331 Abs. 3 StGB auf Fälle hochschulrechtlicher Drittmittel überhaupt noch Anwendung findet.[778] In seiner Grundsatzentscheidung führt der BGH[779] aus, dass der „Wertungsgleichklang zwischen hochschulrechtlicher Aufgabenstellung und der Strafvorschrift über die Vorteilsannahme [...] auf der Tatbestandsebene, nicht auf der Rechtfertigungsebene zu suchen [ist]". Dem Wortlaut zufolge scheint er dabei zunächst eher von einem Ausschließlichkeitsverhältnis auszugehen. Der BGH führt jedoch weiter aus, dass Absatz 3 dann nicht eingreife, „wenn die eingeworbenen Mittel gefordert worden sind" und es der Senat deshalb für vorzugswürdig halte, „bei der Auslegung des vom Tatbestand vorausgesetzten Beziehungsverhältnisses zwischen Vorteil und Diensthandlung zu berücksichtigen, daß dieses Beziehungsverhältnis auch durch eine vom Dienstherrn an sich erwünschte und grundsätzlich genehmigungsfähige Einwerbung von Drittmitteln beeinflußt und mit geprägt wird". Letztlich spricht nichts gegen eine Anwendung von § 331 Abs. 3 StGB auf Fälle, die zunächst unter den Grundsätzen des BGH auf ihre Tatbestandsrelevanz hin geprüft worden sind. Weder schließt der

---

776 NK-StGB/*Kuhlen*, § 331 Rn. 125; zustimmend LK/*Sowada*, § 331 Rn. 129.

777 BGHSt 31, 264, 285 f.; OLG Hamburg StV 2001, 277, 282 f.; LK/*Jescheck*, § 331 Rn. 16; vgl. auch MüKo/*Korte*, § 331 Rn. 174 für weitere Nachweise; a.A. (Tatbestandsausschluss) SK-StGB/*Stein/Deiters*, § 331 Rn. 66 m.w.N.

778 Eine andere Frage ist, ob dies praktisch jemals relevant werden kann. Wenn nämlich trotz Anwendung der vom BGH aufgestellten Grundsätze der Tatbestand des § 331 Abs. 1 StGB erfüllt ist, ist schwerlich ein Fall denkbar, der noch nach § 331 Abs. 3 StGB gerechtfertigt werden kann.

779 BGHSt 47, 295, 308 f.

Wortlaut von § 331 Abs. 3 StGB solche Konstellationen aus, noch ist dies vom Sinn und Zweck der Regelung her geboten. Liegt eine Genehmigung im Sinne des § 331 Abs. 3 StGB vor, kommt eine Beeinträchtigung des geschützten Rechtsguts im Fall hochschulrechtlicher Drittmittel jedenfalls nicht mehr in Betracht als in sonstigen Fällen auch.

Unproblematisch Anwendung findet § 331 Abs. 3 StGB mithin auf alle solche Drittmittelfälle, die nicht vom Anwendungsbereich der vom BGH zu Drittmitteln aufgestellten Grundsätze erfasst werden. Dabei ist aber auch über den Gesundheitsbereich hinaus problematisch, dass § 331 Abs. 3 StGB nicht eingreift, wenn die Mittel – wie dies häufig bei Drittmitteln der Fall ist – „gefordert" worden sind.[780] *Satzger* schlägt daher vor, danach zu unterscheiden, ob die Drittmittel von vornherein als Gegenleistung für die Dienstausübung gefordert worden sind oder aber, und in diesem Fall solle eine Genehmigung möglich sein, der Forscher „lediglich die Initiative zur Drittmittelförderung" gegeben hat und eine Verknüpfung mit der Dienstausübung von der Industrie ausging.[781] Eine solche Lösung ist abzulehnen. Die Möglichkeit einer Rechtfertigung hinge ansonsten allein von der Wortwahl und dem Geschick des Amtsträgers ab.[782]

Darüber hinaus kann man sich bei angestellten Ärzten in öffentlichen Krankenhäusern, die Amtsträger bei einer „sonstigen Stelle" gemäß § 11 Abs. 1 Nr. 2 c) StGB sind, die Frage stellen, wer für sie als „zuständige Behörde" gemäß § 331 Abs. 3 StGB in Betracht kommt. Häufig wird dies der Arbeitgeber der Ärzte sein.[783] Ferner ist bei Drittmitteln und sonstigen Sponsoringleistungen das Problem der Divergenz verwaltungsrechtlicher Vorschriften[784] nicht nur theoretischer Natur. Viele Regelungen sehen beispielsweise schon kein Genehmigungserfordernis für diese Art von Vorteilen vor (vgl. nur § 25 Abs. 3 S. 2 HRG).[785] Schließlich ist zu beach-

---

780 Vgl. *Knauer/Kaspar*, GA 2005, 385, 404; *Roxin, I.* in: Roxin/Schroth, Medizinstrafrecht, S. 262, 289; vgl. dazu auch schon *Ambos*, JZ 2003, 345, 353.

781 *Satzger*, ZStW 115 (2003), 469, 499.

782 So auch schon *Roxin, I.* in: Roxin/Schroth, Medizinstrafrecht, S. 262, 290.

783 Im Ergebnis ebenso AnwKom-StGB/*Sommer*, § 331 Rn. 78; vgl. dazu auch LK/*Sowada*, § 331 Rn. 110 m.w.N. und *Ulsenheimer*, Arztstrafrecht, Rn. 1035.

784 Vgl. dazu LK/*Sowada*, § 331 Rn. 115 ff.; *Roxin, I.* in: Roxin/Schroth, Medizinstrafrecht, S. 262, 290.

785 *Tag,* in: Tag/Tröger/Taupitz, Drittmitteleinwerbung, S. 153, 161.

ten, dass allein die Genehmigung einer Nebentätigkeit oder eines Sonderurlaubs noch nicht notwendigerweise die Genehmigung der Vorteilsannahme beinhaltet.[786] Davon ist nur auszugehen, wenn der zuständigen Stelle alle für Beurteilung des Vorteils erforderlichen Informationen mitgeteilt worden sind.[787]

C. § 332 StGB

Gem. § 332 Abs. 1 StGB macht sich strafbar, wer als Amtsträger, als Europäischer Amtsträger oder für den öffentlichen Dienst besonders Verpflichteter einen Vorteil für sich oder einen Dritten als Gegenleistung dafür fordert, sich versprechen lässt oder annimmt, dass er eine Diensthandlung vorgenommen hat oder künftig vornehmen wird und dadurch seine Dienstpflichten verletzt hat oder verletzen würde. Im Unterschied zu § 331 StGB, dem Grundtatbestand, muss sich die Unrechtsvereinbarung hierbei auf eine konkrete Diensthandlung des Amtsträgers beziehen.[788] Wenn die Beteiligten übereingekommen sind, „dass der Amtsträger innerhalb eines bestimmten Aufgabenkreises oder Kreises von Lebensbeziehungen in eine gewisse Richtung tätig werden soll, reicht es aus, dass die Diensthandlung nach ihrem sachlichen Gehalt zumindest in groben Umrissen erkennbar und festgelegt ist"[789]. Eine Dienstpflicht verletzt der Amtsträger mit einer Diensthandlung dann, wenn diese „gegen ein Gesetz, eine Rechtsverordnung, eine Verwaltungsvorschrift oder eine allgemein oder konkrete dienstliche Weisung verstößt".[790] Handelt es sich um eine Ermessensentscheidung handelt der Amtsträger schon dann pflichtwidrig, wenn er sich dabei von dem Vorteil beeinflussen lässt, diesen „mit in die Waagschale legt"[791].[792] In diesem Fall übt er sein Ermessen nämlich

---

786 OLG Hamburg MedR 2000, 371, 375.
787 *Dieners/Taschke,* PharmR 2000, 309, 315; OLG Hamburg MedR 2000, 371, 375.
788 Vgl. *Fischer,* § 332 Rn. 4.
789 BGHSt 39, 46 f.; vgl. auch BGH NStZ 2005, 214, 215; *Fischer,* § 332 Rn. 5 m.w.N.
790 BGHSt 48, 44, 46.
791 BGHSt 48, 44, 50.
792 BGHSt 47, 260, 262 f.; 15, 238, 248 f.; BGH NStZ-RR 2008, 13, 14; OLG Hamburg StV 2001, 277, 281; vgl. außerdem *Fischer,* § 332 Rn. 9a m.w.N.

nicht pflichtgemäß aus.[793] Bei Kontakten mit der Industrie geht es zumeist um Beschaffungsentscheidungen als relevante Diensthandlungen durch Ärzte.[794] Zumeist stehen dem Arzt dabei mehrere Produkte mit demselben Einsatzspektrum zur Auswahl. In der Regel handelt es sich daher um Ermessensentscheidungen.[795] Kommt einem Amtsträger keine eigene Entscheidungszuständigkeit zu, hat er jedoch praktisch Einfluss auf die Entscheidung anderer, so ist er einem Amtsträger mit Ermessen gleichzustellen.[796] Somit sind selbst solche Ärzte, die nicht unmittelbar Beschaffungsentscheidungen durchführen, diese aber in irgendeiner Art und Weise vorbereiten, auch als sogenannte „Ermessens-Amtsträger"[797] anzusehen. Nicht tatbestandsmäßig handelt allerdings, wer für seine Anstellungskörperschaft günstige Konditionen aushandelt und gerade dadurch einen Vorteil erzielt – der Vorteil ist dann nicht eine Gegenleistung für die Diensthandlung, sondern ergibt sich aus dem vorteilhaften Abschluss selbst.[798]

Nach § 332 Abs. 3 StGB reicht es außerdem aus, dass sich der Amtsträger bereit gezeigt hat, bei der Handlung seine Pflichten zu verletzen (Nr. 1) oder sich bei der Ausübung des Ermessens durch den Vorteil beeinflussen zu lassen (Nr. 2). Das Merkmal des Sichtbereitzeigens ist dann erfüllt, wenn der Amtsträger die Bereitschaft bekundet hat, sich bei der Entscheidung auch am Vorteil zu orientieren.[799] Allein durch die Annahme des

---

793 Vgl. BGHSt 48, 44, 50; 15, 238, 242 f.;

794 Daneben Auswahlentscheidungen einbeziehend *Roxin, I.* in: Roxin/Schroth, Medizinstrafrecht, S. 262, 282.

795 OLG Hamburg StV 2001, 277, 281 f.; ebenso *Roxin, I.* in: Roxin/Schroth, Medizinstrafrecht, S. 262, 282; Spickhoff/*Spickhoff,* § 331–338 Rn. 77; außerdem *Braun,* Industrie und Ärzteschaft, S. 44.

796 Vgl. BGHSt 47, 260, 263 f.; OLG Hamburg StV 2001, 277, 282.

797 *Roxin, I.* in: Roxin/Schroth, Medizinstrafrecht, S. 262, 282; *Fischer,* § 332 Rn. 9.

798 BGHSt 48, 44, 51; *Roxin, I.* in: Roxin/Schroth, Medizinstrafrecht, S. 262, 283.

799 Unschwer bejahte der BGH das Sichbereitzeigen bei folgender Vereinbarung eines Universitätsprofessors und Leiters der Herzchirurgie des Universitätsklinikums mit einem Medizinproduktehersteller: für die Dauerleihgabe einer dualen Antriebskonsole für ein Kunstherz, durch die sich der Arzt persönliches Fortkommen erhoffte, sagte er die Anschaffung von mindestens 300 Optima-Oxygenatoren pro Jahr und entsprechendes Einwirken auf die mit Bestellungen befasste Abteilung zu, BGHSt 48, 44 ff.; vgl. mit weiterem Beispiel auch *Ulsenheimer,* Arztstrafrecht, Rn. 1042 f.

Vorteils hat sich der Amtsträger allerdings noch nicht zur Beeinflussung bereit gezeigt.[800] Vielmehr sind dafür weitere Umstände erforderlich.[801] Für ein Sichbereitzeigen sprechen dabei Indizien wie ein dem Vorteil fehlender dienstlicher Zusammenhang oder eine besonders hohe Zuwendung, die dem Amtsträger allein privat zugutekommen soll.[802] Liegt, wie bei der Finanzierung von ärztlichen Kongressreisen, auch ein dienstlicher Bezug vor, ist besonders genau zu prüfen, welche Zwecke die Beteiligten mit der Zuwendung und deren Annahme verfolgten.[803] Ein insgeheimer Vorbehalt, später eine sachgerechte Bestellung vorzunehmen, ist hier unerheblich.[804]

D. § 299 StGB

Bei Kooperationen mit der Industrie kann sich ein Arzt wegen Bestechlichkeit im geschäftlichen Verkehr gem. § 299 Abs. 1 StGB strafbar machen. Nach § 299 Abs. 1 Nr. 1 StGB ist strafbar, wer als Angestellter oder Beauftragter eines Unternehmens im geschäftlichen Verkehr einen Vorteil für sich oder einen Dritten als Gegenleistung dafür fordert, sich versprechen lässt oder annimmt, dass er einen anderen bei dem Bezug von Waren oder Dienstleistungen im inländischen oder ausländischen Wettbewerb in unlauterer Weise bevorzuge. Nach § 299 Abs. 1 Nr. 2 StGB ist strafbar, wer als Angestellter oder Beauftragter eines Unternehmens im geschäftlichen Verkehr ohne Einwilligung des Unternehmens einen Vorteil für sich oder einen Dritten als Gegenleistung dafür fordert, sich versprechen lässt oder annimmt, dass er bei dem Bezug von Waren oder Dienstleistungen eine Handlung vornehme oder unterlasse und dadurch seine Pflichten gegenüber dem Unternehmen verletze.

---

800 BGH NJW 2003, 763, 765; *Geppert,* JURA 1981, 42, 50.
801 BGH NJW 2003, 763, 765; *Fischer,* § 332 Rn. 15.
802 BGH NJW 2003, 763, 765; BGH NStZ 2000, 90 f.; BGH NStZ-RR 2008, 13, 14.
803 BGH NJW 2003, 763, 765 f.; vgl. auch BGHSt 15, 352, 355.
804 BGH NJW 2003, 763; BGHSt 47, 260, 263; 15, 239, 248 f.; *Geppert,* JURA 1981, 42, 50.

I. Grundlagen

§ 299 StGB ist durch das Gesetz zur Bekämpfung der Korruption vom 13. August 1997 vom UWG in das Strafgesetzbuch „verlagert"[805] und zuletzt durch das Gesetz zur Bekämpfung der Korruption vom 20. November 2015[806] erheblich erweitert worden. Ziel der Übernahme in das „Kerngesetz des Strafrechts" war es, das Bewusstsein der Bevölkerung dafür zu schärfen, dass es sich auch bei korruptiven Handlungen im geschäftlichen Bereich um ein nicht nur die Wirtschaft betreffendes, sondern allgemein sozialethisch zu missbilligendes Verhalten handelt.[807] Der bis dato geltende und in der Praxis nahezu bedeutungslose[808] § 12 UWG a.F. wurde im Zuge dessen aufgehoben (vgl. Art. 4 Nr. 1 Korruptionsbekämpfungsgesetz). Eine inhaltliche Neuausrichtung sollte damit aber nicht verbunden sein und so ist bei der Auslegung der § 299 Abs. 1 Nr. 1 und Abs. 2 Nr. 1 StGB nach wie vor der Zusammenhang mit dem UWG zu beachten.[809]

Vor allem in Umsetzung internationaler Vorgaben[810] wurde § 299 StGB schließlich Ende des Jahres 2015[811] unter anderem um das sogenannte

---

[805] Erstes Korruptionsbekämpfungsgesetz, vgl. Fn. 469; insbesondere wurde der Tatbestand auf Drittvorteile ausgedehnt, vgl. BT-Drs. 13/5584, S. 15.

[806] Zweites Korruptionsbekämpfungsgesetz, vgl. Fn. 469.

[807] BT-Drs. 13/5584, S. 15. Die rein formale Gleichstellung von §§ 331 ff. StGB und § 12 UWG war nicht unumstritten. Während der Entwurf der Bundesregierung (BT-Drs. 13/6424) und der der CDU/CSU u.a. (BT-Drs. 13/5584) vorsahen, den Tatbestand der Angestelltenbestechung aus dem UWG in das StGB zu verlagern, sprach sich der Bundesrat in seinem Entwurf dafür aus, den Tatbestand im UWG zu belassen. Auch auf dem Deutschen Juristentag war man sich uneins. *Dölling*, DJT 1996, Bd. I, Gutachten, C 84/85, sprach sich in seinem Gutachten für einen Verbleib des Tatbestandes der Angestelltenbestechung im UWG aus, wohingegen *Volk*, DJT 1996, Bd. II/1, Referat, L35, L44/45, in seinem Referat genau die andere Auffassung vertrat.

[808] Vgl. *Bannenberg,* in Wabnitz/Janovsky, Hdb Wirtschafts- und Steuerstrafrecht, Kap. 12 Rn. 84 (Fn. 233).

[809] Vgl. BT-Drs. 13/5584, S. 15.

[810] So ausdrücklich BT-Drs. 18/4350, S. 1. Der Umsetzungsbedarf ist streitig diskutiert worden, vgl. dazu nur BT-Drs. 18/6389, S. 10 f.; für weitere Nachweise vgl. BeckOK-StGB/*Momsen*, § 299 Rn. 1–3 a.E. Zuletzt kritisch bspw. *Gaede*, NZWiSt 2014, 281, 284 ff.; *Schünemann*, ZRP 2015, 68, 69 ff. Ausführlich zu den internationalen Vorgaben und dem daraus

„Geschäftsherrenmodell" erweitert und sein Gesetzeswortlaut dem Wettbewerbsrecht angepasst. Letzteres unterstreicht erneut den engen Zusammenhang der Vorschrift mit dem UWG.

II. Geschütztes Rechtsgut

§ 299 Abs. 1 Nr. 1 und Abs. 2 Nr. 1 StGB schützt in erster Linie den freien und lauteren Wettbewerb als Rechtsgut der Allgemeinheit.[812] Das machen schon der Wortlaut der Norm, der unter anderem das Fordern (Abs. 1 Nr. 1) oder das Anbieten (Abs. 2 Nr. 1) eines Vorteils unter Strafe stellt, wenn ein anderer im Wettbewerb in unlauterer Weise bevorzugt werden soll, der historische Hintergrund sowie die systematische Stellung des § 299 StGB im 26. Abschnitt des StGB deutlich.[813] Auch mit der Erweiterung von § 299 StGB wird die Diskussion, ob über den freien und lauteren Wettbewerb hinaus noch weitere Rechtsgüter von nunmehr § 299 Abs. 1 Nr. 1 und Abs. 2 Nr. 1 StGB geschützt sind, nicht beendet sein. Denn mit der Neufassung des § 299 StGB sollte in den Nummern 1 die bisherige Rechtslage nicht geändert werden.[814] Die vertretenen Ansichten dazu gehen weit auseinander. Nicht nur über die Bandbreite der möglichen weiteren Rechtsgüter, wie die Interessen der Mitbewerber, des Geschäftsherrn oder sonstiger Marktteilnehmer herrscht Uneinigkeit, sondern auch darüber, ob diese vorrangig, gleichrangig oder aber nur mittelbar neben dem lauteren Wettbewerb geschützt sind.[815] Richtigerweise ist

---

folgenden Umsetzungsbedarf vgl. nur *Walther,* Bestechlichkeit und Bestechung, S. 53 ff.

811 Ein vergleichbarer Umsetzungsversuch war im Jahr 2007 noch gescheitert, vgl. BT-Drs. 16/6558. Vgl. dazu auch BeckOK-StGB/*Momsen,* § 299 Rn. 1–3.

812 BGH MedR 2011, 651, 657; BGHSt 49, 214, 229; RGSt 48, 291, 295; *Fischer,* § 299 Rn. 2; GK-UWG/*Otto,* § 12 Rn. 5; *Heinrich,* Amtsträgerbegriff, S. 602 ff., 605; Lackner/Kühl/*Heger,* § 299 Rn. 1; LK/*Tiedemann,* § 299 Rn. 1 m.w.N.; NK-StGB/*Dannecker,* § 299 Rn. 4 m.w.N.; Schönke/Schröder/*Heine/Eisele,* § 299 Rn 2; SK-StGB/*Rogall,* § 299 Rn 7; a.A. bspw. *Maurach/Schröder/Maiwald,* Strafrecht BT 2, § 68 Rn. 2; *Pragal,* S. 123 ff., 134 ff.; *Szebrowski,* Kick-Back, S. 167 ff.

813 Ebenso *Müller,* Vertragsarzt, S. 218; zur Historik und Systematik vgl. auch *Höltkemeier,* Sponsoring, S. 163 f. und SK-StGB/*Rogall,* § 299 Rn. 7.

814 Vgl. BT-Drs. 18/4350, S. 21.

815 Vgl. zur Übersicht die ausführliche Diskussion mit vielen weiteren Nachweisen u.a. bei *Pragal,* S. 107 ff.; SK-StGB/*Rogall,* § 299 Rn. 7 ff.

davon auszugehen, dass § 299 Abs. 1 Nr. 1 und Abs. 2 Nr. 1 StGB neben dem freien und lauteren Wettbewerb gleichrangig die Interessen der Mitbewerber[816] sowie des Geschäftsherrn[817] schützt und reflexartig Schutzwirkungen für das Vermögen der Allgemeinheit entfaltet.[818] Schon das Strafantragsrecht nach § 301 StGB macht deutlich, dass der Schutz von Individualinteressen durch § 299 StGB gesetzgeberisch vorgesehen ist.[819] Mitbewerber werden von § 299 Abs. 1 Nr. 1 und Abs. 2 Nr. 1 StGB vorausgesetzt und ein ungesetzlicher Vorteil des einen wird zumeist mit einer Benachteiligung des anderen einhergehen.[820] Aber auch der Geschäftsherr kann Opfer durch die in § 299 Abs. 1 Nr. 1 und Abs. 2 Nr. 1 StGB beschriebenen Handlungen sein. Handelt der Arbeitnehmer oder Beauftragte ohne sein Wissen, ist dieser in seiner wirtschaftlichen Entscheidungsfreiheit und nicht nur in seinem insbesondere durch § 266 StGB geschützten Vermögen getroffen.[821] Dafür spricht auch die neueste Gesetzesbegründung, wonach der Schutz der Interessen des Geschäftsherrn mit der Neufassung erweitert werden sollte.[822] Eine Abstufung in

---

816   So auch u.a. Lackner/Kühl/*Heger,* § 299 Rn 1; SK-StGB/*Rogall,* § 299 Rn. 7 m.w.N.; LK/*Tiedemann,* § 299 Rn 1; NK-StGB/*Dannecker,* § 299 Rn. 5; wohl auch *Baumbach/Hefermehl,* UWG, § 12 Rn. 12; im Verhältnis zum freien Wettbewerb als vorrangig geschützt ansehend u.a. BGH NJW 1968, 1572, 1574; *Pfeiffer,* in: FS v. Gamm, S. 131; als nachrangig geschützt ansehend u.a. *Tron,* Kassenärzte, S. 101 f.; „mittelbar" *Fischer,* § 299 Rn. 2.

817   Ebenso u.a. BGHSt 31, 207, 209 ff; SK-StGB/*Rogall,* § 299 Rn. 12 m.w.N. Die Interessen des Geschäftsherrn als nachrangig geschützt betrachtend u.a. NK-StGB/*Dannecker,* § 299 Rn. 4 ff.; LK/*Tiedemann,* § 299 Rn. 2; Schönke/Schröder/*Heine/Eisele,* § 299 Rn. 2; „mittelbar" *Fischer,* vor § 298 Rn. 6, § 299 Rn. 2 m.w.N.; gänzlich ablehnend BeckOK-StGB/*Momsen,* § 299 Rn. 4.1.

818   Ebenso SK-StGB/*Rogall,* § 299 Rn. 14; vom freien Wettbewerb als einzigem Rechtsgut ausgehend, das reflexartig die Interessen der Mitbewerber, des Geschäftsherrn und der Allgemeinheit schützt: GK-UWG/*Otto,* § 12 Rn. 5; *Heinrich,* Amtsträgerbegriff, S. 605 f.; diesen zustimmend *Höltkemeier,* Sponsoring, S. 166 f. und wohl auch *Müller,* Vertragsarzt, S. 241; enger *Wollschläger,* Täterkreis des § 299 Abs. 1 StGB, S. 24 ff.; ausführlich dazu *Pragal,* S. 107 ff.

819   NK-StGB/*Dannecker,* § 299 Rn. 5.

820   NK-StGB/*Dannecker,* § 299 Rn. 5.

821   SK-StGB/*Rogall,* § 299 Rn. 12 m.w.N.

822   BT-Drs. 18/4350, S. 21.

der Schutzwürdigkeit lässt sich § 299 StGB mithin nicht entnehmen. Zwar trägt § 299 StGB in der Folge dafür Sorge, dass sich Waren und gewerbliche Leistungen nicht unnötig verteuern, dieser Schutz der Allgemeinheit ist allerdings – mangels gegenteiliger Hinweise – nicht beabsichtigt und daher nur reflexartig.[823]

Ausweislich der Gesetzesbegründung soll § 299 Abs. 1 Nr. 2 und Abs. 2 Nr. 2 StGB den Schutz der Interessen des Geschäftsherrn „an der loyalen und unbeeinflussten Erfüllung der Pflichten durch seine Angestellten und Beauftragten im Bereich des Austausches von Waren und Dienstleistungen erweiter[n]"[824] (sog. Geschäftsherrenmodell)[825]. Darin aber erschöpft sich auch das von den zweiten Varianten geschützte Rechtsgut und gegenteiligen Stimmen[826] ist insoweit entgegenzutreten[827]. Zwar mag man Kritikern zugestehen, dass die Gesetzesbegründung, die davon spricht, dass der Schutz „erweitert" werde, missverständlich ist. Der nunmehr aber Gesetz gewordene Wortlaut der Vorschrift, der durch die Formulierung „ohne Einwilligung des Unternehmens" selbigem Dispositionsfreiheit über die Strafbarkeit ihrer Angestellten einräumt, dürfte eine andere Interpretation kaum mehr vertretbar erscheinen lassen.[828]

III. Unternehmen

Der Begriff des Unternehmens hat als redaktionelle Änderung des Gesetzes zur Bekämpfung der Korruption vom 20. November 2015 den Begriff des geschäftlichen Betriebs ersetzt. Dies geschah in Anlehnung an die redaktionellen Änderungen im Gesetz gegen den unlauteren Wettbewerb und sollte keine inhaltliche Änderung mit sich bringen.[829] Insoweit ist auch nach wie vor davon auszugehen, dass das Merkmal des Unterneh-

---

823 *Höltkemeier,* Sponsoring, S. 165; SK-StGB/*Rogall,* § 299 Rn. 13 m.w.N.
824 BT-Drs. 18/4350, S. 21.
825 Zu unterschiedlichen Regelungsmodellen vgl. *Walther,* Bestechlichkeit und Bestechung, S. 16 ff.
826 Vgl. *Kubiciel,* ZIS 2014, 667, 670 ff., *Dannecker/Schröder,* ZRP 2015, 48, 49; *Hoven,* NStZ 2015, 553, 559 f.
827 So auch schon *Walther,* Bestechlichkeit und Bestechung, S. 189 f.
828 So auch und insgesamt ausführlich *Krack,* ZIS 2016, 83, 86 f.
829 BT-Drs. 18/4350, S. 22; für die angesprochenen Änderungen des UWG vgl. BT-Drs. 15/1487, S. 32, 42. Kritisch dazu *Walther,* WiJ 2015, 152, 157.

mens, wie schon das des geschäftlichen Betriebs, jede auf gewisse Dauer betriebene Tätigkeit außerhalb des privaten Bereichs, die ihre wesensgemäßen Aufgaben durch den Austausch von Leistungen und Gegenleistungen vollzieht und so am Wirtschaftsleben teilnimmt, umfasst.[830] Eine Gewinnerzielungsabsicht ist dabei nicht erforderlich.[831] Schon seit jeher war über den Handelsbetrieb des HGB und des Gewerbebetriebs der GewO hinaus jeder Geschäftsbetrieb vom Begriff des gewerblichen Betriebs umfasst.[832] Auch die freiberufliche Tätigkeit von Ärzten fiel im Fall von wirtschaftlichem Tätigwerden unter den Begriff des geschäftlichen Betriebs.[833] Für den Begriff des Unternehmens kann nichts anderes gelten. Zu begrüßen ist, dass die redaktionelle Änderung insbesondere für freiberufliche Tätigkeiten insoweit für Klarstellung gesorgt hat.

Unter den Begriff des Unternehmens fallen mithin auch solche, die gemeinnützigen oder sozialen Zwecken dienen[834] und somit sind jedenfalls auch private Krankenhäuser von § 299 StGB erfasst.[835] Und auch staatliche Stellen gehören nach wie vor, unabhängig von ihrer Organisationsform und ihrem Aufgabenspektrum, (nunmehr) zum Kreis der Unternehmen, wenn sie durch den Austausch von Leistungen am Wirtschaftsleben teilnehmen.[836] Auf Krankenhäuser in öffentlich-rechtlicher Trägerschaft

---

830   BGHSt 2, 396, 402; MüKo/*Krick*, § 299 Rn. 16 m.w.N.

831   BGHSt 2, 396, 401 f.; RGSt 68, 70, 74; 50, 118, 118 f.; *Fischer*, § 299 Rn. 4; LK/*Tiedemann*, § 299 Rn. 19 m.w.N.; Lackner/Kühl/*Heger*, § 299 Rn. 2; Prütting/*Tsambikakis*, § 299 StGB Rn. 4.

832   RGSt 55, 31, 31 f.; 50, 118, 118 f.; zustimmend MüKo/*Krick*, § 299 Rn. 16.

833   BGHSt 57, 202, 212; RGSt 37, 173, 174 f.; RGZ 74, 169, 171; NK-StGB/*Dannecker*, § 299 Rn. 24; ebenso SK-StGB/*Rogall*, § 299 Rn. 19; LK/*Tiedemann*, § 299 Rn. 19 m.w.N; Spickhoff/*Schuhr*, StGB, § 302 Rn. 8.

834   Für den Begriff des „geschäftlichen Betriebs" vgl. BGH MedR 2011, 651, 658; BGHSt 2, 396, 402; RGSt 50, 118, 119; Lackner/Kühl/Heger, § 299 Rn. 2 m.w.N.; LK/*Tiedemann*, § 299 Rn. 19 m.w.N.; MüKo/*Krick*, § 299 Rn. 16 m.w.N.

835   Für den Begriff des „geschäftlichen Betriebs" vgl. *Fischer*, § 299 Rn. 4; MüKo/*Krick*, § 299 Rn. 16; Schönke/Schröder/*Heine/Eisele*, § 299 Rn. 6; *Ulsenheimer*, Arztstrafrecht, Rn. 1047; für weitere medizinische Einrichtungen vgl. außerdem *Fischer*, § 299 Rn. 4.

836   Vgl. BT-Drs. 18/4350, danach sollen „insbesondere auch Behörden auch weiterhin in den Anwendungsbereich des § 299 StGB fallen, sofern sie am Wirtschaftsverkehr teilnehmen". Vgl. zum „geschäftlichen Betrieb"

trifft dies insbesondere bei Beschaffungsgeschäften[837], wie dem Arznei- und Hilfsmitteleinkauf zu. Insoweit kann die Kritik *Walthers*, der in der Anknüpfung der Terminologie des UWG insbesondere im Fall von Behörden einen „gewissen Schwachpunkt" erkennen will, weil der Unternehmensbegriff des UWG „bedenkenlos [...] ausgedehnt" werde,[838] nicht nachvollzogen werden. Auch bisher war der Begriff des geschäftlichen Betriebs schon weit und aufgrund des historischen Hintergrundes an das Wettbewerbsrecht angelehnt auszulegen.

1. Gesetzliche Krankenkassen

Noch vor der redaktionellen Änderung des Merkmals „geschäftlicher Betrieb" wurde vereinzelt bezweifelt, ob auch die gesetzlichen Krankenkassen einen solchen im Sinne des § 299 Abs. 1 StGB a.F. darstellen. Der Streit um die Subsumtion der gesetzlichen Krankenkassen unter den nunmehr neugefassten § 299 StGB dürfte fortbestehen. Vor dem Hintergrund der ebenfalls umstrittenen Einordnung der gesetzlichen Krankenkassen als „Unternehmen" im Sinne des Lauterkeits- und des Kartellrechts und der nunmehr bestehenden Begriffsgleichheit auch in § 299 StGB ist noch genauer hinzuschauen.

a) Meinungsstand

Der Große Senat hat im Jahr 2012 ausdrücklich offen gelassen, ob die gesetzlichen Krankenkassen einen „geschäftlichen Betrieb" im Sinne des § 299 StGB a.F. darstellen und damit die Chance vertan, die erste höchstrichterliche Entscheidung in dieser Richtung zu treffen.[839]

Kritiker führen unter anderem an, dass der „verstümmelte Wettbewerb", dem sich die gesetzlichen Krankenkassen ausgesetzt sehen, nicht mehr

---

BGHSt 57, 202, 210; BGHSt 2, 396, 401 f.; Lackner/Kühl/*Heger*, § 299 Rn. 2 m.w.N.; LK/*Tiedemann*, § 299 Rn. 19 m.w.N.; MüKo/*Krick*, § 299 Rn. 16 m.w.N.; Spickhoff/*Schuhr*, StGB, § 302 Rn. 8.

837 *Schramm*, JuS 1999, 333, 338 f.; zustimmend *Frister/Lindemann/Peters*, Arztstrafrecht, 2. Kap. Rn. 346; allgemein BGHSt 2, 396, 403 f.; 10, 358, 365 f.

838 *Walther*, WiJ 2015, S. 152, 157.

839 Er schien aber grundsätzlich mit der Einordnung der gesetzlichen Krankenkassen als geschäftliche Betriebe zu sympathisieren, vgl. BGHSt 57, 202, 210, 211; zu § 12 UWG a.F. so schon u.a. RGSt 68, 70, 74.

vom Schutzzweck des § 299 StGB a.F. erfasst sei.[840] Jedenfalls würden die Krankenkassen nicht wie jedermann am allgemeinen Wirtschaftsverkehr teilnehmen; dies mache insbesondere das Urteil des EuGH aus dem Jahr 2004 deutlich, dem sich das Bundessozialgericht in der Folge angeschlossen habe, wonach es sich bei den deutschen gesetzlichen Krankenkassen nicht um Unternehmen im Sinne des EG-Kartellrechts handle.[841] Sie nehmen allein eine soziale Aufgabe wahr, ihre Leistungen seien von den Beiträgen unabhängig und überdies selbst nach der Gesundheitsreform 2007 gesetzlich vorgegeben.[842] *Krüger* zufolge sollte die Einordnung der gesetzlichen Krankenkassen als geschäftliche Betriebe zumindest „überdacht" werden.[843] Er beruft sich dabei insbesondere auf die den gesetzlichen Krankenkassen durch § 69 Abs. 1 S. 1 SGB V zugesprochene Rolle im Wettbewerbsrecht.[844] Dessen Anwendung auf die Beziehungen von Krankenkassen zu Leistungserbringern sei gem. § 69 Abs. 1 SGB V ausgeschlossen und diese Wertentscheidung müsse schon aufgrund der Ursprünge des § 299 StGB bei dessen Auslegung Berücksichtigung finden.[845] *Rogall* begrüßte diesen Vorstoß ausdrücklich und wurde in der Folge noch ein wenig deutlicher: aufgrund der UWG-Akzessorietät des § 299 StGB a.F. sei dessen Anwendung auf „Verfehlungen im Verhältnis der Vertragsärzte zu den Krankenkassen" ausgeschlossen; die Krankenkassen seien gerade keine geschäftlichen Betriebe im Sinne des § 299 StGB a.F.[846]

b) Stellungnahme

Schon vor der Neufassung des § 299 StGB sprachen die besseren Argumente für eine Subsumtion der gesetzlichen Krankenkassen unter den Begriff des geschäftlichen Betriebs.[847] So galt es das Merkmal des ge-

---

840 *Schnapp*, in: Duttge, Tatort Gesundheitsmarkt, S. 47, 65.

841 *Schnapp*, in: Duttge, Tatort Gesundheitsmarkt, S. 47, 64 f.

842 *Schnapp*, in: Duttge, Tatort Gesundheitsmarkt, S. 47, 65.

843 *Krüger*, ZIS 2011, 692, 701; jedenfalls der Leistungserbringung die Wettbewerbsrelevanz absprechend *Kraatz*, NZWiSt 2012, 273, 275 f.; vgl. auch *Tsambikakis*, JR 2011, 538, 541 f.

844 *Krüger*, ZIS 2011, 692, 700.

845 *Krüger*, ZIS 2011, 692, 700 f.

846 SK-StGB/*Rogall*, § 299 Rn. 35.

847 Vgl. auch *Taschke*, StV 2005, 406, 410; *Reese*, PharmR 2006, 92, 95; jedenfalls „derzeit" gesetzliche Krankenkassen als geschäftliche Betriebe

schäftlichen Betriebs weit auszulegen[848] und Bedeutung kam ihm insbesondere in der Abgrenzung zu rein privatem Handeln eines Einzelnen zu[849], welches häufig kaum Einfluss auf den Wirtschaftsverkehr haben kann. Der aufgrund von § 69 SGB V eingeschränkte Anwendungsbereich des Wettbewerbsrechts sagt auch heute noch nichts darüber aus, dass Krankenkassen generell nicht auch am Wirtschaftsleben teilnehmen. Man denke nur an den Bereich sogenannter Rahmenverträge, bei dem Krankenkassen eine riesige Nachfragemacht zukommt[850] oder an die Krankenkassen als Anbieter von Leistungen gegenüber den Versicherten[851]. Letztlich war die Frage, in welchem Verhältnis – ob zwischen den Krankenkassen untereinander, zwischen Krankenkassen und Leistungserbringern oder zwischen den Leistungserbringern – dann was für ein Wettbewerb herrschen muss, schon keine Frage der Bestimmung des geschäftlichen Betriebs.[852]

Mit der Neufassung des § 299 StGB hat sich daran nichts geändert: nach wie vor ist der Begriff weit auszulegen.[853] Schon die Gesetzesbegründung hebt ausdrücklich hervor, dass mit der redaktionellen Änderung des Begriffs „geschäftlicher Betrieb" in „Unternehmen" keine inhaltliche Neuausrichtung verbunden sein sollte.[854] Obwohl sich der Begriff des „Unternehmens" nunmehr sowohl im Lauterkeitsrecht als auch im Kartell- und Strafrecht findet, überzeugt der Verweis auf die Rechtsprechung des EuGH als Gegenargument noch immer nicht. Noch vor der Neufassung des § 299 StGB ließ sich – zugegebenermaßen bedingt überzeugend – anführen, dass die Begriffe des Unternehmens und der des geschäftlichen Betriebs schon äußerlich nicht deckungsgleich sind. Aber auch nach der Neufassung und damit einhergehender Begriffsgleichheit kann zum einen

---

einordnend Spickhoff/*Schuhr,* StGB, § 302 Rn. 8; *Wengenroth/Meyer,* JA 2012, 646, 649.

848 So ausdrücklich auch *Reese,* PharmR 2006, 92, 95.
849 RGSt 68, 70, 74; 66, 380, 384; MüKo/*Krick,* § 299 Rn. 16.
850 Vgl. auch *Müller,* Vertragsarzt, S. 256 m.w.N.
851 So auch *Müller,* Vertragsarzt, S. 255.
852 Ähnlich *Kraatz,* NZWiSt 2012, 273, 275 f.; anders aber *Krüger,* ZIS 2011, 692, 701; *Schnapp,* GesR 2012, 705, 709.
853 Insoweit vermag die Kritik *Walthers,* der in der Anknüpfung an die Terminologie des UWG und der dort erfolgenden weiten Begriffsauslegung einen „gewissen Schwachpunkt" erkennen will, nicht überzeugen. Vgl. *Walther,* WiJ 2015, 152, 157.
854 BT-Drs. 18/4350, S. 22.

darauf verwiesen werden, dass die Ursprünge des Lauterkeitsrechts andere als die des europäischen Kartellrechts sind.[855] Zum anderen deutet eine Entscheidung des EuGH aus dem Jahr 2013[856] zum Lauterkeitsrecht an, dass er die Einordnung der gesetzlichen Krankenkassen als Unternehmen im Sinne des Kartellrechts heute möglicherweise anders als noch im Jahr 2004 vornehmen würde. Vor dem Hintergrund der in den letzten Jahren vermehrt eingeführten Wettbewerbselemente im Bereich der gesetzlichen Krankenversicherung wäre dies jedenfalls nicht verwunderlich.[857]

Im Falle eines wirtschaftlichen Tätigwerdens waren somit gesetzliche Krankenkassen vom Begriff des geschäftlichen Betriebs im Sinne des § 299 StGB a.F. erfasst. Daran hat sich mit der Neufassung des § 299 StGB nichts geändert, so dass gesetzliche Krankenkassen bei wirtschaftlichem Tätigwerden auch als „Unternehmen" im Sinne des § 299 StGB n.F. anzusehen sind.

2. Kassenärztliche Vereinigung

Kassenärztliche Vereinigungen hingegen stellen keine Unternehmen im Sinne des § 299 StGB dar.[858] Einer Einordnung steht wiederum nicht schon entgegen, dass die Kassenärztlichen Vereinigungen gem. § 77 Abs. 5 SGB V Körperschaften des öffentlichen Rechts sind. Ihre wesensgemäßen Aufgaben aber sind nicht durch den Austausch von Leistungen unter Teilnahme am Wirtschaftsverkehr gekennzeichnet.[859] Die Kassenärztlichen Vereinigungen haben die vertragsärztliche Versorgung sicherzustellen und dafür Verträge mit den Verbänden der Krankenkassen abzuschließen. Sie haben dafür Sorge zu tragen, dass die vertragsärztliche Versorgung den gesetzlichen und vertraglichen Erfordernissen entspricht und sind für die Verteilung der Gesamtvergütung an die Vertragsärzte

---

855 So ausführlich *Müller*, Vertragsarzt, S. 255 ff.
856 EuGH, Urteil v. 3. Oktober 2013, Az.: C-59/12 – „BKK Mobil Oil ./. Zentrale zur Bekämpfung unlauteren Wettbewerbs" = GRUR 2013, 1159 ff.; vgl. dazu *Ebert-Weidenfeller/Gromotke*, EuZW 2013, 937 ff. m.w.N.
857 So auch *Ebert-Weidenfeller/Gromotke*, EuZW 2013, 937, 940. Vgl. dazu auch BGH, Beschluss v. 18. Januar 2012, Az.: I ZR 170/10 – „Betriebskrankenkasse" = GRUR 2012, 288, 290; Immenga/Mestmäcker/*Mestmäcker/Schweitzer*, AEUV Art. 106 Abs. 1 Rn. 35.
858 So zum „geschäftlichen Betrieb" vgl. auch schon *Sahan*, ZIS 2007, 69, 70; Spickhoff/*Schuhr*, § 299 Rn. 19; SSW-StGB/*Rosenau*, § 299 Rn. 11.
859 Ebenso *Sahan*, ZIS 2007, 69, 70; Spickhoff/*Schuhr*, § 299 Rn. 19.

zuständig. Mithin handelt es sich bei den Kassenärztlichen Vereinigungen nicht um Unternehmen gem. § 299 StGB.[860]

IV. Angestellter oder Beauftragter eines Unternehmens

Tauglicher Täter des § 299 Abs. 1 StGB ist der Angestellte oder Beauftragte eines Unternehmens. Angestellter in diesem Sinne ist, wer zu seinem Unternehmensinhaber jedenfalls in einem faktischen Dienstverhältnis steht, dessen Weisungen unterliegt und auf die geschäftliche Betätigung des Unternehmens Einfluss nehmen kann.[861] Dies trifft auf Geschäftsführer einer GmbH[862] ebenso zu, wie auf Angestellte einer öffentlich-rechtlichen Körperschaft bei fiskalischem Handeln[863]. Beauftragter ist, wer, ohne Angestellter zu sein, berechtigterweise geschäftlich für ein Unternehmen tätig wird.[864] Dabei muss er insbesondere auf die Beschaffungsentscheidungen des Unternehmens Einfluss nehmen können.[865] Die Berechtigung ist dabei nicht nach bürgerlich-rechtlichen Kriterien, sondern vielmehr nach den tatsächlichen Verhältnissen zu bestimmen.[866] Es handelt sich mithin um ein Merkmal mit „Auffangfunktion", das gerade außenstehende Personen mit entsprechender Berechtigung erfassen soll.[867]

Grundsätzlich nicht vom Tatbestand erfasst sind Unternehmensinhaber. Dies wurde im Zuge der Einführung des (ersten) Korruptionsbekämp-

---

860 Für den „geschäftlichen Betrieb" ebenso *Sahan*, ZIS 2007, 69, 70; ohne Begründung auch SSW-StGB/*Rosenau*, § 299 Rn. 11; wohl auch LG Braunschweig (Wirtschaftsstrafkammer), vgl. dazu Angaben bei *Schmidt*, NStZ 2010, 393, 394; a.A. Schönke/Schröder/*Heine/Eisele*, § 299 Rn. 6.

861 So für § 299 StGB a.F.: *Fischer*, § 299 Rn. 9; LK/*Tiedemann*, § 299 Rn. 11; Lackner/Kühl/*Heger*, § 299 Rn. 2; ebenso bspw. *Bannenberg*, in: Wabnitz/Janovsky, Hdb Wirtschafts- und Steuerstrafrecht, Kap. 12 Rn. 86.

862 NK-StGB/*Dannecker*, § 299 Rn. 21; vgl. auch Fischer, § 299 Rn. 8a.

863 Arzt/Weber/Heinrich/Hilgendorf, Strafecht BT, § 49 Rn. 57b.

864 BGHSt 57, 202, 211 m.w.N.; BGHSt 2, 396, 401; vgl. auch LK/*Tiedemann*, § 299 Rn. 16 m.w.N.

865 BGHSt 57, 202, 211 m.w.N.; BGHSt 2, 396, 401; *Schramm*, JuS 1999, 333, 339; ebenso *Fischer*, § 299 Rn. 10.

866 BGHSt 57, 202, 211; RGSt 68, 70, 74 f.; Lackner/Kühl/Heger, § 299 Rn. 2 m.w.N.; MüKo/*Krick*, § 299 Rn. 5 m.w.N.

867 *Fischer*, § 299 Rn. 10/10a; LK/*Tiedemann*, § 299 Rn. 16 m.w.N.

fungsgesetzes umstritten diskutiert.[868] Man kam aber zu dem Schluss, dass sich der Unternehmensinhaber letztlich auch von unsachlichen Motiven leiten lassen dürfe und in der Entscheidung über den Bezug von Waren frei sei.[869]

1. Vertragsarzt

Als Inhaber seiner eigenen Praxis kann sich der Vertragsarzt nicht gem. § 299 StGB strafbar machen. Möglicherweise handelt er aber zugleich auch als Angestellter oder Beauftragter eines anderen Unternehmens, nämlich das der gesetzlichen Krankenkassen. Da allerdings zwischen Vertragsarzt und gesetzlichen Krankenkassen schon keinerlei Rechtsbeziehungen bestehen und der Vertragsarzt auch bei der Behandlung von gesetzlich Versicherten weiterhin selbstständig und weisungsfrei tätig wird, somit weder ein faktisches Dienstverhältnis noch Weisungsgebundenheit zwischen beiden Parteien besteht,[870] ist hier allein das Merkmal der Beauftragtenstellung näher zu betrachten.

a) Beauftragter eines anderen Unternehmens

Dafür ist zunächst die Frage zu klären, ob ein Unternehmensinhaber zugleich auch Beauftragter eines anderen Unternehmens sein kann. Dagegen wird angeführt, dass der Vertragsarzt als Unternehmensinhaber gegenüber der Krankenkasse auftrete und daher eine gleichzeitige Beauftragung durch die Krankenkassen „kaum möglich" erscheine.[871] Die gesetzlich vorgegebene Unterscheidung zwischen dem Inhaber eines Unternehmens und seinen Angestellten „liefe leer", wenn man den Inhaber wiederum als Beauftragten einordne.[872] Dies ist jedoch abzulehnen. Dass der Angestellte oder Beauftragte zugleich „(zufällig)" auch Inhaber eines eigenen Unternehmens ist, kann der Anwendung von § 299 StGB grundsätzlich nicht

---

868 Kritisch bspw. *Fischer,* § 299 Rn. 8a; *Satzger,* ZStW 115 (2003), 469, 488.
869 *Dölling,* DJT 1996, Bd. I, Gutachten, C 87.
870 Vgl. dazu das erste Kapitel unter B. III. 4.
871 Vgl. *Krafczyk,* in: FS Mehle, S. 325, 336; *Bernsmann/Schoß,* GesR 2005, 193, 195 f.; *Brockhaus/Dann/Teubner/Tsambikakis,* wistra 2010, 418, 420; *Sobotta,* GesR 2010, 471, 474.
872 *Corsten,* BB 2012, 2059, 2060.

entgegenstehen.[873] § 299 StGB schließt nur die Vorteilsannahme hinsichtlich des eigenen Unternehmens, nicht aber eines anderen Unternehmens aus.[874] Freiberufliches Tätigwerden sei „geradezu ein typisches Element" des Beauftragten im Gegensatz zum Angestellten.[875] Einer Beauftragtenstellung des Vertragsarztes steht also nicht schon die eigene Unternehmensinhaberschaft entgegen.

b) Vertragsarzt als Beauftragter der gesetzlichen Krankenversicherung

Die Frage, ob der Vertragsarzt Beauftragter der gesetzlichen Krankenversicherung ist, ist bis zur Entscheidung des Großen Senats für Strafsachen äußerst umstritten diskutiert worden. Das juristische „Erdbeben"[876] ausgelöst hatte *Pragal*[877] im Jahr 2005, als er der bis dahin herrschenden Auffassung, dass der Vertragsarzt kein Beauftragter eines geschäftlichen Betriebs i.S.d. § 299 StGB a.F. sei, entgegentrat. Die in der sich anschließenden Diskussion aufgestellten Argumente sollen im Folgenden knapp dargelegt und in einer Stellungnahme untersucht werden.

aa) Argumente für eine Beauftragtenstellung

Von den Befürwortern einer Beauftragtenstellung wird insbesondere das Rechtsverhältnis zwischen Vertragsärzten, Krankenkassen, Patienten sowie den Apotheken angeführt. Mit der Verordnung von Medikamenten konkretisiere der Vertragsarzt das Rahmenrecht des Versicherten aus den §§ 31 ff. SGB V und gebe eine Willenserklärung auf Abschluss eines Kaufvertrages mit Wirkungen für und gegen die Krankenkasse ab.[878] Er sei die „Schlüsselfigur der Arzneimittelversorgung".[879] Indem der Patient

---

873 BGHSt 57, 202, 212; *Fischer,* § 299 Rn. 10c; *Pragal,* NStZ 2005, 133, 135; zustimmend *Reese,* PharmR 2006, 92, 95.
874 *Fischer,* § 299 Rn. 10c.
875 *Fischer,* § 299 Rn. 10c; im Ergebnis so auch *Müller,* Vertragsarzt, S. 331.
876 So auch schon *Schnapp,* GesR 2012, 705, 713.
877 *Pragal,* NStZ 2005, 133, 134 ff.
878 *Pragal,* NStZ 2005, 133, 134; nahezu wortgleich sich anschließend OLG Braunschweig MedR 2010, 497, 498; *Frister,* in: Lindemann/Ratzel, S. 99, 106 f.; von *Bernsmann/Schoß,* GesR 2005, 193, 195, wird die Ansicht Pragals als „großtönend" abgetan. Weiterhin auch NK-StGB/Dannecker, § 299 Rn. 23c.
879 OLG Braunschweig MedR 2010, 497, 498; im Ergebnis auch *Kölbel,* StV 2012, 592, 595.

die Verordnung dem Apotheker vorlege, trage er ihm das Angebot auf Abschluss eines Kaufvertrags durch die Krankenkasse an und dieser nehme das Angebot mit der Aushändigung des Arzneimittels an den Patienten an.[880] Es komme mithin ein Kaufvertrag zugunsten des Patienten zwischen dem Apotheker und der Krankenkasse zustande, bei dem der Vertragsarzt als Vertreter der Krankenkasse agiere.[881] Jedenfalls aber konstituiere der Vertragsarzt mit seinen Therapieentscheidungen Verbindlichkeiten für die Krankenkassen, handle also geschäftlich für sie und beeinflusse ihr wirtschaftliches Tun.[882] Er handle nach wie vor „quasi als Erfüllungsgehilfe" der Krankenkassen und werde damit in ihrem Rechts- und Interessenkreis tätig.[883]

Darüber hinaus sei der Vertragsarzt durch seine Bindung an das Wirtschaftlichkeitsgebot nach §§ 12, 70 Abs. 1 S. 2 SGB V verpflichtet, seine Verordnungsentscheidung nicht nur nach medizinischen, sondern auch nach wirtschaftlichen Gesichtspunkten zu treffen. Im Ergebnis falle diese Entscheidung „ausschließlich in den Rechts- und Interessenkreis der Krankenkasse".[884] Nur die Krankenkasse allein müsse die Folgen einer unwirtschaftlichen Verordnung tragen.[885] Dies korrespondiere auch mit Entscheidungen des Bundesverfassungsgericht, wonach dem Vertragsarzt als „Sachwalter der Kassenfinanzen [...] Befugnis und Verpflichtung zu wirtschaftlicher Verwaltung der Mittel der gesetzlichen Krankenversiche-

---

880 *Pragal,* NStZ 2005, 133, 134 unter Hinweis auf BGH 4 StR 239/03, Beschl. vom 25.11.2003 (= BGH NStZ 2004, 266 ff.); sich dem wiederum anschließend OLG Braunschweig MedR 2010, 497, 498.

881 *Pragal,* NStZ 2005, 133, 134, unter Berufung u.a. auf BSGE 77, 194, 200; folgend *Böse/Mölders,* MedR 2008, 585, 588; *Frister,* in: Lindemann/Ratzel, S. 99, 107; OLG Braunschweig MedR 2010, 497, 498.

882 *Kölbel,* StV 2012, 592, 595.

883 LG Hamburg ZMGR 2011, 153, 157; ähnlich auch schon *Böse/Mölders,* MedR 2008, 585, 587; weiterhin die Verordnung als zentrales Element ansehend und insoweit die Argumentation des Großen Senats kritisierend *Kraatz,* NZWiSt 2012, 273, 276 f.

884 LG Hamburg ZMGR 2011, 153, 157.

885 LG Hamburg ZMGR 2011, 153, 157 unter Bezug auf OLG Hamm, NStZ-RR 2006, 13; *Kölbel,* StV 2012, 592, 595.

rung überantwortet" seien[886]. Der Vertragsarzt erfülle damit eine Aufgabe, die ihm im „Wege des Auftrags" übertragen worden sei.[887]

Die Befürworter einer Beauftragtenstellung heben außerdem hervor, dass die Selbständigkeit und Freiberuflichkeit des Vertragsarztes einer Beauftragtenstellung nicht entgegenstehen. § 299 StGB setze eine organisatorische oder persönliche Anbindung an den Geschäftsherrn nicht notwendig voraus.[888] Gerade hierin liege der Unterschied zur Variante des Angestellten.[889] Zwar nehme der Vertragsarzt seine Aufgaben „fachlich unabhängig und eigenverantwortlich" wahr, das bedeute aber weder, dass die ihm von der Krankenkasse übertragenen Aufgaben zu seinen Angelegenheiten werden noch, dass es nicht auch gebundene Bereiche wie die Medikamentenverordnung gebe.[890] Eine freiberufliche Tätigkeit sei geradezu „typisch für einen Beauftragten im Sinne des § 299 StGB".[891]

Ferner stehe auch die Art der „Beauftragung" einer Beauftragtenstellung nicht entgegen. Während einige Ansichten davon ausgehen, dass aus der Rechtsprechung ein personales Befugniselement als Voraussetzung für die Annahme einer Beauftragtenstellung schon nicht abzuleiten sei[892], liegt *Pragal/Apfel*[893] zufolge ein solches in Form der Zulassung zur vertragsärztlichen Versorgung sogar vor. Diese bewirke einen „Vertragsbeitritt" des Arztes zu den Kollektivverträgen und mithin sei der Vertragsarzt „rechtsgeschäftlich zu Verordnungen bevollmächtigt".[894] Im Übrigen, so heißt es vereinzelt, sei der Beauftragtenbegriff weit auszulegen und das

---

886 LG Hamburg ZMGR 2011, 153, 157 unter Berufung auf BVerfG NJW 2001, 1779.
887 LG Hamburg ZMGR 2011, 153, 157.
888 LG Hamburg ZMGR 2011, 153, 154.
889 *Böse/Mölders,* MedR 2010, 585, 587.
890 LG Hamburg ZMGR 2011, 153, 157.
891 *Frister,* in: Lindemann/Ratzel, S. 99, 104; ebenso NK-StGB/Dannecker, § 299 Rn. 23c; *Pragal/Apfel,* A&R 2007, 10, 14; *Schmidt,* NStZ 2010, 393, 395.
892 *Schmidt,* NStZ 2010, 393, 394 f.; LG Hamburg ZMGR 2011, 153, 155.
893 *Pragal/Apfel,* A&R 2007, 10, 12 f.; zustimmend *Schmidt,* NStZ 2010, 393, 394.
894 *Pragal/Apfel,* A&R 2007, 10, 12 f.

Rechtsgut des lauteren Wettbewerbs nur effektiv zu schützen, wenn auch gesetzliche Beauftragungen erfasst sind.[895]

Schließlich sei allein die Ungleichbehandlung mit Privatärzten, die sich nicht gem. § 299 StGB strafbar machen,[896] noch kein Grund, Vertragsärzte nicht als Beauftragte der gesetzlichen Krankenversicherung anzusehen. Zwar möge das Verhalten von Privatärzten gerade bei einer großen Anzahl von Privatpatienten ähnlich wettbewerbsgefährdend sein, ihre Nichtstrafbarkeit gem. § 299 StGB sei dann aber eine „absurde"[897] und „reformbedürftige Konsequenz"[898] des § 299 StGB.

bb) Argumente gegen eine Beauftragtenstellung

Diesen Argumenten ist der Große Senat entschieden entgegengetreten und hat sich damit der großen Schar der Gegner einer Beauftragtenstellung des Vertragsarztes – nicht nur unter Beifall[899] – angeschlossen.

Gegner der Beauftragtenstellung des Vertragsarztes wiesen schon vor der Entscheidung des Großen Senats insbesondere darauf hin, dass seit Längerem höchstrichterlich geklärt sei, dass der Arzt bei der Verordnung von Arzneimitteln nicht mehr als Vertreter der Krankenkasse tätig werde.[900] Vielmehr ergebe sich der Anspruch des Apothekers gegen die gesetzliche Krankenkasse aus § 129 SGB V in Verbindung mit den Verträgen nach § 129 Abs. 2 und Abs. 5 S. 1 SGB V und mithin aus dem öffentlichen Recht.[901] Dem Vertragsarzt sei damit gleichsam der „,Schlüssel' aus der

---

895 LG Hamburg ZMGR 2011, 153, 155; ähnlich auch *Frister*, in: Lindemann/Ratzel, S. 99, 105.
896 Vgl. dazu unten unter D. IV. 2.
897 *Pragal*, NStZ 2005, 133, 134.
898 *Pragal*, NStZ 2005, 133, 134.
899 Begrüßend u.a. *Brand/Hotz*, PharmR 2012, 317, 319 f.; *Geiger*, CCZ 2012, 172, 180; *Hecker*, JuS 2012, 852, 855; *Ihwas/Lorenz*, ZJS 712, 716 ff.; *Sahan*, ZIS 2012, 386, 389; *Schmidt*, PharmR 2012, 333, 342 f.; Schönke/Schröder/*Heine/Eisele*, § 299 Rn. 8a; SSW-StGB/*Rosenau*, § 299 Rn. 11; *Szesny/Remplik*, MedR 2012, 662; *Traut/Bristric*, ZMGR 2013, 87, 91; *Wengenroth/Meyer*, JA 2012, 646, 649 f.; wohl auch *Krüger*, StraFo 2012, 308, 309. Kritisch bspw. *Fischer*, § 299 Rn. 10d; *Kölbel*, StV 2012, 592 ff.; MüKo/*Krick*, § 299 Rn. 11 ff. Kritisch, aber im Ergebnis zustimmend: *Kraatz*, NZWiSt 2012, 273, 275 ff.
900 Vgl. nur *Manthey*, GesR 2010, 601, 602; *Sahan/Urban*, ZIS 2011, 23, 23 f.
901 Vgl. dazu BSGE 105, 157, 162.

Hand genommen worden"[902] und den Befürwortern einer Beauftragtenstellung des Vertragsarztes „die Grundlage entzogen"[903]. Der Vertragsarzt kläre für die Krankenkasse vielmehr lediglich das Vorliegen der medizinischen Voraussetzungen eines Versicherungsfalls.[904] Für die Behandlung trage er die alleinige Verantwortung und werde nur für die eigene Praxis tätig.[905] Für diese Aufteilung der Kompetenzen spreche insbesondere auch § 72 Abs. 1 S. 1 SGB V, wonach die Krankenkassen mit den Ärzten bei der Versorgung der Versicherten gleichgeordnet zusammenwirkten.[906] Er nehme mithin keinen bestimmenden Einfluss auf die Entscheidungen der Krankenkasse.[907] Der Große Senat schloss sich dieser Argumentation an und machte deutlich, dass es vor diesem Hintergrund keiner Entscheidung mehr bedürfe, ob eine Vertreterstellung möglicher Anknüpfungspunkt einer Beauftragtenstellung sein könne.[908] Er führte außerdem an, dass letztlich häufig der Apotheker entscheide, welches konkrete Medikament der Patient bekäme und die Rechtsmacht des Vertragsarztes daher beschränkt sei.[909]

---

902 *Manthey,* GesR 2010, 601, 602; a.A. *Kraatz,* NZWiSt 2012, 273, 276.
903 *Sahan/Urban,* ZIS 2011, 23, 24.
904 *Klötzer,* NStZ 2008, 12, 15; *Krafczyk,* in: FS Mehle, 325, 336; so ausdrücklich dann auch BGHSt 57, 202, 215; zustimmend *Schnapp,* GesR 2012, 705, 711; Schönke/Schröder/*Heine/Eisele,* § 299 Rn. 8a.
905 *Klötzer,* NStZ 2008, 12, 14; zustimmend *Rübenstahl,* HRRS 2011, 324, 330; ähnlich auch schon *Taschke,* StV 2005, 406, 411.
906 *Reese,* PharmR 2006, 92, 97; ebenso *Klötzer,* NStZ 2008, 12, 14 und zustimmend *Rübenstahl,* HRRS 2011, 324, 330; *Brockhaus/Dann/Teubner/Tsambikakis,* wistra 2010, 418, 419.
907 *Taschke,* StV 2005, 406, 411; *Klötzer,* NStZ 2008, 12, 15 f.; *Maurach/Schröder/Maiwald,* Strafrecht BT 2, § 68 Rn. 11; *Geis,* wistra 2005, 369, 370; zustimmend *Rübenstahl,* HRRS 2011, 324, 330; *Dieners,* PharmR 2010, 613, 618 f.
908 BGHSt 57, 202, 213 f.; sich anschließend u.a. *Ihwas/Lorenz,* ZJS 2012, 712, 717 f.; *Schmidt,* PharmR 2012, 333, 341.
909 BGHSt 57, 202, 215. Dies stelle aber die „verpflichtungsbegründende Rechtskompetenz gegenüber der Kasse" nicht in Frage, so *Kölbel,* StV 2012, 592, 595; kritisch auch MüKo/*Krick,* § 299 Rn. 11; *Müller,* Vertragsarzt, S. 313 ff.

Gegen eine Beauftragtenstellung des Vertragsarztes wurde darüber hinaus angeführt, dass es jedenfalls[910] an einer rechtsgeschäftlichen Einräumung der Befugnis mangele. Diese Voraussetzung sei dem Begriff des Beauftragten immanent.[911] Weil § 299 StGB im Gegensatz zu § 266 StGB nicht zwischen einer gesetzlichen und einer rechtsgeschäftlichen Beauftragung differenziere, sei eine rechtsgeschäftliche Befugniseinräumung durch den Geschäftsherrn erforderlich.[912] Die Zulassung zur vertragsärztlichen Versorgung aber ergehe als Verwaltungsakt und damit als hoheitliche und nicht als rechtsgeschäftliche Maßnahme.[913] Darüber hinaus erfolge die Zulassung durch den Zulassungsausschuss als ein Gremium der gemeinsamen Selbstverwaltung von Krankenkassen und Kassenärztlichen Vereinigungen und nicht durch die Krankenkassen selbst.[914] Rechtsbeziehungen zwischen Krankenkasse und Vertragsarzt bestünden nur über die Kassenärztliche Vereinigung als „drittes Subjekt" und reichten für die Annahme einer Beauftragtenstellung nicht aus.[915] Vereinzelt wurde ferner darauf hingewiesen, dass – selbst wenn man eine gesetzliche Befugniserteilung für ausreichend erachte – die Beauftragtenstellung in jedem Fall erst nach einer etwaigen finanziellen Zuwendung nämlich mit der Verordnung von Medikamenten entstehe.[916] Es fehle mithin an der für § 299 StGB notwendigen Koinzidenz.[917] Diesen Argumenten erteilte der Große Senat allerdings eine Absage. Schon dem Wortsinn nach sei allein rele-

---

910 Einige halten sogar eine personale Befugniserteilung für erforderlich, die sie allein mit der Zulassung zur vertragsärztlichen Versorgung als nicht erfüllt ansehen, vgl. dazu u.a. *Geis,* wistra 2005, 369, 370; *ders.* wistra 2007, 361, 362; zustimmend *Reese,* PharmR 2006, 92, 97 und *Dieners,* PharmR 2010, 613, 617. Vgl. auch *Braun,* Industrie und Ärzteschaft, S. 81.

911 *Schneider,* StV 2010, 366, 368.

912 *Dieners,* PharmR 2010, 613, 617; *Brockhaus/Dann/Teubner/Tsambikakis,* wistra 2010, 418, 420; *Sahan/Urban,* ZIS 2011, 23, 24 f.; *Sahan,* ZIS 2007, 69, 71 f.; ähnlich *Geis,* wistra 2010, 280.

913 So *Reese,* PharmR 2006, 92, 97; vgl. zur Zulassung zur vertragsärztlichen Versorgung auch das erste Kapitel unter B. III. 1. b).

914 *Reese,* PharmR 2006, 92, 97 f.; *Brockhaus/Dann/Teubner/Tsambikakis,* wistra 2010, 418, 420; *Klötzer,* NStZ 2008, 12, 16.

915 *Rübenstahl,* HRRS 2011, 324, 330; *Sahan/Urban,* ZIS 2011, 23, 25 f.; ausführlich auch *Müller,* Vertragsarzt, S. 307 f.

916 *Geis,* wistra 2005, 369, 371; *ders.,* wistra 2007, 361, 363; zustimmend *Dieners,* PharmR 2010, 613, 617.

917 *Geis,* wistra 2005, 369, 371; *ders.,* wistra 2007, 361, 363; *Dieners,* PharmR 2010, 613, 617.

vant, dass der Beauftragte – unabhängig von der tatsächlichen „Bindung" an den Auftraggeber – Aufgaben im Interesse des Auftraggebers wahrnehme.[918]

Von den Gegnern einer Beauftragtenstellung wurde ferner angeführt, dass eine außenstehende Person zudem nur dann als Beauftragter eingeordnet werden könne, „wenn sie an die Interessen des Auftraggebers gebunden sei".[919] Der Vertragsarzt aber handle auch bei der Verordnung von Medikamenten in erster Linie für den Patienten und nicht dessen Krankenkasse.[920] Dafür spreche zum einen die Therapiefreiheit[921] und zum anderen die Tatsache, dass der Arzt schon aufgrund der freien Arztwahl vom Patienten als „‚sein' Arzt" wahrgenommen werde[922]. Nach Auffassung des Großen Senats ändere deshalb auch die Pflicht zur Beachtung des Wirtschaftlichkeitsgebots gem. § 12 SGB V nichts: „Bei der erforderlich werdenden Gesamtbetrachtung steht die[...] Bindung an den Patienten im Vordergrund."[923] Die Bindung an das Wirtschaftlichkeitsgebot bewirke nicht, „dass der Arzt aus dem Auftragsverhältnis zu dem Patienten gleichsam herausgebrochen und zum Beauftragten der Krankenkasse wird".[924]

Nach Auffassung des Großen Senats sei es jedoch unerheblich, dass der Vertragsarzt einen freien Beruf ausübe und erteilte damit einem unter den Gegnern einer Beauftragtenstellung weit verbreiteten Argument[925] eine

---

918 BGHSt 57, 202, 211; zustimmend *Sahan,* ZIS 2012, 386, 389; *Schnapp,* GesR 2012, 705, 712; kritisch MüKo/*Krick,* § 299 Rn. 11.

919 *Rübenstahl,* HRRS 2011, 324, 330 unter Verweis auf BGHSt 2, 401.

920 *Rübenstahl,* HRRS 2011, 324, 330; ähnlich auch schon *Geis,* wistra 2005, 369, 370; *Brockhaus/Dann/Teubner/Tsambikakis* wistra 2010, 418, 419 f.; SSW-StGB/*Rosenau,* § 299 Rn. 11; so auch BGHSt 57, 202, 217.

921 *Rübenstahl,* HRRS 2011, 324, 330.

922 *Schneider,* StV 2010, 366, 368.

923 BGHSt 57, 202, 213; zustimmend *Ihwas/Lorenz,* ZJS 2012, 712, 718. Im Ergebnis zustimmend auch *Schnapp,* GesR 2012, 705, 713, der darüber hinaus deutlich macht, dass das Wirtschaftlichkeitsgebot „ohnehin nicht so simpel zu handhaben" sei, wie dies „gelegentlich" den Anschein habe. Es sei „adressatlos".

924 BGHSt 57, 202, 213; zustimmend *Kraatz,* NZWiSt 2012, 273, 277.

925 *Bernsmann/Schoß,* GesR 2005, 193, 195; *Taschke,* StV 2005, 406, 410; *Reese,* PharmR 2006, 92, 97; *Klötzer,* NStZ 2008, 12, 14; *Sobotta,* GesR 2010, 471, 474; *Brockhaus/Dann/Teubner/Tsambikakis,* wistra 2010, 418, 420; wohl auch *Ulsenheimer,* Arztstrafrecht, Rn. 1048, zustimmend *Krafczyk,* in: FS Mehle, S. 325, 336.

Absage. Eine freiberufliche Stellung sei nach Auffassung des Großen Senats für einen Beauftragten geradezu „typisch"[926]. Unschädlich seien auch mangelnde Rechtsbeziehungen zwischen Vertragsarzt und gesetzlichen Krankenkassen.[927]

Andere wiederum stellten darauf ab, dass die Subsumtion des Vertragsarztes unter den Beauftragtenbegriff zu einer nicht gerechtfertigten Ungleichbehandlung von Vertragsärzten mit Privatärzten führe.[928] Letztere seien bei der Behandlung von Privatpatienten unstreitig nicht taugliche Täter des § 299 Abs. 1 StGB. Darüber hinaus würden auch die Wertungen des Berufs- und Standesrechts, des Wettbewerbs- und des Heilmittelwerberechts einer Subsumtion des Vertragsarztes unter den Beauftragtenbegriff des § 299 StGB widersprechen. Die Annahme von Vorteilen durch Vertragsärzte sei schon außerhalb des Strafrechts hinreichend sanktioniert.[929]

Schließlich, so führten und führen Gegner der Beauftragtenstellung an, hätte der Gesetzgeber, wenn er denn tatsächlich Vertragsärzte in § 299 Abs. 1 StGB hätte einbeziehen wollen, schon im Hinblick auf Art. 103 Abs. 2 GG nähere Ausführungen zur Beauftragtenstellung von Personen gemacht, die primär für sich selbst und den von ihrer Handlung Betroffenen handeln, statt für einen Dritten.[930]

cc) Stellungnahme

Insgesamt ist die Entscheidung des Großen Senats zu begrüßen. Eine Beauftragtenstellung des Vertragsarztes ist abzulehnen. Auch wenn den Befürwortern der Beauftragtenstellung des Vertragsarztes darin zuzustimmen ist, dass das Merkmal weit ausgelegt wird und gerade außenstehende Personen wie Freiberufler erfassen soll, überzeugen ihre Argumente nicht. Letztlich ist wohl ausschlaggebend, und hier ist dem Großen Senat zuzustimmen, dass sich das Rechtsverhältnis zwischen Vertragsarzt, Krankenkassen, Patient und Apotheker heute nicht mehr so gestaltet,

---

926 BGHSt 57, 202, 212; zustimmend *Schnapp,* GesR 2012, 705, 710.
927 BGHSt 57, 202, 212.
928 *Steinhilper,* MedR 2010, 499, 500; *Schneider,* StV 2010, 366, 367 f.
929 *Tron,* Kassenärzte, S. 166 ff.
930 Dazu *Geis,* wistra 2005, 369, 370; zustimmend *Reese,* PharmR 2006, 92, 98; *Ihwas/Lorenz,* ZJS 2012, 712, 718; ähnlich auch *Sahan,* ZIS 2012, 386, 389.

wie es noch *Pragal*, das OLG Braunschweig, *Frister* u.a. bei der Begründung ihrer Ansicht als „Prämisse"[931] zugrunde gelegt haben. Mit Urteil vom 17. Dezember 2009[932] hat das Bundessozialgericht seine Auffassung hinsichtlich der zwischen dem Apotheker und der gesetzlichen Krankenversicherung bestehenden Ansprüche geändert. Ging es davor – und hier liegt der Schwerpunkt der Begründung der Beauftragtenstellung durch die Befürworter – noch von einem durch den Vertragsarzt bei der Verordnung von Medikamenten als Vertreter der Krankenkasse zustande gekommenen öffentlich-rechtlichen Kaufvertrag zwischen der Krankenkasse und dem Apotheker gem. § 69 SGB V i.V.m. § 433 Abs. 2 BGB aus, leitete es in dieser Entscheidung den Anspruch des Apothekers erstmals aus § 129 SGB V i.V.m. dem Rahmenvertrag nach § 129 Abs. 2 SGB V sowie dem jeweiligen Landesvertrag nach § 129 Abs. 5 S. 1 SGB V ab und machte damit deutlich, dass der Vertragsarzt nicht mehr als Vertreter der Krankenkasse tätig wird.[933] Zwar bleibt die Verordnung des Vertragsarztes weiterhin das „zentrale Element"[934] in der Arzneimittelversorgung, indem sie deutlich macht, dass die medizinischen Voraussetzungen für die Abgabe eines bestimmten Arzneimittels gegeben sind, allerdings konstituiert der Vertragsarzt damit keine Verbindlichkeiten für die Krankenkasse.[935] Daran ändert auch der Verzicht auf eine vorherige Genehmigung jedenfalls von Arzneimittelverordnungen in § 29 Abs. 1 S. 2 BMV-Ä nichts. Es steht den Krankenkassen weiterhin frei, nach entsprechenden Prüfungen die nach Maßgabe der Gesamtverträge zu entrichtende Vergütung entsprechend zu kürzen. Der Vertragsarzt handelt ferner schon nicht „quasi als Erfüllungsgehilfe" und damit im Rechts- und Interessenkreis der Krankenkassen, da er mit der ärztlichen Behandlung und Verordnung keine Aufgabe erfüllt, die eigentlich der Krankenkasse zugewiesen ist.[936] Ganz im Gegenteil ist es ihr grundsätzlich verwehrt, die Versorgung ihrer Versicherten selber wahrzunehmen. Insofern kann auch dem *LG Hamburg*[937], nach dessen Ansicht die Änderung der Rechtsprechung „ohne

---

931 So ausdrücklich *Frister,* in: Lindemann/Ratzel, S. 99, 107; dazu kritisch auch schon *Dieners,* PharmR 2010, 613, 619 und *Schnapp,* GesR 2012, 705, 707 (Fn. 37).
932 BSGE 105, 157 ff.
933 BSGE 105, 157, 160 ff.
934 BSGE 105, 157, 163.
935 Vgl. oben unter B. III. 1. b) bb) (3) (b).
936 Vgl. dazu und im Folgenden oben unter B. III. 1. b) bb) (3) (b).
937 LG Hamburg ZMGR 2011, 153, 158.

Auswirkung für die Anwendung des § 299 StGB" bleibe, weil es allein auf die „materielle Zuweisung der Aufgabenbereiche durch das Vertragsarztrecht" ankomme, nicht zugestimmt werden. Wie soeben dargelegt, trifft der Vertragsarzt die Verordnungsentscheidung gerade nicht für die Krankenkasse. Alles andere würde eine „postulierte Wächterfunktion"[938] des Vertragsarztes konstruieren.

Auch die von den Befürwortern genannte Bindung des Vertragsarztes an das Wirtschaftlichkeitsgebot erscheint allein nicht überzeugend. Die Frage der Wirtschaftlichkeit fällt weder allein in den Rechts- und Interessenkreis der Krankenkassen, noch muss diese allein Folgen einer unwirtschaftlichen Verordnung tragen. Das Gebot der Wirtschaftlichkeit soll insgesamt für einen Ausgleich zwischen dem Anspruch eines jeden Einzelnen auf ärztliche Versorgung und der Funktionsfähigkeit des gesamten Systems der gesetzlichen Krankenversicherung sorgen.[939] Es richtet sich nicht nur an Ärzte als Leistungserbringer, sondern auch an die Versicherten und die Krankenkassen,[940] mithin grundsätzlich an „alle Beteiligten"[941]. Stellt sich bei einer Wirtschaftlichkeitsprüfung gem. § 106 SGB V heraus, dass Verordnungen unwirtschaftlich getätigt worden sind, so kommen aus Sicht der Krankenkasse Honorarkürzungen und Rückforderungsansprüche in Betracht. Schon in eigenem Interesse wird der Vertragsarzt daher dem Wirtschaftlichkeitsgebot entsprechend handeln. Von einer „Konkretisierung" des Wirtschaftlichkeitsgebots und einem Handeln „für die Krankenkasse" bei einer Verordnung kann daher nicht gesprochen werden.[942]

Ferner ist den Befürwortern einer Beauftragtenstellung entgegenzuhalten, dass ihre Auslegung mitunter zu stark von einem rechtsstaatlichen Bedürfnis der Strafverfolgungsmöglichkeit geprägt ist. So liest man in Begründungen zur Beauftragtenstellung beispielsweise, dass angesichts der Weite der Freiheit des Vertragsarztes „eine effektive und damit auch strafrechtliche Eingrenzung geboten" erscheine und dass „der durch eine gesetzliche Pflichtversicherung begründete Freiheitseingriff den einzelnen Versicherten nur schwerlich zuzumuten" und überdies die „Stabilität der

---

938 *Rübenstahl,* HRRS 2011, 324, 331.
939 Vgl. dazu das erste Kapitel unter B. III. 5.
940 BSGE 105, 1, 8.
941 BT-Drs. 11/2237, S. 158.
942 So aber *Frister,* in: Lindemann/Ratzel, S. 99, 110; ähnlich wie hier *Kraatz,* NZWiSt 2012, 273, 277.

gesetzlichen Krankenversicherung in Frage gestellt" sei.[943] Allein aber der Wunsch, dass ein bestimmtes Verhalten strafbar sein müsste, darf nicht Ausgangspunkt der Auslegung sein.[944] Dem ist der Große Senat zu Recht entgegengetreten. Es ist dann Aufgabe des Gesetzgebers, unerwünschte Praktiken mittels Gesetzgebung zu unterbinden.[945] Der Richter ist kein „Ersatzgesetzgeber"[946]. Eine Beauftragtenstellung des Vertragsarztes ist demnach abzulehnen. Ob eine andere Auslegung einer verfassungsrechtlichen Überprüfung insbesondere an Art. 103 Abs. 2 GG standhält, braucht daher hier nicht mehr erläutert zu werden. Es bestehen jedoch berechtigte Zweifel daran, dass eine Subsumtion der Vertragsärzte unter den Beauftragtenbegriff noch vom Bestimmtheitsgebot des Grundgesetzes gedeckt wäre.[947]

dd) Übertragbarkeit der Argumente auf die Hilfsmittelversorgung

Die Diskussion um die Beauftragtenstellung des Vertragsarztes ist überwiegend im Hinblick auf die Verordnung von Arzneimitteln geführt worden. Auch die Entscheidung des Großen Senats hat mit der Rückstellung der Vorlage des 3. Senats letztlich versäumt, eine auch ausdrücklich für die Hilfsmittelversorgung geltende Lösung zu schaffen. Dieser hatte den Vertragsarzt noch als Beauftragten im Verhältnis zu den gesetzlichen Krankenkassen eingeordnet.[948] Nach wie vor schwelt daher die Diskussion, wie es sich mit der Beauftragtenstellung bei der Hilfsmittelversorgung verhält. Während vereinzelt davon ausgegangen wird, dass der Vertragsarzt (jedenfalls) bei der Hilfsmittelversorgung als Beauftragter der Krankenkassen handelt, geht die überwiegende Mehrheit davon aus, dass eine

---

943 LG Hamburg ZMGR 2011, 153, 157.

944 Kritik in diese Richtung üben ebenfalls *Dieners,* PharmR 2010, 613, 613; *Schneider,* StV 2010, 366, 368; *Sahan/Urban,* ZIS 2011, 23, 26; *Krüger,* ZIS 2011, 692, 696 und *Sahan,* ZIS 2012, 386, 389.

945 So richtigerweise auch BGHSt 57, 202, 217 f.

946 So treffend auch *Steinhilper,* MedR 2010, 499, 500; im Ergebnis ebenso *Krüger,* ZIS 2011, 692, 705.

947 Ausführlich dazu *Geis,* GesR 2011, 641 ff.; zweifelnd auch *ders.,* wistra 2005, 369, 370, *Klötzer,* NStZ 2008, 12, 14, *Sahan,* ZIS 2012, 386, 389; verfassungsrechtliche Überlegungen mahnt auch an *Krüger,* ZIS 2011, 692, 702; a.A. bspw. LG Hamburg ZMGR 2011, 153, 158 f. und tendenziell auch *Fischer,* § 299 Rn. 10d.

948 Vgl. BGH MedR 2011, 651, 659; anders noch LG Stade, ZMGR 2011, 148.

Beauftragtenstellung des Vertragsarztes (auch) bei der Hilfsmittelversorgung ausgeschlossen ist.[949]

Schuhr zufolge ist der Vertragsarzt bei der Verordnung von Hilfsmitteln dann Beauftragter der Krankenkassen gem. § 299 Abs. 1 StGB, wenn das verordnete Hilfsmittel nicht zum privaten Endverbrauch erworben, sondern nach § 33 Abs. 5 SGB V nur leihweise zur Verfügung gestellt werden soll.[950] Das Verleihen gehöre dann zum Betrieb der Krankenkasse und somit wiederum auch der Bezug des Hilfsmittels.[951] Dasselbe solle auch dann noch gelten, wenn ein Dritter im Auftrag der Krankenkasse das Hilfsmittel erwerben und anschließend an die Versicherten verleihen soll.[952] Gegner einer Beauftragtenstellung bei der Hilfsmittelversorgung führen insbesondere an, dass auch die Hilfsmittelversorgung durch die Krankenkasse und den Vertragsarzt im Wege eines „gleichgeordneten Zusammenwirkens" durchgeführt werde und daher hier nichts anderes als bei der Arzneimittelversorgung gelten könne.[953] Zudem handle der Vertragsarzt wie auch schon bei der Arzneimittelversorgung im Interesse des Patienten und nicht der Krankenkasse.[954] Selbst Befürworter der Beauftragtenstellung des Vertragsarztes bei der Arzneimittelversorgung stehen einer solchen bei der Hilfsmittelversorgung kritisch gegenüber. Sie verweisen darauf, dass der Vertragsarzt bei der Hilfsmittelverschreibung nur

---

949 Vgl. dazu auch die Übersicht bei Achenbach/Ransiek/Rönnau/*Rönnau*, Hdb Wirtschaftsstrafrecht, 3. Teil, Kap. 2, Rn. 20 (Fn. 147).
950 *Schuhr*, NStZ 2012, 11, 14; Spickhoff/*Schuhr*, § 299 Rn. 17.
951 *Schuhr*, NStZ 2012, 11, 14.
952 *Schuhr*, NStZ 2012, 11, 14.
953 Unter Verweis auf die Argumentation des Großen Senats so *Tsambikakis*, in: FS Steinhilper, S. 217, 218; im Ergebnis so auch *Kraatz*, NZWiSt 2012, 273, 277; Schönke/Schröder/*Heine/Eisele*, § 299 Rn. 8a; jedenfalls an anderer Lösung zweifelnd *Brand/Hotz*, PharmR 2012, 317, 320; MüKo/*Krick*, § 299 Rn. 12 und wohl auch *Szesny/Remplik*, MedR 2012, 662; den Beitrag des Vertragsarztes aufgrund von § 126 Abs. 1 S. 2 SGB V als noch geringer ansehend *Ihwas/Lorenz*, ZJS 2012, 712, 718; die Entscheidung des Großen Senats auf alle Tätigkeiten des Vertragsarztes nach § 73 Abs. 2 SGB V beziehend *Geiger*, CCZ 2012, 172, 176; MAH-MedR/*Sommer/Tsambikakis*, § 3 Rn. 175 f.
954 Unter Verweis auf die Argumentation des Großen Senats so *Tsambikakis*, in: FS Steinhilper, S. 217, 218 f.

eine Empfehlung geben, den Versicherungsfall aber aufgrund mangelnder Letztentscheidungskompetenz nicht konstituieren könne.[955]

Wie schon bei der Arzneimittelversorgung ist eine Beauftragtenstellung des Vertragsarztes auch bei der Hilfsmittelversorgung abzulehnen. Auch bei der Hilfsmittelversorgung handelt der Vertragsarzt nicht im Rechts- und Interessenkreis der Krankenkasse. Dies wird schon daran deutlich, dass – worauf einige Kritiker, wie eben angedeutet, zu Recht hinweisen – die Verordnung in der Hilfsmittelversorgung keine ganz so zentrale Rolle wie in der Arzneimittelversorgung spielt. Während nämlich die Genehmigung von Arzneimittelverordnungen durch die Krankenkassen gem. § 29 Abs. 1 S. 2 BMV-Ä unzulässig ist, sieht § 30 Abs. 3 S. 1 BMV-Ä dies als den Regelfall für die Hilfsmittelversorgung vor. Auch ist die Verordnung eines bestimmten Hilfsmittels nur unter besonderer Begründung (§ 7 Abs. 3 S. 3 und 4 Hilfsmittel-RL) und nicht allein durch die Kennzeichnung eines „aut-idem"-Feldes auf der Arzneimittelverordnung möglich. Davon abgesehen kann es bei der Beurteilung der Beauftragteneigenschaft – so aber *Schuhr* – auch nicht auf den potentiellen Eigentümer des Hilfsmittels ankommen. Eine Beauftragtenstellung kann nicht davon abhängen, wie sich das vermeintliche Unternehmen mit einem Dritten, dem Hilfsmittelerbringer, einigt. Zum einen sind dies Umstände, die vollkommen außerhalb des Einflussbereichs des möglichen Täters liegen, zum anderen aber auch Umstände, die seine Täterqualität erst im Nachhinein begründen würden. Es bleibt also festzuhalten, dass der Vertragsarzt bei der Hilfsmittelversorgung erst recht nicht als Beauftragter der Krankenkasse handelt.

2. *Niedergelassener Privatarzt*

Nicht annähernd so ausführlich wie die Beauftragtenstellung des Vertragsarztes diskutiert worden ist die Tätertauglichkeit des Privatarztes. Mangels sozialrechtlicher Implikationen des Verhältnisses zwischen dem Privatarzt und seinem Patienten gestaltet sich hier die Beurteilung der Tätertauglichkeit allerdings auch erheblich einfacher. Als Inhaber seiner eigenen Praxis kommt der Privatarzt, wie auch schon der niedergelassene Vertragsarzt, nicht als tauglicher Täter in Betracht.[956] Er könnte bei der

---

955 Vgl. LG Stade ZMGR 2011, 148, 151 f.; *Kölbel,* NStZ 2011, 195, 197, 199 f.; *ders.,* StV 2012, 592, 594; *ders.,* wistra 2009, 129, 132; ebenso auch Kritiker schon zur Beauftragtenstellung bei der Arzneimittelversorgung, vgl. *Tsambikakis,* JR 2011, 538, 541.

956 Vgl. dazu oben unter D. IV. 1.

Entgegennahme von Vorteilen jedoch als Angestellter oder Beauftragter eines anderen Unternehmens handeln. Da es sich aber bei einer Privatperson nicht um ein Unternehmen gem. § 299 StGB handelt, kommt eine Angestellten- oder Beauftragtenstellung in diesem Sinne gegenüber dem Patienten schon einmal nicht in Betracht.[957] Auch eine Angestellten- oder Beauftragtenstellung gegenüber der entsprechenden privaten Krankenversicherung ist fernliegend. Bei der Behandlung von Privatpatienten entstehen grundsätzlich keine rechtlichen Beziehungen zwischen dem Arzt und der privaten Krankenversicherung.[958] Der Arzt wird aufgrund eines Behandlungsvertrages zwischen ihm und dem Patienten tätig. Schuldner ist der privatversicherte Patient, der die Kosten zunächst begleicht um sie sich später von seiner privaten Krankenversicherung entsprechend seines Versicherungsvertrages erstatten zu lassen. Löst der Privatpatient eine vom Arzt ausgestellte Verordnung in der Apotheke ein, so kommt zwischen ihm und dem Apotheker ein Kaufvertrag gem. § 433 BGB zustande.[959] Benötigt ein Privatpatient schon während der Behandlung Arznei- oder Hilfsmittel, so trägt er auch dafür zunächst die Kosten, um sie sich hinterher erstatten zu lassen. Weder rechtlich noch tatsächlich wird der Privatarzt somit für die private Krankenversicherung tätig.[960] Eine Beauftragtenstellung des Privatarztes ist daher abzulehnen.[961]

---

957 So auch *Frister*, in: Lindemann/Ratzel, S. 99, 107 f.; *Cosack*, ZIS 2013, 226, 226; im Ergebnis ebenso *Pragal*, NStZ 2005, 133, 135 f. (insb. Fn. 26); *Schneider*, StV 2010, 366, 368; zustimmend auch *Braun*, Industrie und Ärzteschaft, S. 111.

958 Vgl. dazu und im Folgenden das erste Kapitel unter B. IV.

959 „[E]ine Strafbarkeit des Arztes nach § 299 [StGB scheide] bereits aus diesem Grund aus.", NK-StGB/*Dannecker*, § 299 Rn. 23d; ebenso *Frister*, in: Lindemann/Ratzel, S. 99, 107.

960 Mit ähnlicher Begründung ebenso *Braun*, Industrie und Ärzteschaft, S. 110 f.; „zweifellos" würde ein Arzt nicht für eine Krankenkasse tätig, wenn er Privatpatienten Leistungen verordnet, MüKo/*Krick*, § 299 Rn. 6.

961 Eine Beauftragtenstellung des Privatarztes ebenfalls ablehnend: Achenbach/Ransiek/Rönnau/*Rönnau*, Hdb Wirtschaftsstrafrecht, 3. Teil, Kap. 2, Rn. 22; *Braun*, Industrie und Ärzteschaft, S. 110 f.; *Cosack*, ZIS 2013, 226, 226; *Dann*, NJW 2012, 2001, 2001; *Frister/Lindemann/Peters*, Arztstrafrecht, 2. Kap. Rn. 354; NK-StGB/*Dannecker*, § 299 Rn. 23d; MüKo/*Krick*, § 299 Rn. 6; *Pragal*, NStZ 2005, 133, 136; *Schneider*, StV 2010, 366, 368; für möglich erachtend aber wohl: MAH-MedR/*Sommer/Tsambikakis*, § 3 Rn. 177; ausdrücklich offen gelassen von: BGH MedR 2011, 651, 658.

3. Arzt im Krankenhaus

Sowohl angestellte Ärzte in Krankenhäusern mit privater Trägerschaft als auch solche in Kliniken kirchlicher oder weiterer freigemeinnütziger Träger sind Angestellte eines Unternehmens im Sinne des § 299 StGB. Mit ihrem Arbeitsvertrag stehen sie nicht nur in einem faktischen sondern gar in einem vertraglichen Dienstverhältnis zum Geschäftsherrn, haben nicht nur untergeordnete Aufgaben und können Entscheidungen des Unternehmens zumindest faktisch beeinflussen. Sie sind somit taugliche Täter des § 299 StGB[962] und dies auch unabhängig davon, ob sie gesetzlich oder privat versicherte Patienten behandeln.

Dies gilt grundsätzlich auch für angestellte oder verbeamtete Ärzte in Krankenhäusern mit öffentlicher Trägerschaft. Ob aber § 299 StGB neben den §§ 331, 332 StGB überhaupt noch Anwendung findet, wurde schon vor und wird wohl auch nach der Neufassung des § 299 StGB unterschiedlich beurteilt (werden): Bisherige Vertreter eines tatbestandlichen Exklusivitätsverhältnisses[963] werden mit der Erweiterung des § 299 StGB um das sog. Geschäftherrenmodell sicherlich erst recht nicht von ihrer Auffassung Abstand nehmen. Ihnen war zwar bisher schon darin zuzustimmen, dass eine Tätigkeit im Geschäftsverkehr die Amtspflichten des

---

962   Auf Ärzte in allen Krankenhäusern bezogen ebenso *Corsten,* BB 2012, 2059, 2059 f.; *Hecker,* JuS 2012, 852, 853; *Reese,* PharmR 2006, 92, 92; Anhalt/Dieners/*Dieners/Lembeck,* § 20 Rn. 13; auf angestellte Ärzte und sonstige Mitarbeiter sowie von Kliniken beauftragte Ärzte ausdehnend: *Rübsamen,* MedR 2014, 152, 153; explizit nur angestellte Ärzte in Krankenhäusern mit privater Trägerschaft erwähnend: *Fenger/Göben,* Sponsoring im Gesundheitswesen, Rn. 378; Ratzel/Luxenburger/*Schmidt,* Hdb MedR, § 15 Rn. 156; explizit nur angestellte Ärzte in Kliniken privater und kirchlicher Trägerschaft erwähnend: *Ulsenheimer,* Arztstrafrecht, Rn. 1044; *Braun,* Industrie und Ärzteschaft, S. 150.

963   BGH MedR 2011, 651, 656 unter Bezugnahme auf BGH NStZ 1994, 277 und BGHSt 2, 396, 403; so wohl auch schon RGSt 68, 70, 74; sich diesen ausdrücklich anschließend LG Hamburg, Urteil vom 8. Oktober 2012, Az.: 608 KLs 5/10, (Rn. 301 bei juris); *Fischer,* § 331 Rn. 40; LK/*Tiedemann,* § 299 Rn. 61; Prütting/*Tsambikakis,* § 299 StGB Rn. 13–18. Als „wohl fundiert" bezeichnet auch *Rogall* die Exklusivitätsthese – wenn auch auf Basis der Überlegung, dass sich bei zutreffender Bestimmung der einzelnen Tatbestandsmerkmale ohnehin keine Überschneidung ergebe, somit „[d]ie Streitfrage [...] im Ergebnis keine praktische Bedeutung habe[...]", vgl. SK-StGB/*Rogall,* § 299 Rn. 100.

Amtsträgers nicht erweitert.[964] Hinzu kommt mit der Erweiterung um § 299 Abs. 1 Nr. 2 StGB nunmehr auch der mit § 332 StGB ähnliche Bezug auf Verletzung von Pflichten. Allerdings sprechen für die Annahme von Tateinheit zwischen § 299 StGB und §§ 331, 332 StGB nach wie vor die besseren Argumente.[965] Schon aufgrund der unterschiedlichen Rechtsgüter besteht ein Bedürfnis für die mit der Tateinheit verbundene Klarstellung verletzter Strafnormen.[966] Daran hat sich auch mit der Neufassung des § 299 StGB nichts geändert. Im Hinblick auf § 299 Abs. 1 Nr. 1 StGB gilt zudem weiterhin, dass die noch in § 12 UWG ausdrücklich festgeschriebene Subsidiarität mit der Verlagerung in das StGB aufgegeben worden.[967] Auch die beschriebenen Tathandlungen sind nicht notwendigerweise deckungsgleich.[968]

4. Sonstige angestellte Ärzte

Taugliche Täter gem. § 299 StGB sind auch angestellte Ärzte bei niedergelassenen Ärzten.[969]

---

964 So LK/*Tiedemann*, § 299 Rn. 61.

965 Noch zu § 299 StGB a.F. ebenso Tateinheit mit unterschiedlichen Argumenten bevorzugend u.a. Bayerisches ObLG, Beschluss v. 18. Mai 1995, Az.: 4 St RR 171/94, Rn. 31 (zitiert nach juris); Achenbach/Ransiek/Rönnau/*Rönnau*, Hdb Wirtschaftsstrafrecht, 3. Teil, Kap. 2, Rn. 73; *Heinrich*, Amtsträgerbegriff, S. 613 m.w.N; MüKo/*Krick*, § 299 Rn. 41 m.w.N.; *Müller*, Vertragsarzt, S. 132; NK-StGB/*Dannecker*, § 299 Rn. 26, 90; NK-StGB/*Kuhlen*, § 331 Rn. 151; *Pfeiffer*, in: FS v. Gamm, S. 129, 143 f.; *Satzger*, ZStW 115 (2003), 469, 487 (Fn. 71); *Ulsenheimer*, Arztstrafrecht, Rn. 1059.

966 So zu § 299 StGB a.F. Bayerisches ObLG, Beschluss v. 18. Mai 1995, Az.: 4St RR 171/94, Rn. 31 (zitiert nach juris); Achenbach/Ransiek/Rönnau/*Rönnau*, Hdb Wirtschaftsstrafrecht, 3. Teil, Kap. 2, Rn. 73; *Böse/Mölders*, MedR 2008, 585, 586 (Fn. 13); MüKo/*Krick*, § 299 Rn. 41; *Wollschläger*, Täterkreis des § 299 Abs. 1 StGB, S. 62; NK-StGB/*Dannecker*, § 299 Rn. 90.

967 So zu § 299 StGB a.F. Bayerisches ObLG, Beschluss v. 18. Mai 1995, Az.: 4St RR 171/94, Rn. 31 (zitiert nach juris); MüKo/*Krick*, § 299 Rn. 41; NK-StGB/*Dannecker*, § 299 Rn. 90.

968 Im Ergebnis jedenfalls zu § 299 StGB a.F. ebenso Bayerisches ObLG, Beschluss v. 18. Mai 1995, Az.: 4St RR 171/94, Rn. 31 (zitiert nach juris); MüKo/*Krick*, § 299 Rn. 41; a.A. SK-StGB/*Rogall*, § 299 Rn. 100.

969 Vgl. nur Achenbach/Ransiek/Rönnau/*Rönnau*, Hdb Wirtschaftsstrafrecht, 3. Teil, Kap. 2, Rn. 22; *Hecker*, JuS 2012, 852, 853; MüKo/*Krick*, § 299

5. Zusammenfassung

Im Bereich des Gesundheitswesens erweist sich das Merkmal der Täterqualität als erstes stark die Strafbarkeit begrenzendes Merkmal. Zwar ist festzuhalten, dass allein die Inhaberschaft einer Praxis die Subsumtion der entsprechenden Ärzte unter den Angestellten- und Beauftragtenbegriff noch nicht verhindert. Allerdings sind weder der Vertragsarzt noch der Privatarzt als Angestellte oder Beauftragte der Krankenkassen einzuordnen und daher sind beide keine tauglichen Täter gem. § 299 Abs. 1 StGB. Dies sind allein die bei ihnen angestellten Ärzte sowie die Ärzte, die in Krankenhäusern beschäftigt sind.

V. Unrechtsvereinbarung

Zentrales Merkmal auch des § 299 StGB ist wiederum das der Unrechtsvereinbarung. Der Vorteil muss Gegenleistung für eine nach den Varianten des § 299 StGB zu unterscheidende Handlung sein. Während nach § 299 Abs. 1 Nr. 1 StGB der Vorteil[970] als Gegenleistung für eine – im Unterschied zu den §§ 331 ff. StGB – zukünftige unlautere Bevorzugung im Wettbewerb gefordert, versprochen worden ist oder angenommen werden muss,[971] setzt § 299 Abs. 1 Nr. 2 StGB voraus, dass der Vorteil ohne Einwilligung des Unternehmens als Gegenleistung für die Vornahme oder Unterlassung einer Handlung, durch die die Pflichten gegenüber dem Unternehmen verletzt werden, gefordert wird, versprochen worden ist oder angenommen wird.

Rn. 14; *Reese*, PharmR 2006, 92; Schönke/Schröder/*Heine/Eisele*, § 299 Rn. 8a m.w.N.; *Ulsenheimer*, Arztstrafrecht, Rn. 1053; für weitere Gruppen vgl. Prütting/*Tsambikakis*, § 299 StGB Rn. 13–18; MAH-MedR/*Sommer/Tsambikakis*, § 3 Rn. 177.

970 Der Vorteilsbegriff entspricht demjenigen der §§ 331 ff. StGB (LK/*Tiedemann*, § 299 Rn. 25; SK-StGB/*Rogall*, § 299 Rn. 41 Fn. 253, jeweils m.w.N.), vgl. daher dazu die Ausführungen oben unter B. IV.

971 MüKo/*Krick*, § 299 Rn. 24 m.w.N.; AnwK-StGB/*Wollschläger*, § 299 Rn. 18. Erforderlich ist jedenfalls eine stillschweigende Übereinkunft darüber, dass der Vorteil auch aufgrund der erstrebten Bevorzugung zugewendet wird, vgl. BGH NStZ 2000, 439, 440; BGHSt 15, 239, 242; MüKo/*Krick*, § 299 Rn. 24 m.w.N.

1. *§ 299 Abs. 1 Nr. 1 StGB*

a) Bevorzugung

Unter einer Bevorzugung versteht man jede sachfremde Entscheidung zwischen zwei Bewerbern, auf die der Begünstigte keinen Anspruch hat und durch die der Wettbewerb beeinträchtigt wird.[972] Die Fassung des § 299 Abs. 1 Nr. 1 StGB macht deutlich, dass allein eine zukünftige und nicht auch eine vergangene Bevorzugung erfasst ist.[973] Darüber hinaus sind Zuwendungen, die allein der „Klimapflege" oder dem „Anfüttern" dienen, mangels einer Lockerung der Anforderungen an die Unrechtsvereinbarung ebenfalls nicht erfasst.[974] Die Beteiligten müssen die geplante Bevorzugung jedenfalls in groben Umrissen festgelegt haben.[975] Eine Bevorzugung kann z.b. in der vorrangigen Erteilung von Aufträgen[976], in der Nichtbeanstandung einer mangelhaften Lieferung aber auch in der begünstigenden Prüfung und Abnahme der Ware[977] liegen. Eine vorrangige Verordnung oder Bestellung von Arznei- und Hilfsmitteln durch Ärzte stellt danach ebenfalls eine Bevorzugung im Sinne des § 299 Abs. 1 Nr. 1 StGB dar.[978] Auf diese haben die Hersteller keinen Anspruch und der zwischen ihnen bestehende Wettbewerb ist dadurch beeinträchtigt. Es ist nicht erforderlich, dass eine Bevorzugung letztlich tatsächlich eintritt.[979] Somit ist unerheblich, dass dem Apotheker im Falle einer Verordnung zu Lasten der gesetzlichen Krankenversicherung grundsätzlich eine Aus-

---

972 BGH NJW 2003, 2996, 2997; vgl. auch MüKo/*Krick*, § 299 Rn. 25 m.w.N.
973 RGSt 68, 70, 76; BGH wistra 2010, 447, 449; LK/*Tiedemann*, § 299 Rn. 29; *Ulsenheimer*, Arztstrafrecht, Rn. 1055; ebenso *Frister/Lindemann/Ratzel*, Arztstrafrecht, 2. Kap. Rn. 357.
974 BGH NStZ 2000, 319, 319; vgl. auch MüKo/*Krick*, § 299 Rn. 25 m.w.N.; *Ulsenheimer*, Arztstrafrecht, Rn. 1055; kritisch u.a. *Pragal*, S. 204 ff. m.w.N.
975 Vgl. *Fischer*, § 299 Rn. 13; SK-StGB/*Rogall*, § 299 Rn. 56 m.w.N.
976 BGHSt 2, 396, 397, 401.
977 RGSt 66, 81, 83; vgl. auch *Rasch*, Bestechungsunwesen, S. 55, 51 m.w.N.
978 Im Ergebnis ebenso *Braun*, Industrie und Ärzteschaft, S. 48.
979 Vgl. BGH NJW 2006, 925, 932; MüKo/*Krick*, § 299 Rn. 25; NK-StGB/*Dannecker*, § 299 Rn. 45; SK-StGB/*Rogall*, § 299 Rn. 60; *Fischer*, § 299 Rn. 15.

tauschbefugnis zukommt und der Patient sein Rezept auch nicht einlösen könnte.[980]

b) Bezug von Waren oder Dienstleistungen

Die Bevorzugung muss auf den Bezug von Waren oder Dienstleistungen gerichtet sein. Unter Waren versteht man jedes wirtschaftliche Gut, welches im Verkehr gehandelt wird.[981] Als redaktionelle Folgeänderung zu den Änderungen im UWG hat der Begriff der Dienstleistungen durch das Zweite Korruptionsbekämpfungsgesetz[982] den der gewerblichen Leistungen ersetzt.[983] Auch der Begriff der Dienstleistungen ist weit zu verstehen und umfasst jedenfalls alle geldwerten unkörperlichen Leistungen des geschäftlichen Lebens.[984] Sowohl bei Arznei- als auch Hilfsmitteln handelt es sich um Waren im Sinne des § 299 StGB. Zwar ist der Verkehr mit Arzneimitteln durch das gleichnamige Gesetz stark reguliert. Letztlich handelt es sich aber sowohl bei Arzneimitteln als auch bei Hilfsmitteln um Güter, die im Wirtschaftsverkehr, trotz gewisser Einschränkungen, gehandelt werden und somit um Waren gem. § 299 StGB.

Unter Bezug von Waren versteht man „das gesamte wirtschaftliche auf die Erlangung von Waren gerichtete Geschäft".[985] Umfasst sind dabei nicht nur die Bestellung und der Erhalt der Ware sondern auch die Abwicklung der Lieferung und die Bezahlung.[986] Auch mit der Neufassung

---

980 Ähnlich LG Hamburg ZMGR 2011, 153, 164.
981 NK-StGB/*Dannecker,* § 299 Rn. 54.
982 Vgl. dazu Fn. 469.
983 Vgl. BT-Drs. 18/4350, S. 22, 31. Zwar waren freiberuflich erbrachte Leistungen nach dem Willen des Gesetzgebers schon von Beginn an unter den Begriff der gewerblichen Leistungen zu subsumieren (vgl. BT-Drs. 13/5584, S. 14), die jetzige Änderung beseitigt aber erfreulicherweise den dieser Auslegung bisher entgegenstehenden Wortlaut. Dies ebenfalls anerkennend, im Hinblick aber auf damit einhergehende Änderung auch des § 298 StGB kritisch *Walther,* WiJ 2015, 152, 157, unter Bezugnahme auf die Stellungnahme des Bundesrates in BT-Drs. 18/4350, S. 30; vgl. dazu wiederum die Gegenäußerung der Bundesregierung in BT-Drs. 18/4350, S. 31.
984 Vgl. nur Köhler/Bornkamm/*Köhler,* UWG, § 2 Rn. 39. Noch zum Begriff der „gewerblichen Leistungen" NK-StGB/*Dannecker,* § 299 Rn. 54.
985 BGHSt 10, 269, 270; ebenso *Pfeiffer,* in: FS v. Gamm, S. 129, 137.
986 RGSt 66, 380, 385; 48, 291, 296; *Pfeiffer,* in: FS v. Gamm, S. 129, 138; LK/*Tiedemann,* § 299 Rn. 31; SK-StGB/*Rogall,* § 299 Rn. 64 m.w.N.

des § 299 StGB wird man sich darüber streiten können, wer als Bezieher der Ware in Betracht kommt. In Betracht dafür könnten neben dem Vorteilsgeber und dem Unternehmen[987] auch Dritte[988] kommen. Jedenfalls für § 299 Abs. 1 Nr. 1 StGB werden Befürworter eines weiten „Bezieher-Begriffs" weiterhin anführen können, dass der freie Wettbewerbs als geschütztes Rechtsgut auch in diesem Fall beeinträchtigt sei.[989] Mangels relevanter Änderungen am Wortlaut dürften sie auch nach wie vor anführen, dass dieser keine Anforderungen an das Verhältnis von Unternehmen und Ware stelle.[990] Ein weiter Bezieher-Begriff ist jedoch abzulehnen. Sowohl der Wortlaut als auch die Systematik innerhalb der Vorschrift machen deutlich, dass der Bezug jedenfalls in dem Verhältnis zwischen Vorteilsgeber und Unternehmen stattfinden muss. So handelt es sich nicht lediglich um irgendeinen Bezug von Waren oder Leistungen, sondern um einen durch das Wort „dem" genau bestimmten Bezug. Die Konstruktion aus Unternehmen und Beauftragtem sowie dem „anderen", d.h. dem Vorteilsgeber und einem gegebenenfalls zu begünstigenden Dritten, wäre hinfällig, wenn der Bezug der Ware oder Leistung in einem noch ganz anderen Verhältnis und vollkommen unabhängig von den genannten Beteiligten stattfinden würde. Alle potentiell an dem Vorgang der Bestechlichkeit Beteiligten werden genannt, so dass für eine weitere „dritte Person", neben der möglicherweise Drittbevorteilten, kein Platz ist. Schließlich wird diese Sichtweise auch durch teleologische Überlegungen gestützt: § 299 Abs. 1 Nr. 1 StGB soll gerade solche Situationen erfassen, in denen jemand von einem Dritten dafür bezahlt wird, dass er seinen großen Einfluss auf Beziehungsentscheidungen eines anderen im Sinne des Bezahlenden ausübt.[991] Es bleibt daher festzuhalten, dass entweder das Un-

---

[987] So zu § 299 StGB a.F.: LK/*Tiedemann,* § 299 Rn. 31; NK-StGB/*Dannecker,* § 299 Rn. 55; *Pfeiffer, in:* FS v. Gamm, S. 138 m.w.N.; SK-StGB/*Rogall,* § 299 Rn. 64; Spickhoff/*Schuhr,* StGB, § 302 Rn. 40; ebenso *Brockhaus/Dann/Teubner/Tsambikakis,* wistra 2010, 418, 420.

[988] LG Hamburg ZMGR 2011, 153, 160; wohl auch *Fischer,* § 299 Rn. 14.

[989] LG Hamburg ZMGR 2011, 153, 160.

[990] LG Hamburg ZMGR 2011, 153, 160, lässt allerdings ausdrücklich offen, ob eine systematische Auslegung nicht doch auch zu einem anderen Ergebnis kommen könnte.

[991] Vgl. zu § 299 StGB a.F. Achenbach/Ransiek/Rönnau/*Rönnau,* Hdb Wirtschaftsstrafrecht, 3. Teil, Kap. 2, Rn. 39.

ternehmen oder bei „umgekehrter Lieferrichtung" der Vorteilsgeber Bezieher der Ware oder Leistung sein müssen.[992]

Fraglich ist, ob hiervon Ausnahmen zuzulassen sind. Einer Auffassung zufolge sei eine Ausnahme dann denkbar, wenn das Unternehmen Stellvertreter eines Vierten (u.U. sogar eines privaten Endverbrauchers) ist, der die Ware oder Leistung durch das Unternehmen bezieht.[993] Dafür spricht sicherlich, dass das Schutzgut des § 299 Abs. 1 Nr. 1 StGB, der freie Wettbewerb, bei einer solchen Konstellation genauso betroffen sein kann, wie bei einem Bezug allein durch das Unternehmen. Dagegen jedoch sprechen die besseren Argumente. Zum einen sieht der die grundsätzlichen Beziehungen und Beteiligten beschreibende Wortlaut eine solche zusätzliche Person nicht vor. Des Weiteren führt eine solche Auslegung zu einer unüberblickbaren Weite der Strafbarkeit. Weder *Rönnau* noch *Krick* machen deutlich, wie genau das Verhältnis zwischen dem Unternehmen und der weiteren Person ausgestaltet sein soll. Schließlich würde dies die nach § 299 StGB nicht strafbare Bestechung und Bestechlichkeit von Privatpersonen über Umwege faktisch aushebeln. Ausnahmen sind daher abzulehnen.

Der Bezieher ist nach einer wirtschaftlich-faktischen Betrachtungsweise zu bestimmen.[994] Inwieweit dabei auch rechtliche Wertungen Berücksichtigung finden,[995] ist umstritten und soll an relevanter Stelle geklärt wer-

---

992 RGSt 72, 132, 133; Achenbach/Ransiek/*Rönnau*, Hdb Wirtschaftsstrafrecht, 3. Teil, Kap. 2, Rn. 39; *Brockhaus/Dann/Teubner/Tsambikakis*, wistra 2011, 418, 420; SK-StGB/*Rogall*, § 299 Rn. 64 m.w.N.

993 So zu § 299 StGB a.F. Achenbach/Ransiek/*Rönnau*, Hdb Wirtschaftsstrafrecht, 3. Teil, Kap. 2, Rn. 39 (Fn. 270); ähnlich wohl auch MüKo/*Krick*, § 299 Rn. 26, demzufolge es für die Anwendung des § 299 StGB egal sei, ob der Vorteilsgeber oder der Geschäftsherr Bezieher der Ware seien und es darüber hinaus ebenfalls gleichgültig sei, „ob der Geschäftsbetrieb […] die Waren […] selbst bezieht, oder ob sie – mit dessen Vermittlung – an Dritte ausgekehrt werden." – die genaue Gestaltung des „Vermittlungsverhältnisses" bleibt allerdings unklar.

994 BGH MedR 2011, 651, 658; MüKo/*Krick*, § 299 Rn. 26 m.w.N.; *Pragal/Apfel*, A&R 2007, 10, 15; *Braun*, Industrie und Ärzteschaft, S. 82; wohl auch *Kölbel*, StV 2012, 592, 594.

995 Dies befürworten bspw. LK/*Tiedemann*, § 299 Rn. 32 und NK-StGB/*Dannecker*, § 299 Rn. 55a; ähnlich auch *Geis*, wistra 2005, 369, 370 f. und *Peters*, Kopfpauschalen, S. 186 ff.

den. Hier gilt es nun, nach den Unternehmen der tauglichen Täter und den verschiedenen Möglichkeiten des Bezugs zu unterscheiden[996]:

aa) Bezug durch Praxisinhaber

Taugliche Täter können angestellte Ärzte in Praxen sein. Als mögliche Bezugshandlungen kommen die Verordnung von Arznei- und Hilfsmitteln in Betracht. Worauf beim Sprechstundenbedarf abzustellen ist, ist näher zu betrachten.

(1) Verordnung von Arzneimitteln

Verordnet der Arzt das entsprechende Produkt, so erfolgt die Abgabe des Arzneimittels an den Patienten in der Apotheke. Handelt es sich um ein Rezept zu Lasten der gesetzlichen Krankenversicherung, so trägt diese letztlich die Kosten für das Medikament.[997] Handelt es sich um einen privatversicherten Patienten, so trägt dieser zunächst die Kosten, bis er sich diese entsprechend seines Versicherungsvertrages von seiner Versicherung hat erstatten lassen. Es erscheint mehr als fraglich, ob in den beschriebenen Fällen von einem Bezug der Ware durch das Unternehmen, d.h. die Praxis, in der der Arzt angestellt ist, gesprochen werden kann. Folgt man einer rein wirtschaftlichen Betrachtungsweise, wird man hier die Krankenkasse als Bezieher der Ware einordnen.[998] Bezieher soll danach nämlich sein, wer die Ware bezahlt.[999] Berücksichtigt man allerdings eher die hinter diesen Vorgängen stehenden rechtlichen Konstruktionen und Wertungen, so ist der Patient als Bezieher der Ware anzusehen.[1000] Dieser erlangt Eigentum an dem ihm vom Apotheker überreichten Arz-

---

996 Ausführungen dazu finden sich auch bei *Braun,* Industrie und Ärzteschaft, S. 48 f., 123 ff.

997 Die Regelungen zur Zuzahlung insbesondere gem. § 61 SGB V bleiben hier aufgrund ihrer Komplexität und des zumeist doch eher geringen Anteils am Gesamtpreis außer Betracht. Zu den Einzelheiten vgl. Becker/Kingreen/*Sichert,* § 61 SGB V, Rn. 1 ff.

998 So ausdrücklich *Pragal/Apfel,* A&R 2007, 10, 15; kritisch *Brockhaus/Dann/Teubner/Tsambikakis,* wistra 2010, 418, 420; ablehnend *Geis,* wistra 2005, 369, 370 f.

999 *Pragal/Apfel,* A&R 2007, 10, 15; ablehnend *Schuhr,* NStZ 2012, 11, 14 f.

1000 So ausdrücklich *Brockhaus/Dann/Teubner/Tsambikakis,* wistra 2010, 418, 420; NK-StGB/*Dannecker,* § 299 Rn. 55a; *Peters,* Kopfpauschalen, S. 188; ähnlich *Geis,* wistra 2005, 369, 370 f.

neimittel. Die Praxis ist also nach keiner der beiden Auffassungen als Bezieher der Ware anzusehen. Eine Strafbarkeit des in einer Praxis tätigen Arztes bei einer durch die Industrie beeinflussten Verordnung von Arzneimitteln scheidet mithin aus.[1001]

(2) Verordnung von Hilfsmitteln

Für die Verordnung von Hilfsmitteln gilt, obwohl sich die Abgabe hier etwas anders als bei Arzneimitteln gestaltet, nichts anderes. Wieder kann das relevante Unternehmen nicht als Bezieher der Ware angesehen werden.[1002] Dies gilt sowohl für eine rein wirtschaftliche Betrachtungsweise als auch eine solche, die rechtliche Wertungen mit einbezieht. Im Regelfall wird das Unternehmen nämlich weder Kostenträger des Hilfsmittels sein, noch daran Eigentum erwerben[1003]. Eine Strafbarkeit des angestellten Arztes bei der von der Industrie beeinflussten Verordnung von Hilfsmitteln scheidet also ebenfalls aus.

(3) Sprechstundenbedarf

Möglicherweise aber kann von einem Bezug der Ware durch das Unternehmen rund um die Verwendung von Arznei- und Hilfsmitteln sowie Medizinprodukten als Sprechstundenbedarf gesprochen werden. Auf die Verwendung des entsprechenden Produkts durch den angestellten Arzt bei einer Behandlung wird man hierbei aber nicht abstellen können, da dies schon nicht dem Bezugsbegriff unterfällt. Es handelt sich nicht um ein auf die Erlangung von Waren gerichtetes Geschäft. Eine Verwendung beeinflusst aber letztlich die vom Geschäftsinhaber zu tätigenden Nachbestel

---

1001 „[E]in wenig überraschend" nennt *Tsambikakis* diese Konsequenz der Entscheidung des Großen Senats, vgl. *Tsambikakis,* in: FS Steinhilper, S. 217, 220.

1002 Ebenso NK/*Dannecker,* § 299 Rn. 55a.

1003 Im Fall eines gesetzlich Versicherten kommt grundsätzlich die Krankenkasse für die Kosten des entsprechenden Hilfsmittels auf. Der Kostenträger im Falle von Privatversicherten bestimmt sich nach dem Versicherungsvertrag – entweder ist dies hier also die Krankenkasse oder aber der Versicherte selber. Legt man das Hauptaugenmerk auf rechtliche Wertungen, so wird im Fall von gesetzlich Versicherten regelmäßig entweder der Versicherte selber oder aber die Krankenkasse Eigentümer. Gleiches gilt regelmäßig für Privatversicherte. Vgl. zur Hilfsmittelversorgung auch das erste Kapitel unter B. VI.

lungen.[1004] Damit ist allerdings immer noch nicht geklärt, wer die Ware bezieht. Dabei ist hier nun zwischen gesetzlich und privat versicherten Patienten zu unterscheiden:

Abgesehen von Einzelheiten im Ablauf der Bestellung des Sprechstundenbedarfs ist es bei gesetzlich Versicherten regelmäßig die gesetzliche Krankenkasse, die für die Verwendung von Sprechstundenbedarf aufkommt.[1005] Der wirtschaftlichen Betrachtungsweise zufolge sind also auch hier die Krankenkassen als Bezieher der Ware anzusehen. Bezieht man allerdings rechtliche Konstruktionen und Wertungen mit ein, so wird man die Praxis als Bezieher der Ware ansehen. Eigentum an den Produkten erwirbt hier zunächst der Praxisinhaber. Gegen eine rein wirtschaftliche Betrachtungsweise spricht, dass diese den „Bezug" von Waren und Leistungen auf ein reines „Bezahlen" reduziert, obwohl dieser Begriff weit zu verstehen ist.[1006] Eine rein an sachenrechtlichen Grundsätzen orientierte Auslegung erscheint danach allerdings auch zu eng. Vorzugswürdig erscheint eine Kombination beider Ansichten.[1007] Das geschützte Rechtsgut des § 299 Abs. 1 Nr. 1 StGB, der freie und redliche Wettbewerb, ist hier nur dann beeinträchtigt, wenn der Vorteilsgeber sein Produkt nicht nur insoweit erfolgreich vermarktet, als dass es den Eigentümer wechselt, sondern er dafür auch eine wirtschaftlich angemessene Leistung erhält. Nur so wird der Vorteilsgeber gegenüber Mitbewerbern „bevorzugt". Mithin ist die Praxis jedenfalls auch als Bezieher der Waren anzusehen.[1008]

Mittel, die bei Privatversicherten während der Behandlung zur Anwendung kommen, muss der Arzt zunächst auf eigene Kosten anschaffen. Bei Verwendung kann er diese dann nach § 10 GOÄ dem Patienten in Rechnung stellen, welcher sich die Kosten dann wiederum nach Maßgabe

---

1004 Vgl. RGSt 48, 291, 296 (sog. Korkengeldfall).
1005 Zu Einzelheiten der Bestellung vgl. das erste Kapitel unter B. VI. 2. a) cc) (2).
1006 *Brockhaus u.a.* zufolge käme die Gleichsetzung von „Bezug" und „Bezahlen" einer den Wortlaut überschreitenden Auslegung gleich und verstieße gegen Art. 103 Abs. 2 GG, vgl. *Brockhaus/Dann/Teubner/Tsambikakis,* wistra 2010, 418, 420.
1007 Ähnlich LK/*Tiedemann,* § 299 Rn. 32.
1008 Zuzustimmen ist *Brockhaus u.a.* in der Erkenntnis, dass der § 299 StGB nicht auf das Beziehungsgeflecht im Vertragsarztrecht ausgerichtet ist, vgl. *Brockhaus/Dann/Teubner/Tsambikakis,* wistra 2010, 418, 420.

seines Versicherungsvertrags von seiner Krankenkasse erstatten lassen kann. Bezieher ist hier nach allen Ansichten zunächst der Praxisinhaber.

(4) Zusammenfassung

Es bleibt somit festzuhalten, dass jedenfalls im Rahmen des Sprechstundenbedarfs ein Bezug durch das Unternehmen vorliegt.

bb) Bezug durch Krankenhaus

Wird ein im Krankenhaus angestellter Arzt tätig, so muss das Krankenhaus als Unternehmen Bezieher der Ware im Sinne des § 299 Abs. 1 Nr. 1 StGB sein. Möglichkeiten der Einflussnahme sind bei der direkten Mitwirkung an der Bestellung der entsprechenden Produkte wie auch bei der Anwendung bzw. Verwendung der Produkte im Rahmen der Behandlung eines Patienten denkbar. Bezieher von Arznei- und Hilfsmitteln sowie Medizinprodukten ist hier sowohl nach der rein wirtschaftlichen Betrachtungsweise als auch bei Einbeziehung rechtlicher Wertungen das Krankenhaus. Nicht nur bezahlt es die entsprechenden Waren zunächst, sondern es erwirbt auch Eigentum an ihnen. Mithin liegt hier ein Bezug des Unternehmens vor.

c) Im Wettbewerb

Die geplante Bevorzugung bei dem Bezug von Waren oder Dienstleistungen muss ferner im Wettbewerb erfolgen.[1009] Bevorzugung definiert man daher auch als die Gewährung von Vorteilen „im Wettbewerb gegenüber Mitbewerbern".[1010] Unter Mitbewerbern versteht man alle solchen Marktteilnehmer, „die Waren oder Leistungen gleicher oder verwandter Art herstellen oder in den geschäftlichen Verkehr bringen"[1011]. Klassischerweise findet der Wettbewerb zwischen dem Vorteilsgeber und dessen Konkurrenten statt,[1012] so beispielsweise zwischen Pharmaunternehmen. Erfasst ist aber auch ein Wettbewerbsverhältnis zwischen dem Drittbegünstigten und dessen Konkurrenten, nicht jedoch zwischen dem Besto-

---

1009 Vgl. nur LK/*Tiedemann*, § 299 Rn. 35; ebenso *Fischer*, § 299 Rn. 15.
1010 Vgl. LK/*Tiedemann*, § 299 Rn. 36 (Fn. 39) m.w.N.
1011 BGHSt 10, 358, 368.
1012 Vgl. *Fischer*, § 299 Rn. 15.

chenen und anderen.[1013] Es fehlt regelmäßig an einem Wettbewerbsverhältnis, wenn ein Unternehmen eine Monopolstellung innehat.[1014] Ausreichend aber ist, dass potentieller Wettbewerb durch die erstrebte Bevorzugung verhindert werden soll.[1015] Maßgeblicher Zeitpunkt ist nicht derjenige der Tathandlung, sondern der zukünftige Zeitpunkt des Bezugs von Waren oder Dienstleistungen.[1016] Zum Zeitpunkt der Tathandlung muss jedoch der Vorsatz des Täters schon das zukünftige Wettbewerbsverhältnis umfassen.[1017] Einer tatsächlichen Bevorzugung oder einer Schädigung des Mitbewerbers bedarf es hingegen nicht.[1018] Eine Bevorzugung im Wettbewerb ist also beispielsweise dann zu bejahen, wenn im Zeitpunkt der Tathandlung in der Vorstellung des Täters für den Zeitpunkt des Bezugs noch mindestens ein Alternativprodukt eines anderen Herstellers oder Lieferanten zur Verfügung steht und somit ein wirtschaftliches Konkurrenzverhältnis zwischen den Marktteilnehmern (z.B. Pharmaunternehmen bei Arzneimitteln mit demselben Wirkstoff[1019]) besteht aber auch dann, wenn ein Monopolist künftigen Mitbewerbern den Markteintritt erschweren will.

d) Unlauter

Die Bevorzugung ist unlauter, wenn sie geeignet ist, den Wettbewerb zu beeinträchtigen und Mitbewerber zu schädigen.[1020] Wiederum kommt es hier auf die Vorstellung des Täters an. Mit der wohl herrschenden Auffassung ist davon auszugehen, dass schon allein die Vorteilsgewährung die Gefahr begründet, dass der Angestellte oder Beauftragte seine Entscheidung aus sachfremden Gründen trifft.[1021] Dem Merkmal der Unlauterkeit

1013 Vgl. außerdem LK/*Tiedemann*, § 299 Rn. 35 m.w.N.; NK-StGB/*Dannecker*, § 299 Rn. 46a.
1014 Vgl. nur Schönke/Schröder/*Heine*, § 299 Rn. 23 m.w.N.
1015 *Fischer*, § 299 Rn. 15a.
1016 BGH NJW 2003, 2996, 2998; LK/*Tiedemann*, § 299 Rn. 36.
1017 Vgl. BGH NJW 1968, 1572, 1573; LK/*Tiedemann*, § 299 Rn. 36.
1018 BGH NJW 2006, 3290, 3298; BGHSt 10, 358, 367 f.
1019 LK/*Tiedemann*, § 299 Rn. 35; *Böse/Mölders*, MedR 2008, 585, 588.
1020 *Fischer*, § 299 Rn. 16; zustimmend *Bannenberg*, in: Wabnitz/Janovsky, Hdb Wirtschafts- und Steuerstrafrecht, Kap. 12 Rn 102; Schönke/Schröder/*Heine/Eisele*, § 299 Rn 19.
1021 BGHSt 48, 291, 293; 2, 396, 401; RGSt 47, 183, 185; *Fischer*, § 299 Rn. 16.

ist mithin keine eigene Bedeutung beizumessen.[1022] Auffassungen, wonach das Merkmal der Unlauterkeit auf eine Pflichtverletzung des Angestellten oder Beauftragten gegenüber dem Geschäftsherrn abstellt oder eine Sittenwidrigkeit des Vorteils verlangt, sind abzulehnen. Abgesehen davon, dass das Merkmal der Pflichtwidrigkeit schon vom historischen Gesetzgeber verworfen worden ist,[1023] spricht neben dem Schutzzweck auch die Neufassung des § 299 StGB dagegen. Soll der freie Wettbewerb möglichst umfassend geschützt werden, kann es in § 299 Abs. 1 Nr. 1 StGB gerade nicht darauf ankommen, ob der Angestellte oder Beauftragte mögliche Pflichten gegenüber seinem Geschäftsherrn verletzt. Hinzu kommt, dass die Pflichten gegenüber dem Geschäftsherrn nunmehr in § 299 Abs. 1 Nr. 2 StGB ausdrücklich Erwähnung finden, während dies in der ersten Variante nicht der Fall ist. Schließlich ist nicht erkennbar, wie das äußerst unbestimmte Merkmal der Sittenwidrigkeit bei der Definition der Unlauterkeit weiterhelfen kann[1024].

Fraglich ist jedoch, ob sich etwas anderes ergibt, wenn feststeht, dass die Entscheidung des Angestellten oder Beauftragten sachlich richtig war. Einige halten eine Strafbarkeit in diesem Falle für „übermäßig" und führen das Verhältnismäßigkeitsprinzip an.[1025] Im privaten Wirtschaftsverkehr dürfe nicht dieselbe Strenge wie für öffentliche Auftraggeber gelten.[1026] Dies ist jedoch mit Blick auf die Einordnung von § 299 StGB als abstraktes Gefährdungsdelikt[1027], bei dem gerade kein Verletzungserfolg

---

1022 Str., wie hier *Fischer*, § 299 Rn. 16; *Pragal*, S. 180; *Satzger*, ZStW 115 (2003), 469, 488; ähnlich auch GK-UWG/*Otto*, § 12 Rn. 29; a.A. u.a. *Baumbach/Hefermehl*, UWG, § 12 Rn. 9 f.; SK-StGB/*Rogall*, § 299 Rn. 69 ff. m.w.N.

1023 Vgl. RGSt 48, 291, 294 f.; LK/*Tiedemann*, § 299 Rn. 40; MüKo/*Krick*, § 299 Rn. 28 m.w.N.

1024 Vgl. nur die Ausführungen bei NK-StGB/*Dannecker*, § 299 Rn. 51 f. und LK/*Tiedemann*, § 299 Rn. 41.

1025 So explizit LK/*Tiedemann*, § 299 Rn. 43; im Ergebnis ebenso RG GRUR 1915, 103; Schönke/Schröder/*Heine/Eisele*, § 299 Rn. 19; ähnlich MüKo/*Krick*, § 299 Rn. 19, jeweils m.w.N.

1026 LK/*Tiedemann*, § 299 Rn. 43.

1027 Vgl. nur BGH NJW 2006, 3290, 3298; *Fischer*, § 299 Rn. 3; Schönke/Schröder/*Heine/Eisele*, § 299 Rn. 2.

notwendig ist, abzulehnen. Praktisch würde dies darüber hinaus außerdem zu schwerwiegenden Beweisproblemen führen.[1028]

e) Sozialadäquate Zuwendungen

Vom Tatbestand des § 299 Abs. 1 StGB nicht erfasst sind sozialadäquate Zuwendungen. Sie sind regelmäßig nicht geeignet, geschäftliche Entscheidungen zu beeinträchtigen.[1029] Für die Beurteilung der Eignung zur sachwidrigen Beeinflussung sind neben dem Wert der Zuwendung insbesondere auch der betroffene Geschäftsbereich und die Lebensumstände der an dem Vorgang Beteiligten zu beachten.[1030] Insgesamt sind wohl im Hinblick auf das geschützte Rechtsgut die Grenzen ein bisschen weiter als bei den §§ 331 ff. StGB zu ziehen.[1031] Als sozialadäquat angesehen werden insbesondere kleine Gelegenheits-[1032] und Werbegeschenke[1033], die Einladung zu einem Geschäftsessen[1034] oder auch Mengenrabatte[1035], soweit sie nicht im Vergleich zur Leistung als unverhältnismäßig anzusehen sind. Bei Einladungen zu anderen Veranstaltungen wird man sehr genau prüfen müssen, inwieweit diese noch als sozialadäquat anzusehen sind. Da sie inhaltlich zumeist in keiner Weise mehr mit dem eigentlichen „Geschäft" verbunden sind, wird hier eine objektive Eignung zur Gefährdung des freien und redlichen Wettbewerbs umso eher anzunehmen sein.

1028 Dies kritisch als Grund vermutend LK/*Tiedemann*, § 299 Rn. 43 unter Verweis auf *Arzt/Weber*, nunmehr *Arzt/Weber/Heinrich/Hilgendorf*, Strafrecht BT, § 49 Rn. 59.

1029 Wie hier *Baumbach/Hefermehl*, UWG, § 12 Rn. 8; MüKo/*Krick*, § 299 Rn. 29 m.w.N.; Schönke/Schröder/*Heine/Eisele*, § 299 Rn. 20; im Ergebnis so auch BGH NStZ 2005, 334, 335 (zu § 331 StGB); ähnlich auch NK-StGB/*Dannecker*, § 299 Rn. 39 f.; im Rahmen des Vorteils diskutierend bspw. LK/*Tiedemann*, § 299 Rn. 28; SK-StGB/*Rogall*, § 299 Rn. 44; die Unlauterkeit deshalb verneinend: *Beukelmann*, in: FS Roxin, S. 202; wohl auch *Fischer*, § 299 Rn. 16a.

1030 Vgl. *Fischer*, § 299 Rn. 16a; MüKo/*Krick*, § 299 Rn. 29 m.w.N.; SK-StGB/*Rogall*, § 299 Rn. 44 m.w.N.

1031 Vgl. *Fischer*, § 299 Rn. 16a; *Frister/Lindemann/Peters*, Arztstrafrecht, 2. Kap. Rn 358; MüKo/*Krick*, § 299 Rn. 29 m.w.N.; NK-StGB/*Dannecker*, § 299 Rn. 39 m.w.N; SK-StGB/*Rogall*, § 299 Rn. 44 m.w.N.

1032 *Otto*, in: GK-UWG, § 12 Rn 13 m.w.N.

1033 MüKo/*Krick*, § 299 Rn. 29; SK-StGB/*Rogall*, § 299 Rn. 44 m.w.N.

1034 Vgl. BGHSt 15, 239, 252; MüKo/*Krick*, § 299 Rn. 29 m.w.N.

1035 Schönke/Schröder/*Heine/Eisele*, § 299 Rn. 20; MüKo/*Krick*, § 299 Rn. 29.

Im Gesundheitsbereich wären danach „übliche" Werbeartikel wie Notizblöcke oder Kugelschreiber noch als sozialadäquat anzusehen, Karten für die Oper hingegen wäre nach diesen Grundsätzen schon eher die Sozialadäquanz abzusprechen.

f) Beurteilung der Kooperationen im Gesundheitswesen

Wie auch schon für § 331 StGB sind nun anhand der soeben beschriebenen geltenden Rechtslage die eingangs dieser Arbeit vorgestellten gängigen Kooperationsformen zwischen Ärzten und der Industrie auf ihre strafrechtliche Relevanz hin zu überprüfen.

aa) Einseitige Leistungen

Einseitige Unterstützungsleistungen der Industrie bergen besonders die Gefahr, Zuwendungen für begünstigende Handlungen durch den Arzt darzustellen.[1036] Eine Subsumtion dieser Verhaltensweisen unter § 299 Abs. 1 Nr. 1 StGB fällt allerdings schwerer als bei § 331 StGB. Zuwendungen, die allein der Gewinnung allgemeinen Wohlwollens dienen, wie dies insbesondere bei Geschenken der Fall sein wird, fallen nicht unter § 299 Abs. 1 Nr. 1 StGB. Eine Unrechtsvereinbarung kann aber indiziert sein, wenn die Annahme von Geschenken innerhalb dauerhafter Geschäftsbeziehungen erfolgt und die künftige Bevorzugung für beide Teile ausreichend bestimmt ist.[1037] Zusätzlich sind die Regeln zur Sozialadäquanz zu beachten.

bb) Leistungsaustauschverhältnisse

Zu Leistungsaustauschverhältnissen lassen sich konkrete Aussagen hier noch schwerer als schon bei § 331 StGB treffen. Festhalten lässt sich jedoch, dass alle Vereinbarungen, die nachträgliche Honorare vorsehen, keine Unrechtsvereinbarung nach § 299 Abs. 1 Nr. 1 StGB darstellen, da Zuwendungen für bereits erbrachte Leistungen nicht tatbestandsmäßig sind. Insbesondere also umsatzabhängige Rückvergütungen und auch Vereinbarungen über Anwendungsbeobachtungen sind hier genau zu prüfen. Letztlich ist es eine Frage der Beweisbarkeit, inwieweit eine künftige Bevorzugung zwischen den Parteien vereinbart war.

1036 Ebenso *Fenger/Göben,* Sponsoring im Gesundheitswesen, Rn. 176.
1037 Vgl. LK/*Tiedemann,* § 299 Rn. 29.

2. § 299 Abs. 1 Nr. 2 StGB

Wie schon angedeutet, hat § 299 StGB durch die Einfügung von § 299 Abs. 1 Nr. 2 StGB die wohl umstrittenste Änderung, die das Zweite Korruptionsbekämpfungsgesetz mit sich gebracht hat, erfahren.[1038] Die auch nach dieser Variante erforderliche Unrechtsvereinbarung ist dann anzunehmen, wenn der Vorteil ohne Einwilligung des Unternehmens als Gegenleistung für die Verletzung von Pflichten gegenüber dem Unternehmen durch die Vornahme oder Unterlassung einer Handlung bei dem Bezug von Waren oder Dienstleistungen gefordert wird, versprochen worden ist oder angenommen wird.

a) Ohne Einwilligung

Eine Pflichtverletzung ist nur dann anzunehmen, wenn der Vorteil ohne Einwilligung des Unternehmers angenommen wird. Eine wirksame Einwilligung setzt dabei voraus, dass das Unternehmen „sowohl die Annahme bzw. das Gewähren des Vorteils als auch die Verbindung des Vorteils mit der pflichtwidrigen Handlung oder Unterlassung" gestattet.[1039] Vor dem Hintergrund des Schutzzwecks der Vorschrift ist diese erst im laufenden Gesetzgebungsverfahren eingefügte klarstellende Einschränkung grundsätzlich zu begrüßen:[1040] das Interesse des Geschäftsherrn an einer loyalen Pflichtenerfüllung durch seine Angestellten ist dann nicht schutzwürdig, wenn er einer gegenteiligen Pflichtenerfüllung zugestimmt hat. Eine nachträgliche Zustimmung ist nicht vom Tatbestandsmerkmal umfasst, dürfte aber auch angesichts des in § 301 Abs. 1 StGB vorgese-

---

1038 Vgl. zu der seit über einem Jahrzehnt andauernden Diskussion bspw. *Walther*, Bestechlichkeit und Bestechung, S. 178 m.w.N; zum Hintergrund der Neuregelung vgl. bspw. *Kubiciel*, ZIS 2014, 667 ff. Vor dem Hintergrund der Thematik dieser Arbeit und den – jedenfalls soweit ersichtlich – wenigen spezifischen Überschneidungen der Probleme im Zusammenhang mit dieser neuen Tatbestandsvariante sei es der Verfasserin nachgesehen, im Folgenden nur einzelne problematische Punkte näher auszuführen.

1039 So ausdrücklich BT-Drs. 18/6389, S. 15 unter Verweis auf *Walther*, Bestechlichkeit und Bestechung, S. 281.

1040 Erst mit Beschlussempfehlung und Bericht des Ausschusses für Recht und Verbraucherschutz, BT-Drs. 18/6389, S. 10, 15. Vgl. zur Entstehung und für eine kritische Auseinandersetzung mit dem Tatbestandsmerkmal insgesamt auch *Krack*, ZIS 2016, 83, 83 f.; eher kritisch auch *Dann*, NJW 2016, 203, 205.

henen Strafantrags durch das Unternehmen entbehrlich sein.[1041] Zwar vermag, wie *Krack*[1042] und *Walther*[1043] zutreffend anführen, ein fehlender Strafantrag durch das besondere öffentliche Interesse ersetzt werden. Es ist jedoch nicht zu erwarten, dass sich ein solches bei jeder beliebigen Pflichtverletzung wird bejahen lassen. Auch die von *Krack* weiter angeführte Rechtsunsicherheit, die sich ergeben soll, wenn das Unternehmen „zunächst" genehmigt, dann aber doch eine Strafverfolgung wünscht, dürfte vor dem Hintergrund, dass sich der Angestellte oder Beauftragte zunächst auch pflichtwidrig und mithin strafrechtlich relevant verhalten hat, hinzunehmen sein.

b) Bezug von Waren oder Dienstleistungen

Bei dem Bezug von Waren oder Dienstleistungen muss der Angestellte oder Beauftragte eine Verletzungshandlung vornehmen. In Anbetracht des mit der ersten Tatbestandsvariante übereinstimmenden Wortlauts, wird man die dortigen Auslegungsergebnisse übertragen können. Entsprechend der Gesetzesbegründung fallen damit im Ergebnis rein innerbetriebliche Störungen aus dem Tatbestand heraus. Für die hier untersuchten Konstellationen hat mithin auch die zweite Tatbestandsvariante wiederum regelmäßig nur für den Bezug von Sprechstundenbedarf und den Bezug von Produkten in Krankenhäusern Bedeutung.

c) Verletzung von Pflichten gegenüber Unternehmen

Schließlich setzt § 299 Abs. 1 Nr. 2 StGB voraus, dass der Angestellte oder Beauftragte des Unternehmens bei dem Bezug von Waren oder Dienstleistungen eine Handlung vornimmt oder unterlässt und dadurch seine Pflichten gegenüber dem Unternehmen verletzt.

Ausweislich der Gesetzesbegründung soll es sich um solche Pflichten handeln, die dem Angestellten oder Beauftragten gegenüber dem Unternehmensinhaber obliegen.[1044] Sie sollen sich „insbesondere aus Gesetz oder Vertrag"[1045] ergeben. Nicht ausreichend für eine Pflichtverletzung

---

1041 In diesem Sinne schon *Grindel,* BT-Plenarprotokoll 18/130, S. 12701 A.
1042 *Krack,* ZIS 2016, 83, 86.
1043 *Walther,* Der Betrieb 2016, 95, 98.
1044 BT-Drs. 18/4350, S. 21.
1045 BT-Drs. 18/4350, S. 21.

soll dabei eine Handlung sein, die sich in der Annahme des Vorteils erschöpft oder auch das bloße Verschweigen des Vorteils.[1046]

Das Tatbestandsmerkmal der Pflichtverletzung hat nicht nur im jüngsten Gesetzgebungsverfahren viel Kritik erfahren.[1047] Neben verfassungsrechtlichen Bedenken[1048] werden insbesondere auch systematische Einwände[1049] erhoben. Als Schulbeispiel für die ausufernde Weite dient immer wieder der schon im Jahr 2007 von *Rönnau/Golombek*[1050] beschriebene Fall des Catering-Personals, das auf einer Feier durch ein üppiges Trinkgeld vom Organisator animiert, entgegen innerbetrieblicher Weisungen auf das Tragen von Schürzen verzichtet, angeführt. Im Schrifttum wird daher versucht, den Problemen mittels einer sehr restriktiven Auslegung beizukommen.[1051] Insbesondere wird vorgeschlagen, dass tatbestandsmäßig nur die Verletzung solcher Pflichten ist, die dem Wettbewerbsschutz dienen.[1052] § 299 Abs. 1 Nr. 2 StGB diene primär dem Schutz des Wettbewerbs[1053] und es sei nicht ersichtlich, dass der Gesetzgeber mit dem Verzicht auf das Merkmal „im Wettbewerb" gänzlich wettbewerbsferne

---

1046 Dies ist mit der Ergänzung der Tatbestandsvariante im laufenden Gesetzgebungsverfahren um die Merkmale „eine Handlung vornehme oder unterlasse" über die Erläuterungen in der ursprünglichen Gesetzesbegründung hinaus noch einmal klargestellt worden, vgl. BT-Drs. 18/4350, S. 21 und BT-Drs. 18/6389, S. 14 f.

1047 Für eine Übersicht dazu mit weiteren Nachweisen vgl. *Walther*, Bestechlichkeit und Bestechung, S. 240 ff.; jüngst dazu bspw. auch *Dann*, NJW 2016, 203, 204; *Dannecker/Schröder*, ZRP 2015, 48, 48 f.

1048 Vgl. Achenbach/Ransiek/*Rönnau*, Hdb Wirtschaftsstrafrecht, 3. Teil, Kap. 2 Rn. 81.

1049 So sprechen *Rönnau/Golombek* bspw. von einem „Wildern" im Vorfeld der Untreue, vgl. *ders.*, ZRP 2007, 193, 194 f.; angesichts der im Zivilrecht vorhandenen Mittel zur Abhilfe spricht *Schünemann* von einem strafrechtlichen „Overkill", *ders.*, ZRP 2015, 68, 69.

1050 *Rönnau/Golombek*, ZRP 2007, 193, 194. Danach unter anderem angeführt von *Gaede*, NZWiSt 2014, 281, 284 m.w.N (Fn. 43), Aufgegriffen und abgeändert bspw. auch von *Schünemann*, ZRP 2015, 68, 69.

1051 Vgl. die Darstellung bei *Dannecker/Schröder*, ZRP 2015, 48, 49 m.w.N.; weitere Vorschläge bei *Walther*, Der Betrieb 2016, 95, 97.

1052 *Kubiciel*, ZIS 2014, 667, 670 f.; zustimmend *Dannecker/Schröder*, ZRP 2015, 48, 49 f.

1053 *Kubiciel*, ZIS 2014, 667, 670 f.; zustimmend *Dannecker/Schröder*, ZRP 2015, 48, 49 f.

Pflichtverletzungen habe erfassen wollen.[1054] Ob dies allerdings tatsächlich bei der grundsätzlich weiten Auslegung[1055] des Merkmals „im Wettbewerb" zu einer spürbaren Begrenzung der Tatbestandsvariante führen wird, ist fraglich.

Es wird, wie bei jeder neu eingeführten Strafvorschrift, abzuwarten bleiben, ob die theoretisch diskutierten Probleme sich auch in der Praxis als solche erweisen. Man darf gespannt sein, ob es hinsichtlich sehr kleinlich erscheinender Pflichten überhaupt Interessenten gibt, die Angestellte oder Beauftragte zu einer entsprechenden Pflichtverletzung verleiten wollen. Einer gänzlich ausufernden Auslegung sollte auch das Tatbestandsmerkmal des Bezugs von Waren und Dienstleistungen entgegenwirken, welches letztlich jedenfalls ein gewisses geschäftliches Geschehen voraussetzt und rein innerbetriebliche Pflichten vom Tatbestand ausnimmt. Schließlich darf nicht vergessen werden, dass, wenn eine Pflichtverletzung nicht ohnehin aufgrund einer Einwilligung des Unternehmens zu verneinen ist, in der überwiegenden Anzahl der Fälle die Strafverfolgung vom Strafantrag des Unternehmens abhängen wird.

d) Beurteilung der Kooperationen im Gesundheitswesen

Für angestellte Ärzte in Praxen und Krankenhäusern ergeben sich gegenüber anderen Angestellten in Unternehmen keine spezifischen Besonderheiten. Angesichts der Tatsache, dass sich die Pflichtverletzung nicht in der Vorteilsannahme erschöpfen darf, scheiden entsprechende berufsrechtliche Pflichten als Bezugspunkt aus. Bei darüber hinausgehenden Pflichten wird jeweils genau zu prüfen sein, ob sich diese auf den Bezug von Waren beziehen und mindestens mittelbar auch den Geschäftsherrn schützen.[1056] In Krankenhäusern wird eher als in kleineren Einheiten auf Pflichten aus Compliance-Programmen zu achten sein.

1054 *Dannecker/Schröder,* ZRP 2015, 48, 49.

1055 Vgl. dazu oben unter D. V. 1. c).

1056 Abzulehnen ist die Sichtweise von *Heuking/von Coelln,* wonach an den Inhalt der Pflichten keine Anforderungen zu stellen seien (vgl. *Heuking/von Coelln,* BB 2015, 323, 328). Schon der Schutzrichtung der Vorschrift zufolge kann es sich nur um solche Pflichten handeln, die jedenfalls mittelbar dem Interesse des Geschäftsherrn zu dienen bestimmt sind.

VI. Zusammenfassung

Kooperieren Ärzte in der schon weiter oben vorgestellten Art und Weise mit der Industrie, lässt sich dem auch mit § 299 Abs. 1 StGB nur schwer begegnen. Abgesehen davon, dass schon Praxisinhaber keine tauglichen Täter sind, verhält es sich auch mit der Subsumtion von angestellten Ärzten unter § 299 Abs. 1 StGB nicht ganz so einfach, wie dies vereinzelt[1057] angenommen wird. Die Täterqualität ist ihnen zwar nicht abzusprechen, die restlichen Tatbestandsmerkmale sind aber nur in einem eng begrenzten Rahmen erfüllt. Dies gilt insbesondere für angestellte Ärzte in Arztpraxen, die sich nur dann gem. § 299 Abs. 1 StGB strafbar machen können, wenn sie einen Patienten mit Mitteln aus dem in der Praxis vorhandenen Sprechstundenbedarf während einer Behandlung versorgen oder solchen bestellen. Nur in diesem Fall ist nämlich von einem Bezug von Waren des Unternehmens des angestellten Arztes auszugehen. Ein Großteil der Verordnungen allerdings, die ein angestellter Arzt ausstellt, fällt aus dem Anwendungsbereich des § 299 Abs. 1 StGB heraus. Weder greift § 299 Abs. 1 StGB bei Verordnungen von Arzneimitteln noch bei Verordnungen von Hilfsmitteln, die der Patient nach dem Arztbesuch in einer Apotheke oder bei einem Hilfsmittelhersteller einlöst. Einen breiteren Anwendungsbereich hat § 299 Abs. 1 StGB aber bei angestellten Ärzten im Krankenhaus. Im Regelfall ist hier das Krankhaus als Unternehmen als Bezieher der Ware einzuordnen und dementsprechend vorsichtig müssen sich angestellte Ärzte in Krankenhäusern bei Kontakten mit der Arzneimittel- und Medizinprodukteindustrie verhalten. Im Hinblick auf § 299 Abs. 1 Nr. 2 StGB sind insbesondere hausinterne Compliance-Vorgaben zu beachten. Für ein wenig Spielraum sorgen die Regeln über sozialadäquate Zuwendungen sowie die Tatsache, dass in beiden Tatbestandsalternativen Zuwendungen allein der Klimapflege wegen nicht erfasst sind.

1057 So z.B. bei *Hecker,* JuS 2012, 852, 853: „Angestellte Ärzte wiederum, sei es in Krankenhäusern oder Arztpraxen, können über den Tatbestand der Angestelltenbestechung gem. § 299 Abs. 1 StGB [a.F.] zur Rechenschaft gezogen werden."

E. § 263 StGB

Wirken Ärzte und Industrie zusammen, bleibt es nicht bei Strafbarkeitsrisiken durch die §§ 331 ff., 299 StGB.[1058] Zuwendungen durch die Industrie können zu medizinisch nicht indizierten und damit gleichsam unwirtschaftlichen Verordnungen durch den Arzt oder einer solchen Einsatz- und Beschaffungsweise im Krankenhaus führen. Das Einreichen von Rechnungen durch den Arzt oder dessen Lieferanten, die um den Wert der Zuwendung erhöht sind, ist außerdem denkbar. Damit rückt das Vermögen der Kostenträger in den Mittelpunkt der Betrachtung. Hier sind insbesondere die Tatbestände des Betrugs gem. § 263 StGB sowie der Untreue gem. § 266 StGB näher zu untersuchen.

Der Tatbestand des Betrugs ist im Gesundheitsbereich nicht unbekannt.[1059] Gerne wird er auch als der „Kerntatbestand des Wirtschafstrafrechts der Medizin"[1060] bezeichnet. Klassische Fallgruppen – sowohl im Bereich der vertragsärztlichen als auch der privatärztlichen Abrechnung – sind dabei die Abrechnung nicht oder nicht vollständig erbrachter Leistungen sowie die fehlerhafte Abrechnung erbrachter Leistungen, z.B. durch Verwenden eines falschen Gebührenansatzes, der Nichtweitergabe von Rückvergütungen oder der unerlaubten Delegation von Leistungen.[1061] In Krankenhäusern ist es unter anderem die Falschkodierung von Leistungen unter dem DRG-System.[1062]

Das hier untersuchte Zusammenwirken von Industrie und Ärzteschaft lässt sich aber nur teilweise in die gerade aufgezählten „typischen" Fallgruppen einsortieren. Während das Verschweigen von Kick-Back-

---

1058 *Tsambikakis* zufolge „verlagern sich [die Risiken] weg von den Korruptionsdelikten hin zu den Vermögensdelikten", vgl. *Tsambikakis,* in FS Steinhilper, S. 217, 220.

1059 Vgl. nur *Herffs,* Abrechnungsbetrug des Vertragsarztes; *Hellmann/Herffs,* Ärztlicher Abrechnungsbetrug; *Hancok,* Abrechnungsbetrug durch Vertragsärzte; *Freitag,* Ärztlicher Abrechnungsbetrug; kritisch zur Anwendung des § 263 StGB im Gesundheitsbereich AnwKom-StGB/*Gaede,* § 263 Rn. 43, 143.

1060 Prütting/*Tsambikakis,* § 263 StGB, Rn. 1.

1061 Vgl. statt vieler *Kraatz,* Arztstrafrecht, Rn. 273 m.w.N. und Prütting/*Tsambikakis,* § 263 StGB Rn. 4 ff.; ausführlich dazu *Hellmann/Herffs,* Ärztlicher Abrechnungsbetrug.

1062 Vgl. *Sievert,* Möglichkeiten der Abrechnungsmanipulation im Krankenhaus, Berlin 2011.

Zahlungen in Rechtsprechung und Literatur nicht unbekannt ist, ist eine (aufgrund von Zuwendungen erfolgte) unwirtschaftliche Verordnungsweise bzw. Beschaffung von entsprechenden Arznei- oder Hilfsmitteln bisher nur vereinzelt[1063] im Zusammenhang mit dem Betrugstatbestand diskutiert worden. Es gilt aber insbesondere aufgrund der unterschiedlichen Abrechnungswege genau zwischen Fällen einer unwirtschaftlichen Behandlungsweise und der unwirtschaftlichen Verordnung von Arznei- oder Hilfsmitteln zu unterscheiden.[1064] Nach einer kurzen Einführung in den Betrugstatbestand sollen daher im Folgenden zunächst getrennt nach vertragsärztlicher und privatärztlicher Versorgung die betrugsrechtlichen Implikationen unwirtschaftlicher Verordnungen sowie von Rabatten, Boni und Kick-Backs geprüft werden. Anschließend wird die unwirtschaftliche Einsatz- und Bestellweise von Produkten sowie das Verschweigen von Zuwendungen im Rahmen der stationären Versorgung näher betrachtet.

I. Grundlagen

Einen Betrug gem. § 263 Abs. 1 StGB begeht, wer in der Absicht, sich oder einem Dritten einen rechtswidrigen Vermögensvorteil zu verschaffen, das Vermögen eines anderen dadurch beschädigt, dass er durch Vorspiegelung falscher oder durch Entstellung oder Unterdrückung wahrer Tatsachen einen Irrtum erregt oder unterhält. Geschütztes Rechtsgut ist einzig das Vermögen.[1065] Dieses wird durch § 263 StGB allerdings nur gegen durch Täuschung veranlasste Selbstschädigungen geschützt.[1066] Ein Betrug ist auch in Form des sogenannten Dreiecksbetrugs möglich. Dabei müssen die getäuschte und die verfügende Person, nicht aber die verfü-

---

1063 So bspw. als „Exkurs" in der Monographie von *Hellmann/Herffs*, Ärztlicher Abrechnungsbetrug, Rn. 328 ff.; ausführlicher *Kühl*, Wirtschaftlichkeitsgebot, S. 81 ff., vgl. auch *Braun*, Industrie und Ärzteschaft, S. 61 ff., 102 ff., 114 ff., 139 ff. Diese Einschätzung teilend *Leimenstoll*, Vermögensbetreuungspflicht, S. 14.

1064 I.d.S. ebenso *Hellmann/Herffs*, Ärztlicher Abrechnungsbetrug, Rn. 345 m.w.N.; *Butenschön*, Vertragsarzt zwischen Untreue und Betrug, S. 74 f.; vgl. allgemein dazu BGH NStZ 1993, 388, 388 f.

1065 BGHSt 16, 220, 221; RGSt 74, 167, 168; Lackner/Kühl/*Kühl*, § 263 Rn. 2; LK/*Tiedemann*, Vor § 263 Rn. 18 m.w.N.

1066 Lackner/Kühl/*Kühl*, § 263 Rn. 2; LK/*Tiedemann*, § 263 Rn. 5 m.w.N.; Schönke/Schröder/*Cramer/Perron*, § 263 Rn. 3 m.w.N.; SSW-StGB/*Satzger*, § 263 Rn. 8.

gende und die geschädigte Person identisch sein.[1067] Voraussetzung ist, dass dem Vermögensinhaber die Verfügung zuzurechnen ist.[1068] Verletzter des § 263 StGB ist derjenige, dessen Vermögen beschädigt worden ist; dies kann sowohl eine natürliche als auch juristische Person sein.[1069] Der Betrug ist ferner gekennzeichnet durch eine rechtswidrige Vermögensverschiebung, welche im ungeschriebenen Tatbestandsmerkmal der Stoffgleichheit zum Ausdruck kommt.[1070] Danach muss der Vermögensvorteil die Kehrseite des Schadens darstellen, d.h. unmittelbare Folge der täuschungsbedingten Verfügung sein.[1071]

II. Vertragsarzt

Wenn die betrugsrechtliche Relevanz einer unwirtschaftlichen Verordnungsweise bisher überhaupt in Rechtsprechung und Literatur diskutiert worden ist, dann überwiegend im Rahmen der vertragsärztlichen Versorgung. Seit der „Abkehr" der Rechtsprechung in diesem Gebiet vom Betrugstatbestand hin zur Untreue,[1072] ist die Diskussion zu Unrecht nahezu versiegt. Unter Berücksichtigung der bisher in diesem Bereich gefundenen Erkenntnisse soll daher im Folgenden ein möglichst genaues Bild betrugsrechtlicher Implikationen einer unwirtschaftlichen Verordnungsweise zum einen und der Vereinbarung von Rückvergütungen zum anderen gezeichnet werden.

1067 Vgl. nur BGH NJW 2002, 2117; BGHSt 18, 221, 223; *Fischer*, § 263 Rn. 79; Lackner/Kühl/*Kühl*, § 263 Rn. 28.

1068 Umstritten ist, wann genau dem Vermögensinhaber die Verfügung zuzurechnen ist, vgl. dazu im Einzelnen bspw. *Fischer*, § 263 Rn. 80 ff.; MüKo/*Hefendehl*, § 263 Rn. 325 ff.

1069 LK/*Tiedemann*, § 263 Rn. 6.

1070 SSW-StGB/*Satzger*, § 263 Rn. 10; ähnlich ebenso LK/*Tiedemann*, § 263 Rn. 3 m.w.N.

1071 Vgl. BGH NStZ 2015, 89, 92; 2003, 264; BGHSt 6, 115, 116; *Fischer*, § 263 Rn. 187 ff. m.w.N.; LK/*Tiedemann*, § 263 Rn. 256 m.w.N.; MüKo/*Hefendehl*, § 263 Rn. 776 m.w.N.

1072 Vgl. BGHSt 49, 17 ff., in der der BGH unter anderem die Verurteilung eines Vertragsarztes wegen Beihilfe zum Betrug aufhob und das Ausstellen von Verordnungen ohne medizinische Indikation im Zusammenwirken mit dem Patienten stattdessen als Untreue des Arztes zum Nachteil der Krankenkasse wertete. Vgl. dazu auch das zweite Kapitel unter F.

1. Unwirtschaftliche Verordnungsweise

Als „Leidtragende" einer unwirtschaftlichen Verordnung – sei es bei häuslichen Verordnungen oder solchen für den Sprechstundenbedarf – kommen nicht nur die gesetzlichen Krankenkassen in Betracht. Verfolgt man den Weg, den eine ärztliche Verordnung nimmt, können neben dem Patienten, den möglicherweise eine höhere Zuzahlung erwartet, auch Apotheker, denen die Erstattung durch die Krankenkassen verweigert wird, Geschädigte sein. Ob und unter welchen Umständen sich ein Vertragsarzt durch eine unwirtschaftliche Verordnungsweise wegen eines Betrugs strafbar machen kann, ist im Folgenden zu klären.

a) Betrug gegenüber und zu Lasten des Apothekers

Führt eine unwirtschaftliche Verordnung dazu, dass dem Apotheker eine ordnungsgemäße Abrechnung mit dem auf der Verordnung genannten Kostenträger nicht möglich ist, rückt der Apotheker als Betrugsopfer in den Fokus.

aa) Täuschung über Tatsachen

Tathandlung des Betrugs ist das Täuschen über Tatsachen.[1073] Es ist somit zunächst zu klären, ob ein unwirtschaftlich verordnender Vertragsarzt über Tatsachen täuscht. Tatsachen sind alle Vorgänge oder Zustände der Vergangenheit oder Gegenwart, die dem Beweis zugänglich sind.[1074] Die Abgrenzung zu Werturteilen und Meinungen, die einer objektiven Beweisführung regelmäßig nicht zugänglich sind,[1075] ist fließend[1076]. Die Frage der Wirtschaftlichkeit einer Verordnung mag zwar im konkreten

---

1073 OLG Düsseldorf NJW 1993, 1872 f.; Lackner/Kühl/*Kühl,* § 263 Rn. 3; LK/*Tiedemann,* § 263 Rn. 7.

1074 OLG Düsseldorf, wistra 1996, 32, 33; LG Frankfurt, Urteil v. 10. Januar 2005, Az.: 12 O 294/04, Rn. 24 (zitiert nach juris); *Fischer,* § 263 Rn. 6; Lackner/Kühl/*Kühl,* § 263 Rn. 4; LK/*Tiedemann,* § 263 Rn. 10 m.w.N.; Spickhoff/*Schuhr,* StGB, § 263 Rn. 6 m.w.N.

1075 RGSt 55, 129, 131 f.; OLG Köln NJW 2013, 2772, 2773; Lackner/Kühl/*Kühl,* § 263 Rn. 5; ähnlich SSW-StGB/*Satzger,* § 263 Rn. 18. Anders, wenn sie zugleich einen Tatsachenkern enthalten, vgl. dazu BGHSt 48, 331, 344; Bayerisches ObLG, Urteil v. 29. September 1994, Az.: 3 St RR 47/94 (juris); *Fischer,* § 263 Rn. 9; LK/*Tiedemann,* § 263 Rn. 14 Fn. 27 für weitere Nachweise.

1076 Lackner/Kühl/*Kühl,* § 263 Rn. 5.

Einzelfall schwer zu beurteilen sein. Letztlich lässt sie sich aber anhand eines auf Tatsachen beruhenden Kosten-Nutzen-Vergleichs (mithilfe eines Sachverständigen) eindeutig bestimmen[1077] und stellt eine Tatsache dar. Fraglich ist jedoch, ob der Vertragsarzt mit der Ausstellung einer unwirtschaftlichen Verordnung, die er dem Apotheker entweder selbst oder mittels des Patienten vorlegt, den Apotheker über deren Wirtschaftlichkeit täuscht. Unter einer Täuschung versteht man das zur Irreführung bestimmte intellektuelle Einwirken auf das Vorstellungsbild einer anderen natürlichen Person.[1078] Eine Täuschung kann ausdrücklich, konkludent oder auch durch Unterlassen begangen werden. Mangels auf einem Verordnungsblatt zu tätigender Aussagen zur Wirtschaftlichkeit,[1079] scheidet eine „ausdrückliche Erklärung der Unwahrheit über Tatsachen"[1080] d.h. eine ausdrückliche Täuschung regelmäßig aus. Möglicherweise erklärt der Vertragsarzt aber durch das Ausstellen einer Verordnung schlüssig, dass diese wirtschaftlich erfolgt und täuscht mithin konkludent. Maßgebend für die Auslegung des Erklärungsverhaltens sind die Verkehrsanschauung sowie diese prägenden oder konkretisierenden rechtlichen Vorschriften.[1081] Beim Wirtschaftlichkeitsgebot handelt es sich um ein tragendes Prinzip innerhalb der gesetzlichen Krankenversicherung.[1082] Insbesondere § 12 Abs. 1 S. 2 SGB V macht deutlich, dass unwirtschaftliche Leistungen von Versicherten nicht beansprucht werden können, von Leistungserbringern nicht bewirkt und von den Krankenkassen nicht bewilligt werden dürfen. Bei von Leistungserbringern bewirkten Leistungen muss die Verkehrsanschauung daher schon aufgrund der eindeutigen gesetzlichen Regelungen davon ausgehen, dass diese dem Wirtschaftlichkeitsgebot

1077 Vgl. dazu bspw. KassKom/*Roters,* § 12 SGB V Rn. 41 ff.; ausführlich dazu *Hancok,* Abrechnungsbetrug durch Vertragsärzte, S. 232 ff. und auch *Hellmann/Herffs,* Abrechnungsbetrug, Rn. 276; *Frister/Lindemann/Peters,* Arztstrafrecht, 2. Kap. Rn. 91 m.w.N.; im Ergebnis ebenso *Kühl,* Wirtschaftlichkeitsgebot, S. 90 ff.

1078 *Fischer,* § 263 Rn. 14; Lackner/Kühl/*Kühl,* § 263 Rn. 6; SSW-StGB/*Satzger,* § 263 Rn. 28.

1079 Vgl. dazu das aktuell gültige Verordnungsblatt unter: Muster 16, Anlage 2 BMV-Ä.

1080 LK/*Tiedemann,* § 263 Rn. 24.

1081 So jedenfalls das Vorgehen nach „allgemein übereinstimmender Ansicht", vgl. zu den Einzelheiten und anderen Vorgehensweisen LK/*Tiedemann,* § 263 Rn. 30, 28 ff.; wie hier BGHSt 51, 165, 170 (Rn. 20), Schönke/Schröder/*Cramer/Perron,* § 263 Rn. 14 f.

1082 Vgl. dazu das erste Kapitel unter B. III. 5.

entsprechend erbracht worden sind.[1083] Das Ausstellen einer unwirtschaftlichen Verordnung durch den Vertragsarzt ist mithin als Täuschung über Tatsachen im Sinne des § 263 Abs. 1 StGB anzusehen.[1084]

bb) Irrtum

Durch die Täuschung müsste der Vertragsarzt einen Irrtum beim Apotheker hervorgerufen haben. Unter einem Irrtum versteht man grundsätzlich den Widerspruch zwischen subjektiver Vorstellung und objektiver Wirklichkeit.[1085] Zweifel beseitigen die Annahme eines Irrtums solange nicht, wie der Getäuschte die Möglichkeit der Unwahrheit für geringer hält.[1086] Allein das Fehlen einer Vorstellung begründet keinen Irrtum.[1087] Im Einzelfall ist deshalb genau zu prüfen, inwieweit sich die betreffende Person Vorstellungen über täuschungsrelevante Tatsachen gemacht hat oder nicht.[1088] Hat jemand im Geschäftsverkehr die Berechtigung des Leistungsverlangens nicht zu überprüfen, wird er sich darüber grundsätzlich auch keine Gedanken machen.[1089] Ausreichend ist jedoch die Vorstellung, es sei schon „alles in Ordnung".[1090]

Bevor ein Apotheker ein Arzneimittel aufgrund einer Verordnung abgibt, muss er diese gleich in mehrfacher Hinsicht überprüfen. Fraglich ist jedoch, ob er sein Augenmerk dabei auch auf die Wirtschaftlichkeit der

---

1083 In diesem Sinne auch *Hellmann/Herffs,* Abrechnungsbetrug, Rn. 279 ff.

1084 Für eine konkludente Täuschung vgl. im Ergebnis auch *Fischer,* § 263 Rn. 60; dagegen aber AnwKom-StGB/*Gaede,* § 263 Rn. 34; noch anders BGHSt 49, 17, 21 f. der mangels eines Irrtums des Apothekers (dazu sogleich) schon eine Täuschungshandlung des Arztes ablehnt; zustimmend MR-StGB/*Saliger,* § 263 Rn. 51; *Ulsenheimer,* Rn. 1117. Zum streitigen Verhältnis zwischen Täuschung und Irrtum vgl. nur *Bung,* GA 2012, 354 ff.; dies andeutend auch BGHSt 47, 1, 3.

1085 Vgl. Lackner/Kühl/*Kühl,* § 263 Rn. 18 f.; LK/*Tiedemann,* § 263 Rn. 77; Schönke/Schröder/*Perron,* § 263 Rn. 33.

1086 BGHSt 57, 95, 113; BGH NStZ 2003, 313, 314; *Fischer,* § 263 Rn. 55; vgl. LK/*Tiedemann,* § 263 Rn. 86 Fn. 150 für weitere Nachweise.

1087 RGSt 42, 40, 41; Lackner/Kühl/*Kühl,* § 263 Rn. 18 m.w.N.; LK/*Tiedemann,* § 263 Rn. 78 m.w.N.

1088 *Fischer,* § 263 Rn. 57.

1089 BGH NStZ 2006, 687; BGH StV 1997, 410; *Fischer,* § 263 Rn. 58.

1090 BGHSt 57, 95, 110; BGH NStZ 2009, 506, 507; 2, 325, 326; dazu auch *Fischer,* § 263 Rn. 62.

Verordnung im konkreten Fall zu richten hat. Abgabebestimmungen finden sich insbesondere in § 17 Abs. 5 Apothekenbetriebsordnung (ApBetrO)[1091], der Arzneimittelverschreibungsverordnung (AMVV)[1092] sowie dem Rahmenvertrag über die Arzneimittelversorgung nach § 129 Abs. 2 SGB V[1093] und in den diesen jeweils ergänzenden Arzneilieferverträgen (ALV) gem. § 129 Abs. 5 SGB V[1094].

Nach den ALV darf eine Abgabe regelmäßig nur „aufgrund einer ordnungsgemäß ausgestellten ärztlichen Verordnung" erfolgen.[1095] Dazu muss sie beispielsweise Name, Vorname und Anschrift des Versicherten enthalten, bestimmte Angaben zur verschreibenden Person und das Datum der Ausfertigung.[1096] Grundsätzlich dürfen Mittel zu Lasten der Krankenkasse zudem nur abgegeben werden, wenn die Verordnung innerhalb eines Monats nach Ausstellung in der Apotheke vorgelegt wird. Darüber hinaus sind die Krankenkassen zumeist nicht zur Zahlung verpflichtet, wenn die Abgabe aufgrund einer gefälschten Verordnung erfolgt ist und dies für den Apotheker erkennbar war. Bei dem Verdacht einer Fälschung oder „sonstige[n] Bedenken" hat der Apotheker regelmäßig vor der Abgabe den Arzt zu informieren. In § 3 Abs. 11 ALV Hessen ist dann ausdrücklich festgelegt, dass die Apotheker zur Überprüfung der Verordnungsfähigkeit grundsätzlich nicht verpflichtet sind. Die Ausführungen zeigen, dass dem Apotheker damit regelmäßig nur formelle Prüfpflichten obliegen. Selbst bei „sonstigen Bedenken", die sich in dem genannten

---

1091 Apothekenbetriebsordnung (ApBetrO) in der Fassung der Bekanntmachung vom 26. September 1995 (BGBl. I S. 1195), die durch Artikel 2a der Verordnung vom 6. März 2015 (BGBl. I S. 278) geändert worden ist.

1092 Arzneimittelverschreibungsverordnung (AMVV) vom 21. Dezember 2005 (BGBl. I S. 3632), die durch Artikel 2 der Verordnung vom 6. März 2015 (BGBl. I S. 278) geändert worden ist.

1093 Rahmenvertrag über die Arzneimittelversorgung nach § 129 Abs. 2 SGB V, vgl. Fn. 302.

1094 Diese sind grundsätzlich zwischen den einzelnen Landesapothekerverbänden und den Krankenkassen geschlossen; für Ersatzkassen gilt ein bundesweiter Arzneiliefervertrag, vgl. Arzneiversorgungsvertrag (AVV), gültig ab 1. April 2016, abrufbar auf den Internetseiten des Verbands der Ersatzkassen (vdek) unter http://www.vdek.com.

1095 Vgl. bspw. § 3 Abs. 1 ALV Hessen vom 1. April 2008 oder § 4 Abs. 1 AVV.

1096 § 2 Abs. 1 AMVV; vgl. außerdem einzelne Arzneilieferverträge, bspw. § 3 Abs. 2 Arzneiversorgungsvertrag Bayern vom 1. Oktober 2014; § 3 Abs. 3 Arzneiversorgungsvertrag Baden-Württemberg vom 1. April 2015.

Zusammenhang allerdings auch eher auf die äußerliche Richtigkeit der betreffenden Verordnung beziehen, hat der Apotheker „lediglich" beim Arzt nachzufragen. Spätestens mit dessen Einverständnis ist im Sinne der ALV von einer ordnungsgemäßen ärztlichen Verordnung auszugehen. Soweit ersichtlich, obliegt dem Apotheker nach den ALV damit regelmäßig keine Prüfpflicht der Verordnung im Hinblick auf die Voraussetzungen des § 12 SGB V.

Darüber hinaus muss das abgegebene Arzneimittel nach § 17 Abs. 5 ApBetrO der Verschreibung und den damit verbundenen Vorschriften des SGB V zur Arzneimittelversorgung entsprechen. Enthält eine Verschreibung einen erkennbaren Irrtum, ist sie nicht lesbar oder ergeben sich sonstige Bedenken, darf das Arzneimittel nicht vor Beseitigung der Unklarheiten abgegeben werden (§ 17 Abs. 5 S. 2 ApBetrO). „Sonstige Bedenken" sind insbesondere solche pharmakologischer Art, also beispielsweise Bedenken gegen die Dosierung oder Inkompatibilitäten zwischen Arzneimitteln.[1097] Aber auch Zweifel an der Echtheit oder Vorschriftsmäßigkeit der Verordnung fallen darunter.[1098] Dass damit auch eine Pflicht zur Überprüfung der Verordnung vor dem Hintergrund von § 12 SGB V besteht, erscheint gerade vor dem Hintergrund der in § 17 Abs. 5 S. 2 ApBetrO ausdrücklich aufgeführten „Bedenken" eher unwahrscheinlich. Irrtümer und Lesbarkeit zielen vielmehr auf inhaltliche bzw. äußerliche grobe Unklarheiten ab, nicht aber auf insbesondere mit der Unwirtschaftlichkeit verbundene und für den Apotheker nahezu nicht erkennbare Feinheiten ab. Im SGB V sind für den Apotheker insbesondere die Substitutionsregeln sowie die dort festgelegte Geltung der Rabattverträge relevant (vgl. § 129 SGB V).[1099] Bei begründetem Verdacht auf Arzneimittelmissbrauch hat der Apotheker die Abgabe gem. § 17 Abs. 8 ApBetrO zu verweigern. Damit sind Fälle gemeint, in denen der Verdacht besteht, dass Arzneimittel nicht bestimmungsgemäß, sondern mit gesundheitsgefährdenden Folgen eingenommen werden.[1100] Die Verordnung von Arzneimitteln unter Verstoß von § 12 SGB V ist damit ersichtlich nicht gemeint.[1101]

1097 Cyran/Rotta/*Dettling*, ApBetrO, § 17 Rn. 745.
1098 Cyran/Rotta/*Dettling*, ApBetrO, § 17 Rn. 745.
1099 Vgl. dazu auch MAH-MedR/*Frohn/Schmidt*, § 15 Rn. 199 ff.
1100 Cyran/Rotta/*Dettling*, ApBetrO, § 17 Rn. 857 f.
1101 Im Ergebnis so auch BGHSt 49, 17, 21 f.; BGH NStZ 2004, 568, 570.

Ob § 17 Abs. 5 ApBetrO bei weiterer Auslegung eine entsprechende Prüfpflicht umfassen würde, kann hier letztlich dahingestellt bleiben. Ein Verstoß gegen diese Vorschriften kann neben möglichen strafrechtlichen Konsequenzen insbesondere Schadensersatzpflichten gegenüber dem Patienten auslösen.[1102] Es mangelt dann aber an der Stoffgleichheit zwischen Vorteil und Schaden. Diese möglichen schwerwiegenden Konsequenzen bei der widerrechtlichen Verweigerung der Abgabe eines Arzneimittels[1103] sind übrigens ein weiteres Argument dafür, die Prüfpflichten des Apothekers eher enger als weiter zu fassen.

Einigen Stimmen in Rechtsprechung und Literatur zufolge hat der Apotheker die Abgabe eines Arzneimittels zu verweigern, wenn die Verordnung offensichtlich missbräuchlich ist.[1104] Dazu sollen auch Verordnungen zählen, „die auf offensichtlich unwirtschaftliche Leistungen" abzielen.[1105] Dem ist jedoch nicht zu folgen. Zum einen lässt diese Ansicht klare und für den Apotheker praxistaugliche Grenzen nicht erkennen. Zum anderen berufen sich die Vertreter dieser Auffassung auf eine Entscheidung des Bundessozialgerichts, in der eine konkrete Regelung des ALV SchH Gegenstand der Prüfung war,[1106] die heute allerdings überholt ist[1107]. Eine dennoch konstruierte Prüfpflicht findet damit, soweit ersichtlich, heute keinen Anknüpfungspunkt mehr in den geltenden Vorschriften. Diese Auffassung ist somit abzulehnen.

1102 Cyran/Rotta/*Dettling,* ApBetrO, § 17 Rn. 763.

1103 Vgl. dazu auch BSGE 77, 194, 206, 209; *Kühl,* Wirtschaftlichkeitsgebot, S. 99.

1104 Unter Berufung auf BSGE 77, 194 ff. so *Kühl,* Wirtschaftlichkeitsgebot, S. 97 ff.; *Schimmelpfeng-Schütte,* GesR 2006, 529, 537; ausdrücklich dahingestellt lässt dies BGHSt 49, 17, 22; ebenso BGH NStZ 2004, 568, 570.

1105 *Kühl,* Wirtschaftlichkeitsgebot, S. 99.

1106 Nach § 3 Nr. 10 ALV Schleswig-Holstein war die Krankenkasse verpflichtet, gefälschte, unbefugt oder missbräuchlich ausgestellte Verordnungen zu bezahlen, sofern der Apotheker einen derartigen Mangel nicht erkennen konnte. Begründeten Zweifeln hatte der Apotheker nachzugehen. Das Bundessozialgericht befand, dass die Verordnungsweise im konkreten Fall nicht in der Weise „offensichtlich missbräuchlich" war, wie dies den konkreten Vorschriften entsprechend hätte sein müssen, um ein Abgabeverbot des Apothekers auszulösen.

1107 Vgl. dazu nur den ALV Schleswig-Holstein vom 1. Februar 2001 in der Fassung vom 1. Januar 2004. Der 1996 in Blick genommene § 3 entspricht heute weitgehend den schon zuvor besprochenen Regelungen der beispielhaft angeführten ALV.

Es bleibt also festzuhalten, dass damit weder der Rahmenvertrag noch – soweit ersichtlich – die diesen ergänzenden ALV und die Vorschriften der ApBetrO dem Apotheker eine Prüfung der Verschreibung nach § 12 SGB V auferlegen. Dies ist auch nur zu folgerichtig. Im Regelfall wird der Apotheker außer den Angaben auf der Verordnung nichts über das Arzt-Patienten-Verhältnis wissen, er wird weder die Diagnose noch die vom Arzt verfolgte Therapie kennen.[1108] Im Zweifel bekommt der Apotheker denjenigen, für den die Verordnung ausgestellt ist, gar nicht zu Gesicht, weil jemand anderes die Verordnung für ihn einlöst. Ein Vertrag zwischen dem auf der Verordnung genannten Kostenträger und dem Apotheker kommt allein mit Einhaltung der zuvor genannten Abgabepflichten zustande.[1109] Soweit also insbesondere die ALV keine spezielleren Regeln als die soeben untersuchten enthalten, braucht sich der Apotheker über eine mögliche Unwirtschaftlichkeit der Verordnung daher keine Gedanken machen.[1110] Ein Irrtum des Apothekers scheidet mithin aus.

b) Betrug gegenüber und zu Lasten des Hilfsmittelerbringers

Ob sich ein Arzt durch eine unwirtschaftliche Verordnung eines Betrugs gegenüber und zu Lasten eines Hilfsmittelerbringers strafbar macht, lässt sich hier nicht abschließend beantworten. Inwieweit sich ein Hilfsmittelerbringer über die Wirtschaftlichkeit einer Hilfsmittelverordnung Gedanken machen muss und dementsprechend eine Täuschung des Arztes denkbar ist, bestimmt sich nach den zwischen der entsprechenden Krankenkasse und dem Hilfsmittelerbringer bzw. dessen Verband geschlosse-

---

1108 In diesem Sinne ebenso BGHSt 49, 17, 20 ff.; *Hellmann/Herffs,* Abrechnungsbetrug, Rn. 334; *Herffs,* wistra 2006, 63, 64 f.

1109 Ähnlich auch *Hellmann/Herffs,* Ärztlicher Abrechnungsbetrug, Rn. 338, die sogar davon sprechen, dass die Vereinbarungen den Apotheker „ausdrücklich von einer Prüfung [der Wirtschaftlichkeit der Verordnung]" entbinden.

1110 Vgl. auch BSGE 77, 194, 209: Der Apotheker ist „weder ein medizinischer Obergutachter noch eine Aufsichtsbehörde des Arztes", (nahezu wortgleich ebenso *Hellmann/Herffs,* Ärztlicher Abrechnungsbetrug, Rn. 334; *Schimmelpfeng-Schütte,* GesR 2006, 529, 537 und *Schroth/Joost,* in: Roxin/Schroth, Medizinstrafrecht, S. 179, 201); Cyran/Rotta/*Dettling,* ApBetrO, § 17 Rn. 315, 666; *Hellmann/Beckemper,* Fälle zum Wirtschaftsstrafrecht, Rn. 497; *Taschke,* StV 2005, 406, 407; dies jedenfalls grundsätzlich so sehend BGHSt 49, 17, 20; BGH NStZ 2004, 568, 570. I.E. ebenso *Geis,* GesR 2006, 345, 348.

nen Verträgen gem. § 127 SGB V.[1111] Verallgemeinernd lässt sich nur festhalten, dass ausweislich der gesetzlichen Ausgangslage eine korruptive Einflussnahme auf Ärzte im Rahmen der ambulanten Versorgung in diesem Bereich nur schwerer als im Bereich der Arzneimittelversorgung möglich erscheint. So ist es beispielsweise die Regel, dass der Arzt nur eine bestimmte Produktart, nicht jedoch ein ganz konkretes Hilfsmittel verordnet.[1112]

c) Betrug gegenüber und zu Lasten der Krankenversicherung

In Betracht zu ziehen ist ferner ein Betrug des Arztes gegenüber und zu Lasten der durch die entsprechende unwirtschaftliche Verordnung beschwerten Krankenkassen. Höchstrichterliche Äußerungen sucht man dazu spätestens seit dem Umschwung auf den Untreuetatbestand vergebens.[1113] Vereinzelt finden sich aber Ausführungen dazu in der Literatur, auf die noch einzugehen sein wird. Zunächst aber ist aufgrund der je nach Beschaffungsweg unterschiedlichen Abrechnungsmodalitäten genau zu differenzieren: zwischen dem Bezug von Produkten über die Apotheke (entweder durch den Patienten mittels einer häuslichen Verordnung oder durch den Arzt mittels einer Sprechstundenbedarfsverordnung) und dem Direktbezug aller anderen (nicht apothekenpflichtigen) Sprechstundenbedarfsprodukte über den Hersteller oder Lieferanten.[1114]

aa) Bezug von Produkten über die Apotheke

Mit Ausstellen und Vorlegen einer unwirtschaftlichen Verordnung täuscht der Vertragsarzt wiederum konkludent darüber, dass diese entsprechend der sozialrechtlichen Grundsätze und mithin auch dem Wirtschaftlichkeitsgebot entsprechend zustande gekommen ist. Der gutgläubige Apotheker, der für die direkte oder indirekte Vorlage der Verordnung beim entsprechenden Kostenträger sorgt,[1115] betätigt sich hierbei als Tatmittler

---

1111 Vgl. dazu das erste Kapitel unter B. VI. 2. b).
1112 Vgl. dazu das erste Kapitel unter B. VI. 2. b).
1113 Diese Möglichkeit wird maximal noch als mitbestrafte Nachtat zur Untreue erwähnt, vgl. BGHSt 49, 17 ff.
1114 Diese Gliederung ebenfalls verfolgend *Kühl,* Wirtschaftlichkeitsgebot, S. 147 ff.
1115 Sowohl beim Bezug von Produkten durch häusliche Verordnungen als auch beim Bezug von Produkten über Sprechstundenbedarfsverordnungen rechnet der Apotheker nach der Arzneimittelabgabe unmittelbar oder mit-

des Vertragsarztes nach § 25 Abs. 1 Alt. 2 StGB.[1116] Ob in der Begleichung der Rechnung des Apothekers durch einen Mitarbeiter der entsprechenden Krankenkasse eine irrtumsbedingte Vermögensverfügung im Sinne des § 263 Abs. 1 StGB zu sehen ist,[1117] ist im Folgenden zu klären.

Ein Irrtum des die Abrechnungsunterlagen bearbeitenden Mitarbeiters der Krankenkasse scheitert nicht daran, dass es sich zumeist um ein auf Massenerledigung gerichtetes Abrechnungsverfahren handelt und man schwerlich davon ausgehen kann, dass der Mitarbeiter eine positive Vorstellung hinsichtlich jeder geltend gemachten Position hat. Bei solchen Verfahren ist es ausreichend, wenn der Mitarbeiter davon ausgeht, dass die vorgelegten Abrechnungen und die diese konstituierenden ärztlichen Verordnungen insgesamt „in Ordnung" seien.[1118] Es erscheint jedoch zweifelhaft, ob die in der Begleichung der Rechnung liegende Vermögensverfügung auch auf diesem Irrtum beruht. Es bedarf nämlich eines kausalen Zusammenhangs zwischen beiden Merkmalen.[1119] Daran fehlt es, wenn der Getäuschte die Verfügung auch bei Kenntnis der tatsächlichen Sachlage vorgenommen hätte.[1120] Besteht der Irrtum – wie hier – in der Fehlvorstellung, dass alles „in Ordnung" sei, geht die Rechtsprechung regelmäßig dann von einem Kausalzusammenhang aus, wenn sich feststellen lässt, dass der Getäuschte bei Kenntnis der Wahrheit die Verfügung nicht vorgenommen hätte.[1121]

Von einer näheren Auseinandersetzung mit den Ansichten kann hier abgesehen werden. Für den Mitarbeiter der Krankenkasse spielt die Tatsache der Unwirtschaftlichkeit der Verordnung im Verhältnis zum Apothe-

---

telbar mit dem auf der Verordnung genannten Kostenträger ab, vgl. dazu auch das erste Kapitel unter B. VI. 2.

1116 BGH MedR 2004, 613, 616; *Hellmann/Herffs,* Ärztlicher Abrechnungsbetrug, Rn. 340; *Brandts/Seier,* in: FS Herzberg, S. 811, 826; *Kühl,* Wirtschaftlichkeitsgebot, S. 148.

1117 Zur Konstellation des Dreiecksbetrugs in diesem Fall vgl. *Frister/Lindemann/Peters,* Arztstrafrecht, 2. Kap. Rn. 159.

1118 BGH NStZ 2007, 213, 215; vgl. dazu auch *Frister/Lindemann/Peters,* Arztstrafrecht, 2. Kap. Rn. 155; kritisch aber MAH-MedR/*Sommer/Tsambikakis,* § 3 Rn. 135.

1119 BGH NJW 2003, 1198, 1199; BGHSt 24, 257, 260 f.; vgl. auch LK/*Tiedemann,* § 263 Rn. 121 m.w.N.

1120 Vgl. *Fischer,* § 263 Rn. 87; LK/*Tiedemann,* § 263 Rn. 122.

1121 Vgl. BGHSt 24, 257, 260 f.; 2, 325, 326 f.; kritisch dazu LK/*Tiedemann,* § 263 Rn. 124.

ker nämlich keine Rolle.[1122] Selbst bei Kenntnis der wahren Sachlage kann er die Vergütung des Apothekers nicht aufgrund dessen verweigern. Der Vergütungsanspruch des Apothekers gegen die betreffende Krankenkasse ist öffentlich-rechtlicher Natur: er ergibt sich direkt aus § 129 SGB V i.V.m. den Verträgen nach § 129 Abs. 2 und Abs. 5 S. 1 SGB V.[1123] Er kommt mit der Annahme einer ordnungsgemäß gültigen vertragsärztlichen Verordnung zustande (vgl. § 3 Abs. 1 des Rahmenvertrags über die Arzneimittelversorgung). Ein Anspruch des Apothekers kommt nur dann nicht zustande, wenn eine der in § 3 Abs. 1 des Rahmenvertrags über die Arzneimittelversorgung genannten Voraussetzungen nicht erfüllt ist. Die Überprüfung der Wirtschaftlichkeit einer Verordnung ist aber, wie soeben festgestellt, nicht Aufgabe des Apothekers. So wenig also, wie die Zahlung aufgrund mangelnder Wirtschaftlichkeit der Verordnung an den Apotheker verweigert werden kann, so wenig wird sich in der konkreten Konstellation der Mitarbeiter der Krankenkasse genau darüber Gedanken machen. Die Frage der Wirtschaftlichkeit ist allein im Verhältnis zwischen der Krankenkasse und dem entsprechenden Vertragsarzt relevant. Gegenüber ihm kann die Krankenkasse im Verfahren nach § 48 BMV-Ä ihren Schaden geltend machen.[1124] Eine irrtumsbedingte Vermögensverfügung durch Begleichung der Rechnung des Apothekers durch die Krankenkasse ist mithin abzulehnen.[1125]

Ein bisher – soweit ersichtlich – vereinzelt gebliebener Vorschlag sieht hingegen im Unterlassen der Krankenkasse, beim Arzt Regress zu nehmen oder Schadensersatzansprüche geltend zu machen, die relevante Vermögensverfügung.[1126] Zwar ist den Vertretern dieser Auffassung zuzuerkennen, dass eine Vermögensverfügung auch in einem Unterlassen vermögensmehrender Maßnahmen bestehen kann.[1127] Allerdings ist rich-

---

1122 Vgl. schon BGHSt 49, 17, 23 m.w.N.; offen gelassen von BGH NStZ 2004, 568, 570.

1123 Vgl. das erste Kapitel unter B. VI. 2 a) bb) (2).

1124 Vgl. *Hellmann/Herffs,* Ärztlicher Abrechnungsbetrug, Rn. 343.

1125 Ebenso BGHSt 49, 17, 23; *Hellmann/Beckemper,* Fälle zum Wirtschaftsstrafrecht, Rn. 499; so ausdrücklich nur für nicht offensichtlich unrichtige Verordnungen *Schroth/Joost,* in Roxin/Schroth, Medizinstrafrecht, S. 179, 201; zustimmend *Kühl,* Wirtschaftlichkeitsgebot, S. 149; anders aber *Hellmann/Herffs,* Ärztlicher Abrechnungsbetrug, Rn. 340.

1126 *Brandts/Seier,* in: FS Herzberg, S. 811, 826; *Hellmann/Beckemper,* Fälle zum Wirtschaftsstrafrecht, Rn. 499.

1127 So auch BGHSt 49, 17, 23; vgl. auch *Fischer,* § 263 Rn. 73 m.w.N.

tigerweise davon auszugehen, dass diese Überlegungen regelmäßig an der zwischen Vorteil und Schaden erforderlichen Stoffgleichheit scheitern.[1128] Vorteil und Schaden sind stoffgleich, wenn der Vorteil unmittelbare Folge der täuschungsbedingten Verfügung ist, welche den Schaden herbeiführt.[1129] Weder aber sind der Arzneimittelerhalt des Patienten bzw. des Vertragsarztes[1130] noch von letzterem durch die Industrie empfangene Zuwendungen unmittelbare Folgen aus dem Unterlassen eines Regressbzw. Schadensersatzanspruchs. Mithin liegt keine irrtumsbedingte Vermögensverfügung durch die entsprechende Krankenkasse vor. Ein Betrug des Vertragsarztes gegenüber und zu Lasten der Krankenkasse bei einem Bezug von Arzneimitteln über eine Apotheke ist demzufolge abzulehnen.

bb) Direktbezug

Nicht immer ist der Bezug von Produkten über einen Apotheker notwendig. Insbesondere nicht apothekenpflichtiger Sprechstundenbedarf wird durch den Arzt zumeist direkt beim Hersteller oder Großhändler angefragt.[1131] Auch dabei ist es denkbar, dass der Arzt unwirtschaftliche Mengen ordert oder aber Produkte vorzieht, die teurer sind als vergleichbare Produkte. Die Abrechnung kann dabei entweder durch den Hersteller oder Lieferanten gegenüber dem Kostenträger oder aber direkt durch den Arzt vorgenommen werden. Diese Konstellationen sind im Hinblick auf § 263 StGB gesondert zu betrachten.

(1) Abrechnung durch den Hersteller oder Lieferanten

Vergleichbar mit der Konstellation des Bezugs von Produkten über die Apotheke, ist auch hier Ausgangspunkt der Strafbarkeitsprüfung des Vertragsarztes die konkludente Täuschung des in der Verordnung genannten Kostenträgers über die Wirtschaftlichkeit der Verordnung. Ebenfalls aber mehr als fraglich ist, ob in der Begleichung der Rechnung des Herstellers bzw. des Lieferanten durch einen Mitarbeiter der Krankenkasse eine irrtumsbedingte Vermögensverfügung zu sehen ist. Vorbehaltlich anderslautender Verträge zwischen Krankenkassen und Herstellern bzw. Lieferan-

---

1128 Ebenso BGHSt 49, 17, 23; vgl. auch *Kühl*, Wirtschaftlichkeitsgebot, S. 150; anders aber *Hellmann/Beckemper*, Fälle zum Wirtschaftsstrafrecht, Rn. 502.
1129 Vgl. oben unter E. I.
1130 In diesem Sinne auch *Kühl*, Wirtschaftlichkeitsgebot, S. 150.
1131 Vgl. dazu auch das erste Kapitel unter B. VI. 2. a) cc) (2).

ten ist hier ebenfalls davon auszugehen, dass die Frage der Wirtschaftlichkeit allein auf der Ebene zwischen Krankenkasse und Vertragsarzt relevant wird. Noch weniger nämlich als dem Apotheker ist dem Hersteller bzw. Lieferanten der entsprechenden Produkte eine Überprüfung der Wirtschaftlichkeit zuzumuten. Dieser ist noch weiter von möglichen Anhaltspunkten für eine unwirtschaftliche Verordnung „entfernt". Die Zahlung an den die Rechnung und die Verordnung einreichenden Hersteller bzw. Lieferanten wird daher zumeist kaum aufgrund der mangelnden Wirtschaftlichkeit der Verordnung durch die Krankenkasse verweigert werden können. Der Mitarbeiter der Krankenkasse wird sich daher auch in diesem Verhältnis bei der Rechnungsbegleichung keine Gedanken machen. Eine irrtumsbedingte Vermögensverfügung der Krankenkasse in diesen Fällen ist also ebenfalls abzulehnen.

(2) Abrechnung durch den Vertragsarzt

Ist es allerdings der Vertragsarzt selber, der mit den entsprechenden Kostenträgern abrechnet, ist grundsätzlich von einer irrtumsbedingten Vermögensverfügung der entsprechenden Krankenkasse auszugehen.[1132] Gerade im Verhältnis zum Vertragsarzt wird, wie insbesondere die Vorschriften über die Wirtschaftlichkeitsprüfung in § 106 SGB V oder §§ 47 ff. BMV-Ä zeigen, die Frage der Wirtschaftlichkeit für die Krankenkassen relevant. Auch, wenn die Überprüfung von Sprechstundenbedarfsverordnungen zumeist eher darauf ausgerichtet ist, bei einem Arzt Regress zu nehmen, ist nicht ohne Weiteres davon auszugehen, dass sich der Kostenträger bei Begleichung der Rechnung überhaupt keine Gedanken hinsichtlich der Wirtschaftlichkeit der Verordnung macht. Ihm kommt in diesem Verhältnis eine eigene Prüfungskompetenz zu.[1133] Ein Vermögensschaden liegt dann in dem eine vergleichbare wirtschaftliche Verordnung übersteigenden Betrag.

d) Betrug gegenüber und zu Lasten des Patienten

Bei unwirtschaftlichen Verordnungen durch den Vertragsarzt, kommt auch der Patient als Geschädigter in Betracht. Geht beispielsweise der Preis des verordneten Arzneimittels über den Festbetrag hinaus, muss der Patient die Differenz zwischen dem tatsächlichen Preis und dem von der

---

1132 So auch *Kühl*, Wirtschaftlichkeitsgebot, S. 153.
1133 BGH NStZ 2007, 213, 215 f.; i.E. auch BSG MedR 1995, 245, 247; *Herffs*, Abrechnungsbetrug des Vertragsarztes, S. 73 f.

Krankenkasse zu übernehmenden Betrag selber tragen. Denkbar ist auch, dass sich der Betrag der durch ihn zu leistenden Zuzahlung erhöht. Erforderlich für eine Betrugsstrafbarkeit nach § 263 StGB des Arztes ist wiederum eine Täuschung über Tatsachen, die den Patienten zu einer irrtumsbedingten Vermögensverfügung veranlasst, aufgrund derer dieser einen Vermögensschaden erleidet.

Mit dem Ausstellen einer unwirtschaftlichen Verordnung täuscht der Vertragsarzt konkludent über Tatsachen.[1134] Fraglich ist jedoch, ob diese auch eine irrtumsbedingte Vermögensverfügung des Patienten zur Folge hat, wenn dieser die Verordnung in einer Apotheke einlöst. Hierfür gilt es noch einmal ins Gedächtnis zu rufen, dass allein das Fehlen einer Vorstellung noch keinen Irrtum begründet und im Einzelfall immer genau zu prüfen ist, inwieweit sich die betreffende Person Vorstellungen über täuschungsrelevante Tatsachen macht oder nicht. Allerdings wird ein Patient zumeist beim Erhalt und dementsprechend auch beim Einlösen einer vom Vertragsarzt ausgestellten Verordnung schon aufgrund des regelmäßig bestehenden Vertrauens im Arzt-Patienten-Verhältnis wie „selbstverständlich"[1135] davon ausgehen, dass mit dieser Verordnung „alles in Ordnung"[1136] ist. Eine solche Vorstellung seitens des Opfers ist insbesondere im Rahmen von konkludenten Täuschungen als ausreichend anzusehen.[1137] Mithin unterliegt ein Patient im Fall der Ausstellung einer Verordnung einem Irrtum. In diesem Vertrauen löst der Patient auch seine Verordnung ein und mindert so sein Vermögen. Zu klären ist jedoch, ob damit immer auch ein Vermögensschaden einhergeht.[1138] Ein solcher kommt überhaupt nur dann in Betracht, wenn die Einlösung der Verordnung für den Patienten mit zusätzlichen Kosten, wie beispielsweise einer (höheren) Zuzahlung oder einem über dem Festbetrag liegenden Zuzahlungsanteil verbunden ist und das im Gegenzug erhaltene Produkt nicht als ausreichende Kompensation dessen betrachtet werden kann. Ist ein verordnetes Produkt gar nicht medizinisch indiziert, so wird jedenfalls nach den Grundsätzen des persönlichen Schadenseinschlags dennoch von

---

1134 Vgl. oben unter E. II. 1. a) aa).
1135 BGHSt 2, 325, 326.
1136 BGH NStZ 2007, 213, 215.
1137 Vgl. auch BGH wistra 2009, 433, 434; LK/*Tiedemann*, § 263 Rn. 79; Spickhoff/*Schuhr*, StGB, § 263 Rn. 24.
1138 Davon ausgehend wohl *Kühl*, Wirtschaftlichkeitsgebot, S. 161 f., der allein das Merkmal der Stoffgleichheit in diesem Zusammenhang ausführlicher diskutiert.

einem Vermögensschaden auszugehen sein.[1139] Es kommt dann auf die Motive des Vertragsarztes im Einzelfall an, ob die Voraussetzungen der Stoffgleichheit gegeben sind. *Kühl* zufolge sind die vom Patienten an den Apotheker geleisteten Zahlungen ein notwendiges Zwischenziel und für die Annahme der Bereicherungsabsicht ausreichend.[1140]

2. Rabatte, Boni, „Kick-Backs" und sonstige Rückvergütungen

Zuwendungen an Ärzte durch die Industrie können jedoch über den Gesichtspunkt unwirtschaftlicher Verordnungen hinaus für die Betrugsstrafbarkeit des Arztes Bedeutung erlangen. Besonders relevant kann hier die Vereinbarung von Rabatten, Boni, Kick-Backs oder sonstigen Rückvergütungen sein.[1141] Solche Konstellationen haben vereinzelt in der Vergangenheit auch schon die Gerichte beschäftigt. Bekannt geworden ist dabei unter anderem der sogenannte Röntgenkontrastmittel-Fall,[1142] dem folgender Sachverhalt zugrunde lag: Im Zeitraum von über zwei Jahren bestellte Arzt A. Röntgenkontrastmittel für seinen vertragsärztlichen Bedarf bei der Firma T. Diese lieferte die bestellten Produkte an A. und rechnete aber selber unmittelbar mit der dafür zuständigen Krankenkasse ab. Während dieses Zeitraums erwähnte A. gegenüber dieser Krankenkasse nicht, dass ihm durch die Firma T. für die Dauer des Bezugs des Röntgenkontrastmittels die kostenlose Entsorgung seines medizinischen Sondermülls gewährt wurde. Das Revisionsgericht gelangte schließlich unter anderem zu der Auffassung, dass das Verschweigen der Übernahme

---

1139 Man könnte noch überlegen, ob im Fall einer rein unwirtschaftlichen Leistung der Annahme einer Kompensation die sog. streng formale Betrachtungsweise der Rechtsprechung zur Schadensfeststellung entgegensteht. Abgesehen aber davon, dass diese Sichtweise grundsätzlich kritikwürdig ist (vgl. dazu nur die Ausführungen bei *Volk*, NJW 2000, 3385, 3386 ff. oder *Lindemann*, NZWiSt 2012, 334, 338 jeweils m.w.N.) ist nicht erkennbar, wie diese Grundsätze hier Anwendung finden sollten. Nach der streng formalen Betrachtungsweise erkennt die Rechtsprechung sozialrechtswidrig erbrachten Leistungen grundsätzlich die kompensatorische Wirkung im Rahmen der Schadensfeststellung in Fällen des Abrechnungsbetrugs ab. Hier aber geht es nicht um die Abrechnung einer Leistung, sondern um den Wert des Produkts an sich. Vgl. zur sog. streng formalen Betrachtungsweise auch MüKo/*Hefendehl*, § 263 Rn. 577 ff.; ausführlich dazu *Luig*, Vertragsärztlicher Abrechnungsbetrug, S. 21 ff., 97 ff.

1140 *Kühl*, Wirtschaftlichkeitsgebot, S. 162.

1141 Vgl. für die einzelnen Konstellationen auch das erste Kapitel unter C.

1142 OLG Hamm NStZ-RR 2006, 13 ff.

der Entsorgungskosten den Tatbestand der Beihilfe zum Betrug oder den Tatbestand des Betruges durch Unterlassen erfüllen kann.

Der Vorwurf des Betrugs zu Lasten des Kostenträgers stellt sich aber nicht nur – wie im Beispielsfall geschehen und vor kurzem auch erst wieder in der Presse[1143] dargelegt – bei der Bestellung von Sprechstundenbedarf.[1144] Auch bei der Verordnung von Arznei- und Hilfsmitteln für den häuslichen Bedarf ist die Vereinbarung von Rabatten und Boni jedenfalls denkbar. Im Folgenden sollen mögliche Anknüpfungspunkte für eine Strafbarkeit des Vertragsarztes getrennt nach der Abrechnung durch Dritte und ihm selber geprüft werden. Die Abrechnung durch einen Dritten kommt, wie soeben schon gesehen, insbesondere bei Verordnungen an Patienten oder dem Bezug von Produkten für die Praxis mit einer solchen Abrechnungsvereinbarung in Betracht. Schwerpunkte der Vorwerfbarkeit sind dabei zum einen das Ausstellen der Verordnung sowie das Verschweigen der Zuwendung. Denkbar ist hier zudem eine Beihilfe zum Betrug des Herstellers oder Lieferanten bei der Abrechnung. Abrechnungen durch den Vertragsarzt sind indes regelmäßig allein bei der Bestellung von Produkten für die Praxis denkbar.

a) Abrechnung durch einen Dritten

Überlegt werden kann, ob sich ein Vertragsarzt beim Erhalt von Rückvergütungen schon dann nach § 263 StGB gegenüber den Krankenkassen strafbar macht, wenn er nur eine entsprechende Verordnung ausstellt und diese durch den Patienten, den Leistungserbringer oder den Hersteller bzw. Lieferanten dem entsprechenden Kostenträger vorgelegt wird. Dann müsste im Ausstellen und Vorlegen einer Verordnung durch einen Tatmittler die konkludente Erklärung zu sehen sein, keine solchen Zuwendungen erhalten zu haben. Dies ist jedoch abzulehnen. Maßgebend für die Auslegung des Erklärungsverhaltens sind die Verkehrsanschauung sowie diese prägenden oder konkretisierenden rechtlichen Vorschriften.[1145] Mit einer Verordnung macht der Arzt lediglich deutlich, dass er bzw. sein

---

1143 Vgl. dazu erst wieder den Bericht „Der Trick mit dem sogenannten Sprechstundenbedarf" des „Report Mainz" in der ARD vom 14. Oktober 2014, abrufbar unter http://www.swr.de/report/aerzte-pluendern-krankenkassen-der-trick-mit-dem-sogenannten-sprechstundenbedarf/-/id=233454/nid=233454/did=14121258/1kva652/index.html.

1144 Begünstigt wird es hierbei aber dadurch, dass Hersteller bzw. Lieferant und Arzt hier regelmäßig in der Preisgestaltung besonders frei sind.

1145 Vgl. dazu schon oben unter E. II. 1. a) aa).

Patient ein bestimmtes Produkt in einer bestimmten Menge benötigt.[1146] Die im Zusammenhang mit der Verordnung bei der Untersuchung oder der Bestellung der Produkte geführten „Interaktionen" sind kein Erklärungsgegenstand einer solchen Verordnung.[1147] Ebenso wenig sind dies Preise oder Preisbestandteile.[1148] Solche gehen – wenn überhaupt – aus der Abrechnung zwischen dem Dritten und dem auf der Verordnung genannten Kostenträger hervor. Der Verordnung ist daher kein Erklärungswert dahingehend zu entnehmen, dass der Arzt dafür keine Zuwendungen erhalten hat. Eine konkludente Täuschung ist mithin abzulehnen.[1149]

Möglicherweise aber ist dem Arzt ein Betrug durch Unterlassen nach §§ 263, 13 Abs. 1 StGB vorzuwerfen, wenn er den Erhalt von Zuwendungen nicht beim entsprechenden Kostenträger anzeigt. Eine Täuschung durch Unterlassen ist nach überwiegender Auffassung rechtlich möglich.[1150] Zu klären ist jedoch, ob der Vertragsarzt die dafür notwendige Garantenstellung aufweist. Es bedarf dazu einer Aufklärungspflicht hinsichtlich vermögensrelevanter Tatsachen derart, dass der Täter den in dieser Hinsicht unrichtigen Vorstellungen des Opfers durch aktive Äußerung entgegenzutreten hat.[1151] Nicht ausreichend ist dafür eine Garantenstellung bezüglich des Opfervermögens im Allgemeinen.[1152] Garantenpflichten können sich grundsätzlich aus Gesetz, Vertrag oder Ingerenz

---

1146 Vgl. *Butenschön,* Vertragsarzt zwischen Untreue und Betrug, S. 305.

1147 Vgl. *Noak,* MedR 2002, 76, 77 (Fn. 8); so ausdrücklich zur Hilfsmittelverordnung *Kölbel,* NStZ 2011, 195, 199.

1148 Vgl. *Butenschön,* Vertragsarzt zwischen Untreue und Betrug; ähnlich auch schon *Bernsmann/Schoß,* GesR 2005, 193, 194.

1149 I.E. ebenfalls eine Täuschungshandlung ablehnend MAH-MedR/*Sommer/Tsambikakis,* § 3 Rn. 129; *Lüderssen,* in: FS Kohlmann, S. 177; *Noak,* MedR 2002, 76, 77; dies maximal als mitbestrafte Nachtat der vorangegangenen Untreue ansehend und daher ausdrücklich offen lassend BGH NStZ 2004, 568, 570; jedenfalls die Stoffgleichheit zwischen erstrebter Zuwendung und dem Preisnachteil verneinend *Walter,* CCZ 2012, 199, 200.

1150 Vgl. BGHSt 39, 392, 397 f.; RGSt 59, 299, 306; *Fischer,* § 263 Rn. 38; Lackner/Kühl/*Kühl,* § 263 Rn. 12; LK/*Tiedemann,* § 263 Rn. 51; Schönke/Schröder/*Perron,* § 263 Rn. 18; alle m.w.N.

1151 Vgl. *Fischer,* § 263 Rn. 39; zustimmend AnwKom-StGB/*Gaede,* § 263 Rn. 38 m.w.N.

1152 Vgl. LK/*Tiedemann,* § 263 Rn. 51; Schönke/Schröder/*Perron,* § 263 Rn. 19; zustimmend *Fischer,* § 263 Rn. 39 m.w.N.

ergeben.[1153] Gerade aus sozialrechtlichen Mitwirkungspflichten können sich vor dem Hintergrund des zumeist auf Massenverwaltung ausgerichteten Sozialrechts die erforderlichen Aufklärungspflichten ergeben.[1154] Streitig ist, ob dem Vertragsarzt eine entsprechende Aufklärungspflicht zukommt.

Befürwortern zufolge soll sich eine entsprechende Aufklärungspflicht aus der in § 12 Abs. 1 SGB V niedergelegten Pflicht zum wirtschaftlichen Handeln ergeben.[1155] Dagegen wird jedoch richtigerweise angeführt, dass das Wirtschaftlichkeitsgebot vielmehr ein „grundlegendes Prinzip"[1156] bezeichne, aus dem sich keine konkreten Vermögensschutzpflichten und damit auch keine Offenbarungspflicht hinsichtlich erhaltener Zuwendungen des Vertragsarztes gegenüber den Krankenkassen ableiten ließe.[1157] Vielmehr eröffne die Verletzung der Vorschriften der Krankenkasse die Möglichkeit, beim Arzt Regress zu nehmen.[1158]

Für eine Offenbarungspflicht wird ferner § 72 Abs. 1 SGB V im Zusammenhang mit dem Wirtschaftlichkeitsgebot genannt[1159]. Danach seien Ärzte und Krankenkassen auch nach Maßgabe des Wirtschaftlichkeitsgebots zum Zusammenwirken verpflichtet.[1160] Es erscheint jedoch mehr als fraglich, ob aus dem allgemeinen Sicherstellungsauftrag, wie ihn § 72 Abs. 1 SGB V regelt, eine Aufklärungspflicht des Vertragsarztes abgelei-

1153 Vgl. *Fischer,* § 263 Rn. 40 ff.; LK/*Tiedemann,* § 263 Rn. 53.

1154 So bspw. OLG Düsseldorf, NStZ 2012, 703, 704; OLG Köln NStZ-RR 2010, 79, 80; AnwKom/*Gaede,* § 263 Rn. 40; MüKo/*Hefendehl,* § 263 Rn. 164, 176 f.; SSW-StGB/*Satzger,* § 263 Rn. 85.

1155 OLG Hamm NStZ-RR 2006, 13, 14; SSW-StGB/*Satzger,* § 263 Rn. 88; *Fischer,* § 263 Rn. 42; *Kölbel,* wistra 2009, 129, 130 f.; zustimmend auch Schönke/Schröder/*Perron,* § 263 Rn. 21.

1156 MAH-MedR/*Sommer/Tsambikakis,* § 3 Rn. 129.

1157 *Noak,* MedR 2002, 76, 78 f.; zustimmend Bernsmann/Schoß, GesR 2005, 193, 195; vgl. auch MAH-MedR/*Sommer/Tsambikakis,* § 3 Rn. 129; ähnlich auch *Schnapp,* in FS Herzberg, 799, 805: § 12 SGB V habe für einzelnen Arzt nur „untergeordnete Bedeutung". I.E. ebenso *Ulsenheimer,* Arztstrafrecht, Rn. 1114. Missverständlich *Butenschön,* Vertragsarzt zwischen Untreue und Betrug, S. 313.

1158 Vgl. *Noak,* MedR 2002, 76, 78 f.; ebenso *Bernsmann/Schoß,* GesR 2005, 193, 195.

1159 OLG Hamm NStZ-RR 2006, 13, 14; zustimmend Spickhoff/*Schuhr,* StGB, § 263 Rn. 22.

1160 OLG Hamm NStZ-RR 2006, 13, 14.

tet werden kann. § 72 Abs. 1 SGB V gibt lediglich die Organisation und die Sicherstellung der vertragsärztlichen Versorgung vor, deren Ausgestaltung der Gesetzgeber damit den an der gemeinsamen Selbstverwaltung Beteiligten zur eigenständigen Wahrnehmung übertragen hat.[1161] Justitiable Rechtspflichten zwischen den Krankenkassen und den Leistungserbringern ergeben sich daraus aber nicht.[1162] Vielmehr stellt § 72 Abs. 2 SGB V klar, dass Kollektivverträge die Handlungsform für das „unbestimmt angeordnete Zusammenwirken"[1163] sind.[1164] Eine Aufklärungspflicht des Vertragsarztes ergibt sich daraus gerade nicht.[1165] Auch aus den Regeln zum ärztlichen Abrechnungsrecht, insbesondere aus § 44 Abs. 6 BMV-Ä, ergibt sich eine solche Pflicht nicht.[1166] Weder ist der dieser Regelung zugrunde liegende Sachverhalt mit diesem hier vergleichbar (dort rechnet der Arzt direkt mit der Krankenkasse ab),[1167] noch kann dieser Regelung ein allgemeines Prinzip für noch so entfernte Sachverhalte entnommen werden. Abzulehnen ist auch der Vorschlag, auf Vorschriften des Berufsrechts (§ 32 Abs. 1 MBO-Ä, früher: § 34 Abs. 1 der MBO-Ä) zurückzugreifen, gegebenenfalls mit einem nicht näher erläuterten Zusammenwirken mit den Bestimmungen des SGB V sowie den im Einzelfall geltenden Sprechstundenbedarfsvereinbarungen.[1168] Weder unmittelbar noch mittelbar ist das Vermögen der Krankenkassen Regelungsgegenstand der für alle Ärzte geltenden Vorschriften der MBO-Ä.[1169] Die in der Berufsordnung niedergelegten Pflichten stellen vielmehr die „Überzeugung der Ärzteschaft zum Verhalten von Ärzten" dar und

---

1161 Krauskopf/*Sproll*, SGB V, § 72 Rn. 2; ähnlich auch Spickhoff/*Scholz*, SGB V, § 72 Rn. 1; in diesem Sinne auch *Noak*, MedR 2002, 76, 81; *Butenschön*, Vertragsarzt zwischen Untreue und Betrug, S. 314; *Kühl*, Wirtschaftlichkeitsgebot, S. 177; *Lüderssen*, in: FS Kohlmann, S. 177, 178 f.

1162 Becker/Kingreen/*Huster*, § 72 Rn. 3.

1163 Spickhoff/*Nebendahl*, SGB V, § 72 Rn. 4.

1164 Becker/Kingreen/*Huster*, § 72 Rn. 4; Spickhoff/*Nebendahl*, SGB V, § 72 Rn. 4.

1165 Ebenso *Ulsenheimer*, Arztstrafrecht, Rn. 1114.

1166 Ausführlich dazu *Noak*, MedR 2002, 76, 79 f.

1167 Ebenso *Butenschön*, Vertragsarzt zwischen Untreue und Betrug, S. 315.

1168 So aber OLG Hamm NStZ-RR 2006, 13, 14; nicht abgeneigt *Schneider*, HRRS 2010, 241, 244.

1169 Ebenso MAH-MedR/*Sommer/Tsambikakis*, § 3 Rn. 129 a.E.; ähnlich auch *Noak*, MedR 2002, 76, 82, sich diesem anschließend *Butenschön*, Vertragsarzt zwischen Untreue und Betrug, S. 316.

haben unter anderem zum Ziel, „das Vertrauen zwischen Arzt und Patient zu erhalten und zu fördern" sowie „berufsunwürdiges Verhalten zu verhindern". Das geht schon aus der Präambel hervor. Eine Aufklärungspflicht des Vertragsarztes gegenüber den Krankenkassen ergibt sich hieraus nicht.

Etwas anderes ergibt sich auch nicht unter dem Gesichtspunkt der Ingerenz.[1170] Danach kann sich eine Garantenpflicht auch aus einem pflichtwidrigen Vorverhalten ergeben.[1171] Dazu muss die verletzte Pflicht allerdings gerade den Schutz des betroffenen Vermögens betreffen.[1172] Wie aber schon erwähnt, hat der Verstoß gegen Berufspflichten keinen Bezug zum Vermögen der Krankenkassen. § 32 MBO-Ä stellt klar, dass es um die Unabhängigkeit ärztlicher Entscheidungen und den Schutz des Patienten[1173] geht. Auch in Verbindung mit dem Wirtschaftlichkeitsgebot des SGB V wird der erforderliche Bezug zum Vermögen der Krankenkassen nicht hergestellt. Es handelt sich vielmehr um ein grundlegendes Prinzip, welches nicht konkret das Vermögen der Krankenkassen schützt.

Schließlich ergibt auch der Rückgriff auf den Grundsatz von Treu und Glauben kein anderes Ergebnis.[1174] Für das Vorliegen einer Aufklärungspflicht bedarf es dazu heute richtigerweise eines besonderes Vertrauensverhältnisses,[1175] welches aber zwischen Vertragsärzten und Krankenkassen aufgrund der regelmäßigen Zwischenschaltung Kassenärztlicher Vereinigungen und mangels unmittelbarer rechtlicher Beziehungen nicht gegeben ist[1176]. Eine Garantenpflicht des Vertragsarztes, die Krankenkasse über Kick-Backs und weitere Rückvergütungen aufzuklären, ist mithin

---

1170 So aber OLG Hamm, NStZ-RR 2006, 13, 14; wie hier *Noak*, MedR 2002, 76, 82, sich diesem anschließend *Butenschön*, Vertragsarzt zwischen Untreue und Betrug, S. 317; im Ergebnis ebenso *Ulsenheimer*, Arztstrafrecht, Rn. 1114.

1171 Vgl. nur LK/*Tiedemann*, § 263 Rn. 68; MüKo/*Hefendehl*, § 263 Rn. 165.

1172 BGHSt 37, 106, 115 f.; m.w.N.; vgl. auch *Noak*, MedR 2002, 76, 82 m.w.N.

1173 Spickhoff/*Scholz*, MBO, § 32 Rn. 1.

1174 Ausführlich dazu *Kühl*, Wirtschaftlichkeitsgebot, S. 177 f.; i.E. ebenfalls ablehnend *Noak*, MedR 2002, 76, 82; *Lüderssen*, in: FS Kohlmann, S. 177, 178; sich diesen anschließend *Butenschön*, Vertragsarzt zwischen Untreue und Betrug, S. 319; *Ulsenheimer*, Arztstrafrecht, Rn. 1116.

1175 BGHSt 39, 398; die Einschränkung begrüßend auch *Fischer*, § 263 Rn. 51.

1176 Ebenso *Kühl*, Wirtschaftlichkeitsgebot, S. 178.

abzulehnen.[1177] Ein Betrug durch Unterlassen nach §§ 263, 13 Abs. 1 StGB kommt somit nicht in Betracht.

Möglicherweise macht sich der Vertragsarzt aber einer Beihilfe zum Betrug des Lieferanten oder Herstellers nach §§ 263, 27 Abs. 1 StGB strafbar.[1178] Eine dafür notwendige Haupttat kommt jedoch überhaupt nur in Betracht, wenn sich die Zuwendungen an den Vertragsarzt im durch den Hersteller bzw. Lieferanten gegenüber der Krankenkasse geltend gemachten Preis niedergeschlagen haben (sog. Preisrelevanz[1179]). Bei Fertigarzneimitteln (die zumeist Gegenstand häuslicher Verordnungen sind) vollzieht sich die Preisbildung grundsätzlich nach den Vorschriften der Arzneimittelpreisverordnung (AMPreisV), so dass für den Aufschlag der an den Arzt abgegebenen Zuwendungen regelmäßig kaum Raum bleibt.[1180] Es mangelt dann schon an einer Täuschung durch den Lieferanten oder Hersteller.[1181] Fraglich ist darüber hinaus, worin die für eine Beihilfestrafbarkeit erforderliche Hilfeleistung des Arztes bestehen soll. Von einem Hilfeleisten gem. § 27 Abs. 1 StGB ist jedenfalls dann auszugehen, wenn der Tatbeitrag für die Tatbegehung ursächlich war.[1182] Mangels einer Garantenstellung des Arztes gegenüber den gesetzlichen Krankenkas-

---

1177 Im Ergebnis ebenso *Bernsmann/Schoß*, GesR 2005, 193, 195; MAH-MedR/*Sommer/Tsambikakis*, § 3 Rn. 128 ff.; *Ulsenheimer*, Arztstrafrecht, Rn. 1115. Jedenfalls kritisch zur Annahme einer Garantenstellung äußert sich auch AnwKom-StGB/*Gaede*, § 263 Rn. 43; *Hohmann*, wistra 2012, 388, 389; missverständlich äußert sich *Schneider*, HRRS 2010, 241, 246, 247, der sowohl von einer „Beschützergarantenstellung [des Vertragsarztes] gegenüber dem Rechtsgut Vermögen der Krankenkassen" spricht, im Fazit allerdings einen Betrug durch Unterlassen des Vertragsarztes „mangels Rechtsgrundlage für eine ‚Ablieferungspflicht'" ablehnt.

1178 Dies pauschal bejahend u.a. *Taschke/Schoop,* in: Rotsch, Criminal Compliance, § 21 Rn. 54.

1179 Ausführlich dazu *Hellmann/Herffs,* Ärztlicher Abrechnungsbetrug, Rn. 322 ff.

1180 Vgl. dazu auch *Schneider,* HRRS 2010, 241, 242 ff.

1181 Ebenso *Kühl,* Wirtschaftlichkeitsgebot, S. 154. Eine Haupttat ebenfalls ablehnend *Bernsmann/Schoß,* GesR 2005, 193, 195 (lehnen Irrtum und Vermögensschaden ab); *Butenschön,* Vertragsarzt zwischen Untreue und Betrug, S. 319 ff. (Täuschung und Vermögensschaden ablehnend).

1182 Die genauen Anforderungen sind umstritten, vgl. nur die Darstellung bei Schönke/Schröder/*Heine/Weißer,* § 27 Rn. 3 ff.; wie hier Lackner/Kühl/*Kühl,* § 27 Rn. 2.

sen[1183] scheidet die Nichtanzeige der Vergünstigung allerdings als möglicher Tatbeitrag aus.[1184] Als tauglicher Anknüpfungspunkt erweist sich aber in dieser Konstellation die Verordnung des Vertragsarztes.[1185] Eine überhöhte Abrechnung durch den Hersteller bzw. Lieferanten erscheint ansonsten nicht möglich. Letztlich hängt es von den Absprachen und mithin den Vorstellungen des Arztes im Einzelfall ab, ob der sogenannte doppelte Gehilfenvorsatz[1186] gegeben ist. Insbesondere ist zu klären, inwieweit dem Arzt bewusst war, dass der Hersteller bzw. Lieferant die gewährten Zuwendungen mittels einer überhöhten Abrechnung letztlich dem Kostenträger in Rechnung stellen würde. Eine Strafbarkeit des Arztes nach §§ 263, 27 Abs. 1 StGB ist mithin grundsätzlich möglich, im Einzelfall aber sehr genau zu prüfen.

b) Abrechnung durch den Vertragsarzt

Eine Betrugsstrafbarkeit des Arztes gem. § 263 StGB kommt aber dann in Betracht, wenn der Vertragsarzt selbst mit der entsprechenden Krankenkasse abrechnet. Dies kann beispielsweise bei der Beschaffung von Sprechstunden- oder auch gesondert vom EBM abzurechnenden Praxisbedarf (vgl. § 44 Abs. 6 BMV-Ä) der Fall sein. Berücksichtigt der Vertragsarzt bei der Abrechnung gegenüber der Krankenkasse nicht, dass er Zuwendungen erhalten hat, könnte darin eine konkludente Täuschung über die ihm tatsächlich für die Bestellung entstandenen Kosten liegen. Wiederum ist zu ermitteln, welchen Erklärungswert die Verkehrsanschauung dem Verhalten des Arztes, in diesem Fall der Erstellung und Einreichung einer Abrechnung, beimisst. Dabei sind auch normative Gesichtspunkte einzubeziehen, soweit diese die Erwartungen der entsprechenden Verkehrskreise beeinflussen können.[1187]

Für den gesondert abrechnungsfähigen Praxisbedarf stellt schon § 44 Abs. 6 S. 7 BMV-Ä klar, dass der Vertragsarzt verpflichtet ist, nur die tatsächlich realisierten Preise in Rechnung zu stellen und gegebenenfalls vom Hersteller bzw. Lieferanten gewährte Rückvergütungen mit Aus-

---

1183 So auch *Noak,* MedR 2002, 76, 82.
1184 So auch *Noak,* MedR 2002, 76, 82.
1185 Vgl. auch OLG Hamm, NStZ-RR 2006, 13, 14; zustimmend, aber Konstruktion als insgesamt fragwürdig bezeichnend MAH-MedR/*Sommer/Tsambikakis*, § 3 Rn. 130.
1186 Vgl. dazu u.a. *Fischer,* § 27 Rn. 8; Lackner/Kühl/*Kühl* § 27 Rn. 7 m.w.N.
1187 Vgl. nur BGHSt 51, 165, 170; Schönke/Schröder/*Perron,* § 263 Rn. 14/15.

nahme von Barzahlungsrabatten bis zu 3 % weiterzugeben hat.[1188] Erhält der jeweilige Kostenträger eine solche Abrechnung, wird er schon aufgrund dieser Verpflichtung des Arztes davon ausgehen, dass die Rechnung nur die tatsächlich realisierten Preise enthält. Mit der Abrechnung davon abweichender Preise täuscht der Vertragsarzt den Kostenträger also konkludent.[1189] Für die Abrechnung von Sprechstundenbedarf im Direktbezug sucht man eine solche Vorschrift allerdings vergebens. Die Rechtsprechung behilft sich wiederum mit einem nicht näher erläuterten „Kostenerstattungsprinzip", wonach Vertragsärzten „nur die tatsächlich verauslagten Kosten zu[stehen]".[1190] Dies ist jedoch abzulehnen. Die Grundlage eines allgemeinen Kostenerstattungsprinzips ist nicht erkennbar. Auch ist aus dem Wirtschaftlichkeitsgebot eine entsprechende Pflicht nicht abzulesen. Allein die Erwartung, eine Person werde sich redlich verhalten, reicht für die Annahme einer konkludenten Erklärung nicht aus.[1191] Nur dort, wo in den Sprechstundenbedarfsvereinbarungen eine dem § 44 Abs. 6 S. 7 BMV-Ä ähnliche Klausel festgehalten ist, ist von einer konkludenten Täuschung des Vertragsarztes bei der Angabe von nicht tatsächlich realisierten Preisen auszugehen. Ansonsten ist ihm allein ein Unterlassensvorwurf zu machen,[1192] der allerdings an der fehlenden Garantenstellung scheitert.[1193]

1188 Ähnlich auch schon *Butenschön*, Vertragsarzt zwischen Untreue und Betrug, S. 321 f.

1189 Allgemein als „Täuschungshandlung" einordnend BGH NStZ 2004, 568, 569 und vorhergehend LG Mannheim, Entscheidung vom 3. Dezember 2002, Az.: 22 KLs 626 Js 7682/98 (nicht veröffentlicht). Ohne nähere Begründung an einer konkludenten Täuschungshandlung zweifelnd AnwKom-StGB/*Gaede*, § 263 Rn. 34.

1190 Vgl. BGH NStZ 2004, 568, 569 und vorhergehend LG Mannheim, Entscheidung vom 3. Dezember 2002, Az.: 22 KLs 626 Js 7682/98, S. 67 f. (nicht veröffentlicht). Ohne weitere Begründung zustimmend bspw. *Hellmann/Herffs*, Ärztlicher Abrechnungsbetrug, Rn. 310 ff.; MüKo/*Hefendehl*, § 263 Rn. 115; i.E. auch SSW-StGB/*Satzger*, § 263 Rn. 56 und *Ulsenheimer*, Arztstrafrecht, Rn. 1103, 1115.

1191 Vgl. BGHSt 51, 165, 171.

1192 Eine konkludente Täuschungshandlung im Fall des Erhalts von Rabatten etc. allgemein ablehnend und stattdessen auf ein Unterlassen abstellend MAH-MedR/*Sommer/Tsambikakis*, § 3 Rn. 128; ähnlich wohl auch Graf/Jäger/Wittig/*Dannecker*, StGB, § 263 Rn. 415.

1193 Vgl. oben unter E. II. 2. a).

In den Fällen, in denen von einer konkludenten Täuschung des Vertragsarztes auszugehen ist, ist in der Auszahlung des in Rechnung gestellten Betrags eine irrtumsbedingte Vermögensverfügung des entsprechenden Kostenträgers zu sehen.[1194] Fraglich ist jedoch, wann von einem Vermögensschaden auszugehen ist. Nach dem Prinzip der Gesamtsaldierung ist dann von einem Vermögensschaden auszugehen, wenn der Gesamtvergleich des Vermögens vor und nach der Verfügung einen negativen Saldo ergibt.[1195] Ein Vermögensschaden ist mithin nur dann anzunehmen, wenn die Zuwendung preisrelevant war, d.h. wenn der Rechnungsbetrag ohne Zuwendung niedriger gewesen wäre[1196]. Anders als bei Fertigarzneimitteln ist beim Sprechstundenbedarf eine freie Preisgestaltung möglich.[1197] Eine Einrechnung des Kick-Back in den Preis ist daher im Einzelfall genau zu prüfen und kann sich insbesondere bei Zuwendungen zur Kundenpflege oder zum allgemeinen Wohlwollen als schwierig erweisen.[1198]

3. Zusammenfassung

Es bleibt festzuhalten, dass der Betrugstatbestand im Fall von unwirtschaftlichen Verordnungen durch den Vertragsarzt in der überwiegenden Zahl der geprüften Fallkonstellationen nicht einschlägig ist. Ein Betrug gegenüber und zu Lasten des Apothekers ist schon aufgrund der weitreichenden Zahlungsverpflichtungen der Krankenkassen gegenüber den Apotheken abzulehnen. Für einen Betrug gegenüber und zu Lasten der gesetzlichen Krankenkassen gilt jedenfalls bei der häuslichen Arzneimit-

---

1194 Vgl. schon *Hellmann/Herffs*, Ärztlicher Abrechnungsbetrug, Rn. 322; nur für den Praxisbedarf so auch *Butenschön*, Vertragsarzt zwischen Untreue und Betrug, S. 322.

1195 Vgl. nur BGHSt 45, 1, 4; RGSt 16, 1, 3.

1196 Ebenso *Hellmann/Herffs*, Ärztlicher Abrechnungsbetrug, Rn. 322 ff.; dazu auch *Kölbel*, NStZ 2011, 195, 196. Anders aber wohl *Schneider*, HRRS 2010, 241, 244; grundsätzlich von einem Vermögensschaden der Krankenkassen ausgehend: *Butenschön*, Vertragsarzt zwischen Untreue und Betrug, S. 322.

1197 Vgl. auch *Kölbel*, NStZ 2011, 195, 196 (Fn. 5); *Schneider*, HRRS 2010, 241, 242.

1198 Ausführlicher dazu *Hellmann/Herffs*, Ärztlicher Abrechnungsbetrug, Rn. 322 ff. Für die Annahme einer Preisrelevanz bedürfe es konkreter Anhaltspunkte, wie der konkreten Erzielbarkeit eines günstigeren Preises; sehr eng daher *Bernsmann/Schoß*, GesR 2005, 193, 195. Allgemein von einem „Schaden in Höhe des nicht angegeben[en] Rabatts etc." sprechend, *Ellbogen/Wichmann*, MedR 2007, 10, 13.

telverordnung dasselbe. Im Fall der unwirtschaftlichen Verordnung von Sprechstundenbedarf hängt eine Betrugsstrafbarkeit des Arztes davon ab, ob der Hersteller bzw. Lieferant oder er selbst mit der entsprechenden Krankenkasse abrechnen. Nur im Fall der Direktabrechnung des Arztes mit der Krankenkasse ist ein Betrug in diesem Fall möglich. Ein Betrug gegenüber und zu Lasten des Patienten kommt ebenfalls in Betracht. Im Einzelfall genau zu prüfen ist hier das Merkmal des Vermögensschadens sowie das Vorliegen der subjektiven Voraussetzungen.

Über die Fallgruppe der unwirtschaftlichen Verordnungen hinaus wird der Betrugstatbestand für den Vertragsarzt in dem hier untersuchten Rahmen insbesondere noch bei der Vereinbarung von Rabatten, Kick-Backs oder sonstigen Rückvergütungen relevant. Erfolgt allerdings die Abrechnung durch einen Dritten, so kommt allein eine Beihilfe des Arztes zum Betrug des Herstellers oder Lieferanten in Betracht. Einer sonstigen Betrugsstrafbarkeit mangelt es an einer Täuschung – weder ist im Ausstellen einer Verordnung eine konkludente Täuschung über den Erhalt von Zuwendungen zu sehen, noch kommt dem Vertragsarzt eine Garantenstellung zu. Rechnet der Arzt direkt ab, kommt jedenfalls im Fall von Praxisbedarf ein Betrug gegenüber dem Kostenträger in Betracht. Im Fall von Sprechstundenbedarf hängt dies vom konkreten Inhalt der entsprechenden Sprechstundenbedarfsvereinbarung ab.

III. Niedergelassener Privatarzt

Auch wenn die privatärztliche Versorgung bis heute eine „Randerscheinung"[1199] in Abhandlungen zu Abrechnungsbetrügereien im Gesundheitswesen darstellt, sind Verfahren gegen Ärzte wegen Abrechnungsbetrugs nicht auf den vertragsärztlichen Bereich beschränkt. So musste sich der BGH[1200] beispielsweise in einer vielbeachteten Entscheidung im Jahr 2012 zum Abrechnungsbetrug eines privatliquidierenden Arztes für nicht persönlich erbrachte Leistungen äußern. *Hilgendorf* zufolge soll die Behandlung von Privatpatienten ein fast „unerschöpfliches Reservoir" für betrügerische Verhaltensweisen bieten.[1201] Ob dies auch für die hier zu

---

1199 So auch schon *Dahm* im Jahr 2003, vgl. *Dahm,* MedR 2003, 268, 268.
1200 BGHSt 57, 95 ff.; vgl. auch schon BGH NJW 1998, 833 ff. (allerdings mit Schwerpunkt auf Körperverletzungsdelikten).
1201 *Hilgendorf,* in: Wabnitz/Janovsky, Hdb Wirtschafts- und Steuerstrafrecht, Kap. 13 Rn. 51.

untersuchenden Fallkonstellationen zutrifft, gilt es im Folgenden zu klären.

1. Unwirtschaftliche Verordnungsweise

Als erster Anknüpfungspunkt für eine Betrugsstrafbarkeit des Arztes gegenüber und zu Lasten seines Patienten kommt das Ausstellen einer unwirtschaftlichen Verordnung in Betracht. Eine ausdrückliche Täuschung ist aber darin regelmäßig nicht zu sehen, denn ausdrückliche Aussagen zur Wirtschaftlichkeit enthalten auch private Verordnungen in der Regel nicht. Ob darin eine konkludente Täuschung zu sehen ist, bestimmt sich wiederum nach der Verkehrsanschauung sowie die diese prägenden oder konkretisierenden rechtlichen Vorschriften.[1202] Hierbei stellt sich die Lage aber nicht ganz so übersichtlich wie in der vertragsärztlichen Versorgung dar. Ein der gesetzlichen Krankenversicherung vergleichbares Wirtschaftlichkeitsgebot gem. § 12 Abs. 1 S. 1 SGB V gibt es in der privaten Krankenversicherung gerade nicht. Dreh- und Angelpunkt der Diskussion im Rahmen der Privatliquidation ist der Begriff des „medizinisch Notwendigen", wie er im Verhältnis zwischen Arzt und Patient insbesondere durch § 1 Abs. 2 GOÄ, zwischen Patient und Krankenversicherung unter anderem durch § 192 Abs. 1 VVG und § 1 Abs. 3 MB/KK Bedeutung erlangt. Einigkeit besteht nur insoweit, als dass das Wirtschaftlichkeitsgebot des SGB V weder für das Behandlungsverhältnis zwischen Arzt und privat versichertem Patienten, noch für das Erstattungsverhältnis zwischen privaten Krankenversicherungen und ihren Versicherten gilt.[1203] Ferner ist die private Krankenversicherung im Verhältnis zu ihrem Versicherten gem. § 192 Abs. 2 VVG nicht verpflichtet, eine sogenannte Übermaßvergütung zu leisten, d.h. Aufwendungen zu erstatten, „die in einem auffälligen Missverhältnis zu den erbrachten medizinischen Leistungen stehen"[1204]. Inwieweit dem Begriff der medizinischen Notwendigkeit aber dennoch eine wirtschaftliche Bedeutung zukommt, ist umstritten. Während einige davon ausgehen, dass sich die medizinische Notwen-

---

1202 Vgl. dazu das erste Kapitel unter B. IV. 4.
1203 Vgl. u.a. BT-Drs. 16/3945, S. 110; *Brück,* Kommentar zur GOÄ, § 1 Ziff. 7.1; *Haberstroh,* VersR 2000, 538; *Hellmann/Herffs,* Ärztlicher Abrechnungsbetrug, Rn. 431; Wenzel/*Hess/Hübner*, FA-MedR, Kap. 13 Rn. 13; Prütting/*Hübner,* GOÄ, § 1 Rn. 5; Spickhoff/*Eichelberger*, VVG, § 192 Rn. 68; Uleer/Miebach/Patt/*Miebach*, Abrechnung, GOÄ, § 1 Rn. 10.
1204 BT-Drs. 16/3945, S. 110.

digkeit allein nach medizinischen Kriterien bestimmt,[1205] sehen andere den Arzt jedenfalls nach dem Grundsatz von Treu und Glauben verpflichtet, den Punkt der Kostengünstigkeit zu berücksichtigen[1206]. Es bleibt festzuhalten, dass die Frage der Wirtschaftlichkeit einer Behandlung im Rahmen der Privatliquidation sowohl in ihren Grundzügen als auch potentiellen Feinheiten rechtlich umstritten ist. Ein allgemeiner Erwartungshorizont kann daraus nicht abgeleitet werden.[1207] Allein im Ausstellen einer Verordnung kann mithin keine ausreichende Erklärung des Vertragsarztes gesehen werden, dass diese wirtschaftlichen Grundsätzen entsprechend zustande gekommen ist. Auch eine konkludente Täuschung ist somit abzulehnen.

Problematisch ist aber nicht nur die Subsumtion unter das Merkmal der Täuschung. So wäre das Vorliegen eines Vermögensschadens des Patienten im Hinblick auf eine durch die Entgegennahme des entsprechenden Produkts möglicherweise erhaltene Kompensation näher zu prüfen. Ferner müsste das Merkmal der Stoffgleichheit eingehend untersucht werden. Ein Betrug des Privatarztes nach § 263 StGB gegenüber und zu Lasten seines Patienten wegen des Ausstellens einer unwirtschaftlichen Verordnung ist allerdings nach hier vertretener Auffassung schon mangels einer Täuschung abzulehnen.

2. *Unwirtschaftliche Anwendung von Arznei- und Hilfsmitteln*

Ein Betrug des Privatarztes gegenüber und zu Lasten seines Patienten wegen des Inrechnungstellens von unwirtschaftlich angewendeten Arznei- und Hilfsmitteln während einer Behandlung scheidet mithin ebenfalls aus. Die Abrechnung solcher Kosten erfolgt entweder schon pauschal mit der entsprechenden Behandlungsgebühr oder aber als Auslagen nach § 10 GOÄ.[1208] Eine konkludente Täuschung über die Wirtschaftlichkeit der als

---

1205 BGH NJW 2003, 1596, 1599 (im Rahmen der Auslegung von § 1 Abs. 2 MB/KK); Wenzel/*Hess/Hübner*, FA-MedR, Kap. 13 Rn. 13; wohl auch Prütting/*Hübner*, GOÄ, § 1 Rn. 5.

1206 *Brück*, Kommentar zur GOÄ, § 1 Ziff. 7.1; *Hellmann/Herffs*, Ärztlicher Abrechnungsbetrug, Rn. 431; Uleer/Miebach/Patt/*Miebach*, Abrechnung, GOÄ, § 1 Rn. 11; zustimmend *Freitag*, Ärztlicher Abrechnungsbetrug, S. 177; wohl auch Spickhoff/*Spickhoff*, GOÄ, § 1 Rn. 15 (Umkehrschluss); dies wohl sogar noch in den Begriff der medizinischen Notwendigkeit hineinlesend *Dahm*, MedR 2003, 268, 273.

1207 Vgl. auch AnwKom-StGB/*Gaede*, § 263 Rn. 28.

1208 Ausführlicher dazu sogleich.

Auslagen geltend gemachten Kosten, für die wiederum die medizinische Notwendigkeit nach § 1 Abs. 2 S. 1 GOÄ relevant ist, scheitert mithin wieder an einem dahingehenden Erwartungshorizont.

3. Rabatte, Boni, „Kick-Backs" und sonstige Rückvergütungen

a) Betrug gegenüber und zu Lasten des Patienten

Stellen sich die zwischen Arzt und Industrie vereinbarten Zuwendungen als Rabatte, Boni oder sonstige Rückvergütungen dar, kann dem Privatarzt möglicherweise der Vorwurf des Betrugs nach § 263 StGB gegenüber seinem Patienten gemacht werden, wenn er diese Zuwendungen in der Abrechnung mit dem Patienten nicht „weiterreicht". Soweit eine Rechnung nicht einen expliziten Passus enthält, dass die abgerechneten Kosten auch tatsächlich in der geltend gemachten Höhe entstanden sind, kommt eine ausdrückliche Täuschung nicht in Betracht. Für eine konkludente Täuschung ist wiederum nach dem Erklärungswert zu fragen, den die Verkehrsanschauung unter Berücksichtigung normativer Gesichtspunkte dem Verhalten des Arztes beimisst. Danach ist es hier insbesondere die GOÄ, die die für den Rechnungsempfänger maßgebliche Verkehrsanschauung prägt.[1209] Dabei ist zwischen den nach § 10 GOÄ gesondert abrechnungsfähigen Posten und den Leistungen zu unterscheiden, die gem. § 4 Abs. 3 und 4 GOÄ grundsätzlich schon mit den Behandlungsgebühren abgegolten sind (sogenanntes Doppelliquidationsverbot[1210]). Die Kosten für zuletzt genannte Leistungen werden letztlich durch eine Pauschale abgerechnet, so dass die tatsächlichen Kosten, die für das Material bzw. die Leistung aufgewendet wurden, nicht relevant werden. Eine konkludente Täuschung ist hierbei abzulehnen. Macht der Arzt allerdings Aufwendungen als „Auslagen" nach § 10 Abs. 1 GOÄ geltend, so darf er nur die tatsächlich angefallenen Kosten ersetzt verlangen.[1211] Mit Auslagenersatz ist nämlich der „Ersatz der tatsächlich entstandenen Kosten"[1212] gemeint. So wie der Arzt damit einem Patienten bei Verwendung lediglich einer Tablette aus einer größeren Packung nur den anteiligen Preis

---

1209 BGH NJW 2012, 1377, 1379; allgemein dazu LK/*Tiedemann,* § 263 Rn. 30 m.w.N.

1210 Spickhoff/*Spickhoff,* GOÄ, § 4 Rn. 40.

1211 Vgl. *Dahm,* MedR 2003, 268, 274; *ders.,* MedR 1992, 250, 251 m.w.N.; *Hellmann/Herffs,* Ärztlicher Abrechnungsbetrug, Rn. 442 m.w.N.

1212 Uleer/Miebach/Patt/*Miebach,* Abrechnung, GOÄ, § 10 Rn. 5.

berechnen darf,[1213] hat er dafür erhaltene Zuwendungen, die über eine gewöhnliche Skontogewährung oder sonst durch den Arzt generierte und finanzierte Vergünstigungen hinausgehen, grundsätzlich in die Preisberechnung mit einzubeziehen.[1214] Macht der Arzt dies in der Abrechnung nicht, täuscht er mithin konkludent über Tatsachen i.S.d. § 263 StGB. Der Patient, der die Rechnung in der Vorstellung begleicht, dass damit alles „in Ordnung" sei, unterliegt in der Folge auch einem betrugsrelevanten Irrtum.[1215] Davon ist aufgrund des regelmäßig zwischen Arzt und Patient bestehenden Vertrauensverhältnisses zumeist auszugehen. Es ist grundsätzlich nicht notwendig, dass sich der Adressat einer solchen auf einer Gebührenordnung beruhenden Rechnung konkrete Vorstellungen über die Berechnung und deren Grundlagen macht.[1216] Spätestens mit Begleichung der Rechnung durch den Patienten, ist auch eine Vermögensfügung anzunehmen.[1217] Ein Vermögensschaden ist wiederum nur dann anzunehmen, wenn die Zuwendung preisrelevant war.[1218] Dies gilt es im Einzelfall genau zu prüfen. Eine den Schaden aufwiegende Kompensation des Patienten durch die Erstattung des Rechnungsbetrags durch die private Krankenversicherung kommt jedoch nicht in Betracht. Eine solche Kompensation ist zumeist nur dann gegeben, wenn sie ohne Zwischenschritte, d.h. ohne rechtlich selbstständige Handlungen hervorgebracht wird.[1219] Eine nachträgliche Kompensation[1220] – dementsprechend auch die Erstattung eines Rechnungsbetrags – ist für die Frage eines Vermögensschadens

---

1213 Ähnlich auch Uleer/Miebach/Patt/*Miebach,* Abrechnung, GOÄ, § 10 Rn. 5.

1214 Vgl. *Hellmann/Herffs,* Ärztlicher Abrechnungsbetrug, Rn. 442 ff.; vgl. auch *Freitag,* Ärztlicher Abrechnungsbetrug, S. 191 f.

1215 BGH NJW 2012, 1377, 1382; 2009, 2900, 2901; LK/*Tiedemann,* § 263 Rn. 79, 91 m.w.N.; *Frister/Lindemann/Peters,* Arztstrafrecht, Kap. 2 Rn. 156 f.

1216 BGH NJW 2012, 1377, 1382.

1217 Str. *Schubert* zufolge soll eine Vollendung schon mit der Rechnungszustellung an den Patienten anzunehmen sein (ZRP 2001, 154, 155); richtigerweise ist auf die Begleichung der Rechnung durch den Patienten abzustellen, vgl. dazu BGH NJW 1998, 833; *Hellmann/Herffs,* Ärztlicher Abrechnungsbetrug, Rn. 436. Wie hier und ausführlich zu den diskutierten Zeitpunkten vgl. auch *Freitag,* Ärztlicher Abrechnungsbetrug, S. 156 ff.

1218 Vgl. oben unter E. II. 2. b); *Hellmann/Herffs,* Ärztlicher Abrechnungsbetrug, Rn. 448; i.E. ebenso *Dahm,* MedR 2003, 268, 274.

1219 Vgl. BGH NJW 2012, 1377, 1283 m.w.N., *Fischer,* § 263 Rn. 111, 111a m.w.N.

1220 LK/*Tiedemann,* § 263 Rn. 161 f.; ähnlich auch BGHSt 30, 388, 389 f.

regelmäßig ohne Bedeutung. Es bleibt festzuhalten, dass sich der privatliquidierende Arzt grundsätzlich gem. § 263 StGB strafbar machen kann, wenn er erhaltene Rückvergütungen nicht an seine Patienten weiterreicht.

b) Betrug gegenüber und zu Lasten der privaten Krankenversicherung

In Betracht zu ziehen ist ferner ein Betrug des Arztes gem. § 263 StGB gegenüber der privaten Krankenversicherung des Patienten. Der gutgläubige Patient kommt hierbei mit dem Einreichen der Rechnung bei seiner Versicherung als Tatmittler nach § 25 Abs. 1 Alt. 2 StGB in Betracht.[1221] Ein Betrug scheitert in dieser Konstellation nicht schon daran, dass der Mitarbeiter der Versicherung keinem Irrtum unterliegt. Die Abrechnung von Leistungen erfolgt hier im Verhältnis zwischen Versicherer und Patient, so dass es auf die Richtigkeit der Rechnung auch hier ankommt. Dem System der gesetzlichen Krankenversicherung vergleichbare Regressforderungen von Krankenversicherungen gegenüber Ärzten gibt es hier – soweit ersichtlich – nicht. Mit der Vorstellung, die Rechnung sei insoweit „in Ordnung", wird der Mitarbeiter die Begleichung der Rechnung veranlassen und mithin eine irrtumsbedingte Vermögensverfügung vornehmen. Von einem Vermögensschaden ist dann ebenfalls in Höhe der Preisrelevanz der Zuwendung auszugehen. Problematisch erscheint jedoch, ob hier die subjektiven Anforderungen des Betrugstatbestands erfüllt sind. Es braucht neben einem entsprechenden Vorsatz insbesondere auch eine Bereicherungsabsicht. Letztere setzt voraus, dass der Täter für sich oder einen Dritten einen rechtswidrigen Vermögensvorteil erstrebt.[1222] Nicht ausreichend ist, wenn der Täter den Vorteil nur in Kauf nimmt, dieser nur notwendige oder mögliche oder gar unerwünschte Nebenfolge ist.[1223] Betrachtet man nun den die Rechnung ausstellenden Vertragsarzt, so mag er zwar noch mit einer Kostenerstattung des Patienten rechnen, allerdings wird diese Vorstellung regelmäßig – wenn überhaupt – nicht mehr als eine mögliche Nebenfolge in seinen Überlegungen darstellen.[1224] Denn anders als in den als Paradebeispiel angeführten Provisionsvertreterfällen, ist seine eigene Kostenerstattung nicht von der des Patienten abhängig.

1221 Vgl. auch *Freitag,* Ärztlicher Abrechnungsbetrug, S. 182; *Frister/Lindemann/Peters,* Arztstrafrecht, 2. Kap. Rn. 157.
1222 Dazu ausführlich vgl. LK/*Tiedemann,* § 263 Rn. 249 ff.
1223 Vgl. BGHSt 4, 107, 108; BayObLG NStZ 1994, 491, 492; *Fischer,* § 263 Rn. 190 m.w.N.; Lackner/Kühl/*Kühl,* § 263 Rn. 58.
1224 So auch *Hellmann/Herffs,* Ärztlicher Abrechnungsbetrug, Rn. 426.

Wenn *Freitag*[1225] darauf hinweist, dass der Arzt aufgrund ansonsten drohender „umgehend[er] Regressansprüche" durch den Patienten eine Kostenerstattung für diesen erreichen will, so ist ihr zuzustimmen, dass eine Bereicherungsabsicht damit „nicht generell ausgeschlossen" ist. Allerdings werden sich die wenigsten Ärzte darüber Gedanken machen, wenn sie ihrem Patienten eine solche Rechnung stellen. Dafür ist diese Möglichkeit von zu vielen Eventualitäten abhängig: weder weiß der Arzt um die generelle Erstattungsfähigkeit der verordneten Produkte unter dem Versicherungsvertrag seines Patienten, noch um dessen Klagefreudigkeit. Regelmäßig wird es daher an einer entsprechenden Drittbereicherungsabsicht fehlen.[1226]

4. Zusammenfassung

Für die hier untersuchten Fallkonstellationen hat sich das „schier unerschöpfliche Reservoir"[1227] an betrügerischen Verhaltensweisen begrenzt gezeigt. Jedenfalls die unwirtschaftliche Verordnung und Anwendung von Arznei- und Hilfsmitteln birgt dank des in der privaten Krankenversicherung bei weitem nicht so ausgeprägten Wirtschaftlichkeitsgebots regelmäßig kein Strafbarkeitsrisiko gem. § 263 StGB für den Arzt. Empfängt er hingegen Kick-Backs oder sonstige Rückvergütungen und gibt diese bei der Abrechnung der ihm tatsächlich entstandenen Kosten nicht an den Patienten weiter, kommt ein Betrug gegenüber und zu Lasten seines Patienten in Betracht. Ein Betrug gegenüber und zu Lasten der entsprechenden Krankenversicherung allerdings, wird zumeist an der fehlenden Drittbereicherungsabsicht scheitern.

IV. Ärzte im Krankenhaus

Neben der ambulanten Versorgung durch niedergelassene Ärzte, bietet auch die stationäre Versorgung von Patienten Möglichkeiten für betrugsrelevante Verhaltensweisen. Wenn diese aber bislang überhaupt in den Fokus von Literatur und Rechtsprechung geraten sind, so insbesondere unter dem Gesichtspunkt des Abrechnungsbetrugs im Rahmen des DRG-

---

1225 *Freitag,* Ärztlicher Abrechnungsbetrug, S. 188.
1226 Vgl. *Hellmann/Herffs,* Ärztlicher Abrechnungsbetrug, Rn. 426; Spickhoff/*Schuhr,* § 263 Rn. 63.
1227 *Hilgendorf,* in: Wabnitz/Janovsky, Hdb Wirtschafts- und Steuerstrafrecht, Kap. 13 Rn. 51.

Systems.[1228] Formen der Zusammenarbeit zwischen Industrie und Ärzteschaft sind aber auch gerade in der stationären Versorgung denkbar. Schwerere Krankheitsbilder und ein größerer Patientendurchlauf als bei einem niedergelassenen Arzt, verlangen einen erhöhten Einsatz von Arznei- und Hilfsmitteln. Ferner besteht von Seiten der Industrie aus die durchaus berechtigte Hoffnung, dass die im Rahmen der stationären Versorgung verwendeten Arzneimittel in der Folge auch durch den weiterbehandelnden niedergelassenen Arzt weiter verordnet werden.[1229] Inwieweit Strafbarkeitsrisiken nach § 263 StGB für einen im Krankenhaus tätigen Arzt bestehen, wenn er, durch Zuwendungen der Industrie motiviert, Produkte unwirtschaftlich einsetzt bzw. auf eine solche Bestellung hinwirkt oder aber jedenfalls erhaltene Zuwendungen verschweigt, gilt es im Folgenden näher zu untersuchen.

1. Unwirtschaftlicher Arznei- bzw. Hilfsmitteleinsatz

Zunächst gilt es den unwirtschaftlichen Arznei- bzw. Hilfsmitteleinsatz im Rahmen der stationären Versorgung zu prüfen. Als Geschädigte kommen hier insbesondere der Krankenhausträger sowie die diesem aus Kostensicht zumeist nachfolgenden Krankenkassen bzw. sonstige Kostenträger in Betracht.

a) Betrug gegenüber und zu Lasten des Krankenhausträgers

Setzt ein im Krankenhaus angestellter Arzt Arznei- oder Hilfsmittel im Rahmen einer Behandlung auf unwirtschaftliche Art und Weise ein, scheidet eine ausdrückliche Täuschung grundsätzlich aus. In Betracht aber kommt eine konkludente Täuschung. Entscheidend wiederum ist, welcher Erklärungswert dem Gesamtverhalten nach der Verkehrsanschauung unter Berücksichtigung normativer Gesichtspunkte zu-

---

1228 Vgl. nur *Kölbel*, in: Lindemann/Ratzel, S. 37, 37, 50; *ders.*, NStZ 2009, 312, 312; *Schneider/Reich*, HRRS 2012, 267 ff.; *Sievert*, Möglichkeiten der Abrechnungsmanipulation im Krankenhaus, Berlin 2011, m.w.N.

1229 Zwar ist von Seiten des Gesetzgebers versucht worden, dieser Praxis mit der Einführung des § 115c Abs. 2 SGB V entgegenzuwirken, allerdings bestand noch im Jahr 2009 von Seiten der Bundesregierung „Anlass für Zweifel, ob die gesetzlichen Vorgaben über Einzelfälle hinaus hinreichend umgesetzt werden", vgl. BT-Drs. 16/14137, S. 3; auch Stimmen in der Literatur zufolge ist diese Regelung „bedeutungslos", so *Köhler-Hohmann*, in: jurisPK-SGB V, § 115c Rn. 12, ähnlich auch *Wiedemann/Willaschek*, GesR 2006, 298, 302.

kommt.[1230] Maßgebliche Regeln für das Verhältnis zwischen angestelltem Arzt und dem Krankenhausträger finden sich im ärztlichen Arbeitsvertrag. Eine ausdrückliche Pflicht zur wirtschaftlichen Behandlungsweise ist jedenfalls in sog. Chefarztverträgen nicht unüblich.[1231] Zumeist ist dieser dann auch für eine eben solche Behandlungsweise durch seine Mitarbeiter verantwortlich.[1232] Bei der Behandlung von gesetzlichen Versicherten könnte daneben an das Wirtschaftlichkeitsgebot gem. § 12 SGB V zu denken sein, allerdings umfasst dies in erster Linie den Krankenhausträger als Leistungserbringer[1233]. Es erscheint fraglich, ob in einem vertragswidrigen Verhalten ohne Weiteres eine betrugsrelevante Täuschung gesehen werden kann. *Braun*[1234] lehnt dies im konkreten Fall ab: Demnach erschöpfe sich das ärztliche Verhalten „in der bloßen Ausführungshandlung" und habe darüber hinaus auch „keinen weitergehenden Erklärungswert", da „in der bloßen Erbringung einer Leistung [...] nicht die konkludente Erklärung [liege], dass diese der geschuldeten entspricht". Die Situation hier ist jedoch eine andere als die zu dieser Feststellung typischerweise beschriebene Situation des Empfangs von Leistungen.[1235] Hier ist zwischen dem Empfänger der Leistung und dem „Gläubiger" zu trennen. Letzterem, hier dem Krankenhausträger, ist es nicht möglich, die Leistung ohne großen Aufwand bei ihrer Erbringung zu überprüfen. Mithin ist die Risikoverteilung eine ganz andere. Richtigerweise ist im Einzelfall genau abzuwägen, denn es kann nicht jedes vertragswidrige Verhalten sogleich als konkludente Täuschung eingeordnet werden. Das Vorliegen einer konkludenten Täuschung ist mithin sehr von der Ausgestaltung und den Absprachen im konkreten Fall abhängig. Gibt es klare Anweisungen hinsichtlich einer wirtschaftlichen Behandlungsweise, wird eine konkludente Täuschung bei einem unwirtschaftlichen Arznei- bzw. Hilfsmitteleinsatz nicht von vornherein abzulehnen sein. Der Verwendung

---

1230 Vgl. oben unter E. II. 1. a) aa).

1231 Vgl. bspw. Laufs/Kern/*Genzel/Degener-Hencke,* Handbuch des Arztrechts, § 86 Rn. 30; *Schaub/Koch/Neef/Schrader/Vogelsang,* Arbeitsrechtliches Formular- und Verfahrenshandbuch, § 7 Rn. 26.

1232 Vgl. bspw. *Schaub/Koch/Neef/Schrader/Vogelsang,* Arbeitsrechtliches Formular- und Verfahrenshandbuch, § 7 Rn. 26.

1233 Ähnlich *Braun,* Industrie und Ärzteschaft, S. 127.

1234 Vgl. hier und im Folgenden *Braun,* Industrie- und Ärzteschaft, S. 146.

1235 So zum Lieferantenbetrug u.a. Müller-Gugenberger/*Hebenstreit,* Wirtschaftsstrafrecht, § 48 Rn. 26; NK-StGB/*Kindhäuser,* § 263 Rn. 137 (vgl. auch *Braun,* Industrie- und Ärzteschaft, S. 146 Fn. 608).

eines Arznei- bzw. Hilfsmittels wird man dann die Erklärung zuschreiben können, dass diese in wirtschaftlicher Weise erfolgt ist. Ist der konkrete Arbeitsvertrag hinsichtlich der Wirtschaftlichkeit allerdings eher allgemein gehalten und existieren keine genauen Absprachen, ist einer einzigen Arzneimittelverwendung noch kein solcher Erklärungswert beizumessen und eine konkludente Täuschung mithin abzulehnen. In diesem Fall wird auch eine Täuschung durch Unterlassen mangels relevanter Aufklärungspflichten gegenüber dem Krankenhausträger ausscheiden. Eine betrugsrelevante Garantenstellung aus einem Vertrag kommt nur dann in Betracht, wenn dieser vorwiegend Beratungspflichten beinhaltet, nicht aber allein schon deshalb, weil es sich um ein Arbeitsverhältnis handelt.[1236]

Lässt sich eine konkludente Täuschung unter den genannten Voraussetzungen noch bejahen, ist aber auch die weitere Subsumtion unter die Betrugsmerkmale nicht ohne Weiteres möglich. Eine irrtumsbedingte Vermögensverfügung könnte noch im Unterlassen der Geltendmachung eines Schadensersatzanspruchs wegen Vertragsverletzung gegen den behandelnden Arzt zu sehen sein,[1237] wenn man davon ausgeht, dass das eingesetzte Arznei- bzw. Hilfsmittel nicht erst noch angeschafft werden muss, sondern schon auf der Station zur Anwendung bei Behandlungen vorhanden ist. Dann ist es bereits durch die Einkaufsabteilung, die Krankenhausapotheke oder die diesen entsprechenden Stellen erworben worden. Ein Vermögensschaden wäre dann in der Differenz zwischen dem eingesetzten Produkt und einem vergleichbaren, günstigeren Produkt zu sehen.[1238] Mehr als problematisch erscheint jedoch die Subsumtion unter das Tatbestandsmerkmal der Bereicherungsabsicht. Stoffgleich ist der Vorteil nur dann, wenn er die Kehrseite des Schadens darstellt, d.h. Vorteil und Schaden müssen auf derselben Vermögensverfügung beruhen.[1239] Kommt es dem Arzt auf die Zuwendungen durch die Industrie an, scheidet eine Stoffgleichheit zwischen Vorteil und Schaden aus. Eine eventuell stoffgleiche Drittbereicherung des entsprechenden Industrieunternehmens hat bei der Anwendung eines im Krankenhaus vorrätigen Produkts regelmäßig schon zu einem früheren Zeitpunkt stattgefunden. Spätestens also im subjektiven Tatbestand wird eine Betrugsstrafbarkeit des Arztes bei

---

1236 Vgl. OLG Braunschweig NJW 1962, 314, 315; NK-StGB/*Kindhäuser*, § 263 Rn. 160; i.E. ebenso SK-StGB/*Hoyer*, § 263 Rn. 56.
1237 Ähnlich *Braun*, Industrie und Ärzteschaft, S. 147.
1238 Ebenso *Braun*, Industrie und Ärzteschaft, S. 147.
1239 Vgl. oben unter E. I.

einem unwirtschaftlichen Einsatz von Arznei- und Hilfsmitteln abzulehnen sein. Dies erscheint vor dem Hintergrund des Betrugs als Selbstschädigungsdelikt[1240] auch folgerichtig. In dem hier vorliegenden Fall ist es vielmehr der Täter selbst, der das Vermögen des Opfers „von innen heraus"[1241] schädigt. Diese Konstellation erinnert daher mehr an den Untreue- denn an den Betrugstatbestand.

b) Betrug gegenüber und zu Lasten der Krankenkasse

Durch einen unwirtschaftlichen Arznei- bzw. Hilfsmitteleinsatz bei der Behandlung könnte sich der Arzt allerdings eines Betrugs gegenüber und zu Lasten der entsprechenden Krankenkasse strafbar machen. Mit der darauf beruhenden Rechnung könnte der Kostenträger über die Wirtschaftlichkeit der Behandlung getäuscht werden. Da der Arzt aber nicht selber gegenüber dem Kostenträger abrechnet, ist hier an einen Betrug in mittelbarer Täterschaft nach §§ 263, 25 Abs. 1 Alt. 2 StGB zu denken.

Soweit allerdings die Abrechnung der Leistungen nach dem DRG-Fallpauschalensystem erfolgt, ist jedenfalls schon das Merkmal des Irrtums abzulehnen. Danach erfolgt die Abrechnung pauschal je nach Behandlungsfall und unabhängig von den Einzelkosten, die dem Krankenhausträger für die Behandlung tatsächlich entstanden sind.[1242] Über den wirtschaftlichen Einsatz von Arznei- oder Hilfsmitteln kann daher schon keine Fehlvorstellung erzeugt werden.[1243] Anders kann dies bei Leistungen aussehen, die nicht in das DRG-Fallpauschalensystem eingerechnet werden. Eine genaue Subsumtion unter den Betrugstatbestand ist hier allerdings einzelfallabhängig. Die Selbstverwaltungspartner haben auf Bundesebene beispielsweise Zusatzentgelte für die Anwendung bestimmter Arznei- und Hilfsmittel vereinbart (vgl. Anlage 2 bzw. Anlage 4 G-DRG-Version 2016). Soweit hierbei die Abrechnung auf Basis von eingesetzten Wirkstoffen und allgemeinen Produktbeschreibungen nach Pau-

---

1240 Vgl. MüKo/*Hefendehl,* § 263 Rn. 9, 277.

1241 Dies ist das zentrale Merkmal des Untreuetatbestandes, vgl. nur BVerfGE 126, 170 ff.; MüKo/*Dierlamm,* § 266 Rn. 1 m.w.N.

1242 Vgl. das erste Kapitel unter B. VI. 4.

1243 Davon zu unterscheiden sind die Konstellationen, in denen die Aufnahme zur stationären Behandlung bspw. aufgrund der Wirtschaftlichkeit grundsätzlich in Frage gestellt ist. Die Kosten einzelner Behandlungsschritte nach der stationären Aufnahme spielen dann aber regelmäßig aufgrund der Vergütung nach gestellter Diagnose(n) keine Rolle mehr.

schalen und nicht nach tatsächlichen Kosten erfolgt – soweit ersichtlich, trifft ersteres auf die weit überwiegende Zahl der Zusatzentgelte in der FPV-2016[1244] zu –, ist ebenfalls eine Täuschung abzulehnen. Es bleibt also festzuhalten, dass ein Betrug des im Krankenhaus angestellten Arztes gegenüber und zu Lasten der entsprechenden Krankenkasse durch einen unwirtschaftlichen Arznei- bzw. Hilfsmitteleinsatz regelmäßig nicht in Betracht kommt.

2. Unwirtschaftliche Arznei- bzw. Hilfsmittelbestellung

Noch vor einem Einsatz eines Produkts im Rahmen der Behandlung steht die Produktbestellung. Vielfach wird diese heute in Kliniken durch eine Einkaufsabteilung vorgenommen.[1245] Soweit ein Arzt allerdings auf die Bestellung in unwirtschaftlicher Weise Einfluss nehmen kann, ist auch hier eine potentielle Strafbarkeit des Arztes nach § 263 StGB gegenüber und zu Lasten des Krankenhausträgers in Betracht zu ziehen. Allerdings lassen sich hierüber wiederum nur eingeschränkt Aussagen treffen, da für eine genaue Beurteilung die konkreten Abläufe und Vereinbarungen zwischen Arzt und Krankenhausträger von Relevanz sind. Sind entsprechende Vereinbarungen getroffen, wird in einem unwirtschaftlichen Bestellverlangen in der Regel eine konkludente Täuschung liegen.[1246] In der Begleichung der Rechnung durch den Kostenträger (bzw. den entsprechenden Mitarbeitern) ist dann die irrtumsbedingte Vermögensverfügung zu sehen. Die Differenz zwischen dem bestellten und einem vergleichbaren günstigeren Produkt stellt wiederum den Vermögensschaden dar. Als problematisch erweist sich dann allerdings abermals das Merkmal der Bereicherungsabsicht. Kommt es dem Arzt gerade auf die Zuwendung durch die Industrie an, so ist dieser Vorteil nicht stoffgleich mit dem Schaden des Krankenhausträgers. Kommt es dem Arzt zumindest aber daneben auch auf den Vorteil des mit der Bestellung bevorzugten Unternehmens an, wird man diese bejahen können. Entsprechende Vereinbarungen zwischen Arzt und Krankenhausträger vorausgesetzt, lässt sich eine unwirtschaftliche Arznei- bzw. Hilfsmittelbestellung durch den Arzt durchaus unter den Betrugstatbestand subsumieren.

1244 Näher dazu das erste Kapitel unter B. V. 4.

1245 Vgl. bspw. *BME,* Strategischer Einkauf im Krankenhaus, S. 10.

1246 Anders wohl *Braun,* der, abgesehen von einer ausdrücklichen Täuschung, die konkludente Täuschung primär unter dem Gesichtspunkt des Verschweigens von Zuwendungen betrachtet (vgl. dazu sogleich), vgl. *Braun,* Industrie und Ärzteschaft, S. 139 ff.

3. Rabatte, Boni, „Kick-Backs" und sonstige Rückvergütungen

Schließlich ist zu klären, inwieweit sich ein im Krankenhaus angestellter Arzt nach § 263 StGB strafbar macht, wenn er erhaltene Zuwendungen nicht offenbart.

a) Betrug gegenüber und zu Lasten des Krankenhausträgers

Soweit aus dem zwischen dem angestellten Arzt und dem Krankenhausträger geschlossenen Arbeitsvertrag nicht konkrete Regelungen bezüglich der Offenbarung erhaltener Zuwendungen finden, kann in dem Einsatz solcher Arznei- und Hilfsmittel bzw. deren Bestellung oder Mitwirkung bei der Bestellung weder eine konkludente Täuschung noch eine Täuschung durch Unterlassen gegenüber und zu Lasten des Kostenträgers gesehen werden. Weder lässt sich diesen Verhaltensweisen regelmäßig der Erklärungswert entnehmen, dafür keine Zuwendungen erhalten zu haben, noch ist eine ansonsten erforderliche Garantenstellung des Arztes gegeben. Eine Garantenstellung setzt eine Aufklärungspflicht „von einigem Gewicht" voraus. Bei vertraglichen Aufklärungspflichten ist dies nur dann der Fall, wenn diesen ein besonderes Vertrauensverhältnis zugrunde liegt, beispielsweise bei Beratungsverträgen. Einfache Verträge begründen solche Pflichten nicht automatisch. Eine Pflicht ist aber nicht schon deshalb von vornherein abzulehnen, weil sich der Arzt damit selber einer Straftat bezichtigen würde und dies gegen den nemo tenetur-Grundsatz verstieße.[1247] Zwar ist richtig, dass eine Aufklärung prinzipiell – entsprechend den Voraussetzungen eines sogenannten unechten Unterlassungsdelikts nach § 13 Abs. 1 StGB – möglich und zumutbar sein muss,[1248] allerdings ist mit der überwiegenden Meinung davon auszugehen, dass das Recht auf Selbstschutz dort seine Grenze hat, „wo zur Verdeckung eigener Straftaten in die übrige Strafrechtsordnung eingegriffen werden müsste"[1249]. Dies gilt umso mehr, als es sich hier nicht um eine rechtsgeschäftlich und nicht gesetzlich begründete Pflicht zur Aufklärung handelt, welcher der Arzt mit Abschluss des Arbeitsvertrages selber zugestimmt

---

1247 So aber *Braun,* Industrie und Ärzteschaft, S. 141 f.

1248 Vgl. *Fischer,* § 263 Rn. 38 m.w.N; LK/*Tiedemann,* § 263 Rn. 51; ähnlich BGHSt 39, 392, 398.

1249 So wörtlich bei LK/*Tiedemann,* § 263 Rn. 75; sinngemäß so auch BGHSt 47, 8, 12 ff.; 11, 353, 355 f.; 3, 18, 19; Lackner/Kühl/*Kühl,* § 263 Rn. 13 m.w.N.; NK-StGB/*Wohlers/Gaede,* § 13 Rn. 18; a.A. OLG Hamburg StV 1996, 437, 438.

hat. Etwas anderes gilt allerdings im Rahmen repressiver Verfahren, wo der nemo tenetur-Grundsatz seine volle Wirkung entfaltet.[1250]

b) Betrug gegenüber und zu Lasten der Krankenkasse

Möglicherweise aber ist der Arzt nach § 263 StGB strafbar, wenn die erhaltenen Rückvergütungen keinen Eingang in die dem Kostenträger gegenüber zu stellenden Rechnungen finden und diesem dadurch überhöhte Ausgaben entstehen. In Betracht kommt wiederum ein Betrug in mittelbarer Täterschaft nach §§ 263 Abs. 1, 25 Abs. 1 Alt. 2 StGB mit dem Krankenhausträger bzw. eine für die Rechnungsstellung verantwortlichen Mitarbeiter als Werkzeug. Allerdings scheitert auch dieser Anknüpfungspunkt wiederum dann, wenn – wie in der weit überwiegenden Zahl der Fälle – nach Pauschalen abgerechnet wird. Schon eine Täuschung ist dann nicht möglich.

Dieses Problem stellte sich schon in ähnlicher Weise noch mit dem Abrechnungssystem zu Beginn der 1990er Jahre.[1251] Vereinzelt wurde daher durch die Strafverfolgungsbehörden im Rahmen des bundesweit Aufsehen erregenden Herzklappenskandals versucht, über die Einbringung der überhöhten Kosten in die Pflegesatzverhandlung mit den Krankenkassen zu einer Betrugsstrafbarkeit des einzelnen Arztes zu kommen.[1252] Unter Hinweis auf die äußerst schwierige Beweislage und insbesondere die nahezu unmögliche Quantifizierung des Betrugsschadens, wurde eine strafrechtliche Verfolgung allerdings schon damals von den meisten Strafverfolgungsbehörden abgelehnt.[1253] Vor dem Hintergrund des mittlerweile geltenden Finanzierungs- und Abrechnungssystems für Krankenhäuser, ist dieser Strafverfolgungsansatz allerdings heute kaum mehr

---

1250 I.E. ebenso LK/*Tiedemann*, § 263 Rn. 75; Spickhoff/*Schuhr*, § 263 Rn. 22; ähnlich auch NK-StGB/*Wohlers/Gaede*, § 13 Rn. 18.

1251 Darauf weist auch *Braun* zurecht hin, vgl. *Braun*, Industrie und Ärzteschaft, S. 143 f. Vgl. zum damaligen Abrechnungssystem bspw. *Tuschen/Trefz*, Krankenhausentgeltgesetz, S. 23 ff.; Quaas/Zuck/*Quaas*, Medizinrecht, § 26 Rn. 14 f.

1252 Vgl. dazu die Ausführungen bei *Bannenberg*, Korruption in Deutschland und ihre strafrechtliche Kontrolle, S. 157 ff.; dazu auch *Tondorf/Waider*, MedR 1997, 102, 102 ff.

1253 Vgl. dazu die Ausführungen bei *Bannenberg*, Korruption in Deutschland und ihre strafrechtliche Kontrolle, S. 158 f.

denkbar.[1254] Grundsätzlich bemisst sich die Abrechnung der Krankenhäuser nach dem von den Kosten des einzelnen Krankenhauses unabhängigen DRG-Fallpauschalensystem.[1255] Krankenhausindividuelle Entgelte sind heute regelmäßig nur noch nach § 6 KHEntgG vorgesehen. Je nachdem, wie sich die beiden Vertragspartner dabei vereinbaren, ließe sich noch darüber nachdenken, ob der oben erläuterte Strafverfolgungsansatz überhaupt zum Tragen kommen kann. Letztlich wird dies aber aufgrund der schon damals und heute noch immer aktuellen von den anderen Strafverfolgungsbehörden geäußerten Bedenken abzulehnen sein.

4. Zusammenfassung

Abschließend lässt sich festhalten, dass für einen im Krankenhaus angestellten Arzt trotz der sehr einzelfallabhängigen Beurteilung insgesamt doch nur ein geringes Risiko besteht, sich aufgrund der typischerweise mit dem Erhalt von Zuwendungen einhergehenden Verhaltensweisen eines Betruges gegenüber dem Krankenhausträger oder der entsprechenden Krankenversicherung strafbar zu machen. Das hängt insbesondere mit dem im Krankenhaus üblichen Abrechnungssystem und der typischen Arbeitsteilung im „Unternehmen" Krankenhaus zusammen. Solange im Arbeitsvertrag zwischen Arzt und Krankenhausträger nicht explizit Pflichten hinsichtlich der wirtschaftlichen Verwendung von Arznei- und Hilfsmitteln bzw. der Offenlegung von erhaltenen Zuwendungen festgelegt sind, wird ein Betrug des Arztes gegenüber und zu Lasten des Krankenhausträgers regelmäßig nicht in Betracht kommen. Und weil es bei der Abrechnung nach Fallpauschalen auf die einzelnen Aufwendungen unter einer einmal gestellten Diagnose zumeist nicht ankommt, wird in der überwiegenden Zahl der Fälle auch kein Betrug des Arztes gegenüber und zu Lasten der entsprechenden Krankenkasse anzunehmen sein.

1254 Diesen Ansatz heute grundsätzlich ablehnend *Braun,* Industrie und Ärzteschaft, S. 144 f.
1255 Vgl. das erste Kapitel unter B. V. 4.

F. § 266 StGB

Bei der Zusammenarbeit von Arzt und Industrie kann auch der Tatbestand der Untreue nach § 266 StGB Relevanz für den Arzt entfalten. Im Gegensatz zum Abrechnungsbetrug allerdings erfuhr der Untreuetatbestand – anders als in sonstigen korruptiven Tatkomplexen[1256] – insbesondere hinsichtlich des Verhaltens von Vertragsärzten lange keine vergleichbare Aufmerksamkeit.[1257] Während beispielsweise im Rahmen des sogenannten Herzklappenskandals der Bezug von überteuerten Hilfsmitteln und medizinischen Produkten durch Ärzte im Krankenhaus nahezu selbstverständlich unter dem Treubruchtatbestand diskutiert wurde, wandelte sich dies bezüglich der vertragsärztlichen Verordnung, mit der der Vertragsarzt das Vermögen der Krankenkasse möglicherweise von innen heraus schädige, erst mit einer Grundsatzentscheidung des BGH[1258] im Jahr 2003.[1259] Die Untreue wurde in der Folge zu einer Art „Auffangnorm"[1260], insbesondere in Sachverhalten, wo das Verhalten von Vertragsärzten auf dem Prüfstand war.

Im Mittelpunkt der Untreuediskussion steht bis heute vor allem bei Vertragsärzten das Merkmal der Vermögensbetreuungspflicht. An eine kurze Darstellung der Grundlagen des Untreuetatbestands schließt sich daher zunächst eine nähere Betrachtung des Merkmals der Vermögensbetreuungspflicht im Hinblick auf die hier untersuchten Arztgruppen an. Schließlich folgen Ausführungen zu den weiteren Tatbestandsmerkmalen.

I. Grundlagen

Gem. § 266 Abs. 1 StGB macht sich strafbar, wer die ihm durch Gesetz, behördlichen Auftrag oder Rechtsgeschäft eingeräumte Befugnis, über

---

1256 Vgl. *Bannenberg*, in: Wabnitz/Janovsky, Hdb Wirtschafts- und Steuerstrafrecht, Kap. 12 Rn. 95.

1257 Ähnlich auch Achenbach/Ransiek/Rönnau/*Seier*, Hdb Wirtschaftsstrafrecht, 5. Teil, Kap. 2, Rn. 273; MAH-MedR/*Sommer/Tsambikakis*, § 3 Rn. 154; NK-MedR/*Gaidzik*, § 266 StGB Rn. 1; *Ulsenheimer*, Arztstrafrecht, Rn. 1162 f.

1258 BGHSt 49, 17 ff.

1259 So schon *Frister/Lindemann/Peters*, Arztstrafrecht, 2. Kap. Rn. 204 m.w.N.

1260 MAH-MedR/*Sommer/Tsambikakis*, § 3 Rn. 154; allgemein zum Anwendungsbereich des Untreuetatbestands vgl. BVerfGE, 126, 170, 202 f.

fremdes Vermögen zu verfügen oder einen anderen zu verpflichten, missbraucht oder ihm die kraft Gesetzes, behördlichen Auftrags, Rechtsgeschäfts oder eines Treueverhältnisses obliegende Pflicht, fremde Vermögensinteressen wahrzunehmen, verletzt und dadurch dem, dessen Vermögensinteressen er zu betreuen hat, Nachteil zufügt. Mit der überwiegenden Meinung in Literatur und Rechtsprechung ist davon auszugehen, dass alleiniges Rechtsgut das Vermögen des Treugebers ist.[1261] Daneben sind weder die allgemeine Dispositionsbefugnis noch das Vertrauen des Geschäftsherrn erfasst.[1262] Die Verletzung des Vermögens erfolgt bei der Untreue „von innen heraus".[1263]

II. Vermögensbetreuungspflicht

Mit der überwiegenden Meinung ist davon auszugehen, dass es einer Vermögensbetreuungspflicht in beiden Varianten von § 266 Abs. 1 StGB bedarf.[1264] An das Vorliegen einer Vermögensbetreuungspflicht werden, um eine konturenlose Ausuferung des Tatbestandes zu vermeiden, hohe Anforderungen gestellt. Es bedarf einer „besonders herausgehobene[n] Pflicht zur Wahrnehmung fremder Vermögensinteressen"[1265], um das spezifische Untreueunrecht hervorzuheben.[1266] Bei der Vermögensbetreuungspflicht muss es sich mithin um eine Hauptpflicht und nicht lediglich um eine Nebenpflicht handeln.[1267] Sie muss typischer und wesentlicher Inhalt des Verhältnisses zwischen Treugeber und Handelndem sein und

---

1261 Vgl. BVerfGE 126, 170, 200; BGHSt 43, 293, 297; *Fischer,* § 266 Rn. 2; Lackner/Kühl/*Heger,* § 266 Rn. 1 m.w.N.; LK/*Schünemann,* § 266 Rn. 23.

1262 Vgl. dazu SSW-StGB/Saliger, § 266 Rn. 1 m.w.N. (zur Dispositionsbefugnis ausdrücklich BVerfG ZWH 2013, 60, 62).

1263 BVerfGE 126, 170, 201.

1264 Vgl. BGHSt 47, 187, 192; BGH NJW 1972, 1904 m.w.N., *Fischer,* § 266 Rn. 6; Lackner/Kühl/*Heger,* § 266 Rn. 4; MüKo/*Dierlamm,* § 266 Rn. 31. Für abweichende Ansichten vgl. Übersicht bei *Fischer,* § 266 Rn. 7.

1265 BVerfGE 126, 170, 209.

1266 Vgl. BGHSt 55, 288, 297 f.; 1, 186, 188 f.; *Fischer,* § 266 Rn. 35; MüKo/*Dierlamm,* § 266 Rn. 44 m.w.N.

1267 Vgl. BVerfGE 126, 170, 209; BGHSt 55, 288, 297 f.; 1, 186, 188 f.; MüKo/*Dierlamm,* § 266 Rn. 45, 65 f.; Schönke/Schröder/*Perron,* § 266 Rn. 23; SSW-StGB/*Saliger,* § 266 Rn. 10 m.w.N.

darf nicht bloß untergeordnete Bedeutung haben.[1268] Schlichte Vertragsverletzungen reichen für die Annahme einer Vermögensbetreuungspflicht nicht aus.[1269] Es muss vielmehr eine solche Pflicht verletzt sein, die den Vermögensinteressen des Vertragspartners dient und gerade deshalb vereinbart worden ist.[1270] Ferner muss die durch die Abrede übertragene Tätigkeit Spielraum für eigene Entscheidungen und Selbständigkeit geben.[1271] Daran fehlt es, wenn schon alle Einzelheiten der Tätigkeit vorgezeichnet sind. Es scheiden dabei insbesondere Personen als Täter einer Untreue aus, die nur untergeordnete und unselbständige Tätigkeiten ausführen.[1272] Aus dem Schutzzweck des § 266 StGB leitet insbesondere die Rechtsprechung ab, dass bei Verstößen gegen die Rechtsordnung nur solche Relevanz für die Untreue entfalten, die jedenfalls auch mittelbar das Vermögen des betreffenden Treugebers schützen.[1273]

1. Vertragsarzt

Ob sich ein Vertragsarzt einer Untreue gegenüber der Krankenkasse strafbar machen kann, wird seit etwas mehr als einem Jahrzehnt unter dem Stichwort der sogenannten „Vertragsarztuntreue" in Rechtsprechung und Literatur lebhaft diskutiert.[1274] Auslöser dafür war die schon eingangs erwähnte Entscheidung des 4. Strafsenats des BGH im Jahr 2003,[1275] in

---

1268 Vgl. BVerfGE 126, 170, 209; BGHSt 55, 288, 297 f.; wohl auch BGHSt 1, 186, 188 f.; *Fischer*, § 266 Rn. 48 f.; MüKo/*Dierlamm*, § 266 Rn. 45, 65 f.; Schönke/Schröder/*Perron*, § 266 Rn. 23; SSW-StGB/*Saliger*, § 266 Rn. 10 m.w.N.

1269 Vgl. BVerfGE 126, 170, 208 f.; BGHSt 33, 244, 250 f.; MüKo/*Dierlamm*, § 266 Rn. 45, 65.

1270 Vgl. BGHSt 52, 182, 186 f.

1271 Vgl. BVerfGE 126, 170, 209; BGH NStZ 1982, 201; BGHSt 4, 170, 172 m.w.N; MüKo/*Dierlamm*, § 266 Rn. 45, 52 ff. m.w.N.

1272 BGH wistra 2004, 105, 107; BGH NStZ 1982, 201; Lackner/Kühl/*Heger*, § 266 Rn. 47; MüKo/*Dierlamm*, § 266 Rn. 42.

1273 Vgl. BGHSt 55, 288, 299 ff.

1274 Vgl. monographisch dazu *Leimenstoll*, Vermögensbetreuungspflicht, S. 11 ff., 124 ff.; *Butenschön*, Vertragsarzt zwischen Untreue und Betrug, S. 126 ff.; zum Streit, welche Tatbestandsalternative im Verhältnis zwischen Vertragsarzt und Krankenkasse Anwendung finden soll, vgl. auch *Frister/Lindemann/Peters*, Arztstrafrecht, 2. Kap. Rn. 209 ff. und *Leimenstoll*, wistra 2013, 121, 121 f.

1275 Vgl. Fn. 1258.

der er unter anderem die Verurteilung des Arztes durch das LG Kaiserslautern wegen Beihilfe zum Betrug aufhob und das Ausstellen von Verordnungen ohne medizinische Indikation im Zusammenwirken mit dem Patienten stattdessen als Untreue des Arztes zum Nachteil der Krankenkasse wertete. Sie bildete den Ausgangspunkt weiterer ähnlicher Entscheidungen und fachte die Diskussion im Schrifttum an. Diese flammte mit der Rechtsprechungsänderung des BSG[1276] zur Vertreterstellung des Vertragsarztes sowie der Entscheidung des Großen Senats für Strafsachen wieder auf. Im Folgenden sollen zunächst die wesentlichen Argumente der Befürworter und der Gegner einer Vermögensbetreuungspflicht des Vertragsarztes aufgezeigt und anschließend einer kritischen Stellungnahme unterzogen werden.

a) Befürworter einer Vermögensbetreuungspflicht

Von den Befürwortern wird typischerweise auf die durch vertragsärztliche Verordnungen jedenfalls faktische Einflussnahme des Vertragsarztes auf das Vermögen der Krankenkasse abgestellt. Daran hat sich auch nach der Rechtsprechungsänderung des BSG im Jahr 2009 und der Entscheidung des Großen Senats zur Amtsträger- und Beauftragtenstellung des Vertragsarztes grundsätzlich nichts geändert.

Vor der Aufgabe der Vertreter-Rechtsprechung des BSG[1277] wurde der bestimmende Einfluss des Vertragsarztes auf das Vermögen der Krankenkasse insbesondere über dessen Vertreterstellung begründet. So führte der 4. Strafsenat des BGH unter Berufung auf den Vertragsarzt „als Vertreter der Krankenkasse" aus, dass dieser mit dem Ausstellen von Verordnungen die im Interesse der Krankenkasse liegende Aufgabe erfülle, die Versicherten entsprechend § 31 Abs. 1 SGB V mit Arzneimitteln zu versorgen.[1278] Verordne er nun aber ein Arzneimittel, welches den Grundsätzen des § 12 Abs. 1 SGB V nicht entspreche, so missbrauche er die ihm vom Gesetz eingeräumten Befugnisse und verletze damit seine „Betreuungspflicht gegenüber dem betroffenen Vermögen der Krankenkasse".[1279] Ähnlich argumentierten in der Folge der 1. Strafsenat des BGH[1280], in einem Fall über die Verordnung von um Rückvergütung im Preis über-

---

1276 BSGE 105, 157 ff.
1277 So etwa noch BSGE 77, 194, 200.
1278 BGHSt 49, 17, 24.
1279 BGHSt 49, 17, 24.
1280 BGH NStZ 2004, 568 ff.

höhten Arzneimitteln, sowie das OLG Hamm[1281], beim Verschweigen der Erstattung von Entsorgungskosten für Praxissondermüll durch den Hersteller. Diese Rechtsprechung fand in der Literatur einige Anhänger.

Hellmann/Herffs[1282] zufolge habe der BGH „[f]olgerichtig" festgestellt, dass nicht der Treubruch- sondern der engere Missbrauchstatbestand erfüllt sei. Mit dem BGH sei davon auszugehen, dass sich die Vermögensbetreuungspflicht aus den konkreten vertraglichen Umständen ergebe. Beim Ausstellen einer Verordnung sei ein Handeln über das rechtliche Dürfen hinaus, welches aber im Rahmen des rechtlichen Könnens bliebe, denkbar. *Hellmann/Beckemper*[1283] führen darüber hinaus an, dass sich aus der dem Arzt obliegenden Entscheidung, ob eine Behandlung notwendig und wirtschaftlich gem. § 12 Abs. 1 SGB V sei, der für eine Vermögensbetreuungspflicht erforderliche freie Entscheidungsspielraum über das betreute Vermögen ergebe.

Gänzlich ohne Rückgriff auf die Vertreterstellung des Vertragsarztes schlossen sich *Taschke*[1284] und später auch *Schneider*[1285] der Rechtsprechung des BGH an. Die Möglichkeit der Verschreibung von Arznei-, Heil- und Hilfsmitteln mit Wirkung für das Vermögen der Krankenkassen verschaffe dem Arzt eine „hervorgehobene Pflichtenstellung mit einem selbstverantwortlichen Entscheidungsbereich".[1286] *Taschke* zufolge sei dies im Verhältnis zwischen Krankenkasse und Arzt eine wesentliche Pflicht, die es maßgeblich präge. Das Wirtschaftlichkeitsgebot schaffe in diesem Verhältnis eine besondere Nähe, die das Ausnutzen der weitreichenden Kompetenz als „interne Schädigung"[1287] erscheinen lasse. *Schneider* betont, dass der Verordnung von Arznei-, Heil- und Hilfsmitteln im Gesamtgefüge der vertragsärztlichen Versorgung wirtschaftlich eine große Bedeutung zukomme. Der Vertragsarzt werde zu Recht als

---

1281 OLG Hamm NStZ-RR 2006, 13 ff.
1282 *Hellmann/Herffs,* Ärztlicher Abrechnungsbetrug, Rn. 339.
1283 *Hellmann/Beckemper,* Fälle zum Wirtschaftsstrafrecht, Rn. 492.
1284 *Taschke,* StV 2005, 406, 407 ff.
1285 *Schneider,* HRRS 2010, 241, 245 ff.
1286 So zunächst *Taschke,* StV 2005, 406, 408; nahezu wortgleich *Schneider,* HRRS 2010, 241, 246.
1287 *Taschke,* StV 2005, 406, 408.

„Sachwalter der Kassenfinanzen" bezeichnet, der für eine wirtschaftliche Verwendung der Mittel zu sorgen habe.[1288]

Aber auch nach der Aufgabe der Vertreter-Rechtsprechung durch das BSG im Jahr 2009 sind die eine Vermögensbetreuungspflicht des Vertragsarztes befürwortenden Stimmen nicht verstummt.[1289] „Unabhängig" von der Konstruktion des Vergütungsanspruchs des Apothekers sei es *Schuhr* zufolge nach wie vor so, dass dieser von der Verordnung des Vertragsarztes abhänge.[1290] Aus §§ 12 Abs. 1, 70 SGB V sei der Vertragsarzt verpflichtet, nur wirtschaftliche und notwendige Leistungen zu erbringen. Diese Pflicht konkretisiere die Hauptpflicht des Arztes, seine Patienten lege artis zu behandeln und sei darüber hinaus im Verhältnis zwischen Krankenkasse und Arzt so wesentlich, dass sie ebenfalls eine Hauptpflicht darstelle.[1291] Auch nach der Entscheidung des Großen Senats bleibt *Bülte* zufolge „alles ‚beim Alten'".[1292] Die Verordnung des Arztes führe nach wie vor „unabhängig von ihrer exakten rechtlichen Einordnung"[1293] zum Entstehen des Anspruchs des Apothekers. Darüber hinaus stehe die Feststellung, dass der Arzt vorrangig im Interesse des Patienten handle, der Annahme einer Vermögensbetreuungspflicht nicht entgegen.[1294] Zum einen könne der Arzt mehrere Hauptpflichten haben und zum anderen seien Konflikte zwischen mehreren Pflichten „völlig alltäglich".[1295] Schließlich mangele es dem Vertragsarzt auch nicht am erforderlichen Entscheidungsspielraum.[1296] Geht es nach *Frister/Linde-*

1288 *Schneider*, HRRS 2010, 241, 246.
1289 Vgl. nur NK-StGB/*Kindhäuser*, § 266 Rn. 58; Schönke/Schröder/*Perron*, § 266 Rn. 25; *Schroth/Joost*, in: Roxin/Schroth, Medizinstrafrecht, S. 179, 201 ff.; *Taschke*, MPR 2012, 189, 190 f.; *Taschke/Schoop*, in: Rotsch, Criminal Compliance, Kap. 21 Rn. 51. Vgl. dazu auch die ausführliche Übersicht bei *Leimenstoll*, Vermögensbetreuungspflicht, Rn. 283 ff.
1290 Spickhoff/*Schuhr*, StGB, § 266 Rn. 30; ähnlich auch *Frister/Lindemann/Peters*, Arztstrafrecht, 2. Kap. Rn. 224.
1291 Spickhoff/*Schuhr*, StGB, § 266 Rn. 30; sich ebenfalls auf § 12 SGB V stützend *Walter*, CCZ 2012, 199, 200.
1292 *Bülte*, NZWiSt 2013, 346, 352.
1293 *Bülte*, NZWiSt 2013, 346, 349.
1294 *Bülte*, NZWiSt 2013, 346, 349; i.E. ebenso schon *Frister/Lindemann/Peters*, Arztstrafrecht, 2. Kap. Rn. 229.
1295 So wörtlich *Bülte*, NZWiSt 2013, 346, 349.
1296 *Frister/Lindemann/Peters*, Arztstrafrecht, 2. Kap. Rn. 231; *Bülte*, NZWiSt 2013, 346, 351.

mann/Peters, soll die Untreuestrafbarkeit allerdings auf „evidente und schwerwiegende Verstöße" begrenzt sein.[1297]

b) Gegner einer Vermögensbetreuungspflicht

Eine Vermögensbetreuungspflicht des Vertragsarztes wurde vereinzelt schon vor und vermehrt nach der Entscheidung des 4. Strafsenats des BGH abgelehnt. Mit der Rechtsprechungsänderung des BSG und der Entscheidung des Großen Senats zur Amtsträger- und Beauftragtenstellung des Vertragsarztes kamen weitere Kritiker hinzu.[1298] Spätestens mit beiden letztgenannten Entscheidungen, so konnte man in der Folge häufiger lesen, sei der Annahme einer Vermögensbetreuungspflicht des Vertragsarztes „der Boden entzogen"[1299] worden.

Noch vor der Rechtsprechungsänderung des BSG wurde von den Gegnern einer Vermögensbetreuungspflicht häufig auch die Annahme einer Vertreterstellung des Vertragsarztes kritisiert. Die Zuweisung einer Vertreterrolle stehe in „einzigartigem Kontrast"[1300] zu der allgemein anerkannten Auffassung, dass keine unmittelbaren Rechtsbeziehungen zwischen Krankenkasse und Vertragsarzt bestehen. Zur Hauptsache wiesen und weisen die Gegner einer Vermögensbetreuungspflicht des Vertragsarztes allerdings darauf hin, dass es sich bei der Vermögensbetreuungspflicht

---

1297 So wörtlich *Frister/Lindemann/Peters,* Arztstrafrecht, 2. Kap. Rn. 231; vgl. auch *Taschke,* StV 2005, 406, 408; *Taschke/Schoop,* in: Rotsch, Criminal Compliance, § 21 Rn. 51.

1298 „[A]ngesichts der Aufgabe der Vertretertheorie durch das BSG und der neueren Rechtsprechung des Großen Senats für Strafsachen (BGH) zur Vertragsarztkorruption [sei] eine Strafbarkeit des Vertragsarztes wegen Untreue (§ 266) in beiden Tatbestandsvarianten nicht mehr konstruierbar", so AnwKom-StGB/*Esser,* § 266 Rn. 324; ähnlich auch *Brand/Hotz,* PharmR 2012, 317, 320 ff.; die bisherige Rechtsprechung des BGH sei „nach der Entscheidung des Großen Senats [...] sehr zweifelhaft geworden", vgl. SSW-StGB/*Saliger,* § 266 Rn. 16; ebenso BeckOK-StGB/*Wittig,* § 266 Rn. 34.11 und *Tsambikakis,* in: FS Steinhilper, S. 217, 222; ähnlich auch OLG Stuttgart in einem obiter dictum, vgl. OLG Stuttgart NZWiSt 2013, 352, 353 (Rn. 10); *Wengenroth/Meyer,* JA 2012, 646, 650; ansonsten u.a. ablehnend NK-MedR/*Gaidzik,* § 266 StGB Rn. 4 ff.; *Lüderssen,* in: FS Kohlmann, S. 177, 184; *Noak,* MedR 2002, 76, 78 ff.; an der Herleitung einer Vermögensbetreuungspflicht ohne Vertreterstellung zweifelnd *Geiger,* CCZ 2012, 172, 176.

1299 MAH Strafverteidigung/*Erlinger/Warntjen/Bock,* § 50 Rn. 161.

1300 *Schnapp,* in: FS Herzberg, 795, 798, 802.

um eine wesentliche Pflicht im Innenverhältnis der beteiligten Personen handeln müsse, während die Hauptaufgabe der Ärzte allerdings die medizinische Versorgung der Patienten sei.[1301] Schon der ärztliche Eid stelle die Sorge um den Einzelnen an die erste Stelle.[1302] Von einer Betreuung des Vermögens der Krankenkassen könne dabei keine Rede sein.[1303] Vermögensrechtlich gesehen sei der Arzt, darauf weisen *Brandts/Seier* hin, vielmehr dem „Lager des Versicherten" zuzuordnen.[1304] Auch der Rückgriff auf das Wirtschaftlichkeitsgebot des § 12 Abs. 1 SGB V ändere daran nichts.[1305] *Geis* zufolge richte sich dieses vielmehr an alle Funktionsträger nebeneinander, statt Einzelnen konkrete Aufgaben zuzuweisen.[1306] Ferner müsse die damit verbundene Machtübertragung keineswegs zwingend im wirtschaftlichen Interesse erfolgt sein, da doch auch die Gesundheitsfürsorge zu den staatlichen Pflichten gehöre.[1307] Die primäre Aufgabe des Vertragsarztes bleibe die medizinische Behandlung und die Beachtung des Wirtschaftlichkeitsgebot sei eine „zweitrangige („Neben-')Pflicht"[1308].[1309] Auch aus einer Gesamtbetrachtung der Pflich-

---

1301 Vgl. LG Halle, NJW 906, 907; Achenbach/Ransiek/Rönnau/*Seier*, Hdb Wirtschaftsstrafrecht, 5. Teil, Kap. 2, Rn. 274; *Brand/Hotz*, PharmR 2012, 317, 321; *Brandts/Seier*, in: FS Herzberg, S. 811, 825 f.; *Geis*, GesR 2006, 345, 352; *Kühl*, Wirtschaftlichkeitsgebot, S. 141; *Leimenstoll*, wistra 2013, 121, 127 f.; MüKo/*Dierlamm*, § 266 Rn. 69 (Stichwort: Arzt); *Reese*, PharmR 2006, 92, 100; MAH-MedR/*Sommer/Tsambikakis*, § 3 Rn. 155; *Ulsenheimer*, MedR 2005, 622, 626; ders., Arztstrafrecht, Rn. 1180.

1302 *Leimenstoll*, wistra 2013, 121, 128.

1303 Vgl. MAH-MedR/*Sommer/Tsambikakis*, § 3 Rn. 155.

1304 *Brandts/Seier*, in: FS Herzberg, S. 811, 825; vgl. auch *Butenschön*, Vertragsarzt zwischen Untreue und Betrug, S. 156; ähnlich *Leimenstoll*, Vermögensbetreuungspflicht, Rn. 381.

1305 Vgl. *Geis*, GesR 2006, 345, 354 f.; zustimmend MAH-MedR/*Sommer/Tsambikakis*, § 3 Rn. 154; *Leimenstoll*, wistra 2013, 121, 127; i.E. auch *Schnapp*, in: FS Herzberg, 795, 799.

1306 *Geis*, GesR 2006, 345, 350; ähnlich auch *Schnapp*, in: FS Herzberg, S. 795, 799 f.

1307 *Leimenstoll*, wistra 2013, 121, 128.

1308 *Brandts/Seier*, in: FS Herzberg, S. 811, 826; i.E. so auch schon *Reese*, PharmR 2006, 92, 100.

1309 Vgl. LG Halle, NJW 906, 907; *Brandts/Seier*, in: FS Herzberg, S. 811, 825; zustimmend *Leimenstoll*, wistra 2013, 121, 128; *Reese*, PharmR 2006, 92, 100; *Schnapp*, in: FS Herzberg, S. 795, 806; *Tsambikakis*, in: FS Steinhilper, S. 217, 223; ähnlich auch *Ulsenheimer*, demzufolge die gebotene

tenstellung des Vertragsarztes ergebe sich, so *Leimenstoll*, nichts anderes.[1310] *Sommer/Tsambikakis* zufolge müsste, das gegenteilige Ergebnis konsequent zu Ende gedacht, ansonsten jeder Verstoß gegen § 12 Abs. 1 SGB V am Tatbestand der Untreue gemessen werden, was die ärztliche Freiheit in unangemessener Weise beeinträchtigen würde.[1311]

Jedenfalls aber stünde dem Vertragsarzt nicht der für die Annahme einer Vermögensbetreuungspflicht notwendige Entscheidungsspielraum hinsichtlich des betreuten Vermögens zu.[1312] Die Abrechnungsmodalitäten seien „so genau vorgeschrieben", dass dieser dem Vertragsarzt gerade nicht zukomme.[1313] *Geis* zufolge seien die wirtschaftlichen Bindungen durch die Richtlinien nach § 92 SGB V sowie die Kontrollmöglichkeiten durch die Wirtschaftlichkeitsprüfung so stark, dass eine eigene wirtschaftliche Herrschaft des Vertragsarztes zu verneinen sei.[1314] Der Entscheidungsspielraum des Vertragsarztes sei allein medizinischer Natur.[1315]

Vereinzelt wird außerdem hervorgehoben, dass schon die freiberufliche Tätigkeit des Vertragsarztes der Annahme einer Vermögensbetreuungs-

---

Rücksichtnahme auf die Vermögensinteressen der gesetzlichen Krankenkasse keinen essentiellen Bestandteil im Verhältnis zu den Krankenkassen darstelle, vgl. *Ulsenheimer*, MedR 2005, 622, 626; zustimmend *Krafczyk*, in: FS Mehle, S. 325, 333.

1310 Vgl. *Leimenstoll*, Vermögensbetreuungspflicht, Rn. 378 ff.; *ders.*, wistra 2013, 121, 128.

1311 MAH-MedR/*Sommer/Tsambikakis*, § 3 Rn. 154; Laufs/Kern/*Ulsenheimer*, § 153 Rn. 15; diese Gefahr durch die weite Formulierung des BGH ebenfalls sehend und daher eine Einschränkung auf die „extremen Fälle" fordernd, *Steinhilper*, MedR 2005, 238, 239; ausführlich dazu *Leimenstoll*, Vermögensbetreuungspflicht des Vertragsarztes, Rn. 325 ff.

1312 *Geis*, GesR 2006, 345, 352; zustimmend *Brand/Hotz*, PharmR 2012, 317, 322 unter ausdrücklicher Berufung auf die Entscheidung des Großen Senats; zustimmend auch *Butenschön*, Vertragsarzt zwischen Untreue und Betrug, S. 138 ff.; an einem ausreichenden Entscheidungsspielraum jedenfalls zweifelnd *Kühl*, Wirtschaftlichkeitsgebot, S. 141.

1313 So schon vor der Entscheidung des 4. Strafsenats des BGH das LG Halle wistra 2000, 279, 280; unter Verweis darauf ebenso MüKo/*Dierlamm*, § 266 Rn. 69 (Stichwort: Arzt).

1314 *Geis*, GesR 2006, 345, 352.

1315 Vgl. nur Geis, GesR 2006, 345, 352; vgl. auch Achenbach/Ransiek/Rönnau/*Seier*, Hdb Wirtschaftsstrafrecht, 5. Teil, Kap. 2 Rn. 274; *Butenschön*, Vertragsarzt zwischen Untreue und Betrug, S. 143.

pflicht entgegenstehe.[1316] Ungeachtet seiner Einbindung in das Sozialrecht übe er einen freien Beruf aus.[1317] Die Annahme, er werde zugleich geschäftlich für die Krankenkassen tätig, grenze, so *Geis*, an „Interessenverrat" gegenüber dem Patienten.[1318] Vielmehr aber sei anerkannt, dass zwischen Krankenkassen und Vertragsarzt keinerlei unmittelbare Rechtsbeziehungen bestehen.[1319]

Regelmäßig wird zudem auf die verfassungsrechtlich gebotene restriktive Auslegung des Untreuetatbestandes verwiesen, aufgrund derer letztlich eine Vermögensbetreuungspflicht des Vertragsarztes abzulehnen sei.[1320]

Letztlich, so führt *Ulsenheimer* an, wäre jedenfalls der subjektive Tatbestand in der überwiegenden Mehrheit der Fälle nicht erfüllt.[1321] Eine Vermögensbetreuungspflicht läge „gänzlich außerhalb des Blickwinkels eines Vertragsarztes".[1322]

c) Stellungnahme

Wenn auch den Befürwortern einer Vermögensbetreuungspflicht nicht abzusprechen ist, dass die Verordnung des Vertragsarztes nach wie vor ein zentrales Element in der Arznei- und Hilfsmittelversorgung darstellt, welches eine enorme wirtschaftliche Bedeutung hat, so ist dennoch, insbesondere auch nach der Entscheidung des Großen Senats aus dem Jahr 2012, eine Vermögensbetreuungspflicht de lege lata abzulehnen. Mit den vielen eine Vermögensbetreuungspflicht ablehnenden Stimmen ist davon auszugehen, dass dem Vertragsarzt weder die Betreuung fremder Vermögensinteressen als Hauptpflicht obliegt, noch dass ihm bei der Ausfüh-

---

1316 MüKo/*Dierlamm*, § 266 Rn. 69 (Stichwort: Arzt); ähnlich auch *Reese*, PharmR 2006, 92, 100; anders aber *Frister/Lindemann/Peters*, Arztstrafrecht, 2. Kap. Rn. 231; kritisch auch *Butenschön*, Vertragsarzt zwischen Untreue und Betrug, S. 143 f., siehe aber auch S. 157 f.

1317 MüKo/*Dierlamm*, § 266 Rn. 69 (Stichwort: Arzt).

1318 *Geis*, wistra 2005, 369, 370.

1319 *Geis*, wistra 2005, 369, 370.

1320 *Brandts/Seier*, in: FS Herzberg, S. 811, 825 f.; *Krüger*, StraFo 2012, 308, 312; *Leimenstoll*, wistra 2013, 121, 129; ähnlich auch MAH-MedR/*Sommer/Tsambikakis*, § 3 Rn. 155.

1321 *Ulsenheimer*, Arztstrafrecht, Rn. 1182.

1322 So ausdrücklich *Steinhilper*, MedR 2005, 238, 239, auf den *Ulsenheimer* ausdrücklich Bezug nimmt, in: *Ulsenheimer*, Arztstrafrecht, Rn. 1182; zustimmend auch MAH-MedR/*Sommer/Tsambikakis*, § 3 Rn. 155.

rung seiner Tätigkeit die in dieser Hinsicht erforderliche Selbständigkeit zukommt.[1323]

Mit den Gegnern einer Vermögensbetreuungspflicht des Vertragsarztes ist davon auszugehen, dass die Hauptpflicht des Arztes in der ärztlichen Behandlung seiner Patienten besteht. Schon die Musterberufsordnung der Bundesärztekammer hebt in § 1 Abs. 2 MBO-Ä hervor, dass es „Aufgabe der Ärztinnen und Ärzte ist [...], das Leben zu erhalten, die Gesundheit zu schützen und wiederherzustellen, Leiden zu lindern, Sterbenden Beistand zu leisten und an der Erhaltung der natürlichen Lebensgrundlagen im Hinblick auf ihre Bedeutung für die Gesundheit der Menschen mitzuwirken". Sie haben „ihren Beruf gewissenhaft auszuüben", „ihr ärztliches Handeln am Wohl der Patientinnen und Patienten auszurichten" und dürfen insbesondere „nicht das Interesse Dritter über das Wohl der Patientinnen und Patienten stellen" (vgl. § 2 Abs. 2 MBO-Ä). Zwar sind damit allein die Rechte und Pflichten der Ärzte gegenüber den Patienten, den Berufskollegen und der Ärztekammer gegenüber bezeichnet, aber an dieser Pflicht ändert auch die sozialrechtliche Einbindung bei der Behandlung von gesetzlich versicherten Patienten nichts. Auch der Vertragsarzt wird, wie der Große Senat zutreffend festgestellt hat, in erster Linie im Auftrag und im Interesse seines Patienten tätig.[1324] Zum Verhältnis zwischen Vertragsarzt und gesetzlichen Krankenkassen ist dazu festzuhalten, dass unmittelbare Rechtsbeziehungen zwischen ihnen grundsätzlich nicht bestehen.[1325] Zwar wirken sie zur Sicherstellung der vertragsärztlichen Versorgung gem. § 72 Abs. 1 S. 1 SGB V zusammen, zwischengeschaltet ist aber dennoch prinzipiell die Kassenärztliche Vereinigung, die im Rahmen ihrer Disziplinargewalt Rechte und Pflichten gegenüber den Vertragsärzten durchsetzen kann.[1326] Schon dieser Aufbau steht der Annahme einer irgendwie gearteten Treuepflicht des Vertragsarztes gegenüber den Krankenkassen entgegen. Auch aus dem Wirtschaftlichkeitsgebot gem. § 12 Abs. 1 SGB V ergibt sich nichts anderes. Es wäre geradezu widersinnig, daraus eine Nähe zwischen Arzt und Krankenkassen herzuleiten, die durch alle anderen Vorschriften des SGB V geradezu „sauber" vermieden wird. Dort, wo eine „Nähe" gesetzlich vorgesehen ist, wird sie auch ausdrücklich festgelegt (z.B. im Rahmen der besonderen Versor-

---

1323 Zu den allgemeinen Voraussetzungen einer Vermögensbetreuungspflicht vgl. oben unter F. II.
1324 BGHSt 57, 202, 213, 217.
1325 Vgl. dazu das erste Kapitel unter B. III. 4.
1326 Ähnlich auch *Schnapp,* in: FS Herzberg, S. 795, 806.

gung, § 140a SGB V etc.). Das Wirtschaftlichkeitsgebot richtet sich aber als allgemeines Grundprinzip der gesetzlichen Krankenversicherung ausweislich seines Wortlauts nicht nur an Ärzte als Leistungserbringer, sondern auch an die Versicherten und die Krankenkassen,[1327] mithin grundsätzlich an „alle Beteiligten"[1328]. Entnimmt man diesem Gebot eine ärztliche Treuepflicht gegenüber den gesetzlichen Krankenkassen, so müsste dies, konsequent zu Ende gedacht, auch für die Patienten gelten.[1329] Jeder Arztbesuch wäre unter diesem Gesichtspunkt ein kostenauslösendes Element, der somit bei offensichtlicher Überflüssigkeit eine Untreuestrafbarkeit begründen könnte. Das vermag nicht zu überzeugen. In ähnlicher Weise hat der Große Senat festgestellt, dass die Tatsache, dass „der Vertragsarzt bei der Verordnung von Medikamenten auch auf die wirtschaftlichen Belange der Krankenkassen Bedacht zu nehmen hat," „nichts daran [ändere], dass die ärztliche Behandlung, in die sich die Verordnung von Arzneimitteln einfügt, in erster Linie im Interesse des Patienten und in seinem Auftrag erfolgt".[1330] Hauptpflicht des Arztes ist und bleibt vielmehr die ärztliche Behandlung seiner Patienten.

Darüber hinaus erscheint es jedenfalls problematisch, ob dem Vertragsarzt die für eine Vermögensbetreuungspflicht notwendige Selbständigkeit zukommt. Dafür ist es erforderlich, dass der Treupflichtige in dem ihm überlassenen Bereich der fremden Vermögenssphäre selbständig anstelle des Vermögensinhabers entscheiden darf.[1331] Im Einzelnen sind die Anforderungen an das Kriterium der Selbständigkeit umstritten.[1332] Während einige davon ausgehen, dass es mehrerer Handlungsalternativen bedarf, so dass der Täter über das „Ob und Wie" seiner Tätigkeit selber entscheiden kann und nicht zu einem bestimmten Verhalten verpflichtet oder durch Vorgaben empfindlich in seinen Handlungsmöglichkeiten eingeschränkt

---

1327 BSGE 105, 1, 8.

1328 BT-Drs. 11/2237, S. 158.

1329 Ebenso *Schnapp*, in: FS Herzberg, S. 795, 806 f.; er sieht eine Verpflichtung maximal gegenüber den paritätisch besetzten Prüfgremien bzw. den Kassenärztlichen Vereinigungen, „jedenfalls nicht" gegenüber den Krankenkassen, vgl. *Schnapp*, GesR 2012, 705, 713.

1330 BGHSt 57, 202, 217.

1331 BGH NStZ 2006, 38, 39; BGHSt 13, 315, 318 f.; *Fischer*, § 266 Rn. 37 m.w.N.; vgl. auch Lackner/Kühl/*Heger*, § 266 Rn. 9 m.w.N.; LK/*Schünemann*, § 266 Rn. 82 ff.

1332 Einen Überblick gibt LK/*Schünemann*, § 266 Rn. 82 ff.

ist,[1333] reicht anderen schon „eine gewisse Selbständigkeit und Bewegungsfreiheit"[1334] des Täters aus. Betrachtet man nun die Rahmenbedingungen des ärztlichen Handelns noch einmal genauer, so lässt sich feststellen, dass insbesondere das Verordnen von Arznei- und Hilfsmitteln weitgehend unter anderem durch die entsprechenden Richtlinien des Gemeinsamen Bundesausschusses gem. § 92 SGB V durchgeregelt ist.[1335] Es obliegt außerdem häufig letztlich dem Apotheker, das konkret abzugebende Arzneimittel auszuwählen. Wenn auch eine Verordnung des Vertragsarztes häufig eine Zahlungspflicht der entsprechenden Krankenkasse auslösen wird, so trifft der Vertragsarzt die Entscheidung damit dennoch allein in medizinischer Hinsicht[1336]. Schließlich kann sein Verhalten in umfangreichen Wirtschaftlichkeitsprüfungen jedenfalls nachträglich untersucht werden.[1337] Von einem vollkommen selbständigen Handeln kann damit kaum gesprochen werden. Allerdings ist anzuerkennen, dass der Vertragsarzt jedenfalls innerhalb dieser Vorgaben frei entscheiden kann und sein Verhalten jedenfalls regelmäßig erhebliche Auswirkungen hat.[1338] Verfolgt man mit der Rechtsprechung daher eher eine – wenn auch bedenklich[1339] – wenig einschränkende Auslegung des Selbständigkeitskriteriums, ließe sich dies durchaus bejahen. Ein solches Ergebnis aber würde nichts daran ändern, dass Hauptaufgabe des Vertragsarztes die Behandlung seiner Patienten ist und bleibt. Eine Vermögensbetreuungspflicht des Vertragsarztes gegenüber den gesetzlichen Krankenkassen ist somit abzulehnen.

Auf die subjektive Tatbestandsseite kommt es damit nicht mehr an. Dennoch ist *Ulsenheimer*[1340] zuzustimmen, dass diese in der überwiegenden

---

1333 Vgl. nur MüKo/*Dierlamm*, § 266 Rn. 61; ähnlich NK-StGB/*Kindhäuser*, § 266 Rn. 47.

1334 BGHSt 13, 315, 319.

1335 Vgl. nur BGHSt 57, 202, 215; *Kraatz*, NZWiSt 2012, 273, 277; *Leimenstoll*, wistra 2013, 121, 126.

1336 BSGE 73, 271, 280 f.; sich anschließend u.a. BGHSt 57, 202, 215 m.w.N.; vgl. dazu auch schon oben unter B. III. 1. b) bb) (3) (b).

1337 Ähnlich *Leimenstoll*, wistra 2013, 121, 126 f.

1338 Vgl. *Schneider*, HRRS 2010, 241, 245 f.; *Schroth/Joost*, in: Roxin/Schroth, Medizinstrafrecht, S. 179, 202; *Kraatz*, NZWiSt 2012, 273, 277; zustimmend *Leimenstoll*, wistra 2013, 121, 127.

1339 Ebenfalls kritisch MüKo/*Dierlamm*, § 266 Rn. 59 ff.

1340 *Ulsenheimer*, Arztstrafrecht, Rn. 1182.

Zahl der Fälle wohl nicht gegeben wäre.[1341] Unstreitig genügt zwar bedingter Vorsatz und ist eine Bereicherungsabsicht, anders als beim Betrug, nicht erforderlich,[1342] insgesamt sind aber grundsätzlich strenge Anforderungen zu stellen.[1343] Der Täter muss sich neben seiner Vermögensbetreuungspflicht auch der Pflichtwidrigkeit und des Vermögensnachteils bewusst sein.[1344] Ein niedergelassener Arzt wird sich trotz aller sozialrechtlichen Vorgaben bei der Behandlung gesetzlich Versicherter als Ausübender eines freien Berufs verstehen, der zuvorderst seinem Patienten als medizinischer Berater und weniger dem Vermögen der Krankenkassen verpflichtet ist.

Dahinstehen kann, ob, wie von einigen Befürwortern einer Vermögensbetreuungspflicht vorgeschlagen, die Untreuestrafbarkeit auf besonders gravierende Verstöße gegen das Wirtschaftlichkeitsgebot beschränkt bleiben sollte. Dazu sei dennoch eine kurze Anmerkung erlaubt: überzeugen kann auch dieser Ansatz nicht. Er verhindert nicht, dass grundsätzlich erst einmal über jeder Verordnung des Vertragsarztes das „Damoklesschwert"[1345] der Untreuestrafbarkeit hängt und der Tatbestand der Untreue gleichsam zu einer strafrechtlichen „Wundertüte" mutiert. Auch in Anbetracht der vom Bundesverfassungsgericht erst wieder geforderten restriktiven Auslegung, ist diese Auffassung abzulehnen.

d) Ausblick

Gespannt darf man sein, wie sich die Rechtsprechung in diesem Bereich nach der Entscheidung des Großen Senats positionieren wird.[1346] Vertan wurde bisher leider die Chance, das Zusammenspiel von Sozialrecht und

---

1341 Anders aber, darauf weisen auch *Frister/Lindemann/Peters,* Arztstrafrecht, 2. Kap. Rn. 236 zu Recht hin, wohl die Rechtsprechung, die im Rahmen der Vertragsarztuntreue den subjektiven Tatbestand kaum zu beachten scheint, vgl. nur BGHSt 49, 17, 23 f.; BGH NStZ 2004, 568, 570; ausführlicher aber OLG Hamm, NStZ-RR 2006, 13, 14.

1342 Vgl. BVerfGE 126, 170, 207 f.; BVerfG NJW 2009, 2370, 2372.

1343 Vgl. nur BVerfG NJW 2009, 2370, 2372; BGHSt 47, 295, 302; BGH NJW 1975, 1234, 1236 m.w.N.

1344 BGH NStZ 2013, 715 f.

1345 *Brandts/Seier,* in: FS Herzberg, S. 811, 819.

1346 Vgl. auch *Brand/Hotz,* PharmR 2012, 317, 321 f.; *Krüger,* StraFo 2012, 308, 311 f.; MAH-MedR/*Sommer/Tsambikakis,* § 3 Rn. 156; allgemeiner *Tsambikakis,* in: FS Steinhilper, S. 217, 224.

Strafrecht in diesem Bereich abschließend zu klären. Dem 5. Strafsenat des BGH war es in seiner dem Beschluss des Großen Senats nachfolgenden Entscheidung[1347] mangels entsprechender Anklage aus prozessualen Gründen verwehrt,[1348] noch zu einer möglichen Strafbarkeit der Beteiligten nach den §§ 263, 266 StGB Stellung zu nehmen. Er ließ aber erkennen, dass er in der vorliegenden Fallgestaltung – „Prämierung der Ausstellung von Rezepten für Medikamente des veranlassenden Pharmaunternehmens" – eine Strafbarkeit nach den Vermögensdelikten jedenfalls für möglich erachtet. Vor dem Hintergrund der Argumente, mit denen der Große Senat die Beauftragtenstellung des Vertragsarztes gem. § 299 StGB abgelehnt hat, sowie der vom Bundesverfassungsgericht angemahnten restriktiven Auslegungen des Untreuetatbestandes,[1349] erscheint – abgesehen von den weiteren dagegen sprechenden Gründen – die Annahme einer Vermögensbetreuungspflicht des Vertragsarztes nach § 266 StGB nicht mehr haltbar. Es ist fraglich, ob der Große Senat diese mögliche Konsequenz bei seiner Entscheidung bedacht hatte.[1350] Eine entsprechende Anklage vorausgesetzt, wird ein künftig darüber zu befindendes Gericht jedenfalls nicht umhin kommen, sich eingehend mit den Argumenten des Großen Senats auseinanderzusetzen und das Zusammenspiel von Sozialrecht und Strafrecht in diesem Fall zu klären.[1351] Einen Anfang jedenfalls hat das OLG Stuttgart gemacht, welches immerhin in einem obiter dictum zu erkennen gab, dass es nach der Entscheidung des Großen Senats am Vorliegen eines besonderen Näheverhältnisses zwischen ge-

---

1347 BGH, Beschluss vom 11. Oktober 2012, Az.: 5 StR 115/11.
1348 Dazu auch *Tsambikakis,* in: FS Steinhilper, S. 217, 220.
1349 Ebenso *Krüger,* StraFo 2012, 308, 312; MAH-MedR/*Sommer/Tsambikakis,* § 3 Rn. 156.
1350 Zweifelnd auch *Tsambikakis,* in: FS Steinhilper, S. 217, 222.
1351 Bedauerlicherweise war es um die Kommunikation zwischen den beiden Disziplinen bisher nicht zum Besten bestellt. So fällte bspw. das OLG Braunschweig im Jahr 2010 (NStZ 2010, 392 ff.) seine Entscheidung noch auf der Grundlage überholter Rechtsprechung des BSG zur Vertreterstellung des Vertragsarztes (ausdrückliche Aufgabe der bisherigen Rechtsprechung mit der Entscheidung vom 17. Dezember 2009 – vgl. BSGE 105, 157 ff.). Ähnlich kritisch zur Rezeption der genannten Entscheidung des BSG in der Strafrechtswissenschaft äußert sich auch *Schnapp,* GesR 2012, 705, 707 (Fn. 37).

täuschtem Kassenarzt und geschädigter Krankenkasse im Rahmen des Dreiecksbetrugs zweifle.[1352]

2. Privatarzt

Die Möglichkeit einer Strafbarkeit des Privatarztes wegen Untreue bei der Ausstellung von Verordnungen ist in Literatur und Rechtsprechung bisher mit deutlich weniger Aufmerksamkeit bedacht worden.[1353] Nur vereinzelt finden sich überhaupt Aussagen zu einer möglichen Vermögensbetreuungspflicht.

a) Vermögensbetreuungspflicht gegenüber dem Patienten

Zunächst ist an eine Vermögensbetreuungspflicht gegenüber dem Patienten zu denken. Voraussetzung aber ist auch hier wiederum, dass es sich um eine wesentliche Pflicht im Verhältnis zwischen Arzt und Patient handelt. Verbunden sind der Arzt und der privat versicherte Patient durch einen Behandlungsvertrag nach § 630a BGB, bei dem der Privatpatient regelmäßig selbst zur Zahlung der vereinbarten Vergütung verpflichtet ist.[1354] Primäre Leistungspflicht des Arztes ist in diesem Verhältnis die Behandlung des Patienten. Anerkannt aber ist, dass der Arzt wirtschaftliche Belange seines Patienten nicht vollkommen außer Acht lassen darf.[1355] Gem. § 630c Abs. 3 BGB muss er seinen Patienten vor Beginn der Behandlung über deren voraussichtliche Kosten informieren, sofern er weiß oder sich dafür hinreichende Umstände ergeben, dass eine vollständige Übernahme der Behandlungskosten durch einen Dritten nicht gesichert ist. Diese Pflicht zur wirtschaftlichen Aufklärung war auch schon vor der Kodifizierung von der Rechtsprechung anerkannt.[1356] Eine Betreuung der Vermögensinteressen des Patienten als Hauptpflicht ist damit aber gerade nicht verbunden, vielmehr stellt die wirtschaftliche Aufklä-

---

1352 OLG Stuttgart MedR 2013, 536, 537; kritisch dazu *Bülte,* NZWiSt 2013, 346, 348.

1353 Wenn diese Konstellation überhaupt Beachtung findet, so zumeist noch unter dem Stichwort des Vermögensschadens beim Patienten, vgl. *Cosack,* ZIS 2013, 226, 226 f.; *Pragal,* NStZ 2005, 133, 136 (Fn. 26)

1354 Vgl. zu den rechtlichen Beziehungen zwischen Privatarzt und Patient auch das erste Kapitel unter B. IV. 1.

1355 In diesem Zusammenhang darauf ebenfalls aufmerksam machend *Braun,* Industrie und Ärzteschaft, S. 112 f.

1356 Vgl. dazu Spickhoff/*Spickhoff,* BGB, § 630c Rn. 33 m.w.N.

rung eine vertragliche Nebenpflicht[1357] dar. Dafür spricht zum einen schon die Systematik der §§ 630a BGB ff., die ausweislich der entsprechenden Überschrift die „vertragstypischen Pflichten beim Behandlungsvertrag" in § 630a BGB regelt, weitere Pflichten dann in den nachfolgenden Paragrafen ihren Platz finden. Gestützt wird diese Einschätzung auch durch die Gesetzesbegründung, die zum einen „die den Behandlungsvertrag charakterisierenden Hauptleistungspflichten" in § 630a Abs. 1 BGB geregelt sieht.[1358] Zum anderen engt sie die ohnehin eingeschränkte wirtschaftliche Aufklärungspflicht für den Bereich der privaten Krankenversicherung weiter ein. Bei privat versicherten Patienten liege es „grundsätzlich im Verantwortungsbereich der Patienten, Kenntnisse über den Inhalt und Umfang des mit der Krankenversicherung abgeschlossenen Versicherungsvertrages zu haben".[1359] Einen die wirtschaftliche Aufklärung auslösenden „Informationsvorsprung" sieht der Gesetzgeber ausdrücklich, soweit sich aus den Umständen nicht etwas anderes ergibt, insbesondere bei den sogenannten Individuellen Gesundheitsleistungen.[1360] Von einer herausgehobenen Pflicht zur Betreuung von Vermögensinteressen eines Dritten kann unter diesen Umständen nicht gesprochen werden. Es ist richtigerweise davon auszugehen, dass ein Arzt kein „Vermögensberater"[1361] seiner Patienten ist. Eine Vermögensbetreuungspflicht des Privatarztes gegenüber seinem Patienten ist mithin abzulehnen.[1362]

1357 BGH VersR 2000, 999; OLG Stuttgart, VersR 2013, 583, 583 f.; OLG Köln, Urteil v. 17. November 2004, Az.: 5 U 44/04 (zitiert nach juris, Rn. 5); für das Verhältnis zwischen Zahnarzt und Patient vgl. LG Detmold, Urteil v. 18. Juni 2013, Az.: 1 O 230/12 (zitiert nach juris, Rn. 40).

1358 BT-Drs. 17/10488, S. 17.

1359 BT-Drs. 17/10488, S. 22.

1360 BT-Drs. 17/19488, S. 22.

1361 So treffend formuliert von *Spickhoff*, vgl. Spickhoff/*Spickhoff*, BGB, § 630c Rn. 33.

1362 Ohne nähere Begründung ebenso *Geis*, GesR 2006, 345, 349; *Braun*, Industrie und Ärzteschaft, S. 112 f.; anders aber wohl *Cosack*, ZIS 2013, 226, 226 f., der zufolge eine „Vermögensbetreuungspflicht des Arztes seinem Privatpatienten gegenüber eher zu bejahen sei[...], als die eines Vertragsarztes gegenüber der Krankenkasse".

b) Vermögensbetreuungspflicht gegenüber dessen Krankenkasse

Gibt es bei der Behandlung von gesetzlich Versicherten schon wenige rechtliche Anknüpfungspunkte zwischen dem Arzt und der entsprechenden Versicherung, so ist dies bei der Behandlung von Privatpatienten zwischen dem Arzt und der entsprechenden privaten Versicherung grundsätzlich „erst recht" der Fall. Es ist nicht ersichtlich, auf welcher Grundlage den Arzt bei der Behandlung eines Privatpatienten eine nicht nur „beiläufige"[1363] Pflicht treffen soll, Vermögensinteressen der entsprechenden privaten Krankenversicherung wahrzunehmen. Weder besteht zwischen Arzt und privater Krankenversicherung ein entsprechendes Schuldverhältnis,[1364] noch ist eine entsprechende gesetzliche Grundlage ersichtlich,[1365] aus der sich eine solche Pflicht ergeben könnte. Dies ist nur zu folgerichtig. Ob eine ärztliche Verordnung tatsächlich später zu einer Vermögensminderung bei der entsprechenden Krankenkasse führt, ist nicht nur von der Einlösung der Verordnung des Patienten in der Apotheke, sondern zudem von deren Erstattungsfähigkeit unter dem Versicherungsvertrag abhängig. Die Einzelheiten dazu entziehen sich jedoch zumeist der Kenntnis des Arztes. Eine Vermögensbetreuungspflicht des Arztes gegenüber der entsprechenden privaten Krankenversicherung ist damit abzulehnen.[1366]

3. *Arzt im Krankenhaus*

Die Frage nach einer Vermögensbetreuungspflicht von Ärzten im Krankenhaus ist insbesondere im Rahmen des sogenannten Herzklappenskandals aufgekommen. Rechtsprechung und Literatur hatten sich dabei mit den rechtlichen Implikationen verschiedener Zuwendungsmodelle zu beschäftigen, im Rahmen derer leitende Verwaltungsangestellte oder für die Bestellung von Herzklappen oder anderer medizinischer Produkte verantwortliche Ärzte Boni, Rabatte oder sonstige Zuwendungen erhiel-

---

1363 *Fischer,* § 266 Rn. 36 m.w.N.
1364 I.E. ebenso *Pragal,* NStZ 2005, 133, 135 (Fn. 26); sich anschließend *Braun,* Industrie und Ärzteschaft, S. 112.
1365 So findet insbesondere das Wirtschaftlichkeitsgebot aus § 12 Abs. 1 SGB V keine Anwendung auf den Privatarzt, vgl. so auch AnwK-StGB/*Esser,* § 266 Rn. 326.
1366 Ohne nähere Begründung ebenso *Geis,* GesR 2006, 345, 349.

ten.[1367] Zwar lag der Schwerpunkt der Ausführungen zumeist auf der Beurteilung der Vorgänge nach den §§ 331 ff. StGB, allerdings war die Frage nach der Verwirklichung einer Untreue und mithin dem Vorliegen einer Vermögensbetreuungspflicht zumeist regelmäßiger „Begleiter" in dieser Diskussion.

a) Vermögensbetreuungspflicht gegenüber dem Krankenhausträger

Eine Vermögensbetreuungspflicht eines im Krankenhaus beschäftigten Arztes lässt sich jedoch nicht schon allein aus dem Arbeitsverhältnis ableiten. Die allgemeine arbeitsrechtliche Treuepflicht reicht für die Annahme einer Vermögensbetreuungspflicht nicht aus.[1368] Gleiches gilt für die allgemeine beamtenrechtliche Treuepflicht.[1369] Mit der überwiegenden Meinung ist aber davon auszugehen, dass eine Vermögensbetreuungspflicht jedenfalls Ärzten in leitenden Positionen, also beispielsweise einem Oberarzt, einem ärztlichen Direktor oder auch einem Chefarzt, regelmäßig zukommt.[1370] Ärzte in diesen Positionen können weitgehend selbständig Einfluss auf Beschaffungsentscheidungen nehmen. Neben der Erbringung ärztlicher Leistungen ist ihnen zumeist auch die Wahrung der Vermögensinteressen ihres Arbeitgebers ausdrücklich auferlegt.[1371] Un-

---

1367 Einen kleinen Überblick darüber geben bspw. *Tondorf/Waider*, MedR 1997, 102, 102.

1368 Vgl. nur BGHSt 6, 314, 318; Lackner/Kühl/*Heger*, § 266 Rn. 12 m.w.N.; Schönke/Schröder/*Perron*, § 266 Rn. 26 m.w.N.

1369 BGH StV 1995, 73.

1370 BGHSt 47, 295, 297 („Ärztlicher Direktor einer Abteilung des Universitätsklinikums"), zustimmend u.a. *Kindhäuser/Goy*, NStZ 2003, 291, 291 f.; *Tholl*, wistra 2003, 181, 181; *Rönnau*, JuS 2003, 232, 233; LG Offenburg, Urteil v. 15. Dezember 1998, Az.: 2 KLs 41 Js 487/96 2 AK 8/97 (zit. nach juris, nachfolgend BGH NStZ 2000, 90) („Oberarzt"); *Dahm*, MedR 1992, 251, 254 („Chefärzte, Oberärzte, Oberschwester"); *Tondorf/Waider*, MedR 1997, 102, 106 (Chefarzt; nicht nachgeordnetes Personal); a.A. LG Mainz, NJW 2001, 906, 906 f. (kritisch dazu *Fischer*, § 266 Rn. 36).

1371 *Dahm*, MedR 1992, 251, 254; *Rönnau*, JuS 2003, 232, 233; *Tondorf/Waider*, MedR 1997, 102, 106; nicht als Hauptpflicht, aber als einen „nicht unbedeutende[n] Teil seiner Tätigkeit" bezeichnend *Tholl*, wistra 2003, 181, 181; gänzlich a.A. LG Mainz, NJW 2001, 906 f., welches als wesentliche Pflicht eines Chefarztes und eines Oberarztes in einem Mainzer Hospital allein die „Erbringung ärztlicher Leistungen im Rahmen der Verwirklichung des gemeinsamen Werks christlicher Nächstenliebe" bezeichnet.

beachtlich ist, dass es aufgrund der Organisationsstruktur in einem Krankenhaus meistens die Einkaufsabteilung ist, die den Krankenhausträger rechtlich verpflichtet.[1372] Bestimmend für die Annahme einer Vermögensbetreuungspflicht ist der maßgebliche faktische Einfluss der betreffenden Person auf die Bestellung von Arzneimitteln und anderen Produkten.[1373] Während nachgeordnetes Personal diesen zumeist nicht hat,[1374] ist bei „einfachem" ärztlichem Personal auf den Einzelfall abzustellen.

b) Vermögensbetreuungspflicht gegenüber den Krankenkassen

In der öffentlichen Diskussion spielte eine potentielle Vermögensbetreuungspflicht des im Krankenhaus tätigen Arztes gegenüber den Krankenkassen bisher nahezu keine Rolle. Dies ist auch nur zu folgerichtig. Während hinsichtlich einer Vermögensbetreuungspflicht gegenüber einer privaten Krankenversicherung schon jegliche Anknüpfungspunkte fehlen, kann eine solche gegenüber den gesetzlichen Krankenkassen auch nicht aus dem sozialrechtlichen Wirtschaftlichkeitsgebot gem. § 12 Abs. 1 SGB V abgeleitet werden. Folgt man der Argumentation von *Braun*, ist dieses schon gar nicht unmittelbar auf den im Krankenhaus tätigen Arzt anwendbar. Leistungserbringer im Sinne der Vorschrift sei allein das Krankenhaus, da dieses und nicht die dort angestellten Ärzte gem. § 108 SGB V Erbringer der stationären Krankenhausbehandlung sei.[1375] Letztlich kann eine Diskussion darüber, ob dieses Begriffsverständnis zu eng ist, dahinstehen.[1376] Denn selbst wenn man davon ausgeht, dass ein im

---

1372 Ebenso *Tholl,* wistra 2003, 181, 181.

1373 BGHSt 47, 295, 308 m.w.N.; so auch *Rönnau,* JuS 2003, 232, 233.

1374 *Dahm,* MedR 1992, 252, 254; *Tondorf/Waider,* MedR 1997, 102, 106.

1375 *Braun*, Industrie und Ärzteschaft, S. 126 f., unter Berufung insbesondere auf *Rixen*, Sozialrecht als öffentliches Wirtschaftsrecht, S. 283, 533, der von der Krankenhausbehandlung als „Komplexleistung" spricht, welche das „Krankenhaus, genauer: der Träger des Krankenhauses" als Leistungserbringer durch seine bei ihm tätigen Ärzte und weiteren Angestellte erbringe.

1376 Ausweislich der Gesetzesbegründung zu § 2 Abs. 4 SGB V verpflichtet das Wirtschaftlichkeitsgebot, welches durch § 2 Abs. 1 S. 1 und Abs. 4 als Grundprinzip der Gesetzlichen Krankenversicherung verbindlich erklärt wird (Becker/Kingreen/*Scholz,* § 12 Rn. 1), „alle Beteiligten" zur wirtschaftlichen Leistungserbringung und Leistungsinanspruchnahme, vgl. BT-Drs. 11/2237, S. 158 (zuzugeben allerdings ist, dass in der Begründung zu § 12 Abs. 1 SGB V wiederum allein von „Leistungserbringer" gesprochen wird, vgl. S. 163); eine weite Auffassung auch verfolgend *Leimenstoll,*

Krankenhaus tätiger Arzt unmittelbar Adressat des Wirtschaftlichkeitsgebots aus § 12 Abs. 1 SGB V ist, ergibt sich daraus dennoch keine Vermögensbetreuungspflicht gegenüber den gesetzlichen Krankenkassen. Zum einen sind schon nicht alle Adressaten des § 12 Abs. 1 SGB V der Krankenkasse gegenüber vermögensbetreuungspflichtig. Zum anderen ist weder erkennbar, dass der im Krankenhaus angestellte Arzt dadurch im Lager der gesetzlichen Krankenkassen steht, noch dass ihm damit eine besondere Fürsorgepflicht von einiger Bedeutung gegenüber den gesetzlichen Krankenkassen auferlegt ist.[1377] Ein im Krankenhaus tätiger Arzt steht vermögensrechtlich primär im Lager seines Arbeitsgebers, der später mit den entsprechenden Krankenkassen abrechnet. Wenn überhaupt haben nur sehr wenige Handlungen des Arztes direkte wirtschaftliche Auswirkungen auf die Krankenkassen. Kriterien wie Selbständigkeit oder Verantwortlichkeit, die eine Fürsorgepflicht von einiger Bedeutung kennzeichnen würden, gelten mithin nur gegenüber dem Krankenhausträger. Eine Vermögensbetreuungspflicht des im Krankenhaus angestellten Arztes gegenüber den gesetzlichen Krankenkassen ist somit abzulehnen. Abgesehen davon würde es in den meisten Fällen ohnehin aufgrund des Abrechnungssystems an einem Vermögensnachteil mangeln.

4. Zusammenfassung

Abschließend lässt sich festhalten: Weder ist der Vertragsarzt gegenüber den gesetzlichen Krankenkassen vermögensbetreuungspflichtig, noch ist dies der Privatarzt den privaten Krankenversicherungen oder seinem Patienten gegenüber. Von einer Vermögensbetreuungspflicht ist jedoch jedenfalls bei angestellten Ärzten im Krankenhaus auszugehen, die in leitenden Positionen Einfluss auf die Arzneimittel- und Produktbestellung haben. Handelt es sich um „einfaches" ärztliches Personal, kommt es für die Annahme einer Vermögensbetreuungspflicht auf den Einzelfall an.

III. Tathandlung

Tathandlung ist ausweislich des Gesetzeswortlauts die Verletzung der Pflicht, fremde Vermögensinteressen wahrzunehmen. In Betracht kommt dabei neben rechtsgeschäftlichem Handeln auch tatsächliches Han-

---

wistra 2013, 121, 127 unter Berufung auf BSGE 105, 1, das jedoch explizit wiederum von „Leistungserbringern" spricht (vgl. BSGE 105, 1, 8).

1377 Zu diesen allgemeinen Kriterien einer Vermögensbetreuungspflicht vgl. oben unter F. II.

deln[1378]. Das Handeln kann sowohl in einem Tun als auch einem Unterlassen bestehen.[1379] Dazu zählt beispielsweise das Nichtausnutzen der Möglichkeit, günstigere Preise für den Geschäftsherrn zu erzielen.[1380] Aus dem Gebot, Vermögensinteressen eines anderen wahrzunehmen, wird zugleich das Verbot abgeleitet, den Vermögensinhaber zu schädigen.[1381] Eine Schädigung liegt unter anderem dann vor, wenn um Aufschläge (sogenannte Kick-Backs) erhöhte Preise vereinbart werden.[1382] Nicht ausreichend aber ist die Verletzung allgemeiner Pflichten, die nicht Ausfluss der Vermögensbetreuungspflicht sind.[1383] Vor diesem Hintergrund sind die korruptiven Verhaltensweisen eines im Krankenhaus angestellten Arztes näher zu betrachten.

Dabei gilt es zunächst festzustellen, dass allein die Nichtherausgabe von Zuwendungen an den Geschäftsherrn noch keinen Anknüpfungspunkt für eine Verletzung der Vermögensbetreuungspflicht bietet.[1384] Es handelt sich dabei nämlich lediglich um die Nichterfüllung einer sonstigen zivilrechtlichen Leistungspflicht und nicht um eine spezifische Treuepflichtverletzung.[1385] Eine Einwirkung des im Krankenhaus angestellten Arztes auf die Bestellung von bestimmten Arzneimitteln und weiteren Produkten kann jedoch eine Verletzung der Vermögensbetreuungspflicht darstellen. Davon ist jedenfalls immer dann auszugehen, wenn er dafür sorgt, dass

---

1378 BGHSt 31, 232, 234; MüKo/*Dierlamm*, § 266 Rn. 172; Lackner/Kühl/*Heger*, § 266 Rn. 15 m.w.N.

1379 Vgl. *Fischer*, § 266 Rn. 50 ff. m.w.N.; Schönke/Schröder/*Perron*, § 266 Rn. 35.

1380 BGHSt 47, 295, 297 f.; BGH NJW 1983, 1807, 1808; Schönke/Schröder/*Perron*, § 266 Rn. 35a m.w.N.

1381 Vgl. *Fischer*, § 266 Rn. 54; LK/*Schünemann*, § 266 Rn. 102; Schönke/Schröder/*Perron*, § 266 Rn. 36; a.A. SSW-StGB/*Saliger*, § 266 Rn. 43.

1382 Vgl. BGHSt 49, 317, 332 f.; *Fischer*, § 266 Rn. 59; SSW-StGB/*Saliger*, § 266 Rn. 65 m.w.N.

1383 Vgl. BGH NJW 1988, 2483, 2485; BGHSt 28, 20, 23 m.w.N.; Lackner/Kühl/*Heger*, § 266 Rn. 15 m.w.N.

1384 So aber *Haeser*, MedR 2002, 55, 56; nicht ganz eindeutig dazu *Dahm*, MedR 1992, 252, 254.

1385 Vgl. BGHSt 49, 317, 335; 47, 295, 297 f.; Achenbach/Ransiek/Rönnau/*Seier*, Hdb Wirtschaftsstrafrecht, 5. Teil, Kap. 2 Rn. 409; *Tondorf/Waider*, MedR 1997, 102, 107; *Rönnau*, JuS 2003, 232, 233.

die Einkaufsabteilung (um Kick-Backs) überhöhte Preise akzeptiert[1386] oder aber die Einkaufsabteilung aufgrund seiner Einwirkung einen günstigeren Vertragsabschluss unterlässt[1387]. Angesichts des weiten Wortlauts wird teilweise gefordert, dass allein gravierende Pflichtverletzungen dem Tatbestand des § 266 Abs. 1 StGB unterfallen.[1388] Es darf bezweifelt werden, ob die dadurch eröffneten weiten Auslegungsspielräume den Tatbestand, wie die Befürworter dieser Ansicht anführen, angemessen begrenzen.[1389] Denn klare Kriterien dafür, wann eine Pflichtverletzung „gravierend" sein soll, finden sich nicht. Zielt die Ansicht darauf ab, eine Pflichtverletzung erst ab einer bestimmten Höhe des Vermögensnachteils anzunehmen, sprechen sowohl der Wortlaut des § 266 Abs. 1 StGB als auch die Systematik der Vermögensdelikte im StGB dagegen. Zum einen wäre der Untreuetäter „contra legem" gegenüber einem Täter des § 242 StGB oder des § 263 StGB privilegiert, der sich selbst bei der Wegnahme wertloser Sachen oder geringen Schäden strafbar macht.[1390] Zum anderen sorgt die Geringfügigkeit des Nachteils gem. §§ 266 Abs. 2, 248 StGB allein für ein Strafantragserfordernis.[1391] Abgesehen davon ließe sich eine tatbestandsmäßige Pflichtverletzung im konkreten Fall durchaus wohl auch als „gravierend" bezeichnen.[1392] Denn ein Verstoß gegen die zwischen Krankenhausträger und leitendem Arzt vereinbarten Wirtschaftlichkeitsgrundsätze ist ohnehin nicht ohne Weiteres anzunehmen. Diese Überlegung lässt sich durchaus mit der Sichtweise des BVerfG[1393] vereinbaren, wenn es – zugegebenermaßen etwas umständlich – davon spricht, dass „sich gravierende Pflichtverletzungen nur dann werden bejahen lassen, wenn die Pflichtverletzung evident ist".

1386 Vgl. BGHSt 50, 299, 314 f.; 49, 317, 332 f.; 47, 295, 298 f.; Achenbach/Ransiek/Rönnau/*Seier,* Hdb Wirtschaftsstrafrecht, 5. Teil, Kap. 2, Rn. 410; *Tondorf/Waider,* MedR 1997, 102, 105.

1387 Vgl. BGHSt 47, 295, 298 f.; BGH NJW 1983, 1919, 1921; *Tondorf/Waider,* MedR 1997, 102, 105

1388 Vgl. BVerfGE 126, 170, 210 f.; BGHSt 47, 148, 152 f.; 47, 187, 197; zustimmend u.a. MüKo/*Dierlamm,* § 266 Rn. 174 f.

1389 Kritisch auch schon *Schünemann,* NStZ 2005, 473, 475; jedenfalls nicht näher ausführend BGHSt 50, 331, 345.

1390 Vgl. *Schünemann,* NStZ 2005, 473, 475.

1391 Vgl. *Schünemann,* NStZ 2005, 473, 475.

1392 Ähnlich *Butenschön,* Vertragsarzt zwischen Untreue und Betrug, S. 174 ff.

1393 BVerfGE 126, 170, 210 f.

Eine Vermögensbetreuungspflichtverletzung allein durch einen unwirtschaftlichen Arzneimittel- und Produkteinsatz bei der Behandlung von Patienten ist jedoch abzulehnen. Abgesehen davon, dass „einfachem" ärztlichen Personal ohnehin keine Vermögensbetreuungspflicht zuzusprechen ist, unterliegt der Produkteinsatz im konkreten Fall nicht der Vermögensbetreuungspflicht der leitenden Ärzte. Im Rahmen der Behandlung steht auch im Krankenhaus das Arzt-Patienten-Verhältnis im Vordergrund, das maßgeblich von Vertrauen und weniger von wirtschaftlichen Erwägungen des Krankenhausträgers geprägt ist. Dies gilt auch, obwohl die persönliche Nähe durch einen großen Personalpool und die Wahlfreiheit zwischen bestimmten Ärzten im Vergleich zur ambulanten Behandlung eingeschränkt ist. Die zumeist schwereren Krankheitsbilder und das „Ausgeliefertsein" aus dem Blickwinkel des Patienten erfordern einen besonders vertrauensvollen Umgang. Wenn *Braun*[1394] für eine Vermögensbetreuungspflichtverletzung auch in diesem Fall anführt, dass der Krankenhausträger ansonsten schutzlos gestellt sei, weil ihm „nichts anderes übrig [bliebe], diese Pflicht ‚eins zu eins' auf seine Angestellten zu übertragen", so ist dem nicht zuzustimmen. Dem Krankenhausträger bleibt es beispielsweise unbenommen, durch eine weitgehend unabhängige Einkaufsabteilung die Verwendung bestimmter Arzneimittel und Produkte vorzugeben. Wird darüber hinaus durch Ärzte in leitenden Positionen Einfluss auf die Beschaffung genommen, so ist nach hier vertretener Ansicht wiederum eine Vermögensbetreuungspflichtverletzung gegeben.

IV. Vermögensnachteil

Schließlich bedarf es im Rahmen des § 266 StGB auch eines Vermögensnachteils beim Betreuten durch das pflichtwidrige Verhalten. Dieser stimmt im Grundsatz mit dem aus § 263 StGB zu fordernden Vermögensschaden überein.[1395] Es ist darauf zu achten, dass zwischen dem zu betreuenden und dem geschädigten Vermögen Identität besteht.[1396] Ob letztlich ein Nachteil eingetreten ist, bemisst sich – wie auch schon beim Vermögensschaden im Rahmen des Betrugs – nach dem Prinzip der Ge-

---

1394 *Braun*, Industrie und Ärzteschaft, S. 134 ff.
1395 Vgl. BVerfG NJW 2009, 2370, 2371; BGHSt 15, 342, 343 f.; LK/*Schünemann*, § 266 Rn. 164; vgl. auch Lackner/Kühl/*Heger*, § 266 Rn. 17 m.w.N.; Schönke/Schröder/*Perron*, § 266 Rn. 39b m.w.N.
1396 Vgl. BVerfG NJW 2009, 2370, 2371; BGHSt 47, 295, 297; LK/*Schünemann*, § 266 Rn. 101; MüKo/*Dierlamm*, § 266 Rn. 201 m.w.N.

samtsaldierung. Ein Nachteil ist mithin dann gegeben, wenn der Gesamtwert des Vermögens nach wirtschaftlicher Betrachtung durch die Pflichtverletzung gemindert ist.[1397] Begründet die Tathandlung selbst allerdings wiederum einen den Verlust aufwiegenden Vermögenszuwachs, so liegt kein Nachteil vor.[1398] Vorteile allerdings, die nur mittelbar auf der Pflichtverletzung beruhen, scheiden ebenso aus[1399] wie Vorteile, die sich durch eine andere, rechtlich selbständige Handlung des Vermögensbetreuungspflichtigen oder eines Dritten ergeben[1400].

Vor dem Hintergrund dieser Merkmale lässt sich zunächst festhalten, dass allein das Einwirken auf die Bestellung eines teureren vergleichbaren Produkts noch keinen Vermögensnachteil verursacht. Entsprechen sich nämlich Preis und Wert des Produkts, so führt die Pflichtverletzung zu einer gleichwertigen Gegenleistung in Form des Eigentums am entsprechenden Produkt.[1401] Ein Vermögensnachteil ist aber unproblematisch gegeben, wenn der Arzt Einfluss auf den Abschluss eines überteuerten Vertrags genommen hat,[1402] d.h. wenn der Leistung des Krankenhausträgers nur eine ungleichwertige Gegenleistung gegenübersteht. Damit sind typischerweise Kick-Back-Konstruktionen erfasst.[1403] In diesem Fall ist dann aber noch zu prüfen, ob ein Vermögensnachteil nicht doch deshalb zu verneinen ist, weil die an den Arzt geflossenen Zuwendungen möglicherweise kompensationsgeeignet sind. Das LG Mainz[1404] hat das für Zuwendungen, die zur Anschaffung eines in der Klinik des Arztes einge-

---

1397 Vgl. BVerfG NJW 2009, 2370, 2371; BGHSt 55, 288, 304; BGH NJW 1998, 913, 914; LK/Schünemann, § 266 Rn. 168 m.w.N.

1398 Vgl. BGHSt 55, 288, 304; BGH NStZ 1986, 456; LG Mainz, NJW 2001, 906, 907; LK/Schünemann, § 266 Rn. 169 m.w.N.; ausführlich dazu auch SSW-StGB/*Saliger,* § 266 Rn. 55.

1399 BGH NJW 2011, 88, 93; LK/Schünemann, § 266 Rn. 170 m.w.N.; NK-StGB/*Kindhäuser,* § 266 Rn. 107 m.w.N.

1400 BGH NStZ 1986, 455, 456; SSW-StGB/*Saliger,* § 266 Rn. 57.

1401 Grundsätzlich eine gleichwertige Gegenleistung als kompensationsgeeigneten Vermögensvorteil ansehend BGHSt 43, 293, 298; BGH NStZ-RR 2002, 237, 238. Zur durchaus problematischen Nachweissituation in der Praxis vgl. *Schneider,* HRRS 2010, 241, 244 f.

1402 Vgl. auch *Kuhlen,* JR 2003, 231, 232.

1403 Vgl. BGH NJW 1983, 1807, 1808; *Rönnau,* in: FS Kohlmann, S. 239, 257 f.; *Tondorf/Waider,* MedR 1997, 102, 105.

1404 LG Mainz NJW 2001, 906, 907.

setzten EKG-Geräts verwendet wurden, bejaht. Ebenso hat der BGH[1405] eine kompensatorische Wirkung von Zuwendungen, die der Angeklagte „in seinem dienstlichen Aufgabenfeld verwandt hat" und die „möglicherweise auch der Universität – jedenfalls teilweise – zugutegekommen sind" in Betracht gezogen. Letztlich ist dies eine Frage des Einzelfalls.[1406]

Lässt sich ein Missverhältnis zwischen Leistung und Gegenleistung bei einer Kickback-Vereinbarung allerdings nicht feststellen, gilt es genau zu prüfen. In diesem Fall ist nämlich zur straflosen Nichtherausgabe erhaltener Zuwendungen abzugrenzen.[1407] Ein Vermögensnachteil ist in solchen Konstellationen regelmäßig dann anzunehmen, wenn sich die Zuwendung als „aktive Vernichtung einer konkreten vermögenswerten Chance des Geschäftsherrn" darstellt.[1408] Die Rechtsprechung ist in diesen Konstellationen mittlerweile sehr streng und nimmt regelmäßig einen Vermögensnachteil in Höhe des prozentualen Preisaufschlags mit der Begründung an, dass dieser Aufschlag dem Geschäftsherrn ansonsten als Preisnachlass hätte gewährt werden können.[1409] Es gilt jedoch zu beachten, wie der BGH selber immer wieder betont,[1410] dass dies längst nicht bei jeder Schmiergeldzahlung der Fall sein wird. Immer sind die Motive und Umstände der Zahlung zu hinterfragen.[1411] Von einer entsprechend verminderten Zahlungsverpflichtung des Geschäftsherrn ist insbesondere dann nicht auszugehen, wenn der Zuwendungsgeber den Treupflichtigen ledig-

---

1405 BGHSt 47, 295, 302; so auch schon *Dahm,* MedR 1992, 250, 254.
1406 So macht die Rechtsprechung vom Erfordernis der Gleichzeitigkeit beispielsweise dann eine Ausnahme, „wenn – bei wirtschaftlicher Betrachtung – nach einem vernünftigen Gesamtplan mehrere Verfügungen erforderlich sind, um den ausgleichenden Erfolg zu erreichen und eine konkrete, schadensgleiche Gefährdung des zu betreuenden Vermögens ausscheidet", vgl. BGHSt 47, 295, 302. Für mögliche kompensationsgeeignete Vorteile vgl. außerdem *Tondorf/Waider,* MedR 1997, 102, 106.
1407 Vgl. SSW-StGB/*Saliger,* § 266 Rn. 65.
1408 Vgl. BVerfG NJW 2010, 3209, 3216 f.; BGH NJW 1983, 1807, 1808 f.; vgl. auch MüKo/*Dierlamm,* § 266 Rn. 272 m.w.N.; *Szebrowski,* Kick-Back, S. 27 ff.; SSW-StGB/*Saliger,* § 266 Rn. 65; dazu auch *Rönnau,* in: FS Kohlmann, S. 239, 257 f.
1409 Vgl. BGHSt 50, 299, 314 f.; BGH NJW 2006, 2864, 2867.
1410 BGHSt 49, 317, 332 f.; BGH NJW 2006, 2864, 2867.
1411 Vgl. BGH NJW 2006, 2864, 2867; zustimmend SSW-StGB/Saliger, § 266 Rn. 65; *Rönnau,* in: FS Kohlmann, S. 239, 258 ff.

lich für weitere Geschäfte „geneigt" machen will[1412] oder schon aufgrund einer Preisbindung kein Spielraum besteht[1413].

Nicht unerwähnt bleiben soll, dass ein Nachteil des Krankenhausträgers jedenfalls nicht schon deshalb immer abzulehnen ist, weil dem Krankenhausträger ein Anspruch gegen die entsprechende Krankenversicherung zusteht.[1414] Abgesehen nämlich davon, dass ein solcher Anspruch schon aufgrund des in der Krankenhausbehandlung vorherrschenden Abrechnungssystems nicht unbedingt deckungsgleich mit dem vom Krankenhausträger aufgrund einer Bestellung getätigten Aufwands ist, wird ein solcher Anspruch zudem schon gar nicht durch die Pflichtverletzung ausgelöst[1415]. Erst mit Verwendung des beschafften Produkts im konkreten Fall entsteht – wenn überhaupt[1416] – ein Anspruch des Krankenhausträgers gegen die entsprechende Krankenversicherung.

V. Zusammenfassung

Von einer für § 266 StGB relevanten Pflichtverletzung durch den entsprechend vermögensbetreuungspflichtigen Arzt ist jedenfalls immer dann auszugehen, wenn die Einkaufsabteilung des Krankenhauses aufgrund seiner Einwirkung entweder um Kick-Backs überhöhte Preise akzeptiert oder aber einen günstigeren Vertragsabschluss unterlässt. Ob damit ein Vermögensnachteil einhergeht, ist nach dem Prinzip der Gesamtsaldierung zu bestimmen. Unproblematisch lässt sich ein Vermögensnachteil bejahen, wenn der Leistung des Krankenhausträgers eine ungleichwertige und nicht kompensationsgeeignete Gegenleistung gegenübersteht. Ob dann ein entsprechender Vorsatz gegeben ist, ist im Einzelfall zu klären.

1412 Vgl. BGH NJW 1983, 1807, 1809 f.; BGH wistra 2001, 267, 269; *Saliger,* NJW 2006, 3377, 3378 f.; SSW-StGB/*Saliger,* § 266 Rn. 65.
1413 Vgl. SSW-StGB/*Saliger,* § 266 Rn. 65; *Schneider,* HRRS 2010, 241, 242.
1414 Ähnliche Überlegung anstellend *Tondorf/Waider,* MedR 1997, 102, 105.
1415 Ebenso *Tondorf/Waider,* MedR 1997, 102, 105.
1416 Vgl. das erste Kapitel unter B. V. 4.

G. Ergebnis und Stellungnahme

Fasst man die gefundenen Ergebnisse nach den hier betrachteten Formen der ärztlichen Berufsausübung noch einmal zusammen, so ergibt sich folgendes Bild: Kooperiert ein niedergelassener Vertragsarzt mit der Industrie, kommt in dem hier untersuchten Rahmen allein eine Strafbarkeit wegen Betrugs gem. § 263 StGB in Betracht. Die Anwendung der typischen Korruptionsdelikte scheitert schon an der mangelnden Täterqualität. Der Vertragsarzt ist weder, wie von den §§ 331 ff. vorausgesetzt, Amtsträger, noch ist er, wie von § 299 StGB verlangt, Beauftragter eines Unternehmens. Eine Strafbarkeit wegen Untreue nach § 266 StGB kommt mangels einer Vermögensbetreuungspflicht des Vertragsarztes ebenfalls nicht in Betracht. Allerdings erfasst auch § 263 StGB die hier untersuchten korruptiven Verhaltensweisen des Vertragsarztes nur bedingt. Im Fall von unwirtschaftlichen Verordnungen scheitert ein Betrug gegenüber und zu Lasten des Apothekers schon aufgrund der weitreichenden Zahlungsverpflichtungen der Krankenkassen gegenüber dem Apotheker. Ein Betrug des Vertragsarztes gegenüber und zu Lasten der Krankenkasse kommt in diesem Fall nur bei der Direktabrechnung mit den Krankenkassen von Sprechstundenbedarfsverordnungen in Betracht. Sind zwischen Vertragsarzt und Industrie Rückvergütungen vereinbart, ist ein Betrug des Vertragsarztes gegenüber und zu Lasten der Krankenkasse grundsätzlich bei der Abrechnung von Sprechstundenbedarfsverordnungen sowie dem gesondert abrechnungsfähigen Praxisbedarf möglich. Insbesondere aber bei der Verordnung von Sprechstundenbedarf hängt eine Strafbarkeit des Vertragsarztes von den konkreten Vorgaben der jeweils geltenden Sprechstundenbedarfsvereinbarung ab. Rechnet der Vertragsarzt in diesen Fällen nicht selbst mit der Krankenkasse ab, macht er sich möglicherweise wegen Beihilfe zum Betrug strafbar.

Für den Privatarzt sieht die Einschlägigkeit der hier relevanten Straftatbestände ähnlich aus. Weder ist er Amtsträger im Sinne des § 331 StGB noch ist er Beauftragter eines Unternehmens entsprechend § 299 StGB. Darüber hinaus ist er auch weder seinen Patienten noch deren Krankenkassen gegenüber vermögensbetreuungspflichtig und eine Strafbarkeit nach § 266 StGB scheidet dementsprechend aus. Ein wirkliches Strafbarkeitsrisiko nach § 263 StGB besteht für den Privatarzt in den hier untersuchten Fallgruppen im Prinzip auch nur bei der Vereinbarung von Rückvergütungen. Nämlich dann, wenn er diese bei der Abrechnung der ihm tatsächlich entstandenen Kosten gegenüber dem Patienten nicht aufführt.

Komplizierter gestaltet sich die Rechtslage für im Krankenhaus angestellte Ärzte. Arbeiten sie in einem öffentlichen Krankenhaus, sind sie Amtsträger und somit taugliche Täter entsprechend § 331 StGB. Ob letztlich eine strafrechtlich relevante Unrechtsvereinbarung gegeben ist, ist im Einzelfall genau zu prüfen. Ausreichend dafür ist, wenn der Vorteil in dem Bewusstsein gefordert wird, dass der Amtsträger dafür irgendwie dienstlich tätig wird oder geworden ist. Vereinbarungen, die nach den vom BGH aufgestellten Grundsätzen zur Drittmittelforschung zustande gekommen oder aber als sozialadäquat anzusehen sind, sind grundsätzlich strafrechtlich unbedenklich. Ansonsten sind angestellte Ärzte, egal ob im Krankenhaus oder bei niedergelassenen Ärzten, Beauftragte eines Unternehmens und mithin taugliche Täter nach § 299 StGB. Da das Krankenhaus im Regelfall als Bezieher der entsprechenden Ware einzuordnen ist, hat § 299 StGB hier einen größeren Anwendungsbereich als bei angestellten Ärzten in einer Praxis. Letztere ist nur im Fall von Sprechstundenbedarf als Bezieher der Ware einzuordnen, so dass eine für § 299 StGB relevante Unrechtsvereinbarung nur in diesem Rahmen in Betracht kommt. Wiederum sind Vereinbarungen, die sozialadäquate Zuwendungen zum Gegenstand haben, vom Tatbestand des § 299 Abs. 1 Nr. 1 StGB ausgenommen. Anders als bei § 331 StGB gilt gleiches für beide Tatbestandsalternativen des § 299 Abs. 1 StGB auch für Zuwendungen allein der Klimapflege wegen. Im Gegensatz zu ihren niedergelassenen Kollegen, machen sich angestellte Ärzte im Krankenhaus in den hier untersuchten Fällen regelmäßig nicht wegen Betrugs gem. § 263 StGB strafbar. Ein Betrug gegenüber und zu Lasten des Krankenhausträgers kommt nur dann in Betracht, wenn im Arbeitsvertrag des Arztes entsprechende Wirtschaftlichkeitspflichten festgehalten sind. Aufgrund der Abrechnung nach Fallpauschalen, bei denen es auf die einzelnen Aufwendungen unter einer einmal gestellten Diagnose zumeist nicht ankommt, scheidet auch ein Betrug gegenüber und zu Lasten der entsprechenden Krankenkasse regelmäßig aus. Dem Krankenhausträger gegenüber vermögensbetreuungspflichtig nach § 266 StGB sind angestellte Ärzte jedenfalls dann, wenn sie Einfluss auf die Arzneimittel- und Produktbestellung nehmen können. Für eine nach § 266 StGB relevante Pflichtverletzung kann weder auf die Nichtherausgabe von Zuwendungen noch auf den lediglich unwirtschaftlichen Produkteinsatz abgestellt werden. Eine Pflichtverletzung ist aber jedenfalls immer dann anzunehmen, wenn die Einkaufsabteilung des Krankenhauses aufgrund der Einwirkung des Arztes entweder um Kick-Backs überhöhte Preise akzeptiert oder aber einen günstigeren Vertragsabschluss unterlässt. Ein Vermögensnachteil ist immer dann zu bejahen, wenn der Leistung des Krankenhausträgers eine ungleichwertige und nicht kompensationsgeeignete Gegenleistung gegenübersteht.

Es bleibt festzuhalten, dass das Strafrecht nach der hier vertretenen Auffassung die hier untersuchten Kooperationsformen zwischen Ärzten und Unternehmen bisher nur rudimentär und vor allem auch „ungleich" erfasst. Die typischerweise korruptive Verhaltensweisen erfassenden § 331 und § 299 StGB sind auf die große Gruppe von niedergelassenen Ärzten erst gar nicht anwendbar.[1417] Beide Normen stoßen aber auch sonst im vielfältigen „Beziehungsgeflecht"[1418] bei der ärztlichen Versorgung von Versicherten an ihre Grenzen. Selbst aber mit den Vermögensdelikten kann unerwünschten Kooperationen von Ärzten und der Industrie nur in Maßen begegnet werden.[1419] Schon aufgrund ihrer Schutzrichtung greifen sie nur dann ein, wenn sich eine solche Zusammenarbeit negativ auf das Vermögen des Kostenträgers auswirkt. Geht es mithin um Produkte, die günstiger als vergleichbare Produkte sind,[1420] kommen sie regelmäßig nicht zum Tragen. Darüber hinaus bereitet ihre Anwendung insbesondere im Bereich der vertragsärztlichen Versorgung durch die Vorgaben des SGB V sowie die darauf beruhenden Verträge und Richtlinien Probleme. Eine unbefriedigende Situation für alle am Gesundheitswesen Beteiligten: für den Arzt, weil die Grenzen hin zur Strafbarkeit nur schwer zu durchschauen sind; für den Kostenträger, weil Kooperationen zwischen Arzt und Industrie im Zweifel zu seinen Lasten gehen und aber auch und in erster Linie für den Patienten, der zwar im Einzelfall von Kooperationen profitieren mag, sich letztlich aber bisher nicht sicher sein kann, dass die Entscheidung seines Arztes nicht doch auch von der Industrie beeinflusst worden ist.

1417 Dazu schon früh sein Unverständnis äußernd *Jähnke*, DJT 1996, Bd. II/2, L 87 ff.

1418 Zu § 299 StGB so auch schon *Brockhaus/Dann/Teubner/Tsambikakis*, wistra 2010, 418, 420.

1419 Insoweit mag bezweifelt werden, ob sich die Risiken tatsächlich „weg von den Korruptionsdelikten hin zu den Vermögensdelikten" verlagern, wie *Tsambikakis* anmerkt, vgl. *ders.*, in: FS Steinhilper, S. 217, 220; ähnlich kritisch zur Anwendung der Vermögensdelikte in Korruptionsfällen auch *Schneider*, HRRS 2010, 241, 244; kritisch im Hinblick auf weite Straflosigkeit des Privatarztes auch *Cosack*, ZIS 2013, 226, 227.

1420 Zu einer entsprechenden Praxis der Generika-Hersteller vgl. auch *Korzilius/Rieser*, DÄ 2007, 156 ff.; darauf ebenfalls hinweisend *Schneider*, HRRS 2010, 241, 243.

Drittes Kapitel

Bekämpfung der Korruption de lege ferenda

Auf die lückenhafte strafrechtliche Erfassung korruptiven Verhaltens im Gesundheitswesen hat die Politik im Jahr 2015 – wiederholt – reagiert. Zu Beginn des Jahres 2015 veröffentlichte das Bundesministerium der Justiz und für Verbraucherschutz (BMJV) einen Referentenentwurf zur Bekämpfung von Korruption im Gesundheitswesen,[1421] welcher am 29. Juli 2015 in leicht veränderter Fassung von der Bundesregierung beschlossen wurde.[1422] Am 21. Oktober 2015 brachte sie diesen, nach vorheriger Beteiligung des Bundesrates,[1423] in den Bundestag ein.[1424] Der Gesetzentwurf sieht eine Änderung insbesondere des Strafgesetzbuchs vor. Die Lücke in der strafrechtlichen Bekämpfung der Korruption im Gesundheitswesen soll durch die Einführung zweier Straftatbestände, der Bestechlichkeit und Bestechung im Gesundheitswesen (§ 299a StGB-RegE bzw. § 299b StGB-RegE), geschlossen werden.

Aber auch die Bundesländer blieben nicht untätig. Ebenfalls zu Beginn des Jahres 2015 brachte der Freistaat Bayern seinen Ende Juli 2014 veröffentlichten Entwurf eines Gesetzes zur Bekämpfung der Korruption im Gesundheitswesen[1425] als Gesetzesantrag in den Bundesrat ein.[1426] Dieser

---

1421 *BMJV*, RefE – Entwurf eines Gesetzes zur Bekämpfung von Korruption im Gesundheitswesen vom 4. Februar 2015, abrufbar unter http://www.bmjv.de/SharedDocs/Gesetzgebungsverfahren/Dokumente/Ref E_Bekaempfung_Korruption_Gesundheitswesen.pdf?__blob=publicationF ile&v=3.

1422 *BReg*, RegE – Entwurf eines Gesetzes zur Bekämpfung der Korruption im Gesundheitswesen vom 29. Juli 2015, abrufbar unter http://www.bmjv.de/SharedDocs/Gesetzgebungsverfahren/Dokumente/Reg E_Bekaempfung_von_Korruption_im_Gesundheitswesen.pdf?__blob=pub licationFile&v=5.

1423 Vgl. dazu BR-Drs. 360/15 und BR-Drs. 360/1/15.

1424 BT-Drs. 18/6446.

1425 Bayerisches Staatsministerium der Justiz (StMJ), Entwurf eines Gesetzes zur Bekämpfung der Korruption im Gesundheitswesen, 25. Juli 2014.

1426 Vgl. BR-Drs. 16/15.

sieht die Einfügung eines Straftatbestandes der Bestechlichkeit und Bestechung im Gesundheitswesen (§ 299a StGB-BR-E) vor. In der Sitzung des Bundesrates vom 6. Februar 2015 ist er federführend dem Rechts- und mitberatend dem Gesundheitsausschuss zugewiesen worden.[1427]

Im Folgenden soll zunächst ein (A.) historischer Überblick über die politischen Bemühungen der Bekämpfung der Korruption gegeben werden, bevor die (B.) jüngsten Gesetzentwürfe (C.) näher betrachtet werden sollen. Den Schwerpunkt werden dabei die im Gesetzentwurf der Bundesregierung vorgeschlagenen materiell-rechtlichen Änderungen des StGB bilden.

A. Historischer Überblick

Weder der Vorstoß der Bundesregierung noch die Initiative im Bundesrat Anfang des Jahres 2015 kamen unerwartet. Nachdem in der letzten Legislaturperiode entsprechende Gesetzentwürfe der Fraktionen der CDU/CSU und FDP[1428] und des Bundesrates[1429] der Diskontinuität anheimgefallen waren und sich die Koalitionsparteien im aktuellen Koalitionsvertrag[1430] darauf geeinigt hatten, einen Straftatbestand zur Bekämpfung der Korruption im Gesundheitswesen zu schaffen, war es nur eine Frage der Zeit, bis das Thema erneut aufgegriffen werden würde. Zumal diese Diskussion im Februar 2014 auch schon Eingang in den Korruptionsbekämpfungsbericht der EU fand.[1431]

1427 Vgl. Bundesrat, Plenarprotokoll 930, S. 23 (C), 26 (B).

1428 Vgl. Gesetzentwurf der Fraktionen der CDU/CSU und FDP „Entwurf eines Gesetzes zur Förderung der Prävention" vom 16. April 2013, BT-Drs. 17/13080 in der Ausschussfassung 17/14184.

1429 Vgl. Gesetzentwurf des Bundesrates „Entwurf eines … Strafrechtsänderungsgesetzes zur Bekämpfung der Korruption im Gesundheitswesen (… StRÄndG)" vom 14. August 2013, BT-Drs. 17/14575 (basierend auf Gesetzesantrag der Länder Hamburg und Mecklenburg-Vorpommern vom 30. Mai 2013, BR-Drs. 451/13).

1430 Bundesregierung, Deutschlands Zukunft gestalten, Koalitionsvertrag zwischen CDU, CSU und SPD, 18. Legislaturperiode, S. 77.

1431 Vgl. *Europäische Kommission,* Anhang Deutschland zum Korruptionsbekämpfungsbericht der EU (Annex 5), vom 3. Februar 2014, COM(2014) 38

I. 17. Legislaturperiode (2009–2013)

Die Bemühungen der Politik um eine rechtlich adäquate Erfassung korruptiven Verhaltens im Gesundheitswesen reichen zeitlich aber noch über den in der öffentlichen Wahrnehmung wohl markantesten Punkt, die Entscheidung des Großen Senats des BGH vom 29. März 2012[1432], hinaus. Schon für das Jahr 2010 findet sich ein Antrag der Fraktion der SPD im Bundestag[1433] zur Bekämpfung der Korruption im Gesundheitswesen. Darin forderte sie unter anderem, „durch ergänzende Regelungen im Strafgesetzbuch sicherzustellen, dass Korruptionshandlungen niedergelassener Vertragsärzte Straftatbestände darstellen". Der im Folgenden damit federführend befasste Gesundheitsausschuss empfahl jedoch, die Vorlage abzulehnen.[1434] Auch eine kurz nach der Veröffentlichung der Entscheidung des Großen Senats auf Verlangen der Fraktion der SPD einberufene „Aktuelle Stunde" im Bundestag[1435] änderte nichts daran, dass sich dieser am 30. November 2012 der Beschlussempfehlung des Gesundheitsausschusses anschloss.[1436] Mit Antrag vom 30. Januar 2013[1437] forderte die SPD-Bundestagsfraktion erneut, die Bestechung und Bestechlichkeit im Gesundheitswesen unter Strafe zu stellen. Es folgten ähnliche Anträge von der Fraktion DIE LINKE[1438] und der Fraktion BÜNDNIS 90/DIE

---

final, S. 8; vgl. dazu auch *Kubiciel/Tsambikakis,* medstra 2015, 11, 12 m.w.N.

1432 BGHSt 57, 202 ff.

1433 Vgl. Antrag „Korruption im Gesundheitswesen wirksam bekämpfen" der Fraktion der SPD vom 10. November 2010, BT-Drs. 17/3685.

1434 Vgl. Beschlussempfehlung und Bericht des Ausschusses für Gesundheit (14. Ausschuss) vom 9. Mai 2012, BT-Drs. 17/9587.

1435 Vgl. BT-Plenarprotokoll 17/187, S. 22360A ff.

1436 Vgl. BT-Plenarprotokoll 17/212, S. 26011B

1437 Vgl. Antrag „Bestechung und Bestechlichkeit im Gesundheitswesen unter Strafe stellen" der Fraktion der SPD vom 30. Januar 2013, BT-Drs. 17/12213.

1438 Vgl. Antrag „Unabhängigkeit der ärztlichen Entscheidungen sichern – Korruptives Verhalten effektiv bekämpfen" der Fraktion DIE LINKE vom 25. Februar 2013, BT-Drs. 17/12451.

GRÜNEN[1439]. Schließlich wurden alle Anträge Ende Juni 2013 im Bundestag abgelehnt.[1440]

Ende der 17. Legislaturperiode waren dann doch noch zwei entsprechende Gesetzentwürfe „im Rennen". Die Regierungskoalition unterbreitete Ende Juni 2013 einen Vorschlag zur Bekämpfung der Korruption im Gesundheitswesen. Als Änderungsantrag[1441] zum sog. Präventionsgesetz brachte sie ihn noch in das laufende Gesetzgebungsverfahren ein. Dieser Vorschlag sah ein strafbewehrtes Verbot der Bestechlichkeit bzw. Bestechung von Leistungserbringern im Sozialgesetzbuch V vor (§§ 70 Abs. 3, 307c SGB V-E). Kurz zuvor hatte auch eine Initiative um die Länder Hamburg und Mecklenburg-Vorpommern einen entsprechenden Gesetzesantrag in den Bundesrat eingebracht.[1442] Der Entwurf eines Strafrechtsänderungsgesetzes zur Bekämpfung der Korruption im Gesundheitswesen sah die Einführung eines Tatbestandes der „Bestechung und Bestechlichkeit im Gesundheitswesen" als § 299a StGB-E vor. Dieser Entwurf schaffte es mit einer ablehnenden Stellungnahme der Bundesregierung im August 2013 schließlich auch noch in den Bundestag.[1443] Zum Abschluss gelangte aber keines der beiden Gesetzgebungsverfahren mehr. In Sachen Präventionsgesetz rief der Bundesrat schließlich den Vermittlungsausschuss an.[1444] Durch die Wahlen zum 18. Deutschen Bundestag am 22. September 2013 trat am 22. Oktober 2013 erstmals der neu gewählte Bundestag zusammen. Damit endete die 17. Wahlperiode und beide Ent-

---

1439 Vgl. Antrag „Korruption im Gesundheitswesen strafbar machen" der Fraktion BÜNDNIS 90/DIE GRÜNEN vom 13. März 2013, BT-Drs. 17/12693.

1440 Vgl. BT-Plenarprotokoll 17/250, S. 32077B-C.

1441 Vgl. Änderungsantrag der Fraktionen der CDU/CSU und FDP zum Entwurf eines Gesetzes zur Förderung der Prävention vom 7. Mai 2013, Ausschussdrucksache 17(14)0416; siehe auch BT-Drs. 17/14184, S. 14, 16 („Beschlussempfehlung und Bericht des Ausschusses für Gesundheit" vom 26. Juni 2013)

1442 Vgl. Gesetzesantrag der Länder Hamburg und Mecklenburg-Vorpommern, „Entwurf eines … Strafrechtsänderungsgesetzes zur Bekämpfung der Korruption im Gesundheitswesen (… StRÄndG)" vom 30. Mai 2013, BR-Drs. 451/13.

1443 Vgl. Gesetzentwurf des Bundesrates, „Entwurf eines … Strafrechtsänderungsgesetzes zur Bekämpfung der Korruption im Gesundheitswesen (… StRÄndG)" vom 14. August 2013, BT-Drs. 17/14575.

1444 Vgl. Anrufung des Vermittlungsausschusses durch den Bundesrat, „Gesetz zur Förderung der Prävention", Beschluss vom 20. September 2013, BR-Drs. 636/13(B).

würfe fielen dem Grundsatz der Diskontinuität (vgl. § 125 GeschO BT) zum Opfer.

II. 18. Legislaturperiode (seit Oktober 2013)

Die Bundestagswahlen beendeten allerdings nicht die Diskussion um eine rechtlich adäquate Lösung zur Bekämpfung der Korruption im Gesundheitswesen. So hielt die neue Regierungskoalition aus CDU, CSU und SPD schon im Koalitionsvertrag Ende 2013 fest, einen „neuen Straftatbestand der Bestechlichkeit und Bestechung im Gesundheitswesen im Strafgesetzbuch schaffen"[1445] zu wollen. Im September 2014 läutete das für eine Gesetzesänderung im Strafgesetzbuch zuständige BMJV dann die Vorbereitung eines entsprechenden Gesetzentwurfs mit einem sogenannten Fachforum ein.[1446] Dazu geladen waren unter anderem Vertreter der verschiedenen Heilberufsgruppen, der Pharmaindustrie sowie der Strafverfolgungsbehörden.[1447]

Im Januar 2015 brachte dann zunächst der Freistaat Bayern einen „Entwurf eines Gesetzes zur Bekämpfung der Korruption im Gesundheitswesen" als Gesetzesantrag in den Bundesrat ein.[1448] Dieser sieht, vergleichbar dem der Diskontinuität anheimgefallenen Gesetzentwurf des Bundesrates in der 17. Legislaturperiode, die Einführung eines Straftatbestandes der Bestechung und Bestechlichkeit im Gesundheitswesen (§ 299a StGB-E) vor.

Anfang Februar 2015 schließlich veröffentlichte das BMJV seinen Gesetzentwurf zur Einführung eines Straftatbestandes der Bestechlichkeit und Bestechung im Gesundheitswesen (§ 299a StGB-RefE). Dieser wurde

---

1445 Vgl. „Deutschlands Zukunft gestalten", Koalitionsvertrag zwischen CDU, CSU und SPD, 18. Legislaturperiode, S. 77, abrufbar unter http://www.bundesregierung.de/Content/DE/_Anlagen/2013/2013-12-17-koalitionsvertrag.pdf;jsessionid=5DEBFC46881F9415C88B65283275575 A.s4t1?__blob=publicationFile&v=2.

1446 Vgl. *BMJV (Hrsg.)*, Fachforum: Bestechung und Bestechlichkeit im Gesundheitswesen, Artikel vom 8. September 2014, abrufbar unter https://www.bmjv.de/SharedDocs/Artikel/DE/2014/09082014_PStLange_Korr_Gesundheit.html.

1447 Ebd.

1448 Vgl. Gesetzesantrag des Freistaates Bayern, „Entwurf eines Gesetzes zur Bekämpfung der Korruption im Gesundheitswesen", vom 15. Januar 2015, BR-Drs. 16/15.

dann mit einigen wesentlichen Änderungen am 29. Juli 2015 von der Bundesregierung beschlossen und nach der Beteiligung des Bundesrates am 21. Oktober 2015 in den Bundestag eingebracht. Dort wurde er nach der ersten Lesung am 13. November 2015 federführend an den Ausschuss für Recht und Verbraucherschutz sowie den Ausschuss für Gesundheit und den Innenausschuss überwiesen.

Während in der letzten Legislaturperiode sowohl von der Politik als auch bei den betroffenen Verbänden zunächst noch sehr viel mehr das „Ob" als das „Wie" einer Regelung zur Bekämpfung der Korruption im Gesundheitswesen diskutiert wurde, konzentriert sich die derzeitige Diskussion vielmehr nur noch auf Letzteres.[1449] Während die damalige Regierungskoalition zunächst ausdrücklich keinen Handlungsbedarf sah,[1450] legte sie am Ende der Legislaturperiode schließlich doch noch einen entsprechenden Gesetzentwurf vor. Ursprünglich stand auch die Kassenärztliche Bundesvereinigung (KBV) einer besonderen strafrechtlichen Regelung ablehnend gegenüber.[1451] Eine solche würde sie nun aber – „mit entspre-

---

1449 Ähnlich auch *Schneider*, HRRS 2013, 473, 474 f.
1450 Vgl. nur die Beratung der Beschlussempfehlung und des Berichts des Ausschusses für Gesundheit (14. Ausschuss) zu dem Antrag der Fraktion der SPD „Korruption im Gesundheitswesen wirksam bekämpfen" (BT-Drs. 17/3685), BT-Plenarprotokoll 17/212, S. 25989D ff. Dort bspw. *Straubinger*, CDU/CSU, S. 25996D: „... weil es unserer Meinung nach derzeit ausreichende Regelungen gibt, im Strafrecht genauso wie im Standesrecht. Für uns ist nicht nachvollziehbar, warum neue Straftatbestände geschaffen werden sollten" oder *Dr. Lotter*, FDP, S. 26004D: „Wir sind im Gegensatz zu Ihnen der Meinung, dass die bisherigen Rechtsgrundlagen einschließlich Berufsrecht durchaus ausreichen." Die jedenfalls einer neuen strafrechtlichen Regelung gegenüber kritische Haltung (so auch *Schneider*, HRRS 2013, 473, 475 m.w.N.) lassen auch die Äußerungen einiger Abgeordneter der Regierungsparteien im Rahmen der Aktuellen Stunde „Korruption im Gesundheitswesen bekämpfen – Konsequenzen aus dem BGH-Urteil ziehen" erkennen, vgl. BT-Plenarprotokoll 17/187, S. 22360A: Dort bspw. *Bahr*, Bundesminister für Gesundheit, S. 22361C: „Es gibt bereits heute mehrere Regelungen, die Korruption verbieten oder sogar ahnden. [...] Das jeweilige Strafmaß zeigt, dass falsches Verhalten konsequent geahndet wird."; *Monstadt*, CDU/CSU, S. 22372C: „Dennoch bedeutet der BGH-Beschluss auch in diesem Bereich nicht, dass ein Pharmahersteller dem Kassenarzt im rechtsfreien Raum Vorteile für die Verschreibung seiner Produkte gewähren kann. Es bleibt eine Vielzahl von Verboten und Regeln auch und gerade für diesen Bereich."
1451 Vgl. dazu *KBV*, Richtig Kooperieren, S. 1.

chenden Vorbehalten zur Sicherung kooperativer und integrativer Verfahrensweisen versehen"[1452] – grundsätzlich akzeptieren. Nach wie vor kritisch äußert sich die Bundesärztekammer (BÄK). Schon zu Beginn des Jahres 2013 sprach sich deren Präsident, Prof. Dr. med. Frank Ulrich Montgomery, gegen ein Sondergesetz für Ärzte aus und plädierte vielmehr für eine Ausweitung der Kompetenzen der Ärztekammern und eine Erhöhung des Strafrahmens im Berufsrecht.[1453] Sowohl in der Stellungnahme der BÄK zum Referentenentwurf des BMJV als auch in der Stellungnahme zum Regierungsentwurf werden nach wie vor Bedenken deutlich: Das Strafrecht sei zur Bekämpfung der Korruption im Gesundheitswesen „nur bedingt geeignet".[1454] Es würden „nicht die Wurzeln des Übels beseitigt, sondern insbesondere Ärzte mit Strafe bedroht".[1455] In der rechtswissenschaftlichen Literatur hingegen wurde spätestens mit dem Urteil des Großen Senats überwiegend ein Eingreifen des Gesetzgebers gefordert. Die Lücke sei „rechtspolitisch nicht legitimierbar" und privilegiere „teilweise hochorganisert funktionierend korruptive Sy[s]teme zu Lasten der Solidargemeinschaft und zum Schaden der Versicherten".[1456] Der vom BMJV vorgelegte Referentenentwurf wurde daher – abgesehen von mehr oder weniger ausgeprägter inhaltlicher Kritik – grundsätzlich begrüßt. Der Entwurf sei eine weitere Grundlage „der erforderlichen rechtspolitischen Debatte"[1457] und festige den „sinnvollen Ansatz eines Spezialtatbestandes im Gesundheitswesen"[1458]. Es wird vor allem die Chance gesehen, „divergierende Strafrechtsregime zu harmonisieren"[1459] und mit „durch den Vertragsarztbeschluss ausgelösten rechtsdogmatischen Friktionen aufzuräumen"[1460]. Dieses grundsätzliche Bild hat sich auch im Hinblick auf den von der Bundesregierung letztlich in den Bundestag eingebrachten Gesetzentwurf nicht gewandelt.[1461]

1452 *KBV*, Stellungnahme zum RefE des BMJV vom 9. April 2015, S. 3.
1453 Vgl. *Korzilius*, DÄ 2013, A 61.
1454 *BÄK*, Stellungnahme vom 20. November 2015 zum RegE, S. 2.
1455 *BÄK*, Stellungnahme vom 20. März 2015 zum RefE, S. 3.
1456 So ausdrücklich *Fischer*, § 299 Rn. 10e.
1457 *Gaede/Lindemann/Tsambikakis*, medstra 2015, 142, 144.
1458 *Gaede/Lindemann/Tsambikakis*, medstra 2015, 142, 144 f.
1459 *Geiger*, medstra 2015, 97, 97.
1460 *Geiger*, medstra 2015, 97, 97.
1461 Vgl. nur die Stellungnahmen der Sachverständigen in der öffentlichen Anhörung des Rechtsausschusses vom 2. Dezember 2015: Es sei „zu be-

B. Jüngste Gesetzentwürfe

I. Referentenentwurf des BMJV vom 4. Februar 2015

Der Referentenentwurf des BMJV sieht folgende Änderungen im StGB[1462] zur Bekämpfung der Korruption im Gesundheitswesen vor: Zum einen soll als § 299a StGB der Tatbestand der Bestechlichkeit und Bestechung im Gesundheitswesen eingefügt und zum anderen sollen die §§ 300 bis 302 StGB entsprechend angepasst werden.

§ 299a Bestechlichkeit und Bestechung im Gesundheitswesen

(1) Wer als Angehöriger eines Heilberufs, der für die Berufsausübung oder die Führung der Berufsbezeichnung eine staatlich geregelte Ausbildung erfordert, im Zusammenhang mit der Ausübung seines Berufs einen Vorteil für sich oder einen Dritten als Gegenleistung dafür fordert, sich versprechen lässt oder annimmt, dass er bei dem Bezug, der Verordnung oder der Abgabe von Arznei-, Heil- oder Hilfsmitteln oder von Medizinprodukten oder bei der Zuführung von Patienten oder Untersuchungsmaterial

1. einen anderen im inländischen oder ausländischen Wettbewerb in unlauterer Weise bevorzuge oder

2. in sonstiger Weise seine Berufsausübungspflichten verletze,

---

grüßen, dass der Gesetzgeber tätig werden will, um die vom BGH aufgezeigte Regelungslücke zu schließen" (*vfa*, Stellungnahme vom 2. Dezember 2015 zum RegE, S. 2); die Einführung neuer Straftatbestände „wird nachdrücklich begrüßt und unterstützt" (*GKV-Spitzenverband*, Stellungnahme vom 2. Dezember 2015 zum RegE, S. 3); *DRB*, Stellungnahme Nr. 22/15 zum RegE, S. 2; *Fischer (MEZIS)*, Stellungnahme vom 27. November 2015 zum RegE, S. 1 f.; *Kubiciel*, Stellungnahme vom 2. Dezember 2015 zum RegE, S. 2 ff.

1462 Darüber hinaus sind auch Änderungen im SGB V vorgesehen, die vor allem einen regelmäßigen Erfahrungsaustausch der Stellen zur Bekämpfung von Fehlverhalten im Gesundheitswesen (§ 81a SGB V) unter Einbeziehung der Staatsanwaltschaften sicherstellen sollen. Vgl. dazu *BMJV*, RefE vom 4. Februar 2015, Artikel 3 (S. 6 ff.).

wird mit Freiheitsstrafe bis zu drei Jahren oder mit Geldstrafe bestraft.

(2) Ebenso wird bestraft, wer einem Angehörigen eines Heilberufs im Sinne des Absatzes 1 im Zusammenhang mit dessen Berufsausübung einen Vorteil für diesen oder einen Dritten als Gegenleistung dafür anbietet, verspricht oder gewährt, dass er bei dem Bezug, der Verordnung oder der Abgabe von Arznei-, Heil- oder Hilfsmitteln oder von Medizinprodukten oder bei der Zuführung von Patienten oder Untersuchungsmaterial

1. *ihn oder einen anderen im inländischen oder ausländischen Wettbewerb in unlauterer Weise bevorzuge oder*

2. *in sonstiger Weise Berufsausübungspflichten verletze.*

§ 300 Besonders schwere Fälle der Bestechlichkeit und Bestechung im geschäftlichen Verkehr und im Gesundheitswesen

In besonders schweren Fällen wird die Tat nach § 299 oder § 299a mit Freiheitsstrafe von drei Monaten bis zu fünf Jahren bestraft. Ein besonders schwerer Fall liegt in der Regel vor, wenn

1. *die Tat sich auf einen Vorteil großen Ausmaßes bezieht oder*

2. *der Täter gewerbsmäßig handelt oder als Mitglied einer Bande, die sich zur fortgesetzten Begehung solcher Taten verbunden hat.*

§ 301 Strafantrag

(1) Die Bestechlichkeit und Bestechung im geschäftlichen Verkehr nach § 299 sowie die Bestechlichkeit und Bestechung im Gesundheitswesen nach § 299a werden nur auf Antrag verfolgt, es sei denn, dass die Strafverfolgungsbehörde wegen des besonderen öffentlichen Interesses an der Strafverfolgung ein Einschreiten von Amts wegen für geboten hält.

(2) Das Recht, den Strafantrag nach Absatz 1 zu stellen, haben neben dem Verletzten

1. in Fällen nach § 299 alle in § 8 Absatz 3 Nummer 1, 2 und 4 des Gesetzes gegen den unlauteren Wettbewerb bezeichneten Gewerbetreibenden, Verbände und Kammern und

2. in Fällen nach § 299a

    a) die berufsständische Kammer, in der der Täter im Zeitpunkt der Tat Mitglied war,

    b) jeder rechtsfähige Berufsverband, der die Interessen von Verletzten im Wettbewerb vertritt, und

    c) die gesetzliche Kranken- und Pflegekasse oder das private Kranken- und Pflegeversicherungsunternehmen des Verletzten.

§ 302 Erweiterter Verfall

In den Fällen der §§ 299 und 299a ist § 73d anzuwenden, wenn der Täter gewerbsmäßig handelt oder als Mitglied einer Bande, die sich zur fortgesetzten Begehung solcher Taten verbunden hat.

II. Gesetzentwurf der Bundesregierung vom 29. Juli 2015[1463]

Der von der Bundesregierung am 29. Juli 2015 beschlossene und am 21. Oktober 2015 in den Bundestag eingebrachte Gesetzentwurf hat im Vergleich zum Referentenentwurf noch einige wesentliche Änderungen erfahren. Er sieht nicht mehr nur die Einfügung eines Straftatbestandes der Korruption im Gesundheitswesen vor, sondern schlägt, ähnlich der §§ 332, 334 StGB,[1464] die Einführung der Straftatbestände der Bestechlichkeit im Gesundheitswesen (§ 299a StGB-RegE) und der Bestechung im Gesundheitswesen (§ 299b StGB-RegE) vor. Darüber hinaus sollen wiederum die §§ 300 bis 302 StGB entsprechend angepasst werden. Konkret schlägt die Bundesregierung folgende Änderungen im StGB vor:

1463 In der Form vom 21. Oktober 2015 (= BT-Drs. 18/6446). Der in den Bundestag eingebrachte Gesetzentwurf hat im Vergleich zum ursprünglichen Regierungsentwurf nur einige wenige redaktionelle Änderungen erfahren, die hier keiner besonderen Erwähnung bedürfen.

1464 Darauf ebenfalls hinweisend *Dieners*, PharmR 2015, 529.

§ 299a Bestechlichkeit im Gesundheitswesen

(1) Wer als Angehöriger eines Heilberufs, der für die Berufsausübung oder die Führung der Berufsbezeichnung eine staatlich geregelte Ausbildung erfordert, im Zusammenhang mit der Ausübung seines Berufs einen Vorteil für sich oder einen Dritten als Gegenleistung dafür fordert, sich versprechen lässt oder annimmt, dass er bei der Verordnung oder der Abgabe von Arznei-, Heil- oder Hilfsmitteln oder von Medizinprodukten oder bei der Zuführung von Patienten oder Untersuchungsmaterial

1. *einen anderen im inländischen oder ausländischen Wettbewerb in unlauterer Weise bevorzuge oder*

2. *seine berufsrechtliche Pflicht zur Wahrung der heilberuflichen Unabhängigkeit verletze,*

wird mit Freiheitsstrafe bis zu drei Jahren oder mit Geldstrafe bestraft.

(2) Ebenso wird bestraft, wer als Angehöriger eines Heilberufs im Sinne des Absatzes 1 einen Vorteil dafür fordert, sich versprechen lässt oder annimmt, dass er bei dem Bezug von Arznei-, Heil- oder Hilfsmitteln oder Medizinprodukten, die zur Abgabe an den Patienten bestimmt sind, seine berufsrechtliche Pflicht zur Wahrung der heilberuflichen Unabhängigkeit verletze.

§ 299b Bestechung im Gesundheitswesen

(1) Wer einem Angehörigen eines Heilberufs im Sinne des § 299a Absatz 1 im Zusammenhang mit dessen Berufsausübung einen Vorteil für diesen oder einen Dritten als Gegenleistung dafür anbietet, verspricht oder gewährt, dass er bei der Verordnung oder der Abgabe von Arznei-, Heil- oder Hilfsmitteln oder von Medizinprodukten oder bei der Zuführung von Patienten oder Untersuchungsmaterial

1. *ihn oder einen anderen im inländischen oder ausländischen Wettbewerb in unlauterer Weise bevorzuge oder*

2. *seine berufsrechtliche Pflicht zur Wahrung der heilberuflichen Unabhängigkeit verletze,*

wird mit Freiheitsstrafe bis zu drei Jahren oder mit Geldstrafe bestraft.

(2) Ebenso wird bestraft, wer einem Angehörigen eines Heilberufs im Sinne des Absatzes 1 im Zusammenhang mit dessen Berufsausübung einen Vorteil für diesen oder einen Dritten als Gegenleistung dafür anbietet, verspricht oder gewährt, dass er bei dem Bezug von Arznei-, Heil- oder Hilfsmitteln oder Medizinprodukten, die zur Abgabe an den Patienten bestimmt sind, seine berufsrechtliche Pflicht zur Wahrung der heilberuflichen Unabhängigkeit verletze.

§ 300 Besonders schwere Fälle der Bestechlichkeit und Bestechung im geschäftlichen Verkehr und im Gesundheitswesen

In besonders schweren Fällen wird die Tat nach § 299, 299a oder § 299b mit Freiheitsstrafe von drei Monaten bis zu fünf Jahren bestraft. Ein besonders schwerer Fall liegt in der Regel vor, wenn

1. *die Tat sich auf einen Vorteil großen Ausmaßes bezieht oder*

2. *der Täter gewerbsmäßig handelt oder als Mitglied einer Bande, die sich zur fortgesetzten Begehung solcher Taten verbunden hat.*

§ 301 Strafantrag

(1) Die Bestechlichkeit und Bestechung im geschäftlichen Verkehr nach § 299 sowie die Bestechlichkeit im Gesundheitswesen und die Bestechung im Gesundheitswesen nach den §§ 299a, 299b werden nur auf Antrag verfolgt, es sei denn, dass die Strafverfolgungsbehörde wegen des besonderen öffentlichen Interesses an der Strafverfolgung ein Einschreiten von Amts wegen für geboten hält.

(2) Das Recht, den Strafantrag nach Absatz 1 zu stellen, haben neben dem Verletzten

1. *in den Fällen des § 299 Absatz 1 Nummer 1 und Absatz 2 Nummer 1 die in § 8 Absatz 3 Nummer 2 und 4 des Gesetzes gegen den unlauteren Wettbewerb bezeichneten Gewerbetreibenden, Verbände und Kammern und*

2. in den Fällen der §§ 299a, 299b

   a) die berufsständische Kammer und die kassenärztliche und die kassenzahnärztliche Vereinigung, in der der Täter im Zeitpunkt der Tat Mitglied war,

   b) jeder rechtsfähige Berufsverband, der die Interessen von Verletzten im Wettbewerb vertritt, und

   c) die gesetzliche Kranken- und Pflegekasse des Patienten oder das private Kranken- und Pflegeversicherungsunternehmen des Patienten.

§ 302 Erweiterter Verfall

In den Fällen der §§ 299, 299a und 299b ist § 73d anzuwenden, wenn der Täter gewerbsmäßig handelt oder als Mitglied einer Bande, die sich zur fortgesetzten Begehung solcher Taten verbunden hat.

C. Nähere Betrachtung § 299a StGB-RegE

Folgen soll nunmehr die nähere Betrachtung des § 299a StGB-RegE. Der Erläuterung grundsätzlicher, in der Diskussion um eine neue Regelung aufgetauchten, Fragen schließt sich die Erörterung materiellrechtlicher Einzelheiten an. Schwerpunkt der Betrachtung ist hierbei der Gesetzentwurf der Bundesregierung, allerdings stets auch vor dem Hintergrund insbesondere des Referentenentwurfs des BMJV. Abschließend wird ein kurzer Blick auf das Verhältnis von § 299a StGB-RegE zu anderen Normen sowie auf weitere durch den Gesetzentwurf vorgesehenen Änderungen des StGB geworfen.

I. Das „Ob" einer strafrechtlichen Regelung

Wie zuvor schon angedeutet, hat das „Ob" einer strafrechtlichen Regelung schon gegen Ende der letzten Legislaturperiode jedenfalls auf der politischen Ebene nahezu keine Rolle mehr gespielt. Auch in der rechtswissenschaftlichen Literatur sind die einer strafrechtlichen Lösung des Problems gegenüber kritischen Stimmen weniger geworden, aber nicht verstummt. Im Folgenden soll deshalb die dazu geführte Diskussion kurz skizziert und kommentiert werden.

1. Meinungsbild

Überwiegend wird eine „strafrechtliche Lösung" befürwortet.[1465] Hauptargumente sind dabei insbesondere die Beeinträchtigung bedeutsamer Rechtsgüter – des Wettbewerbs und des Vertrauens der Patienten in die Integrität heilberuflicher Entscheidungen – durch korruptive Praktiken[1466] sowie die beachtliche ökonomische und soziale Bedeutung des Gesundheitswesens[1467], denen das Strafrecht bisher nicht bzw. nur unzureichend

---

[1465] Vgl. nur *Bannenberg,* in: Wabnitz/Janovsky, Hdb Wirtschafts- und Steuerstrafrecht, Kap. 12 Rn. 86; *Braun,* Industrie und Ärzteschaft, S. 158; *Cosack,* ZIS 2013, 226, 226/231 f.; *Dannecker,* ZRP 2013, 37, 38 ff.; *Fischer,* medstra 2015, 1 ff.; *ders.,* § 11 Rn. 22g, § 299 Rn. 10e; *Gädigk,* medstra 2015, 268 ff.; *Geiger,* medstra 2015, 97 ff. (noch verhalten in: *Geiger,* CCZ 2012, 172, 177); *Hecker,* JuS 2012, 852, 855; *Kubiciel,* WiJ 2016, 1, 1 f.; *ders.,* KPzK 1/2015, S. 4 ff., 11 f.; *Kubiciel/Tsambikakis,* medstra 2015, 11 ff. (letzterer noch zurückhaltend in *Tsambikakis,* JR 2011, 538, 542); *Kölbel,* NStZ 2011, 195, 200; *Küpper,* jurisPR-StrafR 16/2012 Anm. 2; *Passarge,* DStR 2016, 482, 487; *Pragal/Apfel,* A&R 2007, 10, 11; *Sturm,* ZWH 2011, 41, 47; *Wigge,* NZS 2015, 447, 452; aus der Politik u.a.: BT-Drs. 18/6446, S. 1; in den Fraktionen vgl. u.a. *Vogler, Luczak, Klein-Schmeink, Frank,* BT-Plenarprotokoll 18/137, S. 13477 ff.; im Bundesrat vgl. *Bausbach, Lange,* BR-Plenarprotokoll 936, TOP 30, S. 330 ff.; *85. Konferenz der Justizminister und Justizministerrinnen,* Beschluss vom 6. November 2014, Top II.2; unter den Verbänden u.a.: *Elsner (vdek),* ersatzkasse magazin 2012, Nr. 7/8, 17; *Fischer (MEZIS),* Stellungnahme vom 27. November 2015 zum RegE, S. 1; *GKV-Spitzenverband,* Stellungnahme vom 2. Dezember 2015 zum RegE, S. 5; *ders.,* Stellungnahme vom 13. Mai 2013, S. 3; *vfa,* Stellungnahme vom 2. Dezember 2015 zum RegE, S. 2; einen Straftatbestand nun auch grundsätzlich akzeptierend *KBV,* Stellungnahme vom 9. April 2015, S. 3; wohl auch *Eckstein/Püschel,* Newsdienst Compliance 2015, 71001 und *Badle,* medstra 2015, 139, 139 ff. (anders noch *Badle,* medstra 2015, 2); unter dem Vorbehalt der Schaffung eines Tatbestandes, der „die involvierten Interessen in den Blick nimmt und darauf aufbauend eine für den Adressaten befolgbare Verhaltensnorm formuliert" *Schuhr,* NStZ 2012, 11, 15.

[1466] Vgl. BT-Drs. 18/6446, S. 1, 11; wortgleich auch schon *BMJV,* RefE vom 4. Februar 2015, S. 1, 10 f.; *Braun,* Industrie und Ärzteschaft, S. 158; *Dannecker,* ZRP 2013, 37, 38 ff.

[1467] Vgl. BT-Drs. 18/6446, S. 1; *Kubiciel,* Stellungnahme vom 2. Dezember 2015 zum RegE, S. 3 ff.; *Kubiciel/Tsambikakis,* medstra 2015, 11, 11;

gerecht werde. Strafwürdig seien die korruptiven Praktiken zudem aufgrund ihrer hohen Sozialschädlichkeit.[1468] Denn abgesehen von den im Allgemeinen bei Korruption auftretenden Folgen, wie Preissteigerungen und Marktschädigungen, komme hier die Beeinträchtigungen des Ansehens eines ganzen Berufsstandes sowie der Vertrauensverlust der Patienten hinzu.[1469] Gingen Patienten deshalb in der Folge weniger zum Arzt, stelle Korruption „mittelbar auch eine Gefahr für die Gesundheit"[1470] dar. Ein Straftatbestand, der die Rechtsunsicherheit bei einer Vielzahl von Kooperationen beendet, sei darüber hinaus „kriminalpolitisch sachgerecht und verfassungsrechtlich unbedenklich".[1471] Eine strafrechtliche Regelung könne außerdem dazu beitragen, „divergierende Strafrechtsregime zu harmonisieren"[1472] und auch damit für mehr Rechtssicherheit zu sorgen. Schließlich mache auch insbesondere das bisherige Ordnungswidrigkeitenrecht eine solche Regelung nicht überflüssig: weder käme diesem eine dem Strafrecht vergleichbare „Lenkungs- und Normbestätigungswirkung"[1473] zu, noch sei es politisch vermittelbar, einerseits die Bestechungsvorschriften auszudehnen[1474], andererseits gerade das dafür anfällige Gesundheitswesen aber auszulassen.[1475]

Kritiker führen für ihre Ansicht – deren Bandbreite von einem Vorrang von präventiven Maßnahmen[1476] bzw. außerstrafrechtlichen Maßnah-

---

Pragal/Apfel, A&R 2007, 10, 11; ähnlich auch *Fischer*, medstra 2015, 1, 1; *ders.*, § 299 Rn. 10e.

1468 So schon *Pragal/Apfel*, A&R 2007, 10, 11; ebenso *Braun*, Industrie und Ärzteschaft, S. 158; ähnlich auch *Cosack*, ZIS 2013, 226, 232.

1469 *Braun*, Industrie und Ärzteschaft, S. 157 f.; zum Vertrauensverlust in das Gesundheitswesen als Institution vgl. *Kubiciel*, Stellungnahme vom 2. Dezember 2015 zum RegE, S. 4 f m.w.N.

1470 *Maas*, NStZ 2015, 305, 308.

1471 So ausdrücklich *Kubiciel/Tsambikakis*, medstra 2015, 11, 11; zur verfassungsrechtlichen Zulässigkeit ausführlich auch *Kubiciel*, Stellungnahme vom 2. Dezember 2015 zum RegE, S. 6 ff.

1472 *Geiger*, medstra 2015, 97, 98.

1473 *Kubiciel/Tsambikakis*, medstra 2015, 11, 12.

1474 So geschehen erst im November 2015, vgl. dazu das zweite Kapitel unter D. I.

1475 Vgl. *Kubiciel*, Stellungnahme vom 2. Dezember 2015 zum RegE, S. 6; *Kubiciel/Tsambikakis*, medstra 2015, 11, 12.

1476 *Hilgendorf*, in: Wabnitz/Janovsky, Hdb Wirtschafts- und Steuerstrafrecht, Kap. 13 Rn. 113; *Kraatz*, NZWiSt 2012, 273, 278.

men[1477] bis hin zur Forderung einer jedenfalls genauen Prüfung des strafrechtlichen Regelungsbedarfs[1478] reicht – insbesondere das ultima ratio-Prinzip des Strafrechts an. Gerade vor dem Hintergrund des bisher fragmentarisch ausgestalteten Wettbewerbsschutz des StGB, dürfe eine außerstrafrechtliche Regelung nicht generell ausgeschlossen werden.[1479] So könnten sich berufsrechtliche Konsequenzen als sehr viel einschneidender und effektiver erweisen.[1480] Aber auch aufgrund überschaubarer Ressourcen der Strafverfolgungsbehörden wird an die „Selbstheilungskräfte des Gesundheitsmarkts"[1481] appelliert. Eine strafrechtliche Regelung beseitige zudem nicht die Ursachen einer möglichen Kriminalität, so dass diese jedenfalls parallel beseitigt werden müssten.[1482]

2. *Stellungnahme*

Mit den Befürwortern ist eine strafrechtliche Regelung zur Bekämpfung der Korruption zu begrüßen. Spricht man dem Strafrecht zusammen mit der herrschenden Lehre[1483] die Aufgabe des Rechtsgüterschutzes zu, so

---

1477 *Kraatz,* Arztstrafrecht, § 12 Rn. 323; *Taschke/Zapf,* medstra 2015, 332, 335, die diese schon jetzt als ausreichend erachten; jedenfalls im Rahmen der „Vertragsarztuntreue" so *Ulsenheimer,* MedR 2005, 622, 628.

1478 *Schneider,* HRRS 2013, 473, 476 f.; zustimmend *Bachmann,* NJ 2014, 401, 408; in diesem Sinne wohl auch *Badle,* medstra 2015, 2, 2 (diesem beipflichtend *Halbe,* MedR 2015, 168, 174), SK-StGB/*Rogall,* Vor § 298 Rn. 42 und *Ulsenheimer,* Arztstrafrecht, Rn. 1051; ähnlich auch *Corts,* MPJ 2015, 317, 324 f.; *Herzog,* in: Lieb u.a., Interessenkonflikte, S. 127, 136; *Schmidt,* PharmR 2012, 333, 343. Kritisierend, dass das nicht geleistet worden sei *Bittmann/Brockhaus/Rübenstahl/Schröder/Tsambikakis,* WiJ 2015, 176, 196. Kritisch auch *Frank/Vogel,* AnwBl 2016, 94 ff.

1479 Vgl. *Schneider,* HRRS 2013, 473, 476 f. *Steinhilper,* MedR 2010, 499, 500; *Ulsenheimer,* Arztstrafrecht, Rn. 1183; vgl. auch schon *Bernsmann/Schoß,* GesR 2005, 193, 196; *Steinhilper,* MedR 2005, 238, 240; *Ulsenheimer,* MedR 2005, 622, 628.

1480 *Herzog,* in: Lieb u.a., Interessenkonflikte, S. 127, 136; ähnlich auch *Taschke/Zapf,* medstra 2015, 332, 336 und *Frank/Vogel,* AnwBl 2016, 94, 98.

1481 *Badle,* medstra 2015, 2, 2.

1482 *BÄK,* Stellungnahme vom 20. November 2015 zum RegE, S. 2, 5 f.; *ders.,* Stellungnahme vom 20. März 2015 zum RefE des BMJV, S. 2 f.; ähnlich auch *Corts,* MPJ 2015, 317, 325.

1483 Vgl. nur die Ausführungen bei NK-StGB/*Hassemer/Neumann,* Vor § 1 Rn. 49 ff.; *Roxin,* AT I, § 2 Rn. 1 ff.

überzeugen die von den Befürwortern angeführten Argumente:[1484] Korruption im Gesundheitswesen beeinträchtigt den Leistungswettbewerb, durch verteuerte medizinische Leistungen daneben das Vermögen der Krankenkassen und letztlich der Patienten und untergräbt das Vertrauen der Patienten in die Integrität heilberuflicher Entscheidungen. Es sind mithin fundamentale Interessen sowohl Einzelner als auch der Gesellschaft betroffen.[1485] Korruptiven Praktiken im Gesundheitswesen ist daher die Strafwürdigkeit nicht abzusprechen. So ist denn auch § 299a StGB-RegE darauf angelegt, gleich zwei Rechtsgüter, den „fairen Wettbewerb im Gesundheitswesen" und das „Vertrauen der Patienten in die Integrität heilberuflicher Entscheidungen", zu schützen.[1486]

Einer strafrechtlichen Regelung zur Bekämpfung der Korruption im Gesundheitswesen steht auch nicht, wie von Kritikern angeführt, das ultima ratio-Prinzip des Strafrechts entgegen.[1487] Strafwürdig ist eine Rechtsgutsverletzung danach nur dann, wenn das Rechtsgut nicht auf eine andere Weise wirksam geschützt werden kann.[1488] Dabei ist zu beachten, dass dem Gesetzgeber bei der Frage des „Ob" einer strafrechtlichen Regelung ein weiter Einschätzungsspielraum zukommt und es grundsätzlich seine Sache ist, die Reichweite strafbaren Handelns festzulegen.[1489] Wie im ersten Teil der Arbeit aufgezeigt, werden korruptive Verhaltensweisen durch Ärzte durch das Strafrecht bisher nur lückenhaft erfasst. Zwar stehen außerhalb des Strafrechts, mit Regelungen im Berufs- und Disziplinar- oder auch dem Heilmittelwerberecht, Möglichkeiten der Sanktionierung bereit, diese haben sich bisher allerdings als wenig wirksam erwie-

---

1484 Vgl. dazu oben unter C. I. 1.
1485 So allgemein zur Strafwürdigkeitsbestimmung NK-StGB/*Hassemer/Neumann*, Vor § 1 Rn. 62 ff. Zur Sozialschädlichkeit von Korruption im Allgemeinen vgl. nur *Pies/Sass*, in: Pies, Wie bekämpft man Korruption?, S. 9 ff.
1486 Vgl. BT-Drs. 18/6446, S. 12 f.; so auch schon *BMJV*, RefE vom 4. Februar 2015, S. 11.
1487 Ausführlich dazu *Braun*, MedR 2013, 277 ff. und *ders*. Industrie und Ärzteschaft, S. 155 ff.
1488 Vgl. dazu näher u.a. *Roxin*, AT I § 2 Rn. 97 ff.; NK-StGB/*Hassemer/Neumann*, Vor § 1 Rn. 72 m.w.N.
1489 Vgl. BVerfGE 120, 224, 240 m.w.N.; 80, 182, 186 (insbesondere zur Grenzziehung zwischen Ordnungsunrecht und kriminellem Unrecht). Wie hier im Ergebnis ebenso *Schröder*, NZWiSt 2015, 321, 323 ff. und wohl auch *Brettel/Duttge/Schuhr*, JZ 2015, 929, 930.

sen.[1490] Den zuständigen Gremien mangelt es schon an entsprechenden Ermittlungsbefugnissen[1491] und einschneidende Sanktionen werden von Berufskollegen gegenüber Berufskollegen nur selten ausgesprochen[1492]. Ihnen kommt außerdem keine vergleichbare Signalwirkung zu[1493] und ihr Unwerturteil bleibt hinter dem einer strafrechtlichen Verurteilung zu-

1490 Ebenso *Bannenberg,* in: Wabnitz/Janovsky, Hdb Wirtschafts- und Steuerstrafrecht, Kap. 12 Rn. 86: „Hinweise auf Selbstkontrolle und standesrechtliche Verbote sind scheinheilig."; *Fischer,* § 299 Rn. 10e; *Schröder,* NZWiSt 2015, 321, 324 f.; daran jedenfalls zweifelnd *Kölbel,* StV 2012, 592, 593. Ausführlich dazu auch BT-Drs. 18/6466, S. 13 f. So auch über die aktuellen Bemühungen der Pharmaindustrie *Kölbel,* in: DAV/IMR, Aktuelle Entwicklungen im Medizinstrafrecht, S. 57, 70 f. m.w.N.; *Cosack,* ZIS 2013, 226, 231. Zum Disziplinarrecht so allgemein auch schon *Dölling,* DJT 1996, Bd. I, Gutachten, C 43 m.w.N.

1491 So auch schon *Neupert,* NJW 2006, 2811, 2811; vgl. auch *Braun,* MedR 2013, 277, 282; *Cosack,* ZIS 2013, 226, 231; *Gädigk,* medstra 2015, 268, 271; *Kölbel,* StV 2012, 592, 593; ebenso BT-Drs. 18/6446, S. 13 f.; so auch schon *BMJV,* RefE vom 4. Februar 2015, S. 12.

1492 Vgl. *Cosack,* ZIS 2013, 226, 231.

1493 So äußerten beispielsweise im Rahmen einer Studie im Auftrag des GKV-Spitzenverbandes aus dem Jahr 2012 etwa ein Fünftel der befragten niedergelassenen Ärzte und der nicht-ärztlichen Leistungserbringer Desinteresse (13 bzw. 19 Prozent) bzw. Unkenntnis (6 bzw. 2 Prozent) bezüglich der für sie geltenden Regelungen in § 31 MBO-Ä (Unerlaubte Zuweisung) bzw. § 128 Abs. 2 und Abs. 6 SGB V (Unzulässige Zusammenarbeit zwischen Leistungserbringern und Vertragsärzten). Zwar war mithin der großen Mehrheit der Befragten die Regelung bekannt, von ca. 40 % wurde sie jedoch als bloße „Handlungsorientierung" bezeichnet, vgl. *GKV-Spitzenverband,* Studie „Zuweisung gegen Entgelt", S. 14 ff., 25 f. In einer anderen von PWC und der Martin-Luther-Universität Halle-Wittenberg herausgegebenen Studie äußerte knapp die Hälfte der befragten in der Pharmabranche tätigen Unternehmen, dass eine strafrechtliche Regelung zur Strafbarkeit niedergelassener Ärzte auch ein wichtiges Signal zur Anerkennung auch der eigenen Verhaltenskodizes wäre, vgl. *PWC/Martin-Luther-Universität Halle-Wittenberg,* Wirtschaftskriminalität – Pharmaindustrie, S. 14. So auch schon die Begründung zur Überführung von § 12 UWG a.F. als § 299 in das StGB, vgl. BT-Drs. 13/5584, S. 15; zur Steigerung der Bedeutung von § 12 UWG seit der Einfügung als § 299 StGB vgl. auch *Gercke/Wollschläger,* wistra 2008, 5. Eine Regelung außerhalb des Strafrechts als „kommunikativ suboptimal" bezeichnend auch *Kubiciel/Tsambikakis,* medstra 2015, 11, 12.

rück.[1494] Darüber hinaus ist im Berufsrecht der Täterkreis auf die Berufsträger beschränkt und das Verhalten anderer gar nicht erst verfolgbar.[1495] Schließlich finden sozialrechtliche Regelungen wiederum nur im Bereich der gesetzlichen Krankenversicherung Anwendung.[1496] Insbesondere vor dem Hintergrund der großen ökonomischen Bedeutung des Gesundheitswesens[1497] aber auch des in der Bevölkerung bestehenden Vertrauens in die Erbringer heilberuflicher Leistungen erscheint es mithin grundsätzlich ein berechtigtes Anliegen, die Korruption im Gesundheitswesen mithilfe einer strafrechtlichen Regelung zu bekämpfen.

II. Sonderstrafrecht für Ärzte?

Die in der Politik von Anfang an verfolgte grundsätzliche Ausrichtung der Norm allein auf Angehörige der Heilberufe, ist unter den Verbänden und der Literatur nicht nur auf Zustimmung gestoßen. Vereinzelt ist von einem „Sonderstrafrecht für Ärzte"[1498] die Rede, welches Ärzte insbesondere im Vergleich zu anderen auch im Auftrag von Privatpersonen tätigen Freiberuflern oder sonstigen Selbstständigen unangemessen benachteilige

---

1494 Vgl. auch BT-Drs. 18/6446, S. 13; so auch schon *BMJV*, RefE vom 4. Februar 2015, S. 12. Ausdrücklich auch *Maas*, NStZ 2015, 305, 308.

1495 Vgl. auch BT-Drs. 18/6446, S. 13; so auch schon *BMJV*, RefE vom 4. Februar 2015, S. 12; ebenso *Eckstein/Püschel*, Newsdienst Compliance 2015, 71001, S. 2; ähnlich auch *Maas*, NStZ 2015, 305, 308.

1496 Vgl. auch BT-Drs. 18/6446, S. 13; so auch schon *BMJV*, RefE vom 4. Februar 2015, S. 12; *Maas*, NStZ 2015, 305, 308. Anders aber noch der Vorschlag der Regierung in der letzten Legislaturperiode, der wenig überzeugend eine Strafvorschrift im SGB V vorsah, vgl. Änderungsantrag der Fraktionen der CDU/CSU und FDP zum Entwurf eines Gesetzes zur Förderung der Prävention vom 7. Mai 2013, Ausschussdrucksache 17(14)0416. Der Entwurf erntete durch seine Stellung im SGB V viel Kritik, vgl. nur *BÄK*, 116. Deutscher Ärztetag, S. 44 ff.; *Bannenberg*, in: Wabnitz/Janovsky, Hdb Wirtschafts- und Steuerstrafrecht, Kap. 12 Rn. 86; *Geiger*, NK 2/2013, 136 ff.; *KBV*, Stellungnahme vom 9. April 2015, S. 1; *Kubiciel/Tsambikakis*, medstra 2015, 11, 13; *Michels*, Stellungnahme zur öffentlichen Anhörung des Gesundheitsausschusses am 17. April 2013, Ausschuss-Drs. 17(14)0399(23), S. 2.

1497 Vgl. nur *BMG*, Daten des Gesundheitswesens 2015, S. 129 ff.

1498 So der gleichnamige Aufsatz von *Schneider*, HRRS 2013, 473.

und diskriminiere.[1499] Insbesondere bei beratenden Berufen gäbe es ein dem Arzt-Patienten-Verhältnis vergleichbares Informationsgefälle und Korruption sei ebenso gut bei Anwälten, Architekten oder Steuerberatern denkbar.[1500] Es fehle außerdem an validem Zahlenmaterial.[1501] Diese Kritik vermag jedoch nicht zu überzeugen. Denn nicht nur in der Frage, ob es überhaupt einer strafrechtlichen Regelung bedarf, ist der Gesetzgeber grundsätzlich frei, sondern auch darin, wie er ein bestimmtes Rechtsgut schützen will.[1502] So ist er in hohem Maße zu Differenzierungen berechtigt und eine Norm nicht deshalb verfassungswidrig, weil sie ähnlich gelagerte Sachverhalte nicht erfasst.[1503] Die Grenze ist erst dann überschritten, wenn „sachlich einleuchtende Gründe schlechterdings nicht mehr erkennbar sind"[1504]. Das ist hier aber nicht der Fall.[1505] Zwar mag in den genannten Verhältnissen eine ähnliche Informationsasymmetrie und mithin eine ähnliche Abhängigkeit des „Kunden" vom „Berater" gegeben sein, die Qualität aber des Verhältnisses zwischen Heilberufserbringer und Patient, bei dem es mit der körperlichen Gesundheit mal mehr und

---

1499 Vgl. nur *Schneider,* HRRS 2013, 473 ff.; *ders./Kaltenhäuser,* medstra 2015, 24, 30; *ders./Ebermann,* A&R 2015, 202, 204 f.; ähnlich auch *Bittmann/Brockhaus/Rübenstahl/Schröder/Tsambikakis,* WiJ 2015, 176, 178; *Corts,* MPJ 2015, 317, 322; jedenfalls für eine Ausdehnung auf weitere Personenkreise auch *Bachmann,* NJ 2014, 401, 408 und *Dannecker,* ZRP 2013, 37, 40 mit Verweis auf *Tiedemann,* Wirtschaftsstrafrecht BT, Rn. 214, welcher sich generell für die Einbeziehung von Angehörigen freier Berufe ausspricht. Eine Begrenzung des Täterkreises aus kriminologischer Sicht für problematisch erachtend *Kölbel,* in: DAV/IMR, Aktuelle Entwicklungen im Medizinstrafrecht, S. 57, 67. Im Gegenteil von einer momentanen „Sonderstellung" der Ärzte sprechend, „für die es keine Rechtfertigung" gäbe, *Gädigk,* medstra 2015, 268.

1500 *Schneider,* HRRS 2013, 473, 478; *ders./Ebermann,* A&R 2015, 202, 205.

1501 *Schneider,* HRRS 2013, 473, 478.

1502 Vgl. BVerfGE 120, 224, 240.

1503 Vgl. BVerfGE 120, 224, 240; 50, 142, 162; instruktiv zu Gleichheit und materiellem Strafrecht *Heger,* ZIS 2011, 402, 405.

1504 BVerfGE 50, 142, 162.

1505 So auch *Kubiciel,* Stellungnahme vom 2. Dezember 2015 zum RegE, S. 7. Unter Hinweis auf den fragmentarischen Charakter des Strafrechts im Ergebnis ebenso *Schröder,* NZWiSt 2015, 321, 325.

mal weniger um existenzielle Fragen des Lebens geht,[1506] ist doch nicht vergleichbar. Ferner ist zu bezweifeln, dass in den anderen Bereichen ein ähnlich hoher Korruptionsanreiz wie im Gesundheitswesen existiert.[1507] Weder ist der Absatz von Produkten dort so institutionalisiert, noch ist der Absatz beispielsweise von Versicherungen so von einer Person abhängig, wie der Absatz von verschreibungspflichtigen Arzneimitteln am Verordnungsverhalten des Arztes hängt. Dass es an genauen Zahlen zum Umfang der Korruption mangelt,[1508] ändert mithin nichts daran, dass sachliche einleuchtende Gründe zur Differenzierung gegeben sind. Der Fokus allein auf Heilberufserbringer ist daher verfassungsrechtlich nicht zu beanstanden.[1509]

1506 Ähnlich auch *Gaede/Lindemann/Tsambikakis*, medstra 2015, 142, 146; *Maas*, NStZ 2015, 305, 308; auf die große „soziale Bedeutung" hinweisend *Kubiciel/Tsambikakis*, medstra 2015, 11, 11 (Fn. 5).

1507 Vgl. auch *Duttge*, in: Duttge, Tatort Gesundheitsmarkt, S. 3; *Kubiciel/Tsambikakis*, medstra 2015, 11, 11 (Fn. 5); so auch *Kubiciel*, WiJ 2016, 1, 4; *ders.*, KPzK 5/2014, S. 3 (ausdrücklich bezweifelnd *Schneider/Kaltenhäuser*, medstra 2015, 24, 30); von einer „besonderen Gefahrenlage […] die vornehmlich bei der Schlüsselfigur des (Vertrags-)Arztes besteh[e]" sprechen *Gaede/Lindemann/Tsambikakis*, medstra 2015, 142, 146.

1508 Die Daten, die es gibt, weisen jedenfalls darauf hin, dass Korruption im Gesundheitswesen nicht gänzlich fernliegend ist. So zeigen beispielsweise US-amerikanische Studien, dass Pharmaunternehmen knapp ein Drittel ihres Umsatzes allein für Marketing ausgeben (*Gagnon/Lexchin*, PLoS Medicine 2008, vol 5, 0029, 0032). Anderen Studien zufolge ist die Gewährung wirtschaftlicher Vorteile an Ärzte nicht unüblich (*PWC/Martin-Luther-Universität Halle-Wittenberg*, Wirtschaftskriminalität – Pharmaindustrie, S. 1 ff.); so auch wiederum das Ergebnis einer US-amerikanischen Studie, vgl. nur *Campbell et al.*, N Engl J Med 2007, 1742) und Vertreterbesuche in Praxen sehr häufig (*Lieb/Brandtönies*, DÄ 2010, 392, 397). Ärztliche Berufskollegen werden zudem, im Gegensatz zu einem selber, für beeinflussbar gehalten (*ebenda*). Ohnehin ist Korruption allgemein ein Delikt, wo von einem hohen Dunkelfeld auszugehen ist (*BKA*, PKS 2015, S. 9). Diese Daten werden gestützt vom GKV-Spitzenverband, der von „unvermindert eingehenden Hinweise[n] auf korruptives Verhalten im Gesundheitswesen" berichtet, vgl. *GKV-Spitzenverband*, Stellungnahme vom 2. Dezember 2015 zum RegE, S. 5. Vgl. zu den Risikofaktoren im Gesundheitswesen aus kriminologischer Sicht auch erst kürzlich *Kölbel*, in: DAV/IMR, Aktuelle Entwicklungen im Medizinstrafrecht, S. 57, 62 ff.

1509 Zu Recht weist *Gädigk* darauf hin, dass auch bereits bestehende Regelungen für einzelne Berufsgruppen, wie bspw. die höhere Strafandrohung für Richter und Schöffen im Rahmen der §§ 331 ff. StGB, keinen „General-

III. Geschütztes Rechtsgut

Der Entwurf der Bundesregierung sieht einen doppelten Rechtsgüterschutz vor: die Straftatbestände sollen zum einen der „Sicherung eines fairen Wettbewerbs im Gesundheitswesen" und zum anderen dem „Schutz des Vertrauens der Patienten in die Integrität heilberuflicher Entscheidungen" dienen.[1510] Die Vermögensinteressen der Wettbewerber, der Patienten sowie der gesetzlichen Krankenversicherung sollen mittelbar geschützt sein.[1511] Wie schon ausgeführt, handelt es sich um grundsätzlich legitime Überlegungen des Gesetzgebers.

Der „Schutzgüterpluralismus"[1512] ist allerdings vereinzelt auf scharfe Kritik gestoßen. Bezweifelt wird, dass damit ein sinnvolles Deliktsverständnis möglich sei.[1513] Jedenfalls werde er es erheblich erschweren, strafbare von straffreien Verhaltensweisen zu unterscheiden.[1514] Außerdem sei eine wachsende Anzahl tateinheitlicher Verurteilungen aus Klarstellungsgründen zu erwarten, so dass die Konkurrenzebene auf der Rechtsfolgenseite ihrer „Bereinigungsfunktion"[1515] kaum noch nachkommen könne.[1516] Die Kritik ist im Gesetzentwurf der Bundesregierung nicht aufgegriffen worden.[1517] Sie vermag auch nur in Teilen zu überzeugen. So ist zunächst festzuhalten, dass ein Schutzgüterpluralismus dem Strafge-

---

verdacht" begründen, sondern vielmehr die Strafwürdigkeit eines Verhaltens und die Bedeutung des geschützten Rechtsguts hervorheben, *ders.,* medstra 2015, 268, 272 f.

1510 So ausdrücklich BT-Drs. 18/6446, S. 12 f.; so auch schon *BMJV,* RefE vom 4. Februar 2015, S. 11. Dazu auch *Maas,* NStZ 2015, 305, 308. Den Schutz der Unabhängigkeit medizinischer Entscheidung durch das Strafrecht mangels Kriminalunrecht ablehnend *Saliger,* in: FS Kargl, S. 493, 503.

1511 BT-Drs. 18/6446, S. 13; so auch schon *BMJV,* RefE vom 4. Februar 2015, S. 11.

1512 *Geiger,* medstra 2015, 97, 101 ff.

1513 *Gaede/Lindemann/Tsambikakis,* medstra 2015, 142, 147.

1514 *Geiger,* medstra 2015, 97, 101.

1515 *Geiger,* medstra 2015, 97, 102.

1516 *Geiger,* medstra 2015, 97, 102.

1517 Die Ausführungen zu den geschützten Rechtsgütern sind in beiden Entwürfen identisch, vgl. BT-Drs. 18/6446, S. 12 f. und *BMJV,* RefE vom 4. Februar 2015, S. 11 f.

setzbuch nicht gänzlich fremd ist.[1518] Einen entsprechenden Aufbau der betroffenen Norm vorausgesetzt, ist auch nicht einzusehen, dass sich die Bestimmung der Strafbarkeit aufgrund dessen unbedingt schwieriger gestaltet als bei anderen Normen. Zuzugeben aber ist, dass dort, wo eine solch klare Zuordnung nicht getroffen worden ist und die Schutzgüter ausreichend verschieden sind, Schwierigkeiten programmiert sind. Letzteres deutet leider die ungenaue Abgrenzung in der Entwurfsbegründung an.[1519] So heißt es zunächst, dass „insbesondere auch die Tatbestandsvarianten des Absatzes 1 Nummer 1" primär „den wettbewerbsrechtlich strukturierten Ordnungsmechanismus" schützen.[1520] Schon zwei Absätze später allerdings ist allgemein und ohne Unterscheidung zwischen einzelnen Absätzen und Nummern die Rede davon, dass „wegen der teilweise unterschiedlichen Schutzrichtung" regelmäßig von Tateinheit zwischen § 299 StGB und § 299a StGB-RegE auszugehen sei.[1521] Wenn aber § 299 Abs. 1 Nr. 1 StGB und § 299a Abs. 1 Nr. 1 StGB-RegE primär dem Wettbewerbsschutz dienen, stellt § 299a Abs. 1 Nr. 1 StGB-RegE gesetzessystematisch eigentlich den spezielleren Tatbestand dar. Auch zur Begründung des weiten und für alle Tatvarianten gleichen Täterkreises wird auf die unbeeinflusste heilberufliche Entscheidung statt (auch) auf den freien Wettbewerb verwiesen.[1522] Gänzlich verwirrt schließlich die Begründung der Bundesregierung, wonach Bezugsentscheidungen deshalb aus Absatz 1 herausgenommen worden sind und nicht mehr an eine Bevorzugung im Wettbewerb anknüpfen, weil es bei bestimmten Bezugsentscheidungen „an einer Beeinträchtigung des Vertrauens in die Integrität heilberuflicher Entscheidungen fehl[e]"[1523]. Mangels einer klaren

---

1518 Vgl. nur bspw. die §§ 232, 265, 308, 331 ff. StGB und auch nach hier vertretener Auffassung (vgl. das zweite Kapitel unter D. I.) den § 299 StGB.

1519 Im Ergebnis ebenso *Gaede,* medstra 2015, 263, 264. Ähnlich auch bereits zum RefE *Gaede/Lindemann/Tsambikakis,* medstra 2015, 142, 147; „Klärungsbedarf" hinsichtlich des Rangverhältnisses der geschützten Rechtsgüter sieht auch *DRB,* Stellungnahme zum RefE Nr. 10/15, S. 2. Keine Schwierigkeiten sehend *Kubiciel,* WiJ 2016, 1, 3.

1520 BT-Drs. 18/6446, S. 16; darauf ebenfalls hinweisend *Gaede/Lindemann/Tsambikakis,* medstra 2015, 142, 147.

1521 Vgl. BT-Drs. 18/6446, S. 16; dies ebenfalls erwähnend *Gaede/Lindemann/Tsambikakis,* medstra 2015, 142, 147.

1522 Vgl. BT-Drs. 18/6446, S. 17; ähnlich auch *Gaede/Lindemann/Tsambikakis,* medstra 2015, 142, 147.

1523 BT-Drs. 18/6446, S. 22.

Rechtsgüterzuordnung[1524] innerhalb der Vorschriften sind Probleme in der Auslegung mithin programmiert. Die Entscheidung des Gesetzgebers für einen doppelten Rechtsgüterschutz ist allerdings nicht per se zu verurteilen.

IV. Verortung im Gesetz

Der Gesetzentwurf sieht die Einordnung der neuen Tatbestände in den 26. Abschnitt, den Straftaten gegen den Wettbewerb, vor. Er reiht sich damit in die bisherigen Entwürfe des BMJV und des Bundesrates in dieser Legislaturperiode ein. Wie die bisher schon in diesem Abschnitt enthaltenen Straftatbestände schützen diese ebenfalls den Wettbewerb.[1525] Außerdem erfolge die Einteilung von Normen in den jeweiligen Abschnitt des StGB ohnehin nicht immer durchgehend stringent, so dass diese Einteilung ungeachtet des zweiten Schutzguts als gerechtfertigt erscheint.[1526] Letzte systematische Zweifel im Hinblick auf das zweite geschützte Rechtsgut dürften spätestens seit Inkrafttreten des Gesetzes zur Bekämpfung der Korruption[1527] ausgeräumt sein. Neben dem Wettbewerb schützt § 299 StGB nunmehr auch die Interessen des Geschäftsherrn.[1528]

Dass mit der Einordnung unbedingt eine Rangfolge der geschützten Rechtsgüter einhergeht, ist hingegen nicht erkennbar.[1529] Während der

---

1524 Ob der Rechtsgüterschutz letztlich stimmig erfolgt (für den RefE noch bezweifelnd *Gaede/Lindemann/Tsambikakis,* medstra 2015, 142, 147 f.), vgl. sogleich unter C. V.

1525 BT-Drs. 18/6446, S. 16; ebenso die Erläuterung zum Entwurf des Bundesrates, vgl. BR-Drs. 16/15, S. 17.

1526 So die Erläuterung zum Entwurf des Bundesrates, vgl. BR-Drs. 16/15, S. 17.

1527 Gesetz zur Bekämpfung der Korruption vom 20.11.2015 (BGBl. I S. 2025).

1528 Insoweit erscheint nun auch die von der Bunderegierung aus dem Entwurf des BMJV übernommene Erläuterung, dass auch die Struktur des neuen Tatbestandes für eine Einordnung in den 26. Abschnitt spreche, wieder passend. Nach den im Vergleich zum Referentenentwurf des BMJV vorgeschlagenen Änderungen am Gesetz war die Ähnlichkeit mit § 299 StGB a.F. zunächst nicht mehr so groß. Vgl. BT-Drs. 18/6446, S. 16 und auch schon *BMJV,* RefE vom 4. Februar 2015, S. 15.

1529 So aber *DRB,* Stellungnahme zum RefE Nr. 10/15, S. 2, der noch „Klärungsbedarf" bezüglich dessen sieht.

Referentenentwurf des BMJV allerdings auch noch in seinem Aufbau gänzlich dem § 299 StGB a.f. angelehnt war, ähnelt der jetzige Gesetzentwurf daneben stark den §§ 332, 334 StGB. Es verwundert daher nicht, dass die schon bisher nicht ganz von der Hand zu weisenden Stimmen[1530] bezüglich einer Erfassung der niedergelassenen Ärzte als Amtsträger nicht verstummt sind[1531].

V. Materiellrechtliche Einzelheiten

1. Täterkreis

Tauglicher Täter des § 299a Abs. 1 StGB-RegE ist ein Angehöriger eines Heilberufs, der für die Berufsausübung oder die Führung der Berufsbezeichnung eine staatlich geregelte Ausbildung erfordert. Ausweislich der Begründung des Gesetzentwurfs orientiert sich der Täterkreis an dem des § 203 Abs. 1 Nr. 1 StGB und soll sowohl die akademischen Heilberufe als auch die sogenannten Gesundheitsfachberufe umfassen.[1532] Neben Ärzten, Zahnärzten, Tierärzten, Psychologischen Psychotherapeuten, Kinder- und Jugendlichenpsychotherapeuten sowie Apothekern sollen demnach auch Gesundheits- und Krankenpfleger, Ergotherapeuten, Logopäden und

---

1530 Vgl. dazu schon *Dannecker,* ZRP 2013, 37, 39; *DRB,* Stellungnahme zum RefE Nr. 10/15, S. 3; *TI Deutschland e.V.,* Stellungnahme zum RefE vom 28. März 2015, S. 2; dagegen aber u.a. *Kubiciel,* KPzK 5/2014, S. 7 f.; *Kubiciel/Tsambikakis,* medstra 2015, 11, 13.

1531 Von einer Verortung im Bereich des § 299 StGB nach wie vor „irritiert" zeigt sich bspw. der *DRB,* vgl. *ders.,* Stellungnahme zum RegE Nr. 22/15, S. 2. Ähnlich wohl auch *Fischer (MEZIS),* die zusätzlich die Erfassung der Vorteilsnahme und Vorteilsgewährung fordert, vgl. *dies.,* Stellungnahme vom 27. November 2015 zum RegE, S. 3 f.; in diese Richtung geht auch der Antrag der Abgeordneten Vogler u.a. vom 2. Juli 2015, vgl. BT-Drs. 18/5452, S. 2. Eine modifizierte Anwendung der §§ 332, 334 StGB schlagen vor *Bittmann/Brockhaus/Rübenstahl/Schröder/Tsambikakis,* WiJ 2015, 176, 184. Sich für ein „Professionsdelikt" zwischen § 331 StGB und §§ 332, 299 StGB aussprechend *Schröder,* NZWiSt 2015, 361, 363 ff. Für eine Einordnung als § 356a StGB Brettel/Duttge/Schuhr, JZ 2015, 929, 934 f. Kritisch zum Standort im 30. Abschnitt aber *Kubiciel,* WiJ 2016, 1, 7 f.; *ders.,* Stellungnahme vom 2. Dezember 2015 zum RegE, S. 15.

1532 BT-Drs. 18/6446, S. 17; so auch schon *BMJV,* RefE vom 4. Februar 2015, S. 16.

Physiotherapeuten erfasst sein.[1533] Korruptiv beeinflusste Entscheidungen von nicht-akademischen Heilberufsträgern seien nicht weniger strafwürdig, auch wenn das generelle Risiko einer unlauteren Einflussnahme schon aufgrund der geringeren wirtschaftlichen Bedeutung weitaus kleiner sei.[1534] Insbesondere aber bei Weiterverweisungen durch Gesundheitsfachberufe, so führt die Bundesregierung in der Gesetzesbegründung explizit aus, seien korruptive Absprachen denkbar.[1535] Insgesamt bleibt die Bundesregierung beim schon vom BMJV vorgesehenen Täterkreis und geht über den im Bundesrat kursierenden Entwurf des Freistaates Bayern hinaus. Dieser sieht allein Angehörige eines Heilberufs, für die „im gesamten Inland berufsständische Kammern eingerichtet sind"[1536], d.h. allein Angehörige der akademischen Heilberufe als taugliche Täter an.

a) Meinungsbild

Das Meinungsbild unter den Verbänden und der Literatur zur Fassung des Täterkreises ist geteilt. Während die Verbände und einige Stimmen in der Literatur[1537] die Ausgestaltung des Adressatenkreises grundsätzlich begrüßen und sich daneben teilweise für die Einbeziehung weiterer Berufsgruppen aussprechen, zeigen sich andere Stimmen in der Literatur eher von dem enger gefassten Täterkreis des Bayerischen Entwurfs angetan. So schlagen der Marburger Bund[1538] und Transparency International Deutschland e.V. (TI)[1539] vor, den Adressatenkreis um die allein einer staatlichen Zulassung bedürfenden und damit bisher nicht erfassten Heilpraktiker zu ergänzen. Die Bundesärztekammer geht mit ihrem Vorschlag, jeden, der „im Zusammenhang mit seiner Berufsausübung im

---

1533 BT-Drs. 18/6446, S. 17; so auch schon *BMJV*, RefE vom 4. Februar 2015, S. 16.

1534 *BMJV*, RefE vom 4. Februar 2015, S. 16.

1535 BT-Drs. 18/6446, S. 17.

1536 Vgl. BR-Drs. 16/15, S. 1 f.

1537 So bspw. *Kubiciel*, KPzK 1/2015, S. 5; *ders.*, KPzK 5/2014, S. 11 f.; *Pragal/Handel*, medstra 2016, 22, 27; *Wigge*, NZS 2015, 447, 448 f.

1538 Vgl. *Marburger Bund*, Stellungnahme vom 1. April 2015 zum RefE des BMJV, S. 4.

1539 Vgl. *TI Deutschland e.V.*, Stellungnahme vom 28. März 2015 zum RefE des BMJV, S. 1.

Gesundheitswesen"[1540] tätig wird, in den Adressatenkreis aufzunehmen, noch darüber hinaus. Vor dem Hintergrund des Schutzzwecks sei es inkonsequent, Personen, die ebenso möglichen Einflussnahmen ausgesetzt sein können, wie beispielsweise Geschäftsinhaber von Privatkliniken oder Pflegeheimen, nicht aufzunehmen.[1541] Stimmen in der Literatur halten hingegen die Begrenzung des Adressatenkreises allein auf die akademischen Heilberufe, so wie sie (auch) der Bayerische Entwurf vorsieht, für „sachgerecht"[1542].[1543] Damit seien alle potentiell bestechungsrelevanten Personen erfasst.[1544] Im Übrigen fehle es „völlig an einer Plausibilisierung des Strafbedürfnisses"[1545]. Jedenfalls aber bestehe ansonsten die Notwendigkeit, im Strafrahmen nach verschiedenen Tätergruppen abzustufen.[1546]

b) Stellungnahme

Betrachtet man den weiteren Aufbau der Vorschrift, erscheint selbst eine Begrenzung des Adressatenkreises allein auf die akademischen Heilberufe noch für zu weitgehend und eine Einschränkung allein auf Ärzte, Zahnärzte, Tierärzte und Apotheker sachgerecht. Jedenfalls in der jetzigen

---

1540 Vgl. *BÄK,* Stellungnahme vom 20. März 2015 zum RefE des BMJV, S. 6; an dieser Auffassung festhaltend in *BÄK,* Stellungnahme vom 20. November 2015 zum RegE, S. 12 ff.

1541 Vgl. zuletzt in *BÄK,* Stellungnahme vom 20. November 2015 zum RegE, S. 12 ff., 16.

1542 So *Badle,* medstra 2015, 2, 3.

1543 *Badle,* medstra 2015, 2, 3; *Bittmann/Brockhaus/Rübenstahl/Schröder/Tsambikakis,* WiJ 2015, 176, 182 f.; *Dieners,* PharmR 2015, 529, 532; *Gaede/Lindemann/Tsambikakis,* medstra 2015, 142, 148; *Kubiciel/Tsambikakis,* medstra 2015, 11, 15 (zu Bayerischem Entwurf); *Steenbreker,* MedR 2015, 660, 662. Unter Verweis auf die geschützten Rechtsgüter noch Tierärzte ausnehmend *Frister,* in: DAV/IMR, Aktuelle Entwicklungen im Medizinstrafrecht, S. 75, 81. Noch enger *Brettel/Duttge/Schuhr,* JZ 2015, 929, 934. Die Wahl eines weiten Adressatenkreises zumindest jedoch als „in verfassungsrechtlich haltbarer Weise begründbar" bezeichnend *Kubiciel,* Stellungnahme vom 2. Dezember 2015, S. 6 f. Kritisch jedoch *Pragal/Handel,* medstra 2015, 337, 338, 339.

1544 In diesem Sinne *Badle,* medstra 2015, 2, 3; vgl. auch *Steenbreker,* MedR 2015, 660, 662.

1545 *Bittmann/Brockhaus/Rübenstahl/Schröder/Tsambikakis,* WiJ 2015, 176, 182.

1546 *Bittmann/Brockhaus/Rübenstahl/Schröder/Tsambikakis,* WiJ 2015, 176, 189.

Ausgestaltung der Vorschrift gleicht der mögliche Täterkreis einem Rundumschlag[1547], einem „Wolf im Schafspelz",[1548] bei dem sich vor dem Hintergrund immer wieder kritischer Stimmen[1549] bezüglich eines Sonderstrafrechts für Ärzte nur vermuten lässt, dass diese Befürchtungen so beschwichtigt werden sollen. Es ist zwar wünschenswert, wie die Entwurfsbegründung erläutert,[1550] dass auch Leistungen der Gesundheitsfachberufe frei von unzulässiger Einflussnahme erbracht werden, aber es sind nun einmal insbesondere der Arzt und der Apotheker, auf die die beschriebenen Verhaltensweisen nämlich der Bezug, die Verordnung oder die Abgabe von Arznei-, Heil- oder Hilfsmitteln oder von Medizinprodukten (vgl. § 299a Abs. 1 bzw. Abs. 2 StGB-RegE) zutreffen. So ist es in der Regel der Arzt, der die genannten Produkte bzw. Leistungen verordnet.[1551] Über 80 Prozent aller zugelassenen Arzneimittel sind verschreibungspflichtig[1552] und dürfen nach § 1 a.E. AMVV nur bei Vorliegen

---

1547 Der letztlich allerdings mangels Einbeziehung der Heilpraktiker, die zur Ausübung ihres Berufs lediglich einer staatlichen Zulassung bedürfen, wiederum nicht ganz konsequent durchgehalten wird. Denn immerhin arbeiteten im Jahr 2011 als Heilpraktiker so viele Personen (35.000), wie es insgesamt Hebammen (21.000) und Diätassistenten (14.000) gab. Vgl. dazu die Zahlen auf den Internetseiten der Gesundheitsberichterstattung des Bundes, „Beschäftigte im Gesundheitswesen, u.a. nach Art der Beschäftigung und Berufen", mit Stand vom 30. Januar 2013.

1548 Dies macht sich nicht nur an den sogleich erwähnten Stellen bemerkbar, sondern durchzieht den gesamten Entwurf. Zur Erläuterung der einzelnen Tatbestandsmerkmale werden ausschließlich beispielhaft Regelungen insbesondere aus der Berufsordnung der Ärzte aber auch der Apotheker herangezogen oder konkrete Beispiele mit Ärzten oder Apothekern genannt. Dies ebenfalls anmerkend *Gaede/Lindemann/Tsambikakis*, die in diesem Zusammenhang von einer „Catch-All-Strafgesetzgebung" sprechen, medstra 2015, 142, 148 f.

1549 So bspw. *Schneider*, HRRS 2013, 473, 478. Der *Marburger Bund* begrüßt in seiner Stellungnahme zum Referentenentwurf vom 4.2.2015, S. 2, ausdrücklich, dass es sich nicht um Sonderstrafrecht handelt.

1550 Vgl. BT-Drs. 18/6446, S. 17; so auch schon *BMJV*, RefE vom 4. Februar 2015, S. 16.

1551 Für Verordnungs- und Überweisungsentscheidungen (letztere durch den Begriff der „Zuführung" abgedeckt) in diesem Sinne auch Spickhoff/*Scholz*, MBO, § 32 Rn. 1.

1552 Eigene Berechnung auf Basis von Zahlen aus dem Jahr 2013 vom *Bundesverband der Arzneimittel-Hersteller e.V.*: Der Arzneimittelmarkt Deutschland in Zahlen, S. 12.

einer ärztlichen, zahnärztlichen oder tierärztlichen Verordnung abgegeben werden. Ferner ist eine ärztliche Verordnung von Heil- und Hilfsmitteln sowohl bei der gesetzlichen als auch der privaten Krankenversicherung zumeist Voraussetzung dafür, dass die Kosten über die Krankenkasse abgerechnet werden können.[1553] Physiotherapeuten, Ergotherapeuten oder auch Logopäden, wie sie die Entwurfsbegründung beispielhaft als Gesundheitsfachberufe aufzählt, sind demzufolge oftmals selbst von ärztlichen Verordnungen abhängig.[1554] Eine Abgabe i.S.d. § 299a Abs. 1 StGB-RegE, womit jegliche Übergabe an den Patienten und damit auch die Verabreichung gemeint ist,[1555] jedenfalls von verschreibungspflichtigen Arzneimitteln darf eigenverantwortlich regelmäßig ebenfalls nur der Arzt vornehmen. Im Hinblick auf die Abgabe von Arzneimitteln nach dem AMG, die ebenfalls unter die Abgabe nach § 299a StGB-RegE fällt, kommt dem Apotheker gem. § 43 AMG eine zentrale Rolle zu. Über 95 % aller insgesamt zugelassenen Arzneimittel sind apothekenpflichtig, so dass der Endverbraucher diese regelmäßig nur in der Apotheke erhalten kann. Selbst bei rezeptpflichtigen Arzneimitteln kommt dem Apotheker hier noch eine wichtige Rolle zu. Wenn der Arzt nicht gerade die Substitution eines Arzneimittels ausgeschlossen hat, obliegt es dem Apotheker, unter den wirkstoffgleichen Präparaten das passende auszuwählen.[1556] Schließlich scheint auch die Entwurfsbegründung selber davon

---

1553 Zu Hilfsmitteln vgl. das erste Kapitel unter B. VI.; bzgl. der Heilmittel vgl. nur § 3 Abs. 1 S. 1 Heilmittel-Richtlinie (für die GKV) und § 4 Abs. 3 MB/KK 2009 (für die PKV). Dass es auf absehbare Zeit einen sog. Direktzugang zu Heilmittelerbringern geben wird, erscheint trotz eines aktuellen Positionspapiers der CDU/CSU-Fraktion im Bundestag eher fernliegend, vgl. *AG Gesundheit – CDU/CSU-Fraktion im Bundestag:* Heilmittelerbringer direkter in die Versorgung einbinden, März 2015, S. 3.

1554 In diesem Sinne auch BR-Drs. 16/15, S. 17, *Badle*, medstra 2015, 139, 139; *Frister*, in: DAV/IMR, Aktuelle Entwicklungen im Medizinstrafrecht, S. 75, 80; *Kubiciel/Tsambikakis*, medstra 2015, 11, 15; *Steenbreker*, MedR 2015, 660, 662. Diese trotz Befürwortung ihrer Einbeziehung in den Tatbestand dennoch auch eher auf der „Geberseite" sehend, *Pragal/Handel*, medstra 2015, 337, 339.

1555 Vgl. BT-Drs. 18/6446, S. 20; so auch schon *BMJV*, RefE vom 4. Februar 2015, S. 19.

1556 So auch *Pragal/Handel*, medstra 2016, 22, 26. Zuzugeben ist, dass die Auswahl, sobald der Patient gesetzlich versichert ist, durch sozialrechtliche Vorgaben oftmals sehr eingeschränkt ist. Immerhin aber knapp ein Fünftel aller zugelassenen Arzneimittel ist rezeptfrei erhältlich, so dass dem Apo-

auszugehen, dass jedenfalls eine „Zuführung von Patienten oder Untersuchungsmaterial" primär durch Ärzte erfolgt. Zwar soll der Begriff der Zuführung weit verstanden werden, allerdings verweist die Begründung zur Beschreibung des Begriffs auf § 31 MBO und § 73 Abs. 7 SGB V, die beide explizit Ärzte ins Visier nehmen.

Im Übrigen stützen weder der Verweis auf den Täterkreis des § 203 Abs. 1 Nr. 1 StGB noch der Hinweis auf § 63 Abs. 3c SGB V den hier vorgesehenen weiten Täterkreis. Während das durch § 203 Abs. 1 Nr. 1 StGB geschützte Rechtsgut, das Individualinteresse an der Geheimhaltung bestimmter Tatsachen, durch den dort benannten Täterkreis jeweils in gleicher Weise und vergleichbarem Ausmaß getroffen werden kann, ist dies, wie soeben dargelegt, bei dem von § 299a StGB-RegE geschützten Rechtsgut nicht in gleichem Maße der Fall.[1557] Ferner scheint die in der Entwurfsbegründung entsprechend § 63 Abs. 3c SGB V beschriebene Übertragung ärztlicher Aufgaben auf nicht ärztliches Personal in der Praxis bisher keine Rolle zu spielen.[1558] Eine Ausklammerung dieser Berufsgruppen zu diesem Zeitpunkt versperrt nicht den Weg, auf zukünftige Entwicklungen in diesem bisher auf Einzelfälle angelegten Bereich zu reagieren. Selbst dann ist in einer genauen Prüfung zu klären, inwieweit die überhaupt von § 299a Abs. 1 StGB-RegE erfassten Verhaltensweisen auf die dann erfassten Berufsgruppen zutreffen. Bei einer Einbeziehung zum jetzigen Zeitpunkt macht man gleichsam den zweiten vor dem ersten Schritt.

---

theker jedenfalls hierbei eine uneingeschränkte Beratungsfunktion zukommt. Vgl. dazu auch *Geiger,* medstra 2016, 9, 14 f.

1557 Ebenso auch *Gaede/Lindemann/Tsambikakis,* medstra 2015, 142, 148 f.

1558 Stellungnahmen zum GKV-Versorgungsstärkungsgesetz zufolge soll es bisher zu keinem einzigen Modellvorhaben nach § 63 SGB V gekommen sein, vgl. nur *Deutscher Pflegerat e.V.,* Stellungnahme vom 25. Februar 2015, BT Ausschussdrucksache 18(14)0091(19), S. 1 oder *Diakonie Deutschland – Evangelischer Bundesverband e.V.,* Stellungnahme vom 16. März 2015, BT Ausschussdrucksache 18(14)0091(6), S. 16. Eine vergleichbare Einschätzung geben *Gaede/Lindemann/Tsambikakis,* medstra 2015, 142, 148. Auch für die Zukunft nur eine „vergleichsweise geringe wirtschaftliche Bedeutung" vorhersagend *Frister,* in: DAV/IMR, Aktuelle Entwicklungen im Medizinstrafrecht, S. 75, 80.

Die Einbeziehung von weiteren potentiell der Einflussnahme ausgesetzten Personen, wie Inhabern von Privatkliniken oder Pflegeheimen,[1559] ist schließlich kein speziell im Gesundheitswesen verortetes Problem welches im Rahmen des § 299a StGB-RegE zu diskutieren wäre. Es ist nämlich primär der Wettbewerb, der von ihren Entscheidungen betroffen ist und nicht das von § 299a StGB-RegE außerdem geschützte Vertrauen in die Integrität heilberuflicher Entscheidungen. In § 299 StGB ist es wiederum eine gesetzgeberische Entscheidung, Geschäftsinhaber nicht als taugliche Täter anzusehen.[1560] Dabei ergeben sich aber für Geschäftsinhaber im Gesundheitswesen keine davon abweichend zu behandelnden Besonderheiten.[1561] Abgesehen davon dürfte der Vorschlag mehr publikumswirksam als praktisch relevant sein. In den meisten größeren Einrichtungen werden die Bestellungen über Angestellte in Einkaufsabteilungen, mithin taugliche Täter des § 299 StGB, abgewickelt. Und falls der Geschäftsinhaber Angehöriger eines Heilberufs ist, ist er auch jetzt schon von § 299a StGB-RegE erfasst.[1562] Insgesamt erweist sich der Täterkreis insbesondere in Zusammenschau mit den im Tatbestand des § 299a StGB-RegE beschriebenen Verhaltensweisen als zu weitgehend.[1563]

1559 Durchaus kritisch *Pragal/Handel,* medstra 2015, 337, 339, deren Beispielsfall allerdings seit der Neufassung von § 299 StGB, wie sie selbst schon vermutet haben, tatsächlich erfasst ist.

1560 Diese letztlich auch kritisierend, obwohl in Stellungnahme zum RefE des BMJV der Aufhänger § 299a StGB-RefE ist, vgl. *BÄK,* Stellungnahme vom 20. März 2015 zum RefE des BMJV, S. 5 f.

1561 Insofern soll hier der Verweis auf die seit Jahren um die Einbeziehung von Geschäftsinhabern in den Tatbestand des § 299 StGB geführte Diskussion ausreichen, vgl. dazu die Nachweise im zweiten Kapitel unter D. IV.

1562 Wobei zuzugeben ist, dass mit der am RegE im Vergleich zum RefE vorgenommenen Änderung, die Bezugsentscheidungen nur noch hinsichtlich der heilberuflichen Unabhängigkeit zu erfassen (vgl. § 299a Abs. 2 StGB RegE), hier kaum noch ein praktisch relevanter Fall denkbar ist.

1563 So auch *Dieners,* PharmR 2015, 529, 532; *Frister,* in: DAV/IMR, Aktuelle Entwicklungen im Medizinstrafrecht, S. 75, 80. Im Ergebnis auch *Schröder,* der vermutet, dass der Gesetzgeber sich insbesondere auf die Ärzteschaft konzentriert und dem weiteren Täterkreis weniger Aufmerksamkeit gewidmet habe, vgl. *ders.,* NZWiSt 2015, 321, 329.

2. *Vorteil für sich oder einen Dritten*[1564]

Der Täter muss einen Vorteil für sich oder einen Dritten fordern. Entsprechend der Entwurfsbegründung soll sich die Auslegung des Tatbestandsmerkmals an den zu §§ 299, 331 StGB entwickelten Grundsätzen orientieren.[1565] Mithin versteht man auch unter einem Vorteil im Sinne des § 299a StGB-RegE jede materielle oder immaterielle Leistung, die die wirtschaftliche, rechtliche oder persönliche Lage des Empfängers verbessert und auf die er keinen Anspruch hat. Beispielhaft genannt werden hier, in ausdrücklicher Anlehnung an § 31 MBO-Ä, unter anderem Einladungen zu Kongressen oder die Finanzierung von Fortbildungsveranstaltungen, aber auch Ehrungen und Ehrenämter. Auch im Abschluss eines Vertrages kann ein Vorteil im Sinne des § 299a StGB-RegE liegen. Richtigerweise kommt es hier ebenso auf den Wert des Vorteils zunächst nicht an.[1566]

3. *§ 299a Abs. 1 StGB-RegE*

a) Im Zusammenhang mit der Ausübung seines Berufs

§ 299a Abs. 1 StGB-RegE fordert, wie auch schon der Entwurf des BMJV, ein Handeln des Angehörigen eines Heilberufs „in Zusammenhang mit der Ausübung seines Berufs". Der Strafbarkeit nicht unterfallen sollen damit entsprechend der Entwurfsbegründung private Handlungen,

---

1564 Die fehlende Erwähnung von Drittvorteilen in § 299a Abs. 2 StGB-RegE ist als Redaktionsversehen einzuschätzen (so auch *Pragal/Handel*, medstra 2015, 337, 342; *Kubiciel*, Stellungnahme vom 2. Dezember 2015 zum RegE, S. 19). Ausweislich der Gesetzesbegründung sieht die Bundesregierung ausdrücklich auch „Vorteile für Dritte" als vom Tatbestand erfasst an, vgl. BT-Drs. 18/6446, S. 23. Die praktischen Auswirkungen jedoch kritisch betrachtend *Pragal/Handel*, medstra 2015, 337, 342.

1565 Vgl. dazu und im Folgenden das zweite Kapitel unter B. IV. und BT-Drs. 18/6446, S. 17 f.; wie auch schon BMJV, RefE vom 4. Februar 2015, S. 16 f. Dazu kritisch aber *Bittmann/Brockhaus/Rübenstahl/Schröder/Tsambikakis*, WiJ 2015, 176, 193 (noch zum RefE); *Wigge*, NZS 2015, 447, 449 ff. (noch zum RefE).

1566 Ein wenig missverständlich, da im Rahmen der Erläuterungen zum Vorteil verortet, spricht denn auch der Entwurf davon, dass sozialadäquate Zuwendungen den Tatbestand der Vorschrift nicht erfüllen, vgl. BT-Drs. 18/6446, S. 17 f.; so auch schon *BMJV*, RefE vom 4. Februar 2015, S. 17.

„die außerhalb der beruflichen Tätigkeit erbracht werden"[1567]. Der Arzt also, der sich Vorteile dafür versprechen lässt, dass er für sich privat ein bestimmtes Arzneimittel erwirbt, soll nicht nach § 299a StGB strafbar sein. Die noch zu § 12 UWG im Jahr 1952 getroffene Feststellung des BGH[1568], dass nur der unlautere Wettbewerb um den Kunden bestraft werden soll, der einen geschäftlichen Betrieb unterhält und mangels wirtschaftlicher Bedeutung nicht aber der unlautere Wettbewerb um den privaten Kunden, hat damit auch hier seine Gültigkeit. Durch ein solches Verhalten wird auch das Vertrauen in die Integrität heilberuflicher Entscheidungen nicht beeinträchtigt.

So eindeutig die Grundidee der Formulierung ist, so unklar aber sind ihre Grenzen. Der recht schwammige Gesetzeswortlaut „im Zusammenhang mit der Ausübung *seines* Berufs"[1569] bereitet nämlich dann Schwierigkeiten, wenn beispielsweise jemand zwar aufgrund seiner Ausbildung als Arzt ein „Angehöriger eines Heilberufs" ist, aber gar nicht originär als ein solcher tätig ist. Mit den nun im Gesetzentwurf der Bundesregierung im Vergleich zum Referentenentwurf vorgesehenen Änderungen, wonach in § 299a Abs. 1 StGB-RegE mit der Auslagerung des Bezugs in § 299a Abs. 2 StGB-RegE nunmehr nur noch überwiegend typisch ärztliche Tätigkeiten beschrieben sind, halten sich die Folgen dieses möglichen Redaktionsversehens[1570] nun voraussichtlich in Grenzen.[1571] Noch vor den Änderungen des RegE ließ sich nämlich, alle weiteren Tatbestandsmerkmale vorausgesetzt, die Bestellung eines Einkäufers in einem Unternehmen, der zufällig ausgebildeter Arzt war, unter § 299a StGB subsumieren, wenn sie nur in „Ausübung seines Berufs" geschah. Ein solch weiter Umfang des Straftatbestandes kann ersichtlich nicht gewollt sein und ist

---

1567 BT-Drs. 18/6446, S. 20; *BMJV,* RefE vom 4. Februar 2015, S. 19.
1568 BGHSt 2, 396, 402 f.
1569 Hervorhebung durch die Verfasserin.
1570 Im Gegensatz zum Wortlaut des Gesetzentwurfs, der, wie beschrieben „seines Berufs" lautet, führte schon die Entwurfsbegründung des BMJV aus, dass nur solche heilberuflichen Handlungen von § 299a StGB-RefE erfasst würden, „die ‚im Zusammenhang mit der Ausübung dieses Berufs' erfolgen", vgl. schon *BMJV,* RefE vom 4. Februar 2015, S. 17 und nunmehr ebenso BT-Drs. 18/6446, S. 20.
1571 Insoweit ist auch *Pragal/Handel* zuzustimmen, dass private Handlungen, die mit der Formulierung ausgeschlossen werden sollen, vor dem Hintergrund des Handlungskontextes „ohnehin schwer vorstellbar" sind, vgl. *Pragal/Handel,* medstra 2015, 337, 339.

vor dem Hintergrund des § 299 StGB auch gar nicht notwendig. Er ist allein Folge der außerordentlich weiten Formulierung „seines Berufs", die die Einbeziehung sämtlicher möglicher Einsatzgebiete einmal dem Täterkreis unterfallender Personen ermöglicht. Die Schwierigkeiten sollten sich mit der Formulierung „im Zusammenhang mit der Ausübung des Heilberufs" minimieren lassen.

Wenn vereinzelt vorgeschlagen wird, die momentan vorgesehene Formulierung durch „in Ausübung des Heilberufs" zu ersetzen,[1572] so erzeugt dies mehr Rechtsunsicherheiten, als sie minimiert. Die Formulierung ist unnötig eng. Abgrenzungsschwierigkeiten bereitet dabei nämlich meines Erachtens, welche Verhaltensweisen genau noch zur Ausübung des Heilberufs gehören. Ist es, im Falle des Arztes, allein die Heilbehandlung oder aber auch noch, als niedergelassener Arzt, die Bestellung von Arznei- und Hilfsmitteln, die mit der originären ärztlichen Tätigkeit wiederum nicht unbedingt übereinstimmt. Solche Abgrenzungsschwierigkeiten werden mit der weiteren Formulierung, wie sie auch im aktuellen Entwurf des § 299a Abs. 1 StGB-RegE schon angelegt ist, nämlich alle Tätigkeiten „im Zusammenhang mit der Ausübung" zu erfassen, umgangen.[1573]

b) Unrechtsvereinbarung

Schließlich setzt § 299a StGB-RegE – wie auch schon die §§ 331 ff. und § 299 StGB – eine Unrechtsvereinbarung voraus. Die bloße Annahme des Vorteils reicht mithin nicht zur Tatbestandserfüllung aus. Der Täter muss den Vorteil vielmehr als Gegenleistung entweder für eine zumindest intendierte unlautere Bevorzugung im Wettbewerb oder aber für eine solch intendierte Verletzung seiner berufsrechtlichen Pflicht zur Wahrung der heilberuflichen Unabhängigkeit fordern, sich versprechen lassen oder

---

1572 Vgl. *Kubiciel/Tsambikakis,* medstra 2015, 11, 14 so zum in dieser Formulierung wortgleichen Bayerischen Entwurf. Zustimmend *Bittmann/Brockhaus/Rübenstahl/Schröder/Tsambikakis,* WiJ 2015, 176, 189.

1573 Wenn *Bittmann/Brockhaus/Rübenstahl/Schröder/Tsambikakis* aber ausführen, dass dadurch auch unnötigerweise Handlungen „bei Gelegenheit" der ärztlichen Berufsausübung erfasst werden (*ders.,* WiJ 2015, 176, 189), so ist nicht recht ersichtlich, welche Handlungen damit gemeint sein sollen. Insbesondere vor dem Hintergrund der geschützten Rechtsgüter erscheint eine genaue Abgrenzung zwischen noch erfassten und nicht mehr erfassten Handlungen auch mit einer weiteren Formulierung möglich.

annehmen.[1574] Es bedarf einer zumindest stillschweigenden Übereinkunft, dass der Vorteil jedenfalls auch aufgrund dessen gefordert, versprochen oder angenommen worden ist. In Anlehnung an § 299 StGB ist grundsätzlich weder die nachträgliche Belohnung noch die Zuwendung um des allgemeinen Wohlwollen willens erfasst.[1575]

aa) Unlautere Bevorzugung im Wettbewerb (Nr. 1)

Gem. § 299a Abs. 1 Nr. 1 StGB-RegE muss der Täter den Vorteil dafür fordern, sich versprechen lassen oder annehmen, dass er einen anderen im Wettbewerb in unlauterer Weise bevorzuge. Entsprechend der Entwurfsbegründung ist zumeist auf die zu § 299 StGB existierenden Grundsätze zurückzugreifen.[1576]

(1) Bevorzugung[1577]

Dementsprechend versteht man unter einer Bevorzugung wiederum jede Begünstigung des Vorteilsgebers oder eines Dritten, auf die er keinen Anspruch hat und durch die der freie Wettbewerb beeinträchtigt wird.[1578] Es ist ausreichend, wenn die Bevorzugung durch die Beteiligten jedenfalls in groben Umrissen festgelegt ist. Nicht ausreichend allerdings ist die

---

1574 So BT-Drs. 18/6446, S. 18; vergleichbar auch schon *BMJV*, RefE vom 4. Februar 2015, S. 17.

1575 Vgl. BT-Drs. 18/6446, S. 18; so auch schon *BMJV*, RefE vom 4. Februar 2015, S. 17. Dies ausdrücklich begrüßend *Jary*, PharmR 2015, 99, 103. Auf drohende Beweisschwierigkeiten im Hinblick auf die Nichterfassung von Zuwendungen für in der Vergangenheit liegende Bevorzugungen hinweisend *Bittmann/Brockhaus/Rübenstahl/Schröder/Tsambikakis*, WiJ 2015, 176, 190.

1576 Vgl. BT-Drs. 18/6446, S. 18.

1577 Wenn *Frister* vorschlägt, auf das Merkmal im Rahmen der Unrechtsvereinbarung zu verzichten (vgl. *ders.*, in: DAV/IMR, Aktuelle Entwicklungen im Medizinstrafrecht, S. 75, 86 ff.), so kann dem nicht zugestimmt werden. Eine Bevorzugung mag zwar die „stets zu erwartende Folge" einer im Folgenden noch näher zu erörternden Vereinbarung sein, muss sie aber wiederum auch nicht. Ob die von *Frister* angeführten Umgehungsmöglichkeiten durch entsprechende Formulierungen in Verträgen eine Beweisführung tatsächlich unmöglich machen, darf bezweifelt werden. Nicht jeder Ausrede muss letztlich Glauben geschenkt werden. Nur so aber wird auch eine Bindung zum geschützten Rechtsgut deutlich.

1578 Vgl. dazu und im Folgenden das zweite Kapitel unter D. V. 1. a).

Zuwendung, die allgemein und unspezifisch künftiges „Wohlwollen" fördern soll.[1579] Eine Bevorzugung in diesem Sinne ist auf viele Art und Weisen denkbar. So kann sie in einer vorrangigen Verordnung oder Abgabe bestimmter Präparate, einer vorrangigen Überweisung von Patienten oder auch in einer begünstigenden Auftragserteilungspraxis liegen.

(2) Verordnung, Abgabe oder Zuführung

Die Bevorzugung muss entweder auf die Verordnung oder die Abgabe von Arznei-, Heil- oder Hilfsmitteln oder Medizinprodukten gerichtet sein oder aber auf die Zuführung von Patienten oder Untersuchungsmaterial.

(a) Begriffe

Die Begriffe entstammen überwiegend den entsprechenden Berufsordnungen, dem Sozialrecht sowie dem Arzneimittel- und dem Medizinproduktegesetz. Für die Erläuterung der Begriffe des Arznei- und Hilfsmittels sowie des Medizinprodukts kann daher auf die Ausführungen im ersten Kapitel unter B. VI. 1. verwiesen werden. Unter Heilmitteln versteht man dem BSG zufolge „alle ärztlich verordneten Dienstleistungen, die einem Heilzweck dienen oder einen Heilerfolg sichern und nur von entsprechend ausgebildeten Personen erbracht werden dürfen"[1580]. Dazu zählen unter anderem Maßnahmen der Physikalischen oder Podologischen Therapie, der Stimm-, Sprech- und Sprachtherapie oder auch der Ergotherapie.[1581]

Der Begriff der Verordnung soll sowohl die Verschreibung der entsprechenden Mittel zugunsten von Patienten sowie alle solche Tätigkeiten erfassen, die einen engen inneren Zusammenhang dazu aufweisen.[1582] Auf eine Verschreibungspflicht soll es nicht ankommen.[1583] Es genügt auch das Versenden an einen anderen Leistungserbringer.[1584] Unter Abgabe

---

1579 Vgl. BT-Drs. 18/6446, S. 18; so auch schon *BMJV,* RefE vom 4. Februar 2015, S. 17. Dies begrüßend *Frister,* in: DAV/IMR, Aktuelle Entwicklungen im Medizinstrafrecht, S. 75, 86.
1580 BSG NZS 2001, 532, 533.
1581 Vgl. dazu BSG NZS 2001, 532, 533 und § 2 Abs. 1 S. 2 HeilM-RL.
1582 BT-Drs. 18/6446, S. 20; so auch schon *BMJV,* RefE vom 4. Februar 2015, S. 19.
1583 BT-Drs. 18/6446, S. 20; so auch schon *BMJV,* RefE vom 4. Februar 2015, S. 19.
1584 BT-Drs. 18/6446, S. 20; so auch schon *BMJV,* RefE vom 4. Februar 2015, S. 19.

versteht man jegliche Form der Übergabe an den Patienten, darunter auch die Verabreichung.[1585] Schließlich entspricht der Begriff der Zuführung dem sozial- und berufsrechtlichen Zuweisungsbegriff. Erfasst ist damit „jede Einwirkung auf den Patienten mit der Absicht, dessen Auswahl eines Arztes oder eines anderen Leistungserbringers zu beeinflussen"[1586]. Zuweisungen und Überweisungen sind mithin ebenso erfasst wie Verweisungen oder Empfehlungen.[1587] Die Abweichung zum Begriff der Zuweisung soll verdeutlichen, dass es auf die Form der Einwirkung nicht ankommt.[1588] Mündliche und unverbindliche Empfehlungen stellen ebenso eine Zuführung dar, wie solche im Rahmen vertraglicher Kooperationen.[1589]

(b) Stellungnahme

Auch nach der Ausgliederung des Merkmals „Bezug" in einen zweiten Absatz durch den Gesetzentwurf der Bundesregierung muss der Rechtsanwender darüber hinwegsehen, dass nicht jede aufgezählte Tätigkeit von jeder dem Täterkreis unterfallenden Person durchgeführt werden darf. Eine Verordnung im Sinne einer Verschreibung ist bis auf wenige Ausnahmen Ärzten vorbehalten, auch die eigenverantwortliche Abgabe von Arzneimitteln beispielsweise obliegt primär dem Apotheker oder einem Arzt. Erfreulich aber ist in jedem Fall, dass durch die ausdrückliche Erwähnung von Verordnungen, nunmehr die noch im Rahmen von § 299 Abs. 1 StGB damit verbundenen Subsumtionsprobleme praktisch nicht mehr relevant sind.[1590] Insgesamt ist die grundsätzliche Orientierung an den schon im Sozial- und Medizinrecht bekannten Begrifflichkeiten be-

---

1585 BT-Drs. 18/6446, S. 20; so auch schon *BMJV,* RefE vom 4. Februar 2015, S. 19. Kritisch *Steenbreker,* MedR 2015, 660, 662.

1586 BT-Drs. 18/6446, S. 20; so auch schon *BMJV,* RefE vom 4. Februar 2015, S. 19.

1587 BT-Drs. 18/6446, S. 20 unter Verweis auf BGH MedR 2011, 500, 506 (so zum Begriff der Zuweisung); so auch schon *BMJV,* RefE vom 4. Februar 2015, S. 19.

1588 BT-Drs. 18/6446, S. 20; so auch schon *BMJV,* RefE vom 4. Februar 2015, S. 19.

1589 BT-Drs. 18/6446, S. 20; so auch schon *BMJV,* RefE vom 4. Februar 2015, S. 19.

1590 Vgl. dazu das zweite Kapitel unter D. V. 1. Ähnlich anmerkend auch schon *Jary,* PharmR 2015, 99, 102.

grüßenswert.[1591] Selbst wenn die Auslegung dort teilweise Schwierigkeiten bereitet, so haben sich die Begriffe überwiegend etabliert und bieten einen guten Anhaltspunkt.[1592] Dass dort allerdings der Begriff der Zuweisung eine bestimmte Form der Einwirkung auf den Patienten voraussetzt und daher von dem bekannten Begriffsschema abgewichen werden soll, ist nicht recht einzusehen.[1593]

Wenn *Pragal/Handel*[1594] schließlich darauf hinweisen, „ohne hiermit ein Verdikt über die Strafwürdigkeit aussprechen zu wollen", dass damit wiederum nicht alle Formen der Korruption erfasst werden, so sollte man dies vor dem Hintergrund des fragmentarischen Charakters des Strafrechts jedenfalls vorerst hinnehmen. Häufen sich in Zukunft die Umgehungsstrategien, so kann der Gesetzgeber unter Abwägung aller Gesichtspunkte immer noch über die Strafwürdigkeit solcher Strategien entscheiden.

(3) Im Wettbewerb

Die Bevorzugung muss darüber hinaus im Wettbewerb stattfinden. Entsprechend der Entwurfsbegründung kann dabei auf die Auslegungsgrundsätze zu § 299 StGB zurückgegriffen werden.[1595] Es ist daher ausreichend, dass nach der Vorstellung des Täters im Zeitpunkt der Tathandlung ein Wettbewerbsverhältnis zwischen dem Anbieter der Produkte oder dem Drittbegünstigten und dessen Konkurrenten herrschen muss. Damit scheidet eine Strafbarkeit auch nach § 299a StGB-RegE aus, wenn nach der Vorstellung des Täters gar kein Wettbewerb bestehen kann. An einer Wettbewerbslage fehlt es regelmäßig dann, wenn dem zu Bevorzugenden eine Monopolstellung zukommt.[1596]

1591 Ebenso *Bittmann/Brockhaus/Rübenstahl/Schröder/Tsambikakis*, WiJ 2015, 176, 186 f.; *Gädigk*, medstra 2015, 268, 270; *Pragal/Handel*, medstra 2015, 337, 339.
1592 Kritisch dazu aber *Gaede/Lindemann/Tsambikakis*, medstra 2015, 142, 150; ebenfalls kritisch *Dieners*, PharmR 2015, 529, 532.
1593 Im Ergebnis ebenso *Bittmann/Brockhaus/Rübenstahl/Schröder/Tsambikakis*, WiJ 2015, 176, 188.
1594 *Pragal/Handel*, medstra 2015, 337, 339.
1595 Vgl. dazu das zweite Kapitel unter D. V. 1. c). Kritisch aber *Brettel/Duttge/Schuhr*, JZ 2015, 929, 933.
1596 LK/*Tiedemann*, § 299 Rn. 37; Schönke/Schröder/*Heine/Eisele*, § 299 Rn. 23; ausführlich auch *Gercke/Wollschläger*, wistra 2008, 5, 7.

(4) Unlauter

Die intendierte Bevorzugung ist unlauter, wenn sie geeignet ist, den Wettbewerb zu beeinträchtigen und den Mitbewerber zu schädigen. Auch hierbei soll auf die zu § 299 StGB aufgestellten Auslegungsgrundsätze zurückgegriffen werden.[1597] Mithin sollte dem Merkmal der Unlauterkeit jedenfalls nach der hier vertretenen Auffassung keine eigenständige Bedeutung mehr zukommen.[1598] Danach begründet schon die Vorteilszuwendung die Gefahr, dass der Täter die Entscheidung aus sachfremden Gründen trifft. Weitere Ausführungen hätten damit ihr Bewenden haben können. Möglicherweise aber in Reaktion auf Stimmen zum Referentenentwurf des BMJV, wonach in nahezu „panikähnlicher Prophezeiung" schon alle berufsrechtlich erlaubten Kooperationen nach § 299a StGB-RefE für strafbar erklärt wurden,[1599] findet sich in der Begründung des Gesetzentwurfs der Regierung darüber hinaus noch folgende Feststellung: An der Unlauterkeit mangele es insbesondere dann, „wenn die Bevorzugung berufsrechtlich zulässig ist"[1600]. Zwar weisen die Verfasser noch im gleichen Satz darauf hin, dass dies nur relevant würde, sofern nicht ohnehin erst gar keine Unrechtsvereinbarung gegeben sei. Allerdings wird damit dennoch ein Zusammenhang zwischen Berufsrecht und Strafbarkeit suggeriert, der in dieser Form jedenfalls nach hier vertretener Ansicht nicht besteht.[1601] Es ist nicht ersichtlich, inwieweit eine berufsrechtliche Zulässigkeit der Bevorzugung die Gefahr einer sachfremden Entscheidung im Wettbewerb mindern sollte.

(5) Sozialadäquate Zuwendungen

Wiederum vom Tatbestand auszunehmen sind sozialadäquate Zuwendungen.[1602] Der Entwurfsbegründung zufolge sind dies solche Zuwendungen,

---

1597 BT-Drs. 18/6446, S. 21; so auch schon *BMJV,* RefE vom 4. Februar 2015, S. 20.
1598 Vgl. dazu schon das zweite Kapitel unter D. V. 1. d); anders aber *Schneider/Ebermann,* A&R 2015, 202, 204, die nach dem „Prinzip der asymmetrischen Akzessorietät" kein Verhalten für strafbar halten, was durch andere Rechtsmaterien erlaubt ist.
1599 So bspw. *KBV,* Stellungnahme vom 9. April 2015, S. 5 ff.
1600 BT-Drs. 18/6446, S. 21.
1601 Vgl. dazu näher auch noch unten unter C. V. 5. b).
1602 Vgl. dazu schon das zweite Kapitel unter D. V. 1. e) und auch entsprechende Ausführungen bei BT-Drs. 18/6446, S. 17 f.; so auch schon *BMJV,* RefE vom 4. Februar 2015, S. 17. Eine Annäherung anhand von Wertgren-

denen die objektive Eignung fehlt, konkrete heilberufliche Entscheidungen zu beeinflussen.[1603] Geringfügige und allgemein übliche Werbegeschenke zählten ebenso dazu wie kleinere Präsente von Patienten.[1604] Diese sollen jedoch dann nicht sozialüblich sein, wenn „deren Annahme den Eindruck erweckt, dass die Unabhängigkeit der ärztlichen Entscheidung beeinflusst wird, und die damit bereits berufsrechtlich unzulässig sind"[1605]. Jedenfalls für die Tatbestandsvariante des § 299a Abs. 1 Nr. 1 StGB-RegE kann diese Sichtweise jedoch nicht überzeugen. Eine Eignung zur Beeinflussung der ärztlichen Integrität wird sich sehr viel eher bejahen lassen als eine Eignung zur sachwidrigen Beeinflussung einer Wettbewerbsentscheidung, um die es bei § 299a Abs. 1 Nr. 1 StGB-RegE primär geht. Anders sind auch die im Regierungsentwurf hinzugekommenen Ausführungen bezüglich der Zuwendungen von Patienten nicht recht verständlich. Während nämlich nach der Entwurfsbegründung, wie soeben beschrieben, einerseits die Möglichkeit besteht, dass solche Zuwendungen unter die Regeln der Sozialadäquanz fallen, ist andererseits im Rahmen der Ausführungen zu § 299a Abs. 1 Nr. 2 StGB-RegE vorgesehen,[1606] dass solche Zuwendungen von vornherein aus dem Tatbestand auszunehmen sind, weil die heilberufliche Unabhängigkeit dem Schutz des Patienten diene. Das Berufsrecht sollte damit primär als Anhaltspunkt für die Auslegung von § 299a Abs. 1 Nr. 2 und § 299a Abs. 2 StGB-RegE dienen, nicht aber schon für die Variante mit Wettbewerbsbezug. Insoweit ist auf die Ausführungen im zweiten Kapitel unter D. V. 1. e) zu verweisen.

bb) Verletzung berufsrechtlicher Pflicht zur Wahrung heilberuflicher Unabhängigkeit (Nr. 2)

Eine Strafbarkeit nach § 299a Abs. 1 Nr. 2 StGB-RegE setzt nunmehr voraus, dass der Täter den Vorteil dafür fordert, sich versprechen lässt

---

zen geben *Schneider/Ebermann*, A&R 2015, 202, 204; vgl. auch *Broß/Harney*, MPJ 2015, 307, 311 (Fn. 51). Auf konkrete potentielle Strafbarkeitsrisiken hinweisend *Pragal/Handel*, medstra 2015, 337, 340.

1603 Vgl. BT-Drs. 18/6446, S. 17 f.; so auch schon *BMJV*, RefE vom 4. Februar 2015, S. 17.

1604 Vgl. BT-Drs. 18/6446, S. 17 f.; so auch schon *BMJV*, RefE vom 4. Februar 2015, S. 17.

1605 BT-Drs. 18/6446, S. 18; so auch schon *BMJV*, RefE vom 4. Februar 2015, S. 17.

1606 Vgl. BT-Drs. 18/6446, S. 22.

oder annimmt, dass er seine berufsrechtliche Pflicht zur Wahrung der heilberuflichen Unabhängigkeit verletze. An dieser Stelle hatte der Referentenentwurf des BMJV noch eine Verletzung von Berufsausübungspflichten in sonstiger Weise vorgesehen und sich dafür viel Kritik eingehandelt. Diese ist allerdings mit der neuen Formulierung berechtigterweise nicht abgerissen.

(1) Hintergrund – § 299a Abs. 1 Nr. 2 StGB-RefE

Als Voraussetzung für eine Strafbarkeit nach § 299a Abs. 1 Nr. 2 StGB-RefE war im Referentenentwurf des BMJV noch vorgesehen, dass der Täter den Vorteil dafür fordert, sich versprechen lässt oder annimmt, dass er in sonstiger Weise seine Berufsausübungspflichten verletze. Diese Tatbestandsvariante verfolgte den Zweck, den doppelten Rechtsgüterschutz zu verdeutlichen und mithin als Grundtatbestand Pflichtverletzungen außerhalb von Wettbewerbslagen zu erfassen.[1607] Zur Anwendung kommen sollte § 299a Abs. 1 Nr. 2 StGB-RefE insbesondere bei einer Monopolstellung des Vorteilsgebers oder bei der Verschreibung medizinisch nicht indizierter Behandlungen. Eine Pflichtverletzung allerdings, die sich, wie bei § 32 Abs. 1 MBO-Ä, in der bloßen Annahme von Vorteilen erschöpft, sollte nicht ausreichend sein.[1608] Denn auch diese Tatbestandsvariante verlangte eine Unrechtsvereinbarung derart, dass der Vorteil eine Gegenleistung für eine Verletzung von Pflichten darstellte.[1609]

Das Meinungsbild zu dieser Tatbestandsvariante zeigte sich geschlossen: sie wurde richtigerweise – soweit ersichtlich[1610] – einhellig abgelehnt. Als „undifferenziert"[1611] und unbestimmt[1612], gar als „Fremdkörper"[1613] wurde sie beschrieben. Kritisiert wurden neben der mangelnden Umschreibung konkreter Pflichten vor allem die de-facto geschaffenen Gesetzgebungs-

---

1607 *BMJV*, RefE vom 4. Februar 2015, S. 21.
1608 *BMJV*, RefE vom 4. Februar 2015, S. 21.
1609 *BMJV*, RefE vom 4. Februar 2015, S. 21.
1610 Den schon im Rechts- und Gesundheitsausschuss in der letzten Legislaturperiode gleichlautenden Vorschlag allerdings (noch) ausdrücklich begrüßend beispielsweise *Schickert/Jary*, MPR 2014, 52, 54.
1611 *KBV*, Stellungnahme vom 9. April 2015 zum RefE des BMJV, S. 4
1612 Vgl. *Steenbreker*, MedR 2015, 660, 662 ff.; *Wigge*, NZS 2015, 447, 449 ff.; so auch schon *Kubiciel*, KPzK 5/2014, S. 9 ff. und *Kubiciel/Tsambikakis*, medstra 2015, 11, 15 zum Entwurf des StMJ.
1613 *Oeben*, § 299a StGB ante portas, S. 10

befugnisse der ärztlichen Selbstverwaltungskörperschaften. Auch der verbesserte Schutz von Patienteninteressen wurde bezweifelt.[1614] Die Vorschläge zur Abhilfe reichten denn auch von kleineren Ergänzungen des Wortlauts bis hin zur Streichung der Tatbestandsvariante.[1615] Kritisiert wurde vor allem, dass aus der allgemeinen Formulierung nicht hervorgehe, welche Regelungswerke überhaupt erfasst seien und welche dort enthaltenen Pflichten wiederum Berufsausübungspflichten im Sinne des § 299a Abs. 1 Nr. 2 StGB-RefE darstellen würden.[1616] Überdies war nicht ersichtlich, wie diese Pflichten in sonstiger Weise verletzt werden sollten.[1617] Die Entwurfsbegründung blieb hier gerade in diesem dem Strafrecht bisher unbekannten Bereich sehr knapp.[1618] Für den Normadressaten sei ferner kaum vorhersehbar, welches Verhalten strafbar ist, hieß es.[1619] Überwiegend wurde der Tatbestandsalternative daher zu Recht die notwendige Bestimmtheit abgesprochen.[1620] Die Blankett-Formulierung

---

1614 Primär Fiskalinteressen verfolgt sehend *Bittmann/Brockhaus/Rübenstahl/Schröder/Tsambikakis*, WiJ 2015, 176, 192.

1615 Für die Streichung bspw. *BÄK*, Stellungnahme vom 20. März 2015 zum RefE des BMJV, S. 9; *Gaede/Lindemann/Tsambikakis*, medstra 2015, 142, 153.

1616 Vgl. *BÄK*, Stellungnahme vom 20. März 2015 zum RefE des BMJV, S. 7 ff.; *Deutscher Richterbund*, Stellungnahme Nr. 10/15, S. 4; so auch *Gaede/Lindemann/Tsambikakis*, medstra 2015, 142, 152; *Steenbreker*, MedR 2015, 660, 662 f. Immerhin aber erwähnte die Entwurfsbegründung, dass es sich bei den Berufsausübungspflichten insbesondere um Pflichten aus „den Berufsordnungen, der Bundesärzteordnung, dem Gesetz über die Ausübung der Zahnheilkunde und dem Apothekengesetz sowie den einschlägigen sozialrechtlichen Regelungen" handeln sollte, vgl. *BMJV*, RefE vom 4. Februar 2015, S. 21. Insoweit war angedeutet, aus welchen Regelungswerken sich die Pflichten ergeben sollten. Weitere Ausführungen innerhalb der Norm waren daher vor dem Hintergrund des breiten Adressatenkreises auch nicht sinnvoll.

1617 Ebenso *BÄK*, Stellungnahme vom 20. März 2015 zum RefE des BMJV, S. 9 f.; *Steenbreker*, MedR 2015, 660, 662 f.

1618 Ähnlich auch *Gaede/Lindemann/Tsambikakis*, medstra 2015, 142, 153.

1619 *Halbe*, MedR 2015, 168, 175; *Kubiciel/Tsambikakis*, medstra 2015, 11, 14 (zum Gesetzentwurf des StMJ); *DRB*, Stellungnahme Nr. 10/15, S. 4; *Wigge*, NZS 2015, 447, 451.

1620 Vgl. *BÄK*, Stellungnahme vom 20. März 2015 zum RefE des BMJV, S. 7 ff.; *Gaede/Lindemann/Tsambikakis*, medstra 2015, 142, 152; *KBV*, Stellungnahme vom 9. April 2015 zum RefE des BMJV, S. 4; *Wigge*, NZS

überlasse untergesetzlichen Normen „in unzulässiger Weise die Begründung der Strafbarkeit"[1621] und darüber hinaus könnten deren Grenzen in Form des Berufsrechts paradoxerweise durch die Normadressaten selber festgelegt werden[1622]. Ohne demokratische Legitimation würde die heilberufliche Selbstverwaltung damit zum „'kleinen Gesetzgeber' des Strafrechts"[1623]. Der rechtssystematische Unterschied zwischen Straf- und Berufsrechtsverletzungen würde aufgehoben.[1624] Schließlich machten die Kritiker zu Recht darauf aufmerksam, dass die Gefahr unterschiedlicher Haftungsregime gleich in doppelter Hinsicht drohe. Zum einen deshalb, weil insbesondere die Berufsordnungen Sache einer jeder Kammer sind und mithin regional unterschiedlich ausgeprägt sein können.[1625] Die Verweisung unter anderem auch auf das SGB V barg wiederum die Gefahr strafrechtlicher Ungleichbehandlung gleicher Berufsgruppen.[1626]

(2) Nähere Betrachtung – § 299a Abs. 1 Nr. 2 StGB-RegE

Ob sich die Bundesregierung der Kritik angenommen hat, ist im Folgenden näher zu betrachten. Der Gesetzentwurf hat hier eine seiner größten Änderungen erfahren. Der Entwurfsbegründung zufolge soll § 299a Abs. 1 Nr. 2 StGB-RegE Zuwendungen erfassen, die als Gegenleistung

---

2015, 447, 449 ff.; vgl. dazu auch *Kubiciel/Tsambikakis,* medstra 2015, 11, 14 (zum Gesetzentwurf des StMJ).

1621 *BÄK,* Stellungnahme vom 20. März 2015 zum RefE des BMJV, S. 7; ähnlich auch *Steenbreker,* MedR 2015, 660, 663.

1622 Vgl. *Badle,* medstra 2015, 139, 140; *DRB,* Stellungnahme Nr. 10/15, S. 4; *Geiger,* medstra 2015, 97, 103; *Schneider/Kaltenhäuser,* medstra 2015, 24, 31: „paradoxe[r] Befund".

1623 *Geiger,* medstra 2015, 97, 103; im Ergebnis ebenso *Steenbreker,* MedR 2015, 660, 663.

1624 *BÄK,* Stellungnahme vom 20. März 2015 zum RefE des BMJV, S. 9 f.; *Bittmann/Brockhaus/Rübenstahl/Schröder/Tsambikakis,* WiJ 2015, 176, 178 ff., 181.

1625 Die Gefahr eines „strafrechtliche[n] Flickenteppich[s]" sahen *Schneider/Kaltenhäuser,* medstra 2015, 24, 31; ähnlich auch *Aldenhoff/Valluet,* medstra 2015, 195, 197; *BÄK,* Stellungnahme vom 20. März 2015 zum RefE des BMJV, S. 8; *Bittmann/Brockhaus/Rübenstahl/Schröder/Tsambikakis,* WiJ 2015, 176, 178; *Gaede/Lindemann/Tsambikakis,* medstra 2015, 142, 152 und *Wigge,* NZS 2015, 447, 449 ff.

1626 So auch schon *Schneider/Kaltenhäuser,* medstra 2015, 24, 31; ebenso *Geiger,* medstra 2015, 97, 103.

dafür gewährt werden, dass der Heilberufler seine berufsrechtliche Pflicht zur Wahrung der heilberuflichen Unabhängigkeit verletzt. Wiederum soll die Tatbestandsvariante dann zur Anwendung kommen, wenn es wegen eines Monopols an einer Wettbewerbslage mangelt oder, hier formuliert die Entwurfsbegründung diesmal etwas zurückhaltender, falls medizinisch nicht indizierte Verordnungen ein rechtswidriges Handeln außerhalb des Wettbewerbs darstellen.[1627] Eine tatsächliche Verletzung von Pflichten ist auch hier wiederum nicht notwendig.[1628]

(a) Berufsrechtliche Pflicht zur Wahrung heilberuflicher Unabhängigkeit

Berufsrechtliche Pflichten zur Wahrung der heilberuflichen Unabhängigkeit sollen sich laut der Entwurfsbegründung insbesondere aus den verbindlichen Berufsordnungen der Heilberufskammern ergeben.[1629] Ärzte und Zahnärzte seien berufsrechtlich verpflichtet, ihre heilberuflichen Verordnungs-, Abgabe- oder Zuführungsentscheidungen unbeeinflusst von persönlichen Vorteilen und allein im Interesse des Patienten zu treffen. Für Ärzte ergebe sich diese Pflicht ausdrücklich aus § 31 Abs. 1 MBO-Ä. Danach sei es ihnen nicht erlaubt, für die „Abgabe-, Verordnungs- und Zuweisungsentscheidungen Vorteile zu fordern, anzunehmen oder sich versprechen zu lassen"[1630]. Gleiches gelte für Zahnärzte aus § 2 Abs. 7 und Abs. 8 MBO-Z. Zur heilberuflichen Unabhängigkeit bei der Abgabe von Arzneimitteln und der Zuführung von Patienten seien schließlich auch Apotheker verpflichtet. Dies ergebe sich beispielsweise aus dem Gebot zur herstellerunabhängigen Beratung (vgl. § 7 Abs. 1 Berufsordnung Landesapothekerkammer Berlin), welches in allen Berufsordnungen vorhanden sei. Nicht zu einer Strafbarkeit nach § 299a Abs. 1 Nr. 2 StGB-RegE allerdings führe die bloße Annahme von Vorteilen. Damit werde zwar gegen entsprechende berufsrechtliche Verbote verstoßen, erforderlich aber sei auch hier eine Unrechtsvereinbarung. Ferner seien, da die heilberufliche Unabhängigkeit gerade dem Schutz des Patienten diene, solche Zuwendungen nicht erfasst, mit denen dieser versucht, eine heilberufliche Entscheidung zu beeinflussen.[1631]

1627 BT-Drs. 18/6446, S. 21.
1628 BT-Drs. 18/6446, S. 22.
1629 Vgl. dazu und im Folgenden BT-Drs. 18/6446, S. 21.
1630 BT-Drs. 18/6446, S. 21.
1631 BT-Drs. 18/6446, S. 22.

(b) Kritische Würdigung

Zwar sind die Ausführungen der Entwurfsverfasser zu § 299a Abs. 1 Nr. 2 StGB-RegE in der aktualisierten Entwurfsbegründung nicht mehr ganz so knapp gehalten, es darf aber stark bezweifelt werden, ob Inhalt und Anwendungsbereich der Tatbestandsvariante obgleich der neuen Formulierung nunmehr deutlicher geworden sind.

Zwar ist mit der engeren Formulierung der in Bezug genommenen Pflichten der Kreis möglicher Pflichten nun kleiner geworden, alle Fragen sind damit aber dennoch nicht beseitigt. Nach wie vor bleibt unklar, welche Regelungswerke davon erfasst werden.[1632] Ausweislich der Gesetzesbegründung sollen sich die Pflichten „insbesondere" aus den Berufsordnungen ergeben. Damit aber ist wohl nicht ausgeschlossen, auch Pflichten aus dem SGB V, dem AMG oder der BÄO einzubeziehen.[1633] Oder ergeben sich diese Pflichten aber auch nur deshalb „insbesondere" aus den „verbindlichen Berufsordnungen der Heilberufskammern", weil nicht alle Normadressaten in Kammern organisiert sind und entsprechende Berufsordnungen aufweisen? Letztlich bleibt die Frage, welche Normen über die in der Entwurfsbegründung als Beispiele gegebenen hinaus das Tatbestandsmerkmal erfüllen sollen, offen. Immerhin finden in § 31 Abs. 1 MBO-Ä, anders als in der Entwurfsbegründung behauptet, weder die „Abgabe" noch die „Heilmittel" eine Erwähnung, dafür aber wiederum der „Bezug". Gleiches gilt für § 2 Abs. 7 MBO-Z, der zwar die „Heilmittel" erwähnt, wiederum jedoch nicht die „Abgabe" und auch nicht das bloße Fordern von Vorteilen. Bezieht man Regelungen des SGB V mit ein, bleibt es bei einer Ungleichbehandlung zwischen Vertrags- und Privatärzten.

Wie zuvor besteht die Gefahr regional unterschiedlicher Haftungsregime für dieselbe Berufsgruppe.[1634] So sind die Berufsregeln der Ärzte weiterhin Sache der einzelnen Ärztekammer. Wenn *Gaede* davon ausgeht, dass nur solche Berufspflichten zur heilberuflichen Unabhängigkeit heranzuziehen seien, über die im gesamten Bundesgebiet „kein ernsthafter Streit"

1632 Dazu auch *Schröder*, NZWiSt 2015, 321, 327 f. Vgl. auch *Kubiciel*, WiJ 2016, 1, 6 f.

1633 Zu den Pflichten der ärztlichen Tätigkeit vgl. das erste Kapitel unter B.

1634 Ebenso *Broß/Harney*, MPJ 2015, 307, 312 f.; *Cahnbley*, MPR 2015, 145, 147; *Schneider/Ebermann*, A&R 2015, 202, 207; *Taschke/Zapf*, medstra 2015, 332, 336; *Pragal/Handel*, medstra 2015, 337, 342. Nicht kritisch betrachtend aber bspw. *Kubiciel*, WiJ 2016, 1, 5 f.

bestehe,[1635] ist dies abzulehnen. Eine solche Intention des Gesetzgebers lässt sich weder dem offenen Wortlaut noch der Systematik, die generell und unterschiedslos auf alle solche Berufspflichten verweist, entnehmen.

Mit der Verweisung auf das Berufsrecht besteht auch nach wie vor die schon viel kritisierte und weiterhin diskutierte[1636] Möglichkeit der Einflussnahme der Normadressaten auf die Strafbarkeit fort. Dazu lässt sich grundsätzlich auf schon oben Gesagtes verweisen.[1637] Dies ist jedoch dem Strafrecht nicht gänzlich fremd. Schon nach § 266 StGB obliegt es den Parteien, entsprechende Pflichten festzulegen. Allerdings ist die Deliktsstruktur nicht vollständig mit dieser hier vergleichbar. Während es sich bei § 266 StGB um ein Zwei-Personen-Verhältnis handelt, es um Pflichten zwischen Täter und Opfer geht, beruht die Deliktsstruktur des § 299a StGB-RegE vielmehr auf einem Zusammenwirken zwischen zwei Tätern, bei denen ein Dritter das Opfer ist. Die Motivation, in diesem Fall besondere Regeln aufzustellen bzw. zu erhalten, ist mithin ungleich geringer. Allerdings ist nach der nun schon jahrelangen und intensiven Diskussion die praktische Gefahr wohl eher gering, dass entsprechende Regeln auf ein Minimum reduziert werden. Letztlich sind alle Beteiligten auf eine Zusammenarbeit angewiesen, so dass auch Heilberufler Regeln nicht vollkommen unabhängig von potentiellen Partnern schaffen können.[1638] Schließlich besteht mit § 299a Abs. 1 Nr. 1 StGB-RegE weiterhin eine weitreichende Alternative, die schon viele Fallgruppen abdeckt.

Mangels Formulierung einer konkreten Pflicht innerhalb des StGB und wiederum dem Verweis auf das Berufsrecht, war es schließlich nur eine Frage der Zeit, bis auch dieser Variante wieder die mangelnde Bestimmtheit vorgeworfen würde.[1639] Diese Auseinandersetzung damit soll jedoch

---

1635 So ausdrücklich *Gaede,* medstra 2015, 263, 266.

1636 So von *Corts,* MPJ 2015, 317, 323; *Dieners,* PharmR 2015, 529, 531; *Gaede,* medstra 2015, 263, 266; *Schröder,* NZWiSt 2015, 321, 329 f.

1637 Vgl. dazu oben unter C. V. 3. b) bb) (1).

1638 Im Ergebnis ebenso *Gaede,* der dazu auf die Rechtsaufsicht verweist, vgl. *ders.,* medstra 2015, 263, 266. Kritisch jedoch *Dieners,* PharmR 2015, 529, 531 f.

1639 Vgl. *Corts,* MPJ 2015, 317, 323; *Pragal/Handel,* medstra 2015, 337, 342; *Steenbreker,* MedR 2015, 660, 665. Anders jedoch ausdrücklich *Gaede,* demzufolge dem neuen Vorschlag die Bestimmtheit „nicht abzusprechen" sei, vgl. *ders.,* medstra 2015, 263, 266. Grundsätzlich begrüßend, jedoch eine stärkere „Konturierung" fordernd *Brettel/Duttge/Schuhr,* JZ 2015, 929, 931.

an dieser Stelle noch zurückstehen, mangelt es dieser Alternative doch schon an ihrem praktischen Anwendungsbereich.

(c) Verzicht auf § 299a Abs. 1 Nr. 2 StGB-RegE?

Letztlich muss man sich nämlich auch hier die Frage stellen, ob diese Tatbestandsvariante überhaupt notwendig ist. Die nach wie vor knapp gehaltene Entwurfsbegründung legt den Bedarf wiederum nicht hinreichend dar. Erfasst werden sollen mit § 299a Abs. 1 Nr. 2 StGB-RegE Situationen, in denen es „an einer Wettbewerbslage fehlt"[1640]. Sie dient also primär dem Schutz des Vertrauens der Patienten in die Integrität heilberuflicher Entscheidungen. So nachvollziehbar dieser Ansatz ist, so wenig konsequent wird er hier umgesetzt.

So lässt die Begründung offen, warum das Vertrauen der Patienten gerade im Hinblick auf diese bestimmten heilberuflichen Entscheidungen und nicht umfassend geschützt werden soll. Mit der Anknüpfung an die Verordnung oder die Abgabe von Arznei-, Heil- oder Hilfsmitteln oder von Medizinprodukten und die Zuführung von Patienten oder Untersuchungsmaterial wird ein enger Rahmen möglicher heilberuflicher Entscheidungen gesetzt.[1641] Vor dem Hintergrund des in der Entwurfsbegründung postulierten und uneingeschränkt wirkenden Schutzes des „Vertrauens der Patienten in die Integrität heilberuflicher Entscheidungen", vermag das, auch wenn § 299a Abs. 2 StGB-RegE dazu noch auf den Bezug abstellt, nicht zu überzeugen. Weitergedacht müsste der Schutz auch schon viel eher greifen – das Vertrauen in die Integrität heilberuflicher Entscheidungen wird man nämlich schon allein durch Zuwendungen zur Klimapflege als verletzt ansehen müssen. In diesen Fällen aber greift § 299a Abs. 1 Nr. 2 StGB, anders als beispielsweise § 331 Abs. 1 StGB, noch nicht ein.

Aber auch der für die jetzige Fassung vorgesehene Anwendungsbereich ist kritisch zu betrachten. So soll § 299a Abs. 1 Nr. 2 StGB-RegE bei einer Monopolstellung des Vorteilsgebers und bei der Verschreibung medizinisch nicht indizierter Behandlungen zum Einsatz kommen, falls dabei von einem außerhalb des Wettbewerbs stattfindenden rechtswidri-

---

1640 BT-Drs. 18/6446, S. 21.
1641 So auch *Gaede,* medstra 2015, 263, 266; ähnlich auch *DRB,* Stellungnahme zum RegE, Nr. 22/15, S. 3; *Gaede/Lindemann/Tsambikakis,* medstra 2015, 142, 147.

gen Handeln auszugehen ist.[1642] Abgesehen davon, dass mehr als fraglich ist, ob medizinisch nicht indizierte Verordnungen nicht schon unter § 299a Abs. 1 Nr. 1 StGB zu subsumieren sind,[1643] ist ein Patient vor medizinisch nicht indizierten Behandlungen auch schon durch die Körperverletzungsdelikte umfassend gem. §§ 223 ff. StGB geschützt.[1644] Bei der Täuschung über die medizinische Indikation ist nämlich die Einwilligung des Patienten in die Behandlung unwirksam.[1645] Darüber hinaus ist nicht erkennbar, wie bei einer Monopolstellung des Vorteilsgebers – die praktische Relevanz dieser Situation überhaupt vorausgesetzt[1646] – das Vertrauen des Patienten betroffen sein soll. Die medizinische Indikation in diesem Fall vorausgesetzt, bleibt dem Arzt – ob mit oder ohne Annahme eines Vorteils – ohnehin keine andere Wahl, so dass das Vertrauen des Patienten in die heilberufliche Entscheidung dabei nicht betroffen sein kann. Weitere Anwendungsfälle, wie sie die Begründung des Referentenentwurfs noch durch das Wort „insbesondere" andeutete,[1647] sind nunmehr durch die Bundesregierung nicht mehr vorgesehen. Es bleibt mithin im Unklaren, wann der Tatbestandsalternative des § 299a Abs. 1 Nr. 2 StGB-RegE unter diesen Voraussetzungen überhaupt eine eigenständige Wirkung zukommen soll.[1648] Vor diesem Hintergrund erscheint es sachgerecht, gänzlich darauf zu verzichten.

1642 BT-Drs. 18/6446, S. 21.
1643 Ebenso *BÄK*, Stellungnahme vom 20. März 2015 zum RefE des BMJV, S. 9.
1644 Ähnlich auch schon *Cosack*, ZIS 2013, 226, 227 f.; *Kubiciel/Tsambikakis*, medstra 2015, 11, 14.
1645 Vgl. dazu nur Spickhoff/*Knauer/Brose*, StGB, § 223 Rn. 82 m.w.N.
1646 Ebenfalls Zweifel hegen *Aldenhoff/Valluet*, medstra 2015, 195, 198 (schon zum RefE); *Cahnbley*, MPR 2015, 145, 146; *Pragal/Handel*, medstra 2015, 337, 342; *dies.*, medstra 2016, 22, 27. *Dieners* zufolge existiert eine Monopolsituation in der Praxis nicht, vgl. *ders.*, PharmR 2015, 529, 530.
1647 Vgl. noch *BMJV*, RefE vom 4. Februar 2015, S. 21: „Die Tatbestandsvariante kommt daher *insbesondere* bei einer Monopolstellung des Vorteilsgebers und in Fällen der Verschreibung medizinisch nicht indizierte Behandlungen, um die es gerade keinen Wettbewerb gibt, zum Tragen." (Hervorhebung durch die Verfasserin).
1648 Im Ergebnis ebenso *Dieners*, PharmR 2015, 529, 530. Ähnlich auch schon *Aldenhoff/Valluet*, medstra 2015, 195, 198 (zum RefE). Dem Schutzgut des Patientenvertrauens in der Alternative des Referentenentwurfs schon die eigenständige konstitutive Bedeutung gleich gänzlich absprechend *Gaede/Lindemann/Tsambikakis*, medstra 2015, 142, 147.

4. § 299a Abs. 2 StGB-RegE

Im Referentenentwurf noch gemeinsam mit den anderen heilberuflichen Entscheidungen in einem Absatz geregelt, findet sich die Strafbarkeit der Bestechlichkeit bei Bezugsentscheidungen nunmehr in einem eigenen Absatz, in § 299a Abs. 2 StGB-RegE, wieder.

a) Bezug

Unter Bezug versteht man nach wie vor jegliche Form des Sich-Verschaffens, nunmehr ausdrücklich aber gleich ob auf eigene oder auf fremde Rechnung.[1649] Die Weite des Merkmals wird damit begründet, dass eine durch Vorteile beeinflusste Entscheidung hinsichtlich des Bezugs bei einer späteren Abgabe fortwirken kann.[1650] Auch nach der Einfügung des Merkmals „Bezug" in einen eigenen Absatz muss der Rechtsanwender darüber hinwegsehen, dass sich ein Heilmittel in diesem Sinn nur schwierig wird beziehen lassen.[1651] Darüber hinaus wird auch wiederum nicht jede dem Täterkreis unterfallende Person tatsächlich tatbestandsrelevante Bezugsentscheidungen treffen.

Genauer betrachtet aber werden muss, ob auch dann noch von Bezug im Sinne des § 299a StGB-RegE gesprochen werden kann, wenn die Bestellung ein bei einem niedergelassenen Arzt bzw. in einem Krankenhaus angestellter Arzt vornimmt. Verschafft der Arzt dann noch sich oder in diesem Fall nicht vielmehr seinem Arbeitgeber das entsprechende Produkt und ist auch letzteres noch vom Sich-Verschaffen umfasst? Der Wortlaut gibt für die Auslegung bis auf die soeben aufgeworfenen Fragen nicht viel her. Die Entwurfsverfasser dringen jedoch insgesamt auf eine weite Auslegung, so dass es vertretbar erscheint, auch dann noch von einem Sich-Verschaffen zu sprechen, wenn der Täter Angestellter ist. Systematisch allerdings ist eine solch weite Auslegung nicht unbedingt notwendig. Die Untersuchung von § 299 StGB hat gezeigt, dass Bestellungen durch angestellte Ärzte durchaus schon darunter zu subsumieren sind. Dem Sinn und Zweck des § 299a StGB-RegE entsprechend, ist aber wohl letztlich ein weites Verständnis der Vorschrift geboten. Das nach § 299a Abs. 2 RegE geschützte Rechtsgut des Wettbewerbs ist bei einer bevorzugten

---

[1649] Vgl. BT-Drs. 18/6446, S. 22 und aber noch *BMJV*, RefE vom 4. Februar 2015, S. 19.

[1650] BT-Drs. 18/6446, S. 22; ähnlich auch schon *BMJV*, RefE vom 4. Februar 2015, S. 19.

[1651] Vgl. auch § 31 Abs. 1 MBO-Ä.

Bestellung von Produkten durch angestellte Ärzte ebenso beeinträchtigt wie bei einer bevorzugten Bestellung von Produkten durch einen niedergelassenen Arzt. Von einem Bezug kann also auch noch in diesem Fall gesprochen werden. Gleiches gilt für die Mitwirkung an einer Bestellung, wenn der Ausführende auf Anweisung des Täters handelt. Es kann dem Sinn und Zweck der Vorschrift zufolge nicht darauf ankommen, wie Bezugsvorgänge in der jeweiligen Einrichtung konkret ausgestaltet sind.

b) Zur Abgabe an den Patienten bestimmt

Im Gegensatz zum Referentenentwurf des BMJV ist nun nur noch ein solcher Bezug tatbestandsmäßig, der Arznei-, Heil- oder Hilfsmittel sowie Medizinprodukte erfasst, die zur Abgabe an den Patienten bestimmt sind. Nicht mehr unter den Tatbestand fallen sollen damit unter anderem der Erwerb eines Behandlungsstuhls oder sonstiger Produkte zur Einrichtung oder Ausstattung der Praxisräume.[1652] Bei diesen Entscheidungen dürfe der Betroffene seine eigenen wirtschaftlichen Interessen verfolgen und das Vertrauen der Patienten sei grundsätzlich auch dann nicht betroffen, wenn dieser Bezug mit einer unlauteren Bevorzugung einhergeht. Demzufolge sollen von dem Tatbestand alle solchen Bezugsentscheidungen über Produkte erfasst sein, die grundsätzlich zur Abgabe an die Patienten des Vorteilsnehmers gedacht sind.[1653] Wenn die genaue Bezeichnung „den Patienten" zunächst noch suggeriert, dass schon bei der Bezugsentscheidung ein konkreter Patient als Abgabeziel feststehen muss, macht die Entwurfsbegründung deutlich, dass dem nicht so ist. Zu überlegen ist, ob dies nicht schon durch eine offenere Formulierung im Gesetzestext selber klargestellt werden sollte.

c) Unrechtsvereinbarung

Voraussetzung einer Strafbarkeit nach § 299a Abs. 2 StGB-RegE ist wiederum eine Unrechtsvereinbarung. Der Täter muss den Vorteil dafür fordern, sich versprechen lassen oder annehmen, dass er bei dem Bezug

---

1652 Vgl. BT-Drs. 18/6446, S. 22.
1653 Insoweit ist nicht in die Kritik von *Pragal/Handel,* medstra 2015, 337, 342, an diesem Abgrenzungsmerkmal einzustimmen. Inwieweit in dem von ihnen angeführten Beispiel eines Zahnarztes, der sich sehr wohl im Einkauf von Amalgam, weil es trotz Abgabe an den Patienten nicht zu den gesondert abrechenbaren Materialkosten gehöre, von Rabatten leiten lassen dürfe, das Vertrauen des Patienten als von § 299a Abs. 2 StGB-RegE nicht betroffen sein soll, erläutern sie nicht.

seine berufsrechtliche Pflicht zur Wahrung der heilberuflichen Unabhängigkeit verletze. Es bedarf mithin einer berufsrechtlichen Pflicht, wonach bei der Bezugsentscheidung die Pflicht zur Wahrung der heilberuflichen Unabhängigkeit besteht.[1654] Bei Ärzten sei dies für den Bezug von Arznei- oder Hilfsmitteln oder von Medizinprodukten nach § 31 Abs. 1 MBO-Ä der Fall. Für Zahnärzte ergebe sich dies aus § 2 Abs. 7 und Abs. 8 MBO-Z. Vorteile, die dem Patienten zu Gute kommen, „wie etwa an den Patienten weiterzureichende Preisnachlässe"[1655], sollen den Tatbestand nicht erfüllen, da „die Pflicht zur Wahrung der heilberuflichen Unabhängigkeit dem Schutz des Patienten dient"[1656]. Verdeckte Preisnachlässe allerdings seien wiederum vom Tatbestand erfasst, wenn sie eine Gegenleistung für einen Verstoß zur Wahrung der heilberuflichen Unabhängigkeit darstellen.[1657]

aa) Verzicht auf Wettbewerbsbezug

An dieser Stelle hat der ursprüngliche Referentenentwurf des BMJV seine zweite große Änderung erfahren. Während dieser als Leistung noch eine unlautere Bevorzugung im Wettbewerb auch im Rahmen einer Bezugsentscheidung vorsah, ist im Gesetzentwurf der Bundesregierung hier überraschenderweise[1658] darauf verzichtet worden. Zur Begründung wird angeführt, dass vorher eine Unlauterkeit der Bevorzugung auch bei bloßen Verstößen gegen Preis- oder Rabattvorschriften möglich war.[1659] Solchen mangele es jedoch an einem korruptionsspezifischen Unrechtsgehalt und überdies werde das Vertrauen in die Integrität heilberuflicher Entscheidungen dadurch nicht verletzt.[1660]

Diese Begründung überzeugt jedoch nicht. Schon zuvor war ein bloßer Verstoß gegen Preis- oder Rabattvorschriften keineswegs unter § 299a

---

1654 Vgl. BT-Drs. 18/6446, S. 22.
1655 BT-Drs. 18/6446, S. 23.
1656 BT-Drs. 18/6446, S. 23.
1657 Vgl. *BReg,* Gesetzentwurf vom 29. Juli 2015, S. 25.
1658 Jedenfalls lag darauf – soweit ersichtlich – nicht der Schwerpunkt der in Literatur und durch Verbände geäußerten Kritik. Ähnlich erstaunt zeigen sich *Pragal/Handel,* medstra 2015, 337, 342. Dies begrüßend aber *Gaede,* medstra 2015, 263, 264 f. Sich gänzlich für die Streichung von Bezugsentscheidungen aussprechend *Brettel/Duttge/Schuhr,* JZ 2015, 929, 933 f.
1659 Vgl. BT-Drs. 18/6446, S. 22.
1660 Vgl. BT-Drs. 18/6446, S. 22.

Abs. 1 Nr. 1 StGB-RefE zu subsumieren. Ein solcher war auch nur dann unter dieser Tatbestandsvariante strafbar, wenn er Teil einer Unrechtsvereinbarung war. Insoweit waren allerdings schon die Ausführungen in der Entwurfsbegründung missverständlich, wenn einerseits eben darauf hingewiesen wurde, dass es „bei branchenüblichen und allgemein gewährten Rabatten und Skonti [...] überdies bereits an einer Unrechtsvereinbarung fehlen [könne], da diese nicht als Gegenleistung für eine konkrete Bezugsentscheidung gewährt, sondern allgemein gegenüber jedermann angeboten werden"[1661], andererseits aber eben vollkommen losgelöst vom Vorliegen einer Unrechtsvereinbarung nach § 7 Abs. 1 Nr. 2a HWG erlaubte Preisnachlässe „grundsätzlich"[1662] dem Straftatbestand des § 299a StGB-RefE nicht unterfallen sollten.

Ein weiterer Blick in die Begründung des Referentenentwurfs lässt mithin vermuten, dass ein anderer Grund ausschlaggebend für eine von der Bevorzugung im Wettbewerb getrennte Bezugsvariante war: die Umgehung jeglicher Diskussionen um die Einbeziehung von Geschäftsherren in den Tatbestand der Bestechlichkeit.[1663] Entgegen dem klaren Wortlaut wurde in der Begründung nämlich zuvorderst versucht, ebenfalls über das Merkmal der Unlauterkeit geschäftliche Handlungen des Täters losgelöst von einer Beauftragung durch den Patienten wiederum aus dem Tatbestand auszunehmen. In diesen Fällen handele es sich „dem Grunde nach um unternehmerische Entscheidungen des Betroffenen"[1664] und „das Aushandeln und Annehmen von Preisvorteilen oder sonstigen wirtschaftlichen Vorteilen [beeinträchtige] das geschützte Rechtsgut des Leistungswettbewerbs grundsätzlich nicht"[1665]. Es fehle in diesen Fällen an einer unlauteren Bevorzugung.[1666] Dass allerdings durch solche Handlungen das jedenfalls auch in der Tatbestandsvariante mittelbar geschützte Vertrauen der Patienten, und, folgt man vereinzelten Stimmen[1667], auch

---

1661 *BMJV*, RefE vom 4. Februar 2015, S. 20.
1662 *BMJV*, RefE vom 4. Februar 2015, S. 20.
1663 *Schneider/Ebermann* zufolge soll es sich um eine „gewünschte Privilegierung" von Einkaufsentscheidungen der Apotheker handeln, vgl. *Schneider/Ebermann*, A&R 2015, 202, 205. Im Ergebnis ebenso *Dieners*, PharmR 2015, 529, 530 f.
1664 *BMJV*, RefE vom 4. Februar 2015, S. 20.
1665 *BMJV*, RefE vom 4. Februar 2015, S. 20.
1666 *BMJV*, RefE vom 4. Februar 2015, S. 20.
1667 Vgl. nur *Lampe,* in: BMJ, Tagungsberichte, Anlage 1, S. 16 ff., 20 ff.; unter Bezugnahme darauf so auch *Volk*, DJT 1996, Bd. II/1, Referat, L35,

der lautere Wettbewerb betroffen sein können, verschwieg die Begründung an dieser Stelle.

Vor dem Hintergrund dieser in der alten Fassung äußerst kritikwürdigen Subsumtionsregeln,[1668] ist der gänzliche Verzicht auf eine Variante mit Wettbewerbsbezug allerdings nur zu konsequent, wenn auch nicht begrüßenswert. Mit dem Gesetzentwurf der Bundesregierung nunmehr in einen zweiten Absatz „ausgelagert" sind die heilberuflichen Bezugsentscheidungen.

bb) Nähere Betrachtung

Da es für die Bezugsalternative nunmehr an einer Wettbewerbsvariante mangelt, kann nicht ohne Weiteres auf die Ausführungen zu § 299a Abs. 1 Nr. 2 StGB-RegE und dessen fehlenden Anwendungsbereich verwiesen werden. Eine nähere Betrachtung dieses Absatzes ist mithin unerlässlich.

Zunächst aber stellen sich hier wiederum dieselben Probleme wie schon in der zweiten Tatbestandsvariante des § 299a Abs. 1 Nr. 2 StGB-RegE:[1669] Durch den Bezug auf das Berufsrecht besteht für die Normadressaten beziehungsweise deren (gewählte) Vertreter (und möglicherweise selber Angehörige eines Heilberufs) auch hier die Möglichkeit, den Rahmen der Strafbarkeit selber festzulegen. Mangels Verbindlichkeit der Musterberufsordnung für Ärzte durch die Bundesärztekammer sind sogar regional unterschiedliche Regeln vorstellbar.[1670] Gleiches gilt für die anderen verkammerten Heilberufe. Bedenken weckt dieser Absatz aber insbesondere hinsichtlich des grundgesetzlich festgelegten Bestimmtheitsgebots gem. Art. 103 Abs. 2 GG. Diesem kommt eine doppel-

---

L 47 ff. Anders aber *Frister*, in: DAV/IMR, Aktuelle Entwicklungen im Medizinstrafrecht, S. 75, 82 ff.

1668 Vgl. dazu auch *Frister*, in: DAV/IMR, Aktuelle Entwicklungen im Medizinstrafrecht, S. 75, 82 ff.

1669 Vgl. insoweit auch oben unter C. V. 3. b) bb).

1670 Und die sind in der Praxis durchaus vorhanden. Vgl. nur den (möglicherweise ehemaligen) „niedersächsischen Sonderweg" im Rahmen des § 32 Abs. 2 Berufsordnung der Ärztekammer Niedersachsen vom 22. März 2005, zuletzt geändert am 24. September 2014, mit Wirkung zum 1. Dezember 2014. Dies ebenfalls betonend *Aldenhoff/Valluet*, medstra 2015, 195, 198; *Corts*, MPJ 2015, 317, 323; *Dieners*, PharmR 2015, 529, 531.

te Funktion zu:[1671] Zum einen verlangt es, dass die Strafnormen für den Normadressaten vorhersehbar, erkennbar und verständlich sind (freiheitsgewährleistende Funktion). Zum anderen legt es fest, dass die Bestimmung von Strafbarkeit dem Parlament und nicht anderen staatlichen Gewalten obliegt (kompetenzwahrende Funktion).
Ob über den § 299a Abs. 2 StGB-RegE hinaus noch das entsprechende Berufsrecht anhand dieser Maßstäbe zu betrachten ist, kann hier dahinstehen.[1672] Denn schon § 299a Abs. 2 StGB-RegE wird den Anforderungen des verfassungsrechtlich garantierten Bestimmtheitsgrundsatzes nicht gerecht. Für den Gesetzgeber ergibt sich nämlich aus Art. 103 Abs. 2 GG die Verpflichtung, „wesentliche Fragen der Strafwürdigkeit oder Straffreiheit im demokratisch-parlamentarischen Willensbildungsprozess zu klären und die Voraussetzungen der Strafbarkeit so konkret zu umschreiben, dass Tragweite und Anwendungsbereich der Straftatbestände zu erkennen sich und sich durch Auslegung ermitteln lassen"[1673]. Dabei muss der Wortlaut der Strafnorm grundsätzlich so gefasst werden, dass der Normadressat bereits daran ersehen kann, ob ein Verhalten unter die Norm fällt oder nicht.[1674] Da dies aber nicht immer sinnvoll möglich ist, erkennt das Bundesverfassungsgericht dem Strafgesetzgeber zu, Normen allgemeiner zu fassen und wertungsausfüllungsbedürftige Begriffe oder Generalklauseln zu verwenden.[1675] Der Gesetzgeber soll „auch im Strafrecht in der Lage bleiben, der Vielgestaltigkeit des Lebens Herr zu werden"[1676]. Letztlich ist im Wege einer wertenden Gesamtbetrachtung insbesondere vor dem Hintergrund möglicher Regelungsalternativen, den Besonderheiten des jeweiligen Straftatbestandes, dem Kreis der Normadres-

---

1671 Maunz/Dürig/*Schmidt-Aßmann,* GG, Art. 103 Abs. 2, Rn. 178 ff.
1672 Geht man bei § 299a Abs. 2 StGB-RegE von einem sog. Blankettstrafgesetz aus, gelangt die entsprechende berufsrechtliche Regelung ebenfalls unter das Bestimmtheitsgebot, vgl. dazu bspw. Maunz/Dürig/*Schmidt-Aßmann,* GG, Art. 103 Abs. 2 Rn. 199 ff. Jedenfalls für § 299a Abs. 1 Nr. 2 StGB-RefE so wohl schon *Aldenhoff/Valluet,* medstra 2015, 195, 196; ebenso wohl *Corts,* MPJ 2015, 317, 323 f.; missverständlich *BÄK,* Stellungnahme zum Referentenentwurf vom 20. März 2015, S. 8 (einmal von Blankett und einmal von einem normativen Tatbestandsmerkmal sprechend).
1673 BVerfGE 126, 170, 195, i.d.S. auch schon BVerfGE 48, 48, 56.
1674 Vgl. BVerfGE 126, 170, 195 m.w.N.; BVerfGE 48, 48, 56 f.
1675 Vgl. BVerfGE 126, 170, 196 m.w.N.; BVerfGE 48, 48, 56 f.
1676 BVerfGE 126, 170, 195 m.w.N.; BVerfGE 28, 175, 183.

saten und der Umstände, die maßgeblich für die Regelung waren, zu überprüfen, ob die Anforderungen erfüllt sind.[1677]

§ 299a Abs. 2 StGB-RegE hält diesen Anforderungen letztlich nicht stand.[1678] Insbesondere ist für die Normadressaten nicht vorhersehbar, welches Verhalten letztlich unter den Tatbestand zu subsumieren ist. Zwar ist der Kreis der durch § 299a Abs. 2 StGB-RegE in Bezug genommenen Pflichten nun kleiner als noch in § 299a Abs. 1 Nr. 2 StGB-RefE,[1679] welche Pflichten aber genau darunter fallen[1680] und wann diese in Verbindung mit § 299a Abs. 2 StGB-RegE zur Strafbarkeit führt, ist wiederum unklar. So taucht das Wort der „heilberuflichen Unabhängigkeit" jedenfalls in den in der Entwurfsbegründung genannten Beispielnormen schon gar nicht auf. Wird man von den Normadressaten vielleicht in dieser Hinsicht noch eine gewisse Fähigkeit zur Abstraktion erwarten können, so stellt dann aber die von § 299a Abs. 2 StGB-RegE vorgegebene Struktur eine selbst für Juristen nahezu unüberwindare Subsumtionshürde dar. Während nämlich bei den wettbewerbsbezogenen Varianten immer zwei Handlungen Gegenstand der jeweiligen Norm sind – das Fordern, Annehmen oder Sich-Versprechen-Lassen eines Vorteils als Gegenleistung für die unlautere Bevorzugung eines anderen im Wettbewerb – bereitet diese klare Aufteilung in § 299a Abs. 2 StGB-RegE Schwierigkeiten. Allein aus dem Wortlaut geht die Problematik noch nicht hervor. Danach bedarf es wiederum eines Forderns, Annehmens oder eines Sich-Versprechen-Lassens eines Vorteils als Gegenleistung für die Verletzung berufsrechtlicher Pflichten. Letztere besteht nun aber der Entwurfsbegründung zufolge bei § 31 MBO-Ä just beispielsweise im Fordern eines Vorteils für den Bezug unter anderem von Arzneimitteln. Ob es ausreichend ist, dass es sich jeweils um denselben Vorteil handelt, soll hier mal dahingestellt bleiben. Weder konkretisiert hier die Bezugsnorm den Straftatbestand, noch geht sie über ihn hinaus. Dass diese Inbezugnahme nicht nur Juristen Kopfzerbrechen bereiten wird, ist absehbar. Mit einer Regelung in Anlehnung an die §§ 331 ff. StGB könnten solche

---

1677 Vgl. BVerfGE 126, 170, 196; 28, 175, 183.

1678 A.A. *Schröder*, NZWiSt 2015, 321, 330 ff., *ders.*, NZWiSt 2015, 361, 361 ff.

1679 Von einem „begrüßende[n] Versuch", der diesen Entwurf „allenfalls ‚etwas verfassungsgemäßer'" macht spricht *Steenbreker*, MedR 2015, 660, 665.

1680 Dies ebenfalls beklagend *Corts*, MPJ 2015, 317, 323 und *Geiger*, CCZ 2016, 58, 59.

301

Probleme umgangen werden und darüber hinaus das bisher ohnehin nur rudimentär geschützte Vertrauen in die Integrität heilberuflicher Entscheidung sehr viel umfassender geschützt werden. Vor diesem Hintergrund ist auch nicht erkennbar, wie Gerichte in Zukunft noch für eine konkretisierende und präzisierende Auslegung sorgen sollen.[1681] Mithin ist von einem Verstoß des § 299a Abs. 2 StGB-RegE gegen den in Art. 103 Abs. 2 GG verankerten Bestimmtheitsgrundsatz auszugehen. An dieser Stelle ist der Gesetzgeber noch einmal zu genaueren Überlegungen aufgerufen.[1682] Eine Erfassung auch des Bezugs erscheint nämlich weiterhin geboten.

5. Beispiele

Vor dem Hintergrund der bisherigen Ausführungen, soll schließlich noch ein Blick auf die in der Entwurfsbegründung gegebenen Beispiele strafbarer und straffreier Kooperationen geworfen werden. Dem Ruf nach weiteren Beispielen insbesondere durch Verbände der Heilberufler,[1683] hat die Bundesregierung durch eine Ergänzung der Aufzählung versucht nachzukommen. Dies ist überwiegend positiv aufgenommen worden.[1684] Nach wie vor wird allerdings eine klare Abgrenzung von erlaubten und uner-

---

1681 So geschehen im Fall des § 266 StGB, vgl. BVerfGE 126, 170, 208 ff.

1682 Zahlreiche Redaktionsversehen innerhalb der Begründung des Gesetzentwurfs der Bundesregierung deuten an, dass dieser Absatz mit heißer Nadel gestrickt worden ist, vgl. nur BT-Drs. 18/6446, S. 12 („Die Straftatbestände verfolgen einen doppelten Rechtsgüterschutz. *Er* …" – Hier unterblieb die Angleichung an die Tatsache, dass es nunmehr zwei Straftatbestände gibt), S. 16 (im Rahmen der Konkurrenzen findet § 299b StGB-RegE erst gar keine Erwähnung) oder S. 20 („mit den Tatbestandsmerkmalen *des Bezugs*, der Abgabe…" – Erwähnung des Bezugs, obwohl Abs. 1 besprechend) (Hervorhebung durch die Verfasserin).

1683 Vgl. bspw. *KBV*, Stellungnahme zum RefE des BMJV vom 9. April 2015, S. 5 ff.; wohl auch *Marburger Bund*, Stellungnahme vom 1. April 2015 zum RefE des BMJV, S. 2 ff.; jedenfalls für eine Klarstellung auch *ABDA*, Stellungnahme vom 9. April 2015, S. 1; *Aldenhoff/Valluet*, medstra 2015, 195, 198 f. Sich für Klarstellungen insbesondere im SGB V selber aussprechend *Wigge*, NZS 2015, 447, 451 f.

1684 *Gaede*, medstra 2015, 263, 265 f. (der sich darüber hinaus allerdings noch weitere Beispiele gewünscht hätte); *Pragal/Handel*, medstra 2015, 337, 343.

laubten Kooperationen vermisst und eine konkretere Fassung gefordert.[1685]

a) Einzelheiten

aa) Verdienstmöglichkeiten im Rahmen der beruflichen Zusammenarbeit

Der Entwurfsbegründung zufolge gilt es bei der Einräumung von Verdienstmöglichkeiten im Rahmen der beruflichen Zusammenarbeit zu berücksichtigen, dass diese grundsätzlich gesundheitspolitisch gewollt sei und auch im Interesse der Patienten liege.[1686] Weiter führt die Bundesregierung aus, dass angemessene Entgelte für die dabei erbrachten Leistungen zulässig sind. Ohne Vorliegen weiterer Umstände sei diese Vergütung auch nicht unter Verdacht, eine Gegenleistung beispielsweise für die Zuweisung von Patienten darzustellen. Eine Unrechtsvereinbarung sei aber dann anzunehmen, wenn das Entgelt nicht wirtschaftlich entsprechend der erbrachten Leistung vereinbart worden sei und vielmehr eine „verdeckte ‚Zuweiserprämie'"[1687] darstelle.

bb) Anwendungsbeobachtungen

Ferner sei auch die bloße Teilnahme an Anwendungsbeobachtungen nicht gem. § 299a StGB-RegE strafbar.[1688] Ärzte dürften sich ihre Leistungen ohne Weiteres vergüten lassen. Straflosigkeit aber sei dann nicht mehr anzunehmen, wenn die Vergütung tatsächlich „als Bestechungsgeld für die bevorzugte Verordnung bestimmter Präparate gewährt [werde]"[1689].

1685 Vgl. *Corts,* MPJ 2015, 317, 324; *o.V.,* RDG 2015, 108; *Pragal/Handel,* medstra 2015, 337, 343. Sich für eine „‚sozialrechtsakzessorische' Ausgestaltung" aussprechend *Kölbel,* in: DAV/IMR, Aktuelle Entwicklungen im Medizinstrafrecht, S. 57, 69; eine solche Auslegung vornehmend *Wissing/Cierniak,* NZWiSt 2016, 41, 43 f.
1686 Vgl. dazu und im Folgenden BT-Drs. 18/6446, S. 18.
1687 BT-Drs. 18/6446, S. 18 f. unter Verweis auf Spickhoff/*Nebendahl,* SGB V, § 73 Rn. 20.
1688 Vgl. dazu und im Folgenden BT-Drs. 18/6446, S. 19; so weitgehend auch schon *BMJV,* RefE vom 4. Februar 2015, S. 17 f.
1689 BT-Drs. 18/6446, S. 19; so auch schon *BMJV,* RefE vom 4. Februar 2015, S. 18.

Anhaltspunkte dafür wären insbesondere eine den Aufwand weit übersteigende Vergütung oder eine fehlende ärztliche Gegenleistung.

cc) Beteiligung an einem Unternehmen

Hinsichtlich der Beteiligung an einem Unternehmen verweist die Entwurfsbegründung auf die im Rahmen der wettbewerbsrechtlichen Rechtsprechung des BGH aufgestellten Grundsätze.[1690] Hänge die Gewinnbeteiligung des Arztes beispielsweise unmittelbar von der Zahl der Verweisungen ab, sei diese Vereinbarung danach stets unzulässig. Sei der Arzt hingegen nur mittelbar am Erfolg eines Unternehmens beteiligt, komme es darauf an, ob er „bei objektiver Betrachtung durch seine Patientenzuführung einen spürbaren Einfluss auf den Ertrag aus seiner Beteiligung nehmen [könne]"[1691].[1692]

Die gleiche Betrachtungsweise gelte, fügt die Bundesregierung nunmehr klarstellend an,[1693] auch bei der Zuweisung von Untersuchungsmaterial in Labore. Vereinbarungen, die eine Gewinnbeteiligung für die Zuweisung versprechen, seien berufsrechtswidrig und könnten künftig auch strafbar sein. Ob allerdings überhaupt eine tatbestandlich vorausgesetzte Zuweisung vorliege, wenn der Arzt das Labor selber betreibe, sei im Einzelfall zu prüfen. Jedenfalls könne ein Angebot für die Durchführung von Laborleistungen auch zu günstigen Konditionen nur dann zu einer unlauteren Bevorzugung führen, wenn es an eine andere Zuführungsentscheidung gekoppelt sei.

dd) Bonuszahlungen auf sozialrechtlicher Grundlage

Bonuszahlungen auf sozialrechtlicher Grundlage seien auch vom Vorteilsbegriff umfasst.[1694] So lange aber für den Arzt die Möglichkeit be-

---

1690 Vgl. dazu und im Folgenden BT-Drs. 18/6446, S. 19; so auch schon *BMJV*, RefE vom 4. Februar 2015, S. 20.

1691 BT-Drs. 18/6446, S. 19.

1692 Dazu kritisch und „nunmehr unkalkulierbare strafrechtliche Folgen nach sich ziehen" sehend, *Broß/Harney*, MPJ 2015, 307, 314 unter Verweis auf *Wigge*, NZS 2015, 447, 450. Dem Abgrenzungskriterium die Praxistauglichkeit absprechend auch schon *Badle*, medstra 2015, 139, 140 f.; ähnlich kritisch *Pragal/Handel*, medstra 2015, 337, 343.

1693 Vgl. dazu und im Folgenden BT-Drs. 18/6446, S. 19.

1694 Vgl. dazu und im Folgenden BT-Drs. 18/6446, S. 20; so auch schon *BMJV*, RefE vom 4. Februar 2015, S. 18.

stünde, aus medizinischen Gründen von der wirtschaftlich vorgesehenen Entscheidung abzuweichen, seien sie berufsrechtlich zulässig. Finanzielle Anreize würden in diesem Fall nicht für eine unlautere Bevorzugung im Wettbewerb oder für die Verletzung der berufsrechtlichen Pflicht zur Wahrung der heilberuflichen Unabhängigkeit gewährt, „sondern für eine wirtschaftliche Verordnungsweise und eine sinnvolle Mittelallokation"[1695]. Mithin fehle die für eine Unrechtsvereinbarung konstitutive Verknüpfung von Vorteil und Verordnungsentscheidung.

b) Stellungnahme

Die Beispiele machen deutlich, dass auch hier im Prinzip nichts anderes wie auch schon im Rahmen des § 299 StGB gilt: So lange Zuwendungen gefordert, angenommen oder versprochen werden, ohne dass ihnen eine Unrechtsvereinbarung zugrunde liegt, ist der Tatbestand des § 299a StGB-RegE nicht erfüllt.[1696] Dass die Entwurfsbegründung dabei immer wieder auf die berufsrechtliche Zulässigkeit bzw. Unzulässigkeit einzelner Verhaltensweisen Bezug nimmt, ändert daran grundsätzlich nichts. Auch berufsrechtlich unzulässige Verhaltensweisen sind nur dann nach § 299a StGB-RegE strafbar, wenn sie Bestandteil einer Unrechtsvereinbarung sind. So ist ausdrücklich[1697] eine Zuwendung, mit der nur das allgemeine Wohlwollen erkauft werden soll, zwar beispielsweise für den Arzt nach § 32 Abs. 1 MBO-Ä berufsrechtswidrig, aber deshalb jedenfalls noch längst nicht nach § 299a StGB-RegE strafbar. Ob eine Unrechtsvereinbarung vorliegt, ist letztlich wiederum für den Einzelfall[1698] mittels einer Gesamtschau[1699] zu prüfen.

1695 BT-Drs. 18/6446, S. 20.
1696 Im Ergebnis ebenso *Broß/Harney,* MPJ 2015, 307, 313; *Cahnbley,* MPR 2015, 145, 147. Anhand von Beispielen zeigend *Dieners,* PharmR 2015, 529, 532 f. So auch schon *Badle,* medstra 2015, 139, 140 f.; *Kubiciel,* KPzK 1/2015, S. 7.
1697 Vgl. BT-Drs. 18/6446, S. 18.
1698 So auch *Broß/Harney,* MPJ 2015, 307, 313. Im Ergebnis ebenso *Gädigk,* medstra 2015, 268, 270; *Gaede,* medstra 2015, 263, 265.
1699 Vgl. dazu das zweite Kapitel unter B. VI.; zum Strafbarkeitsrisiko von Arzneimittelmusterabgaben nach § 47 Abs. 4 S. 1 AMG vgl. auch die Ausführungen bei *Kaufmann/Ludwig,* PharmR 2014, 50, 52 ff. (noch zu ähnlichem Gesetzentwurf des Bundesrates vom 14. August 2013, BT-Drs. 17/14575).

Vor diesem Hintergrund ist die in der Entwurfsbegründung getroffene Einordnung der Bonuszahlungen auf sozialrechtlicher Grundlage kritisch zu betrachten.[1700] Man mag bezweifeln, ob diese tatsächlich dem wirtschaftlichen Wettbewerb und auch den Interessen der Patienten dienen und es ihnen mithin von vornherein an einer tatbestandlichen Verknüpfung von Vorteil und Verordnungsentscheidung fehle.[1701] Insbesondere der in der Entwurfsbegründung angeführte § 84 SGB V verfolgt primär den Zweck, die Ausgaben für Arznei- und Heilmittel mittels der Beeinflussung des Verordnungsverhaltens der Ärzte zu senken.[1702] Im Interesse der Patienten sind solche Vereinbarungen zuvorderst auch nur aus wirtschaftlicher Perspektive in Form von gleichbleibenden Krankenkassenbeiträgen.[1703] Berufsrechtlich sind sie grundsätzlich nur deshalb zulässig, weil sie ausdrücklich in einem Ausnahmetatbestand Berücksichtigung finden (vgl. § 32 Abs. 1 S. 2 MBO-Ä). Über eine potentielle tatbestandliche Relevanz unter § 299a Abs. 1 StGB-RegE ist damit aber – entgegen der Andeutungen in der Entwurfsbegründung – nach hier vertretener Auffassung jedoch noch nichts ausgesagt. Unproblematisch stellen Boni oder Zahlungen aus solchen Vereinbarungen Vorteile im Sinne des § 299a Abs. 1 StGB-RegE dar. Diese Vorteile mögen zwar zuallererst mit dem Ziel der wirtschaftlichen Mittelverwendung vergeben werden. Wenn dies allerdings darauf hinausläuft, dass bestimmte Arznei- oder Heilmittel anderen vorgezogen werden sollen, ist nicht recht einzusehen, inwieweit es an einer Verknüpfung von Vorteil und Verordnungsentscheidung fehlen soll. Möchte der Gesetzgeber Bonuszahlungen auf sozialrechtlicher Grundlage zweifelsfrei von einer Strafbarkeit unter § 299a StGB-RegE ausnehmen, wird er nicht umhinkommen, den Tatbestand in dieser Hinsicht zu ergänzen.

1700 Vor der Änderung des § 32 MBO-Ä solche Zielvereinbarungen noch als berufsrechtswidrig ansehend bspw. *Reese/Stallberg,* PharmR 2008, 221 ff.

1701 So aber BT-Drs. 18/6446, S. 20; für § 299a Abs. 1 Nr. 1 StGB-RegE ausdrücklich zustimmend *Wissing/Cierniak,* NZWiSt 2016, 41, 45.

1702 Vgl. BT-Drs. 12/3608, S. 85; dazu auch Becker/Kingreen/*Axer,* § 84 Rn. 1; Krauskopf/*Sproll,* SGB V, § 84 Rn. 9. Wertungswidersprüche in der strafrechtlichen Einordnung sog. Disease-Management-Programme und ähnlicher Kooperationen beklagend NK-MedR/*Gaidzik,* § 302 Rn. 2.

1703 So spricht die Gesetzesbegründung davon, dass durch diese Regelung „die Voraussetzungen für eine langfristige Gewährleistung von Beitragssatzstabilität […] wesentlich verbessert [werden]", vgl. BT-Drs. 12/3608, S. 85.

Wenn darüber hinaus vorgeschlagen wird, sozialrechtlich vorgesehene Kooperationen grundsätzlich von der Strafbarkeit auszunehmen,[1704] so ist dem hingegen nicht zu folgen. Im Rahmen einer Betrachtung der Gesamtumstände gilt es hier das Vorliegen einer Unrechtsvereinbarung zu untersuchen. Zwar würde man damit den betroffenen Personen Auslegungsschwierigkeiten nehmen,[1705] andererseits bieten solche Kooperationen in der Praxis durchaus die Möglichkeit, korruptive Vereinbarungen zu treffen[1706]. Insofern sollte ihre strafrechtliche Betrachtung nicht von vornherein ausgeschlossen werden.

1704 So bspw. *Halbe*, MedR 2015, 168, 175; ähnlich auch *Corts*, MPJ 2015, 317, 325; *Gaede/Lindemann/Tsambikakis*, medstra 2015, 142, 154; *KBV*, Stellungnahme zum RefE vom 9. April 2015, S. 5 ff., *Schröder*, NZWiSt 2015, 361, 365. *Schneider/Ebermann* sprechen sich dafür aus, Zuwendungen im Rahmen von sozialrechtlich erwünschten Kooperationsverträgen nicht als Vorteile zu definieren, vgl. *dies.*, HRRS 2013, 219, 224. Für einen Strafausschließungsgrund auf Tatbestandsebene sprechen sich aus *Wigge*, NZS 2015, 447, 452 (noch zum RefE); *Pragal/Handel*, medstra 2015, 337, 343. Eine „gesetzliche Auslegungsregel" befürwortet *Frister*, in: DAV/IMR, Aktuelle Entwicklungen im Medizinstrafrecht, S. 75, 96 ff. Sich für eine Genehmigungsmöglichkeit aussprechend *Bittmann/Brockhaus/Rübenstahl/Schröder/Tsambikakis*, WiJ 2015, 176, 182; ähnlich auch *Badle*, medstra 2015, 139, 140 f.
1705 So bspw. *Gaede/Lindemann/Tsambikakis*, medstra 2015, 142, 154.
1706 Ebenso und mit Beispielen aus der Praxis *Gädigk*, medstra 2015, 268, 270.

c) Exkurs: „Exemptions" und „safe harbors" als Vorbild?[1707]

Die soeben angeführten Vorschläge, sozialrechtlich erwünschte Kooperationen aus der Strafbarkeit auszunehmen, finden im US-amerikanischen Recht mit dem Anti-Kickback Statute (AKS) ein prominentes Vorbild. Betrachtet man allerdings die praktische Handhabung, sind sie kein für das deutsche Recht unbedingt verfolgenswerter Weg.

aa) Hintergrund

Der Blick in die USA mag bei einem Thema wie dem Gesundheitswesen zunächst seltsam anmuten,[1708] entgegen aber der hierzulande verbreiteten Auffassung, sind die groben, insbesondere die Korruption begünstigenden, Strukturen aber dieselben:[1709] So fallen Zahler und Empfänger der Leistung auch im US-amerikanischen Gesundheitssystem oft auseinander und kommt dem Arzt häufig die Funktion eines „gatekeepers" zu, der die von den Versicherten zu beanspruchenden Leistungen verteilt. Für seine großen Versicherungsprogramme, Medicare und Medicaid, über die rund

---

[1707] In der Diskussion um eine neue Regelung im deutschen Recht ist der Blick vereinzelt, unter den zumeist knappen Hinweisen der dortigen vorbildlichen Korruptionsbekämpfung im Gesundheitswesen, immer wieder in die USA gerichtet worden, vgl. bspw. *BÄK*, 116. Deutscher Ärztetag, S. 51 f.; *Haneld*, im ZDF Heute Journal vom 4. Januar 2013; *Hucklenbroich*, Kleine Geschenke erhalten die Freundschaft, Frankfurter Allgemeine Zeitung vom 20. März 2013, S. N1 f.; *Klein-Schmeink*, BT-Plenarprotokoll 18/137, S. 13481C; ausführlicher *Kölbel*, NStZ 2011, 195, 200; *ders.*, in: DAV/IMR, Aktuelle Entwicklungen im Medizinstrafrecht, S. 57, 69; *MEZIS*, Stellungnahme: Anhörung Prävention – Regelungen zur Bekämpfung von Korruption im Gesundheitswesen am 15. Mai 2013, Ausschussdrucksache 17(14)0424(1), S. 4; *Wiesner/Lieb*, in: Lieb/Klemperer/Ludwig, Interessenkonflikte in der Medizin, S. 162, 173; zum Abrechnungsbetrug vgl. auch schon *Kölbel*, NStZ 2009, 312, 317 f.

[1708] Noch immer hält sich – jedenfalls nach meinen Erfahrungen – hierzulande hartnäckig die Vorstellung, dass „dort drüben" nur einige wenige überhaupt krankenversichert seien und sich der Staat vollkommen aus der Gesundheitsversorgung seiner Bürger heraushalte.

[1709] Einen guten Überblick über das dortige Gesundheitssystem geben *Goldsteen/Goldsteen*, U.S. Health Care System, S. 1 ff. und *Shi/Singh*, Essentials of the U.S. Health Care System, S. 1 ff.

ein Drittel der gesamten Bevölkerung versichert sind,[1710] gibt der Staat jährlich rund 4,5 % seines BIP[1711] aus.[1712] Wegen sich immer weiter verbreitenden Praktiken wie der Vereinbarung von Kickbacks oder der Zahlung von Schmiergeldern sorgte sich die amerikanische Regierung schon bald nach der Einführung von Medicare und Medicaid insbesondere um ihr Vermögen.[1713] Im Jahr 1972 führte der Kongress schließlich das noch heute in der US-amerikanischen strafrechtlichen Korruptionsbekämpfung im Gesundheitswesen eine wichtige Rolle spielende Anti-Kickback Statute ein.[1714] Danach ist es verboten, wissentlich und willentlich eine Entlohnung direkt oder indirekt, offen oder verdeckt, in bar oder in Naturalien als Gegenleistung dafür zu zahlen oder anzunehmen, dass bestimmte Produkte bzw. Leistungen, die durch Medi-

---

1710 *The Henry J. Kaiser Family Foundation,* Health Insurance Coverage of the Total Population, 2013; abrufbar unter http://kff.org/other/state-indicator/total-population/.

1711 Eigene Berechnungen auf Grundlage der Daten von *The Henry J. Kaiser Family Foundation,* The facts on Medicare Spending and Financing, 2015, Figure 1, 4; abrufbar unter http://kff.org/medicare/fact-sheet/medicare-spending-and-financing-fact-sheet/.

1712 Insgesamt belaufen sich die Gesundheitsausgaben auf knapp 18 % des BIP und sind damit weltweit am höchsten. Es ist zu erwarten, dass die Ausgaben noch weiter steigen werden. Mit dem sog. Patient Protection Affordable Care Act (ACA) ist der Zugang zur Gesundheitsversorgung nämlich stark ausgeweitet worden. Vgl. dazu bspw. *Furrow et al.,* Law of Health Care, S. 493.

1713 Vgl. *Tully,* Federal Anti-Kickback Law, 02.B.1. Heute gehen Schätzungen davon aus, dass mindestens 3,5 Prozent der Gesundheitsausgaben Betrug und Korruption zum Opfer fallen, vgl. *Drake/Kanu/Silverman,* 50 Am. Crim. L. Rev. (2013), 1131, 1133 m.w.N.; kritische Äußerungen aber gibt es auch hier zur Datenlage, vgl. *Krause,* 21 Annals Health L. (2012), 137, 138: „[...] these numbers have no solid empirical basis."

1714 Heute ranken sich um das Stichwort „Betrug und Missbrauch im Gesundheitswesen" (vgl. nur die Titel einschlägiger Literatur: *Baumann,* Health Care Fraud and Abuse, 2013; *Meyer et al.,* Health Care Fraud and Abuse: Enforcement and Compliance) nicht nur auf Bundesebene zahlreiche Gesetze, sondern auch daneben entsprechende Strukturen, um diese durchzusetzen. Vgl. dazu den Überblick bei *Drake/Kanu/Silverman,* 50 Am. Crim. L. Rev. (2013) 1131 ff. m.w.N.

care, Medicaid oder andere staatliche Programme getragen werden, verschrieben, gekauft oder in sonstiger Art und Weise empfohlen werden.[1715]

War es zunächst noch der Gesetzgeber, der dem AKS durch zahlreiche Änderungen einen immer breiteren Anwendungsbereich verschaffte, waren es anschließend insbesondere auch Gerichte und Verfolgungsbehörden, die durch eine immer weitere Auslegung dafür sorgten, dass immer öfter auch eigentlich erwünschte Kooperationen und Vereinbarungen dem AKS unterfielen.[1716] Dem versuchte der Kongress dann mit der Einführung von gesetzlichen Ausnahmen zu begegnen:

[1715] 42 U.S.C. § 1320a-7b „*(b) Illegal remunerations*
(1) Whoever knowingly and willfully solicits or receives any remuneration (including any kickback, bribe, or rebate) directly or indirectly, overtly or covertly, in cash or in kind –
(A) in return for referring an individual to a person for the furnishing or arranging for the furnishing of any item or service for which payment may be made in whole or in part under a Federal health care program, or
(B) in return for purchasing, leasing, ordering, or arranging for or recommending purchasing, leasing, or ordering any good, facility, service, or item for which payment may be made in whole or in part under a Federal health care program,
shall be guilty of a felony and upon conviction thereof, shall be fined not more than $25,000 or imprisoned for not more than five years, or both.
(2) Whoever knowingly and willfully offers or pays any remuneration (including any kickback, bribe, or rebate) directly or indirectly, overtly or covertly, in cash or in kind to any person to induce such person –
(A) to refer an individual to a person for the furnishing or arranging for the furnishing of any item or service for which payment may be made in whole or in part under a Federal health care program, or
(B) to purchase, lease, order, or arrange for or recommend purchasing, leasing, or ordering any good, facility, service, or item for which payment may be made in whole or in part under a Federal health care program,
shall be guilty of a felony and upon conviction thereof, shall be fined not more than $25,000 or imprisoned for not more than five years, or both.
(3) Paragraphs (1) and (2) shall not apply to [...] " Es folgt eine Auflistung der gesetzlichen Ausnahmeregelungen.

[1716] *Bulleit/Krause*, 54 Food & Drug L.J. (1999) 279, 283 ff.; *Drake/Kanu/Silverman*, 50 Am. Crim. L. Rev. (2013) 1131, 1147 f.; *Baumann/Horton*, Health Care Fraud and Abuse, S. 976.

bb) US-amerikanischer Lösungsansatz

Schon fünf Jahre nach dem Erlass des AKS führte der Kongress die ersten beiden Ausnahmeregelungen ein. Fortan stellten unter anderem Rabatte („discounts") von Anbietern, deren Produkte unter staatlichen Gesundheitsprogrammen ersatzfähig waren, keine Entlohnung („remuneration") mehr im Sinne der Vorschrift dar, wenn sie bestimmten Anforderungen genügten.[1717] 1987 schließlich wurde dem Gesundheitsministerium die Aufgabe übertragen, sogenannte „safe harbor" zu veröffentlichen, also Vorschriften, bei deren Einhaltung keine Sanktionen mehr unter anderem nach dem AKS zu erwarten waren.[1718] Insbesondere die Industrie hatte große Hoffnungen, endlich mehr Klarheit zu erlangen.[1719] Diese Erwartungen konnten 1991 mit der Einführung der ersten elf „safe harbor" allerdings nur teilweise erfüllt werden. Diese wiesen aus Sicht der Betroffenen einen zu engen Anwendungsbereich auf und betrafen noch dazu teilweise Bereiche, von denen vorher noch niemand gedacht hatte, dass sie überhaupt kritisch unter dem AKS zu beurteilen seien.[1720] Dies besserte sich in der Folge nur wenig.[1721] Um mit aktuellen Entwicklungen im Gesundheitswesen Schritt zu halten, wird die Liste der „safe harbor" fortlaufend erweitert und umfasst mittlerweile regelmäßig um die 25

1717 Vgl. 42 U.S.C.A. § 1320a-7b(b)(3)(A): „*(3) Paragraphs (1) and (2) shall not apply to (A) a discount or other reduction in price obtained by a provider of services or other entity under a Federal health care program if the reduction in price is properly disclosed and appropriately reflected in the costs claimed or charges made by the provider or entity under a Federal health care program;*"

1718 Vgl. 42 U.S.C.A. § 1395w-104(e)(6): „*(6) Establishment of safe harbor – The Secretary, in consultation with the Attorney General, shall promulgate regulations that provide for a safe harbor from sanctions under paragraphs (1) and (2) of section 1320a-7b(b) of this title[...]*". Vgl. außerdem dazu Baumann/*Horton*, Health Care Fraud and Abuse, S. 976 f.

1719 Baumann/*Horton*, Health Care Fraud and Abuse, S. 977.

1720 Vgl. Baumann/*Horton*, Health Care Fraud and Abuse, S. 981 ff.; *Tully*, Federal Anti-Kickback Law, 05.B.1.

1721 Vgl. Baumann/*Horton*, Health Care Fraud and Abuse, S. 1016; *Bulleit/Krause*, 54 Food & Drug L.J. (1999) 279, 292 f.; *Meyer et al*, Health Care Fraud and Abuse, Enforcement and Compliance, 03.B.3.g.; *Tully*, Federal Anti-Kickback Law, 05.B.1.: „*HHS [Gesundheitsministerium] instead developed narrow, transaction-specific safe harbors that provide little guidance as to how HHS will analyze transactions that are not protected by a safe harbor.*"

Regelungen.[1722] Es finden sich „safe harbor" sowohl zu gesundheitssystemübergreifenden Themen wie der Vermietung von Räumen oder Material, dem Verkauf von Praxen oder auch der Gewährung von Rabatten, aber auch zu Eigenheiten des US-amerikanischen Gesundheitssystems. Viele Regelungen erstrecken sich über mehrere Seiten, sind nur noch schwer zu überblicken und ihre Anforderungen kaum noch einzuhalten.[1723] Seit 1997 ist das Gesundheitsministerium außerdem verpflichtet, seine Einschätzung bezüglich der Vereinbarkeit bestimmter Vereinbarungen mit den Regelungen des AKS im Rahmen sogenannter „Advisory Opinions" mitzuteilen.[1724] Dies ermöglicht Betroffenen, ihre Vereinbarungen unter Angabe sämtlicher Informationen auf die Vereinbarkeit mit dem AKS prüfen zu lassen.[1725] Eine solche Prüfung dauert oft mehr als ein Jahr, ist sehr kostenintensiv und bindet letztlich nur die daran beteiligten Parteien.[1726] Eine Einschätzung kann dabei auch negativ ausfallen und schließlich durch Informationsaustausch der beteiligten Behörden auch zu strafrechtlichen Ermittlungen führen.[1727] Weitere Hilfestellungen in der Interpretation der Norm geben daneben vom Gesundheitsministerium herausgegebene formlosere Hinweise, sogenannte „Fraud Alerts", „Special Advisory Bulletins", „Open letters" oder „miscellaneous notices".[1728]

cc) Übertragbarkeit?

Die US-amerikanische Herangehensweise lädt sicherlich zu unterschiedlichen Interpretationen hinsichtlich der Sinnhaftigkeit von entsprechenden Ausnahmeregelungen auch im Rahmen des § 299a StGB-RegE ein. Die vorstehenden Ausführungen zeigen in jedem Fall, dass auch die Schaf-

---

1722 Eine aktuelle Übersicht gibt es auf den Seiten des Office of Inspector General, U.S. Department of Health & Human Services, unter http://oig.hhs.gov/compliance/safe-harbor-regulations/index.asp.
1723 Vgl. *Drake/Kanu/Silverman,* 50 Am. Crim. L. Rev. (2013) 1131, 1148 m.w.N.
1724 Vgl. Baumann/*Horton,* Health Care Fraud and Abuse, S. 986 ff.
1725 Vgl. Baumann/*Horton,* Health Care Fraud and Abuse, S. 987 f.
1726 Vgl. Baumann/*Horton,* Health Care Fraud and Abuse, S. 988.
1727 Vgl. Baumann/*Horton,* Health Care Fraud and Abuse, S. 989 ff.
1728 Vgl. Baumann/*Horton,* Health Care Fraud and Abuse, S. 992 ff.; insgesamt skeptisch schon *Bulleit/Krause,* 54 Food & Drug L.J. (1999) 279, 285: „While this guidance remains inadequate to be truly responsive to the needs of the health care industry, it does provide some additional insight into the kinds of practices that might violate the antikickbacklaw."

fung von Ausnahmen kein einfaches Unterfangen ist und letztlich kein „Allheilmittel" darstellt. Meines Erachtens überwiegen insgesamt letztlich die Nachteile, die eine solche Konstruktion mit sich bringt. Wie schon angedeutet, sind die „safe harbor"-Regelungen teilweise sehr lang und unübersichtlich, dennoch sind sie sehr eng gehalten und erfassen letztlich mit Sicherheit nur die genau unter die Regelung zu subsumierenden Vereinbarungen. Jegliche Abweichung kann wiederum zu einer Verfolgung unter dem AKS führen. Schon aufgrund des Bestimmtheitsgrundsatzes müsste der deutsche Strafgesetzgeber hier auf klare Strukturen achten, so dass letztlich Ausnahmen wohl nur in eng definierten Grenzen mit einem überschaubaren praktischen Anwendungsgebiet durchsetzbar wären. Ausnahmeregeln müssen außerdem mit aktuellen Entwicklungen im Gesundheitswesen Schritt halten. Das funktioniert in den USA auch nur durch die Übertragung dieser Aufgabe auf die Exekutive. Für einen deutschen Gesetzgeber ist dies kaum leistbar und andere Konstruktionen sind nur unter verfassungsrechtlichen Bedenken vorstellbar. Das US-amerikanische Vorgehen zeigt auch, dass allein die Schaffung von Ausnahmeregeln auch keine befriedigenden Ergebnisse bringt. Nicht umsonst gab der Kongress den auch nach der Einführung der „safe harbor"-Regelungen bestehenden Unsicherheiten der betroffenen Parteien nach und führte die Möglichkeit der sogenannten „Advisory Opinions" ein. Die in den USA mithilfe dieser Instrumente geschaffenen Interpretationshilfen wären hier zwar wünschenswert, aber sind durchaus jetzt schon vorhanden und in der Menge vielleicht auch gar nicht notwendig. So gibt die Entwurfsbegründung einige Anhaltspunkte und die bisherige Rechtsprechung zu § 299 StGB gibt eine erste Interpretationsrichtung vor. Außerdem ist die angestrebte deutsche Regelung im Vergleich zum AKS begrenzter und noch besteht zudem die Möglichkeit, durch eine den Schutzzweck und die Praktikabilität in den Blick nehmende enge Auslegung der Gerichte für einen vernünftigen Anwendungsbereich zu sorgen.

VI. Sonstiges

Schließlich soll noch ein kurzer Blick auf weitere mit der Einführung des § 299a StGB verbundenen Änderungen gegeben werden. Spannende Fragen stellen sich insbesondere im Rahmen der Konkurrenzen, aber auch ein neuer unbenannter schwerer Fall und angepasste Strafantragsrechte sind vorgesehen.

1. Verhältnis zu anderen Delikten

Wie auch schon bei den §§ 331 ff., 299 StGB ist es nicht ausgeschlossen, dass durch die entsprechende Verletzungshandlung gleichzeitig noch weitere Straftatbestände erfüllt werden. Dann stellt sich die Frage der Konkurrenzen, die hier jedenfalls kurz skizziert werden soll. Trifft § 299a StGB-RegE mit Delikten wie dem Betrug, der Untreue oder den Körperverletzungstatbeständen zusammen, so sollen laut der Entwurfsbegründung die zu den §§ 331 ff., 299 StGB entwickelten Grundsätze Anwendung finden.[1729] Danach ist von Tateinheit zwischen den Delikten auszugehen.[1730] Schon aufgrund der gänzlich unterschiedlichen Schutzrichtungen der Straftatbestände ist dies nur zu folgerichtig.

Gegensätzliche Auffassungen bestehen darüber, wie sich das Verhältnis von § 299a StGB-RegE zu den Korruptionsdelikten der §§ 331 ff. StGB darstellt. Folgt man der Entwurfsbegründung, so soll dafür auf die bisherige Rechtsprechung zum Verhältnis von § 299 StGB zu den §§ 331 ff. StGB zurückgegriffen werden.[1731] Danach würde § 299a StGB-RegE gegenüber den §§ 331 ff. StGB nur „hilfsweise"[1732] Anwendung finden. Folgt man *Kubiciel/Tsambikakis*, ist § 299a StGB-RegE „spezifischer" als § 331 StGB und so trete § 331 StGB hinter § 299a StGB-RegE zurück.[1733] § 299a StGB-RegE sei der „exklusive Transmitter außerstrafrechtlicher Pflichten in das Korruptionsstrafrecht"[1734]. Richtigerweise ist jedoch davon auszugehen, dass – wie auch hier schon im Rahmen des § 299 StGB vertretener Auffassung – die Möglichkeit der Tateinheit zwischen den §§ 331 ff. StGB und dem § 299a StGB-RegE besteht. Schon aufgrund der unterschiedlichen Schutzrichtungen müssen aus Klarstellungsgründen beide Delikte Erwähnung finden. Dass sich Ärzte in öffentlichen Kran-

---

1729 BT-Drs. 18/6446, S. 16.
1730 Vgl. dazu das zweite Kapitel unter D. IV. 3 und die Ausführungen dazu bspw. bei *Fischer*, § 331 Rn. 40 m.w.N.
1731 BT-Drs. 18/6446, S. 16; so auch schon *BMJV*, RefE vom 4. Februar 2015, S. 15.
1732 So ausdrücklich das in der Entwurfsbegründung angeführte Urteil des BGH, Beschluss vom 10. Februar 1994, Az.: 1 StR 792/93 = NStZ 1994, 277.
1733 Vgl. *Kubiciel/Tsambikakis*, medstra 2015, 11, 15 (noch zu Entwurf des StMJ); von der „naheliegenden Annahme einer lex specialis" sprechen auch *Pragal/Handel*, medstra 2015, 337, 344.
1734 *Kubiciel/Tsambikakis*, medstra 2015, 11, 15 (noch zu Entwurf des StMJ).

kenhäusern durch die in § 331 StGB vorgesehene gelockerte Unrechtsvereinbarung noch im Vorfeld des § 299a StGB-RegE strafbar machen können, erscheint daher nicht wertungswidersprüchlich.[1735] Eine möglichst einheitliche Rechtsanwendung innerhalb derselben Berufsgruppe – wie sie *Kubiciel/Tsambikakis* anstreben – ist zwar zu begrüßen, weder aber geben die Entwurfsbegründung noch die Norm selber dafür Anhaltspunkte. So spricht die Entwurfsbegründung lediglich davon, Lücken in der strafrechtlichen Bekämpfung der Korruption im Gesundheitswesen schließen zu wollen.[1736]

Schließlich ist noch das Verhältnis von § 299a StGB-RegE und § 299 StGB näher zu betrachten. Während § 299a StGB-RegE für *Kubiciel/Tsambikakis* wiederum den spezielleren Tatbestand darstellt,[1737] geht die Entwurfsbegründung interessanterweise[1738] hier diesmal von der Möglichkeit der Tateinheit aus. So sei wegen der unterschiedlichen Schutzrichtung „regelmäßig Tateinheit anzunehmen"[1739].[1740] Ob davon auch dann noch auszugehen ist, wenn ein Normadressat allein § 299a Abs. 1 Nr. 1 StGB-RegE und mithin die Variante verwirklicht, die primär den Wettbewerb schützt, lässt die Begründung offen. In diesem Fall ist jedoch davon auszugehen, dass § 299a Abs. 1 Nr. 1 StGB-RegE lex speciales zu § 299 Abs. 1 Nr. 1 StGB ist. Einer Klarstellung bedarf es mangels gesonderten deliktischen Unwerts dabei nämlich nicht.

2. § 300 StGB

§ 300 StGB normiert bisher die besonders schweren Fälle der Bestechlichkeit und Bestechung im geschäftlichen Verkehr. Der Entwurfsbegrün-

---

1735 Im Ergebnis ebenso *Gaede,* medstra 2015, 263, 267. So aber *Pragal/Handel,* medstra 2015, 337, 344.

1736 Vgl. BT-Drs. 18/6446, S. 1; so auch schon *BMJV,* RefE vom 4. Februar 2015, S. 1. Darauf ebenfalls hinweisend *Gaede,* medstra 2015, 263, 267.

1737 Vgl. *Kubiciel/Tsambikakis,* medstra 2015, 11, 15 (noch zu Entwurf StMJ); *Pragal/Handel,* medstra 2015, 337, 344.

1738 Interessanterweise deshalb, weil mit Hilfe der gleichen Argumentation auch die Annahme der Möglichkeit von Tateinheit zwischen § 299a StGB-RegE und den §§ 331 ff. StGB nahe gelegen hätte.

1739 BT-Drs. 18/6446, S. 16; so auch schon *BMJV,* RefE vom 4. Februar 2015, S. 16.

1740 Dazu eher kritisch, sich aber nicht endgültig festlegend *Gaede,* medstra 2015, 263, 267.

dung zufolge soll die Strafrahmenverschiebung auch auf die §§ 299a, 299b StGB-RegE Anwendung finden. Auf die bisher zu den §§ 299, 300 StGB entwickelten Auslegungsgrundsätze soll dafür zurückgegriffen werden können.[1741] Hier ergeben sich – soweit ersichtlich – bei der Bestechung und Bestechlichkeit im Gesundheitswesen keine Besonderheiten. Im Gegensatz zum im Bundesrat diskutierten Gesetzentwurf des Freistaates Bayern ist darüber hinaus nach wie vor kein zusätzliches Regelbeispiel vorgesehen.[1742] Ausweislich der Entwurfsbegründung ist allerdings von einem unbenannten besonders schweren Fall insbesondere dann auszugehen, wenn eine korruptiv bedingte Falschbehandlung zu einer Schädigung oder einer erheblichen Gefährdung der Gesundheit von Patienten geführt hat.[1743] Diese Ansicht ist jedoch aus mehreren Gründen abzulehnen.

Erstens ist schon nicht ersichtlich, wann von einer erheblichen Gefährdung der Gesundheit von Patienten in diesem Sinne auszugehen ist. Die Entwurfsbegründung macht dazu keine näheren Angaben. Die Formulierung findet auch, im Gegensatz zum Vorschlag des Freistaates Bayern,[1744] im bisherigen StGB keine Vorbilder. Der Formulierung zufolge wird ein Stadium vor der konkreten Gefahr gemeint sein. In jedem Fall schließt sich zweitens daran die Frage an, ob eine solch weit vor dem Eingreifen der Körperverletzungsdelikte liegender Schutz der körperlichen Unversehrtheit und der Gesundheit, zumal durch ein im Rahmen der Wettbewerbsdelikte angesiedelten Delikt, tatsächlich notwendig ist.[1745] Selbst aber im Fall der Schädigung der Gesundheit gilt es zu überlegen, ob eine

---

1741 BT-Drs. 18/6446, S. 23; so auch schon *BMJV,* RefE vom 4. Februar 2015, S. 21.

1742 Vgl. § 300 S. 2 Nr. 3 StGB-BR-E: „Ein besonders schwerer Fall liegt in der Regel vor, wenn der Täter einen anderen Menschen durch die Tat in die Gefahr einer erheblichen Gesundheitsschädigung bringt." Dazu auch BR-Drs. 16/15, S. 22 f.

1743 BT-Drs. 18/6446, S. 23; so auch schon *BMJV,* RefE vom 4. Februar 2015, S. 21. Dies „im Hinblick auf die Wahrscheinlichkeit einer eher selten nachweisbaren Konstellation" für „sachgerecht" haltend aber *Gädigk,* medstra 2015, 268, 271.

1744 Dem Vorschlag ähnliche Formulierungen finden sich u.a. in § 113 Abs. 2 S. 2 Nr. 2 StGB und § 121 Abs. 3 S. 2 Nr. 3. In allen Fällen bedarf es einer konkreten Gefahr. Dass dies auch für § 300 S. 2 Nr. 3 StGB-BR-E der Fall ist, macht neben der Formulierung auch nochmal die Entwurfsbegründung ausdrücklich deutlich, vgl. BR-Drs. 16/15, S. 22 f.

1745 Dies schon für den Entwurf des StMJ bezweifelnd *Kubiciel/Tsambikakis,* medstra 2015, 11, 15.

Aburteilung des Geschehens in dieser Hinsicht nicht besser im Rahmen der §§ 223 ff. StGB und der dort zum ärztlichen Heileingriff sehr ausgeprägten Rechtsprechung aufgehoben ist.[1746] Darüber hinaus kann man sich fragen, ob das Verhältnis der Strafandrohung von den §§ 299a, 299b StGB-RegE im Vergleich zur Körperverletzung gem. § 223 StGB tatsächlich gerechtfertigt ist. Zwar in Verbindung mit einem Korruptionsdelikt aber doch allein für die bloße Gesundheitsgefährdung, sieht § 300 StGB-RegE drei Monate Mindeststrafe vor, während im Fall von § 223 StGB selbst bei einer eingetretenen Schädigung noch eine Geldstrafe möglich ist.

Die Deklaration einer Schädigung oder einer erheblichen Gefährdung der Gesundheit von Patienten als unbenannten besonders schweren Fall ist somit eine Absage zu erteilen.[1747] Die körperliche Unversehrtheit und Gesundheit von Patienten sind ausreichend nach den §§ 223 ff. StGB geschützt.

3. *§ 301 StGB*

Der Gesetzentwurf sieht außerdem eine Anpassung und Erweiterung der relativen Strafantragspflicht in § 301 StGB hinsichtlich § 299a (und § 299b) StGB-RegE vor.[1748] Antragsberechtigt sollen neben dem Verletzen nach § 301 Abs. 2 Nr. 2 a) StGB-RegE die berufsständische Kammer und die kassenärztliche und kassenzahnärztliche Vereinigung, in der der Täter zum Zeitpunkt der Tat Mitglied war, b) jeder rechtsfähige Berufsverband, der die Interessen von Verletzten im Wettbewerb vertritt und c) die gesetzliche Kranken- und Pflegekasse des Patienten oder das private Kranken- und Pflegeversicherungsunternehmen des Patienten sein.

Die Anpassung und Erweiterung des Strafantragsrechts ist grundsätzlich zu begrüßen. Eine von § 299 losgelöste Ausgestaltung als Offizialdelikt –

1746 Ähnlich so auch *Kubiciel/Tsambikakis*, medstra 2015, 11, 15 schon zum Entwurf des StMJ.

1747 Mithin erst recht dem Vorschlag, die Gesundheitsschädigung ausdrücklich als Regelbeispiel aufzunehmen, so aber *Bittmann/Brockhaus/Rübenstahl/Schröder/Tsambikakis*, WiJ 2015, 176, 194; *TI Deutschland e.V.*, Stellungnahme vom 28. März 2015, S. 2. Insgesamt kritisch *Brettel/Duttge/Schuhr*, JZ 2015, 929, 935.

1748 Insoweit weist *Gädigk* richtigerweise darauf hin, dass es daneben einer Ergänzung der Überschrift von Nr. 242a RiStBV bedarf, vgl. *ders.*, medstra 2015, 268, 271.

wie es der Gesetzentwurf des Freistaates Bayern vorsieht und von nicht wenigen Stimmen gefordert wird[1749] – erscheint hingegen nicht notwendig. Die Strafverfolgungsbehörden sind nach wie vor zur Strafverfolgung wegen besonderen öffentlichen Interesses berechtigt.[1750] In Anbetracht allerdings des weiten Täterkreises erscheint die Begrenzung des Strafantragsrechts auf berufsständische Kammern, in der der Täter im Zeitpunkt der Tat Mitglied war, zu eng.[1751] So sind Angehörige der Pflegeberufe bisher nicht in Kammern organisiert. Für solche Fälle sollte daher den entsprechenden Berufsverbänden ebenfalls ein Strafantragsrecht eingeräumt werden. Vor dem Hintergrund des jedenfalls mittelbar auch geschützten Vermögens der Krankenkassen überzeugt deren Antragsrecht.[1752] Bei ihnen sind auch die Stellen zur Bekämpfung von Fehlverhalten im Gesundheitswesen gem. § 197a Abs. 3 SGB V angesiedelt. Im Vergleich zum Referentenentwurf des BMJV sind richtigerweise die kassenärztlichen und kassenzahnärztlichen Vereinigungen als Antragsberechtigte hinzugekommen.[1753] Bei ihnen laufen die Informationen über die Abrechnung insbesondere der Ärzte zusammen und auch bei ihnen gibt es gem. § 81a SGB V Stellen zur Bekämpfung von Fehlverhalten im Gesundheitswesen. Ferner erfolgte bezüglich der Kranken- und Pflegeversicherungsunternehmen die Klarstellung, dass es sich um solche des Patienten handeln muss. Ausgebügelt wurde damit überdies ein vorheriges Redaktionsversehen, welches vom „Kranken- und Pflegeversicherungsunternehmen des Verletzten" sprach.

1749 Vgl. nur *Brettel/Duttge/Schuhr,* JZ 2015, 929, 935; *Bittmann/Brockhaus/Rübenstahl/Schröder/Tsambikakis,* WiJ 2015, 176, 195; *Kubiciel,* KPzK 1/2015, S. 9 f.; *Pragal/Handel,* medstra 2015, 337, 338; *TI Deutschland e.V.,* Stellungnahme vom 28. März 2015, S. 2.

1750 Trotz Kritik so wiederum doch auch *Pragal/Handel,* medstra 2015, 337, 338.

1751 Dazu insgesamt kritisch *Bittmann/Brockhaus/Rübenstahl/Schröder/Tsambikakis,* WiJ 2015, 176, 195; sich diesen anschließend *Frank/Vogel,* AnwBl 2016, 94, 99.

1752 Anders aber bspw. *BÄK,* Stellungnahme zum RefE des BMJV vom 20. März 2015, S. 12; *Corts,* MPJ 2015, 317, 324.

1753 Kritisch jedoch *Schneider/Ebermann,* A&R 2015, 202, 207, die hier Missbrauchspotential sehen.

VII. Zusammenfassung

Mit dem geplanten Gesetz macht der Gesetzgeber in Sachen Bekämpfung der Korruption im Gesundheitswesen einen Schritt in die richtige Richtung. Der strafrechtliche Lückenschluss wird vollzogen. Die vorherigen Ausführungen haben allerdings gezeigt, dass dem Vorschlag nicht vorbehaltlos zugestimmt werden kann.

Bezüglich der systematischen Einordnung bestehen allerdings keine Bedenken. Der Entwurf fügt sich gut in die Systematik des StGB und dessen Wettbewerbsdelikte ein. Auch die inhaltliche Konzentration allein auf das Gesundheitswesen ist schon wegen der hohen Korruptionsanreize nicht zu kritisieren. Allerdings hat der Vergleich mit den in der Norm beschriebenen Verhaltensweisen und von der Entwurfsbegründung vorgesehenen Anwendungsfällen gezeigt, dass der Täterkreis unnötig weit gezogen worden ist. Während die in Anlehnung an § 299 Abs. 1 Nr. 1 StGB gestaltete Wettbewerbsvariante in § 299a Abs. 1 Nr. 1 StGB-RegE trotz aller damit verbundenen Probleme zu begrüßen ist, überzeugt die zweite Tatbestandsvariante auch nach den Änderungen im Vergleich zum Referentenentwurf nicht. Abgesehen von handwerklich bedingten Subsumtionsproblemen ist jedenfalls für § 299a Abs. 1 Nr. 2 StGB-RegE schon kein Anwendungsbereich ersichtlich. In den Ausführungen zu § 299a Abs. 2 StGB-RegE konnte dann gezeigt werden, dass auch die allein auf Berufspflichten konzentrierte Fassung nach wie vor zu unbestimmt ist. Schon vor diesem Hintergrund überzeugt die mit dem Gesetzentwurf der Bundesregierung eingeführte gesonderte Betrachtung des Bezugsvorgangs in § 299a Abs. 2 StGB-RegE nicht. Eine Nachbesserung im laufenden Gesetzgebungsverfahren wäre somit mehr als wünschenswert. Man darf gespannt sein, ob sich der Gesetzgeber dieser „Ungereimtheiten" noch annehmen wird.

Viertes Kapitel

Zusammenfassung und abschließende Überlegungen

A. Zusammenfassung

(1) Eine allgemeingültige Definition von Korruption gibt es nicht. Jede Wissenschaftsdisziplin versucht daher eine für sich handhabbare Definition zu finden. Richtschnur für in dieser Arbeit untersuchte Verhaltensweise ist solches Handeln, bei dem jemand für sein berufliches Handeln in unzulässiger Weise (Dritt-)Vorteile erhält oder diese jedenfalls anstrebt. (Erstes Kapitel, A.)

(2) Das Gesundheitssystem ist ein komplexes System, welches durch ein Geflecht an Vorschriften gekennzeichnet ist. Die heutige Struktur ist historisch gewachsen, zentrale Institutionen sind die gesetzliche und die private Krankenversicherung. Der Arzt dient diesen als „Leistungserbringer". (Erstes Kapitel, B. I.)

(3) Zulassung und Berufsausübung von Ärzten sind stark reglementiert. Dennoch ist der Arztberuf ein freier Beruf und das Verhältnis zwischen Arzt und Patient insbesondere von Vertrauen geprägt. (Erstes Kapitel, B. II.)

(4) Die vertragsärztliche Versorgung stellt einen Kernbereich innerhalb der Versorgung der Versicherten durch die GKV dar und wird gem. § 75 Abs. 1 SGB V durch die Kassenärztlichen Vereinigungen sichergestellt. Vertragsarzt ist jeder niedergelassene Arzt, der für die vertragsärztliche Versorgung entsprechend § 95 SGB V zugelassen ist. Durch die Zulassung wird der Arzt gem. § 95 Abs. 3 SGB V Mitglied in der für seinen Kassenarztsitz zuständigen Kassenärztlichen Vereinigung. Das Rechtsverhältnis ist öffentlich-rechtlicher Natur (§§ 69 ff. SGB V) und bringt zahlreiche Rechte aber auch Pflichten mit sich. Unter anderem ist der Vertragsarzt berechtigt, am Sachleistungssystem der gesetzlichen Krankenversicherung sowie an der Honorarverteilung der kassenärztlichen Vereinigung teilzunehmen. Er unterliegt mithin aber auch dem Wirtschaftlichkeitsgebot, einem Grundprinzip in der gesetzlichen Krankenversicherung. § 12 Abs. 1 S. 1 SGB V zufolge haben die Leistungen ausrei-

chend, zweckmäßig und wirtschaftlich zu sein und dürfen das Maß des Notwendigen nicht überschreiten. Zwischen Vertragsarzt und Patient kommt ein Behandlungsvertrag gem. § 630a BGB zustande, bei dem der Arzt eine fachgerechte Behandlung schuldet, dem gesetzlich Versicherten jedoch bei Inspruchnahme von Kassenleistungen regelmäßig keine Vergütungspflicht obliegt. Die Vergütung für die Behandlungsleistung erhält der Arzt vielmehr durch die Abrechnung mit der Kassenärztlichen Vereinigung. Zwischen Vertragsarzt und der entsprechenden gesetzlichen Krankenversicherung hingegen, entstehen grundsätzlich keine unmittelbaren Rechtsbeziehungen. Zwischengeschaltet sind hier vielmehr die Kassenärztlichen Vereinigungen. (Erstes Kapitel, B. III.)

(5) Jeder Arzt im Sinne der §§ 2 ff. BÄO kann grundsätzlich privatärztlich tätig werden. Die rechtlichen Beziehungen zwischen dem Privatarzt und dem privat versicherten Patienten sind ebenso zivilrechtlicher Natur und unterliegen den Regelungen des Behandlungsvertrags im BGB. Anders als der gesetzlich Versicherte gegenüber dem Vertragsarzt, ist der Privatpatient regemäßig selbst Schuldner hinsichtlich des dem Arzt zustehenden Honorars. Er begleicht die Arztrechnung zunächst, um sich später die Kosten entsprechend seines Versicherungsvertrages von seiner privaten Krankenversicherung erstatten zu lassen. Insoweit ist es nicht verwunderlich, dass es hinsichtlich rechtlicher Beziehungen zwischen dem Privatarzt und der privaten Krankenversicherung seines Patienten kaum mehr Anknüpfungspunkte gibt. Der Privatarzt rechnet gegenüber seinem Patienten auf der Grundlage der GOÄ ab. Bei der Erbringung seiner Leistungen ist er daher nicht im selben Maße an ein Wirtschaftlichkeitsgebot gebunden wie ein Vertragsarzt. (Erstes Kapitel, B. IV.)

(6) Ärzte im Krankenhaus sind dort in der Regel als Arbeitnehmer eingeordnet und ihre Rechte und Pflichten gegenüber dem jeweiligen Krankenhausträger bestimmen sich daher nach dem entsprechenden Arbeitsvertrag. Vertragspartner von Patienten im Krankenhaus ist in der Regel allein der Krankenhausträger. Im Regelfall richtet sich der Vergütungsanspruch des Krankenhausträgers sowohl bei gesetzlich als auch privat Versicherten direkt gegen deren Krankenkasse. Für die Vergütung von stationären Krankenhausleistungen gilt der Grundsatz der Einheitlichkeit. Im Großteil aller Krankenhäuser erfolgt die Vergütung für die Behandlung von Versicherten über das DRG-Fallpauschalensystem. Dieses sieht eine Vergütung je Behandlungsfall vor, ist unabhängig von den tatsächlichen Kosten und auch unabhängig von der Versicherung des Patienten (§ 9 Abs. 1 KHEntgG, § 17 Abs. 1 S. 1 KHG). (Erstes Kapitel, B. V.)

(7) Untrennbar mit nahezu jeder ärztlichen Behandlung verbunden ist unter anderem die Versorgung der Patienten mit Arznei- und Hilfsmitteln sowie mit Medizinprodukten. Sowohl die gesetzliche als auch die private Krankenversicherung sehen die Versorgung ihrer Versicherten damit vor. Der Anspruch von gesetzlichen Versicherten auf die Versorgung mit Arznei- und Hilfsmitteln wird durch den Vertragsarzt allein in medizinischer Hinsicht konkretisiert. Dabei kann die Versorgung durch die Verordnung des entsprechenden Produkts realisiert werden, welches der Patient dann in einer Apotheke oder bei einem Hilfsmittelerbringer seiner Krankenkasse einlöst. Der Apotheker hat in diesem Fall gegen die entsprechende Krankenkasse einen öffentlich-rechtlichen Zahlungsanspruch gem. § 129 Abs. 2 SGB V und den diesen ergänzenden Arzneimittellieferungsverträgen. Während der Behandlung benötigte Arznei- oder Hilfsmittel werden entweder dem Sprechstundenbedarf entnommen, den der Arzt zuvor unter direkter oder „indirekter" Abrechnung angeschafft hat oder aber wiederum durch Einzelverordnung abgerechnet. (Erstes Kapitel, B. VI. 2.)

(8) Mittels einer Verordnung bekommt auch der Privatpatient regelmäßig Arzneimittel durch seine Krankenkasse erstattet. Der Umfang bestimmt sich dabei nach dem einzelnen Versicherungsvertrag. Zwischen Patienten und Apotheker kommt dabei ein Kaufvertrag nach § 433 Abs. 1 BGB zustande. Benötigt ein Privatpatient schon während der Behandlung entsprechende Mittel, so kann der Arzt die seinem Vorrat entnommenen Arzneimittel und sonstigen Materialien, soweit eine gesonderte Geltendmachung nicht nach § 4 Abs. 3 GOÄ ausgeschlossen ist, nach Maßgabe des § 10 Abs. 1 GOÄ in der entsprechenden Behandlungsrechnung als Auslagen geltend machen. (Erstes Kapitel, B. VI. 3)

(9) Einsatz und Beschaffung von Arznei- und Hilfsmitteln obliegt auch im Krankenhaus zuvorderst ebenfalls den Ärzten. Die Kosten, die Krankenhäusern für die Beschaffung und den Einsatz von Arzneimitteln und Hilfsmitteln bei einer Behandlung entstehen, sind grundsätzlich in den DRG-Fallpauschalen enthalten (vgl. § 17b Abs. 1 S. 1 KHG, § 2 Abs. 1 KHEntgG). (Erstes Kapitel, B. VI. 4)

(10) Enge Kontakte und Kooperationen zwischen Ärzten und der Industrie finden sowohl im stationären als auch im niedergelassenen Bereich statt. Grob lässt sich dabei zwischen einseitigen Leistungen und Leistungsaustauschverhältnissen unterscheiden. Gängige einseitige Leistungen sind beispielsweise die finanzielle Unterstützung der Teilnahme von Ärzten an Fortbildungen und Kongressen, Spenden zur Unterstützung von Forschung und Lehre oder auch kleine und größere Geschenke. Klinische

Prüfungen und sogenannte Anwendungsbeobachtungen sind als Leistungsaustauschverhältnisse sogar gesetzlich vorgesehen. Insbesondere Anwendungsbeobachtungen stehen allerdings immer wieder als Einfallstor für korruptive Beeinflussung in der Kritik. Weiterer Leistungsaustausch findet beispielsweise im Rahmen von Referenten- und Beratertätigkeit von Ärzten statt. Als weitere Formen der Zusammenarbeit sind Vereinbarungen von Depots, die Überlassung medizinischer Geräte oder auch die Vereinbarung von Rückvergütungen bekannt geworden. (Erstes Kapitel, C.)

(11) Ein einheitliches Regelwerk zur Bekämpfung der Korruption sucht man in Deutschland vergebens. Eine ganze Palette von Normen in den unterschiedlichsten Rechtsgebieten wirken der Korruption im Allgemeinen und speziell im Gesundheitswesen entgegen. Das beeinflusste Beschaffungs- und Verschreibungsverhalten von Ärzten wird im Strafrecht de lege lata bisher nur unzureichend erfasst: Der Wirkbereich der typischen Korruptionsdelikte – Vorteilsannahme gem. § 331 StGB, Bestechlichkeit gem. § 332 StGB sowie Bestechung und Bestechlichkeit im geschäftlichen Verkehr gem. § 299 StGB – ist insbesondere durch ihren im Hinblick auf korruptives Verhalten im Gesundheitswesen sehr engen Täterkreis deutlich eingeschränkt. Eine Strafbarkeit wegen Betrugs gem. § 263 StGB scheitert hingegen häufig an den im Gesundheitswesen geltenden Abrechnungsregeln. Die Untreue gem. § 266 StGB ist wiederum aufgrund des engen Täterkreises nur beschränkt geeignet, die hier untersuchten korruptiven Verhaltensweisen zu erfassen.

(12) Als taugliche Täter der Vorteilsannahme gem. § 331 StGB und der Bestechlichkeit gem. § 332 StGB kommen von den hier untersuchten Personengruppen nur verbeamtete oder angestellte Ärzte in öffentlichen Krankenhäusern in Betracht. Diese sind auch nach der Entscheidung des Großen Senats als Amtsträger i.S.d. § 11 Abs. 1 Nr. 2 StGB einzuordnen. Weder aber sind der Vertragsarzt oder der Privatarzt noch angestellte Ärzte in kirchlichen Krankenhäusern, Privatkliniken oder in Krankenhäusern mit einem gemeinnützigen Träger Amtsträger gem. § 11 Abs. 1 Nr. 2 StGB. Zur Dienstausübung i.S.d § 331 StGB zählen unter anderem die von einem konkreten Behandlungsfall losgelöste Bestellung von Arznei-, Hilfsmitteln oder Medizinprodukten oder auch das Forschung oder Halten von Vorträgen in dienstlicher Eigenschaft. Nicht dazu gehört aber die konkrete ärztliche Behandlung und alle damit zusammenhängenden therapeutischen Entscheidungen. Ob letztlich eine Unrechtsvereinbarung vorliegt, ist im Einzelfall mittels einer Gesamtschau zu prüfen. Dabei

bergen einseitige Leistungen besonders die Gefahr, die Gesamtschau negativ ausfallen zu lassen. (Zweites Kapitel, B. und C.)

(13) Auch im Rahmen des § 299 Abs. 1 StGB minimiert der vorgesehene taugliche Täterkreis die näher zu betrachtenden Personengruppen. Zwar verhindert allein die Inhaberschaft einer Praxis die Subsumtion der entsprechenden Ärzte unter den Angestellten- und Beauftragtenbegriff nicht. Allerdings sind weder der Vertragsarzt noch der Privatarzt als Angestellte oder Beauftragte der Krankenkassen einzuordnen und daher sind beide keine tauglichen Täter gem. § 299 Abs. 1 StGB. Dies sind allein die bei ihnen angestellten Ärzte sowie die Ärzte, die in Krankenhäusern beschäftigt sind. Von einem Bezug von Waren der Praxis als Unternehmen ist allerdings auch nur dann auszugehen, wenn der dort angestellte Arzt Sprechstundenbedarf bestellt oder für eine Nachbestellung sorgt. Einen breiteren Anwendungsbereich hat § 299 Abs. 1 StGB aber bei angestellten Ärzten im Krankenhaus. Im Regelfall ist hier das Krankenhaus als Unternehmen als Bezieher der Ware einzuordnen. Im Hinblick auf § 299 Abs. 1 Nr. 2 StGB wird in Krankenhäusern eher als in kleineren Einheiten auf Pflichten aus Compliance-Programmen zu achten sein. (Zweites Kapitel, D.)

(14) Der Betrugstatbestand ist im Fall von unwirtschaftlichen Verordnungen durch den Vertragsarzt nur beschränkt einschlägig. Eine Strafbarkeit nach § 263 StGB kommt dabei grundsätzlich nur im Fall der Direktabrechnung des Arztes mit der Krankenkasse in Betracht. Im Hinblick auf die Vereinbarung von Kick-Backs ist zu unterscheiden: Erfolgt die Abrechnung durch einen Dritten, kommt allein eine Beihilfe des Arztes zum Betrug des Herstellers oder Lieferanten in Betracht. Im Fall der Direktabrechnung kommt jedenfalls im Fall von Praxisbedarf ein Betrug gegenüber dem Kostenträger in Betracht. Für den Sprechstundenbedarf kommt es auf den Inhalt der einzelnen Sprechstundenbedarfsvereinbarung an. Ein Privatarzt macht sich wegen Betrugs gegenüber seinem Patienten strafbar, wenn er Kick-Backs vereinbart und diese bei der Abrechnung der ihm tatsächlich entstandenen Kosten nicht an den Patienten weitergibt. Für den im Krankenhaus angestellten Arzt besteht insgesamt ein sehr geringeres Risiko, sich wegen der hier untersuchten Verhaltensweisen nach § 263 StGB strafbar zu machen. Dies ist letztlich sehr einzelfallabhängig. (Zweites Kapitel, E.)

(15) Im Rahmen der Untreue gem. § 266 StGB erweist sich die Vermögensbetreuungspflicht nach wie vor für die hier untersuchten Personengruppen als die Strafbarkeit stark limitierendes Merkmal. Auch nach der Entscheidung des Großen Senats ist eine Vermögensbetreuungspflicht des

Vertragsarztes gegenüber den gesetzlichen Krankenkassen abzulehnen. Die Hauptpflicht des Vertragsarztes ist und bleibt die ärztliche Behandlung seiner Patienten, unabhängig von allen sozialrechtlichen Einbindungen. Gleiches gilt für den Privatarzt, dem erst recht keine Vermögensbetreuungspflicht gegenüber der privaten Krankenversicherung obliegt. Von einer Vermögensbetreuungspflicht ist jedoch jedenfalls bei angestellten Ärzten im Krankenhaus auszugehen, die in leitenden Positionen Einfluss auf die Arzneimittel- und Produktbestellung haben. Von einer für § 266 StGB relevanten Pflichtverletzung durch den entsprechend vermögensbetreuungspflichtigen Arzt ist jedenfalls immer dann auszugehen, wenn die Einkaufsabteilung des Krankenhauses aufgrund seiner Einwirkung entweder um Kick-Backs überhöhte Preise akzeptiert oder aber einen günstigeren Vertragsabschluss unterlässt. Ob damit ein Vermögensnachteil einhergeht, ist nach dem Prinzip der Gesamtsaldierung zu bestimmen. Unproblematisch lässt sich ein Vermögensnachteil bejahen, wenn der Leistung des Krankenhausträgers eine ungleichwertige und nicht kompensationsgeeignete Gegenleistung gegenübersteht. (Zweites Kapitel, F.)

(16) Auf die lückenhafte strafrechtliche Erfassung korruptiven Verhaltens im Gesundheitswesen hat die Politik im Jahr 2015 nun – wiederholt – reagiert. Die Initiative kam nicht unerwartet. Schon im Jahr 2010 gab es von Seiten der damaligen Opposition Versuche, das Thema auf die politische Tagesordnung zu bringen. Seit der Entscheidung des Großen Senats wurde das Thema der Korruption im Gesundheitswesen mal mehr und mal weniger aktiv politisch verfolgt. Die Lücke in der strafrechtlichen Bekämpfung der Korruption im Gesundheitswesen soll nunmehr durch die Einführung zweier Straftatbestände, der Bestechlichkeit und Bestechung im Gesundheitswesen (§ 299a StGB-RegE bzw. § 299b StGB-RegE), geschlossen werden. Die Bundesregierung hat Ende Juli 2015 einen vom BMJV Anfang Februar vorgelegten Referentenentwurf in leicht veränderter Fassung beschlossen und diesen im Herbst 2015 in den Bundestag eingebracht.

(17) Begrüßenswerterweise steht das „Ob" einer strafrechtlichen Regelung mittlerweile überwiegend außer Frage. Es ist davon auszugehen, dass korruptive Praktiken im Gesundheitswesen wichtige Rechtsgüter beeinträchtigen und ihnen daher die Strafwürdigkeit nicht abzusprechen ist. Das ultima ratio-Prinzip steht einer solchen Regelung nicht entgegen. Auch ist der Fokus allein auf Heilberufserbringer verfassungsrechtlich nicht zu beanstanden. (Drittes Kapitel, C. I./II.)

(18) Der Entwurf der Bundesregierung sieht einen doppelten Rechtsgüterschutz vor: die Straftatbestände sollen zum einen der „Sicherung eines

fairen Wettbewerbs im Gesundheitswesen" und zum anderen dem „Schutz des Vertrauens der Patienten in die Integrität heilberuflicher Entscheidungen" dienen. Die Entscheidung des Gesetzgebers für einen doppelten Rechtsgüterschutz ist nicht per se zu verurteilen. Der Gedanke ist dem Strafrecht nicht fremd. § 299a StGB-RegE mangelt es allerdings an einer klaren Rechtsgüterzuordnung innerhalb der Vorschrift, weshalb Probleme in der Auslegung vorprogrammiert sind. (Drittes Kapitel, C. III.)

(19) Tauglicher Täter des § 299a Abs. 1 StGB-RegE ist ein Angehöriger eines Heilberufs, der für die Berufsausübung oder die Führung der Berufsbezeichnung eine staatlich geregelte Ausbildung erfordert. Insbesondere im Hinblick auf den weiteren Aufbau der Vorschrift erweist sich der bisherige Adressatenkreis als zu weitgehend. Es sind nun einmal insbesondere der Arzt und der Apotheker, auf die die in der Norm beschriebenen Verhaltensweisen zutreffen. Eine Einbeziehung sämtlicher Angehöriger von Heilberufen erscheint als zweiter vor dem ersten Schritt. (Drittes Kapitel, C. V. 1.)

(20) Die in Anlehnung an § 299 Abs. 1 Nr. 1 StGB gestaltete Wettbewerbsvariante in § 299a Abs. 1 Nr. 1 StGB-RegE ist insgesamt zu begrüßen. Für die Auslegung kann aufgrund der Ähnlichkeit die noch zu § 299 StGB a.F. bestehende Rechtsprechung jedenfalls in ihren Grundzügen herangezogen werden. Ansonsten erleichtert die grundsätzliche Orientierung an den schon im Sozial- und Medizinrecht bekannten Begrifflichkeiten die Auslegung. Möglichen Auslegungsschwierigkeiten der recht weit geratenen Formulierung „seines Berufs", die die Einbeziehung sämtlicher möglicher Einsatzgebiete einmal dem Täterkreis unterfallender Personen ermöglicht, kann mit der Änderung der Formulierung hin zu „im Zusammenhang mit der Ausübung *des* Heilberufs" begegnet werden. An der Unlauterkeit mangelt es entgegen der Entwurfsbegründung jedoch nicht von vornherein allein deshalb, weil eine Bevorzugung „berufsrechtlich zulässig" ist. Es ist nicht ersichtlich, inwieweit eine berufsrechtliche Zulässigkeit der Bevorzugung die Gefahr einer sachfremden Entscheidung im Wettbewerb mindern sollte. (Drittes Kapitel, C. V. 3.)

(21) Die Variante des § 299a Abs. 1 Nr. 2 StGB-RegE ist auch nach den Änderungen im Vergleich zum Referentenentwurf kritisch zu betrachten. Zwar ist mit der engeren Formulierung der in Bezug genommenen Pflichten der Kreis möglicher Pflichten nun kleiner geworden, alle Fragen sind damit aber dennoch nicht beseitigt. So ist nicht recht ersichtlich, welche Normen über die in der Entwurfsbegründung als Beispiele gegebenen hinaus das Tatbestandsmerkmal der „berufsrechtlichen Pflicht" erfüllen

sollen. Mit der Verweisung auf das Berufsrecht besteht auch nach wie vor die schon viel kritisierte Möglichkeit der Einflussnahme der Normadressaten auf die Strafbarkeit fort. Letztlich aber erscheint es sachgerecht, gänzlich auf diese Tatbestandsalternative zu verzichten. Es bleibt nämlich unklar, wann diese überhaupt Anwendung finden soll. (Drittes Kapitel, C. V. 3.)

(22) § 299a Abs. 2 StGB-RegE verstößt trotz seiner nunmehr allein auf Berufsausübungspflichten konzentrierten Fassung gegen das verfassungsrechtlich verankerte Bestimmtheitsgebot in Art. 103 Abs. 2 GG. Für die Normadressaten ist nicht vorhersehbar, welches Verhalten letztlich unter den Tatbestand zu subsumieren ist. Es ist auch nicht erkennbar, wie Gerichte in Zukunft für eine konkretisierende und präzisierende Auslegung sorgen sollen. Schwierigkeiten bereitet nämlich insbesondere die durch § 299a Abs. 2 StGB-RegE vorgegebene Struktur: Während bei den wettbewerbsbezogenen Varianten immer zwei Handlungen Gegenstand der jeweiligen Norm sind – das Fordern, Annehmen oder Sich-Versprechen-Lassen eines Vorteils als Gegenleistung für die unlautere Bevorzugung eines anderen im Wettbewerb – muss dies durch den Verweis auf das Berufsrecht nicht mehr unbedingt der Fall sein. (Drittes Kapitel, C. V. 4.)

(23) Vorschlägen, sozialrechtlich erwünschte Kooperationen gleichsam von vornherein aus dem Tatbestand auszunehmen, ist insbesondere vor dem Hintergrund US-amerikanischer Erfahrungen eine Absage zu erteilen. Schon mit Blick auf den verfassungsrechtlich verankerten Bestimmtheitsgrundsatz wären hier nur eng umgrenzte Regelungen vorstellbar, die in der Praxis von begrenztem Nutzen wären. Eine stetige Anpassung solcher Regeln an aktuelle Entwicklungen im Gesundheitswesen ist für den deutschen Gesetzgeber nur schwer leistbar. Schließlich zeigt das US-amerikanische Vorgehen auch, dass allein die Schaffung von Ausnahmeregeln ebenfalls keine befriedigenden Ergebnisse bringt. (Drittes Kapitel, C. V. 5.)

(24) Schon aufgrund der unterschiedlichen Schutzrichtungen ist es nur zu folgerichtig, dass zwischen § 299a StGB-RegE und Delikten wie dem Betrug, der Untreue oder den Körperverletzungstatbeständen Tateinheit möglich sein soll. Entgegen der Entwurfsbegründung ist von dieser Möglichkeit auch im Verhältnis von § 299a StGB-RegE zu den §§ 331 ff. StGB auszugehen. Verwirklicht ein Normadressat allein § 299a Abs. 1 Nr. 1 StGB-RegE, ist der nach hier vertretener Auffassung lex speciales zu § 299 Abs. 1 Nr. 1 StGB. (Drittes Kapitel, C. VI. 1.)

(25) Abzulehnen ist die Annahme eines unbenannten besonders schweren Falls für die Situation, in der eine korruptiv bedingte Falschbehandlung zu einer Schädigung oder einer erheblichen Gefährdung der Gesundheit von Patienten führt. Weder ist ersichtlich, wann von einer solchen Schädigung auszugehen ist, noch darf bezweifelt werden, dass eine Aburteilung eines solchen Geschehens durch ein im Rahmen der Wettbewerbsdelikte angesiedelten Delikts tatsächlich notwendig ist. Die körperliche Unversehrtheit und Gesundheit von Patienten sind ausreichend nach den §§ 223 ff. StGB geschützt. (Drittes Kapitel, C. VI. 2.)

B. Abschließende Überlegungen

Was lange währt, wird endlich gut? Dem kann nach der Lektüre insbesondere des letzten Teils dieser Arbeit wohl kaum zugestimmt werden. Zu viel gibt es am aktuellen Vorschlag noch auszusetzen und die Bewährungsprobe in der Praxis insbesondere durch Strafverfolgungsbehörden und Rechtsprechung steht erst noch aus. US-amerikanische Erfahrungen zeigen jedenfalls, dass eine einzige Regel kein „Allheilmittel" im Kampf gegen die Korruption im Gesundheitswesen darstellt. Themen wie Prävention und Transparenz, das zeigen auch die Erfahrungen aus den USA,[1754] dürfen daher nach wie vor nicht aus dem Blick geraten. Vielleicht lohnt es sich auch Anreize dahingehend zu schaffen, dem klassischen Third-Party-Payment einen „mündigeren Patienten" gegenüberzustellen, der sich aktiv nach potentiellen Alternativen oder den Gründen beispielsweise für eine bestimmte Verordnung erkundigt. Insgesamt aber setzt die Einführung einer solchen Norm wichtige Signale und ist in jedem Fall ein Schritt in die richtige Richtung.

„As frustrating as the anti-kickback statute may be to deal with, it is undeniable that it has served useful purposes. Case law and

---

[1754] Dort sind Arznei- und Medizinproduktehersteller seit einiger Zeit gesetzlich verpflichtet, ihre finanziellen Verbindungen zu Ärzten und Lehrkrankenhäusern, die ein bestimmtes Limit überschreiten, offenzulegen. Dafür sorgt der sog. *Physician Payment Sunshine Act*, der mit dem *Patient Protection Affordable Care Act* erlassen worden ist, vgl. dazu 42 UCS. § 1320a-7h(a)(1)(A) und 42 CFR Parts 402, 403 sowie die näheren Erläuterungen des Centers for Medicare and Medicaid Services (CMS) unter 78 Fed. Reg. 9458–9528.

anecdotal evidence from the 1970s well into the 1990s demonstrates that the health care industry did not lack for people who were willing to offer a dollar to influence referral source, nor did it lack for people who were willing to take that dollar – and perhaps demand more on top of that – to have their judgement influenced."[1755]

1755 Baumann/*Horton*, Health Care Fraud and Abuse, S. 1014.

Anhang

Tatsächlich erfolgte Reformgesetzgebung

Wie bereits eingangs geschildert, fielen der Abschluss der Arbeit und der des Gesetzgebungsverfahrens zusammen. Eine Berücksichtigung der schließlich in Kraft getretenen Regelungen war in der eingereichten Fassung daher nicht mehr möglich. In Ergänzung zu den vorherigen Kapiteln, soll der folgende Abschnitt dennoch einen kurzen Überblick[1756] über die

---

1756 Ausführlicher dazu m.w.N. u.a. *Badle,* Das Gesetz zur Bekämpfung von Korruption im Gesundheitswesen – ein erstes Zwischenfazit aus der staatsanwaltschaftlichen Praxis, medstra 2017, 1 f.; *Bahner u.a.,* Kooperation oder Korruption? „Würzburger Erklärung", medstra 2016, 343 ff.; *Bleicken/Zumdick (Hrsg.),* Das Gesetz zur Bekämpfung von Korruption im Gesundheitswesen vom 30. Mai 2016, abrufbar unter http://akg-antikorruption.de/Downloads/; *Brettel/Mand,* Die neuen Straftatbestände gegen Korruption im Gesundheitswesen, A&R 2016, 99 ff.; *Dann/Scholz,* Der Teufel steckt im Detail – Das neue Anti-Korruptionsgesetz für das Gesundheitswesen, NJW 2016, 2077 ff.; *Dieners/Cahnbley,* Die neuen Tatbestände der Bestechlichkeit und Bestechung im Gesundheitswesen (§§ 299a, b StGB) und ihr Verhältnis zu den Vorschriften des ärztlichen Berufsrechts und des Heilmittelwerberechts, MPR 2016, 48 ff.; *Geiger,* Das Gesetz zur Bekämpfung von Korruption im Gesundheitswesen und seine Auswirkungen auf Strafverfolgung und Healthcare-Compliance, CCZ 2016, 172 ff.; *Großkopf/Schanz,* Bestechung und Bestechlichkeit im Gesundheitswesen - im Spannungsverhältnis zwischen Korruption und Kooperation, RDG 2016, 220 ff.; *Grzesiek/Sauerwein,* Was lange währt, wird endlich gut: §§ 299a und b StGB als „Allheilmittel" zur Bekämpfung von Korruption im Gesundheitswesen?, NZWiSt 2016, 369 ff.; *Heil/Oeben,* §§ 299a, b StGB auf der Zielgeraden – Auswirkungen auf die Zusammenarbeit im Gesundheitswesen, PharmR 2016, 217 ff.; *Kölbel,* §§ 299a ff. StGB und die unzuträgliche Fokussierung auf den Wettbewerbsschutz, medstra 2016, 193 f.; *Krüger,* Kooperation versus Korruption im Gesundheitswesen – Gedanken zu §§ 299a, 299b StGB, NZWiSt 2017, 129 ff.; *Kubiciel,* Kriminalisierung der Korruption im Gesundheitswesen – Inhalt und Tragweite der §§ 299a, 299b StGB, jurisPR-StrafR 11/2016 Anm. 1; *ders.,* Die Tatbestände gegen Korruption im Gesundheitswesen und die Folgen für die Healthcare Compliance, jurisPR-Compl 3/2016 Anm. 1; *ders.,* Die Tatbestände gegen die Korruption im Gesundheitswesen und ihre Folgen in der Praxis, ZMGR 2016, 289 ff.; *Lilie/Reuter,* Die Auslegungsspielräume müs-

tatsächlich erfolgte Reformgesetzgebung und die nochmals im Vergleich zum Regierungsentwurf vorgenommenen wesentlichen Änderungen geben. Die Arbeit wird abgerundet mit abschließenden Überlegungen.

A. Historischer Überblick

Nachdem der Bundestag den Regierungsentwurf Mitte November 2015 an die Ausschüsse überwiesen hatte,[1757] meldete sich der Ausschuss für Recht und Verbraucherschutz Mitte April 2016 mit seiner Beschlussempfehlung und seinem Bericht zurück[1758]. Einen Tag später beschloss der Bundestag nach erneuter Debatte, den Gesetzentwurf der Bundesregierung in der Ausschussfassung anzunehmen.[1759] In der Folge verzichtete der Bundesrat auf die Anrufung des Vermittlungsausschusses,[1760] so dass das Gesetz am 30. Mai 2016 ausgefertigt, am 3. Juni 2016 im Bundesgesetzblatt verkündet wurde und schließlich am 4. Juni 2016[1761] in Kraft trat.

sen sich noch zeigen, DÄ 2016, A1790 ff.; *Schneider,* Das Gesetz zur Bekämpfung der Korruption im Gesundheitswesen und die Angemessenheit der Vergütung von HCP, medstra 1016, 195 ff.; *Tsambikakis,* Kommentierung des Gesetzes zur Bekämpfung der Korruption im Gesundheitswesen, medstra 2016, 131 ff.; vgl. auch entsprechende Beiträge jeweils m.w.N. in *Hoven/Kubiciel (Hrsg.),* Korruption im Gesundheitswesen, Baden-Baden 2016.

1757 BT-Plenarprotokoll 18/137, S. 13477B–13485C, vgl. dazu auch das dritte Kapitel unter A. II.

1758 BT-Drs. 18/8106.

1759 BT-Plenarprotokoll 18/164, S. 16154B–16164B.

1760 Er ließ es sich jedoch nicht nehmen, seinen Unmut über Teile des Gesetzes in einer sog. Entschließung auszudrücken, vgl. BR-Drs. 181/16.

1761 Gesetz zur Bekämpfung der Korruption im Gesundheitswesen vom 30. Mai 2016 (BGBl. I, S. 1254 ff.).

B. Das Gesetz zur Bekämpfung von Korruption im Gesundheitswesen

Vom Bundestag beschlossen und schließlich in Kraft getreten sind die folgenden Strafvorschriften.[1762] Zur Veranschaulichung der kurz vor Abschluss des Gesetzgebungsverfahrens noch vorgenommenen Änderungen sind der Regierungsentwurf und die am 4. Juni 2016 in Kraft getretenen Vorschriften im Folgenden gegenübergestellt:

§ 299a StGB-RegE – Bestechlichkeit im Gesundheitswesen	§ 299a – Bestechlichkeit im Gesundheitswesen
(1) Wer als Angehöriger eines Heilberufs, der für die Berufsausübung oder die Führung der Berufsbezeichnung eine staatlich geregelte Ausbildung erfordert, im Zusammenhang mit der Ausübung seines Berufs einen Vorteil für sich oder einen Dritten als Gegenleistung dafür fordert, sich versprechen lässt oder annimmt, dass er	*Wer als Angehöriger eines Heilberufs, der für die Berufsausübung oder die Führung der Berufsbezeichnung eine staatlich geregelte Ausbildung erfordert, im Zusammenhang mit der Ausübung seines Berufs einen Vorteil für sich oder einen Dritten als Gegenleistung dafür fordert, sich versprechen lässt oder annimmt, dass er*
bei der Verordnung oder der Abgabe von Arznei-, Heil- oder Hilfsmitteln oder von Medizinprodukten oder	*1. bei der Verordnung von Arznei-, Heil- oder Hilfsmitteln oder von Medizinprodukten,*
	2. bei dem Bezug von Arznei- oder Hilfsmitteln oder von Medizinprodukten, die jeweils zur unmittelbaren Anwendung durch den Heilberufsangehörigen oder einen seiner Berufshelfer bestimmt sind, oder
bei der Zuführung von Patienten oder Untersuchungsmaterial	*3. bei der Zuführung von Patienten oder Untersuchungsmaterial*

1762 Vgl. Fn. 1761; auf die daneben erfolgten Änderungen des GVG und des SGB V soll hier wiederum nicht näher eingegangen werden.

1. einen anderen im inländischen oder ausländischen Wettbewerb in unlauterer Weise bevorzuge oder	einen anderen im inländischen oder ausländischen Wettbewerb in unlauterer Weise bevorzuge,
2. seine berufsrechtliche Pflicht zur Wahrung der heilberuflichen Unabhängigkeit verletze,	-entfallen-
wird mit Freiheitsstrafe bis zu drei Jahren oder mit Geldstrafe bestraft.	wird mit Freiheitsstrafe bis zu drei Jahren oder mit Geldstrafe bestraft.
(2) Ebenso wird bestraft, wer als Angehöriger eines Heilberufs im Sinne des Absatzes 1 einen Vorteil dafür fordert, sich versprechen lässt oder annimmt, dass er bei dem Bezug von Arznei-, Heil- oder Hilfsmitteln oder Medizinprodukten, die zur Abgabe an den Patienten bestimmt sind, seine berufsrechtliche Pflicht zur Wahrung der heilberuflichen Unabhängigkeit verletze.	-entfallen-
§ 299b StGB-RegE – Bestechung im Gesundheitswesen	§ 299b – Bestechung im Gesundheitswesen
(1) Wer einem Angehörigen eines Heilberufs im Sinne des § 299a Absatz 1 im Zusammenhang mit dessen Berufsausübung einen Vorteil für diesen oder einen Dritten als Gegenleistung dafür anbietet, verspricht oder gewährt, dass er	Wer einem Angehörigen eines Heilberufs im Sinne des § 299a im Zusammenhang mit dessen Berufsausübung einen Vorteil für diesen oder einen Dritten als Gegenleistung dafür anbietet, verspricht oder gewährt, dass er
bei der Verordnung oder der Abgabe von Arznei-, Heil- oder Hilfsmitteln oder von Medizinprodukten oder	1. bei der Verordnung von Arznei-, Heil- oder Hilfsmitteln oder von Medizinprodukten,

	2. bei dem Bezug von Arznei- oder Hilfsmitteln oder von Medizinprodukten, die jeweils zur unmittelbaren Anwendung durch den Heilberufsangehörigen oder einen seiner Berufshelfer bestimmt sind, oder
bei der Zuführung von Patienten oder Untersuchungsmaterial	3. bei der Zuführung von Patienten oder Untersuchungsmaterial
1. ihn oder einen anderen im inländischen oder ausländischen Wettbewerb in unlauterer Weise bevorzuge oder	ihn oder einen anderen im inländischen oder ausländischen Wettbewerb in unlauterer Weise bevorzuge,
2. seine berufsrechtliche Pflicht zur Wahrung der heilberuflichen Unabhängigkeit verletze,	-entfallen-
wird mit Freiheitsstrafe bis zu drei Jahren oder mit Geldstrafe bestraft.	wird mit Freiheitsstrafe bis zu drei Jahren oder mit Geldstrafe bestraft.
(2) Ebenso wird bestraft, wer einem Angehörigen eines Heilberufs im Sinne des Absatzes 1 im Zusammenhang mit dessen Berufsausübung einen Vorteil für diesen oder einen Dritten als Gegenleistung dafür anbietet, verspricht oder gewährt, dass er bei dem Bezug von Arznei-, Heil- oder Hilfsmitteln oder Medizinprodukten, die zur Abgabe an den Patienten bestimmt sind, seine berufsrechtliche Pflicht zur Wahrung der heilberuflichen Unabhängigkeit verletze.	-entfallen-

§ 300 StGB-RegE – Besonders schwere Fälle der Bestechlichkeit und Bestechung im geschäftlichen Verkehr und im Gesundheitswesen	§ 300 – Besonders schwere Fälle der Bestechlichkeit und Bestechung im geschäftlichen Verkehr und im Gesundheitswesen
In besonders schweren Fällen wird die Tat nach § 299, 299a oder § 299b mit Freiheitsstrafe von drei Monaten bis zu fünf Jahren bestraft. Ein besonders schwerer Fall liegt in der Regel vor, wenn	*In besonders schweren Fällen wird eine Tat nach den §§ 299, 299a und 299b mit Freiheitsstrafe von drei Monaten bis zu fünf Jahren bestraft. Ein besonders schwerer Fall liegt in der Regel vor, wenn*
1. die Tat sich auf einen Vorteil großen Ausmaßes bezieht oder	*1. die Tat sich auf einen Vorteil großen Ausmaßes bezieht oder*
2. der Täter gewerbsmäßig handelt oder als Mitglied einer Bande, die sich zur fortgesetzten Begehung solcher Taten verbunden hat.	*2. der Täter gewerbsmäßig handelt oder als Mitglied einer Bande, die sich zur fortgesetzten Begehung solcher Taten verbunden hat.*
§ 301 StGB-RegE – Strafantrag	§ 301 – Strafantrag
(1) Die Bestechlichkeit und Bestechung im geschäftlichen Verkehr nach § 299 sowie die Bestechlichkeit im Gesundheitswesen und die Bestechung im Gesundheitswesen nach den §§ 299a, 299b werden nur auf Antrag verfolgt, es sei denn, dass die Strafverfolgungsbehörde wegen des besonderen öffentlichen Interesses an der Strafverfolgung ein Einschreiten von Amts wegen für geboten hält. *(2) Das Recht, den Strafantrag nach Absatz 1 zu stellen, haben neben dem Verletzten* *1. in den Fällen des § 299 Ab-*	-entfallen-

satz 1 Nummer 1 und Absatz 2 Nummer 1 die in § 8 Absatz 3 Nummer 2 und 4 des Gesetzes gegen den unlauteren Wettbewerb bezeichneten Gewerbetreibenden, Verbände und Kammern und 2. in den Fällen der §§ 299a, 299b a) die berufsständische Kammer und die kassenärztliche und die kassenzahnärztliche Vereinigung, in der der Täter im Zeitpunkt der Tat Mitglied war, b) jeder rechtsfähige Berufsverband, der die Interessen von Verletzten im Wettbewerb vertritt, und c) die gesetzliche Kranken- und Pflegekasse des Patienten oder das private Kranken- und Pflegeversicherungsunternehmen des Patienten.	
§ 302 StGB-RegE – Erweiterter Verfall	**§ 302 – Erweiterter Verfall**
In den Fällen der §§ 299, 299a und 299b ist § 73d anzuwenden, wenn der Täter gewerbsmäßig handelt oder als Mitglied einer Bande, die sich zur fortgesetzten Begehung solcher Taten verbunden hat.	-entfallen-
	In § 302 wird die Angabe „des § 299" durch die Wörter „der §§ 299, 299a und 299b" ersetzt.

C. Überblick über die wesentlichen Änderungen

„Auf den letzten Metern" hat das Gesetz noch einmal wesentliche Änderungen erfahren: Mit dem Verzicht auf den Berufsrechtsbezug hat sich der Gesetzgeber dem größten in der Literatur geäußerten Kritikpunkt angenommen. Weniger zu erwarten war dagegen der Verzicht auf die Erfassung sog. „Abgabeentscheidungen" und die damit einhergehende Änderung im Rahmen der sog. „Bezugsentscheidungen". Schließlich hat der Gesetzgeber die Tatbestände als Offizialdelikte ausgestaltet.

I. Verzicht auf § 299a Abs. 1 Nr. 2 und § 299a Abs. 2 StGB-RegE

Mit dem Verzicht auf die Inbezugnahme der „berufsrechtliche[n] Pflicht zur Wahrung der heilberuflichen Unabhängigkeit" hat der Gesetzgeber begrüßenswerterweise einen neuralgischen Punkt der bisherigen Entwürfe entfernt.[1763] Sowohl der Bezug auf die sog. „Berufsausübungspflichten" im Referentenentwurf als auch dann der Bezug auf die sog. „berufsrechtlichen Pflichten" im Regierungsentwurf hatten zu Recht viel Kritik geerntet.[1764] Hauptkritikpunkte waren neben der so geschaffenen Möglichkeit für Normadressaten, den Rahmen der Strafbarkeit selber festzulegen, vor allem auch Bedenken im Hinblick auf den Bestimmtheitsgrundsatz. Nach hier vertretener Auffassung mangelte es § 299a Abs. 1 Nr. 2 StGB-RegE zudem gleich gänzlich am praktischen Anwendungsbereich.[1765]

Offenbar aufrecht erhalten hat der Gesetzgeber den schon im Regierungsentwurf vorgesehenen doppelten Rechtsgüterschutz. So spricht der Ausschuss für Recht und Verbraucherschutz in seinem Bericht weiterhin von den „geschützten Rechtsgütern des lauteren Wettbewerbs und der Integri-

---

1763 Diese Änderung ist nicht nur auf Zuspruch gestoßen. Unter anderem unter Verweis auf Schutzlücken in Fällen, in denen es an einer Wettbewerbssituation mangle (Monopol, Verordnung nur des Wirkstoffs), hat der Bundesrat Kritik geübt (vgl. BR-Drs. 181/16 [Beschluss], S. 1 f.). Jedenfalls für den Fall, dass die Verordnung medizinisch indiziert ist, ist jedoch nicht ersichtlich, inwieweit das Vertrauen des Patienten dabei beeinträchtigt sein soll. Ansonsten ist der Patient grundsätzlich auch über die §§ 223 ff. StGB nicht vollkommen schutzlos gestellt. Vgl. auch die kritischen Stimmen im Rahmen der Aussprache im Deutschen Bundestag, BT-Plenarprotokoll 18/164, S. 16154 (B)–16163 (D).
1764 Vgl. dazu das dritte Kapitel unter C. V. 3. b) bb) (2) und C. V. 4.
1765 Vgl. dazu das dritte Kapitel unter C. V. 3. b) bb) (2) (c).

tät heilberuflicher Entscheidungen"[1766]. Wenn auch der doppelte Rechtsgüterschutz nach hier vertretener Auffassung[1767] nicht per se zu verurteilen war, so erscheint die Annahme eines gleichrangigen Schutzes bei der jetzigen Struktur des Tatbestandes jedoch kaum mehr vertretbar[1768]. Das Vertrauen in die Integrität heilberuflicher Entscheidungen wird nach dem Verzicht auf § 299a Abs. 1 Nr. 2 und Abs. 2 StGB-RegE nämlich nur noch soweit geschützt, wie tatbestandliche Entscheidungen den Wettbewerb im Sinne der Vorschrift betreffen.

II. Verzicht auf sog. „Abgabeentscheidungen"

Wohl am überraschendsten erfolgte der Verzicht auf die sog. „Abgabeentscheidungen". Jedenfalls hatte die Erfassung eben dieser Entscheidungen im Gesetzgebungsverfahren kaum Kritik auf sich gezogen.[1769] Im Zusammenspiel mit den nunmehr als Nr. 2 erfassten Bezugsentscheidungen, die zudem auf die „unmittelbare Anwendung durch den Heilberufsangehörigen" „beschränkt"[1770] wurden, fallen damit insbesondere Apotheker aus der Strafbarkeit nach § 299a StGB heraus. Das verwundert doch sehr,[1771] kommt dem Apotheker angesichts der überragenden Mehrheit der apothekenpflichtigen Arzneimittel auch neben allen sozialrechtlichen Bindungen noch eine große Entscheidungsmacht zu[1772]. Eine überzeugende Begründung liefern die Beschlussempfehlung und der Bericht des Ausschusses für Recht und Verbraucherschutz dafür nicht.[1773] Danach soll eine gesonderte Erfassung von Abgabeentscheidungen deshalb nicht mehr erfolgen, weil auch Bezugsentscheidungen nur noch dann erfasst seien,

---

1766 BT-Drs. 18/8106, S. 14.
1767 Vgl. dazu das dritte Kapitel unter C. III.
1768 So auch *Tsambikakis,* medstra 2016, 131, 132 f.
1769 Vgl. *Geiger,* medstra 2016, 9, 14 ff.; *ders.,* CCZ 2016, 58 f.
1770 Vgl. dazu unten unter Anhang, C. III.
1771 Auch *Grzesiek/Sauerwein* zeigen sich „irritiert", vgl. *dies.*, NZWiSt 2016, 369, 371; auch der Bundesrat weist in seiner Entschließung auf damit hinzunehmende Strafbarkeitslücken hin, BR-Drs. 181/16 (Beschluss), S. 2.
1772 Vgl. dazu das dritte Kapitel unter C. V. 1. b); auch die Bundesregierung spricht in ihrer Gesetzesbegründung noch von einer „Schlüsselstellung von Ärzten und Apothekern" und davon, dass die pharmazeutische Industrie „wesentlich auf ärztliche und pharmazeutische Verordnungs- und Abgabeentscheidungen angewiesen" sei, vgl. BT-Drs. 18/6446, S. 11.
1773 Vgl. auch *Tsambikakis,* medstra 2016, 131, 132.

wenn die Produkte jeweils zur unmittelbaren Anwendung u.a. durch den Heilberufsangehörigen bestimmt seien. Inwieweit dies allerdings daran hindern soll, weiterhin auch (allgemeinere) Abgabeentscheidungen zu erfassen, lässt sich dem nicht entnehmen.

III. „Beschränkung" der tatbestandlichen Bezugsentscheidungen

Im Zuge der Streichung von § 299a Abs. 1 Nr. 2 und Abs. 2 StGB-RegE hat der Gesetzgeber die Bezugsentscheidungen in der neuen Gliederung der heilberuflichen Entscheidungen als Nr. 2 erfasst und zugleich folgerichtig[1774] die Heilmittel aus der Aufzählung gestrichen. Während der Regierungsentwurf außerdem noch vorsah, einen Bezug solcher Mittel oder Produkte zu pönalisieren, „die zur Abgabe an den Patienten bestimmt sind", geht es nunmehr um solche, „die jeweils zur unmittelbaren Anwendung durch den Heilberufsangehörigen oder einen seiner Berufshelfer bestimmt sind". Ob der Gesetzgeber damit allerdings, wie vom Ausschuss für Recht und Verbraucherschutz angeführt, die tatbestandlichen Bezugsentscheidungen „beschränkt"[1775] hat, darf bezweifelt werden. So lässt der Wortlaut nunmehr durchaus die Subsumtion von Konstellationen zu, die – dies ergibt eine Zusammenschau der Begründung des Regierungsentwurfs und Beschlussempfehlung des Ausschusses für Recht und Verbraucherschutz – so nicht erfasst werden sollten: Eine unmittelbare Anwendung durch den Heilberufsangehörigen dürfte aber dem Wortlaut nach auch gegeben sein, wenn ein Arzt mithilfe eines Ultraschallgeräts, also eines Medizinprodukts, einen Ultraschall bei seinem Patienten durchführt oder aber auch dann, wenn der Zahnarzt den Bohrer ansetzt oder gar den Behandlungsstuhl mittels Elektrik in die richtige Position bewegt. Jedoch sollte weder der Erwerb des Behandlungsstuhls noch sonstiger Produkte zur Einrichtung oder Ausstattung der Praxisräume ausweislich der Begründung des Regierungsentwurfs tatbestandsmäßig sein.[1776] Auch der Ausschuss für Recht und Verbraucherschutz[1777] scheint von einem engeren Verständnis des Anwendungsbegriffs auszugehen, wenn er in seiner Begründung – über den Wortlaut hinaus – von einer

---

1774 Vgl. dazu das dritte Kapitel unter C. V. 4.; so auch Graf/Jäger/Wittig/*Sahan*, 2. Aufl., § 299a StGB Rn. 14.
1775 BT-Drs. 18/8106, S. 14.
1776 Vgl. dazu das dritte Kapitel unter C. V. 4. b).
1777 BT-Drs. 18/8106, S. 14.

Anwendung „unmittelbar beim oder am Patienten" spricht und dazu beispielhaft „Prothesen, Implantate und unmittelbar vom Heilberufsangehörigen anzuwendende Arzneimittel" aufzählt. Eine Klarstellung direkt im Gesetzeswortlaut wäre hier durchaus wünschenswert gewesen.

IV. Ausgestaltung als Offizialdelikt

Schließlich hat der Gesetzgeber vom relativen Antragserfordernis Abstand genommen und § 299a (sowie § 299b) StGB zu Offizialdelikten umgestaltet. Die ursprünglich im Regierungsentwurf vorgesehene Ergänzung des § 301 StGB um § 299a (sowie § 299b) StGB wurde dazu vom Ausschuss für Recht und Verbraucherschutz gestrichen.[1778] Insoweit ist die hier noch vorgeschlagene Anpassung und Ergänzung der Antragsberechtigten hinfällig geworden.

D. Abschließende Überlegungen

Für ein abschließendes Resümee über die Bewährung der Vorschriften in der Praxis ist es auch knapp anderthalb Jahre nach deren Inkrafttreten noch zu früh. Festhalten lässt sich jedoch, dass das Thema der Korruption im Gesundheitswesen nach wie vor in der Wissenschaft lebhaft diskutiert wird und auch weiterhin auf der Agenda vieler Akteure im Gesundheitswesen steht.[1779] Dies wird sich auch auf absehbare Zeit nicht ändern: Zwar hat der Gesetzgeber durch den Verzicht auf § 299a Abs. 1 Nr. 2 und Abs. 2 StGB-RegE die Anknüpfungspunkte für diffizile Auslegungsfragen minimiert, jedoch sind damit längst nicht alle Fragen geklärt. Schwierigkeiten wird auch künftig die Abgrenzung zwischen erlaubter und sanktionierter Zusammenarbeit zwischen Ärzten und der Industrie bereiten – erste Anhaltspunkte durch die Rechtsprechung stehen nach wie vor aus. Nicht nur aus wissenschaftlicher Perspektive bleibt damit das Thema der Korruption im Gesundheitswesen auch künftig spannend.

1778 Vgl. BT-Drs. 18/8106, S. 16 f.

1779 Auf Letzteres deuten insbesondere zahlreiche Veröffentlichungen durch Praktiker hin, vgl. dazu entsprechende Nachweise in Fn. 1756.

Literaturverzeichnis

Achenbach, Hans/Ransiek, Andreas/Rönnau, Thomas (Hrsg.): Handbuch Wirtschaftsstrafrecht, 4. Auflage, Heidelberg 2015 (zit.: Achenbach/Ransiek/Rönnau/*Bearbeiter*, Hdb Wirtschaftsstrafrecht).

Adamski, Vivien: Die gesetzliche Konzeption der Bestechungsdelikte. Zugleich ein Vorschlag für eine künftige Fassung der §§ 331 ff. StGB, Frankfurt 2012 (zit.: *Adamski*, Bestechungsdelikte).

AG Gesundheit – CDU/CSU Fraktion im Deutschen Bundestag (Hrsg.): Heilmittelerbringer direkter in die Versorgung einbinden, März 2015.

Ahlf, Ernst-Heinrich: Zum Korruptionsbegriff. Versuch einer Annäherung, Kriminalistik 1996, S. 154–157.

Aldenhoff, Hans-Hermann/Valluet, Susanne: Entwurf des BMJV zur Korruption im Gesundheitswesen (§ 299a StGB), medstra 2015, S. 195–199.

Ambos, Kai: Zur Strafbarkeit der Drittmittelakquisition, JZ 2003, S. 345–354.

Androulakis, Ioannis N.: Die Globalisierung der Korruptionsbekämpfung, Baden-Baden 2007.

Anhalt, Ehrhard/Balzer, Miriam: Erstattungsfähigkeit arzneimittelähnlicher Medizinprodukte, MPR 2003, S. 109–112.

Anhalt, Ehrhard/Dieners, Peter (Hrsg.): Handbuch des Medizinprodukterechts, München 2003 (zit.: Anhalt/Dieners/*Bearbeiter*, Medizinprodukterecht).

Arzt, Gunther/Weber, Ulrich (Bgrd.)/Heinrich, Bernd/Hilgendorf, Eric: Strafrecht, Besonderer Teil, 3. Auflage, Bielefeld 2015 (zit.: Arzt/Weber/Heinrich/Hilgendorf, Strafrecht BT).

Axer, Peter: Arzneimittelversorgung in der gesetzlichen Krankenversicherung durch Apotheken – Zum Vertragsrecht nach § 129 SGB V, in: Butzer, Hermann; Kaltenborn, Markus; Meyer, Wolfgang (Hrsg.), Festschrift für Friedrich E. Schnapp zum 70. Geburtstag – Organisation und Verfahren im sozialen Rechtsstaat, Berlin 2008, S. 349–366.

Bachmann, Mario: Reformvorhaben der Großen Koalition auf dem Gebiet des StGB – Ein kritischer Überblick, NJ 2014, S. 401–409.

Badle, Alexander: § 299a StGB – Eine Prognose aus Sicht der Strafverfolgung, medstra 2015, S. 139–142.

Badle, Alexander: Übertriebene Erwartungen an einen Straftatbestand der Bestechlichkeit und Bestechung im Gesundheitswesen, medstra 2015, S. 2–4.

Badle, Alexander: Betrug und Korruption im Gesundheitswesen – Ein Erfahrungsbericht aus der staatsanwaltschaftlichen Praxis, NJW 2008, S. 1028–1033.

Baierl, Marion/Kellermann, Andreas: Arzneimittelrecht, München 2011.

Bannenberg, Britta: Korruption, in: Wabnitz, Heinz-Bernd; Janovsky, Thomas (Hrsg.), Handbuch des Wirtschafts- und Steuerstrafrechts, 4. Auflage, München 2014, S. 695–773 (zit.: *Bannenberg,* in: Wabnitz/Janovsky, Hdb Wirtschafts- und Steuerstrafrecht).

Bannenberg, Britta: Korruption in Deutschland und ihre strafrechtliche Kontrolle, Neuwied 2002 (zit.: *Bannenberg*, Korruption in Deutschland und ihre strafrechtliche Kontrolle).

Baumann, Linda A (Hrsg.): Health Care Fraud and Abuse: Practical Perspectives, Washington D.C. 2013, S. 1–52 (zit.: Baumann/*Bearbeiter,* Health Care Fraud and Abuse).

Baumbach, Adolf (Bgrd.)/Hefermehl, Wolfgang: Wettbewerbs- und Warenzeichenrecht, Band I, Wettbewerbsrecht, 9. Auflage, München 1964.

Becker, Ulrich/Kingreen, Thorsten (Hrsg.): SGB V, Gesetzliche Krankenversicherung, Kommentar, 4. Auflage, München 2014 (zit.: Becker/Kingreen/*Bearbeiter*).

Bergmann, Karl Otto; Pauge, Burkhard; Steinmeyer, Heinz-Dietrich (Hrsg.): Gesamtes Medizinrecht, 2. Auflage, Baden-Baden 2014 (zit.: NK-Medizinrecht/Bearbeiter).

Bernsmann, Klaus/Schoß, Christian: Vertragsarzt und „kick-back" zugleich Anmerkung zu OLG Hamm, Urteil vom 22.12.2004, GesR 2005, S. 193–196.

Brettel, Hauke/Duttge, Gunnar/Schuhr, Jan C.: Kritische Analyse des Entwurfs eines Gesetzes zur Bekämpfung von Korruption im Gesundheitswesen, JZ 2015, S. 929–935.

Bittmann, Folker/Brockhaus, Matthias/Rübenstahl, Markus/Schröder, Kathie/Tsambikakis, Michael: WisteV-Stellungnahme zum Entwurf eines Gesetzes zur Bekämpfung der Korruption im Gesundheitswesen – § 299a StGB-E, WiJ 2015, S. 176–196.

BME-Fachgruppe „Einkauf im Krankenhaus" (Hrsg.): Strategischer Einkauf im Krankenhaus, 2012, abrufbar auf den Internetseiten des Bundesverbands Materialwirtschaft, Einkauf und Logistik (BME) unter http://www.bme.de/start/ (zit.: *BME,* Strategischer Einkauf im Krankenhaus).

Bockmann, Roman: Quo vadis, PKV?, Wiesbaden 2011 (zit.: *Bockmann,* Quo vadis, PKV?).

Boemke, Susanne/Schneider, Hendrik: Korruptionsprävention im Gesundheitswesen, Düsseldorf 2011 (zit.: *Boemke/Schneider,* Korruptionsprävention).

Borner, Silvio; Schwyzer, Christophe: Die Bekämpfung der Bestechung im Lichte der Neuen Politischen Ökonomie, in: Pieth, Mark; Eigen, Peter (Hrsg.), Korruption im internationalen Geschäftsverkehr: Bestandsaufnahme, Bekämpfung, Prävention, Neuwied 1999, S. 17–39. (zit.: *Borner/Schwyzer,* in: Pieth/Eigen).

Böse, Martin/Mölders, Simone: Die Durchführung sog. Anwendungsbeobachtungen durch den Kassenarzt als Korruption im Geschäftsverkehr (§ 299 StGB)? MedR 2008, S. 585–591.

Brand, Christian: Der Vertragsarzt als Amtsträger und Täter der §§ 331f. StGB?, in: Arbeitsgemeinschaft Medizinrecht im Deutschen Anwaltverein, Berlin; Institut für Rechtsfragen der Medizin, Düsseldorf (Hrsg.), Brennpunkte des Arztstrafrechts, 2. Düsseldorfer Medizinstrafrechtstag, Baden-Baden 2012, S. 127–152 (zit.: *Brand,* in: DAV/IMR, Brennpunkte des Arztstrafrechts).

Brand, Christian/Hotz, Dominik: Das „vertragsärztliche Wirtschaftsstrafrecht" nach BGH, Beschl. v. 29. 03. 3012, GSSt 2/11, PharmR 2012, S. 317–322.

Brandts, Ricarda/Seier, Jürgen: Zur Untreue des Vertragsarztes, in: Putzke, Holm; Hardtung, Bernhard; Hörnle, Tatjana; Merkel, Reinhard; Scheinfeld, Jörg; Schlehofer, Horst; Seier, Jürgen (Hrsg.), Festschrift für Rolf Dietrich Herzberg zum 70. Geburtstag am 14. Februar 2008 – Strafrecht zwischen System und Telos, Tübingen 2008, S. 812–826.

Braun, Julian: Ärztekorruption und Strafrecht – steht das ultima-ratio-Prinzip der Schaffung eines neuen Strafrechtstatbestands entgegen?, MedR 2013, S. 277–284.

Braun, Julian: Industrie und Ärzteschaft, Göttingen 2011.

Brauneder, Wilhelm: Korruption als historisches Phänomen, in: Brünner, Christian (Hrsg.), Korruption und Kontrolle, Innsbruck 1981, S. 75–104.

Brockhaus, Matthias/Dann, Matthias/Teubner, Patrick/Tsambikakis, Michael: Vertragsärzte als Amtsträger? ZMGR 2011, S. 123–129.

Brockhaus, Matthias/Dann, Matthias/Teubner, Patrick/Tsambikakis, Michael: Im Auftrag der Krankenkasse – Der Vertragsarzt im Wettbewerb?, wistra 2010, S. 418–422.

Broß, Stefanie/Harney, Anke: Schnittstelle zwischen akut-stationärer Versorgung und ambulanter Anschlussversorgung: Krankenhäuser und Hilfsmittelversorger im Konflikt zwischen Entlassmanagement, Wettbewerb und Korruption, Teil II, MPJ 2015, S. 307–316.

Brück, Dietrich (Bgrd.)/Klakow-Franck, Regina (Hrsg.): Kommentar zur Gebührenordnung für Ärzte (GOÄ), 30. Ergänzungslieferung, Stand: 1. Oktober 2015, Köln 2015 (zit.: *Brück,* Kommentar zur GOÄ).

Brünner, Christian: Analyse individueller und sozialer Bedingungen, in: Brünner, Christian (Hrsg.), Korruption und Kontrolle, Innsbruck 1981, S. 677–705.

Bühring, Christian/Linnemannstöns, Heike: § 127 SGB V n.F. – Ausschreibung, Rahmenvertrag oder Einzelvereinbarung? MedR 2008, S. 149–152.

Bulleit, Thomas N./Krause, Joan H.: Kickbacks, Courtesies or Cost-Effectiveness?: Application of the Medicare Antikickback Law to the Marketing and Promotional Practices of Drug and Medical Device Manufacturers, 54 Food & Drug L.J. (1999), S. 279–323.

Bülte, Jens: Der Vertragsarzt-Beschluss des Großen Senats und die Vertragsarztuntreue – zugleich eine Besprechung von OLG Stuttgart, Urt. v. 18.12.2012 – 1 Ss 559/12, NZWiSt 2013, S. 346–352.

Bundesärztekammer (Hrsg.): Stellungnahme der Bundesärztekammer zum Regierungsentwurf, Entwurf eines Gesetzes zur Bekämpfung von Korruption im Gesundheitswesen i. d. F. der BT-Drs. 18/6446 vom 21.10.2015, abrufbar unter https://www.bundestag.de/blob/396914/3a76d450790db7208d7a7a94f0c76671/bundesaerztekammer-data.pdf (zit.: *BÄK,* Stellungnahme vom 20. November 2015 zum RegE).

Bundesärztekammer (Hrsg.): 118. Deutscher Ärztetag, Beschlussprotokoll, 2015 (zit.: *BÄK,* 118. Deutscher Ärztetag).

Bundesärztekammer (Hrsg.): Stellungnahme der Bundesärztekammer zum Referentenentwurf des Bundesministeriums der Justiz und für

Verbraucherschutz (BMJV) vom 20. März 2015, Berlin 2015, abrufbar unter http://www.bundesaerztekammer.de/fileadmin/user_upload/downloads/pdf-Ordner/Stellungnahmen/SN_BAEK_GE_BMJV_Korruption_im_GW.pdf (zit.: *BÄK,* Stellungnahme vom 20. März 2015 zum RefE des BMJV).

Bundesärztekammer (Hrsg.): 116. Deutscher Ärztetag, Beschlussprotokoll, 2013 (zit.: *BÄK,* 116. Deutscher Ärztetag).

Bundeskriminalamt (Hrsg.): Polizeiliche Kriminalstatistik, Bundesrepublik Deutschland, Jahrbuch 2015, 63. Ausgabe, Version 5.0, abrufbar unter: https://www.bka.de/DE/AktuelleInformationen/StatistikenLagebilder/PolizeilicheKriminalstatistik/PKS2015/pks2015_node.html (zit.: *BKA,* PKS 2015).

Bundeskriminalamt (Hrsg.): Korruption Bundeslagebild 2014, Wiesbaden 2015, abrufbar unter https://www.bka.de/DE/AktuelleInformationen/StatistikenLagebilder/Lagebilder/Korruption/korruption_node.html (zit.: *BKA,* Korruption Bundeslagebild 2014).

Bundeskriminalamt (Hrsg.): Lagebild Korruption Bundesrepublik Deutschland 2003, o.O. 2004 (zit.: *BKA,* Lagebild Korruption 2003).

Bundesministerium für Gesundheit (Hrsg.): Daten des Gesundheitswesen 2015, o.O. 2015 (zit.: *BMG,* Daten des Gesundheitswesens 2015).

Bundesministerium für Wirtschaft und Technologie (Hrsg.): Bericht der Bundesregierung zur Lage der Freien Berufe, Stand April 2013, o.O. 2013 (zit.: *BMWi,* Freie Berufe).

Bundesverband der Arzneimittel-Hersteller e.V. (Hrsg.): Der Arzneimittelmarkt in Deutschland in Zahlen, 2013, o.O. 2014.

Bundesvereinigung Deutscher Apothekerverbände (Hrsg.): Stellungnahme der ABDA vom 9. April 2015 zum Entwurf eines Gesetzes zur Bekämpfung der Korruption im Gesundheitswesen, o.O. 2015 (zit.: *ABDA,* Stellungnahme vom 9. April 2015).

Bung, Jochen: Konkludente Täuschung? Von der fehlenden zur Fehlvorstellung beim Betrug, GA 2012, S. 354–363.

Butenschön, Ines: Der Vertragsarzt zwischen Untreue und Betrug, Frankfurt am Main 2012 (zit.: *Butenschön,* Vertragsarzt zwischen Untreue und Betrug).

Cahnbley, Ann-Kristin: Die geplanten Tatbestände der Bestechlichkeit und Bestechung im Gesundheitswesen – Strafverfolgungsrisiken und kritische Anmerkungen zum Berufsrechtsmodell, MPR 2015, S. 145–148.

Campbell, Eric G./Gruen, Russel L./Mountford, James et al.: A National Survey of Physician-Industry Relationsships, N Engl J Med 2007, S. 1742–1750.

Corsten, Johannes: BB-Kommentar zu BGH, Vorlagebeschluss v. 20. Juli 2011, BB 2012, 2059–2060.

Corts, Dietmar: Bekämpfung von Korruption im Gesundheitswesen: Ultima Ratio Strafrecht?, MPJ 2015, S. 317–326.

Cosack, Katrin: Gleichstellung von zuwendungsbedingten vertrags- und privatärztlichen Verschreibungen bei der Normierung eines neuen Straftatbestandes, ZIS 2013, S. 226–233.

Dahm, Franz-Josef: Zur Problematik der Falschabrechnung im privatärztlichen Bereich, MedR 2003, S. 268–276.

Dahm, Franz-Josef: Zur Problematik der Gewährung von Preisnachlässen und Zuwendungen im Gesundheitswesen, MedR 1992, S. 250–256.

Dann, Matthias: Und immer ein Stück weiter – Die Reform des deutschen Korruptionsstrafrechts, NJW 2016, S. 203–206.

Dann, Matthias: Privatärztlicher Abrechnungsbetrug und verfassungswidriger Schadensbegriff, NJW 2012, S. 2001–2004.

Dannecker, Gerhard/Schröder, Thomas: Neuregelung der Bestechlichkeit und Bestechung im geschäftlichen Verkehr; Entgrenzte Untreue oder wettbewerbskonforme Stärkung des Geschäftsherrenmodells?, ZRP 2015, S. 48–51.

Dannecker, Gerhard: Die Straflosigkeit der Korruption niedergelassener Vertragsärzte als Herausforderung für den Gesetzgeber, ZRP 2013, S. 37–42.

Deiters, Mark: Rahmenbedingungen strafbarer Korruption im Gesundheitssektor, in: Dörner, Heinrich; Ehlers, Dirk; Pohlmann, Petra et al. (Hrsg.), 16. Münsterische Sozialrechtstagung: Zusammenarbeit zwischen Ärzten und Leistungserbringern – am Rande der Legalität?, 12. November 2010, Karlsruhe 2011, S. 1–20 (zit.: *Deiters,* in: Dörner et al., 16. Münsterische Sozialrechtstagung).

Dettling, Heinz-Uwe/Gerlach, Alice (Hrsg.): Krankenhausrecht, Kommentar, München 2014 (zit.: Dettling/Gerlach/*Bearbeiter,* Krankenhausrecht).

Deutsch, Erwin/Spickhoff, Andreas: Medizinrecht, 7. Auflage, Berlin 2014 (zit.: Deutsch/Spickhoff).

Deutscher Richterbund (Hrsg.): Stellungnahme des Deutschen Richterbundes zum Gesetzentwurf der Bundesregierung zur Bekämpfung von Korruption im Gesundheitswesen (BT-Drs. 18/6446), abrufbar unter https://www.bundestag.de/blob/397842/1e28a02c74f8855f7c66abefd34a7b03/drb-data.pdf (zit.: *DRB,* Stellungnahme Nr. 22/15 zum RegE).

Deutscher Richterbund (Hrsg.): Stellungnahme zum Referentenentwurf des Bundesministeriums der Justiz und für Verbraucherschutz zur Bekämpfung von Korruption im Gesundheitswesen, Nr. 10/15, April 2015, abrufbar unter http://www.drb.de/stellungnahmen/2015/korruption-gesundheitswesen.html (zit.: *DRB,* Stellungnahme zum RefE Nr. 10/15).

Dieners, Peter: Die neuen Tatbestände zur Bekämpfung der Korruption im Gesundheitswesen, PharmR 2015, S. 529–533.

Dieners, Peter (Hrsg.): Handbuch Compliance im Gesundheitswesen, 3. Auflage, München 2010 (zit.: Dieners/*Bearbeiter,* Handbuch Compliance im Gesundheitswesen).

Dieners, Peter: Niedergelassene Vertragsärzte als „Beauftragte der Krankenkassen"? – Von der Überdehnung eines Straftatbestandes, PharmR 2010, S. 613–619.

Dieners, Peter/Reese, Ulrich (Hrsg.): Handbuch des Pharmarechts, München 2010 (zit.: Dieners/Reese/*Bearbeiter,* Pharmarecht).

Dieners, Peter/Taschke, Jürgen: Die Kooperation der medizinischen Industrie mit Ärzten und Krankenhäusern – Die aktuelle Rechtsprechung und ihre Konsequenzen, PharmR 2000, S. 309–321.

Diettrich, Stefanie/Jungeblodt, Stefan: Drittmittelforschung – staatlich geförderte Korruption?, in: Amelung, Knut; Beulke, Werner; Lilie, Hans et al (Hrsg.), Strafrecht, Biorecht, Rechtsphilosophie, Festschrift für Hans-Ludwig Schreiber zum 70. Geburtstag am 10. Mai 2003, Heidelberg 2003, S. 1015–1030.

Diettrich, Stefanie/Schatz, Holger: Sicherung der privaten Drittmittelförderung, ZRP 2001, S. 521–526.

Dölling, Dieter: Empfehlen sich Änderungen des Straf- und Strafprozeßrechts, um der Gefahr von Korruption in Staat, Wirtschaft und Gesellschaft wirksam zu begegnen?, Gutachten C für den 61. Deutschen Juristentag, Band I, Teil C, München 1996 (zit.: *Dölling,* DJT 1996, Bd. I, Gutachten).

Drake, Tim/Kanu, Alexandra/Silverman, Nick: Health Care Fraud, 50 American Criminal Law Review (2013), S. 1131–1179.

Durynek, Jürgen: Korruptionsdelikte (§§ 331 ff. StGB): Reformdiskussion und Gesetzgebung seit dem 19. Jahrhundert, Berlin 2008 (zit.: *Durynek,* Korruptionsdelikte).

Duttge, Gunnar: Der Vertragsarzt als Amtsträger?, in: Schiller, Herbert; Tsambikakis, Michael (Hrsg.), Kriminologie und Medizinrecht, Festschrift für Gernot Steinhilper, Heidelberg 2013.

Ebert, Udo: Verletzung der amtlichen Schweigepflicht als Bezugshandlung der Bestechungstatbestände?, GA 1979, S. 361–389.

Ebert-Weidenfeller, Andreas/Gromotke, Carsten: Krankenkassen als Normadressaten des Lauterkeits- und Kartellrechts, EuZW 2013, S. 937–940.

Eckstein, Ken/Püschel, Carolin: Aktuelle Gesetzesvorhaben zur Korruptionsbekämpfung, Newsdienst Compliance 2015, 71001.

Egger, Matthes: Hilfsmittel – Erstattungsprobleme in der privaten Krankheitskostenversicherung, r+s 2011, S. 104–107.

Ellbogen, Klaus/Wichmann, Richard: Zu Problemen des ärztlichen Abrechnungsbetruges, insbesondere der Schadensberechnung, MedR 2007, S. 10–16.

Elsner, Ulrike: Korruption sollte auch für Ärzte strafbar sein, ersatzkasse magazin 2012, Nr. 7/8, S. 17.

Engelmann, Klaus/Schlegel, Rainer (Hrsg.): juris PraxisKommentar SGB V, Band 2, 3. Auflage, Saarbrücken 2016 (zit.: *Bearbeiter,* in: jurisPK-SGB V).

Eser, Albin: „Sozialadäquanz": eine überflüssige oder unverzichtbare Rechtsfigur? – Überlegungen anhand sozialüblicher Vorteilsgewährungen, in: Schünemann, Bernd; Achenbach, Hans; Bottke, Wilfried et al. (Hrsg.), Festschrift für Claus Roxin zum 70. Geburtstag am 15. Mai 2001, Berlin 2001, S. 199–212.

Etzioni, Amitai: Die Entdeckung des Gemeinwesens, Stuttgart 1995.

Felix, Dagmar: Die Krankenhausbehandlung im Spannungsfeld von Therapiefreiheit und Wirtschaftlichkeitsgebot – Wie weit reicht die Prüfungskompetenz des MDK im Rahmen von § 275 Abs. 1 Nr. 1 SGB V?, NZS 2012, S. 1–9.

Fenger, Hermann/Göben, Jens: Sponsoring im Gesundheitswesen, Zulässige Formen der Kooperation zwischen medizinischen Einrichtungen und der Industrie, München 2004 (zit.: *Fenger/Göben*, Sponsoring im Gesundheitswesen).

Fischer, Christiane: Stellungnahme von Dr. med. Christiane Fischer zum Entwurf eines Gesetzes zur Bekämpfung der Korruption im Gesundheitswesen (Stand: 21.10.2015), abrufbar unter https://www.bundestag.de/blob/397592/3fd257dbefed56de6065bd147882f70a/fischer-data.pdf (zit.: *Fischer (MEZIS)*, Stellungnahme vom 27. November 2015 zum RegE).

Fischer, Thomas: Korruptionsverfolgung im Gesundheitswesen – dringender denn je!, medstra 2015, S. 1–2.

Fischer, Thomas: Strafgesetzbuch und Nebengesetze, 63. Auflage, München 2016.

Flasbarth, Roland: Anmerkung zu LSG Hamburg, Urteil v. 24.02.2011, Az.: L 1 KR 32/08, MedR 2011, S. 611–614.

Frank, Rainer/Vogel, Sebastian: Korruptionsbekämpfung im Gesundheitswesen – symbolisch und (un)gut, AnwBl 2016, S. 94–100.

Freitag, Daniela: Ärztlicher und zahnärztlicher Abrechnungsbetrug im deutschen Gesundheitswesen, Baden-Baden 2009 (zit.: *Freitag*, Ärztlicher Abrechnungsbetrug).

Friedrich, Carl J.: Pathologie der Politik: die Funktion der Missstände, Gewalt, Verrat, Korruption, Geheimhaltung, Propaganda, Frankfurt (Main) 1973 (zit.: *Friedrich*, Pathologie der Politik).

Frister, Helmut: Überlegungen zur Ausgestaltung des künftigen § 299a StGB, in: Arbeitsgemeinschaft Medizinrecht im Deutschen Anwaltverein, Berlin; Institut für Rechtsfragen der Medizin, Düsseldorf (Hrsg.) Aktuelle Entwicklungen im Medizinstrafrecht, 5. Düsseldorfer Medizinstrafrechtstag, Baden-Baden 2015, S. 75–100 (zit.: *Frister*, in: DAV/IMR, Aktuelle Entwicklungen im Medizinstrafrecht).

Frister, Helmut; Lindemann, Michael; Peters, Alexander: Arztstrafrecht, München 2011 (zit.: *Frister/Lindemann/Peters*, Arztstrafrecht).

Frister, Helmut: Der Vertragsarzt als Beauftragter der Krankenkassen im Sinne des § 299 StGB?, in: Lindemann, Michael; Ratzel, Rudolf (Hrsg.), Brennpunkte des Wirtschaftsstrafrechts im Gesundheitswesen, Baden-Baden 2010, S. 99–112.

Furrow, Barry R./Greaney, Thomas L./Johnson, Sandra H./Stoltzfus Jost, Timothy/Schwartz, Robert L.: The Law of Health Care Organization and Finance, St. Paul (MN) 2013 (zit.: Furrow et al., Law of Health Care).

Gädigk, Cornelia: Kein Sonderrecht für Ärzte – ein Einwurf aus Sicht der Ermittlungspraxis, medstra 2015, S. 268–273.

Gaede, Karsten: Patientenschutz und Indizienmanagement – Der Regierungsentwurf zur Bekämpfung von Korruption im Gesundheitswesen, medstra 2015, S. 263–268.

Gaede, Karsten/Lindemann, Michael/Tsambikakis, Michael: Licht und Schatten – Die materiellrechtlichen Vorschriften des Referentenentwurfs des BMJV zur Bekämpfung von Korruption im Gesundheitswesen, medstra 2015, S. 142–154.

Gaede, Karsten: Die Zukunft der europäisierten Wirtschaftskorruption gemäß § 299 StGB; Eine Evaluation des Referentenentwurfs des BMJV vom 13.6.2014, NZWiSt 2014, S. 281–290.

Gagnon, Marc-André/Lexchin, Joel: The Cost of Pushing Pills: A New Estimate of Pharmaceutical Promotion Expenditures in the United States, PLoS Medicine 2008, S. 0029–0033.

Geiger, Daniel: Die Stellungnahme des Deutschen Instituts für Compliance (DICO) e.V. zum Gesetzentwurf der Bundesregierung vom 21. Oktober 2015 für ein „Gesetz zur Bekämpfung von Korruption im Gesundheitswesen" (BT-Drs. 18/6446), CCZ 2016, S. 58–60.

Geiger, Daniel: Rabatte im Arzneimittelhandel – erwünschter Preiswettbewerb oder verbotene Korruption?, medstra 2016, S. 9–17.

Geiger, Daniel: Neues Strafbarkeitsrisiko § 299a StGB – Chance für die Healthcare-Compliance?, medstra 2015, S. 97–104.

Geiger, Daniel: Ärzte-Korruption – Wie viel Strafrecht braucht das Gesundheitswesen?, NK 2013, S. 136–148.

Geiger, Daniel: High Noon im Gesundheitswesen: Niedergelassene Vertragsärzte sind keine tauglichen Täter der Korruptionsdelikte, Besprechung des Beschlusses des Großen Senates für Strafsachen am BGH vom 29 März 2012 – GSSt 2/11, CCZ 2012, S. 172–180.

Geiger, Willi: Wie frei ist der Arzt?, in: Ruppert, Peter (Hrsg.), Freiheit und Verantwortung in Gesellschaft und Erziehung, Festschrift für Erwin Stein, Bad Homburg 1969, S. 83–97 (zit.: *Geiger, W.,* in: FS Stein).

Geis, Mark: Anmerkung zu OLG Braunschweig, Beschluss v. 23. Februar 2010 – Ws 17/10, wistra 2010, S. 280.

Geis, Mark: Ist jeder Kassenarzt ein Amtsarzt? – Zu „Vorschlägen" neuer Strafbarkeiten nach § 299 und den §§ 331ff. StGB, wistra 2007, S. 361–365.

Geis, Mark: Das sozialrechtliche Wirtschaftlichkeitsgebot kriminalstrafbewehrtes Treuegesetz des Kassenarztes?, GesR 2006, S. 345–356.

Geis, Mark: Tatbestandsüberdehnungen im Arztstrafrecht am Beispiel der „Beauftragtenbestechung" des Kassenarztes nach § 299 StGB, wistra 2005, S. 369–371.

Geppert, Klaus: Amtsdelikte (§ 331 ff StGB), JURA 1981, S. 42–51.

Gercke, Björn/Wollschläger, Sebastian: Das Wettbewerbserfordernis i.S.d. § 299 StGB – zugleich Besprechung der „Allianz-Arena-Entscheidung" des BGH vom 09.08.2006 (1 StR 50/06), wistra 2008, S. 5–10.

Gerlich, Peter: Korruption im Systemvergleich, in: Brünner, Christian (Hrsg.), Korruption und Kontrolle, Innsbruck 1981, S. 165–182.

GKV-Spitzenverband (Hrsg.): Stellungnahme zur öffentlichen Anhörung vor dem Ausschuss für Recht und Verbraucherschutz des Deutschen Bundestages am 02.12.2015, Gesetzentwurf der Bundesregierung eines Gesetzes zur Bekämpfung von Korruption im Gesundheitswesen (BT-Drs. 18/6446), abrufbar unter https://www.gkv-spitzenverband.de/media/dokumente/presse/presse_themen/fehlverhalten/Meseke_-_Stellungnahme_Korruption_im_Gesundheitswesen_am_2122015.pdf (zit.: *GKV-Spitzenverband,* Stellungnahme vom 2. Dezember 2015).

GKV-Spitzenverband (Hrsg.): Stellungnahme des GKV-Spitzenverbandes vom 13.05.2013 zum Änderungsantrag der Fraktionen der CDU/CSU und FDP zum Entwurf eines Gesetzes zur Förderung der Prävention (Ausschussdrucksache 17(14)0416), abrufbar im Webarchiv des Bundestages unter http://webarchiv.bundestag.de/archive/2013/1212/bundestag/ausschuesse17/a14/anhoerungen/ak_Praevention/Stellungnahmen_Block_II/17_14_0424_5_GKV-Spitzenverband.pdf (zit.: *GKV-Spitzenverband,* Stellungnahme vom 13. Mai 2013).

GKV-Spitzenverband (Hrsg.): Unzulässige Zusammenarbeit im Gesundheitswesen durch „Zuweisung gegen Entgelt", Ergebnisse einer empirischen Studie im Auftrag des GKV-Spitzenverbandes von Prof. Dr. Kai-D. Bussmann, Economy & Crime Research Center, Martin-

Luther-Universität Halle-Wittenberg, Berlin 2012, abrufbar unter https://www.gkv-spitzenverband.de/media/dokumente/presse/publikationen/Studie_Zuweisung_gegen_Entgelt_2012.pdf (zit.: *GKV-Spitzenverband*, Studie „Zuweisung gegen Entgelt").

Goldsteen, Raymond L./Goldsteen, Karen: Jonas' Introduction to the U.S. Health Care System, 7th Edition, New York 2013 (zit.: *Goldsteen/Goldsteen*, U.S. Health Care System).

Graf, Jürgen Peter/Jäger, Markus/Wittig, Petra (Hrsg.): Wirtschafts- und Steuerstrafrecht – Kommentar, 2. Auflage, Köln 2017 (zit.: Graf/Jäger/Wittig/*Bearbeiter*, 2. Aufl.).

Graf, Jürgen Peter/Jäger, Markus/Wittig, Petra (Hrsg.): Wirtschafts- und Steuerstrafrecht – Kommentar, Köln 2011 (zit.: Graf/Jäger/Wittig/*Bearbeiter*).

Graf Lambsdorff, Johann: Korruption als mühseliges Geschäft – eine Transaktionskostenanalyse, in: Pieth, Mark; Eigen, Peter (Hrsg.), Korruption im internationalen Geschäftsverkehr: Bestandsaufnahme, Bekämpfung, Prävention, Neuwied 1999, S. 56–87. (zit.: *Lambsdorff*, in: Pieth/Eigen).

Grau, Ulrich: Hilfsmittelverordnung für Privatpatienten: Erstattung teilweise ausgeschlossen!, AAA 2004, S. 10.

Grzesiek, Alexander/Sauerwein, Theresa: Was lange währt wird endlich gut: §§ 299a und b StGB als „Allheilmittel" zur Bekämpfung von Korruption im Gesundheitswesen?, NZWiSt 2016, S. 369–374.

Haberstroh, Dieter: Grundfragen und aktuelle Probleme des privatärztlichen Gebührenrechts, VersR 2000, S. 538–548.

Haft, Fritjof: Freiberufler sind keine Amtsträger, NJW 1995, S. 1113–1118.

Halbe, Bernd: Moderne Versorgungsstrukturen: Kooperation oder Korruption? Bestandsaufnahme und Ausblick, MedR 2015, S. 168–175.

Hancok, Heike: Abrechnungsbetrug durch Vertragsärzte, Baden-Baden 2006.

Harriehausen, Simone: Einwerbung und Annahme von Drittmitteln – immer mit einem Fuß im Gefängnis?, NStZ 2013, S. 256–264.

Hart, Dieter (Hrsg.): Ärztliche Leitlinien im Medizin- und Gesundheitsrecht, Baden-Baden 2005 (zit.: *Hart*, Ärztliche Leitlinien im Medizin- und Gesundheitsrecht).

Haeser, Petra Alexa: Erfahrungen mit der neuen Rechtslage im Korruptionsstrafrecht und Drittmittelrecht – aus Sicht des Staatsanwalts, MedR 2002, S. 55–59.

Hecker, Bernd: Strafrecht AT und BT: Beteiligung von Ärzten an sog. Pharma-Marketing, JuS 2012, S. 852–855.

Heil, Maria/Stallberg, Christian: Die Neuregelung zur Erstattungsfähigkeit von arzneimittelähnlichen Medizinprodukten, MPR 2008, S. 116–122.

Heinrich, Bernd: Der Amtsträgerbegriff im Strafrecht, Berlin 2002 (zit.: *Heinrich*, Amtsträgerbegriff).

Hellmann, Uwe/Beckemper, Katharina: Fälle zum Wirtschaftsstrafrecht, 3. Auflage, Stuttgart 2013 (zit.: *Hellmann/Beckemper*, Fälle zum Wirtschaftsstrafrecht).

Hellmann, Uwe/Herffs, Harro: Der ärztliche Abrechnungsbetrug, Berlin 2006 (zit.: *Hellmann/Herffs*, Ärztlicher Abrechnungsbetrug).

Henkel, Heinrich: Die Bestechlichkeit von Ermessensbeamten, JZ 1960, S. 507–512.

Herffs, Harro: Anmerkung zu BGH, Beschluss v. 25. November 2003 – 4 StR 239/03, wistra 2006, S. 63–65.

Herffs, Harro: Der Abrechnungsbetrug des Vertragsarztes, Berlin 2002 (zit.: *Herffs*, Abrechnungsbetrug des Vertragsarztes).

Herzog, Felix: Korruption im Gesundheitswesen, in: Lieb, Klaus; Klemperer, David; Ludwig, Wolf-Dieter (Hrsg.), Interessenkonflikte in der Medizin, Berlin 2011, S. 127–137 (zit.: *Herzog*, in: Lieb/Klemperer/Ludwig, Interessenkonflikte).

Heuking, Christian/von Coelln, Sibylle: Die Neuregelung des § 299 StGB – Das Geschäftsherrenmodell als Mittel zur Bekämpfung der Korruption?, BB 2016, S. 323–332.

Hilgendorf, Eric: Straftaten im Gesundheitswesen, in: Wabnitz, Heinz-Bernd; Janovsky, Thomas (Hrsg.), Handbuch des Wirtschafts- und Steuerstrafrechts, 4. Auflage, München 2014, S. 775–812 (zit.: *Hilgendorf,* in: Wabnitz/Janovsky, Hdb Wirtschafts- und Steuerstrafrecht).

Hohmann, Olaf: Anmerkung zu BGH, Beschluss v. 29.03.2012, Az.: GSSt 2/11, wistra 2012, S. 388–389.

Höltkemeier, Kai: Sponsoring als Straftat, Berlin 2005 (zit.: *Höltkemeier*, Sponsoring).

Hoven, Elisa: Aktuelle rechtspolitische Entwicklungen im Korruptionsstrafrecht – Bemerkungen zu den neuen Strafvorschriften über Mandatsträgerbestechung und Bestechung im geschäftlichen Verkehr, NStZ 2015, S. 553–560.

Huster, Stefan/Kaltenborn, Markus (Hrsg.): Krankenhausrecht. Praxishandbuch zum Recht des Krankenhauswesens, München 2010 (zit.: Huster/Kaltenborn/*Bearbeiter*, Krankenhausrecht).

Ihwas, Saleh R./Lorenz, Manuel: Entscheidungsbesprechung – Strafbarkeit des niedergelassenen Vertragsarztes nach den Korruptionsdelikten des StGB, ZJS 2012, S. 712–719.

Immenga, Ulrich/Mestmäcker, Joachim (Hrsg.): Wettbewerbsrecht, Band 1, EU/Teil 1, 5. Auflage, München 2012 (zit.: Immenga/Mestmäcker/*Bearbeiter*).

Institut für das Entgeltsystem im Krankenhaus GmbH (InEK) (Hrsg.): Abschlussbericht. Weiterentwicklung des G-DRG-Systems für das Jahr 2016, Siegburg 2015.

Jacobs, Rainer/Lindacher, Walter F./Teplitzky, Otto (Hrsg.): UWG, Gesetz gegen den unlauteren Wettbewerb mit Nebengesetzen, Großkommentar, Erster Band, Einleitung, §§ 1–12, 1. Auflage, Berlin 2006 (zit.: GK-UWG/*Bearbeiter*).

Jähnke, Burkhard: Äußerungen im Rahmen des 61. Deutschen Juristentag, Band II/2, München 1996, L 87–90 (zit.: *Jähnke,* DJT 1996, Bd. II/2).

Jarass, Hans/Pieroth, Bodo: Grundgesetz, 14. Auflage, München 2016 (zit.: Jarass/Pieroth/*Bearbeiter*, GG).

Jary, Kathrin: Anti-Korruption – Neue Gesetzesvorhaben zur Korruptionsbekämpfung im Gesundheitswesen und im internationalen Umfeld, PharmR 2015, S. 99–108.

Joecks, Wolfgang/Miebach, Klaus (Hrsg.): Münchener Kommentar zum Strafgesetzbuch, Band 5, §§ 263–358 StGB, 2. Auflage, München 2014 (zit.: MüKo/*Bearbeiter*).

Joecks, Wolfgang/Miebach, Klaus (Hrsg.): Münchener Kommentar zum Strafgesetzbuch, Band 1, §§ 1–37 StGB, 2. Auflage, München 2011 (zit.: MüKo/*Bearbeiter*).

Kassenärztliche Bundesvereinigung (Hrsg.): Stellungnahme der Kassenärztlichen Bundesvereinigung vom 9. April 2015 zum Referentenentwurf eines Gesetzes zur Bekämpfung von Korruption im Gesundheitswesen, abrufbar unter http://www.kbv.de/media/sp/2015_04_08_KBV_Stellungnahme_Ko

rruption.pdf (zit.: *KBV,* Stellungnahme vom 9. April 2015 zum RefE des BMJV).

Kassenärztliche Bundesvereinigung (Hrsg.): Statistische Informationen aus dem Bundesarztregister, Bundesgebiet insgesamt, Stand: 31.12.2014, abrufbar unter http://www.kbv.de/html/themen_2826.php (zit.: *KBV,* Statistische Informationen aus dem Bundesarztregister).

Kassenärztliche Bundesvereinigung (Hrsg.): PraxisWissen, Richtig Kooperieren, Stand Dezember 2012, abrufbar unter https://www.kvrlp.de/fileadmin/user_upload/Downloads/Mitglieder/Publikationen/Praxiswissen/KBV_Richtig_Kooperieren.pdf (*zit.: KBV,* Richtig Kooperieren).

Katzenmeier, Christian: Der Behandlungsvertrag – Neuer Vertragstypus im BGB, NJW 2013, S. 817–824.

Kaufmann, Marcel/Ludwig, Katharina: Strafbarkeit von Arzneimittelmusterabgaben? Strafbarkeitsrisiko von pharmazeutischen Unternehmern nach dem StGB-Entwurf „Bestechlichkeit und Bestechung im Gesundheitswesen" bei Musterabgaben an Ärzte, PharmR 2014, S. 50–55.

Kindhäuser, Urs/Goy, Barbara: Zur Strafbarkeit ungenehmigter Drittmitteleinwerbung – Zugleich eine Besprechung von BGH – 1 StR 372/01 und BGH – 1 StR 541/01, NStZ 2003, 291–296.

Kindhäuser, Urs/Neumann, Ulfrid/Paeffgen, Hans-Ullrich (Hrsg.): Strafgesetzbuch, Band 1, §§ 1–79 b, 4. Auflage, Baden-Baden 2013 (zit.: NK-StGB/*Bearbeiter*).

Kindhäuser, Urs/Neumann, Ulfrid/Paeffgen, Hans-Ullrich (Hrsg.): Strafgesetzbuch, Band 3, §§ 232–358, 4. Auflage, Baden-Baden 2013 (zit.: NK-StGB/*Bearbeiter*).

Klötzer, Antje: Ist der niedergelassene Vertragsarzt tatsächlich tauglicher Täter der §§ 299, 331 StGB?, NStZ 2008, S. 12–16.

Knauer, Christoph/Kaspar, Johannes: Restriktives Normverständnis nach dem Korruptionsbekämpfungsgesetz, GA 2005, S. 385–405.

Knickrehm, Sabine/Kreikebohm, Ralf/Waltermann, Raimund (Hrsg.): Kommentar zum Sozialrecht, 4. Auflage, München 2015 (zit.: Knickrehm/Kreikebohm/Waltermann/*Bearbeiter*).

Köhler, Helmut/Bornkamm, Joachim/Feddersen, Jörn: Beck'sche Kurz-Kommentare, Gesetz gegen den unlauteren Wettbewerb, 34. Auflage, München 2016 (zit.: Köhler/Bornkamm/*Bearbeiter*).

Kölbel, Ralf: Korruption im Gesundheitswesen. Kriminologische Vorüberlegungen zur Einführung von § 299a StGB n.F., in: Arbeitsgemeinschaft Medizinrecht im Deutschen Anwaltverein, Berlin; Institut für Rechtsfragen der Medizin, Düsseldorf (Hrsg.), Aktuelle Entwicklungen im Medizinstrafrecht, 5. Düsseldorfer Medizinstrafrechtstag, Baden-Baden 2015, S. 57–75 (zit.: *Kölbel,* in: DAV/IMR, Aktuelle Entwicklungen im Medizinstrafrecht).

Kölbel, Ralf: Anmerkung zu BGH, Beschluss v. 29. März 2012, Az.: GSSt 2/11, StV 2012, S. 592–595.

Kölbel, Ralf: Strafbarkeitsnahe vertragsärztliche Kooperationsformen, NStZ 2011, S. 195–200.

Kölbel, Ralf: Strafbare Abrechnungsmanipulation im Krankenhaus, in: Lindemann, Michael; Ratzel, Rudolf (Hrsg.), Brennpunkte des Wirtschaftsstrafrechts im Gesundheitswesen, Baden-Baden 2010, S. 37–54.

Kölbel, Ralf: Die Einweisungsvergütung – eine neue Form von Unternehmensdeliquenz im Gesundheitssystem?, wistra 2009, S. 129–133.

Kölbel, Ralf: Abrechnungsbetrug im Krankenhaus. Erste wirtschaftsstrafrechtliche und –kriminologische Überlegungen, NStZ 2009, S. 312–318.

Körner, Anne/Leitherer, Stephan/Mutschler, Bernd (Hrsg.): Kasseler Kommentar Sozialversicherungsrecht, Band 1, 89. Ergänzungslieferung, 1. März 2016, München (zit.: KassKom/*Bearbeiter*).

Korte, Matthias: Anmerkung zu BGH, Urteil vom 23. Mai 2002, Az.: StR 372/01, NStZ 2003, S. 156–158.

Korzilius, Heike: „Kein Sondergesetz gegen Ärzte", Interview mit Prof. Dr. med. Frank Ulrich Montgomery, Präsident der Bundesärztekammer, DÄ 2013, A 61.

Korzilius, Heike/Rieser, Sabine: Für manche Fachmann, für andere Buhmann, DÄ 2007, A 156–161.

Koyuncu, Adem: Compliance und Vertragsgestaltung bei Nichtinterventionellen Studien – unter besonderer Berücksichtigung der Ärztevergütung bei Anwendungsbeobachtungen, PharmR 2009, S. 211–217.

Kraatz, Erik: Arztstrafrecht, Stuttgart 2013.

Kraatz, Erik: Anmerkung zu BGH, Beschluss v. 29. März 2012, Az.: GSSt 2/11, NZWiSt 2012, S. 273–278.

Krack, Ralf: Entschleierte Schmiergelder nach der Reform des § 299 StGB, ZIS 2016, S. 83–90.

Krafczyk, Wolfgang: Kick-Backs an Ärzte im Strafraum – Berufs- und strafrechtliche Aspekte der Zuweisung gegen Entgelt, in: Hiebl, Stefan; Kassebohm, Nils; Lilie, Hans (Hrsg.), Festschrift für Volkmar Mehle zum 65. Geburtstag am 11.11.2009, Baden-Baden 2009, S. 325–338.

Krais, Julia: Beraterverträge mit Ärzten: Nationale und internationale Anti-Korruptionsaspekte, PharmR 2010, S. 513–517.

Krause, Joan H.: Kickbacks, Honest Services, and Health Care Fraud After Skilling, 21 Annals Health L. (2012), S. 137–145.

Krüger, Matthias: Konsequenzen aus dem Plenarbeschluss in Sachen Vertragsärzte, StraFo 2012, S. 308–316.

Krüger, Matthias: Pharma-Marketing im Gestrüpp des Korruptionsstrafrechts, ZIS 2011, S. 692–705.

Kubiciel, Michael: Die Straftatbestände gegen die Korruption im Gesundheitswesen: verfassungskonform, kriminalpolitisch angemessen und effektiv?, WiJ 2016, S. 1–11.

Kubiciel, Michael: Schriftliche Fassung der Stellungnahme in der öffentlichen Anhörung vor dem Rechtsausschuss des Deutschen Bundestags am 02.12.2015 zum Regierungsentwurf eines Gesetzes zur Bekämpfung der Korruption im Gesundheitswesen, abrufbar unter https://www.bundestag.de/blob/397590/60c0dc306c5668ef82833b15 9194eb58/kubiciel-data.pdf (zit.: *Kubiciel,* Stellungnahme vom 2. Dezember 2015 zum RegE).

Kubiciel, Michael: Bekämpfung der Korruption im Gesundheitswesen – Ziel, Tragweite und Wirkungen des Referentenentwurfs, Kölner Papiere zur Kriminalpolitik (KPzK) 1/2015.

Kubiciel, Michael/Tsambikakis, Michael: Bestechlichkeit und Bestechung im Gesundheitswesen (§ 299a StGB) – Stellungnahme zum Entwurf des Bayerischen Staatsministeriums der Justiz, medstra 2015, S. 11–15.

Kubiciel, Michael: Bestechlichkeit und Bestechung im Gesundheitswesen (§ 299a StGB), Stellungnahme zum Entwurf des Bayerischen Staatsministeriums der Justiz, Kölner Papiere zur Kriminalpolitik (KPzK) 5/2014.

Kubiciel, Michael: Bestechung und Bestechlichkeit im geschäftlichen Verkehr; Zu einer wettbewerbsorientierten Umsetzung des sog. Geschäftsherrenmodells in § 299 StGB, ZIS 2014, S. 667–673.

Kügel, Wilfried/Müller, Rolf-Georg/Hofmann, Hans-Peter (Hrsg.): Arzneimittelgesetz, Kommentar, 2. Auflage, München 2016 (zit.: Kügel/Müller/Hofmann/*Bearbeiter*, Arzneimittelgesetz).

Kühl, Kristian/Heger, Martin: Lackner/Kühl Strafgesetzbuch, Kommentar, 28. Auflage, München 2014 (zit.: Lackner/Kühl/*Bearbeiter*).

Kühl, Ingo: Wirtschaftlichkeitsgebot und Vertragsarzt im Strafrecht, Heidelberg 2014 (zit.: *Kühl,* Wirtschaftlichkeitsgebot).

Kuhlen, Lothar: Untreue, Vorteilsannahme und Bestechlichkeit bei Einwerbung universitärer Drittmittel, JR 2003, S. 231–237.

Küpper, Gregor: Anmerkung zu BGH Großer Senat für Strafsachen, Beschluss vom 29.03.2012 – GSSt 2/11, jurisPR-StrafR 16/2012 Anm. 2.

Lacher, Andreas/Schwarz, Franz: Abrechnungsverkehr mit den Krankenkassen, in: Gebler, Herbert; Kindl, Gerd (Hrsg.), Pharmazie für die Praxis, 6. Auflage, Stuttgart 2013, S. 457–463 (zit.: *Lacher/Schwarz,* in: Gebler/Kindl, Pharmazie).

Lampe, Ernst-Joachim: Empfiehlt es sich im gesamtwirtschaftlichen Interesse, den Tatbestand des § 12 UWG zu ändern, insbesondere hinsichtlich des Kreises der Vorteilnehmer zu erweitern und als Offizialdelikt auszugestalten?, in: Bundesministerium der Justiz (Hrsg.), XI. Band, Tagungsberichte der Sachverständigenkommission zur Bekämpfung der Wirtschaftskriminalität – Reform des Wirtschaftsstrafrechts, Bonn 1976, Anlage 1 (zit.: *Lampe,* in: BMJ, Tagungsberichte, Anlage 1).

Laufhütte, Heinrich Wilhelm/Rissing-van Saan, Ruth/Tiedemann, Klaus (Hrsg.): Leipziger Kommentar zum Strafgesetzbuch, Großkommentar, Neunter Band, 1. Teilband, §§ 263–266b, 12. Auflage, Berlin 2012 (zit.: LK/*Bearbeiter*).

Laufhütte, Heinrich Wilhelm/Rissing-van Saan, Ruth/Tiedemann, Klaus (Hrsg.): Leipziger Kommentar zum Strafgesetzbuch, Großkommentar, Dreizehnter Band, §§ 331 bis 358, 12. Auflage, Berlin 2009 (zit.: LK/*Bearbeiter*).

Laufhütte, Heinrich Wilhelm/Rissing-van Saan, Ruth/Tiedemann, Klaus (Hrsg.): Leipziger Kommentar zum Strafgesetzbuch, Großkommentar, Zehnter Band, §§ 284–305a, 12. Auflage, Berlin 2008 (zit.: LK/*Bearbeiter*).

Laufs, Adolf (Bgrd.)/Katzenmeier, Christian/Lipp, Volker: Arztrecht, 7. Auflage, München 2015 (zit.: Laufs/Katzenmeier/Lipp/*Bearbeiter*).

Laufs, Adolf/Kern, Bernd-Rüdiger (Hrsg.): Handbuch des Arztrechts, 4. Auflage, München 2010 (zit.: Laufs/Kern/*Bearbeiter,* Handbuch des Arztrechts).

Leimbrock, Claus Nils: Strafrechtliche Amtsträger. Eine Analyse der Legaldefinition in § 11 Abs. 1 Nr. 2 StGB, Tübingen 2009 (zit.: *Leimbrock,* Strafrechtliche Amtsträger).

Leimenstoll, Ulrich: Der Vertragsarzt – Tauglicher Täter einer Untreue zu Lasten der gesetzlichen Krankenkassen?, wistra 2013, S. 121–129.

Leimenstoll, Ulrich: Vermögensbetreuungspflicht des Vertragsarztes?, Heidelberg 2012 (zit.: *Leimenstoll,* Vermögensbetreuungspflicht).

Leipold, Klaus/Tsambikakis, Michael/Zöller, Mark A. (Hrsg.): Anwalt-Kommentar Strafgesetzbuch, 2. Auflage, Bonn 2015 (zit.: AnwKom-StGB/*Bearbeiter*).

Lenckner, Theodor: Privatisierung der Verwaltung und „Abwahl des Strafrechts"?, ZStW 106 (1994), S. 502–546.

Lesch, Heiko: Anwaltliche Akquisition zwischen Sozialadäquanz, Vorteilsgewährung und Bestechung im geschäftlichen Verkehr, AnwBl. 2003, S. 261–266.

Lieb, Klaus/Brandtönies, Simone: A Survey of German Physicians in Private Practice About Contacts With Pharmaceutical Sales Representatives, DÄ Int. 2010, S. 392–398.

Lindemann, Michael: Verstöße des privatliquidierenden Arztes gegen das Gebot persönlicher Leistungserbringung – stets ein Fall für das (Betrugs-)Strafrecht? – zugleich eine Anmerkung zu BGH, Beschluss vom 25.01.2012 – 1 StR 45/11 –, NZWiSt 2012, S. 334–339.

Loos, Fritz: Zum „Rechtsgut" der Bestechungsdelikte, in: Stratenwerth, Günter, Kaufmann, Armin; Geilen, Gerd u.a. (Hrsg.), Festschrift für Hans Welzel zum 70. Geburtstag am 25. März 1974, Berlin 1974, S. 879–895.

Lowenstein, Daniel H.: Legal Efforts to Define Political Bribery, in: Heidenheimer, Arnold J.; Johnston, Michael; LeVine, Victor (Hrsg.), Political Corruption, New Brunswick 1989, S. 29–38 (zit.: *Lowenstein,* in: Heidenheimer u.a., Political Corruption).

Lüderssen, Klaus: Die Sperrwirkung der fehlenden Vermögensbetreuungspflicht gemäß § 266 StGB für die Bestrafung nach § 263 StGB wegen unterlassener Aufklärung, in: Hirsch, Hans Joachim; Wolter, Jürgen; Brauns, Uwe (Hrsg.), Festschrift für Günter Kohlmann zum 70. Geburtstag, Köln 2003, S. 177–185.

Lüderssen, Klaus: Die Symbiose von Markt und Staat - auseinanderdividiert durch Strafrecht?, StV 1997, S. 318–323.

Lüderssen, Klaus: Antikorruptions-Gesetze und Drittmittelforschung, JZ 1997, S. 112–120.

Luig, Caspar: Vertragsärztlicher Abrechnungsbetrug und Schadensbestimmung. Zur streng formalen Betrachtungsweise des Sozialrechts im Strafrecht, Frankfurt am Main 2009 (zit.: *Luig,* Vertragsärztlicher Abrechnungsbetrug).

Maas, Heiko: Wann darf der Staat strafen?, NStZ 2015, S. 305–309.

Mansdörfer, Marco: Strafrechtliche Haftung für Drittmitteleinwerbung an staatlichen Hochschulen – eine Anmerkung zu BGH wistra 2002, 344, wistra 2003, S. 211–214.

Manthey, Christina: Der Vertragsarzt als „Schlüsselfigur" der Arzneimittelversorgung, GesR 2010, S. 601–604.

Marburger Bund-Bundesverband (Hrsg.): Stellungnahme zu dem Referentenentwurf des Bundesministeriums für Justiz und Verbraucherschutz, Entwurf eines Gesetzes zur Bekämpfung von Korruption im Gesundheitswesen, 1. April 2015, Berlin 2015, abrufbar unter https://www.marburger-bund.de/sites/default/files/wob/pdfs/2015-04-01-sn-mb-korruptionsbekaempfungsgesetz.pdf (zit.: *Marburger Bund,* Stellungnahme vom 1. April 2015 zum Referentenentwurf des BMJV).

Matt, Holger/Renzikowski, Joachim: Strafgesetzbuch, Kommentar, München 2013 (zit.: MR-StGB/*Bearbeiter*).

Maurach, Reinhart (Bgrd.)/Schroeder, Friedrich-Christian/Maiwald, Manfred: Strafrecht Besonderer Teil, Teilband 2, Straftaten gegen Gemeinschaftswerte, 10. Auflage, Heidelberg 2012 (zit.: Maurach/Schroeder/Maiwald, Strafrecht BT 2).

Meier, Alexander/von Czettritz, Peter/Gabriel, Marc/Kaufmann, Marcel: Pharmarecht, München 2014 (zit.: *Meier/von Czettritz/Gabriel/Kaufmann,* Pharmarecht).

Mertel, Maresa: Drittmitteleinwerbung zwischen Kooperation und Korruption. Strafrechtliche Grenzen einer Flucht ins Privatrecht bei der Drittmitteleinwerbung durch Hochschulen, Bonn 2009 (zit.: *Mertel,* Drittmitteleinwerbung zwischen Kooperation und Korruption).

Meyer, John J./Voelker, Kathleen E./Willcox, Breckinridge L./Clark, Ronald H.: Health Care Fraud and Abuse: Enforcement and Compliance, BNA's Health L. & Bus. Series No. 2600 (zit.: Meyer et al., Health Care Fraud and Abuse: Enforcement and Compliance).

Meyer-Ladewig, Jens (Bgrd.)/Keller, Wolfgang/Leitherer, Stephan: Sozialgerichtsgesetz, 11. Auflage, München 2014 (zit.: Meyer-Ladewig/ Keller/Leitherer/*Bearbeiter*, SGG).

Michalke, Regina: Drittmittel und Strafrecht – Licht am Ende des Tunnels?, NJW 2002, S. 3381–3382.

Müller, Doreen: Der niedergelassene Vertragsarzt als (un-)tauglicher Täter der Bestechungsdelikte, Hamburg 2013 (zit.: *Müller*, Vertragsarzt).

Müller-Gugenberger, Christian (Hrsg.): Wirtschaftsstrafrecht. Handbuch des Wirtschaftsstraf- und Ordnungswidrigkeitenrechts, 6. Auflage, Köln 2015 (zit.: Müller-Gugenberger/*Bearbeiter*, Wirtschaftsstrafrecht).

Nagel, Eckard/Alber, Kathrin (Hrsg.): Das Gesundheitswesen in Deutschland, 5. Auflage, Köln 2013.

Neupert, Michael: Risiken und Nebenwirkungen: Sind niedergelassene Vertragsärzte Amtsträger im strafrechtlichen Sinne?, NJW 2006, S. 2811–2814.

Nimis, Jens: Der Anspruch des Patienten auf neue Untersuchungs- und Behandlungsmethoden in der gesetzlichen Krankenversicherung, Baden-Baden 2012 (zit.: *Nimis,* Neue Untersuchungs- und Behandlungsmethoden).

Noak, Thorsten: Betrugstäterschaft bzw. -teilnahme von Ärzten beim Bezug von Röntgenkontrastmitteln?, MedR 2002, S. 76–83.

Nye, J. S.: Corruption and Political Development: A Cost-Benefit-Analysis, 61 American Political Science Review (1967) S. 417–427.

Oeben, Marc: § 299a StGB ante portas, Vortrag auf dem 10. Augsburger Forum für Medizinprodukterecht, 18. September 2014.

o.V.: KBV fordert Abgrenzung von sinnvoller Kooperation, RDG 2015, S. 108.

o.V.: Verordnung von Arzneimitteln bei Krankenhausbehandlung, AAA 03/2007, S. 12.

Ostendorf, Gerd-Marko: Grundlagen der Antragsprüfung und der Leistungsbearbeitung in der PKV, in: Ostendorf, Gerd-Marko (Hrsg.), Versicherungsmedizin im 21. Jahrhundert – Private Krankenversicherung, Karlsruhe 2012, S. XV–XX (zit.: *Ostendorf,* in: Ostendorf, Private Krankenversicherung).

Passarge, Malte: Aktuelle Entwicklungen in der Gesetzgebung zur Korruptionsbekämpfung, DStR 2016, S. 482–487.

Peters, Stefan: Die Zahlung von Kopfpauschalen an niedergelassene Ärzte, Baden-Baden 2012 (zit.: *Peters,* Kopfpauschalen).

Peters, John G./Welch, Susan: Political Corruption in America: A Search for Definitions and a Theory, or: If Political Corruption Is in the Mainstream of American Politics Why Is It Not in the Mainstream of American Politics Research?, 72 The American Political Science Review (1978), S. 974–984.

Pfeifer, Wolfgang: Etymologisches Wörterbuch des Deutschen, 8. Auflage, München 2005.

Pfeiffer, Gerd: Das strafrechtliche Schmiergeldverbot nach § 12 UWG, in: Erdmann, Willi; Mees, Hans-Kurt; Piper, Henning u.a. (Hrsg.), Festschrift für Otto-Friedrich Frhr. v. Gamm, Köln 1990, S. 129–146.

Pies, Ingo/Sass, Peter: Wie sozialschädlich ist Korruption? – Ein Überblick zum Erkenntnisstand der empirischen Forschung, in: Pies, Ingo (Hrsg.), Wie bekämpft man Korruption?, Berlin 2008, S. 9–78.

Plagemann, Hermann (Hrsg.): Münchener Anwaltshandbuch Sozialrecht, 4. Auflage, München 2013 (zit.: MAH Sozialrecht/*Bearbeiter*).

Pragal, Oliver/Handel, Timo: Der Regierungsentwurf zur Bekämpfung der Korruption im Gesundheitswesen – ein großer Wurf mit kleinen Schwächen (Teil 2), medstra 2016, S. 22–27.

Pragal, Oliver/Handel, Timo: Der Regierungsentwurf zur Bekämpfung der Korruption im Gesundheitswesen – ein großer Wurf mit kleinen Schwächen (Teil 1), medstra 2015, S. 337–344.

Pragal, Oliver/Apfel, Henner: Bestechlichkeit und Bestechung von Leistungserbringern im Gesundheitswesen, A&R 2007, S. 10–20.

Pragal, Oliver: Die Korruption innerhalb des privaten Sektors und ihre strafrechtliche Kontrolle durch § 299 StGB, Köln 2006.

Pragal, Oliver: Das Pharma-„Marketing" um die niedergelassenen Kassenärzte: „Beauftragtenbestechung" gemäß § 299 StGB!, NStZ 2005, S. 133–136.

Prütting, Dorothea (Hrsg.): Fachanwaltskommentar Medizinrecht, 3. Auflage, Köln 2014 (zit.: Prütting/*Bearbeiter*).

PricewaterhouseCoopers AG Wirtschaftsprüfungsgesellschaft/Martin-Luther-Universität Halle-Wittenberg (Hrsg.): Wirtschaftskriminalität – Pharmaindustrie, Studie von Prof. Dr. Kai Bussmann, Michael

Burkhart und Steffen Salvenmoser, April 2013, abrufbar unter http://www.pwc.de/de/gesundheitswesen-und-pharma/pharmabranche-fehlt-rezept-gegen-korruption.jhtml.

Quaas, Michael/Zuck, Rüdiger/Clemens, Thomas: Medizinrecht, 3. Auflage, München 2014 (zit.: Quaas/Zuck/*Bearbeiter,* Medizinrecht).

Rasch, Dieter George: Die Bekämpfung des Bestechungsunwesens im Wirtschaftswettbewerb in der Bundesrepublik Deutschland und in den übrigen Mitgliedsstaaten der Europäischen Gemeinschaft, Frankfurt (Main) 1985 (zit.: *Rasch,* Bestechungsunwesen).

Ratajczak, Thomas: Eine Einführung, in: Arbeitsgemeinschaft Rechtsanwälte im Medizinrecht e.V. (Hrsg.), Leitlinien, Richtlinien und Gesetz. Wie viel Reglementierung verträgt das Arzt-Patienten-Verhältnis?, Berlin 2003 (zit.: *Ratajcak,* Eine Einführung).

Ratzel, Rudolf/Lippert, Hans-Dieter: Kommentar zur Musterberufsordnung der deutschen Ärzte (MBO), 6. Auflage, Heidelberg 2015 (zit.: Ratzel/Lippert/*Bearbeiter,* MBO-Ä).

Ratzel, Rudolf/Luxenburger, Bernd: Handbuch Medizinrecht, 3. Auflage, Heidelberg 2015 (zit.: Ratzel/Luxenburger/*Bearbeiter,* Hdb MedR).

Reese, Ulrich/Stallberg, Christian: Zur rechtlichen Bewertung von Umstellungspauschalen, PharmR 2008, S. 221–226.

Reese, Ulrich: Vertragsärzte und Apotheker als Straftäter? – eine strafrechtliche Bewertung des „Pharma-Marketings", PharmR 2006, S. 92–100.

Rehmann, Wolfgang A./Greve, Kai: Arzneimittelgesetz (AMG), Kommentar mit Erläuterungen, 4. Auflage, München 2014 (zit.: Rehmann/*Bearbeiter,* Arzneimittelgesetz).

Rehmann, Wolfgang A./Wagner, Susanne A.: Medizinproduktegesetz (MPG), 2. Auflage, München 2010 (zit.: Rehmann/Wagner/*Bearbeiter,* Medizinproduktegesetz).

Rieger, Hans-Jürgen/Dahm, Franz-Josef/Steinhilper, Gernot (Hrsg.): „Heidelberger Kommentar" – Arztrecht, Krankenhausrecht, Medizinrecht, 62. Aktualisierung, Heidelberg 2016 (zit.: Rieger/Dahm/Steinhilper/*Bearbeiter,* Heidelberger Kommentar).

Rolfs, Christian/Giesen, Richard/Kreikebohm, Ralf/Udsching, Peter (Hrsg.): Beck'scher Online-Kommentar Sozialrecht, Stand: 01.04.2016, Edition: 41 (zit.: BeckOK-Sozialrecht/*Bearbeiter*).

Rönnau, Thomas/Golombek, Tine: Die Aufnahme des „Geschäftsherrenmodells" in den Tatbestand des § 299 – ein Systembruch im deutschen StGB, ZRP 2007, S. 193–195.

Rönnau, Thomas: „kick-backs": Provisionsvereinbarungen als strafbare Untreue – Eine kritische Bestandsaufnahme, in: Hirsch, Hans Joachim; Wolter, Jürgen; Brauns, Uwe (Hrsg.), Festschrift für Günter Kohlmann zum 70. Geburtstag, Köln 2003, S. 239–261.

Rönnau, Thomas: Untreue und Vorteilsannahme durch Einwerbung von Drittmitteln? – BGH, NJW 2002, 2801, JuS 2003, S. 232–237.

Rose-Ackermann, Susan: Globale Wirtschaft und Korruption, in: Pieth, Mark; Eigen, Peter (Hrsg.), Korruption im internationalen Geschäftsverkehr: Bestandsaufnahme, Bekämpfung, Prävention, Neuwied 1999, S. 41–55. (zit.: *Rose-Ackermann*, in: Pieth/Eigen)

Rotsch, Thomas (Hrsg.): Criminal Compliance, Baden-Baden 2015 (zit.: *Bearbeiter,* in: Rotsch, Criminal Compliance).

Rotta, Christian (Hrsg.): Apothekenbetriebsordnung Kommentar, 5. Auflage, Stand: September 2012, Stuttgart 2012 (zit. Cyran/Rotta/*Bearbeiter,* ApBetrO).

Rotter, Hans: Anthropologisch-theologische Aspekte der Korruption, in: Brünner, Christian (Hrsg.), Korruption und Kontrolle, Innsbruck 1981, S. 106–120.

Roxin, Claus: Strafrecht, Allgemeiner Teil, Band I: Grundlagen, Der Aufbau der Verbrechenslehre, München 2006 (zit.: *Roxin,* AT I).

Roxin, Imme: Drittmitteleinwerbung und Korruption, in: Roxin, Claus; Schroth, Ulrich (Hrsg.), Handbuch des Medizinstrafrechts, 4. Auflage, Stuttgart 2010, S. 262–292 (zit.: *Roxin, I.,* in: Roxin/Schroth, Medizinstrafrecht).

Rübenstahl, Markus: Korruptionsdelikte und Pharmamarketing – Sind Vertragsärzte Amtsträger oder Beauftragte der Krankenkassen?, HRRS 2011, S. 324–333.

Rübsamen, Katrin: Rechtliche Grenzen der Kooperationen zwischen Medizinprodukteindustrie und medizinischen Einrichtungen, MedR 2014, S. 152–156.

Sahan, Oliver: Anmerkung zu BGH, Beschluss v. 29. März 2012, Az.: GSSt 2/11, ZIS 2012, S. 386–389.

Sahan, Oliver/Urban, Kathrin: Die Unbestechlichkeit niedergelassener Vertragsärzte, ZIS 2011, S. 23–28.

Saliger, Frank: Das Unrecht der Korruption, in: Albrecht, Peter-Alexis; Kirsch, Stefan; Neumann, Ulfrid; Sinner, Stefan (Hrsg.), Festschrift für Walter Kargl zum 70. Geburtstag, Berlin 2015, S. 493–505.

Saliger, Frank: Kick-Back, „PPP", Verfall – Korruptionsbekämpfung im „Kölner Müllfall", NJW 2006, S. 3377–3381.

Satzger, Helmut/Schluckebier, Wilhelm/Widmaier, Gunter (Hrsg.): Strafgesetzbuch. Kommentar, 2. Auflage, Köln 2014 (zit.: SSW-StGB/*Bearbeiter*).

Satzger, Helmut: Bestechungsdelikte und Sponsoring, ZStW 115 (2003), S. 469–500.

Schäfer, Frank L.: Das Produkt Krankheitskostenvollversicherung – Vergleich der Allgemeinen Versicherungsbedingungen nebst Tarifen, VersR 2010, S. 1525–1533.

Schaub, Günter (Bgrd.)/Koch, Ulrich/Neef, Klaus/Schrader, Peter/Vogelsang, Hinrich (Hrsg.): Arbeitsrechtliches Formular- und Verfahrenshandbuch, 9. Auflage, München 2008.

Scheller, Fritz: Von der Unabhängigkeit des Arztes und über die Arzt-Patienten-Beziehung, in: Ahrens, Hans-Jürgen; von Bar, Christian; Fischer, Gerfried; Spickhoff, Andreas; Taupitz, Jochen (Hrsg.), Festschrift für Erwin Deutsch zum 70. Geburtstag, Köln 1999, S. 739–755.

Schickert, Jörg/Jary, Kathrin: Strafbarkeit der Korruption im Gesundheitswesen – eine Betrachtung de lege ferenda, MPR 2014, S. 52–59.

Schimmelpfeng-Schütte, Ruth: Ansprüche gesetzlicher Krankenkassen gegen Leistungserbringer wegen Fehlverhaltens, GesR 2006, S. 529–537.

Schimmelpfeng-Schütte, Ruth: „Richtliniengebung durch den Bundesausschuß der Ärzte und Krankenkassen und demokratische Legitimation", NZS 1999, S. 530–537.

Schmidt, André: Anmerkung zu OLG Braunschweig, Beschluss v. 23. Februar 2010, Az.: Ws 17/10, NStZ 2010, S. 393–396.

Schmidt, Stefan: Anmerkung zu BGH, Beschluss v. 29. März 2012, Az.: GSSt 2/11, PharmR 2012, S. 333–343.

Schmidt-Aßmann, Eberhard: Verfassungsfragen der Gesundheitsreform, NJW 2004, S. 1689–1695.

Schmidt-De Caluwe, Reimund: Das Behandlungsverhältnis zwischen Vertragsarzt und sozialversichertem Patienten, VSSR 1998, S. 207–232.

Schmitt, Jochem: Leistungserbringung durch Dritte im Sozialrecht (Arzt-, Krankenhaus- und Gesundheitsrecht), Köln 1990.

Schnapp, Friedrich E.: Die strafrechtliche Neujustierung der Stellung des Vertragsarztes, GesR 2012, S. 705–714.

Schnapp, Friedrich E.: Der Vertragsarzt als Sachwalter der gesetzlichen Krankenkassen?, in: Duttge, Gunnar (Hrsg.), Tatort Gesundheitsmarkt, Rechtswirklichkeit – Strafwürdigkeit – Prävention, Göttingen 2011, S. 47–67.

Schnapp, Friedrich E.: Der Vertragsarzt – Sachwalter der gesetzlichen Krankenkassen?, in: Putzke, Holm; Hardtung, Bernhard; Hörnle, Tatjana; Merkel, Reinhard; Scheinfeld, Jörg; Schlehofer, Horst; Seier, Jürgen (Hrsg.), Festschrift für Rolf Dietrich Herzberg zum 70. Geburtstag am 14. Februar 2008 – Strafrecht zwischen System und Telos, Tübingen 2008, S. 795–809.

Schnapp, Friedrich E./Wigge, Peter (Hrsg.): Handbuch des Vertragsarztrechts. Das gesamte Kassenarztrecht, 2. Auflage, München 2006 (zit.: Schnapp/Wigge/*Bearbeiter*, Handbuch Vertragsarztrecht).

Schneider, Hendrik/Ebermann, Thorsten: Der Regierungsentwurf zur Bekämpfung von Korruption im Gesundheitswesen, A&R 2015, S. 202–207.

Schneider, Hendrik: Sonderstrafrecht für Ärzte? Eine kritische Analyse der jüngsten Gesetzentwürfe zur Bestrafung der „Ärztekorruption", HRRS 2013, S. 473–480.

Schneider, Hendrik/Ebermann, Thorsten: Das Strafrecht im Dienste gesundheitsökonomischer Steuerungsinteressen, HRRS 2013, S. 219–224.

Schneider, Hendrik/Reich, Claudia: Abrechnungsbetrug durch „Upcoding", HRRS 2012, S. 267–272.

Schneider, Hendrik: Zur Strafbarkeit der Annahme umsatzbezogener materieller Zuwendungen durch niedergelassene Vertragsärzte, HRRS 2010, S. 241–247.

Schneider, Hendrik: Anmerkung zu OLG Braunschweig, Beschl. v. 23.02.2010 – Ws 17/10, StV 2010, S. 366–368.

Schneider, Hendrik: Unberechenbares Strafrecht. Vermeidbare Bestimmtheitsdefizite im Tatbestand der Vorteilsannahme und ihre Auswirkungen auf die Praxis des Gesundheitswesens, in: Schneider, Hendrik; Kahlo, Michael; Klesczewski, Diethelm; Schumann, Heribert (Hrsg.), Festschrift für Manfred Seebode zum 70. Geburtstag am 15. September 2008, Berlin 2008, S. 331–350.

Schönke, Adolf (Bgrd.)/Schröder, Horst: Strafgesetzbuch, Kommentar, 29. Auflage, München 2014 (zit.: Schönke/Schröder/*Bearbeiter*).

Schramm, Edward: Die Amtsträgereigenschaft eines freiberuflichen Planungsingenieurs – BGHSt 43, 96; BGH, NJW 1998, 2373, JuS 1999, S. 333–339.

Schröder, Thomas: Korruptionsbekämpfung im Gesundheitswesen durch Kriminalisierung von Verstößen gegen berufsrechtliche Pflichten zur Wahrung der heilberuflichen Unabhängigkeit: Fünf Thesen zu den §§ 299a, 299b StGB des Regierungsentwurfs vom 29.7.2015, Teil 2, NZWiSt 2015, S. 361–365.

Schröder, Thomas: Korruptionsbekämpfung im Gesundheitswesen durch Kriminalisierung von Verstößen gegen berufsrechtliche Pflichten zur Wahrung der heilberuflichen Unabhängigkeit: Fünf Thesen zu den §§ 299a, 299b StGB des Regierungsentwurfs vom 29.7.2015, Teil 1, NZWiSt 2015, S. 321–333.

Schroth, Ulrich/Joost, Nine: Strafbares Verhalten bei der ärztlichen Abrechnung, in: Roxin, Claus; Schroth, Ulrich (Hrsg.), Handbuch des Medizinstrafrechts, Stuttgart 2010, S. 179–221 (zit.: *Schroth/Joost*, in: Roxin/Schroth, Medizinstrafrecht).

Schubert, Manuel: Abrechnungsbetrug bei Privatpatienten, ZRP 2001, S. 154–159.

Schuhr, Jan C.: Funktionale Anforderungen an das Handeln als Amtsträger (§§ 331 ff. StGB) oder Beauftragter (§ 299 StGB) – Besprechung des Beschlusses des BGH vom 05.05.2011 – 3 StR 458/10, NStZ 2012, S. 11–15.

Schulin, Bertram: Wandel vom Kassenarzt zum Vertragsarzt – Definition oder Statusänderung?, VSSR 1994, S. 357–379.

Schulte, Ansgar/Löwer, Johannes/Schwerdtfeger, Walter: Arzneimittelversorgung, in: Thielscher, Christian (Hrsg.): Medizinökonomie, Band 1, Das System der Medizinischen Versorgung, Wiesbaden 2012, S. 229–260.

Schünemann, Bernd: Der Gesetzentwurf zur Bekämpfung der Korruption – überflüssige Etappe auf dem Niedergang der Strafrechtskultur, ZRP 2015, S. 68–71.

Schünemann, Bernd: Die „gravierende Pflichtverletzung" bei der Untreue: dogmatischer Zauberhut oder taube Nuss?, NStZ 2005, S. 473–476.

Senturia, Joseph J.: Political Corruption, in: Seligman, Edwin R. A.; Johnson, Alvin (Hrsg.): Encyclopedia of the Social Sciences, Band III/IV, New York 1930, S. 448–452 (Band IV).

Shi, Leiyu/Singh, Douglas A.: Essentials of the U.S. Health Care System, 3rd Edition, Sudbury 2013 (zit.: *Shi/Singh*, Essentials of the U.S. Health Care System).

Sickor, Jens Andreas: Normenhierarchie im Arztrecht, Berlin 2005 (zit.: *Sickor*, Normenhierarchie).

Simon, Michael: Das Gesundheitssystem in Deutschland, 4. Auflage, Bern 2013.

Sodan, Helge: Freie Berufe als Leistungserbringer im Recht der gesetzlichen Krankenversicherung, Tübingen 1997 (zit.: *Sodan*, Freie Berufe).

Sodan, Helge (Hrsg.): Handbuch des Krankenversicherungsrechts, 2. Auflage, München 2014 (zit.: Sodan/*Bearbeiter*, Krankenversicherungsrecht).

Spickhoff, Andreas: Patientenrechte und Patientenpflichten – Die medizinische Behandlung als kodifizierter Vertragstypus, VersR 2013, S. 267–282.

Spickhoff, Andreas (Hrsg.): Medizinrecht, 2. Auflage, München 2014 (zit.: Spickhoff/*Bearbeiter*).

Spickhoff, Andreas: Forschung an nicht-einwilligungsfähigen Notfallpatienten, MedR 2006, S. 707–715.

Spiegel, Jan-Peter/Jäkel, Christian: Verordnungsfähigkeit von arzneimittelähnlichen Medizinprodukten zulasten der gesetzlichen Krankenkassen, GesR 2008, S. 627–631.

Statistisches Bundesamt (Hrsg.): Hochschulen auf einen Blick, Ausgabe 2016, Wiesbaden 2016.

Steege, Reinhard: Die Konkretisierung des Krankenbehandlungsanspruchs im Sachleistungssystem der gesetzlichen Krankenversicherung, in: von Wulffen, Matthias; Krasney, Otto Ernst (Hrsg.), Festschrift 50 Jahre Bundessozialgericht, Köln 2004, S. 517–532.

Steenbreker, Thomas: Korruptionsbekämpfung in sonstiger Weise: § 299a E-StGB und Strafgesetzgebung im Gesundheitswesen, MedR 2015, S. 660–665.

Steinhilper, Gernot: Anmerkung zu OLG Braunschweig, Beschluss v. 23. Februar 2010, Az.: Ws 17/10, MedR 2010, S. 499–502.

Steinhilper, Gernot: (Kurze, weniger dogmatische, eher lebensnahe) Anmerkung zu OLG Hamm, Urteil v. 22. Dezember 2004, Az.: 3 Ss 431/04, MedR 2005, S. 238–240.

Stolleis, Michael: Geschichte des Sozialrechts in Deutschland, Stuttgart 2003.

Sturm, Anja: Der niedergelassene Vertragsarzt – (k)ein Amtsträger?, ZWH 2012, S. 41–47.

Stürner, Rolf (Hrsg.): Jauernig, Bürgerliches Gesetzbuch, Kommentar, 16. Auflage, München 2015 (zit.: Jauernig/*Bearbeiter*).

Szebrowski, Nickel: Kick-Back, Köln 2005.

Szesny, André-M./Remplik, Yvonne J.: Anmerkung zu BGH, Beschl. v. 29.3.2012 – GSSt 2/11 (LG Hamburg), MedR 2012, S. 662.

Tag, Brigitte: Drittmitteleinwerbung – strafbare Dienstpflicht? – Überlegungen zur Novellierung des Straftatbestandes der Vorteilsannahme, in: Tag, Brigitte; Tröger, Jochen; Taupitz, Jochen (Hrsg.), Drittmitteleinwerbung – Strafbare Dienstpflicht?, Berlin 2004, S. 153–175 (zit.: *Tag*, in: Tag/Tröger/Taupitz, Drittmitteleinwerbung).

Taschke, Jürgen/Zapf, Daniel: Folgen für die Kooperation zwischen Pharmaunternehmen und Medizinprodukteherstellern mit niedergelassenen Ärzten, medstra 2015, S. 332–337.

Taschke, Jürgen: Untreue bei der Verschreibung von Hilfsmitteln, zugleich Anmerkung zum Beschluss des Amtsgerichts Kiel vom 04.04.2011 – 43 Gs 951/11, MPR 2012, S. 189–191.

Taschke, Jürgen: Die Strafbarkeit des Vertragsarztes bei der Verordnung von Rezepten – Anmerkung zu BGH, Beschluß vom 25.11.2003, 4 StR 239/03, StV 2004, 422 ff. – StV 2005, S. 406–411.

Taupitz, Jochen: Die Standesordnungen der freien Berufe: Geschichtliche Entwicklung, Funktionen, Stellung im Rechtssystem, Berlin 1991 (zit.: *Taupitz*, Standesordnungen).

Terbille, Michael (Bgrd.)/Clausen, Tilman/Schroeder-Printzen, Joern (Hrsg.): Münchener Anwaltshandbuch Medizinrecht, 2. Auflage, München 2013 (zit.: MAH-MedR/*Bearbeiter*).

Tiedemann, Klaus: Wirtschaftsstrafrecht, Besonderer Teil, 3. Auflage, München 2011 (zit.: *Tiedemann*, Wirtschaftsstrafrecht).

Tiemann, Oliver/Schreyögg, Jonas/Wörz, Markus/Busse, Reinhard: Leistungsmanagement in Krankenhäusern, in: Busse, Reinhard; Schreyögg, Jonas; Tiemann, Oliver (Hrsg.), Management im Gesundheitswesen, Berlin 2010, S. 47–76.

Tholl, Frank: Anmerkung zu BGH, Urteil v. 23. Mai 2002 – 1 StR 372/01 (LG Heidelberg), wistra 2003, S. 181–182.

Tondorf, Günter/Waider, Heribert: Strafrechtliche Aspekte des sogenannten Herzklappenskandals, MedR 1997, S. 102–108.

Transparency International Deutschland e.V. (Hrsg.): Stellungnahme vom 28. März 2015 zum Referentenentwurf des BMJV, Berlin 2015, abrufbar unter https://www.transparency.de/fileadmin/Redaktion/Aktuelles/Stellungnahmen/2015/Stellungnahme_zu_BMJV-Gesundheitswesen_15-04-10.pdf (zit.: *TI Deutschland e.V.,* Stellungnahme vom 28. März 2015 zum Referentenentwurf des BMJV).

Traut, Marcus/Bristric, Ajla: Strafrechtliche Risiken bei der Durchführung von Anwendungsbeobachtungen – Nur vorübergehende Rechtssicherheit durch BGH GSSt 2/11 vom 29.3.2012? – ZMGR 2013, S. 87–93.

Tron, Marco: Kassenärzte als Beauftragte der Krankenkassen im Sinne von § 299 Abs. 1 StGB, Regensburg 2007 (zit.: *Tron,* Kassenärzte).

Tröger, Jochen: Drittmittel aus Sicht der Universität, in: Tag, Brigitte; Tröger, Jochen; Taupitz, Jochen (Hrsg.), Drittmitteleinwerbung – Strafbare Dienstpflicht?, Berlin 2004, S. 5–14 (zit.: *Tröger,* in: Tag/Tröger/Taupitz, Drittmitteleinwerbung).

Tsambikakis, Michael: Kommentierung des Gesetzes zur Bekämpfung der Korruption im Gesundheitswesen, medstra 2016, S. 131–141.

Tsambikakis, Michael: Strafbarkeitsrisiken korruptiven Verhaltens niedergelassener Ärzte, in: Schiller, Herbert; Tsambikakis, Michael (Hrsg.), Kriminologie und Medizinrecht, Festschrift für Gernot Steinhilper, Heidelberg 2013, S. 217–224.

Tsambikakis, Michael: Anmerkung zu BGH, Beschluss v. 5. Mai 2011, Az.: 3 StR 458/10, JR 2011, S. 538–542.

Tully, W. Bradley: Federal Anti-Kickback Law, BNA's Health L. & Bus. Series No. 1500 (zit.: *Tully,* Federal Anti-Kickback Law).

Tuschen, Karl-Heinz/Trefz, Ulrich: Krankenhausentgeltgesetz, 2. Auflage, Stuttgart 2010 (zit.: *Tuschen/Trefz,* Krankenhausentgeltgesetz).

Uleer, Christoph (Hrsg.): Abrechnung von Arzt- und Krankenhausleistungen, 3. Auflage, München 2006 (zit.: Uleer/Miebach/Patt/*Bearbeiter,* Abrechnung).

Ulmer, Martin: Wiederholungsrezepte: Auch ohne ärztliche Beratung berechnungsfähig, DÄ 2012, A 2488.

Ulsenheimer, Klaus: Arztstrafrecht in der Praxis, 5. Auflage, Heidelberg 2015 (zit.: *Ulsenheimer,* Arztstrafrecht).

Ulsenheimer, Klaus: Der Vertragsarzt als Sachwalter der Vermögensinteressender gesetzlichen Krankenkassen?, MedR 2005, S. 622–628.

United Nations (Hrsg.): Handbook on Practical Anti-Corruption Measures for Prosecutors and Investigators, Wien 2004 (zit.: *United Nations,* Handbook).

Vahlenkamp, Werner/Knauß, Ina: Korruption – hinnehmen oder handeln?, Mit einem Beitrag von Ernst-Heinrich Ahlf, Wiesbaden 1995 (zit.: *Bearbeiter,* in: Vahlenkamp/Knauß).

Verband der Privaten Krankenversicherung e.V. (Hrsg.): Rechenschaftsbericht der privaten Krankenversicherung 2014, 2015 (zit.: *PKV,* Rechenschaftsbericht 2014).

vfa. Die forschenden Pharmaunternehmen (Hrsg.): Stellungnahme zum Gesetzentwurf der Bundesregierung vom 21.10.2015 für ein „Gesetz zur Bekämpfung von Korruption im Gesundheitswesen" (BT-Drs. 18/6446), abrufbar unter https://www.vfa.de/embed/stellungnahme-gesetz-zur-bekaempfung-von-korruption-im-gesundheitswesen.pdf (zit.: *vfa,* Stellungnahme vom 2. Dezember 2015 zum RegE).

Volk, Klaus: Zum Schaden beim Abrechnungsbetrug. Das Verhältnis von Strafrecht und Sozialversicherungsrecht, NJW 2000, S. 3385–3389.

Volk, Klaus: Empfehlen sich Änderungen des Straf- und Strafprozessrechts, um der Gefahr von Korruption in Staat, Wirtschaft und Gesellschaft wirksam zu begegnen?, Referat auf dem 61. Deutschen Juristentag, Band II/1, Teil L, L35–L50, München 1996 (zit.: *Volk,* DJT 1996, Bd. II/1, Referat).

von Heintschel-Heinegg, Bernd (Hrsg.): Beck'scher Online-Kommentar StGB, Stand: 1.3.2016, Edition: 30 (zit.: BeckOK-StGB/*Bearbeiter*).

Wabnitz, Theresa: Medizinprodukte als Hilfsmittel in der gesetzlichen Krankenversicherung, Berlin, Heidelberg 2009 (zit.: *Wabnitz,* Medizinprodukte als Hilfsmittel).

Wagner, Regine/Knittel, Stefan (Hrsg.): Krauskopf, Soziale Krankenversicherung, Pflegeversicherung, Band 1: SGB I, SGB IV, SGB V §§ 1 bis 68, 91. Ergänzungslieferung, München 2016 (zit.: Krauskopf/*Bearbeiter*).

Wagner, Regine/Knittel, Stefan (Hrsg.): Krauskopf, Soziale Krankenversicherung, Pflegeversicherung, Band 2: SGB V Vor § 69-283, 91. Ergänzungslieferung, München 2016 (zit.: Krauskopf/*Bearbeiter*).

Wahrig-Burfeind, Renate: Brockhaus, Wahrig, Deutsches Wörterbuch, 9. Auflage, Gütersloh etc. 2012 (zit.: *Wahrig-Burfeind,* Brockhaus).

Walter, Andreas: Ärzte sind keine Amtsträger oder Beauftragte der gesetzlichen Krankenkassen, CCZ 2012, S. 199–200.

Waltermann, Raimund: Sozialrecht, 11. Auflage, Heidelberg 2014 (zit.: *Waltermann,* Sozialrecht).

Walther, Felix: Das Gesetz zur Bekämpfung der Korruption, Der Betrieb 2016, S. 95–100.

Walther, Felix: Auf ein Neues: Der Entwurf eines Gesetzes zur Bekämpfung der Korruption, WiJ 2015, S. 152–159.

Walther, Felix: Bestechlichkeit und Bestechung im geschäftlichen Verkehr, Freiburg 2011.

Walther, Felix: Das Korruptionsstrafrecht des StGB, JURA 2010, S. 511–520.

Wasserburg, Klaus: Wasserburg: Rechtsprechungsübersicht zum Arztstrafrecht – Januar 1997 bis Mai 2002, NStZ 2003, S. 353–363.

Weiß, Wolfgang: Der Vertragsarzt zwischen Freiheit und Bindung, NZS 2005, S. 67–74.

Welp, Jürgen: Der Amtsträgerbegriff, in: Küper, Wilfried; Puppe, Ingeborg; Tenckhoff, Jörg (Hrsg.), Festschrift für Karl Lackner zum 70. Geburtstag am 18. Februar 1987, Berlin 1987, S. 761–786.

Wengenroth, Lenard/Meyer, Miriam: Amtsträger – Beauftragter – oder einfach nur Arzt? JA 2012, S. 646–651.

Wenzel, Frank (Hrsg.): Handbuch des Fachanwalts Medizinrecht, 3. Auflage, Köln 2013 (zit.: Wenzel/*Bearbeiter,* FA-MedR).

Widmaier, Gunter (Bgrd.)/Müller, Eckhart/Schlothauer, Reinhold/Schütrumpf, Matthias (Hrsg.): Münchener Anwalts Handbuch Strafverteidigung, 2. Auflage, München 2014 (zit.: MAH Strafverteidigung/*Bearbeiter*).

Wiedemann, Lars/Willaschek, Thomas: Das Arzneimittelversorgungswirtschaftlichkeitsgesetz. Motive, Inhalte, rechtliche Bewertung, GesR 2006, S. 298–307.

Wiesner, Anja/Lieb, Klaus: Interessenkonflikte durch Arzt-Industrie-Kontakte in Praxis und Klinik und Vorschläge zu deren Reduzierung, in: Lieb, Klaus; Klemperer, David; Ludwig, Wolf-Dieter (Hrsg.), Interessenkonflikte in der Medizin, Berlin 2011, S. 161–174.

Wigge, Peter: Grenzen der Zusammenarbeit im Gesundheitswesen – der Gesetzentwurf zur Bekämpfung von Korruption im Gesundheitswesen, NZS 2015, S. 447–453.

Wigge, Peter: Arzneimittelversorgung durch niedergelassene Apotheker in der gesetzlichen Krankenversicherung, NZS 1999, S. 584–589.

Wild, F.: Die Arzneimittelausgaben der Privatversicherten im Jahr 2010, in: Ostendorf, Gerd-Marko (Hrsg.), Versicherungsmedizin im 21. Jahrhundert – Private Krankenversicherung, Karlsruhe 2012, S. 28–30 (zit.: *Wild,* in: Ostendorf, Private Krankenversicherung).

Wilmes, Jan (Hrsg.): Bach/Moser – Private Krankenversicherung, Kommentar zu den MB/KK-und MB/KT, 5. Auflage, München 2015 (zit.: Bach/Moser/*Bearbeiter,* Private Krankenversicherung).

Wissing, Volker/Cierniak, Jürgen: Strafbarkeitsrisiken des Arztes und von Betriebsinhabern nach dem Entwurf eines Gesetzes zur Korruption im Gesundheitswesen, NZWiSt 2016, S. 41–47.

Wollschläger, Sebastian: Der Täterkreis des § 299 Abs. 1 StGB und Umsatzprämien im Stufenwettbewerb, Heidelberg 2009.

Wolter, Jürgen (Hrsg.): Systematischer Kommentar zum Strafgesetzbuch, Band VI, §§ 303–358 StGB, 9. Auflage, Köln 2016 (zit.: SK-StGB/*Bearbeiter*).

Wolter, Jürgen (Hrsg.): Systematischer Kommentar zum Strafgesetzbuch, Stand: 148. Lieferung (Dezember 2014), 8. Auflage, Köln 2015 (zit.: SK-StGB/*Bearbeiter*).

Zeiler, Horst: Einige Gedanken zum Begriff des Amtsträgers im Sinne des § 11 I Nr. 2 c StGB, MDR 1996, S. 439–442.

Zieschang, Frank: Besprechung von „Klaus Lüderssen: Die Zusammenarbeit von Medizinprodukte-Industrie, Krankenhäusern und Ärzte – strafbare Kollusion oder sinnvolle Kooperation", JZ 2000, S. 95.

Stichwortverzeichnis

Amtsträgereigenschaft
- Vertragsarzt 83 ff.
- Arzt im Krankenhaus 107 ff.

Anti-Kickback Statute 308 ff.

Anwendungsbeobachtungen 72 ff., 123, 170, 303

Apotheker 52 f., 64, 149 ff., 179 ff., 186 f., 229, 271 ff., 338 f.

Beauftragtenstellung
- Vertragsarzt 141 ff.
- Privatarzt 154
- Angestellter Arzt 156 ff.

Behandlungsvertrag 28, 38, 94, 155, 232 ff.

Bestimmtheitsgebot 152, 299 ff.

Beratervertrag 75

Dienstausübung 113 ff., 122 ff.

Direktbezug 56 f., 61, 189 f.

DRG, siehe Krankenhausversorgung

Drittmittelforschung 118 ff., 125

Einseitige Leistungen 68 ff., 121, 170

Freier Beruf 20 ff.

Genehmigung 126 ff.

Geschäftsherrenmodell 132, 134

Geschäftlicher Betrieb, siehe Unternehmen

Geschenke 70, 121, 169 f., 286

Heilberufliche Unabhängigkeit 286 ff., 296 ff., 337 f.

Kick-Backs, siehe Rückvergütungen

Klinische Prüfungen 71, 122 f.

Korruption
- Begriff 5 ff.
- Arten 8 ff.
- ~sbekämpfungsgesetz 80 f., 116, 131, 140 f., 160, 171

Krankenhausversorgung
- Arznei- und Hilfsmittelversorgung 65 f.
- Rechtsbeziehungen 42 ff.
- Vergütungssystem (DRG) 44, 66, 208, 212, 216

Krankenversicherung
- Gesetzliche ~ 12 ff.

- Private ~ 14 ff.

Leistungsaustauschverhältnisse 71 ff., 112, 122 ff., 170

Privatärztliche Versorgung
- Arznei- und Hilfsmittelversorgung 63 ff.
- Rechtsbeziehungen 38 ff.
- Vergütungssystem 39

Rückvergütungen 76 f., 125, 170, 192 ff., 205 ff., 214 ff.

Sonderstrafrecht 265 ff., 274

Sozialadäquanz 117 f., 169 f., 285 f.

Spenden 69, 121

Sprechstundenbedarf 55 ff., 63 ff., 164 f., 186 ff., 192 ff.

Strafantrag 133, 171 ff., 255 f., 258 f., 317 f., 335

Ultima ratio 262 f.

Unbenannter besonders schwerer Fall 315 f.

Unlauterkeit 167 ff., 285 f., 297 ff.

Unrechtsvereinbarung 116 ff., 158 ff., 280 ff., 296 ff.

Unternehmensbegriff 134

- Gesetzliche Krankenkassen 136 ff.
- Kassenärztliche Vereinigung 139 f.

Unwirtschaftlich
- Anwendung von Arznei- und Hilfsmitteln 204, 209 ff.
- Bestellung von Arznei- und Hilfsmitteln 213
- Verordnungsweise 179 ff., 203

Vermögensbetreuungspflicht
- Vertragsarzt 219 ff.
- Privatarzt 232 ff.
- Arzt im Krankenhaus 234 ff.

Vertragsärztliche Versorgung
- Arzneimittel 48 ff.
- Hilfsmittel 57 ff.
- Kassenärztliche Vereinigung 25 f.
- Rechtsbeziehungen 28 ff.
- Vergütungssystem 35
- Zulassung 26

Vorteil für sich oder einen Dritten 111 ff., 278 ff.

Wirtschaftlichkeitsgebot 32 ff., 40, 52, 67, 151, 180, 195 ff., 203, 227 ff., 236 f.

Anne-Marie Hahn

Privatärztlicher Abrechnungsbetrug – Unter besonderer Berücksichtigung des Beschlusses BGH 1 StR 45/11

In den vergangenen Jahren rückten insbesondere niedergelassene Ärzte vermehrt in den Fokus staatsanwaltschaftlicher Ermittlungen und gerichtlicher Entscheidungen. Laut Beschluss des Bundesgerichtshofes im Jahr 2012 können fehlerhaft erbrachte ärztliche Leistungen und/oder Fehler bei der Abrechnung Grund für eine Strafbarkeit wegen Betruges sein. Der Bundesgerichtshof überträgt damit die aus dem Vertragsarztrecht bekannte und vielfach kritisierte „streng formale Betrachtung" auf den Bereich privatärztlicher Abrechnungen.

Die Autorin setzt sich mit der Entscheidung des Bundesgerichtshofes kritisch auseinander und unterbreitet alternative Lösungswege. Der Darstellung der Abrechnungssysteme der Privaten und Gesetzlichen Krankenversicherung folgt eine detaillierte und in Fallvarianten untergliederte Arbeit am Betrugstatbestand. Abschließend werden die Auswirkungen von fehlerhaften Abrechnungen im Verhältnis zu Krankenversicherern und Beihilfestellen sowie die Rolle des Patienten in diesem Verhältnis untersucht.

2017, 440 S., 27 s/w Abb., kart.,
89,– €, 978-3-8305-3671-0
eBook PDF 80,– €, 978-3-8305-2133-4
(Strafrecht der Wirtschaft, Bd. 17)
ISSN Print: 2367-2684
ISSN Online: 2367-2692

BWV | BERLINER WISSENSCHAFTS-VERLAG

Markgrafenstraße 12–14 | 10969 Berlin
Tel. 030 84 17 70-0 | Fax 030 84 17 70-21
www.bwv-verlag.de | bwv@bwv-verlag.de

Berliner Wissenschafts-Verlag

Sascha Rolf Lüder, Björn Stahlhut
Zukunft der Gesundheit 2030
Gesundheitlicher Bevölkerungsschutz zwischen Markt, Versorgung und Sicherheit

Markt, Versorgung und Sicherheit – diese drei Punkte stehen im Mittelpunkt des Buches. Die Antworten bleiben dabei nicht auf die klassische Patient-Arzt-Beziehung beschränkt, sondern betrachten die interdisziplinäre Ausrichtung der Gesundheit 2030. Die Autoren gehen davon aus, dass Gesundheitspolitik in Zukunft u. a. auch Strukturpolitik, Sozialpolitik oder sogar Außenpolitik sein wird. Ganzheitliche, tragfähige Lösungen für den Dreiklang aus Alltag, Katastrophe und bewaffnetem Konflikt müssen nach ihrer Auffassung eine sichere und hochwertige Versorgung gewährleisten und in eine niedrigschwellige Basishilfeleistungsstruktur eingebunden werden. Dies setzt die Schaffung aktivierender Strukturen voraus, die einen Beitrag zur Eigenverantwortung der Menschen leisten. Eine zukunftsfeste Gesundheitspolitik und damit die Vermeidung von Priorisierung und Rationierung in einer Gesellschaft langen Lebens sind nach Auffassung der Autoren nur möglich, wenn wirtschaftliches Handeln und gesellschaftliches Engagement zusammenkommen.
Dieses Buch benennt existierende Probleme der Gesundheitsversorgung 2030 und bietet Handlungsempfehlungen zu deren Lösung an.

2016, 78 S., kart., 16,90 €,
978-3-8305-3631-4

BWV | BERLINER WISSENSCHAFTS-VERLAG
Markgrafenstraße 12–14 | 10969 Berlin
Tel. 030 84 17 70-0 | Fax 030 84 17 70-21
www.bwv-verlag.de | bwv@bwv-verlag.de

 Berliner Wissenschafts-Verlag